KB190805

CNB 702 마태복음 5-7장의 구속사적 해설
성경신학 관점의 산상수훈 메시지

산상수훈 연구

〈개정증보판〉

송 영 찬

2020년

교회와성경

지은이 | 송영찬

서울 총신대(1973-76년, B.A.)와 수원 합동신학대학원대학교(1983-85년, M.Div.)에서 신학을 공부했다. 기독교문사 편집실에서 기독교대백과사전 제작에 참여했고(1980-82년) "하나님의 편지"(1986-88년), "그리스도인"(1988-95년) 등을 발행하며 집필 활동을 하였다. 예장합신 기관지 "기독교개혁신보" 편집국장(1996-2016년)으로 재직했으며 기독지혜사 발행 "카리스 종합 주석" 집필에 참여했다. 지금은 도서출판 〈교회와성경〉 편집인과 〈도도리 모임〉을 섬기고 있다.

저서 및 출판 예정 도서

- CNB 701 『예수 그리스도』 (2005년, 서울 : 칼빈아카데미)
  예수 그리스도를 가장 선명하게 소개하고 있는 마태복음 1-4장에서 사도 마태가 말하고자 하는 예수 그리스도에 대해 성경신학에 근거한 구속사적 관점에서 관찰하고, 이를 통해 이 시대의 교회가 추구해야 할 신앙의 좌표를 제시하고 있다.
- CNB 702 『산상수훈 연구』 (2020, 서울, 교회와 성경)
  마태복음 5-7장의 산상수훈의 강령과 하나님 나라의 삶에 대한 구속사적 이해를 통해 하나님 나라의 본질을 추적하고 하나님 나라를 세워 나가야 하는 이땅의 교회와 성도들이 마땅히 나타내어야 할 삶의 정형 및 교회가 이땅에서 세워 나가는 하나님 나라의 문화와 존재 의의를 제시하고 있다.
- CNB 703 『교회와 문화』 (출판 예정)
  그동안 발표한 신학 관련 단편들을 한자리에 모은 ANTHOLOGY로 바른 교회관과 성도들의 삶에 대한 단상들을 살펴보고 하나님 나라의 백성으로 이땅에서 살아가야 할 구체적인 삶의 정형들을 제시하고 있다.
- CNB 704 『세례와 성찬』 (2006년, 서울 : 깔뱅)
  예수 그리스도의 지상 사역의 핵심은 새 언약을 수립하신 일이다(마 26:26-29). 이 새 언약에 기초하여 교회가 탄생했다. 이 교회의 핵심적인 실질을 세워나가기 위해 주어진 세례와 성찬에 대한 올바른 이해를 조명함으로써 교회들이 바로 서 가야 할 길을 제시하고 있다.
- CNB 705 『교회와 사명』 (2006년, 서울 : 깔뱅)
  교회가 발휘하는 능력의 근원과 회원의 의식을 통해 역사 속에서 교회가 존재하는 의미로서 어떻게 사명을 구현할 것인가를 조명하고 하나님 나라의 구현을 위한 구체적인 삶의 형태들을 찾아 우리 시대에 있어야 할 교회상과 삶의 정형을 제시하고 있다.
- CNB 706 『교회와 신앙』 (2006년, 서울 : 깔뱅)
  교회의 속성과 더불어 교회의 회원된 성도들의 자기 인식, 즉 교회아(敎會我)로서의 자기 발견에 대해 살펴봄으로써 주의 군사로 장성하여 하나님 나라를 구체적으로 세워나가야 하는 시대적인 사명 의식을 재확인하고 그에 따른 신앙의 자태를 제시하고 있다.
- CNB 707 『파노라마 구약성경』 (2007년, 서울 : 깔뱅)
  구약성경을 이해하기 위한 입문서로 구속사적 관점에서 구약의 역사를 간략하게 살펴보는 50편의 글과 4편의 부록으로 구성되었으며 구약의 메시지인 하나님의 나라와 하나님의 언약에 대한 안목을 제시하고 있다.
- CNB 708 『창세기의 메시지 : 하나님의 언약』 (2006년, 서울 : 깔뱅)
  4개의 언약을 중심으로 하나님의 구속 사역을 진행시키고 있는 창세기에서 언약 중심의 구속사를 조명하기 위해 성경신학에 근거해 창세기의 메시지를 관찰하고, 언약 공동체인 오늘날의 교회가 추구해야 할 신앙의 자태를 제시하고 있다.
- CNB 709 『출애굽기의 메시지 : 시내산 언약과 십계명』 (2006년, 서울 : 깔뱅)
  신약 교회의 모형으로서 이스라엘 교회의 속성을 보여주고 있는 시내산 언약을 중심으로 구약 교회의 태동과 장차 태어날 신약 교회 사이의 관계를 조명함으로써 이 시대의 교회가 추구해야 할 역사의식을 제시하고 있다.
- CNB 710 『역대기의 메시지 : 다윗 왕국과 언약』 (2006년, 서울 : 깔뱅)
  왕국 언약에 기초하여 역사 속에 등장한 교회의 완벽한 전형이자 하나님 나라의 모형이었던 다윗 왕국의 역사를 탐구하고 역대기가 소망했던 새로운 왕국의 재건에 담긴 의미를 찾음으로써 우리 시대의 교회가 추구해야 할 성격을 제시하고 있다.
- CNB 711 『아가서 : 하나 됨의 신비』 (2012년, 서울 : 칼빈아카데미)
  아가서의 메시지를 성경신학적 관점에서 해설함으로써 혼인제도를 통한 가정의 세움이 궁극적으로 신약의 교회를 통해 새 하늘과 새 땅으로 묘사되는 에덴동산의 회복에 담겨 있는 의미를 밝히고 있다.

산상수훈 연구

CNB 702

산상수훈 연구

A STUDY OF THE SERMON ON THE MOUNTAIN
by Youngchan Song
Copyright ⓒ 2020 Youngchan Song

Published by the Church and Bible Publishing House
SEOUL, KOREA

초판 인쇄 | 2020년 1월 7일
초판 발행 | 2020년 1월 11일

발행처 | 교회와성경
주소 | 평택시 특구로 43번길 90 (서정동)
전화 | 070-4894-7722, 010-6253-4742
등록번호 | 제2012-03호
등록일자 | 2012년 7월 12일

발행인 | 문민규
지은이 | 송영찬
편집주간 | 송영찬
편집 및 교열 | 신명기
디자인 | 조혜진

총판 | (주) 비전북출판유통
주소 | 경기도 고양시 일산서구 송산로 499-10(덕이동)
전화 | 031-907-3927(대)   팩스 031-905-3927

저작권자 ⓒ 2020 송영찬

ISBN 978-89-98322-34-2   93230

Printed in Seoul of Korea

CNB 시리즈
서 문

CNB The Church and The Bible 시리즈는 개혁신앙의 교회관과 성경신학적 구속사 해석에 근거한 신·구약 성경 연구 시리즈이다.

이 시리즈는 보다 정확한 성경 본문 해석을 바탕으로 역사적 개혁 교회의 면모를 조명하고 우리 시대의 교회가 마땅히 추구해야 할 방향을 제시함으로써 교회의 삶과 문화를 창달하는 것을 그 목적으로 하고 있다.

따라서 이 시리즈는 진지하게 성경을 연구하며 본문이 제시하는 메시지에 충실하고 있다. 그렇다고 이 시리즈가 다분히 학문적이거나 또는 적용이라는 의미에 국한되지 않는다. 학구적인 자세는 변함 없지만 궁극적으로 하나님의 나라를 지향함에 있어 개혁주의 교회관을 분명히 하기 위해 보다 더 관심을 가진다는 의미이다.

본 시리즈의 집필자들은 이미 신·구약 계시로써 말씀하셨던 하나님께서 지금도 말씀하고 계시며, 몸된 교회의 머리이자 영원한 왕이신 그리스도께서 지금도 통치하시며, 태초부터 모든 성도들을 부르시어 복음으로 성장하게 하시는 성령께서 지금도 구원 사역을 성취하심으로써 창세로부터 종말에 이르기까지 거룩한 나라로서 교회가 여전히 존재하고 있음을 그 무엇보다도 중요하게 여기고 있다.

아무쪼록 이 시리즈를 통해 계시에 근거한 바른 교회관과 성경관을 가지고 이 땅에 진정한 그리스도인의 삶과 문화가 확장되기를 바라는 바이다.

시리즈 편집인

송영찬 목사, 교회와성경 편집인, M.Div.
이광호 목사, 실로암교회 목사, Ph.D.

산상수훈 연구

A Study of the Sermon on the Mountain

2020년

교회와성경

개정증보판 머리말

1994-95년에 여수룬 출판사에서 3권으로 나누어 출판되었던 '산상 수훈연구'를 25년이 지난 지금에 개정, 증보하여 합본을 발행하게 되었다.

이 책은 산상수훈(마 5-7장)에 대한 이해를 위한 일련의 시리즈이다. 이 책의 내용 중 마태복음 5장 1-16절은 〈1〉『하나님의 나라』(1995년)라는 제목으로, 마태복음 5장 17-48절은 〈2〉『하나님 나라의 원리』(1994년)라는 제목으로, 마태복음 6-7장은 〈3〉『주께서 가르치신 기도』(1994년)라는 제목으로 각각 여수룬 출판사에서 출판된 바 있다. 이번에 CNB(The Church and Bible) 시리즈로 이 세 권을 『산상수훈 연구』(CNB 702)라는 제목으로 합본하게 된 것이다.

사실 CNB 시리즈 서문에서 밝히고 있는 것처럼 "하나님의 나라를 지향함에 있어 개혁주의 교회관을 분명히 하기 위해 보다 더 관심을 가진다"는 것을 목적으로 하는 CNB 시리즈 출판을 시작하면서부터 이 책의 출판을 기다려 왔었다.

2005년에 마태복음 1-4장을 다룬 『예수 그리스도』(2005년, 칼빈아카데미)를 발행한 후 곧바로 이 책을 출판하고자 했지만, 어떤 이유에서인지 한두 번 미루다보니 그때로부터 시간이 훌쩍 지나고 말았다. 사실 『예수 그리스도』와 『산상수훈 연구』는 일련의 연속성을 가지고 있기에 진즉에 출판하지 못한 것에 대한 아쉬움이 끊이지 않았다.

그러던 중 작금 한국교회의 현실을 보거나, 세계교회의 흐름을 보거나, 최근 로마 천주교를 중심으로 이슬람과 불교 및 여타 종교들이 하나가 되어 동성애를 찬동하는 등의 추세로 흘러가는 것을 보면서 이제 인류는 본격적으로 반신국적인 흐름의 길에 들어서고 있다는 안타까움에 이 책의 출판을 결단하지 않을 수 없었다.

물론 오래 전에 집필한 원고이기에 혹시나 현 시점에서 볼 때 구태의연한 내용들이 없지 않을까 하는 염려를 떨쳐버릴 수 없다. 이런 이유에서 보다 정교하게 원고를 교열하면서 그때나 지금이나 세속의 흐름과 한국교회가 지향하는 방향은 크게 다르지 않다는 것을 새삼 발견하였다.

기록된 성경으로서 그리고 무엇보다도 그리스도의 말씀 계시라는 점에 있어서 산상수훈은 어느 시대나, 어느 곳에서나, 그 누구에게나 역사와 대륙과 민족을 초월하여 유일한 진리로 존재한다. 바로 그러한 사실 자체만으로도 산상수훈은 여전히 우리에게 하나님의 나라와 그 백성의 삶에 대해 말하고 있음을 부인할 수 없다. 그것이 바로 성경 계시만이 가지는 권세이다.

이제 이 책을 다시 펼치면서, 어느 시대 누구에게나 구원의 길을 명백하게 밝히고 이끌어 주시는 주님의 은혜를 목소리 높여 찬양할 따름이다. 그리고 이땅에서 교회의 회원으로 묵묵히 살아가는 신앙의 동지들에게 이 책이 작지만 위로가 되기를 바라는 마음 간절하다.

이 책에 앞서 마태복음 1-4장은 『예수 그리스도』(CNB 701)라는 제목으로 2005년 출판되었다. 이로써 마태복음 1-7장에 대한 가르침을 일목요연하게 돌이켜 볼 수 있게 되었으며 함께 주님의 은혜를 나눌 수 있기를 소원한다.

산상수훈의 내용을 다룬 이 책은 3부로 구성되어 있다.

제I부는 '하나님의 나라'(마 5:1-16)에 대한 내용을 다루고 있다.
제II부는 '천국 백성의 삶'(마 5:17-48)에 대한 내용을 다루고 있다.
제III부는 '주께서 가르치신 기도'(마 6:1-7:29)에 대한 내용을 다루고 있다.

이땅에서 한 사람의 그리스도인으로 살아간다는 것은 늘 사랑의 빚을 짊어지는 것에서 그 체감온도를 느끼게 된다는 점이 신비스럽기만 하다. 어느 CNB 독자의 후원으로 이 책이 발행된 것도 그러하다.
하나님의 나라에 참여함에 있어 서로 위로하고 격려하며 힘을 북돋아주는 과분한 동역자들을 주신 주님께 감사드린다. 그리고 우리들 안에 하나님 나라의 평강이 있음을 자랑스럽게 생각한다.

개혁주의 신학에 입각한 서적의 출판 사역으로 개혁 교회의 방향을 제시하는 일에 한 마음으로 동참하는 도서출판 '교회와 성경'〈CNB 시리즈〉 가족들에게 이 책이 하나의 선물이 되기를 소원한다.
이 책을 읽는 독자들에게 주님의 은혜를 받음에 있어 조금이나마 도움이 되기를 바라는 바이다.

2020년을 열며
저자 아룀

〈초판 머리말〉

인생의 본질에 대한 인식은 하나님의 말씀에 대한 바른 이해와 그 이해가 체계화되어 하나님과의 관계를 긴밀하게 유지하고 있어야 가능합니다. 그 안에서 인생의 의미를 발견하고 정당한 자기의 삶을 경영해 나갈 수 있기 때문입니다.

이런 점에서 자기의 존재에 대한 이해가 정립되어 있을 때 인생의 궁극적인 삶의 목적을 향해 한 발자국씩 진전해 나갈 수 있는 것입니다. 그러한 진전의 모습이 쌓여져 나갈 때 거기에는 어떤 특성이 발견되는데 그것이 바로 하나님의 백성으로서 당연히 가지고 있는 생명력입니다.

이 생명력은 우리가 하나님의 백성으로 성숙해가게 하는 원동력이 됩니다. 그리고 하나님의 계시에 대해 무지하고 무감각하여 자기 나름대로 인생을 경영하고자 교만과 패역을 일삼았던 옛 사람적인 삶을 포기하게 합니다. 나아가 하나님 앞에서 정당한 인생을 경영하려는 의지를 발동하여 새로운 목표를 향해 장성해 나가게 합니다. 그 새로운 목표 속에서 우리는 생명의 본질을 발견하게 됩니다.

곧 자기가 구상하는 삶의 목표를 포기하고 또는 자기 나름대로 이해하거나 정립했던 종교적인 목적이나 열정을 포기하여 전적으로 하나님을 닮고자 하는 새로운 인생의 목적을 발견하게 됩니다. 그리고 하나님이 경영하시는 그 나라의 구현을 위해 살고자 하는 의지적인 발동이 시작됩니다.

전에는 이 세상에서 자기의 공리적(公利的)인 목적을 이루기 위해 사는 것이 인생의 목표였습니다. 그것이 종교가 지향하는 일반적인 목표이기도 합니다. 그러나 이제는 하나님 나라를 위해 사는 것이 인생의 목표입니다. 그러기 위해 자기 자신의 경영을 포기하고 하나님을 의뢰해야 합니다.

자신의 삶을 하나님께 의뢰하기 위해서는 하나님에 대한 정당한 인식이 있어야 합니다. 그러한 이해 없이는 우리 자신을 하나님 앞에 합당하게 내어놓을 수 없기 때문입니다(롬 1:20-23).
하나님께만 드려져야 할 절대적인 신뢰와 사랑이 하나님이 아닌 다른 것에게 – 그것이 사람이든 혹은 다른 피조물에게든, 아니면 이념이나 세상의 공리를 추구하는 사상이나 운동이거나 – 발현될 때에 거기에 심각한 부패의 현상이 나타나게 됩니다. 그래서 하나님에 대한 바른 인식은 전적으로 우리 자신을 하나님께 의뢰하게 하는 동기를 가져다 주게 됩니다.

우리를 하나님께 의뢰한다는 것은 하나님께서 우리의 결핍된 부분을 대신 채워주거나 지적(知的) 요소나 의지적(意志的)인 부분에서 결핍이 발생할 경우 적절한 방법으로 보충해 주거나 힘을 주신다는 차원에서 상호 협력하는 것을 의미하는 것은 아닙니다.
또한 자기의 힘이 모자랄 때 자기보다 더 능력 있는 사람에게 그 문제를 해결해 달라는 식으로 자기를 의뢰하는 것처럼 우리의 힘이나 지식으로 해결할 수 없는 문제를 대신 하나님의 전지전능하심으로 해결해 주실 것을 바라는 의미에서 우리를 하나님께 의뢰하는 것도 아닙니다.

하나님을 의뢰한다는 것은 내 자신을 하나님께 전적으로 내어놓는다는 의미입니다. 즉 하나님께서 원하시는 삶을 살아가기 위해 자의적으로 내 자신을 비우고 하나님께 전적으로 맡기는 의지적인 행위를 의미합니다. 그러기 위해 자기 자신을 부정하는 결단이 앞서야 합니다.

자기를 무가치하게 여기고 존재의 의미를 부정해서가 아니라 자기의 삶이 가지는 가치를 그만큼 인정하고 소중하게 여기기 때문입니다. 이는 그 가치가 조금이라도 결여되거나 상실하는 일이 없도록 하기 위한 최선의 방법으로서 자기를 하나님께 전적으로 의뢰하여 하나님에 의해 자기 인생이 경영되는 것이 그 가치를 발휘할 수 있고 그 의미를 절대화할 수 있다는 적극적인 결단에서 나온 행위입니다.

이러한 차원에 이르게 될 때 비로소 인생의 궁극적인 목적을 이루어 가게 되는 것입니다. 비록 처음에는 그 목적에 대한 이해가 바르지 못하고 편협하여서 오류가 있을 수 있다 하더라도 자기 인생을 하나님께 온전히 의탁하였다면 그러한 오류에서 우리를 보호하시고 건져내시어 바른 삶의 방향으로 인도해 나가시는 것입니다.

마치 베드로 사도가 안디옥 교회에서 이방인들과 식사하다가 유대인들이 오자 슬그머니 그 자리를 떠나는 사건에서 그러한 하나님의 인도를 볼 수 있습니다. 비록 유대적인 관습이 베드로의 내면에 깊이 뿌리박혀 있어서 그와 같은 오류를 범했다 하더라도 하나님께 맡겨진 베드로의 삶을 경영하시는 하나님은 그 사건으로 말미암아 베드로가 새롭게 깨닫는 기회를 만들어 주셨습니다.

즉 이방인과 식사하는 것이 결코 부끄러운 일이 아니라는 것을 바울 사도를 통해 알게 함으로써 유대적인 사고방식에 젖어 있는 베드로 자신의 근본적인 문제를 파악하게 한 것입니다. 이러한 깨달음을 바탕으로 베드로 사도는 하나님의 나라가 세워져 나가는 데 그 능력을 발휘하게 되었습니다.

그러므로 자기 자신의 전적 무능력을 인식한다는 것은 하나님께 자기를 헌상(獻上)하게 하는 근본적인 요소가 됩니다. 더 나아가 하나님께 헌상한 사람이라 할지라도 우리의 영적 기능을 가지고 하나님의 성품을 닮아갈 수 있다는 생각을 포기해야 합니다. 그것은 인간이 가지고 있는 영적 기능에는 항상 죄의 오염된 요소가 있기 때문입니다.

따라서 자기를 부인한다는 것은 무엇인가 새로운 힘을 가지고 있어야 함을 의미합니다. 하나님의 성품을 닮고 발휘하기 위해 우리 영혼의 기능에 새로운 요소가 있어야 한다는 말입니다. 바로 이런 점에서 우리는 성령님을 의지해야 하는 것입니다. 죄로 말미암아 오염되어 있는 영혼이 정상적인 기능을 발휘하기 위해 성령님의 도움을 받지 않으면 안 되기 때문입니다.

이처럼 우리에게는 새로운 인간관(人間觀)이 정립됩니다. 즉 옛 사람적인 성품을 무가치하게 여기는 것입니다. 그리고 옛 사람적인 삶의 방식을 포기하는 것입니다. 이것은 우리들 영혼의 깊숙한 곳에 담겨 있는 원죄(原罪)의 성격을 포기하는 유일한 길입니다. 이처럼 새로운 생명력을 바탕으로 살아가는 사람에게는 하나님의 성품이 발견됩니다. 그 생명력 자체가 하나님에게서 나온 것이기 때문입니다.

다시 말하면 하나님을 닮아가는 것입니다. 이것이 새 생명의 특성입니다. 그렇게 함으로써 성령님의 도움을 받아 새로운 성격을 발휘하여 원죄에 의해 더럽혀진 인성(人性)을 버리고 하나님께서 정해주신 삶의 길과 목적이 있는 것을 깨닫게 되는 것입니다.

"우리는 그의 만드신 바라(we are His workmanship) 그리스도 예수 안에서 선한 일을 위하여 지으심을 받은 자니 이 일은 하나님께서 전에 예비하사 우리로 그 가운데서 행하게 하려 하심이라"(엡 2:10)는 바울 사도의 말과 같이 우리는 하나님의 특별하신 목적을 위해 지음 받은 사람들입니다. 그렇다면 의당히 창조주이신 하나님의 목적을 이루기 위해 살아가는 것이 마땅한 인생의 본분입니다. 이 사실에 대해 이제는 분명히 깨닫게 됩니다.

그러기 위해 우리 자신이 하나님의 선한 일을 할 수 있는 새로운 사람이 되어야 합니다(엡 4:24). 바로 그러한 삶을 가리켜 바울 사도는 "우리가 알거니와 하나님을 사랑하는 자 곧 그 뜻대로 부르심을 입은 자들에게는 모든 것이 합력하여 선을 이루느니라"(롬 8:28)고 표현하고 있습니다.

이것이 바로 새 생명을 입은 사람에게 있어서 생명의 법칙입니다. 이제는 매사의 생활 속에서 하나님을 만나고 하나님께서 주관하심을 깨닫게 됩니다. 우리를 창조하신 목적이 하나님의 선한 일을 위해 창조하셨다는 사실을 알았다면 우리의 인생이 마땅히 무엇을 위해 살 것인가를 점검해야 합니다. 바로 그러한 상태를 가리켜 새로운 피조물의 삶이라고 합니다.

"그런즉 누구든지 그리스도 안에 있으면 새로운 피조물이라(new creation) 이전 것은 지나갔으니 보라 새 것이 되었도다"(고후 5:17)는 말과 같이 우리는 전혀 새롭게 창조되어 새로운 세계에서 살게 된 것입니다. 이 말은 이 세상과 별개의 세상에서 별도의 생활을 한다는 의미가 아니라 - 비록 우리는 예전에 살던 이 세상에서 여전히 사는 것이지만 - 지금까지 살아온 삶과는 전혀 다른 새로운 삶의 방법과 목적을 가지게 되었음을 의미합니다.

하나님의 선한 일을 이루기 위해 존재한다는 대원칙이 세워지게 되면 그 안에서 자연스럽게 인생의 나아갈 길이 정해지게 되는 것입니다. 그리고 그 길을 나섬에 있어 제일 먼저 발견하는 것은 그 길을 함께 가는 사람들이 있음을 보게 됩니다. 즉 이 세상에서 한 무리를 이루고 자기와 함께 새로운 인생의 길을 향해 나아가는 사람들이 있음을 발견하게 되는 것입니다.

바로 이 사람들이 하나님의 선한 일을 위해 부름 받은 회중(會衆)으로서 이것이 곧 교회입니다. 시편 1편에서 의인의 회중(시 1:5)이라고 말하는 이 교회는 여호와 하나님께서 인정하시는 구별된 길이 있습니다. 특별히 이 무리를 회중이라고 하는 것은 그들의 모임이 사회적인 특수한 성격을 발휘하고 있음을 강조하기 위함입니다. 그리스도의 구속 사건으로 구원받은 이 회중은 일반사회와는 다른 어떤 사회적인 성격을 발휘하기 마련인데 그 사회적인 성격을 가리켜 성경은 '하나님의 나라'라고 말합니다.

그렇다면 그리스도의 몸에 참여한 성도들로 형성된 사회를 구성하는 한 지체로서, 즉 그리스도께서 머리가 되시는 교회의 지체로서 자기의 존재 의미와 가치를 발견하는 것은 하나님의 선한 일을 이루어 가는 초보의 단계임을 알 수 있습니다. 따라서 우리가 하나님 나라를 세워나간다고 할 때에는 먼저 그 나라에 속한 한 구성원으로서 막중한 책임과 의무를 가지고 시작한다는 사실을 알아야 합니다.

무조건 교회의 회원이 되는 것으로 하나의 사회를 형성하고 그 성격을 드러내어 하나님 나라를 건설하는 것이 아닙니다. 먼저 자기의 책임과 위치가 있고 그것에 대한 바른 인식을 바탕으로 하나님 나라의 백성으로서 신성한 의무를 행할 때 비로소 하나님 나라를 세워나갈 수 있습니다.

이런 점에서 살펴본다면 각 시대와 처한 상황에 따라 그 역할이 다르다는 것을 알 수 있습니다. 그렇다면 우리 각 사람이 자신이 처한 위치와 상황을 바로 알고 하나님의 선한 일을 이루기 위해서 무엇보다도 역사에 대한 통찰과 이해가 없이는 이 시대에서 하나님께서 이루시고자 하신 뜻을 파악할 수 없을 것입니다.

그렇기 때문에 구약의 역사에서부터 이 시대에 이르기까지 역사의 성격이 어떻게 흘러왔는가를 바로 파악하고 우리가 처한 역사적인 현실을 바르게 정립해야 그 안에서 우리의 위치를 확인하게 되는 것입니다. 또한 우리 회중이 처한 역사적인 역할이 무엇인가를 이해해야 비로소 그 안에서의 '나'라는 사람의 개인적인 위치를 발견하게 되는 것입니다.

그러한 이해를 근거하여 창세로부터 우리에게 향하신 하나님의 뜻을 발견하게 되고 그 뜻을 이루어 나가게 됩니다. 따라서 의인의 회중으로서 교회의 역사적인 사명이 분명할 때 각자의 인생길이 명확하게 판별될 수 있는 것입니다. 이것은 우리에게 매우 중요한 의미가 있습니다.

그것은 우리 각 개인의 삶이 그리스도의 구원의 터 위에 서 있지 않다면 아무런 인생의 의미가 없음을 말해주고 있기 때문입니다. 즉 그리스도께서 구원의 방편으로 세우신 교회의 회원이 되지 않고서는 정당한 인생의 길을 갈 수 없다는 말입니다. 이러한 언약 공동체인 교회로서의 유기적인 연합을 가르치는 사상은 교회의 시초라고 할 수 있는 홍해 사건에서 잘 보여준 바 있습니다.

이스라엘 사람으로서 애굽을 떠나 홍해에서 극적인 구원을 얻었다 할지라도 하나의 독립된 나라, 즉 운명 공동체로서 그들을 애굽에서 불러내신 하나님의 의도가 무엇인가를 이해하지 못하고 있다면 그 사람들이 홍해에서 죽지 않고 구원받았다는 사실은 그다지 의미가 없습니다.

어떤 사람이 죽음의 처지에서 죽지 않고 극적으로 구원을 받아 기적같이 홍해를 건넜다면 왜 자기의 생명을 구원하셨는지 당연히 생각해 보아야 할 것입니다. 그러므로 하나님께서 이스라엘을 구원하신 역사적인 의미를 파악하지 않고서는 자기가 발현해야 할 생명의 고유한 가치를 알 수 없습니다.

따라서 자기의 인생이 정당한 길을 가고 하나님의 선하신 뜻을 이루기 위해서는 먼저 애굽에서 이스라엘을 구원하신 하나님의 뜻이 무엇이고 이스라엘이라는 민족 공동체는 어떠한 역사적인 사명을 가지고 있는가를 알아야 합니다. 그래야 비로소 자기의 존재 가치를 판별하여 그에 따른 하나님의 뜻을 성취할 수 있습니다.

반면에 이스라엘 공동체로서의 역사적인 사명에 대해 바른 인식을 하고 있지 않다면 그 안에서의 자신의 위치를 바르게 해석할 수 없기 때문에 결국 하나님의 선하신 일을 이루지 못하고 마는 것입니다. 만일 그들에게 향하신 하나님의 뜻이 어떤 것인지 바로 이해하고 그 안에서 각자의 인생의 길을 가고 있었다면 이스라엘 백성들이 가데스 바네아에서 열두 정탐꾼들의 보고를 듣고 그처럼 황망하게 하나님을 배역하는 행위는 저지르지 않았을 것입니다.

그들은 하나님께서 구원해 내신 깊은 뜻을 바르게 파악하지 못했습니다. 이미 그들에게 율법을 제정하시면서 말씀하신 것처럼 "나의 애굽 사람에게 어떻게 행하였음과 내가 어떻게 독수리 날개로 너희를 업어 내게로 인도하였음을 너희가 보았느니라 세계가 다 내게 속하였나니 너희가 내 말을 잘 듣고 내 언약을 지키면 너희는 열국 중에서 내 소유가 되겠고 너희가 내게 대하여 제사장 나라가 되며 거룩한 백성이 되리라 너는 이 말을 이스라엘 자손에게 고할지니라"(출 19:4-6)는 말씀 속에 나타난 하나님의 의도를 바로 이해하고 있어야 합니다.

이스라엘이라는 고유한 존재 목적이 무엇인가를 바르게 파악하고 그 가운데서 각자의 인생이 가야 할 길을 찾아야 했던 것입니다. 그러나 불행히 그들은 이스라엘로서 이루어야 할 민족적 사명의식이 투철하지 못했습니다. 가나안 땅에 들어가 거룩한 하나님 나라를 세우고 그 문화를 세워나가야 한다는 역사적인 요청에 대해 둔감한 것이 결국 그들이 모두 광야에서 멸절되고 마는 결과를 초래하고 말았습니다.

이처럼 의인의 회중으로서 세워진 교회에 대한 개념이 분명하지 않다면 그 사람은 어떤 차원에서는 자기 인생의 거룩한 본분을 완수하지 못할 것입니다. 그래서 교회에서의 지체의식은 매우 중요합니다. 즉 구원을 이루어 가는 일에 있어서 교회 안에서의 자아를 발견하고 그 안에서 자아를 성숙시켜 나가는 것은 매우 중요한 일입니다. 왜냐하면 교회의 지체로서의 '나' 한 사람의 결핍은 '우리'라는 교회 공동 운명체에 심각한 결핍을 가져오기 때문입니다. 이러한 공동 운명체로서의 책임의식은 유독 성경에서 강조된 매우 독특한 사상입니다.

그와 같은 사상을 가르쳐 주는 사건들이 성경에 많이 나타나는데 그 중의 하나가 아이성 사건입니다. 아간이 죄를 범한 일로 인해 전 이스라엘이 하나님께 엄중한 심판을 당합니다(수 7장). 심지어 36명이 죽임을 당하는 결과를 가져왔습니다. 그리고 아간은 그 일로 인해 자기뿐만 아니라 자기에게 속한 아들들과 딸들까지 죽임을 당하게 하였습니다. 이러한 운명 공동체적인 형벌은 오직 성경에서만 찾아 볼 수 있습니다. 이처럼 단체의 대표로서의 '나' 한 사람이 전체에 끼치는 영향은 절대적인 것이 성경의 원리입니다.

반면에 죄지은 사람이 그에 따른 대가를 치르게 하는 개인 형벌주의는 세상에서나 볼 수 있는 형벌의 원칙입니다. 그래서 세상에서의 삶의 원칙은 어디까지나 개인의 목적을 이루는 것을 원칙으로 합니다. 다른 사람이 자기 인생의 목적을 완수하는 일이나 혹은 그 일에 실패하는 것이 '나'와는 아무런 상관이 없습니다. 그리고 그에 따른 보상도 각자 자기가 얻거나 대가를 치를 뿐입니다.

다른 사람의 성취 여부에 따라 자기 인생에 커다란 영향을 끼치는 일은 없습니다. 혹 있다면 그것은 간접적인 문제이지 직접적으로 자기에게 책임이 주어지는 것이 아닙니다. 그래서 서로의 인생에 대해 철저하게 외면합니다. 구태여 간섭할 필요도 없고 간섭받는 것은 더 싫어합니다.

그러나 언약 공동체인 교회에서는 그렇지 않습니다. '나' 한 사람이 인생의 길을 정상적으로 이루어 나가지 않으면 그것은 언약 공동체인 교회에 결핍을 가져다주는 결과를 초래합니다. 그리고 우리 교회의 결핍은 나아가 우주적인 교회(무형교회)에 심각한 결핍을 가져오게 합니다.

그 결과는 구체적으로 하나님의 영광을 완전하게 나타내지 못하게 합니다. 결국 그 책임은 하나님 나라를 구성하는 전 교회의 지체들에게 주어지게 되는 것입니다. 궁극적으로 하나님의 영광을 드러내기 위해 존재해야 할 우주적인 하나님 나라가 그 일을 완수하지 못하는 결핍을 초래하는 것입니다. 이처럼 '나' 한 사람의 인생의 경영은 하나님의 영광과 직접적으로 연관지어져 나타난다는 점에서 우리의 위치가 얼마나 막중한 책임을 져야 할 자리인가를 잘 알 수 있습니다.

이처럼 상호 구원의 관계를 가지고 있는 것이 언약 공동체인 교회입니다. '나' 한 사람의 구원의 완성이 결국 전체 교회원들의 구원을 완성하게 하는 반면에 '나' 한 사람의 인생에 대한 부실은 전 교회원들의 구원에 막대한 방해를 가져다 준다는 점에서 우리는 우리 각자의 인생에 대해 심각한 책임을 통감해야 합니다.

이러한 신비한 연합을 통해 공동 사회를 건설하는 일이란 몇몇 사람들의 생각이나 사회적인 현상이나 어떤 철학적인 사상을 바탕으로 하지 않고 복음의 이해를 바탕으로 이루어진다는 사실을 우리는 매우 중시해야 합니다. 결국 복음에 대한 바른 이해가 우리를 영적 연합을 이루게 하는 원동력이 되는 것입니다.

한 마음을 이루고 한 뜻이 되어 공동의 목적을 가지고 하나의 사회를 이룬 것이 바로 교회입니다. 그리고 그 교회 안에서 공동 사회를 이루어 나가고 하나의 독특한 성품을 표출해 나가게 되는데 그것이 교회의 고유한 문화가 됩니다. 이 문화는 이 시대에 잠시 나타났다 사라지는 유물로서 존재하는 것이 아니라 영원한 시간을 따라서 하나님 나라를 표방하게 하는 귀중한 자료가 되는 것입니다. 바로 이런 차원에서 우리는 하나님 나라를 건설해 나간다고 하는 것입니다.

우리가 이땅에 구체적이고 유형적이며 완성된 하나님 나라를 건설하는 것은 아닙니다. 우리가 구성하고 있는 언약 공동체인 교회로서의 삶의 형태가 단회적이지 않고 복음의 보호 아래 지속적으로 이어지게 될 때 거기에는 아무도 무시할 수 없는 매우 고상하고 독특한 문화가 발생하게 되는 것입니다. 바로 거기에서 하나님의 영광이 빛나게 될 것입니다.

우리 각 사람이 교회 안에서 확인된 자기 인생을 정당하고 역사 앞에서 책임 있게 경영해 나갈 때 그것을 바탕으로 하나님 나라가 세워질 것이며 하나님의 지고하신 영광이 빛나게 되는 것입니다. 바로 그것이 우리 인생이 추구해야 할 궁극적인 인생의 목적입니다.

이러한 관점에서 하나님 나라의 헌장이라고 할 수 있는 마태복음 5장 1–16절을 연구한다는 것은 중요한 가치가 있습니다. 특히 산상수훈의 강령이라고 할 수 있는 이 부분에 대해 관심을 가지고 있다는 것은 그만큼 계시에 대한 관심이 깊다는 것을 의미합니다.

그렇지만 본문을 기독교의 주요 사상을 연구하는 학문적인 대상으로만 대한다면 주님께서 산상수훈을 선포하신 의도를 간과해 버리는 결과를 가져다 줄 것입니다. 오히려 본문을 학문적인 관심의 대상으로 대할 것이 아니라 실제로 그리스도인이 이땅에서 추구해야 할 삶의 규범으로 받아들일 때 본문은 비로소 그 빛을 발하게 될 것입니다.

1994년 성탄절을 맞이하며

차 례

CNB 시리즈 서문 / 5
개정증보판 머리말 / 9
초판 머리말 / 12
〈표〉 예수님의 간략한 생애 / 26

제1부 | 하나님의 나라

〈서론 1〉 산상수훈의 구속사적 위치 / 31
〈서론 2〉 마태복음에서 산상수훈의 위치 / 47

I. 하나님 나라의 내형적인 실체(實體)

제 1 장 _ 심령이 가난한 자 ··· 72
제 2 장 _ 애통하는 자 ·· 88
제 3 장 _ 온유한 자 (1) ·· 105
제 4 장 _ 온유한 자 (2) ·· 120
제 5 장 _ 의에 주리고 목마른 자 (1) ······························· 136
제 6 장 _ 의에 주리고 목마른 자 (2) ······························· 154
제 7 장 _ 의에 주리고 목마른 자 (3) ······························· 173

II. 하나님 나라의 외형적인 실체(實體)

제 8 장 _ 긍휼히 여기는 자 (1) ······································· 190
제 9 장 _ 긍휼히 여기는 자 (2) ······································· 205

제 10 장 _ 긍휼히 여기는 자 (3) ················ 218

제 11 장 _ 긍휼히 여기는 자 (4) ················ 232

제 12 장 _ 마음이 청결한 자 (1) ················ 252

제 13 장 _ 마음이 청결한 자 (2) ················ 265

제 14 장 _ 화평케 하는 자 (1) ················ 281

제 15 장 _ 화평케 하는 자 (2) ················ 296

Ⅲ. 하나님 나라의 본질적인 성격(性格)

제 16 장 _ 의를 위하여 핍박받는 교회 (1) ················ 316

제 17 장 _ 의를 위하여 핍박받는 교회 (2) ················ 339

제 18 장 _ 세상의 소금으로서 교회 (1) ················ 361

제 19 장 _ 세상의 소금으로서 교회 (2) ················ 383

제 20 장 _ 세상의 빛으로서 교회 (1) ················ 401

제 21 장 _ 세상의 빛으로서 교회 (2) ················ 415

제2부 | 천국 백성의 삶

〈프롤로그〉 그리스도께서 세우신 새 창조의 세계 / 429

〈서론〉 천국 백성이 누려야 할 삶 / 433

제 1 장 _ 율법과 선지자 ················ 447

제 2 장 _ 살인하지 말라 (1) ················ 460

제 3 장 _ 살인하지 말라 (2) ················ 472

제 4 장 _ 살인하지 말라 (3) ················ 484

제 5 장 _ 혼인제도 (1) ················ 496

제 6 장 _ 혼인제도 (2) ················ 510

제 7 장 _ 혼인제도 (3) ················ 521

제 8 장 _ 맹세하지 말라 ················ 532

제 9 장 _ 악한 자를 대적치 말라 (1) ················ 542

제 10 장 _ 악한 자를 대적치 말라 ⑵ ⋯⋯⋯⋯⋯⋯⋯ 552

제 11 장 _ 악한 자를 대적치 말라 ⑶ ⋯⋯⋯⋯⋯⋯⋯ 565

제 12 장 _ 원수를 사랑하라 ⑴ ⋯⋯⋯⋯⋯⋯⋯⋯⋯ 577

제 13 장 _ 원수를 사랑하라 ⑵ ⋯⋯⋯⋯⋯⋯⋯⋯⋯ 588

제3부 | 주께서 가르치신 기도

〈프롤로그〉하나님의 경륜과 천국 백성의 삶 / 601

〈서론〉하나님의 의를 구현하는 제도들 / 605

제 1 장 _ 외식하지 말라 ⋯⋯⋯⋯⋯⋯⋯⋯⋯⋯⋯ 615

제 2 장 _ 하나님께서 받으시는 기도 ⋯⋯⋯⋯⋯⋯ 627

제 3 장 _ 기도의 정신 ⋯⋯⋯⋯⋯⋯⋯⋯⋯⋯⋯⋯ 638

제 4 장 _ "하늘에 계신 우리 아버지" ⋯⋯⋯⋯⋯⋯ 651

제 5 장 _ "이름이 거룩히 여김을 받으시오며" ⋯⋯⋯ 662

제 6 장 _ "나라이 임하옵시며" ⋯⋯⋯⋯⋯⋯⋯⋯⋯ 673

제 7 장 _ "뜻이 이루어지이다" ⋯⋯⋯⋯⋯⋯⋯⋯⋯ 684

제 8 장 _ 주께서 가르치신 기도의 내용 ⋯⋯⋯⋯⋯ 695

제 9 장 _ "우리에게 일용할 양식을 주옵시고" ⋯⋯⋯ 706

제 10 장 _ "우리의 죄를 사하여 주옵시고" ⋯⋯⋯⋯ 717

제 11 장 _ "시험에 들게 하지 마옵시고 다만 악에서 구하옵소서" ⋯⋯⋯ 728

제 12 장 _ 기도하는 자의 정당한 위치 ⋯⋯⋯⋯⋯⋯ 739

제 13 장 _ 기도의 궁극적 목적 ⋯⋯⋯⋯⋯⋯⋯⋯⋯ 750

제 14 장 _ 기도의 성격과 방향 ⋯⋯⋯⋯⋯⋯⋯⋯⋯ 761

제 15 장 _ 기도의 자세 ⋯⋯⋯⋯⋯⋯⋯⋯⋯⋯⋯⋯ 771

제 16 장 _ 하나님의 뜻을 순종함 ⋯⋯⋯⋯⋯⋯⋯⋯ 781

성구색인 / 791

〈표〉예수님의 간략한 생애

A. 예수님의 유아시절

BC 6년	• 베들레헴에서 탄생(마 1:22-23; 눅 1:31-35) • 목자들의 경배(마 1:18-25; 눅 2:1-7) • 생후 8일에 할례 받음(눅 2:21) • 생후 40일째 되는 날 규례에 따라 성전에서 결례를 행함(눅 2:22-40) • 동방박사들의 경배(마 2:1-12) • 두 살 이하의 아이들 피살로 인해 애굽으로 피신(마 2:13-18)
BC 4년	• 헤롯 왕 사망 • 애굽에서 나사렛으로 귀환(마 2:19-23)
AD 6년	• 예루살렘 방문, 성전에서 성경에 대하여 랍비들과 대화(눅 2:41-52)

B. 예수님의 공생애

제1기 사역 (유대, 예루살렘, 갈릴리 가나, 나사렛)	
AD 26년 여름	• 요단강에서 세례자 요한으로부터 물세례 받음(마 3:13-17; 막 1:9-11; 눅 3:21-23; 요 1:29-39) • 광야에서 시험을 받음(마 4:1-11) • 세 제자 안드레, 베드로, 빌립 부르심(요 1:35-44) • 빌립의 소개로 나다나엘의 방문(요 1:45-51) • 가나 혼인잔치에서 첫 번째 이적인 물로 포도주를 만듦(요 2:1-11)
AD 26년 겨울	• 예루살렘에 올라가 성전을 정결케 함(요 2:14-22) • 니고데모의 방문(요 3:1-21) • 갈릴리로 가던 중 수가성에서 사마리아 여인을 만남(요 4:5-42)
AD 27년 봄	• 가나에서 왕의 신하의 아들 병을 고침(요 4:46-54) • 나사렛에서 배척을 당함(눅 4:16-31)
제2기 사역 (갈릴리, 가버나움)	
AD 27년 여름	• 갈릴리 호수에서 시몬 베드로, 안드레, 요한, 야고보를 부르심(마 4:18-22; 막 1:16-20; 눅 5:1-11)

AD 27년 가을	• 갈릴리 지역 중심으로 제1차 복음 전파 및 많은 병자들을 고침(막 1:35-39; 눅 4:42-44 참고) • 가버나움에서 마태 부름(마 9:9-13; 막 2:14-22; 눅 5:27-32)
AD 28년 초	• 제2차 예루살렘 방문(요 5:1) • 열두 제자를 부름(막 3:13-19; 눅 6:12-15)
AD 28년 봄	• 다볼산에서 제자들에게 '산상수훈' 강설(마 5:1-7; 눅 6:20-49) • 가버나움에서 한 여인의 기름부음을 받음(눅 7:36-50) • 갈릴리 지역 중심으로 제2차 복음 전파 및 많은 병자들을 고침(눅 8:1-3) • 7가지 천국에 관한 비유 강설(마 13:1-52; 막 4:1-34; 눅 8:4-18)
AD 28년 가을	• 갈릴리 바다의 폭풍을 잔잔케 함(마 8:23-27; 막 4:35-41; 눅 8:22-25) • 가버나움에서 야이로의 죽은 딸 살림(마 9:18-26; 막 5:21-43; 눅 8:40-56) • 두 번째 고향에서 배척당함(마 13:54-58; 막 6:1-6) • 복음 전파 위한 열두 제자 파송(마 9:35-11:1; 막 6:6-13; 눅 9:1-6)

제3기 사역 (갈릴리, 유대, 예루살렘)

AD 29년 초	• 세례 요한이 헤롯에 의해 살해됨(마 14:1-12; 막 6:14-29; 눅 9:7-9)
AD 29년 봄	• 벳새다에서 오천 명을 먹이신 오병이어 이적을 행함(마 14:13-21; 막 6:30-44; 눅 9:10-17; 요 6:1-14) • 갈릴리 호수에서 물 위로 걷는 이적 행함(마 14:22-23; 막 6:45-52; 요 6:16-21) • 두로와 시돈 방문, 귀신 들린 여자 아이와 이방 여인의 병든 아들 고침(마 15:32-39; 막 8:1-9) • 갈릴리로 돌아와 사천 명을 먹이심. 각색 병든자들을 고침(마 15:32-39; 막 8:1-9) • 가이사랴 빌립보에서 베드로의 신앙고백 들으시고 그 고백을 반석으로 하여 그 터 위에 교회를 세우겠다고 선언함(마 16:13-20; 막 8:27-30; 눅 9:18-21) • 예루살렘에 가서 고난 받고 죽으실 것을 예고함(마 16:21-26; 막 8:31-37; 눅 9:22-25) • 베드로, 야고보, 요한을 동반하여 변화산에 올라감(마 17:1-13; 막 9:2-13; 눅 9:28-36) • 두 번째 수난을 예고함(마 17:22-23; 막 9:30-32; 눅 9:43-45) • 성전세 납부 사건(마 17:24-27) • 형제들의 배척을 받음(요 7:2-9)

AD 29년 10월	• 수장절에 예루살렘에 세 번째 올라감(요 7:11-52) • 70인의 복음 사역자 파송(눅 10:1-24) • 선천적인 장님을 고침(요 9:1-41) • 베다니에 있는 마르다와 마리아를 방문함(눅 10:38-42)
AD 30년 초	• 봄이 오기 전에 예루살렘을 방문함(눅 17:11) • 요단강으로 다시 내려가 어린이들을 축복함(마 20:17-19) • 어떤 부자 청년을 만남(막 10:32-34) • 세 번째 수난에 대한 예고(마 20:17-19; 막 10:32-34; 눅 18:31-34) • 소경 바디매오의 눈을 뜨게 함(막 10:46-52) • 여리고에서 삭개오를 만남(눅 19:1-10) • 제자들에게 예수님의 죽으심과 부활에 관해 말씀함(눅 19:31-34) • 베다니에서 죽은 나사로를 살리심(요 11:1-44)
AD 30년 봄	〈마지막 칠일의 행적〉 • 일요일 - 천국 왕의 예루살렘 입성, 종려 주일(막 11:1-11) • 월요일 - 무화과나무 저주, 성전 청결(막 11:12-19) • 화요일 - 유대인들과 논쟁, 비유, 말세 예언(마 24장; 막 11:20-13:37) • 수요일 - 옥합의 향유를 부음 받음, 유다의 반역(막 14:1-11) • 목요일 - 최후의 만찬, 겟세마네 기도, 가룟 유다의 배신, 체포, 심문(막 14:12-65) • 금요일 - 심문과 처형, 신비의 침묵, 가상칠언(막 14:66-15:47) • 토요일(안식일) - 무덤 속의 하나님의 아들 : 지옥 강하(벧전 3:18, 19)
	〈부활과 그 이후의 행적〉 • 일요일 - 부활, 생명의 획득(막 16:1-20) • 부활 후 40일 동안 친히 자신의 부활을 증거함(행 1:3) • 성령을 부어주실 것이라고 약속하신 후 승천함(행 1:3-11)
AD 30년 여름	• 예수께서 약속한 성령이 오순절날 강림함(행 2:1-13)

교회시대 시작

제1부 | 하나님의 나라

〈서론 1〉

산상수훈의 구속사적 위치

산상수훈의 가르침을 공부하기 전에 예수 그리스도의 생애를 개괄적으로 살펴볼 필요가 있다. 이것은 산상수훈이 예수 그리스도의 생애 가운데에서 어떤 위치를 차지하고 있는가를 이해하는 데 도움이 되기 때문이다. 마태복음을 중심으로 예수님의 생애 중에서 행하신 주요 사역들을 정리하면 다음과 같다.

1. 예수님의 생애 중심에 있는 산상수훈의 위치

1) 유년시절 : 마태복음 1-2장에서 예수님의 유년시절을 읽을 수 있다. 예수께서 태어나신 때는 대략 BC 6년 정도라고 추측된다. 베들레헴에서 탄생하셨고 예수님이 탄생하신 후 목자들의 경배가 있었다(마 1:18-25; 눅 2:1-7). 누가복음 2장에서는 예수님이 생후 8일 만에 할례를 받으셨다고 기록하고 있다(눅 2:21).

생후 40일째 되는 날 규례에 따라서 성전에 가셨고 요셉과 마리아는 거기에서 결례를 행하였다(눅 2:22-40). 이는 "첫 태에 처음 난 남자마다 주의 거룩한 자라 하리라"(눅 2:23; 출 13:2, 9)는 가르침에 따라 첫 아이를

낳으면 하나님께 드리는 의식(레 12:2-6)에 따른 것이다. 예수님은 요셉
과 마리아의 첫 아들이었기 때문에 하나님을 위해 구별되었다는 의미
로 결례를 행한 것이다.

그후 동방박사들이 방문하여 아기 예수께 경배하였음을 마태[1]가 증
언하고 있다(마 2:1-12). 이와 관련해 헤롯 왕에 의해 두 살 이하의 아이
들이 피살당하게 되자 주의 사자가 급히 예수님을 애굽으로 피신하게
하였다(마 2:13-18).[2]

---

1) 마태복음의 저자 마태(מַתִּתְיָה, '여호와의 선물' 이라는 의미)는 '레위' 로도 불
렸다(마 9:9; 막 2:14; 눅 5:27, 29). 마태는 가버나움에 있는 국제세관의 세리였다
(마 10:3; 눅 5:27). 당시 가버나움은 가나안 지역에서 비중 있는 국제 무역을 관
장하는 세관이 있었으며, 마태는 이 세관에 소속된 세리였다. 이로 보아 마태는
외국어를 자유롭게 구사하는 수준 높은 인물이었음이 확실하다. 일반적으로
지방에 거주하는 세리들은 동족의 재산을 합법적으로 갈취하는 세금 청부업자
와 같았지만 마태는 국제 무역을 관장하는 세리였다는 점에서 구별되어야 한
다. 마태는 예수님의 부르심을 받은 후 세리직을 그만두었다(눅 5:28).
2) 헤롯은 이두메 출신으로 에돔의 후손이었다. 본래 에돔은 앗수르의 디글랏빌
레셀3세(Tiglath-Pileser III, BC 745-727) 치하에서 속국이 되어 앗수르바니팔
(Asshurbanapal, BC 668-627)이 죽을 때까지 100여 년 동안 앗수르의 통치 아래
에 있었다. 그러다가 BC 605년에는 자진하여 바벨론의 느부갓네살의 통치 아
래에 들어갔다. 에돔은 BC 594년에 예루살렘에서 있었던 반 바벨론 모의에 두
로, 시돈, 암몬, 모압 등과 함께 참여했다(렘 27장). 이것은 하나님의 주권에 대
한 도전으로 간주되었다. 그러나 BC 588년에 유다가 바벨론으로부터 독립하
려고 할 때에는 적극적으로 바벨론에 협력했다(겔 25:12-14; 시 137:7; 옵 1:11).
유다가 멸망했을 때 적지 않은 난민들이 에돔으로 피신을 했지만 에돔은 여전
히 유다에 대해서는 적대적인 태도를 유지하고 있었다. 이후 에돔은 BC 552년
나보니두스(Nabonidus, BC 556-539)의 원정으로 멸망을 당하게 되었다(말 1:2-
4). 나라가 망하자 에돔 족속들은 유다의 남부 지역으로 이동하여 후에 이두메
(Idumaea)로 불리는 헤브론을 탈취했다. 이두메는 에돔(אֱדוֹם)의 헬라화된 명칭
이다. 후에 이두메는 BC 165년에 유다 마카비우스(Judas Maccabaeus)에 의해 점
령되었는데 이때부터 이두매는 유대에 편입되었다. 예수께서 오셨을 때에는
로마의 황제 알렉산더 얀네우스(Aleander Jannaeus)가 헤롯을 팔레스틴의 통치
자로 임명했다. 이때 유대는 이두메와 함께 팔레스틴으로 합병되어 있었기 때
문에 헤롯은 유대의 왕이기도 했다. 헤롯 대왕이 예수님의 탄생을 기점으로 수
많은 어린 사내아이들을 죽인 사건(마 2:19)은 다윗 왕국 이후부터 계속되었던
에돔과의 적대감과 결코 무관하지 않다.

헤롯의 야만적인 유아 살해 사건이 있은 후 헤롯 왕이 죽었다는 소식을 접한 요셉은 주의 사자의 도움으로 예수님을 모시고 나사렛으로 귀환하게 된다(마 2:19-23).

애굽에서 돌아온 일에 대해 마태는 호세아의 예언이 성취되었다는 점을 중시하면서 예수 그리스도는 새 이스라엘을 건설하실 '이스라엘'이라고 증거하고 있다(호 11:1; 마 2:23). 여기에서 마태는 예수 그리스도께서 이스라엘의 유일한 '남은자'(the Remnant)이심을 주장하며 구약의 '남은자' 사상을 새삼 일깨워 예수 그리스도에게 적용시키고 있다.

예수님의 어린 시절에 대한 더 이상의 상세한 기록은 성경에서 찾아볼 수 없다. 단지 예수님이 열두 살 되던 해 예루살렘을 방문하여 성전에서 랍비들과 성경에 대해 많은 이야기를 하고 이 일로 사두개인들을 놀라게 한 기록이 있을 뿐이다(눅 2:41-52).

2) 공생애 시절 : 예수님이 공생애를 시작하신 것은 AD 26년경 여름부터라고 추측된다. 공생애 시기는 크게 3기로 나누어진다.

① 제1기
제1기에 예수님이 하신 일은 요단강에서 세례 요한으로부터 물세례를 받으시고(마 3:13-17; 막 1:9-11; 눅 3:21-23; 요 1:29-39) 광야에 가셔서 40일 동안 계셨다가 사탄의 시험을 접하게 된다(마 4:1-11; 막 1:12-13; 눅 4:1-13). 그후 예수님은 혼인 잔치에 초대를 받아 가나로 가셔서 물로 포도주를 만드시는 첫 번째 이적을 행하셨다(요 2:1-11). 그 해 겨울이 되어 예루살렘에 올라가서 예루살렘 성전을 청결케 하는 일을 하셨다(요 2:14-22).

어떤 학자들은 예수님의 성전 정결 사역은 십자가를 앞두고 한 번 있었는데 요한이 신학적인 입지를 가지고 예수님의 사역 초기에 있었던 일인 것처럼 의도적으로 기록했다고 보는 견해를 피력하기도 한다. 사실 예수님이 성전 정결 사역을 두 번에 걸쳐 행하셨는지, 한 번 하신 일을 복음서 기자들이 두 번 하신 일로 기록한 것인지는 지금도 신학적 논제로 남아 있다.

그러나 예수님의 성전 정결 사역은 중요한 의미를 가지고 있다는 점은 부인할 수 없다. 또한 공관복음서 기자들의 기록과 요한복음의 기록을 자세히 살펴보면 그 정황이 매우 다른 것을 볼 수 있다. 이것은 성전 정결 사건이 두 번에 걸쳐 있었음을 보여주는 내증이라 할 수 있다. 이 점을 보아 성전 정결 사건은 예수님의 사역 초기와 말기에 각각 있었던 것으로 보아야 할 것이다.

이 일 후 니고데모의 방문이 있었다(요 3:1-21). 예수님은 갈릴리로 돌아오시는 도중에 사마리아를 들러 수가성의 사마리아 여인을 만나시게 된다. 사마리아 여인은 예수님과 대화를 나눈 후 '당신은 메시아로소이다' 라는 신앙을 고백하였다(요 4:5-42).

예수님은 27년경 봄이 되어서 다시 가나에 오시게 되는데 여기에서 신하의 아들을 고치셨다. 왕의 신하가 예수님에게 와서 자기 아들을 병에서 낫게 하여 달라고 하자(공관복음서에는 왕의 신하가 직접 예수님 앞에 온 것이 아니라 장로들을 통해 의사를 전달한 것으로 표현하고 있다) 예수님은 돌아가면 나아 있을 것이라고 말씀하셨다. 그 말씀은 사실로 성취되었다(요 4:46-54).

그후 나사렛에 가셨는데 나사렛 사람들은 예수님을 배척하였다. 이에 예수께서는 선지자는 고향에 가서 환영을 받지 못한다는 말씀을 하셨다(눅 4:16-31). 여기까지가 예수님의 공생애 사역 제1기이다. 이때까지만 해도 예수님은 사람들에게 별로 알려지지 않았으며 예수님의 사역을 본격적으로 시작하기 위해 준비하는 기간이었다.

② 제2기

제2기는 주로 갈릴리와 가버나움을 중심으로 예수님이 활동하신다. 27년경 여름에 예수님은 4명의 제자를 부르신다. 시몬 베드로, 안드레, 야고보, 요한을 갈릴리 바다에서 부르셨다(마 4:18-22; 막 1:16-20; 눅 5:1-11). 그후 열병에 걸린 베드로의 장모를 고쳐주셨다(마 4:23-25; 막 1:35-39; 눅 4:42-44).

가을에 이르러 본격적으로 갈릴리 지역을 중심으로 복음전파 사역을 시작하셨다. 마태복음 4장 23-25절에 보면 갈릴리 지역을 중심으로 복음을 전파하는 사역과 함께 많은 병자들을 고치시는 것을 보게 된다(막 1:35-39; 눅 4:42-44 참고). 그후 가버나움에서 마태를 만나셨다. 마태는 세리직을 버리고 예수님의 제자가 되었다(마 9:9-13; 막 2:14-22; 눅 5:27-32).

해가 바뀌어 28년경 계절로는 아직 겨울이었을 때 예수님은 열두 제자를 부르셨다(막 3:13-19; 눅 6:12-15). 열두 제자를 택하신 후 그 제자들을 중심으로 28년 봄에 다볼산에 올라가셨다. 거기에는 많은 사람들이 따라 왔다. 그 많은 사람들을 뒤에 두시고 제자들에게 하신 말씀이 바로 '산상수훈'이다(마 5:1-7; 눅 6:20-49). 예수께서 본격적으로 사역을 하시던 제2기에는 제자들을 부르시고 그 제자들을 가르치신 일과 그들에게 '산상수훈'을 선포하는 일을 하셨다.

산상수훈을 선포하고 산에서 내려오신 뒤에 예수께서 가버나움에 가셨다. 여기에서 죄인이라고 성경에서 말하는 어떤 여인이 예수께 와서 향유를 붓는 일이 발생하였다(눅 7:36-50). 그 해 여름에 예수님은 2차로 갈릴리 지방을 중심으로 복음을 선포하는 일을 하신다(눅 8:1-3). 이 기간에 예수께서는 마태복음 13장에 나와 있는 천국에 대한 비유를 이야기하는데 천국은 이러하다 하며 일곱 가지의 비유를 말씀하셨다(마 13:1-52; 막 4:1-34; 눅 8:4-18).

예수님은 천국에 대한 가르침을 선포하고 다니시다가 가을쯤 해서 갈릴리 바다를 지나면서 폭풍을 잔잔하게 하셨다. 제자들이 이런 일을 참으로 기이하게 여겼다(마 8:23-27; 막 4:35-41; 눅 8:22-25). 그후 예수님은 가버나움에서 죽은 야이로의 딸을 살리셨다(마 9:18-26; 막 5:21-43; 눅 8:40-56). 이러한 일련의 일들이 있은 후 예수님은 열두 제자를 파송하면서 하나님 나라의 복음을 전파하라고 말씀하셨다(마 9:35-11:1; 막 6:6-13; 눅 9:1-6).

여기까지가 제2기 동안에 하신 일들이다. 열두 제자를 부르신 일과 산상수훈을 선포하신 일, 천국 비유를 선포하시고 신적(神的)인 이적을 행하신 일, 폭풍을 잔잔케 한다든지 죽은 야이로의 딸을 살린다든지 열두 제자를 파송하신 일들을 하셨다. 이때가 예수께서 가장 활발하게 활동하시던 기간이다.

③ 제3기

제3기는 29년경 초, 계절로는 아직 봄이 오기 전인 겨울에 시작되는데 세례 요한이 헤롯에 의해 죽임을 당하는 일에서부터 시작된다(마 14:1-12; 막 6:14-29; 눅 9:7-9). 이때부터 예수님은 그 생애 중에서 매우 중요한 결단을 하신다.

예수님은 봄이 되자 말씀을 선포하는 일을 하셨는데 말씀을 듣기 위해 벳새다에 모인 오천 명을 먹이시는 오병이어의 이적을 행하셨다(마 14:13-21; 막 6:30-44; 눅 9:10-17; 요 6:1-14). 그후 갈릴리 바다에서 물 위로 걸어가시는 이적을 행하셨다. 이때 베드로는 물에 빠질 뻔했었다(마 14:22-23; 막 6:45-52; 요 6:16-21).

이후 예수님은 두로와 시돈을 방문하셨다(마 15:32-39; 막 8:1-9). 거기에서 귀신들린 여자 아이를 고치셨다. 이때 어떤 이방 여인이 와서 자기 아이를 고쳐달라고 하자 "나는 이방인에게는 보냄을 받지 않았다. 자녀의 떡을 취해서 개에게 주지 않는다"는 말씀을 하셨다. 이 말을 들은 여인은 '개들도 주인의 상에서 떨어지는 부스러기를 먹으며 산다' 고 대답하였고 이를 기이한 신앙으로 여기신 예수님은 이방 여인의 아이를 고쳐주셨다.

다시 갈릴리로 오셔서 사천 명을 먹이시는 일을 하셨다. 거기에는 절 뚝발이, 불구자, 소경, 벙어리들이 많이 모여 있었다. 예수님은 그들을 고쳐주셨다(마 15:32-39; 막 8:1-9).

이후 예수님은 제자들을 데리고 북쪽으로 여행하시던 중 가이샤랴 빌립보에서 "사람들이 나를 누구라 하더냐"고 물으셨다. 베드로가 제 자들을 대표하여 "주는 그리스도시요 살아계신 하나님의 아들이시니이다"라고 고백하였다. 예수님은 그 고백을 반석으로 하여 그 터 위에 교 회를 세우시겠다고 선언하신다(마 16:13-20; 막 8:27-30; 눅 9:18-21). 이때 가 29년경 여름이었다.

이때부터 예수께서는 제자들에게 자신이 예루살렘에 가서 고난을 받 고 죽으실 것이라는 내용의 가르침을 시작하셨다(마 16:21-26; 막 8:31-37; 눅 9:22-25). 그리고 난 뒤에 예수님은 베드로와 안드레와 요한을 동반 하여 변화산에 올라가셨다. 이곳에서 예수님은 모세와 엘리야를 만나 시고 예수님의 고난 받으심과 구속 사역의 완성에 대한 구체적인 계획 을 의논하셨다(마 17:1-13; 막 9:2-13; 눅 9:28-36).

29년 10월경 수장절(추수감사절과 비슷한 절기)이 되자 예수님은 예루살 렘으로 가셨다(요 7:11-52). 예루살렘에서 선천적인 장님을 고치시고(요 9:1-41) 베다니에 있는 마르다와 마리아를 방문하셨다(눅 10:38-42). 그러 고 나서 30년경 아직 봄이 오기 전 겨울쯤에 예수님이 예루살렘을 마지 막으로 방문하셨다(눅 17:11).

예수님은 요단강으로 다시 넘어오셔서 어린이들에게 축복하셨다. 어 떤 부자 청년이 나와서 영생 얻는 길을 물어오자 모든 소유를 팔고 나를 따라오라고 말씀하셨다. 예수님은 제자들에게 자신의 죽으심과 부활에 대해 다시 심도 있게 말씀하셨다(마 20:17-19; 막 10:32-34; 눅 19:31-34). 예수님은 여리고에 가셨다가 소경 바디매오의 눈을 뜨게 하시고 거기에서 삭개오를 만나셨다.

다시 베다니로 가셔서 마리아와 마르다를 방문하시고 마침내 30년 봄 4월경 예루살렘에 입성하시게 된다. 이때 죽은 나사로를 살리셨다(요 11:1-44). 예수님은 열매 없는 무화과나무를 저주하시고 다시 성전을 청결케 하는 일을 하셨다. 그후 어떤 여인이 예수님의 장사를 위해서 향유를 붓는 일이 있었다.

그리고 구속사의 정점을 이루는 새로운 언약 체결식으로서 최후의 만찬을 행하신 후 그날 밤 겟세마네 동산에서 기도하시다가 붙잡히셨다. 세상 세력을 대표하는 로마 군대에 의해 예수님은 안식일 전날인 금요일, 십자가에서 죽으시고 사흘 만에 부활하셨다. 그후 45일 동안 제자들을 가르치신 후에 감람산에서 승천하시게 된다. 제3기에는 주로 신인(神人)으로서 여러 가지 이적을 행하셨다.

이상으로 예수님의 일생을 간략하게 살펴보았다. 그 내용을 요약하면 예수께서 산상수훈을 선포하신 때는 예루살렘을 다녀오신 후에 된 일로 열두 제자를 부르시어 그들을 상대로 하나님 나라의 도리를 선포하셨다.

산상수훈을 선포하고 난 뒤에는 천국 비유를 가르치시고, 폭풍을 잔잔케 하시고, 오천 명을 먹이시고, 갈릴리 바다 위를 걸으시고, 그후에 베드로의 신앙 고백이 있었다. 그때부터 줄곧 예수님은 예루살렘에서 고난을 받아 죽으실 것을 말씀하시고, 이어 변화산에 들르셨다가 예루살렘에 입성하게 된다.

이러한 내용을 본다면 예수님의 사역은 산상수훈을 선포하시고 난 뒤부터 본격적으로 시작되었음을 알 수 있다.

　예수께서 행하신 사역의 성격이 어떤 것인가에 대해서는 마태복음
1-4장에서 마태가 자세하게 가르쳐 주고 있다. 여기에서 마태는 하나
님의 나라를 그가 어떻게 건설하실 것인가? 하나님의 나라를 건설하실
그분은 누구인가? 하는 문제를 기록하고 있다.[3]
　하나님 나라의 성격이 두드러지게 나타난 산상수훈을 예수께서 선포
하시고 난 뒤부터 본격적으로 하나님의 나라를 건설해 나가시는 것을
예수님의 생애를 통해서 볼 수 있다. 이런 점에서 산상수훈은 예수님의
생애에서 중심적인 위치를 차지하고 있음을 알 수 있다.

2. 산상수훈의 구속사적 위치에 대하여

　예수께서 언제부터 공생애를 시작해야 할 것을 어떻게 아셨을까? 예
수께서 세상에 나가 하나님 나라를 구체적으로 선포하고 건설하기로
결정하신 동기는 마태복음 4장 12절에서 보는 것처럼 세례 요한이 헤
롯에게 잡힌 사건이었다. 이때부터 예수께서 본격적으로 메시아로서
활동을 시작하셨다.
　마태복음 4장 12절은 "예수께서 요한의 잡힘을 들으시고 갈릴리로
물러가셨다가 나사렛을 떠나 스불론과 납달리 지경 해변에 있는 가버
나움에 가서 사시니 이는 선지자 이사야로 하신 말씀을 이루려 하심이
라 일렀으되 '스불론 땅과 납달리 땅과 요단강 저편 해변 길과 이방의
갈릴리여 흑암에 앉은 백성이 큰 빛을 보았고 사망의 땅과 그늘에 앉은
자들에게 빛이 비취었도다' 하였느니라"고 기록하고 있다. 여기에서

---

3) 이와 관련해 송영찬, 예수 그리스도(마 1-4장 구속사 강해, CNB 701, 2005년, 칼
　빈 아카데미 발행)를 참고하라.

마태는 예수께서 어떤 특별한 목적을 가지고 갈릴리로 가셨음을 증거하고 있다.

마태가 인용한 이 말씀은 이사야 9장 1-2절에서 예언되었다. 예수께서 이 예언을 성취하시기 위해서 갈릴리로 가셨음을 마태는 강조하고 있다. 여기 '물러가셨다' (ανγγωλεω)는 말은 세례 요한의 죽음을 듣고 죽음을 무서워하여 숨었다는 말이 아니다. 즉 예수께서 비겁하게 헤롯을 피해 도망갔다는 말이 아니라 의도적으로 무슨 일인가를 하시려고 갈릴리로 가셨다는 의미이다.

그동안 예수께서는 두드러지게 활동과 일을 하지 않으셨다. 세례를 받고 시험을 받으시고 난 뒤에 그렇게 활동적으로 일하지 않다가 세례 요한이 붙잡히자마자 예수께서 무엇인가 뜻을 가지고 갈릴리로 가셨던 것이다. 세례 요한의 사역이 끝나감을 보시고 예수께서 이제 자신의 때가 되었다고 판단하신 것이다. 이것은 이미 말라기 4장에서도 예언되었으며 이사야 40장에서도 예언된 바 있다.

이러한 예언들은 엘리야와 같은 선지자가 예수님보다 먼저 와서 예수님의 길을 열 것을 말하고 있다. 이 선지자는 엘리야와 같이 하나님의 백성들에게 회개를 선포하는 성격의 사역을 행하게 될 것이다. 바로 그 인물이 세례 요한이었다.

따라서 세례 요한이 헤롯에게 잡혀 실질적으로 그 사역이 끝나게 되었다는 것은 이제 예수께서 사역을 시작하실 때가 되었음을 예표한다. 그러므로 예수께서 갈릴리로 가셨다는 이야기는 비로소 무엇을 해야 할 것인가를 아시고 그 때를 보셨기 때문에 메시아로서 일을 시작하기 위해 장소를 옮기셨음을 알 수 있다.

여기에서 예수께서 행하신 사역의 특성 중 한 면을 엿볼 수 있다. 일반적으로 당시의 정치적, 종교적, 사회적 중심지는 예루살렘이었다. 대부분 이곳에서 어떤 일을 시작하는 것이 일반적인 경향이었다. 그러나 예수님은 변방인 갈릴리에서부터 하나님의 나라를 선포하고 건설하기 시작하셨다.

예수님은 메시아 사역을 갈릴리 바다의 가버나움을 중심으로 시작하셨다. 이 갈릴리라는 곳은 마태복음 2장에서 보도하고 있는 것처럼 멸시와 천대와 어둠이 덮힌 곳이다. 거기에서부터 예수님이 빛을 비추기 시작하셨다는 것은 상당한 의의가 있다. 이 일에 대해 마태는 "선지자 이사야로 하신 말씀을 이루려 하심"이라고 언급하는 것으로 보아 예수께서 갈릴리에서부터 본격적으로 활동하신 것에는 어떤 의미가 있음을 알 수 있다.

마태는 이사야 7장 14절의 "보라 처녀가 잉태하여 아들을 낳을 것이요 그 이름을 임마누엘이라 하리라"는 예언을 염두에 두고 있었다. 이사야는 당시 아하스 왕에게 앗수르의 침공으로부터 하나님 나라를 보호하실 구원의 증표로 임마누엘이 오실 것이라고 선포하였다. 그 예언이 성취될 것에 대한 징표로 "전에 고통하던 자에게는 흑암이 없으리로다 옛적에는 여호와께서 스불론 땅과 납달리 땅으로 멸시를 당케 하셨더니 후에는 해변 길과 요단 저편 이방의 갈릴리를 영화롭게 하셨느니라"(사 9:1)고 풀어 말하고 있다.

그날, 즉 갈릴리에 광명의 날이 임하는 날이 바로 '임마누엘의 날'이라고 이사야는 예언하고 있다. 이사야는 이 사상을 좀 더 발전시켜 "주께서 이 나라를 창성케 하시며 그 즐거움을 더하게 하셨으므로 추수하는 즐거움과 탈취물을 나누는 때의 즐거움 같이 그들이 주의 앞에서 즐거워하오니 이는 그들의 무겁게 맨 멍에와 그 어깨의 채찍과 그 압제자의 막대기를 꺾으시되 ……"(사 9:3-4)라고 하며 모든 압제와 멍에와 채찍으로부터 구속받는 날이 올 것을 이야기하고 있다.

바로 그 날이 갈릴리 지방에 빛이 비추는 날이요 구원의 날이라고 예언한 것이다. 따라서 이제 빛으로 오신 예수께서 갈릴리 지방에 빛을 비추신다는 것은 이사야의 예언이 성취되었음을 의미하는 것이라고 마태는 확고하게 말하고 있다.

본래 갈릴리는 히브리어로 '이방인들의 갈릴리'라고 일컬어진다. 이곳은 이방인들의 지역이다. 이방인들이 상당히 많이 거주하던 곳이었다. 이곳은 이스라엘의 북쪽 지방에 있어 항상 외국의 침입을 받는 지역이었다. 처음 이스라엘의 열두 지파가 가나안 땅을 분할할 때에 납달리 지파, 스불론 지파, 잇사갈 지파에 분배되었던 곳이다. 여기 이사야서에서 갈릴리 지방을 스불론 땅과 납달리 땅이라고 하는 것도 그러한 이유 때문이다.

이 갈릴리 지방은 BC 734년에 앗수르의 디글렛 빌레셀에게 점령당했고 그 뒤에 바벨론, 바사(페르시아), 마게도니아(헬라), 애굽, 시리아 등에 의해서 차례로 점령되었다가 마침내 로마에 의해 점령되었다. 주인이 바뀌고 통치자들이 바뀔 때마다 그곳 주민들을 타국으로 이주시키고 타국에 있는 사람들을 갈릴리로 이주시키는 식민지 이주 정책으로 말미암아 갈릴리 지방은 자연히 유대인들의 수가 적어지고 잡다한 민족들이 섞여 살게 되었다.

이런 이유로 유대인들은 이곳을 아주 싫어했다. 유대라는 특수한 사회에서 이 갈릴리 지역은 정치적으로나 사회적으로 상당히 이질적인 격차를 두고 있었다. 유대인들은 이 갈릴리 지역을 천박하게 여기고 잡다한 민족들이 사는 곳이라 해서 천대했던 것이다.

그런데 이사야 당시의 예언에 따르면 메시아가 탄생할 곳은 베들레헴이라고 했다. 메시아가 베들레헴에서 출생할 것을 말한 미가의 예언은 나중에 이사야서 9장과도 연결되어 나타난다. 유대인들 역시 유다

땅이 이스라엘의 중심이라 생각하고 있었다. 이런 점에서 이사야가 메시아께서 베들레헴에서 출생하지만 그가 갈릴리 지역에서부터 그 사역을 시작할 것이라고 예언하고 있음은 매우 주목할 만한 일이다.

베들레헴에서 출생하실 메시아는 어둡고 비천하고 천대받는 갈릴리에서부터 메시아의 광명을 비추기 시작할 것이다. 따라서 예수께서 그의 사역을 시작하기 위해 갈릴리로 가셨다는 것은 자신의 사역의 때가 가까워 온 것을 아시고 그 사역, 다시 말하면 하나님 나라를 건설하는 사역을 시작하기 위해 갈릴리로 가셨음을 의미한다.

이때부터 예수께서 비로소 전파하여 가라사대 "회개하라 천국이 가까웠느니라"(마 4:17)는 내용의 말씀을 선포하기 시작하셨다고 마태는 보도하고 있다. 세례 요한이 잡히는 것을 보신 예수께서 비로소 본격적 메시아로서 자신의 사역을 시작하셨음을 알 수 있다.

예수님의 공생애 제2기는 이때부터 시작된다. 먼저 4명의 제자를 부르셨고 그 다음에 갈릴리 지역을 돌아다니시면서 많은 사람들에게 하나님 나라의 복음을 전파하셨다. 마태복음 4장 23절 이하에서는 모든 병과 모든 약한 것을 고치시며 모든 앓는 자 곧 각색 병과 고통에 걸린 자, 귀신 들린 자, 간질하는 자, 중풍병자를 고쳐주셨다고 기록하고 있다. 그 소문을 들은 사람들이 각처, 즉 갈릴리와 데가볼리와 심지어 예루살렘과 유대에서까지도 예수님께 몰려오게 된다.

여기에서 두드러지게 나타나는 것은 예수께서 복음을 선포하시는 사역에는 언제나 기사와 이적을 행하시는 일이 동반되고 있다는 점이다. 사실 마태복음은 이 점을 매우 중시하여 의도적으로 예수께서 하나님 나라의 복음을 선포하신 뒤에는 각종 기사와 이적을 행하신 사건들을 나열하고 있음을 볼 수 있다. 이러한 사실을 통해 이적과 기사의 행함은 그것 자체에 목적이 있다기보다 하나님 나라의 복음 안에 있는 실질적인 내용을 드러내기 위한 성격이 있다는 것을 발견하게 된다.

예수께서 본격적으로 메시아 사역을 시작하시자 많은 사람들이 몰려왔다. 예수께서 다볼산에 올라가셨을 때에도 많은 사람들이 따라왔다. 마태복음 5장 1절에는 "예수께서 무리를 보시고 산에 올라가 앉으시니 제자들이 나아온지라"고 하는 것을 보아 많은 무리들이 예수님을 따라다녔음을 알 수 있다. 그러나 예수님은 그 무리들을 뒤로 두고 어떤 목적을 가지고 제자들을 향해 말씀하셨다. 그곳에서 예수께서는 산상수훈을 선포하셨다.

여기에서 산상수훈의 구속사적 위치를 살펴볼 수 있다. 이사야 선지자의 예언 성취로 오신 임마누엘[4]이신 예수께서 흑암의 갈릴리로부터 빛을 비추시며 마침내 그 나라가 임하였음을 선포하고 그 나라의 헌법을 제정하고 선언하신 것이 바로 산상수훈이다.

그러므로 이 산상수훈은 어떤 윤리적이고 도덕적인 차원에서 선포된 것이 아니며 지금 하나님 나라가 시작되었음을 알리는 개국식(開國式)과 같은 의미를 가지고 있다. 당당하게 한 나라가 시작되었음을 여기에서 선포하신 것이다. 예수님은 하나님의 나라가 시작되었음을 많은 백성들 가운데에서 특별히 뽑혀 나온 예수님의 제자들에게 선포하고 그의 나라가 어떤 나라인가를 제자들에게 구체적으로 가르치셨다.

이 의식(儀式)은 출애굽기 20장에서도 볼 수 있다. 하나님께서는 이스라엘 백성들을 애굽에서 불러내어 한 나라로 세우시고 그들로 하여금 하나의 독립된 나라를 건설하기 위한 개국식(開國式)을 호렙산에서 행하셨다. 하나님은 처음에 모든 이스라엘 백성들을 불러 모으시고 그 가운데 모세를 부르셔서 높은 산에 올라오게 하셨다.

---

4) 임마누엘(עִמָּנוּאֵל, '하나님이 우리와 함께 하시다' 는 의미)은 BC 735년경 이사야 선지자가 예고한 태어날 아이의 상징적인 이름(사 7:14; 8:8, 10)으로 예수님의 이름과 동일시되었다(마 2:23).

그곳에서 하나님의 나라를 대표하는 강령으로 십계명을 주셨다. 그 나라의 성격을 규명하는 율례와 법도는 출애굽기 20-23장에 자세히 기록되어 있다. 그후 산에서 모세가 내려와 모든 백성들과 함께 하나님 앞에서 음식을 나누어 먹는다. 이것은 하나님과 그 백성들이 화목되었음을 의미하는 예식이다. 이렇게 해서 이스라엘이라는 나라가 이 세상에서 하나님의 나라를 대표하여 정식으로 출범하게 된다.

마태복음 5장에서도 예수께서 백성들을 불러 모으시고 그 가운데서 제자들을 따로 불러 하나님 나라의 헌법이라고 할 수 있는 산상수훈을 선포하신다. 그러므로 마태복음 5장 3절에서 12절까지 나와 있는 대헌장(천국 백성의 7가지의 상태에 관한 성언)이 산상수훈 전체를 대표한다고 할 수 있다. 그것은 하나님 나라의 헌법이 가지고 있는 정신을 표시하고 있다.

신명기 6장 4-5절에서 모세가 율법의 정신에 대해서 가르쳐 준 바와 같이 "이스라엘아 들으라 우리 하나님 여호와는 오직 하나인 여호와시니 너는 마음을 다하고 성품을 다하고 힘을 다하여 네 하나님 여호와를 사랑하라"는 내용이 산상수훈의 기본적인 사상임을 알 수 있다.

〈기도〉

주님!
주님께서 이 세상에 오셔서 하나님의 나라를 세우시고 선포하실 때에 치밀한 계획과 절차를 밟아서 하나님의 나라를 세워 나가신 것을 알았습니다. 우리가 산상수훈을 공부하기 전에 산상수훈이 가지고 있는 예수님 생애에 차지하는 위치와 구속사적 의미를 먼저 살펴보았습니다.
하나님께서 그의 나라를 세워나가시는 일이 참으로 미묘하고 또 기묘하게 그리고 치밀하게 계획되어 운영되어진 것을 알게 되었습니다. 또한 천하보다 소중한 우리의 생명 하나하나를 하나님께서 계획하시고 운영하실 때에도 얼마나 면밀하게 인도하실지 우리가 알고 감사를 드립니다.

구체적인 하나님의 구원 계획 가운데 우리가 살아가야 함을 깨닫습니다. 우리가 무슨 일이든지 섣불리 행하지 않고 깊이있게 우리의 삶을 잘 관찰하여서 하나님의 의로운 나라를 위해 살기를 소원합니다.

예수께서도 자신의 때를 정하실 때에 아무 때나 정한 것이 아니라 세례 요한의 사역이 끝난 것을 보고 자신의 사역을 시작하셨고 세례 요한이 죽임을 당하고 난 뒤에 그리스도께서도 죽음을 위해 예루살렘을 향해 가셨습니다. 이처럼 예수께서도 하나님께서 경영하시는 그 나라의 사역 가운데서 자신의 삶을 경영하신 것을 우리가 알았습니다.

우리들도 하나님 나라의 진행을 잘 관찰하여 그 안에서 우리의 삶을 하나하나 경영해 나갈 수 있도록 지혜 주시기를 소원합니다.

주 예수 그리스도의 이름으로 기도합니다. 아멘.

〈서론 2〉

마태복음에서 산상수훈의 위치

하나님 나라의 진행 안에서 '산상수훈'이 차지하고 있는 위치, 즉 그 나라를 발현함에 있어서 어떤 특별한 위치에 있는가를 좀 더 자세히 알기 위해 마태복음의 구조 안에서 살펴보고자 한다.

1. 마태복음의 구조적인 특징

마태복음의 특성 중 하나는 그 구조가 매우 면밀하게 짜여 있다는 점이다. 특히 마태복음은 예수께서 말씀하신 다섯 개의 강설을 주축으로 꾸며져 있다. 마태는 의도적으로 "예수께서 …… 가라사대"라는 구문과 "예수께서 이 말씀을 마치시매(마치시고)"라는 구문으로 둘러싸인 다섯 개의 강설을 중심으로 마태복음을 전개시켜 나가고 있음을 볼 수 있다.

1) 첫 번째 강설

① 시작하는 말(prologue) : 마태가 첫 번째 강설인 '산상수훈'을 시작

하기에 앞서 "예수께서 무리를 보시고 산에 올라가 앉으시니 제자들이 나아온지라"(마 5:1)고 하며 산상수훈이 주어진 배경과 상황을 먼저 기록하고 있다. 여기에서 알 수 있는 것은 예수님을 따르던 많은 사람들이 있었으나 그중에서 제자들을 별도로 구분하여 그 제자들에게 산상수훈을 선포하셨다는 사실이다.

예수님은 특별히 선택하신 제자들을 향해 "입을 열어 가르쳐 가라사대"(마 5:2) 하나님 나라의 헌법을 선포하셨다. 여기에서 마태는 '예수께서 …… 가라사대'라는 문구와 함께 강설이 시작되었음을 의도적으로 나타내고 있다. 그 내용은 하나님 나라의 헌법과 같은 성질을 가지고 있다. 산상수훈의 내용은 크게 4부분으로 나누어 볼 수 있다.

② 산상수훈의 내용

i) 대강령(마 5:1-12) : 소위 팔복이라고 알려져 있는 대강령(manifesto)은 예수께서 건설하실 하나님의 나라가 가지고 있는 특성을 나타내고 있다. 특히 이 부분은 하나님께서 최초에 이스라엘이라는 국가를 건국하실 때 선포하셨던 헌법과 같은 성질의 10계명(출 20장)을 신령한 차원에서 재조명하고 있다는 점에서 구속사적인 의미를 가지고 있다.

이 부분은 하나님의 나라만이 가지는 고유한 속성이 어떤 것인가를 규명해 주고 있다는 점에서 천국 시민의 한 사람으로서 우리가 살아가야 할 기본적인 성품을 정립하는 데 커다란 효력을 나타낸다.

ii) 하나님 나라의 헌법이 가지고 있는 정신에 대하여(마 5:13-48) : 여기에서는 이미 주어진 율법과 선지서와 성문서들에 대한 오해를 제거하고 하나님께서 바라셨던 새로운 나라에 적용될 법의 원리를 풀어 강설하신다. 이렇게 함으로써 하나님 나라의 헌법이 어떤 특성을 가지고 있는가를 자세히 가르치신 내용이 기록되어 있다.

예수님은 율법과 선지자와 성문서의 완성자로 오셨기 때문에 그동안 사람들에 의해 왜곡된 하나님 나라의 법을 바로 잡고 새롭게 해석하셨다. 그리고 그 나라의 백성이 하나님의 통치를 정상적으로 받아야 할 것을 지적하셨다. 그 결과 신약의 성도들은 새로운 윤리관을 바탕으로 하늘에 계신 아버지께서 온전하심같이 온전해야 할 것을 그 목표로 삼아야 한다. 여기에서는 하나님께서 주신 법의 정신을 잘 이해하여 우리의 일상생활을 경영해 나가야 할 것을 보여주셨다.

iii) 천국 백성의 삶에 대하여(마 6:1-7:12) : 주님은 천국 백성으로서 우리가 이 세상에서 어떻게 살아가야 할 것인가? 그 나라의 백성으로서 살아가야 할 구체적인 삶의 모습은 어떤 것인가를 가르쳐 주셨다. 특히 이 부분에서 주님은 하나님과 친밀한 관계를 늘 유지하고 살아가야 할 그 나라의 백성들이 기도를 통해 자신이 이 세상에 존재하는 의미를 발견하고 자신에게 주어진 인생의 본분을 늘 확인할 것에 대해 자세히 언급하셨다.

이러한 삶의 결정체로 나타난 것이 황금률이라고 잘 알려져 있는 "그러므로 무엇이든지 남에게 대접을 받고자 하는 대로 너희도 남을 대접하라 이것이 율법이요 선지자니라"(마 7:12)는 말씀이다.

③ 복과 저주(마 7:13-27) : 끝으로 지금까지 주님께서 선포하신 말씀에 따라 사는 자와 그렇지 못한 자에 대한 하나님의 복과 저주(심판)에 대해 선포하셨다. 이것은 마치 언약을 체결하는 것과 같은 형식을 보여주고 있다는 점에서 산상수훈은 최후로 주어진 언약이라고 할 수 있을 것이다.

여기에서는 그 사람의 열매를 보아 그 삶을 판단할 수 있다는 것과 그에 따른 결과에 대해 하나님의 심판이 있을 것을 경고하고 있다. 내실이 없는 자들에게는 마치 모래 위에 집을 세워 홍수가 내릴 때 크게 무너져 아무 것도 남지 않음과 같이 그 인생이 무너지고 버림 받는 심판에 처할 것이라고 경고하셨다.

④ 맺음말(epilogue) : 이러한 내용의 산상수훈을 마태는 "예수께서 이 말씀을 마치시매 ……"(마 5:28)라는 구절로 강설을 끝맺고 있다. 그리고 예수님의 가르침에 대한 사람들의 반응을 에필로그 형식을 빌려 기록하고 있다.

"무리들이 그 가르침에 놀래니 이는 그 가르치시는 것이 권세 있는 자와 같고 저희 서기관들과 같지 아니함이더라"(마 5:28-29)는 내용을 통해 예수님의 가르침은 서기관들과 같지 않고 그 사상과 윤리관이 다르다는 것을 강조하고 있다. 이로써 예수님은 새로운 가치관을 바탕으로 하나님 나라의 윤리관을 선포하셨음을 보여주고 있다. 이후 마태는 예수께서 이적과 기사를 행하신 내용을 상세히 기록하고 있다.

2) 두 번째 강설

① 시작하는 말(prologue) : 첫 번째 강설과 같은 형식을 빌려 마태는 두 번째 강설을 기록하고 있다. 먼저 두 번째 강설의 대상에 대해 마태는 도입 부분에서 명확하게 밝혀주고 있다.

"예수께서 그 열두 제자를 부르사 더러운 귀신을 쫓아내며 모든 병과 모든 약한 것을 고치는 권능을 주시니라 열두 사도의 이름은 이러하니 베드로라 하는 시몬을 비롯하여 그의 형제 안드레와 세베대의 아들 야고보와 그의 형제 요한, 빌립과 바돌로매, 도마와 세리 마태, 알패오의 아들 야고보와 다대오, 가나안인 시몬과 및 가룟 유다 곧 예수를 판 자라"(마 10:1-4). 그러므로 이 강설은 신약의 성도들에게 보편적으로 주어진 것이라기보다는 일차적으로 12제자에게 주신 것임을 알 수 있다.

이 강설을 통해 그리스도의 제자도(Discipleship)가 어떤 것인가를 파악하는 데 그 목적이 있어야 한다. 흔히 본 강설을 교회에 다닌다는 이유만으로 자신에게 적용하려는 사람들이 많이 있다. 그러나 그 전에 예수님의 제자가 가야 할 길이 어떤 것인가를 심각하게 점검하지 않으면 안 될 것이다.

예수님은 그의 제자들에게 특별한 권능을 주신 후(마 10:1) "예수께서 이 열둘을 내어 보내시며 명하여 가라사대" 하나님 나라의 전투와 확장 그리고 거기에 따른 배척 등에 대해 언급하신다. 그 내용은 다음과 같이 4부분으로 나누어 볼 수 있다.

② 강설의 내용

i) 하나님 나라를 선포함(마 10:5-15) : 제자들이 예수님으로부터 위임 받은 사명은 하나님 나라가 가까웠다고 선포하며 그 증표의 하나로 병든 자를 고치며 죽은 자를 살리며 문둥이를 깨끗하게 하며 귀신을 쫓아내는 이적을 행하는 것이다. 이는 예수께서 본격적으로 공생애를 시작하실 때 행하신 사역이기도 하다(마 4:17-25 참조).

예수님은 친히 자신의 사역을 그의 제자들에게 위임하시고 '너희가 어디에 가든지 하나님께서 너희 삶을 보장해 주실 것이다'고 보증하심으로 제자들을 하나님의 전권대사로 세상에 파견하고 있음을 볼 수 있다. 여기에서도 명확하게 나타나는 것처럼 이적과 기사를 행하는 것은 어디까지나 천국 복음의 확장과 연관이 있음을 분명히 하셨다.

ii) 반대와 박해에 대하여(마 10:16-23) : 예수님은 세상이 (그) 악한 자인 사탄의 품 안에 있기 때문에 빛의 사도들이 활동하는 것에 대해 두려워하며 힘써 반대할 것을 언급하셨다. 제자들을 반대하는 세력들은 종교 집단뿐 아니라 정치 세력까지 동원될 것이다. 심지어 집안 식구들까지 나서서 핍박하는 경우도 나타나게 될 것을 예고하셨다. 이러한 총체적인 반대와 박해를 받게 될 것이지만 하나님의 성령께서 친히 제자들과 함께 계시고 지혜로 말하게 하실 것이라고 위안해 주셨

다(마 10:20). 예수님은 제자들이 하나님께로부터 보냄을 받은 사도들임
을 명백히 말씀해 주셨다.

iii) 제자도(Discipleship, 마 10:24-33) : 하나님의 보호를 받는 제자들은
그의 왕되신 하나님께 복종해야 할 것을 말씀하셨다. 세상이 예수님을
가리켜 바알세불(귀신의 왕)이라고 할 정도로 예수께 대해 악하다는 것은
그의 제자들을 상대로 얼마나 더 극심하게 대항할 것인가를 예시하고
있다.

이러한 박해 가운데서 진정한 인생의 가치가 어디에 있는가에 대해
명확하게 선을 그어야 예수님의 제자로서 살아갈 수 있다. 제자들은
"내가 너희에게 어두운 데서 이르는 것을 광명한 데서 말하며 너희가
귓속으로 듣는 것을 집 위에서 전파하라"(마 10:27)는 사명(使命)을 위임
받았기 때문이다.

③ 복과 저주(마 10:34-39) : 예수님의 제자들은 평안을 누리며 위임받
은 대사명을 수행하는 것이 아니다. 제자는 어떤 박해와 핍박 가운데서
라도 자신의 사명을 수행해야 한다. 이처럼 하나님의 전권대사로 자신
의 직무를 수행하기 위해 각자 자기에게 주어진 십자가를 지고 주님을
따라가지 않으면 안 된다. 이에 대해 예수님은 분명하게 말씀하셨다.

"아비나 어미를 나보다 더 사랑하는 자는 내게 합당치 아니하고 아들
이나 딸을 나보다 더 사랑하는 자도 내게 합당치 아니하고 또 자기 십
자가를 지고 나를 좇지 않는 자도 내게 합당치 아니하니라 자기 목숨을
얻는 자는 잃을 것이요 나를 위하여 자기 목숨을 잃는 자는 얻으리라"
(마 10:37-39). 전적으로 주님을 따라가는 자는 그 안에 이미 진정한 생명
이 있기 때문에 자기 십자가를 지고 역사적인 행보를 따라가야 한다.

④ 맺음말(epilogue) : 이제 예수님은 강설을 마치시며 제자들의 위치

에 대해 재차 확인시켜 주셨다. "너희를 영접하는 자는 나를 영접하는 것이요 나를 영접하는 자는 나 보내신 이를 영접하는 것이니라"(마 10:40). 이 말씀과 같이 제자들을 영접하는 것은 곧 그리스도를 영접하는 것이다. 동시에 제자들을 배척하는 것은 그리스도를 배척하는 것이고 그에 따른 심판이 있을 것이다.

마태는 이러한 내용의 강설을 끝마치면서 "예수께서 열두 제자에게 명하시기를 마치시고 이에 저희 여러 동네에서 가르치시며 전도하시려고 거기를 떠나가시니라"(마 11:1)는 형식으로 두 번째 강설을 끝마치고 있다. 본문에 이어서 마태는 역시 의도적으로 예수께서 행하신 이적과 기사의 내용을 기록하고 있다.

3) 세 번째 강설

① 시작하는 말(prologue) : 마태는 먼저 세 번째 강설의 배경을 기록하고 있다. "그날에 예수께서 집에서 나가사 바닷가에 앉으시매 큰 무리가 그에게로 모여 들거늘 예수께서 배에 올라가 앉으시고 온 무리는 해변에 섰더니 ……"(마 13:1)라는 상황 설명을 보아 이 강설은 예수님을 따르는 많은 무리들을 상대로 말씀하셨음을 알 수 있다. 여기에서도 마태는 "예수께서 비유로 여러 가지를 저희에게 말씀하여 가라사대 ……"라는 형식을 빌려 새로운 강설이 시작되고 있음을 의도적으로 보여주고 있다.

예수님은 이 강설에서 천국의 특성을 알리는 7가지 비유를 말씀하셨다. 그런데 대중들을 상대로 비유로 말씀하신 것은 하나님 나라의 비밀이 시기적으로 아직은 일반인들에게 알려지지 않도록 하기 위해 비유로 말씀하셨다는 점은 매우 조심해서 이해해야 할 대목이다(마 13:10-13).

② 예수님의 7가지 비유

i) 씨 뿌리는 자의 비유(마 13:3-23)는 천국 백성의 마음 상태가 어떠한 것인가를 이야기해 주고 있다. 주의 성령께서 그 마음의 밭을 어떻게 부드럽게 하셔서 결실을 맺는가에 대한 마음의 상태, 즉 하나님 나라에 속한 백성의 마음은 옥토와 같다는 비유로 말씀하셨다. 이 상태는 우리가 만드는 것이 아니라 이미 그와 같은 상태로 존재한다는 점에서 성도란 각별하게 위로부터 태어난 존재임을 명심해야 한다.

ii) 좋은 씨와 가라지의 비유는 마태복음 13장 24-30절, 34-43절로 나누어 기록되어 있다. 이 비유는 하나님 나라가 외형적으로 어떻게 이 역사상에서 진행하며 성장해 나가는가에 대한 것으로 지상 교회의 특수한 성격을 가르쳐 주고 있다. 특히 지상 교회 안에는 가라지와 좋은 씨가 있어서 각각 역사 속에 함께 진행하지만 언젠가는 심판의 때가 올 것을 말씀하셨다. 여기에서 주님은 지상 교회의 특성으로서 전투적인 교회의 성격을 보여주신다.

iii) 겨자씨의 비유(마 13:31-32)는 하나님 나라의 외형적 확장에 대해서 이야기해 주고 있다. 그 시작은 미미하지만 후에는 누구나 하나님 나라를 알게 되어 천국의 존재를 부인할 수 없다는 특성을 보여준다.

iv) 누룩 비유(마 13:33)에서는 하나님 나라의 내형적(눈에 보이지 않는) 확장에 대해 이야기하고 있다. 눈에는 보이지 않지만 막을 수 없는 놀라운 힘으로 발전하는 천국의 특성을 말한다.

v) 감춰진 보화의 비유(마 13:44)에서는 하나님 나라가 그의 백성에게는 아주 우연하게 갑자기 발견된다는 피동적인 성격에 대해 이야기하고 있다. 하나님 나라를 발견하게 된 사람은 비로소 그 가치를 인정하

고 자신의 전부를 팔아서라도 소유하고자 하는 의식이 발생하게 된다.

vi) 값진 진주의 비유(마 13:46)에서는 천국의 보화를 찾아가는 능동적인 상태를 이야기한다. 하나님의 나라를 추구하는 그 열심과 그 내용을 발견했을 때 천국을 얻기 위해 최선을 다하는 면을 보여주고 있다. 여기에서 하나님의 나라는 그의 백성들에게 발견되어지는 내용이 있고 나아가 적극적으로 찾아 나서야 할 내용이 있음을 알 수 있다.

vii) 물고기와 그물 비유(마 13:47-50)에서는 하나님 나라는 종말에 완성되어 나타나고 그때는 심판이 있을 것을 이야기해 주고 있다. 이것은 종말론적 역사관을 증명해주는 내적 증거이다.

③ 맺음말(epilogue) : 예수님은 제자들에게 비유를 해석하여 가르치시며 하나님의 나라가 가지고 있는 독특한 성격을 새롭게 받아들일 것을 강조하며 강설을 마치셨다.

이렇게 해서 강설이 끝날 때는 "예수께서 이 모든 비유를 마치신 후에 거기를 떠나서 고향으로 돌아가서 저희 회당에서 가르치시니 저희가 놀라 가로되 이 사람의 이런 지혜와 이런 능력이 어디서 났느뇨……"(마 13:53-54) 하고 사람들이 놀랐더라고 이야기하고 있다. 이렇게 해서 세 번째 강설이 끝난다. 마태는 강설을 기록한 후 역시 예수께서 행하신 이적과 행적을 기록한다.

4) 네 번째 강설

① 시작하는 말(prologue) : 이 강설은 제자들이 예수께 나와서 누가 천국에서 크냐고 묻는 물음에 대한 답변으로 주어진 것이다. 그에 대하여 "예수께서 한 어린아이를 불러 저희 가운데 세우시고 가라사대

……"(마 18:2)라고 하면서 네 번째 강설이 시작된다.

② 강설의 내용

i) 생명의 존엄성(마 18:3-14) : 예수님은 어린아이를 예로 들어 "누구
든지 이 어린아이와 같지 아니하면 결단코 천국에 들어가지 못하리라"
(마 18:3)고 말씀하셨다. 어린아이의 특성으로는 절대적인 의뢰심, 의타
심을 들 수 있다. 어린아이는 자기 생명을 스스로 유지해 나갈 수 없기
때문에 그 부모에게 절대적으로 자기를 맡기는 것이 그 특성이다. 이처
럼 하나님의 백성은 하나님에 대한 절대적인 의뢰, 신앙을 표시해야 할
것을 이야기해 주고 있다.

천국에서는 누가 크고 작은가에 대한 문제가 아니다. 누가 하나님을
절대적으로 신뢰하고 의지하느냐 하는 문제가 주된 관점이 된다. 하나
님께 자신을 전폭적으로 의뢰할 때 그 사람의 생명은 그 어떤 것으로
바꿀 수 없을 정도로 소중한 것이다. 왜냐하면 하나님께서 그 생명을
보장해 주시기 때문이다.

이어 예수님은 우리의 인생이 이루어야 할 궁극적인 목적으로 하나
님 나라에 들어가는 것에 절대적인 가치를 두어야 할 것을 말씀하신다.
멀쩡한 상태로 지옥불에 들어가는 것보다는 차라리 불구가 되어서라도
하나님 나라에 들어가는 것이 낫다고 하셨다. 천국에서는 아무리 작은
자라도 최상의 인격적 가치를 가지고 있음을 가르치셨다.

ii) 생명의 동질성(마 18:15-20) : 하나님의 나라는 절대적으로 순결한
나라이다. 때문에 그 나라를 구성해야 할 모든 백성들은 동질의 생명력
을 발휘해야 한다. 그럴 때 어떤 구성원에게 죄의 요소가 발견된다면
전체적인 동질성에 커다란 타격을 주기 마련이다. 따라서 만일 한 형제
가 죄를 범할 경우 그 한 사람의 생명이 실추되지 않도록 하기 위해 교
회가 할 일을 말씀하셨다.

여기에서 주님은 언약 공동체인 교회의 삶을 강조하시면서 "너희 중
에 두 사람이 땅에서 합심하여 무엇이든지 구하면 하늘에 계신 내 아버
지께서 저희를 위하여 이루게 하시리라"(마 18:19)고 하심으로써 죄에 대
해 배척하되 형제된 자를 끝까지 권고하여 교회로 돌아오게 할 것을 말
씀하셨다.

또한 "두세 사람이 내 이름으로 모인 곳에는 나도 그들 중에 있느니
라"(마 18:20)고 말씀하심으로써 교회의 결정에 대해 그리스도께서도 동
의하신다는 사실을 분명히 밝히셨다. 이렇게 함으로써 교회는 그 동질
성을 늘 확인해 나가야 한다. 여기에서 예수님은 형제와의 절대적인 일
치성, 언약 공동체인 교회로서 어떻게 일치성을 이루어 나갈 것인가 하
는 것에 대해 말씀하신다.

  iii) 탕감 비유(마 18:23-34) : 이처럼 언약 공동체인 교회가 하나의 몸
으로 일치성을 이루어감에 있어 형제를 보호하고 사랑해야 할 것을 말
씀하신 것이 탕감 비유이다. 교회의 동질성과 일치성을 확인해 가는 과
정에서 형제의 잘못된 결점이 발견되었다면 하나님의 긍휼하심과 같은
심정으로 그가 회개하고 돌아오도록 하는 것이 교회가 할 일이다. 이미
앞에서 말씀하신 것처럼 형제 하나의 생명이라도 업신여기지 못하는
것처럼 언약 공동체인 교회를 구성하고 있는 생명 하나하나에 대해 교
회가 최선을 다하여 보장하고 지켜주고 보호할 책임이 있다.

  ③ 복과 저주(마 18:35) : "너희가 각각 중심으로 형제를 용서하지 아니
하면 내 천부께서도 너희에게 이와 같이 하시리라"(마 18:35)는 말씀은
형제의 죄를 용서하지 못하면서 하나님으로부터 죄를 탕감 받을 수 없
음을 분명히 경고하고 있다.

  ④ 맺음말(epilogue) : 여기 마태복음 18장에서 주로 이야기하고 있는

것은 생명의 존엄성과 동질성을 늘 확인하되 사랑에 근거해야 할 것을 말씀하셨다. 마태는 "이 말씀을 마치시고 갈릴리에서 떠나 요단강 건너 유대 지경에 이르시니 큰 무리가 좇거늘 예수께서 저희의 병을 고치시더라"(마 19:1-2)고 기록함으로써 예수님은 이상과 같은 정신을 바탕으로 사역을 진행시켜 나가신 분이심을 재차 소개하면서 강설을 끝맺고 있다.

5) 다섯 번째 강설

① 시작하는 말(prologue) : 이 부분은 천국의 완성과 그에 따른 심판 및 구원에 대한 것으로 비중 있게 기록되어 있다. "이에 예수께서 무리와 제자들에게 말씀하여 가라사대 ……"(마 23:1)라고 하면서 마태는 강설을 기록하기 시작한다. 여기에는 7가지의 특별한 내용들이 등장한다.

② 강설의 내용
i) 외식하는 서기관들과 바리새인들에 대한 심판(마 23:2-36) : 서기관들과 바리새인들은 하나님 나라의 진행에 있어서 중요한 위치를 차지하고 있던 자들이었다. 따라서 그들은 지대한 공헌과 업적을 쌓을 수 있을 만한 위치에 있었다. 그럼에도 불구하고 그리스도에 대해 반역함으로써 자신들이 가지고 있는 존재의 역할과 의미를 드러내지 못하고 오히려 극악무도한 악을 저지르고 말았다. 이런 자들은 마땅히 공의로 우신 하나님의 심판을 받게 될 것을 말씀하셨다. 마태는 '화 있을진저 외식하는 서기관들과 바리새인들이여' 라는 구문을 6회나 반복적으로 사용함으로써 그들이 행한 악행을 구별지어 열거하고 있다.

ii) 예루살렘에 임할 심판(마 23:27-39) : 예루살렘(평강의 성)이야말로 말 그대로 평화의 도시로서 지상에 있는 하나님 나라와 같은 위치에 있음에도 불구하고 하나님의 권고와 사랑에 반응하지 않고 배신함으로 인해 장차 그 성에 임할 저주와 심판에 대해 선언하셨다.

iii) 성전의 파괴에 대하여(마 24:1-2) : 하나님 나라의 상징으로 지상에 세워진 구조물이 바로 성전이다. 그러나 죄악으로 가득 찬 예루살렘 성전은 새롭게 임할 영적인 하나님의 나라를 충분히 포용할 수 없게 됨으로써 그 역할을 하지 못하고 소멸되고 말 것이다. 이것은 새롭고 영적인 하나님의 나라가 도래할 것에 대한 상징적인 표현으로써 성전이 파괴되어야 할 것을 의미한다. 마치 새 술은 새 부대에 담아야 하는 것과 같다.

iv) 예루살렘 종말에 대한 징조(마 24:3-14) : 예루살렘의 종말이 어떻게 올 것인가에 대한 징조로 거짓 그리스도가 출현할 것과 환난의 때가 올 것을 예언하셨다. 이때는 불법과 불의가 가득하게 될 것이다. 또한 예루살렘의 종말이 이르기 전에 천국 복음이 모든 민족에게 임할 것을 하나의 징조라고 하심으로써 하나님의 나라가 온 세계에 확장될 것을 예언하셨다. 이것은 스데반의 순교 이후 흩어진 예루살렘 교회 신자들에 의해 성취되었다.

v) 예루살렘 종말의 때에 대한 지침(마 24:15-28) : 예루살렘 성전의 파괴로 표시되는 예루살렘의 종말의 때에 나타날 징조들은 성전에서 '멸망의 가증한 것'에게 제사가 드려지고(마 24:15), 이방 군대들에 의해 예루살렘이 포위될 것이며(눅 21:20) 이로써 성전이 파괴될 것을 경고하신다. 이 날은 지금까지 예루살렘이 겪지 못했던 가장 큰 환난의 날이 될 것이다.

vi) 심판의 때에 관한 7가지 특징들(마 24:29-25:30) : 예루살렘 종말의 때에 관련해 말씀하신 예수님은 이와 연관해 세상 종말의 때에 나타날 특징들을 말씀하셨다. 이것은 세상의 종말을 묻는 제자들의 질문에 대한 답변이다.

a) 해와 달이 어두워지고 별들이 떨어지며 세상이 혼천동지(混天動地) 할 것이다. 이때는 저주의 때요 심판의 때이지만 주님께서는 그의 백성들을 사방에서 모아 구원으로 인도할 것이다.

b) 무화과나무가 잎이 무성하면 열매를 맺음과 같이 주님이 심판주로 오실 날은 심판의 시기가 무르익어 그 징조가 분명히 보일 것이되 그 날과 그 때는 오직 하나님만이 알고 계심을 말씀하셨다.

c) 심판 때의 특징으로 노아 시대와 같이 사람들이 세상적인 일에만 관심이 있을 것이고 하나님 나라의 일들에 대해서는 관심이 없을 것이라는 말세의 시대적인 성격을 이야기해 주고 있다.

d) 두 사람을 예로 들어서 선택과 심판이 있을 것을 경고하신다.

e) 지혜로운 종을 비유로 말씀하시며 종말의 때를 위해 매사에 자신의 사명에 대해서 철저할 것을 이야기하셨다.

f) 슬기로운 다섯 처녀와 미련한 다섯 처녀가 나오는 열 처녀의 비유로 여기에서는 이미 종말이 올 것을 알고 있음에도 불구하고 그 종말에 대비하지 못한 것에 대한 심판과 항상 종말을 준비하며 자기 삶에 충실할 것을 이야기해 주고 있다.

g) 달란트 비유를 통해 언젠가는 우리 인생을 회계(會計)할 때가 있음을 이야기해 주고 있다.

③ 복과 저주(마 25:31-46) : 마지막 때는 누구나 심판을 면할 수 없으며 그 가운데에서 구원에 임할 자와 영벌에 처해질 자들에 대한 명백한 구별이 있을 것을 이야기하셨다. 이로써 하나님의 나라가 임한다는 것은 의인들에게는 복으로 악인들에게는 저주로 임할 것이라는 특징을

명백하게 표시하고 있다.

④ 맺음말(epilogue) : 이상이 마태복음 23, 24, 25장에 나와 있는 내용이다. 마태는 "예수께서 이 말씀을 다 마치시고 제자들에게 이르시되 너희의 아는 바와 같이 이틀이 지나면 유월절이라 인자가 십자가에 못 박히기 위하여 팔리우리라"(마 26:1-2)고 예수께서 유언과 같은 성격으로 이상의 강설을 말씀하셨음을 의도적으로 기록함으로써 예수님의 최종 사역인 십자가 사건의 때가 가까이 왔음을 암시하며 본 강설을 마치고 있음을 볼 수 있다.

6) 마태의 의도

이상에서 본 것처럼 마태는 어떤 분명한 의도를 가지고 그의 복음서를 진행시켜 나가고 있음을 볼 수 있다.

① 첫 번째 강설인 산상수훈을 마치고 난 뒤에는 예수께서 가르친 가르침의 권세가 서기관들과는 같지 않음을 부각시키며 예수께서 건설하실 하나님의 나라가 가지고 있는 드높은 윤리관을 소개하고 있다.

② 두 번째 강설에서는 예수께서 제자들을 선택하여 하나님의 나라를 확장하고 계심을 보여준다. 예수님 역시 갈릴리를 중심으로 말씀을 가르치고 전도하는 일에 심혈을 기울이셨음을 소개하고 있다.

③ 세 번째 강설에서는 하나님의 나라가 어떻게 진행하는가에 대한 비유를 기록하면서 그 말을 들은 사람들이 "이 사람의 지혜와 능력이 어디서 났느뇨"라고 한 말을 인용하며 예수님이 대중적인 지지를 받고 그 사역에서 절정기에 도달하고 있음을 의도적으로 나타내고 있다.

④ 네 번째 강설은 하나님의 나라에 속한 백성들의 생명을 소중하게 여길 것을 강설하셨다. 이때는 큰 무리들이 예수님을 따라다녔으며 병고치는 이적과 그밖에 신적인 이적 행함이 자주 나타나고 있음을 보여

줌으로써 예수님이 신적인 존재임을 부각시키고 있다.

⑤ 다섯 번째 강설은 하나님의 나라가 완성될 것에 대한 강설을 담고 있다. 여기에서 예수님이 십자가에서 죽을 것에 대해 이야기하고 있다.

이로써 예수께서는 하나님의 나라를 건설하시기 위해 그 사역을 시작하셨다가 마침내 그 나라를 완성하기 위해 십자가를 지시지 않으면 안 된다는 사실을 밝혀주고자 마태는 매우 치밀하게 그 내용을 기록하고 있다는 사실을 발견하게 된다.

2. 마태복음의 내용적인 구조

마태복음의 주제를 파악하기 위해 그 내용상의 구조를 크게 세 부분으로 나눌 수 있다.

1) 준비 기간(마 1:1-4:11)

예수님의 유년시절부터 청년기까지의 기록을 통해 예수께서 탄생하신 사건과 공생애를 시작하기 전까지의 세례 요한의 세례와 광야 생활 동안 있었던 일들을 보여주고 있다.

2) 갈릴리 중심 사역(마 4:12-16:12)

이 기간은 다시 두 부분으로 구별지을 수 있다.

① 세례 요한이 잡히기 전까지의 사역(마 4:12-13:58) : 이 기간 동안 예수님은 산상수훈을 선포하시고(마 5-7장의 강설) 제자들을 중심으로 한 천국의 확장(마 10장의 강설)과 하나님 나라의 진행(마 13장의 강설)에 대해

가르치신 내용을 기록하고 있다. 이때는 점차적으로 예수께서 대중들의 지지를 받아가며 인기가 높아져서 그 절정기에 이르는 모습을 보여주고 있다.

② 세례 요한이 잡힌 이후부터의 사역(마 14:1-16:12) : 세례 요한이 죽자 그때부터 예수께서는 신적인 권능을 적극적으로 나타내셨다. 오천 명을 먹이시고, 물 위를 걸으시고, 수로보니게 여인의 딸을 고쳐주시고, 사천 명을 먹이시는 등 많은 이적을 나타내셨다. 그러자 바리새인들과 사두개인들의 도전이 첨예화되기 시작한다. 이러한 반발에도 불구하고 예수님은 점차 하나님 나라의 왕으로서 권세를 나타내기 시작하신다.

3) 예루살렘을 향한 전진(마 16:13-20:39)

세례 요한이 죽게 되자 예수님은 결단을 내리셨다. 예수님은 제자들을 동반하여 가이사랴 빌립보로 올라가신 후 제자들을 대표하여 베드로의 신앙고백을 들으시게 된다. "주는 그리스도시요 살아 계신 하나님의 아들이시니이다"(마 16:16)는 신앙고백을 확인하신 후 그 신앙고백을 반석으로 교회를 세우실 것과 예루살렘에서 고난을 받고 십자가에서 죽으실 것을 말씀하셨다.

변화산에서 엘리야와 모세를 만나 구속 사역의 완성에 대해 전반적인 내용을 거듭 확인하신 예수님은 요단강을 건너 여리고를 지나 베다니를 거쳐 마침내 예루살렘으로 가셨다. 마태는 예수께서 예루살렘을 향해 전진하는 모습을 16장 13절부터 20장 39절까지 상세히 기록하고 있다. 여기에는 상당히 계산된 목적을 담고 있음을 알 수 있다.

21장부터 25장에서는 예루살렘 안에서 일어난 첨예화된 대립과 거기에 대한 예수님의 대응을 기록하고 있다. 이 기간에 예수님은 헤롯당을 저주하시고, 사두개인들과 바리새인들을 저주하시고, 예루살렘을 저주하시며 급기야는 이스라엘의 정신적 지주인 성전이 파괴될 것을 말씀하셨다. 이어 23-25장에서 종말의 징조와 심판이 있을 것을 이야기해 주고 있다.

이후 26장에서 유월절 만찬을 행하시고 겟세마네 동산에 가셔서 기도하신 후 잡히시어 심문당하셨다. 예수님은 대제사장에게 끌려가 심문을 받으셨고 산헤드린에 가서 사형 선고를 받고 빌라도에게 가서 최종적으로 재판을 받아 십자가에서 처형된다. 그리고 예수님은 사흘 만에 죽음에서 부활하셨다.

4) 마태복음의 초점

이상의 이야기들을 종합해 보면 마태복음은 ① 첫 번째는 예수께서 준비하는 기간, ② 두 번째는 갈릴리를 중심으로 활동하던 절정기, ③ 세 번째로 세례 요한이 죽고 난 후부터는 예루살렘을 중심으로 예수님의 마지막 때를 정리하신 후 수난을 당하시고 부활하시는 것으로 구별지을 수 있다.

여기에서 우리는 예수님의 사역에 커다란 변환점을 암시하고 있는 두 군데의 구조적인 전환점을 찾을 수 있다. 즉 마태복음 4장 12절과 16장 13절이 예수께서 활동하시는 데 있어서 변화를 가져왔음을 알려주는 구절들이다. 이러한 구조적 특징을 살려 마태는 예수께서 갈릴리를 중심으로 활동하신 내용을 4장 12절부터 언급하고, 그 다음에 예루살렘 중심으로 활동하신 것에 대해 16장 13절부터 언급하고 있음을 볼 수 있다. 이처럼 마태는 두 가지 사역을 대칭적으로 놓고 마태복음을 기록하고 있다.

그런데 마태는 의도적으로 산상수훈을 맨 앞에 위치시키고 있다. 산상수훈은 예수께서 활동을 시작하시고 난 뒤에 상당한 시간이 지난 후에 말씀하신 것이다. 그럼에도 불구하고 마태가 구조적인 의도를 가지고 산상수훈을 앞에 기록한 것은 하나님의 나라를 누가 건설할 것이고 어떻게 건설하실 것인가? 또 하나님 나라를 건설하실 그분은 누구인가 하는 것에 초점을 두었기 때문이다.

3. 마태복음의 주제

마태가 예수 그리스도의 삶을 기록하면서 그 마음속에 관심을 두고 조명하고자 한 것은 이미 살펴본 바와 같이 율법과 선지서들에서 초점을 맞추어 오던 하나님의 나라가 누구에 의해 어떻게 완성될 것인가에 대한 것이다. 이러한 관심 아래 마태는 세밀하게 내용을 구상하여 복음서를 기록하고 있다. 그 내용 안에서 우리는 마태복음의 주제를 발견할 수 있다.

① 1-4장에서는 하나님의 나라를 회복하고 새롭게 건설하실 분이 누구인가에 대해 먼저 소상히 기록하고 있다. 그분은 구약의 예언에 따라 이땅에 태어나신 메시아이시며, 이스라엘의 진정한 왕이시며, 하나님의 아들이시며, 유일하게 경배를 받으실 분이시며, 성령의 세례를 받으실 분이라고 소개하고 있다.

② 5-7장에서는 그분이 완성하실 하나님의 나라는 어떤 나라인가에 대해 기록하고 있다. 이 나라는 하나님의 성품에 기초한 나라로서 하나님 나라의 본질과 그 나라의 백성된 자들의 성품이 어떤 것인가를 보여주고 있다.

③ 8-9장에서는 그분은 무슨 권세로 하나님의 나라를 건설하시는가, 그분이 가지신 권세는 어디로부터 오는가를 밝혀주고 있다. 여기에서 마태는 하늘로부터 나온 권세를 가지고 예수께서 하나님의 나라를 건설하시기 때문에 예수님이야말로 하나님 나라의 진정한 왕이심을 부각시키고 있다.

④ 10-15장에서는 그 왕께서 세우실 나라는 어떤 나라인가에 대해 보여주고 있다. 현상 세계에 있는 우리들이 본질의 하나님 나라가 어떤 나라인가를 이해할 수 있도록 그 맛을 보게 한다. 이러한 시도를 통해 예수 그리스도야말로 하나님 나라 그 자체이기 때문에 아무런 거리낌 없이 그처럼 완벽하게 하나님 나라를 보여주실 수 있음을 마태는 증거한다. 이로써 마태는 예수 그리스도는 곧 하나님 나라의 본질이심을 주장하고 있다.

⑤ 16-20장에서는 그러한 본질의 하나님 나라가 이 지상에서 어떻게 유형적으로 건설되어지며, 이 유형적인 하나님 나라가 곧 교회인데 이 교회와 하나님 나라와의 관계가 어떤 것인가를 보여주고 있다.

⑥ 21-22장에서는 이 나라를 거부하는 자들이 당할 심판에 대해, 23-25장에서는 이러한 어둠의 세력이 주축을 이루고 있는 이 세상은 마침내 심판을 받을 것이며 그 안에 살고 있는 하나님의 백성들은 어떻게 그 심판을 예비해야 할 것인가를 제시하고 있다.

⑦ 26-28장에서는 예수 그리스도의 십자가 사건을 통해 마침내 하나님의 나라가 건설되었음을 보여주면서 대단원의 막을 내리고 있다.

이상을 살펴 볼 때 마태복음의 전체적인 주제는 '어떻게 하나님의 나라가 건설될 것인가?' 라고 말할 수 있다. 그러한 주제 아래

① 그 나라를 건설하실 분은 누구이며,
② 그 나라는 어떤 성격의 나라이며,
③ 그 나라와 지상의 나라 곧 교회와의 관계,
④ 또 그 나라를 거역한 무리들의 반항과 그에 대한 심판,
⑤ 그 나라의 왕으로서 예수 그리스도가 어떻게 그 나라를 건설하실 것인가

하는 내용들을 차근차근 기록하고 있는 것을 볼 수 있다.

4. 마태복음 안에서의 산상수훈의 위치

이상에서 마태복음의 전체적인 특성을 살펴보았다. 이것을 바탕으로 마태복음 안에서의 산상수훈이 차지하고 있는 독특한 위치에 대해 살펴볼 필요가 있다.

마태복음 전체가 추구하고 있는 큰 주제는 예수 그리스도께서 건설하실 하나님의 나라는 어떤 나라인가 하는 것이다. 산상수훈은 곧 그 나라의 본질(성격)이 무엇인가 하는 것을 이야기하고 있다. 그중에서 마태복음 5장 1-12절에 나와 있는 대강령(manifesto)에서 하나님의 나라가 가지고 있는 특징적인 성격들을 보여준다. 그 내용을 보면 하나님 나라의 내적인 상태와 외적인 상태로 크게 구분할 수 있다. 그것은 다음과 같다.

〈산상수훈의 구조〉
1) 시작하는 말(prologue) : 마태복음 5장 1-2절
2) 산상수훈의 강령(manifesto) : 마태복음 5장 3-16절
　 i) 천국백성의 내면적인 실체(實體) :
　　　① 심령이 가난한 자(5:3)
　　　② 애통하는 자(5:4)
　　　③ 온유한 자(5:5)
　　　④ 의에 주리고 목마른 자(5:6)
　 ii) 천국백성의 외면적인 실체(實體) :
　　　① 긍휼히 여기는 자(5:7)
　　　② 마음이 청결한 자(5:8)
　　　③ 화평케 하는 자(5:9)
　 iii) 하나님 나라의 본질적인 성격 :
　　　① 의를 위하여 핍박받는 교회(5:10-12)
　　　② 세상의 소금으로서 교회(5:13)

③ 세상의 빛으로서 교회(5:14-16)
3) 하나님 나라의 법 정신 : 마태복음 5장 17-48절
4) 하나님 나라 백성의 삶 : 마태복음 6장 1절-7장 12절
5) 복과 저주의 선언 : 마태복음 7장 13-27절
6) 맺음말(epilogue) : 마태복음 7장 28절

먼저 예수님은 심령이 가난한 자, 애통해 하는 자, 온유한 자, 의에 주리고 목마른 자가 하나님의 나라에 속한 자임을 말씀하심으로써 그 나라의 내면적인 상태에 대해 이야기하셨다. 그 다음에 외적인 상태로 긍휼히 여기는 자, 마음이 청결한 자, 화평케 하는 자를 제시하심으로써 하나님 나라가 표방하는 일곱 가지의 복된 상태를 말씀하셨다.

이것을 보면 여기에서 예수께서 말씀하신 하나님 나라는 어떤 활동이나 열매로 나타나는 사실을 보여주기 전에 먼저 하나님 나라의 존재(being)에 대해 언급하고 있음을 알 수 있다. 즉 하나님의 나라는 바로 이런 것이라는 본체론적(ontology)인 내용으로 일곱 가지의 상태를 말씀하신 것이다.

예수님은 일곱 가지의 상태로써 하나님의 나라가 그의 백성들을 통해 이루어진다는 사실을 강조하시고 있다. 예수님은 이들을 가리켜 '의를 위하여 핍박을 받는 자'(마 5:10)라고 하셨다. "나를 인하여 너희를 욕하고 핍박하고 거짓으로 너희를 거스려 모든 악한 말을 할 때는 너희에게 복이 있나니 기뻐하고 즐거워하라 하늘에서 너희의 상이 큼이라 너희 전에 있던 선지자들을 이같이 핍박하였느니라"(마 5:10-12)는 말씀은 하나님의 나라를 추구하는 자들, 즉 예수 그리스도의 제자된 자들이 당할 고난, 핍박, 박해에 대한 것이다.

예수께서 그의 제자로서 살아야 될 참된 삶의 모습으로서 십자가를 지는 것이라고 말씀하신 바 있다. 우리가 십자가를 진다는 것은 고난과

핍박을 받는 어떤 행위만을 의미하는 것이 아니다. 이와 같이

　　〈내형적인 면〉
　　① 심령이 가난하고,
　　② 애통하고,
　　③ 온유하고,
　　④ 의에 주리고 목마른 자로

　　〈외형적인 면〉
　　⑤ 세상에 대하여 긍휼히 여기고,
　　⑥ 마음이 청결하고,
　　⑦ 화평케 하는 자로

　살아가는 그 삶 자체가 바로 십자가를 지는 삶이다. 그러므로 억지로 십자가를 지는 것이 아니다. 우리가 천국 백성으로 살아가는 그 모든 것이 세상에서는 당연한 아픔과 고초와 곤란을 가져오게 될 것이라고 말씀하신다.

　그렇다고 우리의 십자가가 결코 능욕이나 수치만을 가져다주는 것은 아니다. 예수께서는 '천국이 바로 그들의 것이다'라고 선언하심으로써 그들에게

　　① 진정한 위로가 있을 것과,
　　② 땅을 기업으로 받을 수 있는 복과,
　　③ 배부를 것과,
　　④ 긍휼히 여김을 받을 것

　이라는 긍정적인 면을 보여주셨다.

이처럼 세상으로부터 당하는 압박과 곤란이라는 것이 결국 그 나라를 건설해 나가는 자에게 있어서는 결코 어려운 일이 아니며 오히려 하나님께서 보장해 주시는 복과 보장해 주시는 마음의 상태, 즉 진정한 평화, 화평, 위로라는 것들이 그들에게는 생명의 양식이 될 것임을 이야기해 주신 것이다.

따라서 "하나님의 나라는 먹는 것과 마시는 것이 아니요 오직 성령 안에서 의와 평강과 희락이라"(롬 14:17)고 한 바울의 말과 같이 하나님 나라에 속한 백성들에게 진정한 소망이 있고 이들의 높은 윤리관을 바탕으로 하나님 나라가 능력 있게 건설된다는 것을 알 수 있다.

〈기도〉

우리 주님.

우리가 하나님을 신앙한다 하면서 그 나라가 무엇인가 알지 못하고 또 하나님이 누구인가 알지 못하고 신앙한다는 것이 얼마나 어리석고 가당치 않은 것인가를 생각해 보았습니다.

진정으로 우리가 하나님 나라의 백성이라면 무엇보다도 그 나라가 어떤 상태이고 또 하나님이 누구인가 하는 것을 잘 알아야 될 것입니다. 그런 후에야 우리가 하나님을 신앙할 수 있사옵고 그 나라를 건설해 나갈 수 있을 것입니다.

우리가 이제부터 산상수훈을 중심으로 그 나라가 어떤 나라이고 하나님은 누구인가 하는 것을 새롭게 정리하고 배우기를 원하오니 우리에게 그에 합당한 지혜를 가질 수 있기를 소원합니다. 또 그만한 마음의 각성도 가질 수 있기를 소원합니다.

주 예수 그리스도의 이름으로 기도합니다. 아멘.

제1부 _ 하나님의 나라

I. 하나님 나라의 내형적인 실체(實體)

I. 하나님 나라의 내형적인 실체(實體)

제1장

심령이 가난한 자

예수께서 선포하신 하나님 나라의 강령(manifesto)이라고 할 수 있는 마태복음 5장 1-12절에서 두드러지게 나타나는 특성은 하나님의 나라가 물질적인 형체로 나타나지 않기 때문에 외형적으로 규정되지 않는다는 점이다.

여기에서 예수님은 하나님께서 그의 통치를 행사하실 때는 전 세계 각국에서 하나님의 백성으로 뽑아내신 사람들을 유형화시킨 교회를 통해 통치하시기 때문에 하나님의 나라는 조직적이고 물질적인 것이 아니라 유기적이고 영적인 나라임을 강조하셨다. 이러한 유기체 안에서 조직을 갖고 그것의 필요에 따라서 예수님은 교회의 수반자로서 사람들을 적시적소에 세워 쓰신다.

하지만 그 조직체를 가리켜 교회라고 하지는 않는다. 조직 없이도 교회는 존재하기 때문이다. 이것은 하나님의 나라가 조직체로서 존재하거나 물질적이고 외형적인 것으로 규정되지 않고 항상 영적인 상태로 존재하는 것과 같다.

때문에 유형적인 교회가 눈에 보이지 않는다 할지라도 어느 곳이나 하나님의 통치가 구현되는 것이다. 이런 점이 하나님 나라의 특징적인 일면인데 항상 어떤 존재(being)로서 우리에게 존재하고 있다는 것이다. 때문에 예수님은 하나님 나라가 어떤 것인가를 이야기해 주심으로써 하나님의 실재(實在, ontology)를 그의 백성들에게 보여주시기 위해 산상수훈을 강설하셨다.

예수께서는 산상수훈의 강령을 통해 하나님 나라의 실체(實體)에 대한 일곱 가지의 상태를 우리에게 보여주셨다. 하나님 나라의 상태는 내형적인 상태와 외형적인 상태로 구분된다. 먼저 내형적인 상태로는 '심령이 가난하다, 애통하다, 온유하다, 의에 주리고 목마르다' 하는 말로 나타내셨다. 그리고 외형적인 상태로는 '긍휼히 여긴다, 마음이 청결하다, 화평케 한다' 는 말로 보여주셨다.

1. 마태복음 5장 3절의 해석

한글개역성경에서는 "심령이 가난한 자는 복이 있나니 천국이 저희 것임이요"(마 5:3)라고 기록되어 있다. 예수께서는 당시 가나안에서 사용되던 언어인 아람어로 말씀하셨음이 분명하다. 하지만 마태복음의 저자가 헬라어로 기록한 것을 직역해 봄으로써 본문의 의미를 파악하는 데 도움을 얻을 수 있을 것이다.

Μακάριοι οἱ πτωχοὶ τῷ πνεύματι
　복 있는 자들(이여) 심령이 가난한 자들아,

ὅτι αὐτῶν ἐστιν ἡ βασιλεία τῶν οὐρανῶν
　왜냐하면 너희들의 것이다 (그)하늘나라가.

첫 문장은 동사 없이 '복 있는 자들'과 '심령이 가난한 자들'이라는 두 명사(구)로 구성되어 있다. 헬라어나 히브리어에서는 주어의 상태를 의미하는 be동사가 없이 단어만 나열해도 각각 주어와 술어의 역할을 하는 성질이 있다. 때문에 두 단어만 가지고도 문장을 이룰 수 있다.

이 문장은 주절의 두 단어 사이에 be동사가 생략되어 있는 것으로 '심령이 가난한 자들은 복 있는 자들이다'라고 직역할 수 있다. 혹은 문장이 가지고 있는 말의 어감을 살려 '복 있도다, 심령이 가난한 자들이여'라고 의역한다면 훨씬 감정이 살아나 보인다. 한글개역성경은 본문을 직역해 놓았기 때문에 단순한 서술문처럼 보인다. 하지만 본문은 시적인 운율 형태를 가지고 있음을 볼 때 문장의 의미를 전달함에 있어 '복 있는 자들아'를 강조하는 것이 자연스럽다.

두 번째 문장은 첫 문장의 상태를 구체적으로 표현하는 병행구절로 동등한 비중을 가지고 있다. 그런데 두 문장을 연결하고 있는 접속사 '왜냐하면'(ὅτι) 때문에 두 번째 문장이 마치 첫 번째 문장의 종속절로 보일 우려가 있다. 유대인들이 말을 하거나 문장을 쓸 때 의도적으로 병행구를 많이 사용하는 습관을 참작한다면 상호 의미를 보충하고 강조해 주는 병행구절로 보는 것이 자연스럽다.

'이다'(ἐστιν: 영어의 be동사와 같음)라는 동사는 하늘나라가 존재하는 상태를 묘사하고 있다. 따라서 본문은 '그 하늘나라는 그들의 것이다'라고 직역할 수 있다. 그런데 '너희들의 것'이라고 번역되는 '아우톤'(αυτων)은 심령이 가난한 자를 지시하고 있기 때문에 본문을 '(그) 하늘나라는 심령이 가난한 자들의 것이니라'고 의역할 수 있다.

두 번째 문장이 (그) 하늘나라가 '너희들의 것'으로 존재(be)하고 있는 상태를 묘사하고 있음을 볼 때, 첫 문장에서 '복 있는 자들'(Μακαριοι)이라는 단어는 심령이 가난한 자들의 상태를 묘사하고 있음을 알 수 있

다. 이 점을 고려하여 본문을 좀 더 원어에 가깝게 다음과 같이 번역할
수 있다.

> 복 되도다! 심령이 가난한 자들아,
> 하늘나라가 너희들의 것이니라.

이 문장을 굳이 의역한다면 '하늘나라는 심령이 가난한 자들의 것이
기 때문에 심령이 가난한 자들은 복 있는 자'라고 할 수 있다.

여기에서 강조되는 것은 '복이 있다'라는 말이다. 보통 동양에서는
외형적이거나 물질적인 풍요로운 상태를 '복'이라고 말한다. 심지어
오복이라고 하면서 다섯 가지 복을 이야기하기도 한다. 이런 것들은 한
결같이 외형적인 복을 언급한다. 반면에 주님께서 복이 있다고 하신 말
씀은 그런 외형적으로 주어진 복은 아니다. 오히려 그 안에 담겨 있는
내적인 복의 상태를 이야기하고 있음을 주의해야 한다.

즉 심령이 가난한 자들은 천국이 저희들의 것이기 때문에 복이 있다
는 의미가 아니라, 심령이 가난한 그 상태는 하나님의 나라를 소유한
상태로서 그 자체가 '복이다'라는 뜻이다. 다시 말하면 복이라고 할 수
있는 그 본질에 속한 자의 모습이 바로 심령이 가난한 자의 상태로서
내부의 행복한 상태를 의미하고 있다.

2. '심령이 가난하다'는 말의 의미

여기에서 '가난하다'는 말은 보통 두 가지로 사용된다. 하나는 물질
적인 결핍 상태에 빠져 있는 것으로 그것으로 인해 고통과 곤란을 당하
는 상태를 가난하다고 말한다. 또 다른 하나는 내적인 마음의 상태를
가리켜 가련함을 이야기하기도 한다. 즉 마음이 가난하다고 할 때는 꼭

그 사람이 물질적으로 가난하다는 것이 아니라 마음이 곤고하다는 의미이다. 이스라엘의 왕 다윗과 같은 사람이 자신을 가리켜 가난하다고 할 때는 후자의 뜻이다.

우리 주님은 두 가지 의미를 다 담고 본문을 말씀하셨을 것으로 생각된다. 그러나 본문 자체가 하나님 나라의 복된 상태가 어떤 것인가를 말씀하고 있음을 본다면, 그리고 주어를 이루고 있는 구절에서 심령의 상태를 묘사하기 위해 가난하다는 단어를 사용하셨음을 전제한다면 물질적인 의미라기보다는 내면적인 의미, 즉 마음이 가난하다, 겸손하다, 겸비하다는 의미로 사용하셨음이 분명하다.

'심령'(πνευμα)이라는 말은 인간의 영적 기관을 의미한다. 영혼은 전 인격의 기능을 주장하는 기관이다. 물론 인간을 영혼과 육체로 구분할 수는 없으나 영혼과 육체를 구분하는 경우 영혼은 육체의 기능을 주장하는 인격적인 기능을 발휘하는 기관이다. 이런 점에서 '심령'은 인간의 지, 정, 의의 활동을 지배하는 기관, 즉 인격이라고 할 수 있다. 때문에 심령이라 할 때는 전 인격을 대변한다. 여기에서 심령이 가난하다는 것은 그 사람의 전 인격적인 중심의 상태가 겸허하고 겸손한 상태임을 이야기한다. 이런 사람의 상태가 이미 '복이 있는 상태'라고 주님께서 말씀하신다.

인격이 가난한 상태에 있는 사람이라 했을 때는 그 마음이 겸허하다 또는 공허하다는 의미이다. 그런데 공허하다는 말은 어떤 면에서 약간 감상적인(sentimental) 상태를 나타내기 때문에 그것보다는 마음이 겸허하다, 겸손하다 했을 때 그 마음이 비어있는 상태를 지시한다. 즉 '마음을 비운다'라는 말이 된다.

그 마음에 다른 마음을 품고서 마음을 비웠다는 것이 아니라 정말로 비어있는 상태를 가리켜서 마음이 가난하다고 한다. 이런 경우에는 다른 마음이 없고 인격적으로 순일한 상태를 가리켜서 가난한 마음이라고 할 것이다. 이것은 다른 여타의 것으로 마음을 다시 채우려는 여분이나 대책을 마련해 두지 않은 상태이다. 마치 항아리 속에 물을 가득 채웠다가 비워버리고 만 것처럼 마음을 비워둔 상태이다.

여기에서 자기 인격을 다 비워버렸다는 것은 정신이 나간 상태를 말하는 것이 아니다. 이 말은 자기 자신을 다 비웠다는 말로 인격적인 비워둠을 의미한다. 이것을 자기 부인(自己否認)이라고 한다. 주님께서도 누구든지 내 제자가 되려거든 자기를 부인하고 자기 십자가를 지고 나를 따르지 아니하면 내게 합당치 않다고 말씀하신 것처럼(마 10:38; 16:24) 자기에 대한 부인과 부정을 말씀하셨다.

그러기 위해서 왜 자기 자신을 부인해야 하는가에 대한 자기 인식이 있어야 한다. 나아가 거기에는 자기 인식의 근거로써 절대적인 표준이 있어야 한다. 그것이 곧 하나님의 인격이다. 절대적인 진, 선, 미를 갖고 계신 하나님의 인격, 즉 그 하나님의 품성에 비추어 놓고 볼 때 자기 자신이 얼마나 불순하고 불미스럽고 불의한가에 대한 통감(痛感)을 느끼게 된다. 아픔을 느낀다는 말이다.

단순하게 하나님은 절대적인 선과 의를 갖고 계시는 데 비해 나는 불순하다, 불의하다는 정도가 아니다. 그 결핍에 대해 아픔을 느끼는 것이다. 하나님의 절대적인 의에 대해 모자라는 분량을 발견하면 할수록 그 아픔은 커지기 마련이다. 즉 하나님에 대해 알면 알수록, 하나님에 대해 느끼면 느낄수록 자신의 불순과 불의함이 훨씬 더 크다는 것을 안다는 말이다.

이것을 다른 말로 죄에 대한 각성(覺醒)이라고 한다. 윤리적이고 도덕적인 결핍을 죄라고도 하지만 하나님의 절대적인 속성에 비추어 순일(純一)하지 못하고 그 절대적인 속성과 의를 충족시키지 못하는 것이 바로 죄이다. 이런 의미에서 하나님의 의에 비추어 볼 때 절대적인 죄를 발견하게 된다. 하나님을 사랑하면 할수록 또 하나님의 계시가 분명해질수록 더 죄감(罪感)을 느끼게 된다. 죄에 대한 감정이 발전된다는 의미이다.

다른 사람보다 조금 더 의롭고, 윤리적으로 깨끗하고, 하나님 앞에서 신앙생활을 잘한다고 생각하기 때문에 그것으로 어떤 위로를 받을 수는 없다. 이러한 상대적인 죄 감각으로는 하나님의 공의를 세울 수 없다. 오히려 하나님의 의에 대해 깊이 느끼고 생각할수록 하나님 앞에서 얼마나 큰 죄를 가지고 있는가를 통감해야 한다. 그래서 다른 사람을 힐난하거나 비난하지 못하게 된다. 오히려 더 죽고 싶을 정도의 심정을 느끼게 된다.

하나님에 대한 신앙과 의식이 높아지고 깊어질수록 마음이 공허한 것이다. 곧 마음이 비어지는 것이다. 이 상태는 다른 것으로 채울 수 없고 대치할 수도 없다. 하나님 앞에서 느끼는 의의 결핍, 즉 죄를 발견했다면 그것에 대한 보상을 해야 하는데 도저히 우리로서는 그 대책이 없기 때문이다. 그래서 대신할 다른 방도를 포기해버린 상태가 심령이 가난한 상태이다.

3. 죄에 대한 각성을 동반함

이러한 죄를 근원적으로 해결할 수 있는 다른 길은 없다. 오직 예수 그리스도의 십자가의 공효만이 죄를 대치할 수 있다. 그래서 그리스도의 십자가를 받아들이는 것이다. 그것이 복음이다. 아무것도 하나님의 의를 대신할 수 없다. 오직 그리스도의 십자가를 통해서만 불의한 자리에서 의의 자리에 설 수 있다는 사실이 우리에게 복음이 된다. 그리고 그 십자가를 복음으로 받아들이는 것이다.

바울 사도는 "우리 주 예수 그리스도의 십자가 외에 결코 자랑할 것이 없으니 그리스도로 말미암아 세상이 나를 대하여 십자가에 못 박히고 내가 또한 세상을 대하여 그러하니라"(갈 6:14)고 하면서 "나는 날마다 죽노라"(고전 15:31)고 이야기하고 있다.

바울의 신학은 하나님에 대한 사상이나 하나님에 대한 사랑의 감정이 심화될수록 자신이 죄인임을 아는 것이다. 그래서 바울은 십자가에서 못 박혀 죽는 것을 원한다. 때문에 예수 그리스도와 함께 내가 날마다 십자가에 못 박혀 죽노라는 고백을 하고 있다.

그와 같은 상태에 도달했을 때 비로소 바울은 "내가 궁핍하므로 말하는 것이 아니라 어떤 형편에든지 내가 자족하기를 배웠노니 내가 비천에 처할 줄도 알고 풍부에 처할 줄도 알아 모든 일에 배부르며 배고픔과 풍부와 궁핍에도 일체의 비결을 배웠노라 내게 능력 주시는 자 안에서 내가 모든 것을 할 수 있느니라"(빌 4:12-13)고 말하고 있다. 완전하게 자기 자신을 낮추고 비워두었을 때 비로소 거기에서 하나님의 능력을 체험하고 그 인도에 대해 민감하게 반응할 수 있다는 의미이다.

바울 사도의 경우처럼 하나님 나라의 구체적인 나타냄은 자기 자신에 대한 부정에서부터 시작되는 것을 알 수 있다. 하나님 안에서 자신은 예수 그리스도와 함께 십자가에 달려 죽었다는 사실이 내 삶속에서 나타날 때 그곳에서부터 하나님의 나라가 발생된다.

하나님의 나라는 외형적인 교회의 확장이나 선교의 실적 또는 전도를 많이 한 업적으로 드러나는 것이 아니다. 눈에 보이지는 않지만 한 사람 한 사람이 하나님 앞에서 절대적인 죄인인 것을 깨닫고, 자기 자신을 부정하고, 비우고, 하나님에 대해 민감하게 반응하고, 자기 자신을 온전히 하나님 앞에 굴복시켜 나가는 일 속에 하나님의 나라가 실존하기 때문이다.

　거기에 하나님의 나라가 있다. 그러한 사람들이 모인 자리에 하나님의 나라가 가시화되어 비로소 형태를 이루게 된다. 이때 하나님의 나라가 실체로 세워지는 것이다. 따라서 하나님의 나라를 세워나간다, 교회를 세워나간다고 한다면 먼저 죄인으로서 자기 각성이 있어야 한다. 감히 얼굴을 들 수 없을 정도의 안타까운 심정이 있어야 한다.

　실제로 선교 사역이나 전도 사역은 구속받지 않은 자들을 통해서도 얼마든지 성취될 수 있다. 그러나 한 사람의 영혼이 하나님 앞에서 죄인인 것을 알고 자신의 심령을 가난하게 비운다는 것은 그 어떤 것으로도 대신할 수 없다.

　바울 사도는 로마서 14장 17절에서 하나님의 나라는 먹는 것과 마시는 것이 아니요 오직 성령 안에서 의와 평강과 희락이라고 말한다. 고린도전서 4장 20절에서는 하나님의 나라는 말에 있지 않고 오직 능력에 있다고 한다. 먹는 것이나 마시는 것이나 말하는 것 등은 외형적인 현상이다. 물질적이라는 의미를 가진다. 이것들은 삶을 유지하기 위한 수단에 불과하다. 이런 일에 빠져 있는 동안에는 그곳에 하나님의 나라는 없다.

　먹고 마시고 말하며 살아가기 위해서 수단과 방법을 가리지 않는 그곳에 하나님의 나라는 나타나지 않는다. 이런 상태를 가리켜서 예수님은 세상의 염려와 재리의 유혹에 빠져 있다고 하셨다(마 13:22). 마치 가시덤불에 떨어진 씨앗과 같다. 세상의 먹고 마시는 일, 사람들을 상대하고 말하고 자기 살 길을 추구해 나가는 그 모든 것들은 세상살이에 빠져서 자기 인생을 낭비해 버리는 것과 같다. 가시밭에 떨어진 씨가 그 기운이 막혀 죽는 것과 다를 바 없다.

　그러므로 예수님은 "내가 너희에게 이르노니 목숨을 위하여 무엇을 먹을까 무엇을 마실까 몸을 위하여 무엇을 입을까 염려하지 말라 목숨이 음식보다 중하지 아니하며 몸이 의복보다 중하지 아니하냐 공중에 새를 보라 심지도 않고 거두지도 않고 창고에 모아들이지도 아니하되 너희 천부께서 기르시나니 너희는 이것들보다 귀하지 아니하냐"(마 6:25-26)고 말씀하신다.

세상의 염려와 재리의 유혹에서 떠나 있는 상태, 그런 상태에 우리가 도달해야 된다. 그것을 가리켜서 '의와 평강과 희락'의 상태(롬 14:17)라고 바울은 말한다. 일상의 생활 감정과 세상살이에서 벗어나 하나님의 일에 전폭적으로 쏟아 부어져 있는 상태를 가리켜서 성령으로 말미암아 이루어진 의와 평강과 희락의 상태라고 한다.

이러한 의와 평강과 희락이라는 것은 자신이 완전히 비워져 있을 때 가능하다. 왜냐하면 이것들은 성령님의 의, 평강, 희락이기 때문이다. 성령님이 주장하고 인도하실 때 그러한 의와 평강과 희락이 이루어지는 것이다. 그리고 거기에 능력이 있다. 이 능력은 항상 순결한 데에서부터 나온다. 거짓이 있고, 감춰진 것이 많고, 세상에 내버리지 못하고 많이 담아둘수록 순결하지 못하고 그만큼 능력이 없다.

심령이 가난하다는 것은 물질적인 상태나 물질의 많고 적음에 따라 결정되는 것이 아니다. 물질의 많고 적음을 비교하여 심령이 가난하다고 하지 않는다. 세상의 일상적인 가치들을 대변하는 것이 물질인데 여기에서 물질은 명예, 권세, 힘 등 추상적인 것도 포함된다. 일반적으로 물질이라고 할 때는 추상적인 것이 제외된 것처럼 말하는데 그것은 아니다. 명예나 권세나 힘이라는 추상적인 것도 모두 물질에 속한다. 그런 것들이 많이 있으면 마음이 부유해지고, 포만감을 느끼고, 자랑하려하고, 자고(自顧)하게 되는데 이런 것들이 모두 물질적인 것이다.

이런 것에 가치를 두지 않는 사람을 가리켜 심령이 가난한 사람이라고 한다. 오히려 자신의 불순과 불결과 불의를 심각하게 느끼는 상태이

다. 불순과 불결과 불의 같은 것은 죄에 대한 의식에서부터 생기는 것
이고 죄책 때문에 발생한 것이다. 그런 것이 많을수록 인생이 얼마나
결핍되어 있는가를 느끼게 된다.

거기에는 아픔이 있다. 내 인생이 얼마나 허비되었는가, 내 인생이
얼마나 헛되이 살고 있는가 하는 자신(ego)에 대한 부정이 있는 것이다.
그래서 십자가의 공효에 자신을 접붙이는 이런 사람은 가난하다는 의
식부터 생긴다. 하나님 앞에서 아무 것도 아니라는 신앙의 고백도 그렇
게 해서 발생된다.

하나님의 절대적인 가치를 알면 알수록 자신에 대한 부정이 깊어지
게 된다. 이제라도 하나님께 붙어있지 않으면 살 길이 없다는 것을 고
백하게 된다. 절대적인 가치가 하나님께 있다는 사실을 알고 그것을 인
정한다면 하나님을 떠나 있는 상태는 저주받은 상태라는 것을 절감하
게 된다. 이는 심판의 자리에 있는 것이다. 심판이라는 것은 죽고 난 뒤
에 받는 심판만이 아니라 현재 죽음의 상태에 도달해 있는 그 자체 역
시 심판이다.

그래서 다윗은 "여호와여 어느 때까지이니까 나를 영영히 잊으시나
이까 주의 얼굴을 나에게서 언제까지 숨기시겠나이까"(시 13:1)하며 하
나님의 얼굴 앞에서, 하나님 앞에서 쫓겨나는 고통을 고뇌하고 있다.
죽음을 느끼는 것이다. 시편 6편 4절에서 다윗은 이렇게 기도한다. "여
호와여 돌아와 나의 영혼을 건지시며 주의 인자하심을 인하여 나를 구
원하소서." 그와 같은 애절한 기도는 하나님을 떠나 있는 상태가 사망
의 상태라는 것을 알기 때문에 나온다. 저주의 상태, 심판의 상태라는
것을 통감하기 때문에 이런 기도를 하게 된다.

하나님을 떠나서는 죽음과 같은 처지에 있음을 안타까워하고 오직
하나님의 얼굴 앞에 서기를 갈망하게 되는 것이 심령이 가난한 자의 상

태이다. 그러므로 하나님 앞에 서길 원하며 하나님을 대면하기 원한다는 것은 이제부터 인생의 길을 자기 마음대로 도모하지 않겠다는 다짐과 같은 것이다. 자신의 실체를 이제 파악하게 되었다.

지금까지 공허한 인생을 살아왔음을 각성하고 인생의 참된 가치를 하나님에게서 발견하는 적극적인 삶이 시작된다. 여기에 변환점(turning point)이 있다. 이때부터 우리에게는 부유한 삶, 다시 말하면 복된 삶이 시작된다. 자신이 빠져 있는 열악한 상태를 의식하는 것에서부터 비로소 참 생명의 가치를 파악하고 인생의 고상한 삶의 경영을 도모하려는 능력을 소유하게 된다. 이것이 복된 자의 기본적인 위치이다. 여기서부터가 천국 백성의 시작이다.

그래서 '복 되도다' 혹은 '복 있는 자들아'라고 예수께서 말씀하신다. "복 되도다, 심령이 가난한 자여!"라고 주께서 선포하신다. 그리고 이러한 복 있는 사람의 전형을 우리는 시편 1편에서 살펴볼 수 있다. 시편 1편의 '복 있는 사람'이 다름 아닌 메시아이신 예수님을 가리키고 있는 이유도 여기에 있다. 이러한 사람에게 하나님께서는 그 사람의 가난함을 채워주신다. 하나님께서 모든 필요를 공급해 주시게 된다. 인격의 완성, 인품의 능력적인 요소까지도 하나님께서 공급해 주신다.

이런 것을 가리켜 하나님의 은혜라고 한다. 하나님의 은혜를 받았다는 것은 물질적인 복이라든지 부귀영화를 얻는 것만을 말하지 않는다. 심령의 가난함을 부요하게 채워주시는 것 또는 불의와 부정과 불순을 도말하시고 의롭게 인정하시며 하나님의 백성이라 인치시고 아들이라 불러주시는 것이 진정한 은혜이다.

그 상태가 하나님의 인도에 대해서 신앙하게 되는 자리이다. 이러한 자리에 서 있는 사람에게는 세상을 바로 바라볼 수 있는 안목이 생기게 된다. 지금까지는 불의함이 무엇인지 또 그것에 대한 관심조차 없었다.

하지만 불의한 인생을 살아가는 모든 것이 악과 죄의 상태라는 것을 알게 된다. 그래서 선과 악을 구별하게 된다. 이렇게 됨으로써 이제 하나님의 선을 좇아 살게 되는 것이다. 비로소 선이 무엇인지를 알게 되고 옳고 그름에 대한 판단의 기준이 서게 되었다.

자신의 개인적인 사견이나 사적인 이권을 따져서 자기의 안목에 따라 판단하는 것이 아니다. 그런 것으로 세상을 보는 것이 아니다. 하나님의 거룩하신 경영에 비추어 세상을 보게 되고, 길을 찾게 되고, 신앙의 대상이신 하나님을 찾아가게 된다. 비로소 빛과 어두움을 구별하게 되었다. 이것이 복된 자가 가지게 되는 삶의 정서이다.

마음 씀씀이가 어디에 있는가? 우리의 마음이 어디에 쓰이고 있는가? 하나님의 절대적인 가치에 따라 살아가고자 하는 것에 우리의 온 마음이 있어야 한다. 그래서 이제 우리는 이러한 문제에 대한 각성을 하기 시작한다.

여기에 어떤 삶의 감정이 발생되는데 하나님이 무엇을 원하시는가에 대한 감정이 일어난다. 거기에 모든 관심이 있다. 자기가 무엇을 도모하는 것이 아니라 하나님께서 무엇을 원하시는가? 그 원하시는 것에 대해 절대적인 순종을 하겠다는 의지를 내포하게 된다. 하나님의 의지에 절대적으로 순종하고 맡긴다는 헌신을 하게 된다. 그리스도께 자신을 '드린다' 는 말이다.

4. 하나님께 자신을 의지함

이처럼 하나님께 드렸다, 맡겼다 한다면 거기에는 하나님의 다스림에 대해서 기뻐한다는 것을 포함하게 된다. 하나님께서 다스리시는 것을 기쁨으로 받아들인다는 자기의 자의적인 항복(降伏), 자의적인 귀의(歸依)가 발생된다. 강압적으로 하나님의 통치를 받아들이는 것이 아니라 기쁨이 동반된 자의적인 결단으로 하나님의 통치를 맞이하게 된다. 이것이 진정한 헌신이며 하나님의 인도를 받는 것이다.

여기에서부터 성령님의 인도가 시작된다. 성령께서 이러한 사람을 인도하신다. 자의적으로 하나님의 통치를 기뻐 받아들이는 사람, 그래서 자기의 인격을 스스로 비워서 성령님의 인도를 받도록 준비될 때 성령께서는 조금도 내 인격을 침해하지 않으면서 나를 나답게 인도하신다. 나는 그러한 성령님의 인도를 받아 내 인생에서 밝은 빛을 비추게 되는 자리에 도달하게 된다. 능동적으로 자기를 하나님께 맡기고 의지하는 것, 그런 상태를 헌신이라고 한다.

다윗은 "내가 이같이 우매무지하니 주 앞에 짐승이오나 ……"(시 73:22)라고 하며 세상일에 갇혀 있는 자신의 우매무지한 상태를 가리켜 주 앞에서 짐승과 같다고 고백한다. 이 사실을 알기 때문에 "내 육체와 마음은 쇠잔하나 하나님은 내 마음의 반석이시요 영원한 분깃이시라"(시 73:26)고 하며 심령이 가난해져 가는 자신의 상태를 통해 "하나님께 가까이 함이 내게 복이라"(시 73:28)고 외치는 것이다. 비로소 진정한 삶의 가치가 어디에 있는가를 알게 되었다.

세상일을 아무리 놓고 보아도 악인이 득세하는 반면 의인은 핍박을 받고 고통을 당하는 것에 대해 다윗은 이해가 되지 않았다. 그러나 다윗이 성전에 들어가면서 하나님을 뵈옵고 그제야 자신은 주 앞에서 짐승이다, 짐승과 같이 우매무지하다는 사실을 통감하게 된다. 자신의 심령이 가난함을 통감하고 난 뒤에 여호와는 마음의 반석이며 영원한 분깃이라는 신뢰감, 신앙이 발생하게 된다. 그러한 인식을 바탕으로 하나님께 가까이 함이 복이라는 신앙을 고백하게 된다. 비로소 진정한 삶의 가치가 어디에 있는가를 발견한 것이다.

우리에게 있어서 다윗과 같은 고백은 예수 그리스도의 십자가를 통해 죽어짐으로써 다시 말하면 죄에 대한 각성이 있어야 그와 같은 고백이 발생하게 된다. '이 세상에서 죽을 수밖에 없는 죄인이다'는 이야기가 아니다. 그보다는 그리스도의 십자가가 아니면 내 인생이라는 것이 쓸모없고 부질없으며 살아 있는 것이 욕되다는 것을 통감하고 우리의 마음이 곤고할 수밖에 없어야 한다. 우리가 무엇으로 감히 입을 열고 얼굴을 들고 하나님 앞에 설 수 있겠는가?

하나님의 절대적인 의와 선과 사랑 앞에 우리는 얼마나 불결하고 거짓되고 악한지 알 수 없다. 그 사실을 알았을 때 우리의 마음이 부드러워지고 가시가 없어지고 단단함이 없어지는 것이다. 완전히 비워진 상태이기 때문에 거기에는 악함도 없다. 바로 그곳에 하나님의 나라가 실현된다고 주님은 말씀하셨다. 하나님의 의와 평강과 희락이 거기에서 이루어지는 것이다. 하나님의 통치가 구현된다는 말이다.

누가복음 17장 21절에서 말씀하시기를 "하나님의 나라는 여기 있다 저기 있다 하는 것이 아니라 너희 안에 있다"라고 하신다. 여기에서 '너희'는 자기 자신을 부정한 사람들이다. 이들이 교회를 이루는 것이고 이 교회가 하나님 나라의 성격을 대변하는 실체가 되어야 한다. 이러할 때 비로소 하나님의 나라가 우리 안에 있다고 말한다.

예수께서 하나님 나라의 강령을 선포하실 때 먼저 심령이 가난한 자의 복된 상태를 언급하셨다. 거기에서부터 복된 자의 삶이 시작되기 때문이다. 우리에게는 여러 번 자기 자신을 부정했다 혹은 부인했다고 하면서도 여전히 자기(自己)가 남아있는 악함이 있다.

거짓됨이 있고, 불순함이 있고, 자기 욕심이 있고, 자기 삶에 대한 도모가 있고, 계획이 여전히 남아 있다. 때문에 그 안에 진정한 평강과 희락이 없다. 그러한 일을 도모할 때 항상 낭패를 당하고 부딪침을 당할 때 좌절이 생기고 불안이 생기는 것이다. 심지어 그런 좌절과 불안을 깨뜨리기 위해서 공격성을 드러내게 되고 남을 침해하는 일을 서슴지 않는다.

　하나님의 나라는 마음이 가난한 상태로 표시된다. 곧 자기 자신을 비워놓는 일에서부터 하나님의 나라가 시작된다. 많은 사람들은 심령이 가난하다고 하면 마음을 비우자, 마음을 가난하게 하자고 말을 한다. 그러나 왜 가난하게 해야 하는가에 대한 이유가 없다. 날마다 그리스도와 함께 십자가에 못 박혀 죽는다는 바울 사도의 죄에 대한 통감, 자기 자신의 불순에 대한 통감이 있었던 것처럼 우리 자신들도 그래야 한다. 그랬을 때 비로소 우리에게 진정한 의와 희락과 평강이 있는 것이다.

〈기도〉

　하나님 아버지!

　하나님의 나라는 먹고 마시는 것에 있지 않고 오직 성령 안에서 누리는 의와 희락과 평강이라고 말씀하셨습니다. 그러한 자리에 우리가 도달하기 위해 먼저 자기 자신을 부정해야 함을 고백합니다. 그럴 수밖에 없는 것은 이 세상이 죄로 인해서 너무 악해 있고 그 악에 대해서 우리는 대적할 만한 힘이 없기 때문입니다. 뿐만 아니라 우리 안에 있는 불순과 불의와 사악함과 또 죄 됨과 죄책이 너무 많아서 도저히 우리 스스로는 이겨낼 수 없기 때문입니다.

　우리의 마음을 온전히 하나님 앞에서 비우기를 위해 참으로 낮은 자가 되기를 원합니다. 마음이 부드러운 자가 되어서 하나님의 말씀을 순전하게 받아들일 수 있기를 소원합니다. 하나님의 통치에 순응하여서 그로 말미암아 우리 안에 진정한 하나님의 의와 희락과 평강이 이루어지기를 소원합니다.

　그러한 자들이 모인 자리가 하나님의 나라요, 하나님 나라의 실체인 것을 우리가 아오니 우리가 누구보다도 서로를 소중하게 여기고 존귀하게 여기고 사랑하게 하옵소서. 이 교회에서 진정한 하나님 나라의 실체를 경험하게 하옵소서.

　주 예수 그리스도의 이름으로 기도합니다. 아멘.

I. 하나님 나라의 내형적인 실체(實體)

제2장

애통하는 자

인생의 목표란 이 세상에서 하나님의 나라를 구현해 나가는 것이다. 그러기 위해 하나님 나라의 실체를 생활 속에서 드러내고 있어야 한다. 이것은 하나님의 통치가 실제로 인생의 행로 속에서 행사되어야 하는 것을 의미한다. 즉 하나님의 능력을 힘입는 모습이 일상생활 속에 구체화되어야 한다.

마치 예수께서 제자들의 발을 씻어주셨던 것과 같이 죄의 오염과 그로 인해 발생한 사상(思想)의 결핍으로부터 새롭게 함으로써 하나님 나라의 사상을 체계 있게 세워나가고, 하나님에 대한 지식과 인생의 나아갈 길에 대해 올바른 지식을 쌓아가야 한다. 그러한 변화가 인생의 길에서 날마다 확연하게 보이고 그 길을 가는 데 힘을 얻어 생동감 있게 살아가는 삶이 있어야 한다.

우리는 죄로 인해 죽을 수밖에 없고 하나님에 대하여 무지해서 영원한 심판에 빠져야 하는 자리로부터 하나님의 아들이라 부름 받았다. 그럼에도 불구하고 여전히 죄의 오염에 노출되어 있는 것이 우리의 현실이다. 따라서 죄로 오염된 사상과 지식이 날마다 하나님의 말씀으로 새로워지고 깨끗함을 받아야 한다. 때문에 사상이 발전하고 심화되어 어제보다 오늘이, 오늘보다 내일이 더 하나님 나라의 사상을 세워나가고 알맞게 변화되어 나가는 모습으로 우리 안에 있어야 한다.

하나님의 나라를 세운다, 하나님의 나라를 구상화시킨다, 구체화시킨다고 할 때 건물을 짓고 법을 세우고 조직을 세우는 것으로 하나님의 나라를 세웠다고 할 것이 아니다. 실제로 인생의 행로 속에서 하나님의 말씀으로 인해 달라지고 하나님의 백성답게 변화되는 모습이 나타나는 것에서 하나님의 나라가 발견되어야 한다. 이것이 하나님 나라를 세워 나간다는 뜻이다.

결국 하나님 나라의 사상을 체계 있게 세워나가야 한다. 그리고 하나님에 대한 지식과 인생이 나아갈 길에 대한 올바른 지식을 쌓아 가야 한다. 이것이 하나님의 나라를 구현해 나가는 길이고 하나님의 나라를 세워나가는 것이며 그것이 궁극적인 인생의 목표이다.

우리가 하나님의 고상한 인격을 닮아가고 예수 그리스도의 품성을 닮아감으로써 하나님의 나라를 세우고 구체화시켜 나갈 수 있기 때문에 하나님 나라의 백성다운 품성을 체계 있게 보여주신 산상수훈에 대해 관심을 가지게 된다. 그중에서 산상수훈에 나타난 하나님 나라의 대강령(manifesto)을 연구하는 것은 매우 중요한 일이다.

그것은 죄에 오염되어 천단(擅斷)한 사상을 가지고 있는 조악한 세상에서 하나님 나라를 표상하는 구체적인 삶의 모습을 추구해 나갈 수 있는 유일한 길이기 때문이다. 그러한 모습이 인생 가운데에서 이루어져야 하며 이 모습이 바로 하나님의 나라를 드러내는 일이고 하나님의 나라를 세워 가는 일이다.

하나님 나라를 세운다는 것은 고상하고 화려한 자태를 가꾸어 나간

다는 말보다는 거룩한 하나님의 말씀과 도리에 인생이 노출되고 접촉
되어서 우리의 추한 모습에 더 고통을 느끼게 되는 일에서부터 시작된
다는 사실을 명심해야 한다. 이 상태가 심령이 가난한 자의 상태이다.

심령이 가난하다는 것은 자기가 누구인가를 알고 영혼의 상태를 하
나님의 거룩한 자태에 비추어 볼 때 분명해진다. 어쩔 수 없이 자신의
추함을 하나님 앞에 내보일 수밖에 없다는 판단이 서서 하나님께 자기
자신을 맡기는 자의 모습이 심령이 가난한 자의 모습이다. 여기에서는
하나님에 대한 지적인 요소가 중요한 작용을 하기 마련이다.

이 상태에 이르게 되면 인생의 행로 가운데에서 죄가 많고, 악한 모
습이 많고, 불순하고, 불의하다는 사실을 파악하여 자신을 비워야한다
는 의지적인 결단에 도달하게 된다. 절대적인 도덕의 표준이신 하나님
의 인격에 비추어 볼 때 조금이라도 못 미치는 것이 죄라는 아픔을 느
끼는 것이다. 그 상태에서는 함부로 인생의 일을 도모하지 않는다. 오
히려 하나님의 인도하심과 통치에 순응하게 된다.

그러한 자리에 서 있는 것에서 하나님의 나라가 이루어지며 구체화
된다. 그 상태가 복된 자리라고 주님께서 말씀하신 것이다. 실제로 하
나님의 거룩한 도리에 접촉되었고 노출되었다면 무엇보다도 자신이 가
난하다는 사실에 대해서 시간이 갈수록 더 분명하게 느껴져야 한다. 죄
인일 뿐만 아니라 죄인의 괴수라는 의식이 싹트는 것이다.

하나님 앞에서 함부로 인생을 경영하지 않고, 타인의 마음을 상하게
하지 않고, 어린아이 하나에게라도 함부로 대하지 않으며 그들보다 자
신이 더 죄인이고 결핍이 많다는 사실을 늘 확인해야 한다. 자신의 가
난함을 보고 겸손해지며, 자신을 억누르고, 하나님 앞에서 겸손해지는
모습이 현실의 삶 가운데 늘 있어야 한다. 혈기를 죽여 나가고 자기라
는 것을 죽여 나가고 아상(ego)을 포기해 나가는 모습이 현실로 나타나

야 한다.

그처럼 변화되는 모습이 없이 직장에서는 직장 나름대로, 가정에서는 가정 나름대로, 사회에 나가면 그 나름대로 이 사람 저 사람 부딪히며 모든 일에 참견하는 무모한 인생을 살아간다는 것은 참으로 안타까운 일이다. 그런 일로 하나님의 나라가 나타나는 것이 아니다. 자기 자신을 감찰하고 엄격하게 단속하는 데서 하나님의 나라가 나타나기 때문이다. 우리 주님은 차라리 눈이 범죄하면 눈을 뽑아 버리고, 팔이 범죄하면 팔을 찍어내 불구자로 하나님의 나라에 들어가는 것이 온전한 사람으로 지옥에 들어가는 것보다 낫다고 말씀하셨다.

이처럼 자신의 불의한 모습에 대해서 아주 철저하고 냉철하게 심판하고 거기에 대해 자중하는 모습들이 있어야 한다. 이런 것들을 자꾸 느끼고 배우게 되면 점차 부드러운 사람이 되어가게 된다. 어린아이와 같지 아니하면 결단코 천국에 들어갈 수 없다는 말은 이런 의미에서 다시 생각해야 한다.

마음에 강팍함이 없고, 거짓이 없고, 꾸밈이 없고, 순수하고, 순결하기 때문에 부드럽다는 의미이다. 이러한 상태에서 하나님의 능력을 배우는 것이다. 이처럼 마음이 부드럽고 온유한 자는 위로를 얻고 땅을 그 기업으로 받을 것이라고 주께서 말씀하셨다. 이것은 하나님 나라 안에서만 가능한 일이다.

1. 마태복음 5장 4절의 해석

한글개역성경이 "애통하는 자는 복이 있나니 저희가 위로를 받을 것임이요"(마 5:4)라고 기록한 본문에 대한 이해를 돕기 위해 헬라어를 직역하면 다음과 같다.

μακάριοι οἱ πενθοῦντες
  복 있는 자들(이여) 애통하는 자들아,

ὅτι αὐτοὶ παρακληθήσονται
  왜냐하면 그들은 위로를 받을 것이다(미래수동형).

첫 문장은 애통하는 자들이 복된 상태에 있음을 단순한 서술형으로 말하고 있다. 헬라어나 히브리어에서 단순 서술형은 매우 평이한 문장이지만 오히려 이 단순한 문장은 강한 사실을 표현한다. 이 점을 주의한다면 첫 문장에서는 명명백백한 사실을 지시하고 있음을 알 수 있다. 따라서 '애통하는 자들이 복 있는 자들이다'라는 선언은 절대진리에 상당하는 말로서 변치 않는 원칙임을 강조하고 있다.

둘째 문장에서 '위로를 받는다'는 말은 미래 수동형으로 기록되어 있다. 즉 장래에 외부로부터 위로를 받게 될 것이라는 말이다. 이것은 첫 문장의 주체가 애통함에 비교하여 볼 때, 둘째 문장은 외부의 어떤 객체로부터 애통하는 주체에게 위로를 베풀어 줄 것이라는 사실을 암시한다.

그에 힘입어 애통하는 주체가 위로를 받아 아픔을 벗어버리게 될 것을 말하고 있다. 따라서 본문을 의역한다면 '지금 애통하는 자는 장래 위로를 받을 것이기 때문에 그 자리가 바로 복된 자리이다'라고 할 수 있다.

2. '애통하다'는 말의 의미

'애통하다'는 단어는 슬퍼한다(be sad), 곤고하게 울부짖는다(mourn), 고통의 시름을 외치다(cry)로 번역할 수 있다. 애통하다는 말은 내부적인 갈등 또는 아픔이 외부로 발출되는 상태를 의미한다.

'심령이 가난하다'는 상태는 그 자신의 마음에 심히 곤고함을 느껴서 하나님의 통치에 자신을 순응시키고 하나님의 나라와 의를 세워나가고자 하는 마음에 이르게 되는 겸허한 상태를 가리킨다. 마찬가지로 여기에서 '애통하다'는 말은 가난한 상태가 점점 심화되어 마침내 정서적인 모습으로 변화되어 외부로 나타나는 모습을 지시한다.

탄식하다, 슬퍼하다, 괴로워하다는 말은 자기 자신의 어떤 불의, 부정, 하나님 앞에서 가지는 결핍 등에 대해 가난한 마음을 가지고 그 갈등이 심화되어서 겉으로 나타나는 현상이다.

심령이 가난하다고 하는 것은 하나님 나라의 복된 자리에 비해 자기가 처한 위치가 얼마나 나약하고 열악한 위치에 있는가를 아는 것에서 발생한 지적인 결단의 결과이다. 반면에 애통함을 느낀다는 것은 자신이 가지고 있는 도덕적이고 윤리적인 죄 때문에 마음이 아프고 슬프고 괴로워하며 적극적으로 하나님의 의를 세워나가고 하나님의 나라를 세워나가고자 하는 정서적인 변화의 상태이다.

하나님 나라의 복된 자리에 서 있어야 할 위치에 있는 사람으로 서지 못하고 그 나라를 세워야 될 사람으로 세워 나가지 못하는 현실에 대한 자기 자신의 결핍과 고통을 마음으로 느끼는 것이라고 할 수 있다. 이 상태가 발전되면 이 세상이라는 것이 하나님 나라에 반대하고 방해하려는 경향이 많이 있음을 알게 된다. 그런 것을 보고서 마음이 곤고해지고 그 갈등이 겉으로 표출되어 괴로워하는 모습을 역력히 나타내는 것을 가리켜 '애통'이라고 말한다.

애통하다고 할 때는 자신의 죄에 대해서 아파하는 상태를 말할 수 있다. 일보 전진하여 하나님의 나라를 세워 나가지 못하는 자신에 대한 애통함일 수 있다. 더 나아가 이 세상의 현실이 하나님 나라에 대해 반대하고 반항하는 모습에 대해서 오는 애통일 수 있다. 그중에서 적극적인 애통은 이 세상의 현실에 대한 아픔이다.

하나님의 나라가 진행해 나가는 데 있어서 반대하고 반박하고 억지를 부려가며 막아 세우려고 하는 현실에 대해서 아픔을 느낄 때 적극적인 애통이 있는 것이다. 자기 죄나 자기의 부족한 것을 가지고 어찌할 줄 몰라 하는 것을 애통이라 하지 않는다. 오히려 그와같이 결핍된 부분들을 극복하되 하나님 나라가 진행하는 첨단(尖端)에 서서 세상의 모든 박해와 반대를 당하는 자리야말로 진정한 '애통'이라고 할 수 있다.

자신의 개인적인 상태로부터 애통함을 느낀다는 것은 저급한 상태일 뿐이다. 때문에 그와 같은 저급한 상태에서 벗어날 생각을 하고 있어야 하며 그 상태에서 벗어나기 위한 몸부림을 '애통'이라고 말한다. 여전히 죄악 가운데 빠져 있으면서 그 죄에 대해 아파하는 정도를 가지고서는 하나님의 나라를 세워나갈 수 없기 때문이다. 따라서 저급한 상태에 빠져있지 않고 하나님 나라의 진행에 대해 민감하게 반응하되 그 길의 첨단에 서 있는 것이 얼마나 복된 자리인가를 알아 가는 것이 중요하다.

'위로하다'는 말(히브리어 נחם)은 수동형으로 바뀌게 되면 고통을 느낀다는 의미가 된다. 위로한다는 것은 능동형이지만 이 말을 수동형으로 바꾸게 되면 고통을 당한다는 의미가 되는 것이다. 즉 위로한다는 것은 그 아픔의 자리에 같이 동참하는 것으로 그 슬픔의 자리에 함께하는 것에서부터 애통은 시작하게 된다.

고통과 슬픔의 자리에 있는 사람을 위로하려면 먼저 자신이 그런 슬픔의 감정에 동반하는 자리에 서서 함께 그 고통에 참여할 때 비로소 진정한 위로가 시작된다. '위로'라는 말에는 돕는다(help), 편하게 한다(comfort)는 의미를 담고 있다. 여기에서 보혜사(παρακλητος)라는 말이 나온다. 성령님을 가리켜 보혜사라고 하는데 이 말은 위로한다(παρακλητος)는 말에서 나온 단어이다.

그렇다면 애통하는 자는 복이 있어서 장차 위로를 받을 것이라는 말씀을 이렇게 확대 해석할 수 있다. 즉 하나님 나라를 추구하고자 하는 사람들에게는 세상을 살아가는 동안에 세상의 부조리와 악으로 말미암아 압박을 당하고 고통을 받고 그것 때문에 슬퍼하고 그 슬픔이 깊어짐으로써 마침내 탄식으로 우러나오는 것을 가리켜 ‘애통’이라고 할 수 있는데, 이처럼 애통하는 자에게 그와 동일한 아픔을 느끼고 간직하고 있는 하나님께서 친히 위로해 주실 것이라는 사실을 주님께서 말씀하신 것이다.

하나님께서 애통하신다, 하나님께서 아픔을 느끼신다는 말은 우리에게 위로가 되는 말이다. 하나님은 공의로운 심판주이신데 그분이 스스로 애통함을 느끼신다, 애통하는 자리에 서 계신다는 것은 우리에게 큰 힘이 된다. 엄위하게 심판을 하시는 분이 심판하기 전에 먼저 아파하신다는 그 거룩한 품성을 알게 될 때 감히 우리가 함부로 남을 힐난한다는 것이 참으로 어리석고 천단(擅斷)한 일임을 알아야 한다.

그렇다고 해서 누구나 애통하면 하나님의 위로를 받는다는 공식이 성립되는 것은 아니다. 애통할 만한 분명한 근거가 있고 표준이 있어야 한다. 아무렇게나 애통한다고 해서 위로를 받는 것은 아니기 때문이다.

자기 자신의 죄에 대해 깊이 통감하여 스스로 죄인이라고 아파하는 것도 애통이라 할 것이다. 그러나 하나님 나라를 세워나가고 의를 위해 핍박을 당하는 자리에 있으면서 애통을 느끼는 것은 그 차원이 다르다 하겠다. 이러한 애통을 느끼는 성도에게 하나님께서 더 많은 위로를 주실 것이기 때문이다. 이처럼 애통하다는 것에도 서로 다른 차원이 있다. 때문에 애통함에 대해서도 분명한 표준이 있어야 한다.

그 표준은 자기 십자가이다. 자기 십자가를 진다는 것은 심령이 가난한 데에서부터 시작된다. 자신을 하나님께 헌신함으로써 하나님 나라가 우리 안에 실현되어 나가는 것인데 그것이 구체화되어 가는 것이 교회이다.

그리고 하나님 나라의 성격을 드러내는 실체인 교회의 성도로서 당연히 자기 삶의 이정표가 분명히 있어야 한다. 교회라는 것 자체가 궁극적으로 추구해야 할 사명이 있고 그 사명에 입각해서 각자 성도들이 추구해야 할 삶의 목표가 있어서 그 삶의 목표를 고유하게 소유하고 나아가고자 하는 것이 자기 십자가이다.

보통 십자가라고 하면 무슨 고난이나 환난이나 핍박을 생각하기 쉽다. 그러한 고난과 환난과 핍박은 예수께서 이미 모두 짊어지셨다는 사실을 기억해야 한다. 골고다에서 예수님이 고난을 당하셨기 때문에 더이상 우리에게 치욕의 십자가는 없다. 오히려 주님께서 우리에게 십자가를 지라고 할 때는 거룩한 교회를 바탕으로 인생의 고유한 목표를 명확하게 세워나가고 성취해 나가는 것을 가리켜서 '자기 십자가' 라고 말씀하신다.

그래서 "누구든지 나의 제자가 되기 위해서는 자기에게 합당한 자기 십자가를 지고 나를 따르지 아니하면 나의 제자가 될 수 없다"고 하신 것이다. 자기 인생의 목표가 분명하여서 그 나라의 백성으로서 성품이 갖추어진 성도만이 인생의 본분이 무엇인가를 알아서 살아가는 것이다. 그런 사람이 지는 것이 십자가이다.

자기 십자가, 곧 교회의 역사적인 사명을 수행함에 있어 자기 인생의 목표를 향하여 나가는 길에서 부딪히는 여러 가지 방해와 박해와 반발에 대해 아픔을 느끼는 것이 진정으로 애통하는 사람의 모습이다. 적어도 예수 그리스도의 제자로서 각성이 분명하고 점진적으로 자기가 져야 할 십자가를 짊어지고 나가는 사람이 애통할 수 있는 자리에 서 있는 것이다.

세상에서는 얼마든지 편하게 살 수 있고 언제든지 대접을 받을 만한 위치에 있음에도 불구하고 예수 그리스도를 따른다는 이유 하나 때문에 세상의 반대와 박해를 받아들이고 그 길을 찾아가는 사람, 이런 사람이어야 애통할 수 있는 자격이 있다. 디모데후서 3장 12절에 보면 "무릇 그리스도 예수 안에서 경건하게 살고자 하는 자는 핍박을 받으리라"고 했다.

여기에서 핍박이라는 것은 외형적이거나 신체적이거나 아니면 물리적인 박해만을 가리켜서 핍박이라 하지 않는다. 총과 칼로 협박을 당하고 물질적으로 위협 당하는 것만을 가지고 박해를 받는다거나 핍박을 당하는 것으로 생각하는 것이 아니다. 경건하게 살고자 한다면 눈에 보이지는 않지만 의인으로서 살고자 하는 모든 마음가짐이 세상으로부터 당하는 정신적 고통이 곧 핍박이고 아픔이다.

3. 누가 애통함을 가질 수 있는가?

경건하게 살아가는 자들이 세상으로부터 얻는 애통이 어떤 것인가를 알기 위해 다음 몇 가지 예에서 도움을 얻을 수 있다.

1) 노아의 예 : 경건한 의인이 세상에 대해 가지는 아픔, 이것이 애통이다. 노아의 예를 보아도 그것이 분명히 나타난다.

하나님의 심판에 대해서 무지한 사람들로부터 노아가 물리적인 또는 물질적인 고난을 당하고 감옥에 갇혀서 아픔을 당한 것은 아니다. 하나님의 심판이 멀지 않았음에도 불구하고 시집가고 장가가고 자기 살 길에 눈이 어두워 막무가내로 살아가는 사람들을 보고 노아는 마음으로 안타까워하며 정신적으로 고통을 느꼈다. 이것이 노아가 느끼는 아픔이고 애통하는 모습이다.

그렇다고 해서 노아가 이 불쌍한 인생들을 구해내려고 그들을 위해 별도로 방주를 지어준 것은 아니다. 또는 방주 짓는 일을 그만두고 세상 사람들을 쫓아다니면서 '심판이 멀지 않았으니 방주를 마련하여 구원을 받으라'고 외치며 다니는 것 역시 노아의 일이 아니었다.

노아의 일은 방주를 짓는 일이다. 적어도 자기와 자기 가족과 또 육축 중에서 대표될 만한 것들을 홍수의 심판으로부터 구원해 내기 위해서 애통하는 마음을 갖고 방주를 짓는 것이 노아의 십자가이다. 그런 처지에 있기 때문에 세상 사람들이 불쌍하다고 각국에 선교사를 파송하거나, 하나님의 심판이 멀지 않았음을 알고 사람들의 마음을 각성시켜 깨우쳐 구원받게 해야겠다고 길거리를 돌아다니며 전도하고 다니는 일은 노아의 십자가가 아니다.

지금 노아에게 주어진 십자가는 거대한 홍수로 인하여 아무도 살아날 수 없기 때문에 적어도 인류의 종족을 보존하기 위해서 그리고 짐승들의 종족을 보존하기 위해서 최소한의 살 궁리를 위해 방주를 짓는 것, 그것이 바로 노아의 십자가이다.

노아는 사람 하나를 더 구원시키고 하나님을 알게 하는 데 신경을 쓴 것이 아니다. 어떻게든지 방주를 지을 나무토막 하나를 찾고 그것을 다듬는 일에 온갖 정열을 다했던 것이다. 자기가 해야 할 일이 무엇인가를 알고 그 일에 대해 적극적으로 추진해 나가는 가운데 세상을 보고 한탄하며 하나님의 심판에 대해서 두려워했다.

하나님의 심판을 알지 못하는 사람들에 대해 안타까워하고 그들을 불쌍히 여기는 것에서 진정한 애통을 볼 수 있다. 이것이 경건하게 살고자 하는 사람의 모습이다. 그러한 사람을 향해 세상 사람들이 무관심하고 무시하고 함부로 대하고 미쳤다고 하는 것이 바로 핍박이다.

2) 예루살렘을 보고 우신 예수님의 예 : 세상의 죄를 보고 그에 대한
아픔을 느끼는 애통이 있다.

흑암 속에 깊숙이 빠져 있음에도 불구하고 암담한 현실 속에서 무감
각하게 살아가는 사람들에 대해 느끼는 아픔이다. 누가복음 19장 41절
에 보면 주님께서 "예루살렘아, 예루살렘아" 하시며 눈물 흘리신 것을
볼 수 있다.

예루살렘은 하나님의 나라를 세워나가는 중심부에 있는 거룩한 도성
이다. 그럼에도 불구하고 하나님 나라에 대해 무관심하고 무력함에 빠
져 흑암 속에 살고 있다는 현실조차도 보지 못하는 상태에 있는 것이
예루살렘이었다. 이 예루살렘을 바라보며 멸망이 속히 올 것에 대해 아
파하시고 눈물 흘리시는 모습에서 예수님의 애통을 볼 수 있다.

주님이 애통하셨다, 눈물 흘리셨다, 통곡하셨다는 것은 자기 자신의
결핍이나 사소한 문제점에 대한 것이 아니었다. 예수님은 흑암의 세력
을 보고 그 세력 속에서 헤어나지 못하는 예루살렘이라는 도성과 하나
님께서 사랑하셨고 그들을 위해 그처럼 많은 선지자들을 보내셨음에도
불구하고 무감각하게 죽음을 향하여 줄곧 달려가는 사람들의 모습에
대해 애통하셨던 것이다.

3) 죽은 나사로를 보고 우신 예수님의 예 : 또 다른 애통은 요한복음
11장에서 찾아 볼 수 있다. 예수께서는 나사로가 죽어 무덤에 있는 것을
보시고 애통하신 것이다.

인생은 거룩한 하나님의 영광스런 모습과 영화로움에 도달하기 위해
창조되었다. 그런데 인간이 죄의 노예가 되어 사망에 빠져 들 수밖에
없다는 안타까운 현실을 보고 애통하신 것이다. 사망이라는 혹독한 고

통 속에 빠져야만 하는 인생에 대해 통감을 느끼신 것이다. 사람들은 사망이라는 아픔 속에 빠져 있음에도 불구하고 그것을 모르고 있다는 사실이 더욱 주님의 가슴을 아프게 했을 것이다.

아편에 중독되어 있는 사람은 아편 기운이 떨어지면 고통스러워 하다가 다시 아편을 주입하면 그저 희희낙락하는 것을 볼 수 있다. 이와 같이 근본적으로 사망의 고통에 빠져 한 평생을 질고로 인해 고생하는 인생이 단지 눈앞에 보이는 몇 가지 사사로운 일을 즐기다가 마침내 사망이라는 굴레 속으로 빠져들고 마는 것이 인생의 비참함이다.

머지않아 하나님의 심판 앞에서 크게 통곡하게 될 사람들이 인생살이라는 아편에 빠져 그저 희희낙락거리고 무엇인가 자기 인생을 도모하려고 애쓰다가 결국 얻는 것이라고는 죽음뿐이다. 예수님은 나사로의 죽음 앞에서 이 사실을 보고 눈물을 흘리셨다. 죽음은 처음부터 사람에게 주어진 것이 아니었기 때문이다. 죽음에 대한 거룩한 분노가 예수님의 마음을 아프게 했던 것이다. 이것이 예수님의 애통이다.

4) 시편 기자의 예 : 또 하나의 애통하는 모습은 시편 119편에서 볼 수 있다.

"우리가 주의 법을 지키지 아니하므로 내 눈물이 시냇물같이 흐르나이다"(시 119:136)라는 시편 기자의 글을 읽을 수 있다. 주의 법을 얼마나 사랑하는지 주의 법을 지키지 않는 것을 보고 시냇물같이 눈물을 흘린다는 시편 기자의 절절한 마음을 대할 수 있다.

또한 "주의 말씀을 지키지 아니하는 괴상한 자를 내가 보고 슬퍼하였나이다"(시 119:158)라는 말과 같이 하나님의 법도를 깊이 사랑하는 사람은 하나님의 법도가 무시되고 하나님의 법도를 사랑하지 않는 사람들을 보며 애통하는 것이다. 이러한 것에서 진정한 애통을 찾을 수 있다.

이상에서 보는 것처럼 누가 애통하는 자인가를 알 수 있다. "하나님의 구하시는 제사는 상한 심령이라 하나님이여 상하고 통회하는 마음을 주께서 멸시치 아니하시리이다"(시 51:17)라는 고백과 같이 상한 심령을 가지고 있는 자만이 애통하게 된다. 하나님께서는 상한 심령을 구하셨다. 이러한 상한 심령은 그리스도 예수 안에서 경건하게 살고자 할 때 가지게 된다. 이런 사람들에게는 세상의 모든 생활이 핍박으로 다가오게 된다. 이런 상태를 가리켜 상한 심령이라고 한다.

이처럼 상한 심령은 "하나님이여 내 속에 정한 마음을 창조하시고 내 안에 정직한 영을 새롭게 하소서"(시 51:10)라는 탄원처럼 물같이 깨끗한 마음과 정직한 영을 가지되 하나님 앞에서 사심(邪心)이나 악함이 없는 순결하고 정직한 영을 가지고 있는 사람이 상한 심령을 가지는 것이다.

영이 새로워졌다는 말은 중생을 의미한다. 중생은 하나님 나라에 속한 백성으로서 갖추어야 하는 기본적인 조건이다. 중생했다는 상태는 성령께서 그의 인격을 새롭게 고양시키고 그의 인격을 그리스도의 인격과 같이 닮아가게 하시는 역사가 시작되는 단계이다. 그러므로 영이 새로워졌다 또는 애통하다는 것은 예수 그리스도의 품성을 그 안에 담고 있기 때문에 나오는 결과이다.

예수께서는 자신의 소극적인 결핍 때문에 애통하지 않으셨다. 예수님에게는 결코 결핍이 발견되지 않는다. 오히려 예수님은 세상의 현실에 대해서, 죽음에 대해서, 흑암에 대해서, 하나님 나라를 건설해야 할 자리에 있음에도 불구하고 사람들의 무관심에 대해서 애통하신다. 노아와 같이 자기 자신의 길을 꾸준히 추구해 가는 데 있어서 애통을 느끼는 것이다.

시편 기자와 같이 하나님을 사랑하는 마음이 넘쳐서 하나님에 대해 대적하며 하나님의 법도를 무시하는 사람들을 보면서 시냇물같이 눈물을 흘리는 것이 애통이다. 이처럼 적어도 예수님은 대의적이고 우주적인 아픔을 느끼셨다. 이것은 하나님과 같은 심정으로 세상을 보는 것이고 하나님과 같은 마음으로 인생의 조악한 것을 보고 애통하는 것과 같다.

4. 대의적인 애통함을 가져야 함

우리의 천단한 생각과 변질되기 쉬운 감성으로 애통하고 남을 위로하는 정도를 애통이라 하지 않는다. 진정한 애통은 하나님과 같은 고상한 인격을 소유함으로써 얻어지는 것이다. 내 자신이 가지고 있는 조악하고 형편없는 것을 보고 슬퍼하고 괴로워하고 인생을 살아가는 것이 힘들다고 투정하는 아픔은 애통이 아니다. 또는 몇 가지 대의적인 명분, 즉 사회 구조악이나 노동자, 농민에 대한 착취 등의 현상을 보고 인생이 곤고하다고 아픔을 느끼는 것을 가리켜 애통이라 하지 않는다.

아니면 한국 교회의 몇 가지 현실을 보고 교회가 썩었다, 교회가 망했다고 하며 하나님께서 이 교회를 구해달라고 탄원하는 정도를 가지고 애통이라고 하지 않는다. 그 정도의 아픔은 상당히 고차원적인 것이기는 하지만 우리에게는 그럴 만한 자격도 없다. 감히 한국 교회의 현실을 보고 아픔을 느끼기 전에 우리는 그보다 더 죄에 빠져 있고, 더한 부조리 가운데 살고 있고, 더 악한 구조악 가운데 처해 있다. 때문에 우리는 그런 현상을 보며 아파하고 애통해 하고 싸우고 할 자격이 있는지조차 확인할 수 없다.

우리의 감성, 품성이 하나님과 같이 고상한 인격을 체득하게 될 때 비로소 이 세상의 현실, 흑암이라는 현실만 놓고도 마음이 아프기 마련이다. 죄로 인하여 멸망 받을 수밖에 없는 인생이라는 것을 볼 때 마음이 아프다는 의미이다. 하나님을 사랑하는 열정이 자기 자신을 죽일 만큼 고통을 느끼고 애통을 발견할 수 있는 곳에서 하나님 나라가 현실

속에서 구체화되는 것이다.

그것이 하나님 나라의 실현이고 하나님의 통치가 구현되는 현상이다. 즉 예수 그리스도의 인격을 닮아가는 것에서부터 거룩한 심정으로 세상과 인생을 바라볼 수 있는 눈이 열릴 때 거기에서 진정한 애통을 찾을 수 있다. 그 단계가 발전되어 나가는 것이 하나님 나라의 구현이다. 그래서 내 자신이 이제는 하나님의 통치에 대해 더욱 순응하고 그로 인해 하나님의 공의가 내 안에서부터 이루어져야 한다. 뻣뻣하게 목이 굳어 있고 마음이 단단하게 뭉쳐져 있는 상태에서 느끼는 애통이라는 것은 없다.

어린아이의 살과 같이 마음이 부드러울 때 애통함이 있다. 화인 맞은 것같이 굳어져 가시에 찔려도 아프지 않은 마음 상태에서 애통을 느낀다는 것은 있을 수 없다. 우리의 심령이 아이들의 여린 살과 같아서 조금만 무엇이 스쳐도 상처가 날 정도가 되어야 진정한 애통이 무엇인지, 진정한 아픔이 무엇인지를 느끼는 것이다.

그러기 위해 우리 주님과 같이 순결하고 순수한 성품을 가지고 있어야 한다. 그런 자리에 있는 사람, 다시 말하면 그처럼 마음이 부드러운 사람이 복 있는 사람이고 그에게는 장차 하나님께서 위로를 베푸실 것이다. 이런 마음의 상태는 오직 성령께서 만들어 주시기 때문이다.

한 인생을 살아가는 데 있어서 막무가내로 살아간다는 것은 참으로 안타까운 일이다. 우리 인생의 길을 정확하게 계측(計測)하고 인생의 목표를 확고하게 세워 그 길을 가는 데 있어서 어려움을 느끼고 세상의 반대 세력을 느낄 때 애통하다는 말을 해야 한다. 몇 가지 개인적인 문제, 가정적인 문제, 사회적인 문제를 가지고 애통하다는 말을 함부로 하지 말아야 한다.

거룩한 하나님 나라의 법도와 그 진행 앞에 서서, 그것도 뒤에 처져 겨우 따라가는 것이 아니라 앞장서서 나가는 자리에 서 있어야 진정한 애통을 가질 수 있다. 그런 사람에게 하나님의 위로가 약속되어 있는 것이다. 그 일은 이미 그 자신이 성취할 개인적인 일이 아니라 하나님의 일이기 때문에 누구보다도 하나님 자신이 반대 세력에 대해 애통하신다. 그런 아픔을 아시는 하나님이시기 때문에 함께 애통의 자리에 서 있는 우리에게 진정한 위로를 주시는 것이다.

〈기도〉

거룩하신 주님!

주께서 우리 인생을 창조하셨으되 하나님의 거룩한 자리에 오르기까지 그리고 그 자리에 오르는 것을 보는 것을 기뻐하시기 위해 창조하셨습니다. 그런데 우리 인생들이 자꾸 교만해지고 마음이 굳고 목이 곧아서 하나님의 길을 좇는 것보다는 인생의 길을 도모하고자 하는 사악함이 너무나 많이 있음을 고백합니다.

이제 이러한 잘못된 것들을 버리고 진정으로 하나님의 나라를 세워나가고 그 자리에 앞장서서 살아 갈 때 하나님을 대적하는 무리들을 보고 애통해 하며 그 흑암의 사실에 대해서 아파할 수 있는 마음을 가져야 할 것입니다. 우리가 먼저 그리스도 예수와 같이 우리의 마음이 온유하게 되어서 우리의 품성이 악한 것에 대해 통증을 느끼게 되기를 간절히 소원합니다.

주 예수 그리스도의 이름으로 기도합니다. 아멘.

I. 하나님 나라의 내형적인 실체(實體)

제3장

온유한 자 (1)

하나님의 나라는 '가난하다, 애통하다, 온유하다'는 다양한 말로 표현이 될지라도 그것은 하나의 성격을 다각적으로 표현한 말들이다. 대신 여러 각도에서 하나님의 나라가 가지고 있는 특성(character)을 살펴본다는 것은 그 나라의 성격을 종합적으로 알 수 있다는 점에서 의미가 있다. 특히 예수께서 하나님 나라의 상태(being)를 다양하게 말씀하신 내용들에서 천국의 중요한 특성들을 발견하게 된다. 이러한 학습(study)을 통해 하나님의 나라는 어떤 것인가 하는 본질에 접근할 수 있다.

① 심령이 가난하다는 것은 하나님 앞에서 절대적인 가치를 인식한 사람이 상대적인 결핍을 느끼는 상태이다. 이러한 지적(知的)인 발견을 통해 하나님 앞에서 가련하고, 가난하고, 궁핍한 자신의 실존적 처지를 깨닫게 되고 하나님과 같은 고상한 심정과 인품을 갖게 되기를 소망하게 된다.

② 이와 같이 하나님의 심정과 같은 고상한 인품에까지 도달하기를 소망하는 사람은 하나님의 거룩한 목표에 대항하는 자신의 실존과 이 세상의 태도에 대해 애통함을 가지게 된다. 하나님의 거룩한 '의' 앞에

서 분노의 대상이 될 수밖에 없는 죄인이라는 사실에 대하여 또 혼란한
악이 관영하고 있는 이 세상을 볼 때 마음속에 거룩한 분노가 발생하는
것이다.

이것은 정서적(情緖的)인 모습으로 하나님의 거룩한 의를 성취하고자
하는 불안(angst)을 느끼게 되고 세상의 악에 대항하는 거룩한 심적(心的)
상태를 갖게 한다. 이러한 상태에서 애통의 기준은 하나님의 심정이다.
즉 하나님께서 이 세상을 보시고 얼마나 안타까워하시는가 하는 차원
에서 느끼는 분노가 애통이다.

③ 이 애통은 겉으로 드러남으로써 발견된다. 때문에 애통이 표출되
는 상태에 있어서 절제되고 다듬어져서 발휘되어야 하는데 그 상태를
온유라고 한다. 이것은 의지적(意志的)인 요소이다. 심령이 가난하다는
상태를 발견하고 애통을 가진 상태에서 발생하는 의지적인 작용이 온
유이다. 따라서 온유라는 말의 특성은 절제된 심정으로 표출된다는 것
에 있다.

1. 마태복음 5장 5절의 해석

주님께서 "온유한 자는 복이 있나니 저희가 땅을 기업으로 받을 것임
이요"(마 5:5)라고 선포하신 말씀에 대한 이해를 돕기 위해 헬라어 성경
을 직역하면 다음과 같다.

μακάριοι οἱ πραεῖς
　복 있는 자들(이여) 온유한 자들아,

ὅτι αὐτοὶ κληρονομήσουσιν τὴν γῆν
　왜냐하면 그들은 기업으로 받을 것이다 그 땅을.

첫 문장은 온유한 자들이 복된 상태에 있음을 단순한 서술형으로 말하고 있다. 여기에서 온유(πραυς)라는 단어는 연하다, 부드럽다(mild), 온순하다(meek)라는 의미를 가진다.

온유하다는 말은 연하고 부드럽고 온순한 상태를 가리킨다. 이것은 마치 "그는 주 앞에서 자라나기를 연한 순 같고 마른 땅에서 나온 줄기 같아서 고운 모양도 없고 풍채도 없은 즉 우리의 보기에 흠모할 만한 아름다운 것이 없도다"(사 53:2)라는 말씀에서 보는 것처럼 부드럽지만 생명력을 가지고 있는 새싹과 같다.

둘째 문장에서 기업을 받을 것이라는 말은 미래 수동형으로 되어 있는데 장차 이루어질 기정사실을 강조하고 있다. 여기에서 사용된 '기업을 받는다'(κληρονομησουσιν)는 단어는 법률적인 용어이다.

즉 법적 상속자로서 미래에 당연히 기업을 받기로 되어 있는 신분을 표시하고 있다. 법적으로 상속자가 되어 있어서 장차 때가 오면 유산을 이어 받을 자격이 있는 사람을 가리킨다. 이와 마찬가지로 온유한 자는 약속된 땅을 기업으로 받기로 되어 있다는 신분을 명확하게 지시하고 있다.

2. '온유'의 의미

온유(히브리어 ענו 〈아나브〉)라는 말은 겸손, 곤고, 가난이라는 의미를 가지고 있다. 이 말의 어원(ענה 〈아나〉)은 돈 많은 사람의 교만 앞에서 혹은 세력이 많은 사람의 탄압 앞에서 느끼는 심적인 고통이나 괴로움에서 나왔다. 즉 온유(ענו 〈아나브〉)는 억압받다(to be depress), 혹은 탄압받다(to be oppressed)라는 단어에서 나온 말로 고통스럽고, 괴롭고, 환난을 당하는 상태에서 발생하게 되는 심적인 상태를 표시하고 있다.

즉 세력이 많은 사람의 탄압 앞에서 어떤 고통과 슬픔과 괴로움을 느낄 때 또는 돈 많은 사람 앞에서 생존의 위협을 당한다든지, 교만한 사람 앞에서 심령이 위협을 당하는 상태를 가리킨다. 이처럼 온유(עָנָו)는 고통스럽다, 괴롭다, 환난을 당한다고 하는 일종의 상태를 말하는 단어이다.

이처럼 '온유하다' 라고 할 때는 상대적으로 외부의 세력이 억압해 오는 상황에서 발생하는 특별한 심적인 상태를 지시하고 있다. 일반적으로 말하는 것처럼 사람들이 가지고 있는 온순하고 부드러운 상태를 가리켜 온유하다고 말하는 것이 아니다. 오히려 환난과 곤고와 압제와 같은 것이 강하게 임할 때 마음의 평정을 잃지 않고 오히려 억압을 자연스럽게 받아들이는 상태를 가리켜서 온유하다고 한다.

그렇다고 자기 자신이 불의해서 또는 법을 위반하거나 악을 행함으로써 외부로부터 임하는 탄압이나 고난의 상태를 말하는 것은 아니다. 흠 없고 의롭게 사는 자에게 포악한 자가 또는 세력을 가진 자가 혹은 교만한 자나 물질이 많은 자가 어떤 수단을 가지고 위협을 가할 때 느끼는 심적 상태를 온유라고 한다.

나아가 온유는 불의한 억압과 탄압으로 위협을 느꼈을 때 자기의 강력한 힘을 발휘하거나 아니면 작은 힘이라도 나타내어 반격하고 반항하는 호전성이 그 안에 담겨 있지 않아야 한다. 그러므로 힘이 있다 하더라도 불의한 압제와 위협에 대해서 반격하지 않고 묵묵하게 자기의 마음을 정돈할 수 있는 상태를 온유라고 하는 것이다.

그렇다고 어떤 압제가 올 때 힘이 모자라 당할 수밖에 없는 처지에서 속으로 원통하고 분통해 하면서 분노를 삭이는 상태를 가리켜 온유라 하지는 않는다. 자기가 힘이 있든 없든 마음의 평정을 잃지 않고 악에 대해서 상대하지 않는 상태가 온유이다.

　진정한 온유란 불의나 압제나 환난이 왔을 때 그 마음 깊숙이 슬픔이나 애통을 느끼지만 공의롭고 전능하신 하나님께 심판해 주실 것을 맡기고 자기 자신은 부드러운 마음으로 안정된 상태를 잃지 않는 심적 안정을 가리킨다. 즉 어떤 상황에서도 마음의 평정을 유지하는 상태이다. 형평(balance)을 잃지 않고 하나님을 의뢰하고 따뜻한 마음을 유지하는 상태를 가리켜서 온유라고 한다.

　"행악자를 인하여 불평하지 말며 불의를 행하는 자를 투기하지 말지어다"(시 37:1)고 하는 시편 기자의 말은 온유한 자의 경계를 가리켜 말하고 있다.

　행악자에 의해서 분노가 발생하고 이 분노가 쌓일 때 불평이 발생된다. 세상의 불의나 구조악이라든지 또는 거대한 인간의 악을 볼 때는 당연히 분노를 느낄 수밖에 없다. 그것은 의식 있는 사람들이 가지는 일반적인 심정이기도 하다. 그렇다고 자기 마음의 안정을 잃어버리고 매사에 불평하는 것은 옳지 않다. 어떤 면에서 이것은 비겁한 일이다. 큰 세력에 대해서 자신이 무기력하기 때문에 마음속에서 발생한 분노를 억제하지 못해 나타나는 것이 바로 불평이다.

　오히려 행악자로 인하여 불평한다는 것은 자기가 그 악을 대적하고 대항하려 해도 능력이 없기 때문일 것이다. 실질적으로 자기에게 주어져야 할 경제적인 이권이나 정신적인 이권을 얻지 못했을 때 불평이 생긴다는 말이다. 악이 활개를 치고 있는 이 세상에서 자기에게 유익이 오고 그 일로 자기가 사람들에게 잘보이게 된다면 그 악 때문에 불평하지는 않을 것이다. 따라서 하나님을 알고 하나님을 의뢰하는 사람이라면, 즉 하나님께서 이 세상을 주관하는 분이신 것을 확실히 믿고 하나님의 통치를 잘 알고 있는 사람이라면 자기의 분노를 불평으로 표시하지는 않는다.

시편 기자는 "불의를 행하는 자를 투기하지 말라"고 하는데 이것은 투기(妬忌)가 조악한 심정에서 나오기 때문이다. 불법과 악에 대하여 의롭고 대의적인 방법으로 대항하는 것이 아니라 그 마음에 치사한 심정으로 대항하는 것을 투기라고 한다. 그 사람에게 분명한 척도(criteria)가 있어서 세상을 보고 평가하며 논리를 정연하게 세워나가면서 논란을 하지 않고 마음속에 불평이 있음에도 불구하고 겉으로는 아닌 것처럼 위장하는 모습 역시 투기라고 한다.

이것은 자기의 사사로운 판단으로 대항하거나 상대방에 대한 인격적인 모독을 통해서 상대적으로 위로를 받고자 하는 조악하고 추잡한 심정이다. 그래서 겉과 속이 일치하지 않고 속으로는 죽 끓듯 하면서 겉으로는 아닌 것처럼 말하고 논리를 펴 나가는 행위가 투기에 해당한다.

이러한 것을 놓고 본다면 불평이나 투기는 그 안에 마음의 평정을 잃어버렸다는 것을 말한다. 늘 안정된 상태로 그 마음이 부드럽고 따스하여 그러한 상태에서 불의와 악을 상대하는 것이 온유이다. 때문에 온유를 잃어버리게 되면 불평과 투기가 생기는 것이다.

온유할 수 있는 것은 인생에게 절대적인 표준이 있음을 알기 때문이다. 즉 인생의 거룩한 목적이 있어서 마땅히 현실의 당위성을 확인하고 살아가기 때문에 세상의 분요, 악, 불의에 대해서 일일이 간섭하거나 상대하거나 그것들로 인해 마음의 평정을 잃는 일 없이 자신의 삶을 경영해 나가는 것이다. 이것이 바로 온유한 사람의 원동력이다.

온유하다는 말은 힘에 억눌려 잠잠하거나 바보같이 가만히 있는 것은 아니다. 자기 안에 그보다 더 중요한 일이 있기 때문에 그 삶의 당위성을 찾아가는 것이다. 묵묵히 자기의 길을 가는 모습에서 온유의 특징을 발견하게 된다. 모든 생활 감정을 정작 쏟아 부어야 할 명확한 삶의 목표와 그 대상이 있기 때문에 의당히 살아가야 할 길을 나아가는 모습

속에서 온유가 발견된다.

인생의 거룩한 목적을 향해 간다는 것은 그 안에 하나님께서 전능하신 분이라는 사실을 믿는 신앙이 있음을 의미한다. 하나님께서는 절대적인 공의를 발휘하는 분으로서 어떤 불의에 대해서도 심판하시는 분이기에 묵묵히 인생의 목표를 좇아가는 것이다.

'하나님께서는 우리가 상대하거나 대적하지 못하는 악의 세력을 꺾으시는 분이라는 신뢰가 있기 때문에 의로운 길을 가는 동안은 인생을 보장해 주시는 분이다' 라는 신뢰가 있어서 늘 마음의 평정을 잃지 않아야 한다.

만일 의(義)의 길에 서 있는 인생을 지켜줄 하나님의 능력에 대해 불신한다면 도저히 마음의 평정을 유지할 수 없을 것이다. 마음이 무너지지 않고 평정을 유지할 수 있는 것은 하나님에 대한 절대적인 신뢰, 하나님에 대한 정당한 지식, 하나님께서 내 삶을 보살펴 주신다는 믿음이 있기 때문이다. 사망의 음침한 골짜기를 지날지라도 두렵지 않고 그 해악(害惡)을 무서워하지 않는 마음의 평정이 있는 것이다.

이것이 하나님을 신앙하는 그리스도인만이 가지는 독특한 삶의 지혜이다. 이 지혜(sophia, חכמה〈호크마〉)는 물리적인 지식이 아닌 삶의 지혜를 말한다. 특히 성경에서는 하나님과의 관계에 있어서 하나님을 향한 또는 인생의 정당한 길을 살아가는 지식을 가리켜서 지혜라고 한다.

야고보서 3장 13절에는 "너희 중에 지혜와 총명이 있는 자 누구뇨 그는 선행으로 말미암아 지혜의 온유함으로 그 행함을 보일지니라"고 말한다. 여기에서 '선행을 행하라' 는 말은 하나님께서 세우신 거룩한 인생의 목적에 도달하기 위해서 현실적이고 실천적인 지식, 곧 지혜를 가지고 매사에 흔들림 없이 하나님의 거룩한 목적을 향해 살아가는 삶의 모습을 가리킨다. 이 지혜를 가리켜 믿음이라고 하는 이유도 여기에 있

다. 왜냐하면 지혜는 예수님의 화신이며, 믿음은 예수 안에서 하나님을
아는 지혜이기 때문이다.[5]

선을 행하라는 말은 남에게 착한 일을 하라는 말이 아니라 자기 인생
의 거룩한 목적을 바로 알고 그것이 하나님의 뜻과 부합해서 꾸준히 추
구해 나가는 것을 지시한다. 그것이 선행이다. 야고보 사도는 선행 행
하는 것을 진정한 지혜라고 하며 여기에서 온유가 나온다고 한다.

안정된 심정을 가지고 세상의 불의와 악에 대해 흔들림 없이 하나님
의 거룩한 목적을 위하여 묵묵히 전진하는 사람 안에서 지혜와 총명을
발견하게 된다. 이처럼 진실한 사람 안에서 온유가 나타나는 것이다.
즉 인생의 진실됨을 드러내는 것이 온유이다.

시편 기자는 "여호와를 의뢰하여 선을 행하라 땅에 거하여 그의 성실
로 식물을 삼을지어다 또 여호와를 기뻐하라 저가 네 마음의 소원을 이
루어 주시리로다"(시 37:3-4)고 말하고 있다. 선을 행한다는 것은 하나님
의 뜻을 이루어 가는 것으로써 마땅히 땅에 거하여 성실로 식물을 삼아
야 한다.

진실하게 자신의 인생을 경영해 나가는 것에서 진정한 온유의 경지
를 발견하게 된다. 이처럼 인생의 목표가 분명하기 때문에 그 안에 온

---

5) 이와 관련해 칼빈이 제네바교회 교리문답(1542년)에서 가장 먼저 이 점을 언급
하고 있다는 것은 매우 의미심장하다. 제네바교회 교리문답 제1-2문답은 다음
과 같다.
  1문: 인간의 삶의 제일 된 목적이 무엇입니까?
  답: 하나님을 아는 것입니다.
  2문: 무슨 이유에서 당신은 그렇게 말합니까?
  답: 하나님은 우리들 가운데서 영광을 받으시기 위하여 우리를 지으시고 세
      상에 살게 하신 것이기 때문입니다. 또 하나님은 우리의 삶의 근원이시
      기 때문에 우리가 하나님의 영광을 위해 삶을 살아가는 것은 당연한 일
      입니다.

유를 담을 수 있다. 즉 삶의 목표를 향하여 묵묵히 정진해 나가는 사람이기 때문에 온유할 수 있는 것이다. 이런 이유로 온유는 적극적인 하나님의 통치와 심판을 드러내는 방도이다.

3. 온유는 하나님의 통치를 나타냄

앞에서 온유에 대해 정의한 것처럼 삶의 원칙을 확인하고 인생의 진행 가운데 공의를 증명하는 방도가 바로 온유이다. "너의 길을 여호와께 맡기라 저를 의지하면 저가 이루시고 네 의를 빛같이 나타내시며 네 공의를 정오의 빛같이 하시리로다 여호와 앞에 잠잠하고 참아 기다리라 자기 길이 형통하며 악한 꾀를 이루는 자를 인하여 불평하여 말지어다 분을 그치고 노를 버리라 불평하여 말라 행악에 치우칠 뿐이라 대저 행악하는 자는 끊어질 것이나 여호와를 기대하는 자는 땅을 차지하리로다"(시 37:5-9)는 말씀 속에서 공의의 원칙을 발견할 수 있다.

행악하는 자는 끊어질 것이나 여호와를 기대하는 자는 땅을 차지한다는 원칙이 곧 하나님의 공의이다. 이처럼 하나님께서 악을 심판하시고 의인을 보호한다는 공의의 원칙을 확신하게 되면 겸손을 배우게 된다. 자기가 의를 대신하여 악을 갚기보다는 전능하신 하나님께 부탁하고자 하는 지혜가 생긴다. 이것이 겸손이다.

힘을 가지고 있어서 악을 깨뜨릴 만하다 할지라도 공의로우신 하나님을 의뢰함으로써 그 악을 심판할 것을 바라는 것이다. 왜냐하면 하나님의 공의는 항상 만족되어야 하기 때문이다. 사회적인 구조악과 불의를 용인하지 않고 때를 따라 심판하시는 하나님을 믿는 것이다.

하나님은 일반 법칙으로 죄를 심판하기도 하며 필요할 때는 적극적으로 전능하신 권능을 드러내어 심판하는 분이다. 사람이 도저히 대항할 수 없는 심판, 즉 천재지변과 같은 적극적인 심판을 내려 불의한 사회를 깨뜨리는 분이시다.

이것은 자기가 비겁해서 어떤 가상적인 절대자를 세워 놓고 그 절대자가 불의를 다 막아 줄 것이라는 기만(欺瞞)이 아니다. 불의인 것을 알지만 그 불의를 대항함에 있어 자신의 지위와 능력으로 그런 악을 대항하기보다는 악에 대한 하나님의 공의로운 심판을 확신하기 때문에 잠잠히 하나님의 심판을 기다리는 것이 진정한 겸손이다. 그 모습에서 온유를 발견하게 된다.

시편 37편 7절에서 "여호와 앞에 잠잠하고 참아 기다리라"고 하는 말은 하나님이 공의로운 심판을 내리실 것을 기다리라는 의미이다. 때문에 온유는 하나님의 적극적인 심판, 즉 하나님의 절대적인 통치를 확인할 수 있는 방도가 된다. 따라서 겸손한 자는 오히려 행악자에 대해 악을 악으로 갚지 않고 욕을 욕으로 갚지 않으며 오히려 복을 빌어주는 마음의 평화로움이 있다(벧전 3:9).

시편 기자는 "악인은 꾸고 갚지 아니하나 의인은 은혜를 베풀고 주는도다"(시 37:21)고 하며 "저는 종일토록 은혜를 베풀고 꾸어주니 그 자손이 복을 받는도다"(시 37:26)고 말하고 있다. 불평과 원한과 고통과 괴로움으로 가득한 사람은 은혜를 남에게 베풀지 않는다. 마음속의 불평이나 원한이나 고통을 평정하고 마음이 평온하여야 원수를 향해 은혜를 베풀 수 있다. 여기에서 진정한 온유를 발견하게 된다. 원수에게까지도 은혜를 베풀 수 있는 상태가 온유의 참된 모습이다.

반면에 거짓된 온유는 마음속에 불평과 원한과 괴로움이 가득 차 있다. 겉으로는 아닌 것처럼 위장하지만 속에서는 악함이 불타는 듯 하는 것이다. 더군다나 자기 자신이 무력해서 원수를 건드렸다가는 오히려 손해를 볼 것 같아서 참는 것과 같이 자기의 안위를 유지하기 위해 비겁한 사람도 있다. 이런 것은 거짓된 온유이다.

진정한 온유는 그 마음이 고요하고 깨끗하다. 때문에 원수에게 은혜를 베풀 수 있는 것이다. 바울은 로마서 12장 14-21절에서 원수에 대해서 어떻게 행할 것인가를 말하고 있다. 그중 바울은 "너희가 친히 원수를 갚지 말고 진노하심에 맡기라"(롬 12:19)고 하면서 원수를 갚는 것이 하나님께 있으니 하나님께서 갚을 것이라고 말하고 있다. 원수에 대해서 그 마음에 평정을 잃지 않고 하나님께 맡길 수 있는 상태가 진정한 온유이다.

"네 원수가 주리거든 먹이고 목마르거든 마시우라"(롬 12:20)는 것에서 온유함의 아름다움을 볼 수 있다. 그렇다고 원수를 쫓아다니면서 먹이고 입히라는 것은 아니다. 하나님께서 악인이라도 생존권은 보장해 주시는 법이다. 왜냐하면 사람은 누구나 이땅에서 살아가는 동안 하나님으로부터 생존에 대한 보장을 받기 때문이다.

그런데 나의 원수라 할지라도 내가 아니면 도저히 생존을 유지할 수 없는 상황이라면, 즉 나로 인해 도움을 받지 않고서는 그의 생존권에 위협이나 타격을 입게 될 경우에 최소한 그 사람의 생존에 필요한 먹을 것과 마실 것을 주라는 뜻이다. 이것은 온유한 사람이 가지는 자연스런 마음의 상태로 심지어 원수에게까지도 생존의 위협만은 당하지 않게 해야 한다는 의미이다. 다시 말하면 이성을 잃지 않고 감정을 절제하여 원수라도 생존을 유지하게 하는 것을 말한다.

다윗이 사울에게 쫓겨 천신만고의 길을 다니는 동안에 사울을 죽일 수 있는 기회를 얻었음에도 불구하고 스스로 칼을 거두어 사울의 목숨을 해하지 않은 것이 온유한 사람의 심정이다. 그것이 원수를 사랑하는 모습이며 원수의 생명을 하나님께 맡기는 것은 온유한 사람으로서 그 마음에 평정을 이루고 있는 모습이다.

잠언 16장 32절에서 "노하기를 더디하는 자는 용사보다 낫고 자기의 마음을 다스리는 자는 성을 빼앗는 자보다 나으니라"고 하는 말도 이러한 의미를 가진다. 큰 용사보다도 자기의 마음을 다스리는 자, 자기 마음 하나를 절제할 수 있는 사람, 원수의 생명을 해할 수 있는 자리에 있음에도 불구하고 칼을 거두는 사람은 하나님을 절대적으로 신뢰하고 그 앞에서 겸손하기 때문에 그런 일을 할 수 있다.

잠언 19장 11절에는 "노하기를 더디하는 것이 사람의 슬기요, 허물을 용서하는 것이 자기의 영광이니라"고 말한다. 여기에서 온유한 사람의 모습을 발견하게 된다. 반면에 잠언 25장 28절에 보면 "자기의 마음을 제어하지 아니하는 자는 성읍이 무너지고 성벽이 없는 것 같으니라"고 경고하고 있다. 자기의 마음 하나를 제어하지 못한다는 것은 성벽이 없는 것 같아서 원수의 침략 앞에 꼼짝없이 당하고 마는 것이다.

야고보 사도는 "내 사랑하는 형제들아 너희가 알거니와 사람마다 듣기는 속히 하고 말하기를 더디하며 성내기도 더디하라 사람이 성내는 것이 하나님의 의를 이루지 못하니라"(약 1:19-20)고 말하고 있다. 사람이 성내는 것이 하나님의 의를 이루지 못한다는 말은 사탄의 꾐에 쉽게 빠질 수 있음을 의미한다. 즉 원수의 편에 서기가 쉬운 것이다. 옛 사람적인 성품이 다시 살아나서 분노와 악에 가득 차게 되기 때문이다. 그래서 자신을 제어한다는 것은 온유한 자의 특성인데 옛 사람적인 성품을 잘 제어함을 의미한다.

시편 37편 30-31절에는 "의인의 입은 지혜를 말하고 그 혀는 공의를 이르며 그 마음에는 하나님의 법이 있으니 그 걸음에 실족함이 없으리로다"고 시인은 말하고 있다. 그 마음에 하나님의 법이 있어 그 법도에 따라서 자신을 절제함으로써 정욕을 이겨나가고 겸손해지는 것이다. 이러한 사람이어야 진정으로 그리스도의 성품으로서의 온유한 모습을 드러내는 것이다.

4. 진정한 온유란 무엇인가?

이사야서를 보면 그리스도의 인격과 성품에 대해서 이렇게 기록하고
있다.

> "그가 곤욕을 당하여 괴로울 때에도 그 입을 열지 아니하였음이며 마치
> 도살장에 끌려가는 어린 양과 털 깎는 자 앞에 단장한 양같이 그 입을 열지
> 아니하였도다"(사 53:7).

이 말씀 속에서 진정한 온유를 발견하게 된다. 그리스도께서는 힘이
없고 비겁해서 곤욕을 당하면서도 묵묵히 끌려 간 것은 아니다. 시편
37편 34절에 "여호와를 바라고 그 도를 지키라 그리하면 너를 들어 땅
을 차지하게 하실 것이라 악인이 끊어질 때에 네가 목도하리로다"는 말
씀과 같이 하나님의 뜻에 따라 순응하는 자세를 가지신 분이다.

그리스도는 마음으로 온순하게 그 도를 지키는 분이셨다. 이것이 그
리스도의 인격이다. 하나님의 거룩하신 경륜을 따라서 자기 인생의 경
영을 맡기는 것이다. 이사야 53장 10절에 보면 "여호와께서 그로 상함
을 받게 하시기를 원하사 질고를 당케 하셨은즉 그 영혼을 속건 제물로
드리게 하셨다"고 밝혀 말하고 있다. 이것이 하나님께서 그리스도에게
맡긴 인생의 경륜이다.

이것이 그리스도께서 이 세상에 태어나신 인생의 목표이다. 곧 그리
스도에게 있어서는 십자가였다. 이러한 목적을 이루기 위해 십자가를
지신 것이다. 무언가 다른 일을 도모하다가 실패하게 되어 십자가에서
처형을 당한 것이 아니다. 때문에 곤고를 당하거나 괴로울 때에도 입을
열지 않고 잠잠히 십자가를 향해 자신의 길을 가신 것이다. 이것이 진
정으로 온유한 사람의 모습이다.

때문에 이땅에 살고 있는 신자는 온유한 사람으로서 그리스도의 고난에 기쁨으로 동참할 수 있어야 한다. 이것은 온유한 사람만이 그리스도의 고난에 동참할 수 있음을 의미한다. 언제나 주님의 명령에 순응하고 부드러운 마음을 갖는 것이 온유한 사람의 모습이기 때문이다.

인생을 살아가는 동안 아픔을 많이 당해서 입을 열지 않는 것이 편하게 사는 길이라고 지혜를 얻은 자가 하는 말과 행동을 가리켜 온유라 하지 않는다. 그것은 어쩌면 비겁하고 나약한 모습일 뿐이다. 사실 그러한 사람들은 그렇게 밖에 달리 살 길이 없어서 그렇게 사는 것이다. 그런 인생은 내세울 아무 것도 없기 마련이다.

반면에 인생의 목표가 분명하고 하나님의 거룩하신 경륜을 따라서 살고자 하는 사람이 하나님을 사랑하고 그 명령에 순복하고자 하는 꼿꼿한 신앙이 있어서 환난이 와도 이겨낼 수 있으며 어떤 상태에서도 평정을 잃지 않는 것이 온유한 사람의 모습이다. 그러한 사람들에게 하나님께서 장차 그의 나라를 유업으로 주실 것이라고 약속하셨다. 이런 점에서 주님께서는 그런 사람이 복이 있다고 가르치셨다.

〈기도〉

하나님 아버지!

진정으로 우리 안에 하나님을 사랑함이 가득하고 또 하나님께서 우리를 지키시는 것이 확실하다면 이 세상에 있는 어떤 악과 불의에 대해서 그리고 그것들이 아무리 불화살을 쏘고 달려든다 할지라도 우리 마음에 평강을 잃지 않을 것이요 평온을 잃지 않을 것입니다. 뿐만 아니라 우리가 우리를 압제하는 자들을 위해서 기도할 수 있을 것이고 그들을 위해서 복을 빌 수 있는 마음도 가질 것입니다.

우리 주님께서는 십자가에서 돌아가시는 순간에도 저들의 죄를 용서해 달라고 하나님께 기도하였고, 스데반 집사가 돌에 맞아 죽는 순간에도 저들이 알지 못하여서 죄를 범한다며 주님께 그들을 용서해 주실 것을 서원하고 죽는 것을 보았습니다.

　진정으로 우리 안에 온유한 마음이 있어서 무엇보다도 하나님을 잘 순종하고 우리의 마음을 하나님께 드려서 하나님과 같은 거룩한 심정을 갖고 살게 하옵소서. 그리함으로 말미암아 하나님의 나라는 먹고 마시는 것에 있지 않고 의와 사랑과 희락과 평강이라 하신 그 말씀이 우리 안에서 성취되게 하옵소서. 그러한 가운데서 진정으로 우리 안에 하나님의 나라가 세워질 것이며 우리가 하나님 나라의 맛을 느끼고 살 것입니다.

　주 예수 그리스도의 이름으로 기도합니다. 아멘.

I. 하나님 나라의 내형적인 실체(實體)

제4장

온유한 자 (2)

세상에 있는 불의와 악에 대해 마음으로 애통을 느끼는 사람이 그 애통을 절제하는 의지를 가지고 외형적인 방편으로 드러내는 것을 온유라고 한다. 외부로부터 압박이나 통제나 핍박을 당하는 데도 대적할 힘이 없어서 무력하게 받아들이는 것이 아니다. 그 앞에서 비겁하게 타협하거나 그것에 대해 투기하고 불평하는 것도 아니다. 그래서 온유란,

① 이 세상을 주관하고 다스리시는 하나님의 공의를 믿고,
② 그것이 자기가 공의를 세우려 하는 것보다 더 명확한 것임을 알아서 하나님께 자기 자신을 맡기고,
③ 하나님께서 친히 그 공의를 세우실 것을 기대하는 마음으로 기다리며,
④ 그와 같은 마음으로 세상의 악을 대항하는 것이다.

그렇게 세상을 살아간 분이 예수 그리스도이시다. 도살장에 끌려가는 양과 같이 말을 하지 않고 잠잠히 당신의 길을 가신 것이 바로 온유한 자의 길이며, 자신의 사명을 향해 살아가는 모습에서 온유한 자의 모습을 발견할 수 있다. 그것을 가리켜 복이라고 한다. 왜냐하면 온유한 자들은 그들을 위해 하나님께서 예비하신 땅을 기업으로 받기 때문이다.

"온유한 자는 복이 있나니 저희가 땅을 그 기업으로 받을 것임이요"

(마 5:5)라는 말씀의 의미는 "오직 온유한 자는 땅을 차지하며 풍부한 화평으로 즐기리로다"(시 37:11)라는 시편의 말씀에서 찾을 수 있다. 여기에 보면 땅을 기업으로 받을 것이라는 말이 시편에서는 '땅을 차지한다'는 말로 되어 있음을 보게 된다.

'차지한다'(ירש)는 단어는 땅을 빼앗는다, 정복한다, 취한다(to take)는 뜻으로 사용된다. 그런데 성경에서 땅과 연관되어서 이 단어가 사용될 때는 그런 뜻보다는 특별히 기업을 얻는다(to receive an inheritance), 기업을 받는다, 상속받기로 약속된 그 땅을 이어받는다는 뜻으로 사용되고 있다. 이러한 예는 창세기 21장 10절에서 볼 수 있다.

이스마엘이 어린 이삭을 괴롭히자 이를 발견한 사라가 아브라함에게 "이 여종과 그 아들을 내어 쫓으라 이 종의 아들은 내 아들 이삭과 함께 기업을 얻지 못하리라"고 말한다. 여기에 보면 기업을 얻지 못한다는 말이 '차지한다'는 단어로 사용되고 있다. 즉 땅을 차지한다는 말은 기업을 얻는다는 말과 같은 의미로 사용된다.

이 단어가 명사화되었을 때는 기업과 연관되어 그 뜻을 명확하게 드러내고 있다. 창세기 15장 3-4절에 보면 아브라함이 하나님에게 나의 후사가 없기 때문에(아들이 없기 때문에) 내 종이 대신 나의 후사가 될 것이라는 말을 한다. "내 집에서 길리운 자가 나의 후사가 될 것이니이다"는 아브라함의 말 속에서 '후사'라는 단어는 재산을 물려받을 사람이라는 뜻으로 '차지한다'(ירש)는 단어에서 나온 말이다.

이 말을 들으신 하나님은 "그 사람은 너의 후사가 아니라"고 말씀하시며 "네 몸에서 날 자가 바로 후사가 되리라"고 약속해 주셨다. 여기에서의 후사라는 단어도 똑같이 '차지한다'는 단어에서 나온 말이다. 이처럼 성경에서 얻는다, 취한다는 말은 땅과 연관되어 사용될 때는 기업을 받는다, 땅을 차지한다, 후사가 된다는 말과 같이 상속의 의미를 담고 사용됨을 볼 수 있다.

마태복음 5장 5절에서 땅을 기업으로 받을 것이라는 말 가운데 '기업'이라는 말 역시 법적으로 약속된 상속자라는 뜻을 가지고 있다. 그래서 예수님은 '오직 온유한 자는 땅을 차지하며 풍부한 화평으로 즐기리로다'는 시편 기자의 말과 같이 "온유한 자는 복이 있나니 저희가 땅을 기업으로 받을 것이며"라고 말씀하신다.

땅을 차지한다는 말은 시편 37편에 자주 나오는데 9, 11, 22, 29, 34절에서 찾아볼 수 있다. 이 단어는 한결같이 법적인 상속자를 의미하고 있다. 특히 의인은 땅을 차지할 것이라는 말을 시편 37편에서 자주 볼 수 있다. 땅을 차지한다는 말은 이미 약속된 것을 받는다는 뜻을 그 안에 포함하고 있음을 알 수 있다. 자기가 노력하거나 돈을 주고 사거나 아니면 어떤 무력을 사용해서 땅을 빼앗는다는 뜻이 아니다. 이미 법적인 상속권자가 자연스럽게 차지하게 될 기업을 지시하고 있다.

이처럼 '차지한다'는 말이 약속된 그 땅을 받는다는 의미를 포함하고 있는 것과 같이 예수께서는 온유한 자는 기업으로 약속된 땅을 받게 되기 때문에 복이 있다고 말씀하신 것이다.

1. 세상의 일반 법칙

이 세상에서는 온유한 자가 땅을 차지한다든지 기업으로 받는다든지 하는 경우는 일반적으로 받아들이지 않는 사상이다. 온유한 자가 땅을 차지한다고 믿는 사람은 별로 없을 것이다. 오히려 힘 있는 자, 권세 있는 자, 돈 있는 자가 땅을 많이 차지하고 소유할 것처럼 보이기 마련이다.

사람들은 일찍부터 이러한 법칙에 길들여져 있다. 때문에 어떻게든지 돈을 벌고 권세를 얻으려 하며 자기 힘을 키워가는 것이다. 요즈음 우리나라에도 부동산의 문제가 심하게 대두되면서 강력하게 제재를 하고 있다. 자유 시장 경제 체제에서 땅을 많이 차지한다고 법으로 제재하는 것은 그리 바람직한 정책은 아니다. 그러나 그대로 방치하게 되면 소수의 사람들에 의해 부동산이 독점될 것을 우려하여 법으로 규제하려는 정책이 발생한 것이다.

하지만 자본주의 시장 체제에서는 수단과 방법을 가리지 않고 힘써 땅을 차지하는 것이 하나의 시장 경제이다. 이를 제재하는 법을 만들어 통제하는 것부터가 자본주의 경제 원칙을 무시하는 어색한 행위에 불과하다. 단지 소수의 사람들이 땅을 많이 차지하는 일은 지탄을 받을 만한 것으로 결코 옳은 일은 아니다. 하지만 하나님의 법을 알지 못하는 사람들에게는 이러한 행위들이 조금도 이상하게 보이지 않을 뿐이다. 누구에게나 권세와 힘을 가지게 한다면 땅을 많이 가지려 들 것이다.

그렇다고 돈 있고, 권세 있고, 힘 있는 자가 땅을 차지하면 그 땅을 얼마나 차지할 수 있는가를 주의 깊게 살펴보면 그것이 일시적인 현상에 지나지 않는다는 것을 즉시 발견할 수 있다. 이것은 역사가 증명해 주고 있다. 아무리 강한 자라도 땅을 영구히 차지하는 법이 없다는 것을 역사 안에서는 얼마든지 찾아볼 수 있다. 왜냐하면 더 힘센 자가 그 땅을 차지하기 때문이다.

어떤 사람이 힘이 있어서 땅을 차지했다 하더라도 그보다 힘센 자가 오면 땅을 빼앗길 수밖에 없다. 더 힘센 자가 땅을 빼앗고 수탈하기 마련이다. 그런데 사람의 힘이라는 것이 그렇게 오래 가지 못하는 법이다. 힘센 자가 땅을 차지하게 되는 것이 일반적인 세상 법칙으로 알려져 있을지라도 이것은 이 세상에서 권세를 가지고 있는 사탄이 일시적으로 조장한 악법에 불과할 뿐이지 그 법이 결코 오래가지 않는다.

힘 있는 자가 땅을 차지하는 것처럼 보이는 것은 사탄이 어두운 세상의 권세를 잡고 있기 때문이다. 이 세상에서 살아갈 수 있는 길은 사탄의 권세에 굴복하고 그 아래 충성하는 방법만 있는 것처럼 보이도록 하기 위함이다. 이것은 사탄이 일반적으로 세상을 지배하는 방법이다. 그러므로 아무리 나름대로 힘을 기르고 소유하여 땅을 차지한다 하더라도 결국 사탄에게 잘 보이고 사탄의 방법에 호응하고 협조하는 사람만이 땅을 얻게 된다.

이 세상에서는 의로운 방법으로 돈을 번다는 것도 어려운 일이고, 사탄에게 얼마만큼 충성하느냐 또는 얼마나 사탄과 손잡고 보조를 맞추느냐에 따라서 그만큼 돈도 벌 수 있고 땅도 차지하게 된다. 결국 땅의 주인은 사람이 아니라 사탄이다. 사람들은 그러한 사실을 알지 못하기 때문에 자기들의 힘으로 땅을 차지하는 것으로 착각하고 있을 뿐이다.

2. 땅을 창조하신 하나님의 목적

사탄이 이 세상을 주관하기 이전에 하나님께서 땅을 창조하신 목적에 대해서는 창세기 1장 24-25절에서 찾을 수 있다.

"땅은 생물을 그 종류대로 내되 육축과 기는 것과 땅의 짐승을 종류대로 내라"는 말씀에 따라 땅에서 모든 육축과 기는 것과 짐승들이 등장한다. 그것을 보고 하나님께서 보시기에 좋았다고 하셨다. 이어 26절에 보면 "하나님이 가라사대 우리의 형상을 따라 우리의 모양대로 우리가 사람을 만들고 그로 육축과 온 땅과 땅에 기는 모든 것을 다스리게 하자"고 말씀하셨다.

하나님께서 땅을 만드신 것은 그 땅에(그냥 땅이 존재하는 것에 만족하는 것이 아니라) 사람을 두셔서 땅을 정복하고 땅의 모든 것을 다스려 나감으로써 무엇인가 하나님께서 이루시고자 하는 목적이 있음을 암시하고 있다. 이 일을 위해 하나님은 땅을 만들고 땅에서 모든 육축을 만드셨으며 특별히 그것을 다스릴 수 있는 사람을 두셨다. 창세기의 표현에 의하면 하나님께서 사람을 그 땅에 심으신 것이다. 이것은 마치 시간이

흐름에 따라 식물이 번성하는 것처럼 사람들이 그 땅에서 번성하게 될
것을 암시하고 있다.

　창세기 1장 28절에 이미 나타난 바와 같이 "하나님이 그들에게 복을
주시며 그들에게 이르시되 생육하고 번성하여 땅에 충만하라 모든 생
물을 다스리라"는 말씀처럼 사람은 이 세상에 있는 육축들과는 달리 하
나님의 형상을 입어 인격을 갖추고 그 인격을 통해 모든 생물을 다스려
나가도록 지음을 받았다.
　이런 점에서 땅은 하나님께서 사람에게 주시기 위해 만드신 것이다.
하나님의 형상을 따라 지음 받은 사람, 즉 인격이 있어 그 인격을 발휘
하여 모든 생물을 다스리고 땅을 정복해 나갈 수 있는 사람을 위해 땅
을 만드신 것이다.

　때문에 하나님으로부터 받은 권세를 행사하여 하나님의 지혜와 영광
이 가득한 나라를 건설하는 것이 사람이 이 세상에 존재하는 본분이다.
하나님께서는 땅을 만드셨으되 사람을 위해서 만드셨고, 사람을 지으
셨으되 하나님의 영광을 드러내기 위해서 땅을 주셨다. 따라서 사람이
라면 당연히 땅을 정복하고 다스려서 하나님의 거룩한 통치를 구현해
야 한다. 그러기 위해 사람은 하나님의 의를 잘 알아서 왜 땅을 나에게
주셨는가를 깨닫고 하나님의 뜻에 부응하여 땅을 다스려 나가야 한다.
　하나님의 의를 이룬다는 것은 하나님의 뜻을 따라서 산다는 말과 같
은 것으로 이것은 자기가 이땅에 존재하는 존재의 본의를 드러내는 것
이며 인생의 궁극적인 목표를 이루어 나가는 것이다. 이런 이유에서 우
리는 왜 이땅에 존재하는가를 생각하며 존재의 의의를 분명하고 아름
답게 드러내야 한다. 그런 일들을 잘 이루어 나가도록 하기 위해 땅이
존재하기 때문이다.

이처럼 하나님께서는 인간을 위해 땅을 만드셨고 인간이 땅을 다스리고 정복함으로써 하나님의 거룩한 영광을 충만히 드러내게 하셨다. 이것이 하나님께서 내신 법이다.

그런데 아담이 하나님으로부터 받은 사명을 수행하지 못하고 사탄에게 복종하는 자리로 전락하게 됨으로써 사탄에게 잘 순종하는 사람이 땅을 소유하게 되고 말았다. 이후부터 힘에 의해서 땅을 정복하는 것이 법칙이 되고 만 것이다. 이로써 이 세상 사람은 누구나 자신의 본연의 존재 의미를 드러내지 못하게 되고 말았다.

힘 있는 사람, 악한 사람, 남보다 더 정복을 잘하는 사람이 땅을 차지하는 것처럼 보이는 것 자체가 하나님의 법에 역행된다. 본래 인간의 존재 의미를 완전하게 드러내기 위해서 하나님께서 인간에게 적합한 삶의 터전을 마련해 주신 것이 법칙이었지만 이 법칙이 아담의 범죄 이후 무너지고 말았다.

이렇게 사람이 범죄함으로써 땅이 존재하는 목적까지도 상실되고 말았다. 곧 인간에게 적합한 삶의 터전이 바로 땅인데 이 땅의 역할을 하지 못하는 현실이 되고 만 것이다. 그러한 현상이 극단적으로 나타난 시대가 바로 노아 시대였다. 노아 시대에는 각자가 자기들의 이익을 위해 수단과 방법을 가리지 않고 타인의 것을 수탈하고 찬탈하였다. 그 결과 온 땅이 패괴하고 곳곳에서 피의 소리가 끊이지 않았던 것이다.

3. 땅을 기업으로 받는다는 의미

'땅을 기업으로 받는다' 는 말의 의미에 대해서는 출애굽한 이스라엘 백성에게 가나안 땅을 분배해 주신 사건에서 발견할 수 있다. 이스라엘 백성들이 애굽에서 나와 우여곡절 끝에 가나안 땅에 들어가게 되었을 때 하나님은 그들이 가나안 땅에 들어가기도 전에 땅을 분배해 주셨다. 가나안 땅에 가면 땅을 분배해서 각 지파별로 나누고 각 지파는 각 부족별로 나누고 각 부족들은 각 가문별로 나누고 각 가문들은 각 세대별로 나누어서 땅을 소유하도록 하신 것이다.

그들이 하나님의 백성으로서 가나안 땅에 들어가 해야 할 일은 그곳에 하나님의 나라를 세우고 그 문화를 건설하는 것이었다. 이것이 이스라엘에게는 가나안 땅에 들어가는 목적이었다. 그 목적을 성취하기 위해 하나님은 가나안 땅을 그들에게 분배해 주신 것이다. 적어도 인간이 생존하기 위한 삶의 터전이 있어야 하나님의 나라를 세우고 그 문화를 건설할 수 있기 때문에 미리 가나안 땅을 분배해 주셨던 것이다. 이처럼 인생의 목표가 분명한 사람들에게 하나님께서는 땅을 분배해 주신다.

여기에서 땅을 분배해 주셨다 또는 기업을 받았다는 것은 기본적인 생존권을 보장받았다는 의미임을 알 수 있다. 적어도 하나님의 백성들에게는 하나님께서 기본적으로 생존권, 즉 생명을 보존할 수 있는 권리를 보장해 주시는 것을 의미한다.

그래서 가나안 땅에 들어간 이스라엘 백성은 그 땅의 이방인들을 물리치고 그곳에서 자기 기업을 받아 (이 경우에는 이미 하나님께서 가나안 땅에 들어오기 전에 약속해 주신 땅을 받았다는 의미이다) 생존권을 보장받고 그 땅에서 하나님을 섬기고 하나님의 나라를 세우며 그 나라의 문화를 건설하는 자리에 들어서게 되었다.

그러므로 기업을 받는다고 할 때는 땅을 차지한다, 땅을 얻는다, 땅을 소유하게 되었다는 뜻이라기보다는 그 사람이 존재하는 본래의 의미와 존재 목적을 완수할 수 있는 자리에 서게 되었음을 의미한다.

그럼에도 불구하고 세상의 일반적인 경향에 따라 사람들은 힘에 의해서 또 악한 방법으로 사탄과 타협하여 땅을 얻으려 한다. 이와 같은 현상은 하나의 형벌로 보아야 한다. 즉 하나님께서 인간을 위해 땅을 주셨다는 기본적인 법칙이 인간의 범죄로 인해 무시된 것 자체가 범죄한 인간에게 주어진 형벌이다.

악한 자들이 땅을 차지하는 것은 하나님의 복이 아니다. 그 자체가 형벌이라는 의미이다. 그 결과 겉으로 보기에는 가난한 자들이 압제를 당하고 악한 자들이 땅을 차지하는 것처럼 나타나지만 그 악한 자의 땅은 오래가지 않고 결국 더 힘을 가진 자에게 빼앗기고 마는 것이다. 이러한 악순환이 계속되는 것이 바로 하나님의 심판이다. 줄곧 애써서 땅을 차지하면 다른 사람이 와서 빼앗아 버리는 악의 반복적인 연속이 곧 하나님의 형벌이라는 사실을 보여주고 있다.

창세기 3장 17-19절에 보면 범죄한 아담에게 하나님께서 이렇게 말씀하셨다.

> "네가 네 아내의 말을 듣고 내가 너더러 먹지 말라 한 나무 실과를 먹었은즉 땅은 너로 인하여 저주를 받고 너는 종신토록 수고하여야 그 소산을 먹으리라 땅이 네게 가시덤불과 엉겅퀴를 낼 것이라 너의 먹을 것은 밭의 채소인즉 네가 얼굴에 땀이 흘러야 식물을 먹고 필경은 흙으로 돌아가리니 그 속에서 네가 취함을 입었음이라 너는 흙이니 흙으로 돌아갈 것이니라."

본래 땅은 인간을 복되게 하기 위해 존재하는 것이었다. 인간의 본성을 온전하게 발휘하도록 하기 위해 하나님께서 만드신 것이다. 그리고 하나님께서 적당한 만큼을 분배해 주셨다. 그리고 사람들은 자기가 살아가야 할 인생의 목표를 성취하기 위해서 땅을 개간해 나가고 정복해 나가고 다스려 나가야 될 위치에 있는 것이다.

그런데 인간이 범죄하고 난 뒤에는 땅이 시시절절 적당한 열매를 내어 주는 것이 아니라 종신토록 수고를 해야만 땅의 소산을 먹을 수 있게 되었다. 수고를 하고 애를 써야만 된다는 말이다. 왜냐하면 땅이 사람(아담)으로 인하여 저주를 받았기 때문이다.

범죄하기 이전에는 땅이 사람으로 하여금 존재할 수 있도록 그 소산을 내어서 생명을 보존시켰지만 범죄 이후에는 사람이 자기의 생존권을 유지하기 위해서 땅을 갈고 땀을 흘려 억지로 땅으로부터 소산을 빼앗아 생명을 유지해야 될 상태에 이르게 되고 말았다.

예전처럼 땅이 순순히 곡식을 내어 주는 것이 아니라 어떻게든지 사람의 생명을 위협하고자 가시덤불과 엉겅퀴를 내어 사람을 곤란하게 만든다는 말이다. 그리고 이런 가시덤불과 엉겅퀴는 사람들에게는 삶의 질고로 상징이 된다. 따라서 인생을 살아가는 것 자체가 형벌이 되었고 이후 모든 인생은 질고의 형벌 아래 놓이게 되었다.

마태복음 13장의 '씨 뿌리는 자의 비유' 가운데에서 가시덤불에 떨어진 씨앗은 싹이 났음에도 불구하고 가시덤불이 그 생명의 기운을 막아서 말라 죽게 한 것처럼, 인간 역시 생의 기운이 막혀 죽고 마는 것이다. 마태복음 13장 22절에 예수님이 설명하시기를 '이러한 사람은 세상의 염려와 재리의 유혹에 빠져서 자기 인생의 목표를 제대로 드러내지도 못하고 죽고 만다'고 하신다.

땅을 많이 차지한다고 해서 그 사람의 삶이 복되고 아름다운 열매를 맺는 것은 아니다. 오히려 세상의 염려와 재리의 유혹 가운데서 인생을 살고 있는 것으로 보아야 한다. 때문에 하나님께서는 이제 새로운 법을 선포하신다. 땅을 차지한다는 것이 하나님의 심판이며 결코 복이 아니라는 것을 전제하고, 이제 그리스도 안에서 온유한 자가 땅을 기업으로 받는다는 새로운 법칙을 선포하신 것이다.

여기에서 땅을 기업으로 받는다는 말은 땅 몇 평을 받는다는 의미가 아니라 생존권에 대한 하나님의 절대적인 보장을 상징한다. 이 세상의 법칙 안에서는 자신의 땅을 얻는 것으로써 자신의 힘으로 자기의 생명을 보존하고 생명을 유지해 나가는 것처럼 보일지 모른다. 그러나 하나님 나라의 법 안에서는 그렇지 않다는 것을 예수께서 말씀하셨다.

온유한 자가 복이 있다는 것은 그가 땅을 기업으로 받아 하나님께로부터 생존의 보장을 받기 때문이다. 여기에서 온유한 자는 하나님의 품성을 갖고 하나님의 뜻을 좇아가는 사람, 즉 자신의 길을 묵묵히 나아가는 사람을 가리킨다. 그러한 사람에게는 하나님께서 땅을 소유하도록 허락하신다는 말이다. 다시 말하면 약속된 기업을 주시겠다는 뜻이다.

언제 이 약속된 기업을 받는가 하는 것에 대해서는 장차 천국에서 받을 땅을 말하는 것이 아니다. 천국에 가면 일정한 규격의 땅을 마련해 놓고 하나님께서 '이 땅이 네 땅이다' 하고 주신다는 말이 아니다. 온유한 자라면, 곧 하나님의 뜻을 향해 묵묵히 길을 가는 사람이라면 하나님께서 그 생존권만은 보장해 주시겠다는 약속이다.

그러니까 하나님의 아들에게는 하나님께서 그 삶을 보장해 주시기 위해 약속된 기업을 주시겠다는 의미가 그 안에 포함되어 있다. 온유한 자로서 인생의 목표를 향하여 나아가면 하나님께서 그 사람의 삶에 대해 보장해 주실 것이라는 의미가 이 말씀 안에 담겨 있다.

그래서 주님은 내일 일을 염려하지 말라고 하신다. 그대신 먼저 하나님의 나라와 그 의를 구하라고 하셨다. 그리하면 하나님께서 필요한 것을 다 주겠다고 약속하신다. '내일 일은 이방인들이나 염려하는 것이다. 하나님께서 적극적으로 너의 생존을 보장해 주실 것이다'는 의지를 표시한 것이다.

그렇다고 마음 놓고 편하게 살라고 하나님께서 생존을 보장해 주신다는 말은 아니다. 여기에서 땅을 기업으로 받을 것이라고 하셨는데 이 말은 온유한 사람으로서 하나님의 뜻을 좇아 살아가는 사람이라면 앞으로 몇 년 후에 몇 평의 땅을 소유하게 되어서 그 다음부터는 행복하게 산다는 그런 의미가 아니다.

이 말씀은 적극적으로 살아가야 할 인생의 목표가 있어서 그 목적을 성취하기 위해 세상의 재리와 유혹으로 그 기운이 막혀 죽지 않도록 하나님께서 생존의 문제를 보장해 주신다는 의미이다. 이것은 처음부터 하나님께서 인류에게 주신 말씀이기도 하다.

창세기 1장 28절에 "땅을 정복하라 땅을 다스리라"고 말씀하셨다. 이 명령에는 아담이 해야 될 일, 즉 사명이라는 것이 전제되어 있다. 곧 사명이 있다는 것은 인생의 목표가 확인되어 있다는 것을 의미한다. 그러니까 하나님께서 인생을 보장해 주신다는 것은 인생이 가지고 있는 그 목표를 완성하기 위해서 삶을 보장해 주시고 생존권을 보장해 주신다는 말과 같다.

그 조건이 바로 '온유한 자'이다. 온유한 사람, 곧 하나님의 거룩한 심정을 갖고 생활 감각을 전적으로 하나님과 일치시키고 마음에 동요 없이 적극적으로 하나님의 통치를 구현해 내는 사람, 자기 자신을 통해서 하나님의 통치를 구현해 내는 사람, 그리스도의 인격과 같은 인격을 소유하기 위해 묵묵히 그 길을 가는 사람의 모습을 하나님께서 인정해 주신다는 약속이 마태복음 5장 5절의 말씀이다.

4. 온유한 자가 누리는 복

온유한 사람이 땅을 기업으로 받는다는 약속의 성취는 이 세상에서 통용되는 힘의 법칙이 언젠가는 무너지고 만다는 것을 암시한다. 죄를 범한 아담이 에덴동산에서 쫓겨났을 때 하나님께서는 필경 너는 죽어서 흙으로 돌아가야 한다고 말씀하셨다. 흙으로 돌아간다는 것은 죽음을 말한다. 이 죽음이라는 말이 단순히 죄의 대가로 생명을 빼앗기는 죄의 형벌로서만 오는 것은 아니다.

죽음이 가지고 있는 또 다른 의미가 있다. 거기에는 하나님의 적극적인 개입이 있다. 죽음 속에 하나님께서는 어떤 의도를 담아 두셨다는 것이다. 창세기 3장 22절을 보면 "여호와 하나님이 가라사대 보라 이 사람이 선악을 아는 일에 우리 중 하나같이 되었으니 그가 그 손을 들어 생명나무 실과도 따 먹고 영생할까 하노라" 하시고 아담을 쫓아내시고 그룹들과 두루 도는 화염검을 두어 생명나무 실과를 지키게 하셨다.

다시 말하면 죽음이라는 현상은 죄를 범한 사람, 힘을 원칙으로 사는 사람, 사탄과 교합하고 사탄에게 자신을 맡기고 사는 사람들이 영생하지 못한다는 증거가 된다. 즉 악인들이 영생하지 못하도록 하나님께서 심판하신다는 증거가 바로 사망이다. 이것은 힘이라는 것이 영원하지 못하다는 진리를 보여준다. 악은 끝까지 지속되지 못하고 언젠가는 종말을 고한다는 것을 이 죽음이 상징하고 있는 것이다.

이 세상은 마치 힘의 철학으로 지배되는 것처럼 보인다. 그러나 이 세상에 사망이 있다는 것 자체가 결국 그 힘이 무너지고 말 것을 암시해 주고 있다. 반면에 힘의 세계에 종말이 있다는 것은 온유한 자에게 기업이 돌아갈 것을 상징적으로 예표해 준다. 즉 힘 있는 자가 땅을 빼앗아 차지하지만 결국 남에게 다시 빼앗기거나 그 땅을 영원토록 소유하지 못하고 죽고 만다는 것은 온유한 자에게 그 땅이 다시 돌아간다는 것을 의미한다. 다시 말하면 본래 땅을 필요로 하는 사람에게 땅이 돌아간다는 법칙을 말해 주고 있다.

이로써 힘으로 땅을 얻는 것이 아니라 그리스도와 같이 온유함이 있어야 하나님의 기업을 누릴 수 있음이 명백하게 제시된다. 즉 온유한 자만이 하나님께서 주시는 영원한 생존의 보장을 누릴 수 있음을 상징한다. 그래서 로마서 1장에서는 모든 피조물들이 한탄하며 하나님의 아들들이 나타나는 것을 기다린다고 바울은 말하고 있다.

피조물들이 힘 있는 자에게 굴복하고 소유권을 박탈당해서 힘 있는 자들을 위해 존재하는 것은 그것들이 땅에 존재하는 목적이 아니다. 지금은 세상에 있는 피조물들이 힘의 철학에 의해서 지배되고 있지만 언젠가 하나님의 아들들이 나타나는 날에는 기꺼이 하나님의 아들들이 생존할 수 있는 바탕을 마련해 주고, 그로 말미암아 하나님의 아들들이 본래의 사명을 되찾아 인생의 목표를 완성하는 일을 돕는 역할을 이 땅들도 하고 싶어 한다는 의미이다.

5. 마치는 말

이상을 종합해 보면 하나님의 거룩한 통치는 항상 이 세상에서 현실적으로 나타나는 것이지 미래의 어느 한 시점에 나타나게 된다는 것이 아님을 염두에 두어야 한다. 그래서 '온유한 자는 복이 있나니 땅을 기업으로 받을 것이라'는 말은 죽어서 땅을 기업으로 받는다는 말이 아니라, 현세에서 하나님의 의를 좇아가고 그의 나라를 세워나가는 길에 있다면 하나님께서 그 사람의 생존권을 보장해 주신다는 말로 해석해야 한다.

바로 그것이 하나님의 거룩하신 통치의 구현이다. 그렇게 함으로써 마침내 온유한 자가 땅을 기업으로 받는다는 것은 하나님께서 이 세상을 통치하시는 모습의 완성이기도 하다. 하나님의 거룩한 목적을 수행하기 위해 적극적으로 헌신하는 자에게 하나님은 그 땅, 곧 주신 기업으로 말미암아 생존을 유지하게 하신다. 이렇게 함으로써 온유한 사람들을 통해 하나님께서는 친히 이땅에 은혜의 왕국을 건설해 나가신다.

이 세상은 권능의 왕국으로서 하나님의 통치권이 온 세상에 편만하게 드러나는 것만으로는 하나님께서 만족하지 않으신다. 왜냐하면 원래 하나님께서 인간에게 땅을 정복하고 다스리는 지혜를 주셨던 것은 권능의 왕국을 세우는 것이 아니라 (이미 권능의 왕국은 완벽하게 세워져 있었고) 바로 그 권능의 왕국 안에 하나님의 의와 통치가 명백하게 드러나는 그리고 하나님의 지혜와 영광이 드러나는 은혜의 왕국을 건설하기 위함이었다.

때문에 하나님의 백성으로 태어났다면 바로 이 일에 쓰임을 받아야 한다. 그래서 우리가 온유한 자로서 살아가는 모습으로 이땅을 바꾸어 나가는 것이 땅을 정복해 나가는 것으로 나타난다. 그 땅에 하나님의 은혜의 왕국을 건설해 나가는 것이 곧 인생의 사명이다. 이런 점에서 인생의 진전이란 그 사람이 얼마만큼 살아왔다 하는 흔적이 아니라 하나님의 나라를 어떻게 건설해 나갔는가 하는 자취여야 한다.

그와 같이 우리가 살아가는 삶을 통해 하나님의 지혜와 영광이 드러나게 된다. 그래서 하나님의 지혜와 영광이 온 땅에 편만할 때까지 하나님의 은혜 왕국이 계속해서 확장되고 진전되어야 한다. 그와 같은 위치에 우리가 서 있는 것이다. 본래 하나님은 은혜의 왕국을 건설하시기 위해서 사람과 땅을 지으셨기 때문이다. 우리가 그러한 인생의 목표를 명확하게 깨달아 살아감으로써 하나님께서 지으신 땅을 회복하게 되는 것이다. 그것이 바로 온유한 자가 살아가야 될 삶의 모습이라고 예수께서 말씀하셨다.

교회를 세운다, 혹은 인생의 목표를 분명히 한다는 말들은 이것과도 깊이 연관이 있다. 이 말씀은 사람이 죽으면 극락에 간다는 꼬임에 빠져 자기 일생을 무의미하게 허비하며 살아가는 인생들처럼 예수 믿으면 천국 간다는 말을 듣고 천국 가기 위해서 한 평생 동안 교회에 다니는 무의미한 열성을 말하는 것이 아니다.

"온유한 자는 복이 있나니 저희가 땅을 기업으로 받을 것이다" 하는 이 말은 지금 이 자리에서 우리가 은혜의 왕국을 건설해야 될 중대한 사명이 있음을 각성케 하고 있다. 그러한 사명이 확인된 신자들에게 하나님은 땅을 기업으로 주신다. 즉 그 사람의 생존권을 보장해 주신다는 것을 마태복음 5장 5절에서 읽을 수 있다.

〈기도〉

하나님 아버지!

우리 인생이 이 세상에 존재하는 것은 무엇보다도 하나님의 영광과 지혜를 충만하게 드러내기 위함인 것을 알았습니다. 그래서 사람의 제일 되는 목적은 하나님을 영화롭게 하는 것이고 영원토록 즐거워하는 것이라고 우리가 고백합니다. 바로 그러한 자리에 서 있기 위해서 우리가 존재하는 본의를 깨닫고 그 일을 위해 우리는 묵묵히 이 세상을 살아가기를 소원합니다. 바로 그것이 온유한 자의 모습이요, 그리스도의 십자가를 뒤따라 짊어지고 가는 인생의 모습입니다.

그러한 자에게 하나님께서는 땅을 기업으로 주시겠다고 약속하셨고 그 생명을 보장해 주시겠다고 약속하셨습니다. 이제 우리가 그 약속을 믿고 의지하오니 우리에게는 두려움이 없습니다. 때문에 우리 인생을 하나님께 맡기고 살아 갈 수 있습니다.

주님이시여, 참으로 주님께서 약속하신 것처럼 온유한 자의 복이 우리에게 있어서 우리가 세상의 재리와 유혹의 염려에 빠져 인생이 낭비되고 허비되지 않게 하셔서 우리가 가야 할 길을 묵묵히 전진하게 하옵소서.

주 예수 그리스도의 이름으로 기도합니다. 아멘.

I. 하나님 나라의 내형적인 실체(實體)

제5장

의에 주리고 목마른 자 (1)

산상수훈은 하나님 나라의 실체가 어떤 것인가를 보여주고 있다는 것에서 그 특징을 찾아 볼 수 있다. 그중에서도 산상수훈의 강령인 마태복음 5장 1-12절은 하나님 나라의 백성이 가지고 있는 고유한 상태가 어떤 것인가를 보여준다.

그 특성을 보면 다음과 같다.

① 지(知)적인 변화 : 심령이 가난한 자

하나님 나라의 백성은 심령이 가난하다, 마음이 가난하다는 것에서 나타난다. 이것은 절대적인 진선미의 표준이신 하나님을 대하여 놓고 볼 때 그 하나님에 대한 지식이 나를 충돌시킴으로써 그 앞에서 심히 자신이 가난하다는 것을 느끼게 되는 상태를 의미한다.

즉 자신의 가난함을 인식하되 모든 표준을 하나님께 두고 그 기준에 근거하여 자신을 판단하여 얻어진 것이다. 이러한 경우 그 마음에 변개가 발생하는데 이러한 지적(知的)인 변화, 변환점을 느낀 상태를 가리켜 심령이 가난하다고 말한다. 이로써 자신의 본질에 대해 비로소 바르게 인식하게 된 상태를 가리킨다.

② 정(情)적인 변화 : 애통하는 자

애통하는 자에게서는 정적(情的)인 변환점을 볼 수 있다. 하나님 나라의 백성으로서 자신의 위치를 알게 되면 이제 그 나라, 곧 은혜의 왕국을 추구하려는 운동이 발생하게 된다. 그럴 때 무엇보다도 자신의 본분을 발견하게 된다. 이때 마땅히 이 세상에서 경영해야 할 자신의 인생에 대하여 무력함을 느끼게 되는 심적인 고통과 더불어 하나님께 무지하고 반항하는 세상에 대하여 고통을 가지게 된다.

이것을 애통이라고 한다. 즉 인생의 본분을 수행함에 있어 나타나는 결핍과, 반대 세력을 보고 마음으로부터 심적인 고통을 느끼는 것이 애통하는 것으로 표현된다. 이것은 하나님 나라가 마음속에 구체화되는 과정에서 자연스럽게 나타나는 현상이다.

③ 의지(意志)적인 변화 : 온유한 자

자기 십자가를 지고 인생의 목표를 추구함에 있어서 세상의 적대 세력에 대해 다듬어지고 절제된 삶의 형태로 표출되어지는 모습이 있다. 이것을 온유라고 한다. 이것은 의지적(意志的)인 상태로서 외적인 형태로 표현되기 마련이다.

하나님 나라의 백성으로서 자기 인생의 길을 추구하기 때문에 마치 주님께서 도살장에 끌려가는 양과 같이 잠잠하게 자기의 길을 가신 것처럼, 인생의 길이 그와 같이 온유하게 보이는 것이다. 이것은 하나님의 나라가 외형적으로 구현되는 기본적인 단계라고 할 수 있다.

이러한 지정의(知情意)라는 내면적인 과정을 통해 하나님의 나라를 구현해 나감에 있어 인생의 길을 출발할 때 마음 안에서 새로운 전환점이 발생한다. 그것이 바로 의(義)에 대해서 주리고 목말라 하는 심정이 발생하는 전환점이다. 여기에서 마음이 가난하고 애통하고 온유하다는 심적인 상태가 이제 논리적으로 정돈이 되어서 이성을 가지고 길을 가고자 하는 사람에게 생기는 것이 의(義)이다.

1. '의에 주리고 목마른 자' 에 대한 이해

마태복음 5장 6절을 이해하기 위해 원문을 보면 다음과 같다.

μακάριοι οἱ πεινῶντες καὶ διψῶντες τὴν δικαιοσύνην
    복 있는 자들(이여) 주리고 목마른 자들아 의를

ὅτι αὐτοὶ χορτασθήσονται
    왜냐하면 너희들은 배부르게 될 것이다.

첫 문장의 '의'(την δικαιοσυνην)라는 단어는 정의(justice)를 의미한다. 즉 일반적으로 말하는 정의, 공의 또는 일반적인 법도 안에서 나타나는 의를 지시하고 있다. 하나님께서 우리를 의롭게 하셨다든지(칭의) 어떤 특정한 사람을 상대로 해서 의롭다고 하신 말씀이 아니다. 일반 세상에서, 일반적인 자연 법칙 안에서 또는 사회 법칙 아래에서 의를 추구하고자 하는 정의 또는 공의를 '의'(δικαιοσυνη)라고 한다. 이것은 하나님께서 세상에 세우신 공의이다.

이 의에 대해서 '주린다' 또는 '목말라 한다' 라는 말은 생리적인 욕구의 표현이다. 주린다, 목마르다는 것은 생리적인 욕구이기 때문에 절제할 수 있다든지 아니면 다른 방법으로 대치할 수 있는 상태가 아니다. 주려서 죽게 생겼다, 목이 말라 죽게 되었다는 것은 다른 것으로 대치되지 않는다는 의미이다. 즉 정신적인 것으로 그것을 대신 만족시켜 줄 수 있는 것이 아니다. 주리고 목마른 것은 생리적인 욕구의 충족을 통해서만 해결될 수 있기 때문이다.

때문에 주리고 목마르다는 것은 다른 것으로 대치할 수 있다든지 아니면 어떤 정신적인 능력으로 그걸 억제할 수 있는 것이 아니라 생리적으로 해결해야만 하는 욕구를 표현하고 있다. 따라서 의에 대해서 주리고 목마르다면 그 의가 해결되어야만 배고프고 갈증난 것이 해소되는 상태를 이야기한다.

그런 사람에게 복이 있다고 말씀하신다. 왜냐하면 그 사람은 배부름을 얻을 것이기 때문이다. 여기에서 배부름을 얻게 될 것이라는 말은 미래 수동형으로 되어 있다. 이 말은 주로 짐승들이 배부름을 얻은 것과 같은 상태를 표현한다. 양이 푸른 초장에서 마음껏 꼴을 먹고 물을 마심으로써 포만감을 느끼는 상태, 또는 짐승들이 충분히 먹이를 먹고 물을 마신 다음에 걱정 근심 없이 편히 누워 잠을 잔다든지 되새김질을 하는 상태를 묘사하는 단어이다.

더 이상 부족함이 없는 상태 그리고 평화를 누리고 있는 상태로 이것은 생리적인 욕구가 해결됨으로써 자연히 정신적인 포만감과 육체적인 평안이 뒤 따라오는 상태를 이야기한다.

그렇다면 마태복음 5장 6절에서 "의에 주리고 목마른 자는 복이 있나니 저희가 배부를 것임이요"라는 말은 의를 배고파하고 갈급해 하는 자가 복이 있다는 의미이다. 왜냐하면 그가 의에 대해서 절대적인 빈곤을 느꼈으나 이제 그 의로써 포만감을 얻게 되었기 때문이라는 의미로 해석할 수 있다. 이와 같이 의에 대해 그만큼 사모하고 추구하는 필요성을 절박하게 느끼고 있는 상태를 가리켜 우리 주님은 복된 상태라고 말씀하신다. 여기에서 '왜 의를 추구하고 필요로 하며 그처럼 의에 주리고 목말라 하는가?' 하는 것을 살펴볼 필요가 있다.

하나님 나라의 백성으로서 심령이 가난하고 애통하고 온유한 상태는 하나님 나라에 대한 각성을 동반하며, 그 결과 내면적으로는 하나님 나라를 건설해 나가며 외형적으로는 그 나라를 구현해 나가는 과정으로 연결된다. 이 과정에서 외형적으로 하나님의 나라를 구현시켜 나감에 있어서 제일 먼저 부딪히는 것이 의에 대한 갈급과 갈증이다. 이러한 현상은 이 세상에서 의를 찾아 볼 수 없기 때문에 나타나는 자연스런 모습이다.

　하나님의 나라를 보기 전에는 누구나 자기 마음에 옳게 느껴지고 거리낌이 없다면 그다지 살아가는 데 문제를 제기하지 않는다. 인간 사회에서 '의'라는 기준은 시대적인 상황에 따라서 얼마든지 달라질 수 있으며, 그 표준 또한 자기 자신이기 때문이다.

　예를 들면 물에 빠진 사람을 건짐에 있어서 자신이 수영을 잘하는 사람이라면 뛰어들어 물에 빠진 사람을 건지는 것이 옳은 일이다. 그러나 수영할 줄 모르고 물에 빠지면 허우적거리는 사람이 뛰어들어 사람을 구하겠다고 덤비는 것은 무모한 일이다. 때문에 수영을 못하는 사람이 물에 빠진 사람을 건지기 위해 물에 뛰어드는 행위를 '의'라고 하지 않는다. 물에 빠진 사람을 구하는 것은 '의'이지만 자기의 능력이 미치지 못할 때는 물에 뛰어들지 않는 것이 자기뿐 아니라 다른 사람에게도 옳은 일이다.

　이처럼 이 세상을 살아감에 있어서 모든 가치 판단은 항상 자신의 능력과 가치관과 세계관에 따라서 옳고 그름이 판단되기 마련이다. 그러나 이제 하나님의 사람으로서 하나님의 의를 좇아가는 사람이 되고 난 뒤에는 이 모든 판단의 근거가 자기 자신에게 있지 않다. 이제부터는 하나님의 심정을 가지고 세상을 바라보게 된다.

　전에는 옳고 그른 일을 자기의 생각과 자기가 살아온 생활 습관과 자기 주변의 상황에 따라서 결정해 왔다. 하지만 이제 하나님의 심정으로, 하나님의 마음으로 새로운 의에 대한 개념을 갖게 됨으로써 지금까지 자기가 보아왔던 의로운 것들이 이제는 의로운 것이 아니고, 지금까지 추구해 왔던 것들을 불의하다고 느끼게 된다. 이런 점에서 이 세상에서는 의를 찾아보기가 힘들다는 것이다.

이 세상에 공의가 없고 정의가 없어서가 아니라 이 세상에서 말하는 공의가 많고 정의가 세워졌다고 말할지라도 하나님의 편에서 볼 때, 하나님의 심정으로 바라볼 때 거기에는 공의나 정의가 메말라 있음을 느끼게 된다. 그것 때문에 의에 대해 목말라 하고 배고파하는 마음의 갈증과 배고픔이 발생하게 된다.

시편 42편 1-3절에 보면 사슴이 목말라 하듯이 하나님을 찾기에 갈급하다고 하며 "내 영혼이 하나님 곧 생존하시는 하나님을 갈망하나니 내가 어느 때에 나아가서 하나님 앞에 뵈올꼬 ……" 하며 탄식하는 것을 볼 수 있다. 그 시인은 "사람들이 종일 나더러 하는 말이 네 하나님이 어디 있느뇨 하니 내 눈물이 주야로 내 음식이 되었도다"고 토로한다.

전에는 "네 하나님이 어디 있느뇨?" 하는 사람들의 편에 서 있다가 이제는 하나님의 편에 서게 되니까 그 사람들이 자기를 향해 네 하나님이 어디 있느냐고 희롱하기 때문에 눈물이 주야로 음식이 되었다고 고백하고 있는 것이다.

이 눈물은 자기가 하나님에 대한 종교적인 관심을 가지고 있다는 사실을 사람들이 알아주지 않기 때문에 서럽고 애달파서 흘리는 눈물을 말하지 않는다. 이제는 무엇이 옳고 그른 것을 분명히 알아서 안타까움이 마음을 찌르고 의에 대해 눈 먼 사람들로 인해 마음이 상하기 때문에 흘리는 눈물이다.

그 눈물은 단순히 조롱을 당했기 때문에 흘리는 눈물이 아니다. 무지하고 불의에 빠진 자들이 자기들의 실상을 알지 못함에 대해 그리고 하나님의 의에 둔감한 세상을 향해 하나님편에 서서 안타까운 심정을 가지고 흘리는 눈물이다. 때문에 이 사람의 마음속에는 사심(邪心)이 없고 안타까움으로 가득 차 있다. 이때 의를 사모하는 마음의 상태가 높아져서 생기는 현상이 발생하는데 이것이 의에 주리고 목마른 상태이다.

2. '의' 란 무엇인가

의(δικαιοσυνη)는 정의, 공의라는 말이다. 사람에게는 누구나 인격적인 대우를 받을 권리가 있고 그에 합당한 대우를 정당하게 받는 것을 가리켜서 의라고 한다. 즉 사람으로서 가지고 있는 인격이 침해되지 않고 깎이지 않게 대우를 받는 것이 의이다.

사람으로서 자격을 갖춘 경우에 있어 그 사람의 인격을 침해하거나 혹은 생존권이 침해당할 경우 어떤 불이익으로부터라도 그 사람을 보호할 수 있는가 없는가를 보고 공의가 있다 혹은 없다고 말한다. 즉 사람의 인격과 생존권을 함부로 침해하지 않는 상태를 가리켜서 공의가 있다고 말한다.

이 공의를 보호하고 추구하기 위해서 발생한 것이 법이다. 법은 사람의 인권과 생존권을 보호하기 위해서 만들어진다. 이 법이 시행되고 정상적인 기능을 발휘할 때 공의가 있다고 하는 것이다. 그리고 이 법이 바르게 시행되는 사회를 가리켜서 정의 사회라고 한다.

그렇다면 누구에게나 법적인 보호를 해주고 생존의 권리를 보장해 주어야 하는가 하는 문제가 발생한다. 왜냐하면 사람에게는 각각의 기능과 재능과 가치가 따로 있어서 모든 사람에게 동일하게 법을 적용할 수 없기 때문이다.

어떤 사람은 자신의 달란트를 개발하고 가치화 함에 있어서 성실히 하여 그 가치를 높이는 사람이 있다. 반면에 어떤 사람은 불성실하여 인생을 무모하게 보내는 사람도 있다. 그런데 똑같이 그들에게 법을 적용해서 인권과 생존권을 보장해 주어야 하는 문제가 발생하게 된다. 특히 법적인 책임을 지는 도덕적인 차원에서 놓고 볼 때는 현저한 차이가 나타나게 된다. 이럴 때 도덕적으로 법에 저촉된 사람과 그렇지 않은 사람에게도 법을 똑같이 적용하여 인권과 생존권을 보장해 주어야 하는 문제가 발생하게 되는 것이다.

이런 문제를 놓고 보면 일반적으로 누구에게나 똑같이 대우를 하고 명예를 주는 것은 부당하다고 말한다. 그래서 가치 있는 사람에게는 가치 있게 대우하고 저급한 사람에게는 그에 합당하게 대처하는 것이 공의라고 보통 이야기한다. 그러니까 법을 적용함에 있어 똑같이 적용하는 것이 아니라 정신적인 질환이 있는 사람은 금치산 결정을 내린다든지 법적인 제재를 하기 마련이다.

그대신 정신병자가 범죄를 저질렀을 경우에는 그것을 죄라고 하지 않고 놓아주기도 한다. 법은 누구에게나 평등하게 적용되어야 하는데 이처럼 그 사람의 가치라든지, 그 사람의 정신적인 상태에 따라서 법의 적용이 달라지는 경우가 있다. 소위 법정에서 말하는 정상 참작, 정황 참작이라는 경우가 그 한 예이다.

그러나 법이 평등하지 않게 적용이 될 때가 있다. 예를 들면 법을 모르는 사람일지라도 조금만 영리하게 처신하면 교묘하게 법을 피해갈 수 있다. 그 방법을 알지 못하여서 어쩔 수 없이 법을 범하는 사람도 있다. 반면에 어떤 사람은 법을 잘 알고서 교묘하게 피해 다니며 법을 악용하기도 한다.

이러한 경우에도 보면 법을 몰라서 범법한 사람은 형사나 민사적인 대가를 치러야 한다. 하지만 법에 걸리지 않은 사람은 더 악한 일을 행했음에도 불구하고 법적인 제재를 받지 않는 경우가 있다. 이런 경우가 많아질 때 법이 만인에게 평등하게 적용되지 않게 되며 점차 법의 존재 의미도 약해지게 된다.

모든 사람에게 평등하게 적용이 되고 사람들마다 가지는 가치에 따라 법을 적용하는 방식이 달라진다 할지라도 법은 절대로 모든 사람에게 평등하다고 말할 수 없다. 그런데 이 법이 세상에서 적용될 때는 어떤 사람이 100만원을 도둑질했을 때 그가 무식한 사람이 되었든 또는 유식한 사람이 되었든 동일하게 적용한다. 곧 돈 없는 사람이 도둑질했든 돈 많은 사람이 도둑질했든 범법을 했을 때는 같이 적용하기 마련이다. 가난한 사람이 먹고 살 것이 없어서 도둑질한 것에 대해서는 좀 아량을 보일 수도 있어야 하는데 돈 많은 사람이 백만 원을 훔친 것이나 먹고 살기 위해서 어쩔 수 없이 백만 원을 훔친 것이나 같이 적용하고 있다. 그런 것을 보면 법이 평등한 것 같으면서도 평등하다고 말할 수 없다.

따라서 이 세상에서 공의다, 정의다 하고 표현하는 것들이 매우 제한적일 뿐이다. 말로만 정의다, 공의다 하는 것뿐이지 실제적으로는 그렇지 못하는 것이다. 한동안 공무원들의 기강을 바로 잡는다고 하여 특명반이 대통령의 직속기관으로 공무원들의 비리를 찾아내고 징계를 했지만 더 악을 행하고 더 범법을 행하는 소위 고위층 사람들에 대해서는 통하지 않는 경우를 얼마든지 볼 수 있었다. 이런 현상들을 정의라 말할 수 없다. 이처럼 세상의 기준을 근거로 정의가 어떤 것인가를 말하기란 쉽지 않다.

3. 예수께서 보이신 정의의 모범

예수께서는 정의가 어떤 것인가를 마태복음 20장에 기록된 포도원 주인에 대한 비유에서 가르치시고 있다. 여기에서 어떻게 법을 제정하고 운영하는 것이 지혜롭고 참된 법의 정신인가를 잘 나타내 준다. 이 비유는 포도원에서 노동한 하루 품삯을 예로 들어서 주님께서 말씀해 주신 내용이다.

아침 일찍(대략 오전 6시경) 포도원 주인은 거리에 나가서 하루 품삯으로 한 데나리온을 주기로 하고 사람을 불러다가 일을 시켰다. 포도원 주인은 아침(대략 오전 9시경)에 다시 나가서 사람들을 불러 일을 시켰다. 그리고 점심때(대략 정오경) 다시 사람들을 불렀다. 오후(대략 오후 3시경)에도 다시 사람들을 불러 일을 시켰다. 뿐만 아니라 저녁이 가까운 때(대략 오후 5시경)에 다시 나가 사람들을 불러 일을 시켰다.

이제 저녁(대략 오후 6시경)이 되어서 회계할 시간이 되자 포도원 주인은 삯을 나누어주게 되었다. 제일 나중 온 사람들부터 한 데나리온(한 데나리온은 당시 노동자 하루 품삯)을 주고 그전에 온 사람들도 한 데나리온을 주었다. 그러자 제일 먼저 온 사람들은 좀 더 받을 것이라고 생각하고 있었는데 그들에게도 동일하게 한 데나리온씩을 주었다.

그러자 먼저 온 사람들이 포도원 주인을 원망하면서 "나중 온 이 사람들은 한 시간만 일하였는데 저희를 종일 수고와 더위를 견딘 우리와 같게 하였나이다"(마 20:12)고 하며 주인에게 불평을 토로하게 되었다. 그러자 주인은 "친구여 내가 네게 잘못한 것이 없노라 네가 나와 한 데나리온을 약속하지 않았느냐 네 것이나 가지고 가라 나중 온 이 사람에게 너와 같이 주는 것이 내 뜻이니라"(마 20:13-14)고 대답하였다는 비유이다.

이 비유에서 일반적인 사람들의 생각은 법 앞에 평등하다는 것에 대하여 한 시간 일한 사람은 한 시간 일한 만큼 받고, 다섯 시간 일한 사람은 다섯 시간 일한 만큼의 대가를 받고, 열 시간 일한 사람은 열 시간 일한 만큼의 대가를 받는 것이 공평하다고 생각한다.

　그러나 법 앞에서 평등하다는 것은 그와 같이 즉물적인 사고방식으로 해석할 수 있는 일이 아니다. 사람이 태어났으면 다 같이 생존할 권리가 있기 마련이다. 하나님께서는 악한 사람이든 선한 사람이든 때를 따라서 그들에게 똑같이 햇빛도 주시고 공기도 주시고 비도 주심으로써 생존을 유지하도록 하셨다. 이것이 하나님께서 각 사람에게 주신 '균등적인 공의'이다.

　예수께서 말씀하신 것처럼 포도원에 와서 한 시간 일을 했든 열 시간 일을 했든 상관하지 않고 그 사람이 하루의 생활을 꾸려나가는 데 있어서는 한 데나리온의 돈을 필요로 하기 때문에 모두에게 똑같이 주는 것이 합당하다는 것은 법을 경영하는 정신이 어떤 것인가를 잘 보여주고 있다.

　그러므로 하나님께서 생존을 보존하기로 약속하셨으면 누구에게나 그 안에 들어와 있을 경우에 하나님께서는 그 사람의 생존권을 책임지신다는 것이 하나님 나라의 법이다. 그러나 이 세상에서는 그런 법이 적용되지 않는다. 이 세상에서는 한 시간 일했다면 한 시간 만큼의 대가를 받아가는 것이 공의라고 할지 몰라도 하나님 나라에서는 그렇지 않다는 것을 이 비유를 통해 가르쳐 주신 것이다.

　때문에 약속된 그 자리에 나와 있는 사람들에게 있어서는 균등하게 생존권을 보장해 주는 것이 하나님의 '의'라고 주님께서 말씀하신다. 여기에는 어떤 조건이 있다. 먼저 그 자리에 나와 있어야 한다는 것이다. 약속을 받을 자리에 나와 있어야 한다는 조건이 필요하다.

　그러한 자격과 조건을 갖추었느냐는 따지지 않고 그 결과만을 가지고 정의를 구현하는 것이라고 사람들은 오해하고 있는 것이다. 한 시간을 일했는가, 다섯 시간을 일했는가, 아니면 열 시간을 일했는가를 따지는 것은 자본주의의 경제 원칙에서 말하는 정의일 뿐이다.

일한 만큼만 가져가라고 하는 것은 어떤 면에서 보면 법 앞에 평등하다는 말에 걸맞은 것처럼 보인다. 자기가 일한 만큼만 가져가는 것이 옳다는 것이다. 그러나 그러한 정의는 사람의 존엄성을 무시한다. 왜냐하면 그러한 결정은 사람의 생존권을 위협하는 일이기 때문이다.

반면에 하나님 나라의 경제 원칙 안에 들어 있고 하나님께서 행사하시는 의의 가치관을 가진 사람에게 있어서 이 세상 일이라는 것은 항상 불의하게 느껴지는 것이다. 비균등적이고 불균형한 사상이 가득 차 있는 이 세상에 대해서 안타까워하고 진정한 의, 하나님께서 생명을 책임지기로 하셨으면 끝까지 그 사람의 생존을 보장해주는 하나님의 공의가 이 세상 곳곳에서 나타나기를 갈급해 하는 것이다.

나아가 세상에서 말하는 정의에 대해 새로운 개념을 가지게 된다. 예를 들면 간디는 인도에서 태어나 그 나라의 독립과 민족의 자유를 위해서 한 평생 헌신하며 살았다. 대영제국의 힘을 상대로 대항하였으나 무기를 들지 않고 폭력을 휘두르지 않는 비폭력주의를 표방하였다. 간디는 비폭력주의 사상 하나로 마침내 승리한 사람이다.

이것을 보아 온 사람들은 누구나 간디를 위대한 지도자라고 칭송한다. 그리고 마침내 정의가 이긴 것이라고 말한다. 그러나 간디의 생애가 과연 정의를 세워나갔는가에 대해 새로운 가치관을 가져야 한다. 세상의 기준으로 볼 때는 그를 가리켜서 의로운 사람이라고 칭송할지 몰라도 하나님 나라의 법칙에 놓고 볼 때 그가 의로운 사람인가에 대한 새로운 가치 판단이 있어야 한다.

간디가 죽기 전에 인도와 파키스탄 사이에 종교전쟁이 있었다. 힌두교(Hinduism)와 이슬람교 사이에 전쟁이 일어나 많은 사람들이 죽고 다치는 일들이 발생했다. 간디는 자신의 죽음을 두려워하지 않고 단식해 가면서 분쟁을 해소하기 위해 온갖 고생을 했다.

힌두교와 이슬람교 사이의 종교전쟁을 해결하기 위해 자기의 생명을 불사하고 단식을 하는 것은 인류애를 발휘한 결단이다. 그러나 그것으로 그 사람이 가지고 있는 삶의 가치를 정당하게 표했다고 볼 수는 없다. 이미 간디는 그가 속한 사회 구조가 불의 속에 빠져 있었기 때문에 그 안에서 아무리 의를 추구한다 할지라도 그것은 의를 추구한 것이 아니다.

인도라는 나라가 무지하고 힘이 없어 힘 있는 영국의 식민지가 된 것이고 그러자 간디는 비폭력주의를 표방하고 대항해서 세계의 여론을 자극하여 독립을 얻는 일에 공헌하게 되었다. 그것도 일종의 힘이기도 하다. 힘에 대한 역반응으로 비폭력주의를 표방하고 민족자결주의를 추구해 나가는 방법으로 민족의 독립과 자유를 구현해 보겠다는 것 자체가 이미 세상의 탁류에 빠져 사는 인간의 불쌍한 현상에 불과한 것이다. 평생을 그런 일에 투신해서 본래 자기의 인생을 포기해 버린다는 것이 안타까운 일이다.

반면에 당시의 영국 교회는 수많은 식민지에서 착취해 온 부를 바탕으로 풍요를 누리고 있었다. 하나님을 잘 섬기는 것이 나라를 부강하게 만들고 교회를 부흥케 했다는 차원에서 영국 교회는 하나님께 감사했을지 모른다. 그 부의 근원은 한쪽에서 먹지 못하고 힘에 대해서 비폭력으로 대항한 간디처럼 곤란을 당하는 사람들에게서 착취해 온 물질이었다. 그러면 영국 교회에서 하나님을 섬긴다고 예배하는 사람들이 참으로 하나님 나라를 세워나가고 구현하며 의를 이루어 나갔는가 본다면 결코 그렇다고 할 수 없다.

이미 그 사회가 가지고 있는 불의, 즉 힘 있는 영국이 그 힘을 이용해서 인도를 도와주고 다른 식민지를 도와준 것이 아니라 오히려 착취하는 불의한 시대에 있어서 영국에 있는 교회가 부의 향락을 누리며 하나님을 의롭다고 외친다는 것은 참으로 있을 수 없는 일이다. 또한 착취를 당하는 나라의 간디와 같은 사람일지라도 힘 있는 영국을 향해 투쟁해 온 그의 삶 자체가 이미 의롭지 못한 상태에 빠져 있었던 것이다.

힘이 있다는 이유 때문에 부를 누리는 것이 의롭지 않을 뿐만 아니라 다른 한편으로 힘이 없다는 것 때문에 평생을 굴욕과 핍박 가운데 고초를 당하는 것을 가지고 의라고 할 수 없다. 그와 같은 차원에서 말하는 정의는 하나님의 '의'와는 아무 상관이 없다.

이런 것을 가리켜서 주님께서는 하루살이는 걸러내고 낙타는 통으로 삼킨다고 지적하셨다. 작게는 우리의 일상생활 가운데서 자신의 이권이 달린 문제는 시시비비를 잘 가리면서도 사회의 모순과 구조적인 악에 대해서는 통으로 삼켜 넘기고 있기 때문이다.

좀 더 나가면 사회 구조나 악에 대해서는 물불을 가리지 않고 시비를 가리거나 또는 부당하게 여겨지는 폭력에 대해서는 생명을 걸고서라도 대항하면서도 전(全) 역사가 제시하는 하나님의 의에 대해서는 무감각하고, 무지하고, 알려고도 하지 않기 때문이다. 때문에 기독교에서 말하는 참된 의라는 것은 사회적이거나 개인적인 차원에서 의를 판단할 것이 아니라 역사가 추구하는 진정한 의를 바라볼 수 있어야 한다.

그러므로 의를 추구한다 또는 의에 주리고 목말라 한다는 것은 단순하게 자기의 일상생활에서 느끼는 옳고 그름, 즉 어떤 사람이 잘했느냐 못했느냐를 따지는 것을 말하지 않는다. 도덕적으로 결핍이 있고 악이 발생할 경우 그것을 기어이 쫓아가서 들추어내는 것으로 공의를 세우고 정의를 세우겠다는 열심이 있을지라도 자기가 속해 있는 사회가 이미 악의 구렁텅이에 빠져 있다면 그러한 행위는 결국 사회의 구조적인 악 안에서 헤매는 것에 불과하다.

또 어떤 사람이 그러한 처지에서 벗어나 사회의 악에 대항하고 그 구조와 모순을 깨뜨리기 위해 평생을 살았다 할지라도 그 사회가 담고 있는 역사가 왜곡되어 있는 상태에서는 하나님의 의가 드러나지 않는다. 그러한 행위로 하나님의 의가 세워지지 않는 것이다. 오직 하나님의 의라는 것은 전 역사를 통해서 드러나며 전 역사를 통해서 세워지는 것이다.

우리는 마음이 빈약해서 사회의 악과 모순에 대해 넘겨버릴 때도 많을 뿐만 아니라 어떤 조그만 일상적인 일에 시시비비를 따지는 것이 귀찮아서 그냥 넘어갈 때도 많이 있다. 차라리 그렇게 넘어간다면 또 다른 문제이겠지만 어떤 문제에 대해서는 그렇게 악을 쓰고 온갖 시시비비를 다 가리려고 하면서도 하나님께서 세우고자 하시는 그 '의'에 대해서는 무감각하다는 말이다.

그래서 마태복음 6장 33절에서 주님께서는 "너희는 먼저 그의 나라와 그의 의를 구하라"고 하셨다. 이것은 전 역사를 통해서 세워지는 의이다. 한두 사람이 잘못한 것을 들추어내거나 당대의 사회 구조악을 해결하는 것이 아니라 전 역사 안에서 하나님께서 어떻게 그 의를 세워나갔느냐를 바라보고 그것을 추구해야 한다.

이러한 사람을 가리켜서 의에 주리고 목마른 자라고 한다. 그러므로 기독교에서 말하는 정의는 사회악에 대해서 도전할 뿐만 아니라 역사적인 불의를 보고 비판할 수 있어야 한다. 역사가 추구하는 진정한 의를 바라볼 수 있어야 비로소 의에 주리고 목말라 하게 되기 때문이다.

4. 정의에 대한 우리의 태도

일상생활에서 의에 대해 관심이 없거나 사회 구조악에도 관심이 없고 전 역사의 '의'에 대한 관심도 없게 되면 기독교가 타락하게 된다.

기독교가 타락하게 되면 먼저 나타나는 현상이 열렬한 광신주의 종교로 변하게 된다. 그 가운데 하나가 내세 지향적인 신앙을 강조하는 기현상이다. 죽으면 천당에 간다는 내세 지향적인 신앙을 강조하다 보면 이 세상에 있는 불의에 대해 시시비비할 것이 없다. 나 하나 잘 먹고 잘 살다가 천국 가는 것으로 만족하게 된다. 그래서 모든 삶의 기준이 천국에 가는 것으로 나타난다. 대부분의 이단이나 사이비들이 이런 식의 형태를 보인다.

특히 보수 성향의 교단에 속한 단체들에서도 그런 현상이 강하다. 내세 지향적인 성격이 깊이 배어 있어서 사회악에 대해 그다지 관심을 두지 않는다는 것이다. 대신에 개인적인 악과 의에 대해서는 심하게 따지게 된다. 조금만 누구에게 흠이 있으면 내리쳐 버리고 만다. 우리나라 사회에서도 보수단체들이 그러하다. 그리고 보수성향을 지향하는 교인들도 비슷한 양상을 보인다.

반면에 또 하나 다른 현상은 극단적인 경건주의를 지향하게 된다. 드높은 이성주의자가 되어 이지적인 모습으로 경건하고 고결하게 세상과 상관없이 살아가는 것처럼 변질되어 가는 것 역시 기독교가 타락하는 모습이다.[6]

기독교는 마땅히 역사에 대해서 책임질 줄 알아야 한다. 때문에 그리스도인은 의에 대해서 목말라 해야 한다. 내 개인적인 감정이나 사회적인 감정에서가 아니라 전 역사가 어떻게 흘러가는가를 살펴보고, 그 역사를 경영하시는 하나님께서 그 나라를 세워나가는 데 관심을 갖게 되고 그 일에 목말라 하는 것이다. 이것이 기독교의 정신이다.

기독교에 의가 있느냐 없느냐는 이와 같이 하나님의 나라가 세워지

---

6) 최근에 나타나는 현상으로도 확연하게 보이는데 신사도운동, 관상기도와 같은 것들을 추종하는 사람들에게서 나타나는 종교적 변질성은 바로 기독교가 '의'를 저버리고 타락하고 있다는 증거인 셈이다.

는 일에 얼마나 관심을 가지고 있느냐를 기준으로 삼아야 한다. 우리나라의 정치가 공의롭지 못하고 불의가 극심하다고 하며 '공의는 물같이 정의는 하수같이'라는 현수막을 걸어놓고 정의를 추구하는 것처럼 교회가 앞장서는 것으로 의가 세워지는 것이 아니다. 교회는 전 역사 안에서 하나님의 나라에 대해 거역하고 배반하고 배도하는 인류의 역사를 바라보고 안타까워 할 수 있어야 한다.

이와 같이 하나님께서 세우시고자 하는 그의 의로운 나라를 근거로 해서 그 나라를 세우는 일보다는 세상의 안일과 내세의 지향과 극단적인 경건주의에 빠져 있는 교회의 배도하는 악한 모습을 보고 마음 아파 하는 것이 바로 의에 주리고 목말라 하는 모습이다.

세상은 세상대로 악을 추구하고 교회는 교회대로 하나님을 버리고 종교적인 만족을 위해서 살아가는 것을 놓고 볼 때 하나님께서 얼마나 그 마음이 안타까워하실 것인가 하는 마음을 가져야 한다. 그리고 개인이나 사회나 세상의 역사의 흐름에 대해서 불의를 느끼고 의에 대하여 목말라 함이 있어야 한다. 그러한 상태가 되어야 주님께서 어느 때에 의로운 나라를 세우실 것인가 하는 갈급한 소망이 생기는 것이다.

시편 42편 4절에 보면 "내가 전에 성일을 지키는 무리와 동행하여 기쁨과 찬송의 소리를 발하며 저희를 하나님의 집으로 인도하였더니 이제 이 일을 기억하고 내 마음이 상하는도다"라고 탄식한 후 5절에 "내 영혼아 네가 어찌하여 낙망하느냐 어찌하여 내 속에서 불안해하느냐 너는 하나님을 바라라 그 얼굴의 도우심을 인하여 내가 오히려 찬송하리로다"고 탄원하고 있다.

이처럼 이제 하나님께서 친히 세우실 그 나라를 바라보는 것이 의인의 모습이다. 불안해하거나 낙망하지 않고 하나님을 바라보는 마음이 발생해야 한다. 이것이 의에 대해 애타하며 목말라 하고 갈급해 하는 사람이 누리는 평안이다. 이러한 사람은 마치 사슴이 시냇물을 찾기에 갈급함 같이 하나님을 바라보고 하나님의 의를 바라는 것이다.

이 사회가 의를 무서워할 줄 모르고, 이 교회가 하나님의 정의를 따르지 않는 일에 대해 하나님께서 심판하시고 마침내 하나님께서 의로운 나라를 세우실 것을 믿는 것이다. 나아가 하나님에 대한 절대적인 믿음이 있어서 하나님의 의를 바라며 낙망하지 않는 사람, 이런 사람에게 하나님께서 의로 그를 충만하게 채워주시겠다고 약속해 주신다. 그래서 그 사람은 복이 있다.

〈기도〉

하나님 아버지.

오늘 의에 주리고 목말라 하는 사람의 심정을 가지고 무엇이 진정한 의인가 하는 것을 함께 생각해 보았습니다. 지금까지 살아 온 생활 습관과 사회적인 상황과 세상 속에서 의를 추구하고 그것 때문에 온갖 분란을 일으키고 심지어는 전쟁을 일으키고 남을 힐난할 때가 한두 번이 아니었는데 그러한 것들이 부질없는 것임을 알았습니다.

우리가 사회 구조악 속에 빠져 있다면 아무리 그 안에서 의를 추구한다 해도 그것이 하나님 앞에서 악한 일일 뿐입니다. 또 사회악을 개조하겠다고 나서는 것이 역사 안에서 책임질 수 없는 일이기 때문에 하나님 앞에서 불의한 것임을 다시 한 번 생각해 보았습니다.

진정으로 하나님께서 경영하시는 의로운 나라를 추구하지 않고 그 길에 내가 서 있지 않으면 우리의 삶이라는 것이 결코 의에 서지 못한다는 사실을 배웠습니다. 이제부터 우리가 하나님의 의를 추구하는 자리에 있게 하심으로 그 자리에서 하나님의 심정을 가지고 세상을 바라보며 그 마음으로 세상의 불의에 대해 안타까워서 의에 주리고 목말라 하는 심정을 가지게 하옵소서.

주 예수 그리스도의 이름으로 기도합니다. 아멘.

I. 하나님 나라의 내형적인 실체(實體)

제6장

의에 주리고 목마른 자 (2)

1. '의'는 영원한 기준에 근거해야 함

의(義)란 한 인간이 세상에 태어나 하나님께서 보내신 본의를 충족하게 좇아 살아가는 것을 말한다. 때문에 그 사람의 삶이 인간적인 면에서 아무리 아름답고 고결하고 가치 있다 할지라도 하나님의 뜻에 어긋나 있다면 그것은 불의한 인생일 뿐이다. 이처럼 사람이 하나님 앞에서 당연히 해야 할 일을 하는 것을 의라고 한다면 거기에는 언제나 당위성이 있어야 한다.

그러나 무슨 일이 옳고 그른가를 분별하기 위해서는 무엇보다도 먼저 옳고 그른 것을 분별할 수 있는 능력을 가지고 있어야 한다. 왜냐하면 사람의 생각에 옳은 일이라고 해서 모든 것이 다 의로운 일이라고는 할 수 없기 때문이다. 친구가 죄를 범했을 때 죄를 범한 사람을 고발하지 않는 것이 인간의 도리나 정으로 보면 아름다운 덕일 수는 있다. 또는 일반적인 법 정신 앞에서 인간의 도리로서 친구라 할지라도 죄를 범한 사실을 고발하는 것이 옳은 일일 수 있다.

이처럼 아름다운 일을 하는 것과 옳은 일을 추구하는 것은 다를 수 있다. 이러한 기준은 사람마다 시대마다 또는 사회 상황에 따라 그 기준이 다를 수 있다. 예를 들면 제5공화국 시절에서는 통치자의 정통성에 불만을 가지고 데모에 가담한 사람들을 도와주는 것이 의로운 일로 여겨진 때가 있었다. 그러나 민주 사회가 형성된 시대에서 국가에 대해 범법한 자를 숨겨 준다는 것은 개인적으로는 아름다운 미덕일지 몰라도 사회적으로 볼 때 결코 의롭다고 할 수 없다.

선한 일과 의로운 일, 즉 아름다운 것과 옳다는 것은 상당한 차이점이 있다. 그러므로 우리가 의를 좇는다고 할 때는 무엇을 의라고 하는가에 대한 기준을 명확하게 알아야 한다. 개인적인 상황에 따라 의를 좇아 산다는 것은 가당치 않은 이야기이다. 뿐만 아니라 어떤 사회가 불의에 빠져 있을 때는 개인이 아무리 의를 좇아 산다 해도 그 사회가 불의를 행하고 있는 상태 안에서는 결코 의롭다고 할 수 없기 때문이다.

때문에 창세 이후로 지금까지 흘러온 역사가 추구하는 진정한 '의', 즉 하나님께서 역사를 경영해 오신 의지에 따라서 각 개개인이 인생의 당위성을 발견해야만 거기에서 의를 좇아 사는 삶을 가질 수 있다. 때문에 하나님의 선하신 뜻을 좇아 살되 거기에 이성적이고 논리적인 근거를 세워 자기 삶을 좇아 살아가는 것을 '의'라고 한다.

이 세상에서는 선한 일을 좇아 산다 할지라도 다 못할 뿐만 아니라 그 길이 하나님께서 경영하는 역사 안에서 옳은 일인가를 비교해 본다면 결코 정당하다고 말하기가 쉽지 않다. 때문에 자기가 꼭 해야 될 일을 하는 것, 즉 선한 일이 많이 있어서 그것들이 내 힘을 필요로 하고, 내 지혜를 필요로 하고, 내가 도와줄 사람들이 많이 있을지라도 마땅히 내가 해야 될 일을 찾아서 살아가는 것이 진정한 의를 좇아가는 삶이라 말할 수 있다.

예수께서 이 세상에 오셔서 신적인 능력을 가지고 병든 자를 낫게 하거나 심지어 죽은 자를 살리는 일을 하셨다. 그러나 이 세상에는 많은 병든 자와 아픈 자들이 있을지라도 예수께서 그들을 일일이 다 찾아다니며 고쳐주신 것은 아니다. 예수님은 이 세상에서 나름대로 꼭 하셔야 할 일이 있었기 때문이다.

예수께서는 다른 누구도 대신해서 갈 수 없는 길을 가셔야 했다. 그길을 따라 살아가시며 그 목적에 부합되는 상황에서 때로는 병든 자를 낫게도 하고 죽은 자를 살리기도 하셨다. 단순하게 사람들의 복리나 불쌍한 사람들을 도와주기 위해 그런 일을 행하신 것이 아니다.

사회주의 학자들이나 해방 신학자들이 예수님은 가난한 자들과 억눌린 자들과 또 노동자와 농민을 위해 사시다가 권력을 가진 자들에 의해 처형을 당했다고 해석하는 것은 예수님의 생애를 바르게 보지 못하는 데에서 기인한 것이다. 예수께서는 당신 자신이 꼭 하셔야 될 일이 있었다. 그것은 십자가를 지는 일이었다. 예수님에게는 인류의 구원을 완성할 만한 의로운 일이 있었다. 그것이 예수님에게는 의로운 일이다. 이것을 위해 하나님은 역사를 경영해 오셨기 때문이다.

베드로가 예수님을 대신하여 십자가를 질 수 있는 것이 아니다. 베드로에게는 베드로가 가야 할 길이 따로 있다. 십자가는 예수님만이 지실수 있는 일이기 때문에 예수님에게는 의가 되는 것이지만 베드로가 대신하여 십자가를 지겠다고 앞서 나가는 것은 결코 의로운 일이 아니다. 인간적으로나 개인적으로 본다면 예수님과의 관계를 내세워 베드로가 예수님을 대신하여 십자가를 지는 것이 아름다운 일이라고 할 수 있을지도 모른다.

예수께서 십자가를 지시려고 할 때 '선생님께서 십자가를 지셔야 되겠습니까? 제가 대신 십자가를 지겠습니다. 제가 대신해서 인류를 위해 십자가에서 죽을 것이므로 예수님은 그냥 이 제자가 하는 것을 지켜봐

주십시오' 하고 나선다면 사제지간으로서는 아름다운 모습이 될지 몰라도 베드로에게는 오히려 불의한 일이 된다.

왜냐하면 지금 예수께서 지시고자 하는 십자가의 성격에 대해 베드로는 알고 있지 못하기 때문이다. 뿐만 아니라 비록 베드로가 그 십자가의 성격을 알았다 할지라도 자기가 예수님을 대신하여 십자가를 질 정도의 위치에 서있지 못하기 때문이다.

그러므로 의라고 할 때는 마땅히 자기 자신이 해야 될 일을 좇아 살아가는 것이어야 한다. 그것을 바탕으로 공의가 있고 정의가 있는 것이다. 그렇다면 진정한 의란 역사 안에서 하나님의 나라를 추구하고 그 의를 이루어 가는 삶 가운데서 나타나는 것임을 알 수 있다.

2. 하나님의 나라는 어떻게 구현되는가?

우리가 의를 드러내는 일이란 하나님께서 역사를 통치하시는 가운데 세워나가는 하나님의 나라를 구현하는 일과 같다. 따라서 우리가 하나님의 나라를 구현하는 것이 결국 인생의 의를 이루어 나가는 일이 되는 것이다. 하나님은 인류의 역사가 흘러오는 과정에 있어서 사람들이 자기의 본분을 알고 그 본분에 근거하여 자기의 의를 좇아 살게 함으로써 하나님의 나라를 확장하고 세워나가도록 하셨다.

그것을 위해 하나님께서는 아담을 창조하실 때에도 하나님의 형상을 따라 창조하셨고 하나님이 가지신 의의 속성을 닮게 하심으로써 의를 좇아 살도록 하셨다. 그러나 아담이 범죄함으로 의를 따라 살아가는 기능을 잃어버리고 말았다. 이런 이유로 아담을 비롯하여 죄의 권세 아래 있는 모든 인간은 하나님의 나라를 세우고 확장하며 구현해 나갈 수 없게 되었다. 그 결과 사람은 당연히 하나님의 저주를 받고 심판을 받는 자리에 서게 되었다.

　원래 하나님께서 사람에게 주셨던 의무는 땅을 정복하고 다스려서 하나님의 영광이 온 세상에 드러나는 나라를 세우는 것이었다. 그럼에도 불구하고 그 일을 하지 못하게 되었기 때문에 이후로 사람들은 땅에 예속되고 말았던 것이다. 사람은 땅이 주는 양식을 먹고 살아가게 되어 있었으며, 처음에는 땅이 사람을 도와서 양식을 제공하고 그 양식을 가지고 사람은 자기가 해야 할 일을 할 수 있었다.

　그런데 인류가 범죄한 이후부터는 땅이 그 역할을 거부하기에 이른 것이다. 사람들은 땅으로부터 양식을 제공받지 못하게 되자 땀을 흘려 가며 땅을 기경하고 엉겅퀴를 제거해 가면서 땅으로부터 양식을 얻어야 하는 수고를 하게 되었다. 이러한 일들이 결국 인생을 경영해 나가기보다는 생명을 유지시켜 나가는 일에만 힘을 쏟게 만들었다. 그리고 이러한 굴레 가운데 빠지게 된 사람들은 생명을 부지하기 위한 근심과 염려로 일생을 먹고 사는 일에 매달리게 되었다.

　사람이 인생을 경영하지 못하고 평생 생명을 부지하기 위해 노심초사하는 것은 하나님께서 사람을 이땅에 내신 본의가 아니다. 따라서 하나님은 생존을 위한 투쟁에서 벗어나 본연의 인생을 경영할 수 있는 위치로 사람을 회복시키기로 하셨다. 이것이 바로 하나님의 구속이다. 이 구속 사역의 결과 사람이 사람답게 살 수 있게 되었다.

　이러한 하나님의 구속 사역을 완성하는 사건이 바로 예수 그리스도의 십자가였던 것이다. 그처럼 사람이 땅에 얽매여 사는 자리, 즉 먹고 사는 일에 매여 평생을 살아갈 자리에서 벗어나 자기의 갈 길을 제대로 갈 수 있도록 하는 것이 구원이다. 이러한 구원의 자리에 서 있어야 사람은 생존의 투쟁으로부터 벗어나 비로소 인생을 자유스럽게 경영할 수 있는 위치에 서게 된다.

　그렇지만 하나님께서는 이런 자유를 행사할 수 있는 권리, 즉 구원을 누구에게나 허락하신 것은 아니다. 더욱이 대다수의 많은 사람들에게 인생을 자유스럽게 경영할 수 있는 위치에 오르도록 허락하지 않으셨다. 그것은 어느 시대든지 소수의 하나님의 백성들에게만 그러한 지위를 주셨기 때문이다.

진정으로 하나님의 나라를 인식하고 그 나라를 추구하고자 하는 사람들에게만 하나님께서는 그러한 기회를 주셨다. 이것을 본다면 하나님의 능력이나 권능은 다수의 사람들이 단체의 힘을 내세워서 살아가는 일을 해결하는 데서 나타나는 것이 아니라 소수의 사람들에게 다시 말하면 하나님을 알고 인생이 마땅히 추구해야 할 길을 좇아가는 사람들에게 나타나는 것이다.

마치 바벨탑을 쌓는 것과 같은 사람들의 경영이 있는 곳이 아니라 아브라함과 같이 갈대아 우르를 떠나 자기의 갈 길을 묵묵히 좇아가는 삶 속에서 하나님의 능력은 명백하게 나타나는 것이다. 아브라함의 인생을 보면 세상에서는 꺾인 갈대와 같고 바람 앞에 등잔불같이 보일지 모르나 하나님께서 그 삶을 보장하고 지키고 인도하셔서 그를 통해 하나님의 나라를 이루기 위한 백성들의 시조로 삼으신 자리에서 비로소 하나님의 나라가 나타나고 하나님의 능력이 나타났던 것이다.

이처럼 하나님의 경영과 일치한 개인의 삶 속에서 진정한 인생의 긴장감(crisis)을 발견하게 된다. 진정으로 하나님을 사랑하는 마음이 있어서 살아갈 때는 내가 이 길을 가야 할 것인가 가지 말아야 할 것인가 하는 분기점에 도달하게 된다. 세상을 향해 살면 훨씬 힘 있고 능력 있고 자유롭게 살 것처럼 보이지만 그것을 버리고 하나님을 위해 살고자 할 때는 이 세상을 대적하며 산다는 일이 도저히 해낼 수 없을 것같은 위기감을 느낄 수밖에 없다. 그럴 때 내 삶을 경영해 나가는 데 있어서 과연 어느 편에 설 것인가? 하나님편에 설 것인가 아니면 세상편에 설 것인가 하는 분기점에 도달하게 된다.

그러한 위기에 부딪히면 자기가 가지고 있는 지식이나 신앙의 정도나 신학의 사상이 바로 서있을 경우에는 마땅히 자기의 갈 길을 좇아 살아갈 수 있겠지만 그렇지 못할 경우에는 세상과 타협하고 살아가는 수밖에 없을 것이다. 그러한 사람들은 적당하게 교회에도 다니며 세상의 비위를 맞추고 살아가는 방법을 추구할 것이다.

교회를 다니되 하나님 앞에서 잘 보여 동정을 구하기 위해 살아갈 뿐이지 세상과 더불어 살기는 마찬가지이다. 여전히 세상에서 먹고 살 길을 찾아야 될 것이고, 세상 사람들에게 잘 보여야 사업도 잘 될 것이고, 직장에서 쫓겨나지 않을 것이고, 결국은 세상이 추구하고 세워나가는 방향에 있어서 크게 다를 바 없이 그냥 세상의 한 일원으로 살아갈 뿐이지 정면으로 세상을 대적한다든지 아니면 정반대의 길에 서서 자기의 마땅히 가야 할 길을 좇아 살아가기란 결코 쉬운 일이 아니다.

그러므로 진정으로 하나님을 사랑하는 자, 즉 하나님의 의를 추구하고자 하는 사람에게 있어서는 세상의 모습과는 달리 새로운 성격이 드러날 수밖에 없다. 세상이 추구하고 나아가는 방향, 이것은 일종의 문화적인 형태로 나타나기 마련인데, 이러한 세상의 문화에 대해 정면으로 대항하고 새로운 길을 찾아가는 사람에게 있어서는 그 자신이 새로운 역사의 창조자가 되어야 한다.

아브라함이 갈대아 우르에서 살아가면서 그들과 더불어 세상의 문화를 창달하고자 했다면 그 문화는 갈대아 문화에 예속될 뿐이지 그것이 독자적인 하나님 나라의 문화가 되는 것은 아니다. 반면에 그 자리에서 떠나 자신의 생존권을 전적으로 하나님께 맡기고 살아 갈 때 그가 살아온 인생의 족적(足跡)은 거대한 믿음의 발자취로 역사 안에 길이 남아 있는 것이다.

그러나 그 족적은 세상의 역사가들에게 주목받지 못했다. 즉 소수의 몇몇 사람들이 갈대아 우르를 떠나 가나안에 새로운 문화를 건설했다는 사실이 세속의 역사에서는 별 관심의 대상이 되지 않았다. 오직 하나님 나라의 진행이라는 역사의 관점에서 볼 때 아브라함의 족적을 통해 하나님의 나라가 이땅에 등장하게 되는 시금석으로 중요한 위치를 차지하고 있는 것이다. 이런 차원에서 아브라함의 삶은 지금도 하나님의 나라 안에서 중요한 분수령을 이루고 있다.

이러한 인생을 통해 새로운 문화가 시작된다. 즉 기독교 문화는 아브라함의 발걸음에서부터 시작되었다. 그러므로 우리가 그리스도를 알고 신앙하며 하나님을 사랑하는 마음으로 이 세상을 살아간다면 이 세상 문화와는 다르지만 확연하게 독자적인 문화권을 형성해 나가게 된다. 기독교적인 역사와 문화가 있어서 그것들이 우리의 삶을 빛나게 보여주는 것이다.

이런 점에서 우리는 위기감(crisis)을 느끼게 된다. 다시 말하면 나와 그리스도와의 관계가 명확하지 않고 하나님과의 관계가 명확하지 않다면 이 세상에서 능력 있게 살 수 없다는 위기감을 느끼게 되는 것이다. 나와 하나님과의 관계가 분명하고 명확할 때 세상의 문화와 타협할 자리에서 타협하지 않고 무너질 만한 자리에서 과감하게 탈피하여 내 길을 갈 수 있다.

여기에서 하나님의 부르심과 성령님의 인도하심이 나타나는 것이다. 자신의 삶을 정리하고 하나님의 뜻을 좇아 살 수 있도록 성령님의 인도하심과 보호하심이 나타난다는 말이다. 이러한 자리는 처음부터 눈에 보이지 않을지라도 점차 그 길을 따라 갈 때 하나님의 나라를 구현해 나가는 삶으로 또한 하나님 나라의 역사를 이어가는 삶으로 명백하게 입증되어야 한다.

자신의 인생을 통해 그 나라를 세워나가는 것이 합당하다고 여겨졌기 때문에 이제는 적극적으로 하나님께 자신을 의뢰해야 한다. 하나님께 자신을 의지하는 것이다. 그것이 헌상(獻上)의 정신이다. 그리고 그러한 삶을 하나님은 절대적으로 보장해 주신다. 이것은 우리가 하나님의 나라를 세운다는 의미보다는 우리가 하나님 나라 안에 들어와 있다는 것을 의미한다. 그러므로 하나님 나라를 세워나간다는 것은 이미 하나님 나라 안에 들어와 사는 것이다.

때문에 항상 우리의 삶은 하나님 나라의 능력 안에서 경영되고 하나님께서 주시는 복된 삶 안에 들어와 있어야 한다. 뿐만 아니라 우리는 그러한 하나님의 능력을 경험하고 사는 것이다. 우리가 하나님 나라를 추구하고 이루어 나간다는 것은 그 안에서 하나님의 능력을 체험하고 더불어 교제하는 경험이 있기 때문에 가능하다.

그러한 경험이 없다면 하나님의 나라를 세울 수도 없고 세워나가는 것도 아니다. 그것은 구원받은 상태에 있지 않다는 것을 의미한다. 우리가 구원받았다면 하나님 나라의 능력 안에 들어와 있어야 하며 우리가 걸어 온 삶의 족적은 하나님 나라에서의 경험이어야 한다.

그러한 경험이 풍부해야 우리가 어떤 위기에 봉착했을 때, 즉 하나님 나라의 진전에 있어서 악의 세력이 앞에 섰을 때 역사를 세워나가는 한 사람으로서 좌로 갈 것인가 우로 갈 것인가 아니면 정면대적하고 넘어갈 것인가 하는 위기에서 정확하게 판단하고 나갈 수 있는 지혜가 생기는 것이다. 그와 같은 경험이 없는 사람이 역사적인 위기에 봉착했을 때 자기의 갈 길을 알아서 의연하게 나갈 수 없다. 우리 자신의 삶이 하나님 나라에 대한 경험이 없다면 마귀가 쏘는 화전 하나만 맞아도 쉽게 무너지고 마는 것이다.

그러므로 그리스도인으로 태어나 하나님 나라의 경험을 내 안에서 풍성히 누리고 살아 갈 때 그 경험이 우리에게 지식과 지혜가 되어 하나님 나라를 세워나가는 데 도움을 얻는 것이다. 그런 점에서 하나님의 나라를 세워나간다는 것은 역사를 이끌어간다는 말이 된다. 그러한 자리에 서서 바르게 갈 길을 정해 나아가는 것을 가리켜서 '의'라고 한다. 반면에 그런 위치에서 옳은 방향으로 가는 것이 하나님 나라를 세워나가는 정당한 길임에도 불구하고 하나님을 믿는 믿음이 약해지고 자신의 불의함이 있어서 잘못된 길을 선택했을 때 그것을 '불의하다'고 한다.

사람간의 감정적인 대립이나 혹은 사회에서 나타난 몇 가지 현상을 가지고 의롭다, 불의하다고 하는 이야기가 아니다. 이 나라가 민주화가 되지 않았기 때문에 민주화를 위해 앞장선다고 데모에 가담하여 돌멩이나 몇 개 던진 것이 의이며 공의이고 정의라 생각할 일이 아니다. 또한 어떤 폭력 앞에 무저항주의를 표방하고 나가는 것을 가지고 '의다', '불의다'라고 말하지 않는다. 그런 차원에서 의를 찾는 것이 아니다. 비록 눈에 보이지 않고 역사에 띄지 않지만 사도 바울과 같이 묵묵하게 자기의 갈 길을 향해 소아시아에서 마게도니아로 발걸음을 옮기는 것을 '의'라고 한다.

그 자리에서 사도 바울이 고집하고 '나는 아시아에 남겠다'고 하거나 '비두기니아로 가겠다'고 고집을 피운다면, 또한 분명히 하나님께서 예시한 바가 있음에도 불구하고 곁길로 갔다면 하나님께서는 그를 의롭다고 여기지 않으셨을 것이다. 그러한 위치에서 하나님을 의지하고 하나님께서 세우신 계획에 순응하여 자기의 갈 길에 대해 두려워하지 않고 묵묵히 발걸음을 옮긴 것은 천만대군을 이끌고 로마를 정복하는 일보다 더 의미 있는 일이다. 이것이 의로운 일이다.

3. 의를 발휘하려면

우리가 의를 발휘할 수 있는 것은 이미 예수 그리스도의 십자가의 공

효와 성령님의 적극적인 작용이 있어서 우리를 새 사람으로 만드신 때
부터 의를 행할 수 있는 능력이 발생했기 때문이다. 즉 새 사람이 되었
다는 것은 그 안에 의를 행할 능력이 있다는 것을 의미한다. 이것은 새
사람에게는 의를 행할 의무가 있음을 지시하는 것이며 하나님 앞에서
책임을 지고 살아야 할 위치에 있다는 말과 같다.

　구원을 받았다고 하는 사람이 이 세상에서 마땅히 살아가야 할 인생
의 의무에 대해서는 등한히 하고 천국에 들어가 복락을 누리겠다는 유
아적인 사고방식에 빠져 있다면 아직 그 사람은 진정한 의미에서 구원
을 알지 못하고 있는 것이다. 중생한 사람이 되었다면 그 순간부터 그
에게는 역사적인 의무와 책임이 지워지는 것이다. 때문에 예수를 믿고
구원받으면 천국 간다는 말을 쉽게 하는 것이 아니다. 오히려 구원을
받은 사람은 이땅에서 하나님의 나라를 구체적으로 경험하고 드러내고
세워나가야 할 의무가 있음을 알아야 한다.

　하나님의 나라는 결코 추상적이지 않다. 우리가 죽으면 천국 간다는
말을 하는데 과연 죽어서 천국에 가게 될 것인지 지금 아무도 장담할
수 없다. 과연 무엇을 근거로 장담할 수 있겠는가? 자신의 심적인 확신
만으로는 결코 그 일을 보장할 수 없다.

　때문에 신앙은 맹목적으로 저 멀리 있는 하나님의 나라를 소망하는
것이 아니다. 역사 안에서 지금 구체화되어 나타나 있는 하나님 나라를
소망하는 이유가 여기에 있다. 지금 하나님 나라에 접촉되어 살고 있다
는 사실이 현저할 때 비로소 장차 임할 영원한 하나님 나라에 들어갈
것을 확신하게 되기 때문이다. 이런 점에서 천국은 죽어서만 가는 것이
아니라 지금 살아서 천국에 접속되어 있음을 알아야 한다.

　하나님 나라의 역사는 언제나 세속사와 함께 접촉되어 왔다. 하나님
나라의 진행은 인류 역사의 진행과 병행하고 있기 때문에 언제나 이 세

상의 역사 안에 분명히 나타나 있었던 것이다.

노아 시대나 아브라함 시대나 모세 시대나 다윗 시대나 하나님의 나라는 분명히 이땅에 있었다. 마찬가지로 지금 하나님의 나라는 이 시대의 역사 안에 바로 우리와 접촉해서 이땅에 드러나 있는 것이다. 하나님의 나라는 현실과 상관없이 살다가 죽으면 가는 미지(未知)의 세계가 아니다. 그러므로 하나님의 나라는 지금 볼 수 있어야 하고 실제로 우리의 삶을 통해 드러낼 수 있어야 한다.

하나님 나라의 실제를 경험하기 위해 우리에게는 역사적인 책임을 완성해야 할 의무가 있다. 역사 안에서 우리가 해야 할 일을 완수하는 것이 '의'이고 그럴 때 하나님의 통치가 완성되는 것이며 하나님의 나라가 구현되는 것이다. 이런 점에서 장차 임할 하나님의 나라는 현재 우리가 속해 있는 하나님의 나라와 연속선상에 있어야 한다.

그러므로 우리는 역사의 창시자이다. 새로운 역사의 주역이라 할 수 있다. 우리의 삶 자체가 하나님의 나라를 구현해 나가는 역사가 되어야 한다는 의미이다. 노아의 '의'라는 것은 그 당시에 세상이 하나님의 심판으로 말미암아 인생이 멸절되어 그 결과 역사가 단절되는 위기 속에서 역사의 맥을 이어가야 할 사명을 이루는 것이었다. 그것이 노아의 '의'이다.

당시 사람들은 시집가고 장가가는 일에 정력을 다하면서 정의로운 사회를 구현하기 위해 얼마나 애를 썼는지는 모르지만(실제로 그 당시 사람들의 생애는 광포의 극치에 달해 있었기 때문에 어느 곳에서도 정의를 찾을 수 없었을 것이다) 노아가 만일 그들과 함께 살아갈 길을 찾아 나섰다면 결코 하나님의 의를 이루지 못했을 것이다. 노아에게 있어서는 단절된 역사의 맥을 이어가는 시대적인 사명이 주어져 있었던 것이다. 이 사명이 노아에게는 중요한 일이다.

노아가 주변의 몇몇 사람들을 깨우치고 그들과 교회를 세웠다면 하나의 교회를 세웠을지 모르지만 그것이 노아가 마땅히 해야 할 사명은 아니었다. 당시 사회적 여건은 노아가 몇 마디 외쳐서 사람들이 회개하고 하나님을 찾게 되는 시대가 아니었다. 이미 강포해질 대로 강포해진 시대였다. 창세기 6장에 나타난 대로 사람들의 그 죄악이 얼마나 강포해졌는지 하늘을 찌를 만큼 강포해졌기 때문에 하나님은 그들을 심판하기로 결정하셨던 것이다. 그러한 위기에서 하나님께서 인류를 구원하시기 위해 경영하고자 하는 역사의 맥을 잇는 사명을 노아가 성취한 것이다.

아브라함의 의도 마찬가지이다. 전 세계가 하나님을 배도하고 배신하는 세속사의 흐름 속에서 과감하게 탈피하고 오직 하나님을 위해 새롭고 의로운 민족을 세우기 위해 그리고 그들을 통해 하나님의 통치가 구현되는 나라를 이루기 위해 자기의 갈 길을 걸어갔던 것이다. 그 길이 가시밭길이든 사망의 음침한 길이든 아브라함이 묵묵히 길을 가는 것을 보고 하나님께서는 그를 의롭다고 하신 것이다.

다윗에게서도 그러한 모습을 발견할 수 있다. 다윗이 자기의 평생을 다해 전쟁을 하고 수많은 사람을 죽였다 할지라도 하나님이 그를 의롭다고 여기는 이유가 있다. 다윗은 가나안 땅에 세워진 이스라엘이라는 국가가 주변에 있는 이방의 나라들(사신을 섬기고 우상을 섬기는 나라들)로 인해 무너져서는 안 된다는 역사적인 안목을 가지고 오히려 주변 나라들을 정복하고 그들에게 하나님의 복음을 선포하기 위해 칼을 들고 나가서 싸웠던 것이다.

다윗이 수많은 사람의 생명을 해하였다 할지라도 그는 의로운 일을 위해 그 길을 간 것이다. 비록 그 생애는 어렵고 힘들고 못 당할 일을 당하는 등 순탄하지 않았을지라도 하나님은 그를 의롭다고 인정하는

이유가 여기에 있다. 하나님의 나라를 세우고 그 문화를 창달해 나가야
할 역사적인 사명을 완수하고자 했던 것이다.

이처럼 우리 시대에도 요구되어지는 역사적인 사명이 있다. 즉 우리
의 '의'가 있는 것이다. 이 시대의 특징을 보면 동서 냉전이 끝나고 화
해와 화합의 시대로 치닫고 있다. 그런데 가만히 보면 구 소련이 공산
주의를 포기한 이유가 단지 경제적인 이유뿐인 것을 알 수 있다. 즉 서
방세계에 뒤쳐진 경제적인 타개책을 모색하고 돌파하고자 추구한 것이
소위 그들이 말하는 개혁이었다. 결국 구 소련이 개혁(페레스토로이카)을
부르짖었던 것은 공산주의를 포기하자는 것이 아니라 경제적인 돌파구
를 찾겠다는 것이다. 그들이 공산주의를 포기하고 민주주의를 받아들
여 인민들이 예전보다는 훨씬 인간다운 생활을 영위하고 새로운 가치
관을 세움으로써 더욱 사람다워질 것을 목표로 개혁을 부르짖었던 것
이 아니다. 따라서 자본주의를 그들의 경제계에 받아들인 것뿐이지 민
주주의를 받아들인 것이 아니다.

그렇다고 해서 이 세상 어느 나라에서도 진정한 민주화를 찾을 수 있
는 것은 아니다. 정치적인 원론에서 볼 때도 정치가 있는 곳에는 오히
려 진정한 민주화가 없다. 왜냐하면 어떤 정치가든 정권을 얻기 위해
수단과 방법을 가리지 않는 정치 형태를 소위 말하는 민주국가라고 하
기 때문이다.

그런 사상은 자본주의를 바탕으로 형성된 것이기 때문에 거기에는
언제나 권력을 향한 권모술수가 있기 마련이다. 심지어 지지자들을 볼
모로 일종의 세력을 행사하기도 한다. 때문에 세상 어느 나라에서도 진
정한 의미에서 민주화가 되어 있는 나라는 없다.

정치란 인간의 복리 증진을 내세우기 위해 존재하는 하나의 이슈

(issue)일 뿐이다. 정치가가 되겠다고 하는 사람들의 공약을 보더라도 그 주요 부분은 사람들의 복리증진에 역점을 두고 있을 뿐이다. 사람답게 살 수 있도록 한다든지, 사람의 정신을 바로 세우게 한다든지, 창조주 하나님과 접촉시키고 그 나라를 위해 살아가게 하겠다는 공약을 정치 가들이 수행하는 법이 없다. 사람답게 사는 것보다는 좀 더 편하고 안 락하게 살 수 있는 정책을 내세우고 얼마나 잘 시행했느냐에 따라 정치 가 성공했다든지 실패했다고 말하는 것이다.

이것은 정치라기보다는 차라리 복리증진에 대한 대책을 정치라는 말 로 바꾼 것에 불과하다. 진정한 정치는 사람이 사람답게 인생을 경영하 도록 하는 것이어야 한다. 즉 인생의 의를 추구하고 이루어 나가도록 정치가 수행되어야 하는 것이다. 심지어는 과학의 발달까지도 마찬가 지이다. 과학의 발달이라는 것이 인간의 정신을 함양시키고 사람답게 살 수 있는 길을 만드는 데 그 목적이 있지 않고 오히려 물질적인 편안 함 만을 추구한다면 사람들을 물질문명의 노예로 전락시키고 마는 것 이다.

이것이 일반 세계의 동향이라 한다면 세계 교회의 동향도 이에 다르 지 않다. 세계 교회의 현상은 크게 두 가지로 나타나고 있다. 하나는 탈 종교적 현상이다. 해방신학이라든지 민중신학은 하나님에 대한 관심을 저버리고 인간에 대한 관심을 집중한 학문으로 일종의 철학화되거나 정치화되고 말았다.

그들의 입술로는 민중화, 민주화를 부르짖으며 소위 민중신학이라는 기치를 들고 있지만 그들의 이론은 민중이 지향해야 할 인생의 의에 대 해서는 아무런 관심이 없다. 그들의 관심은 민중을 동원하여 정치적으 로 자기들의 의도를 표출해 보고자 하는 데 있을 뿐이다. 참으로 민중 을 죄로부터 해방하여 진정한 자유를 찾을 수 있도록 돕고 그 인생이 이땅에서 하나님의 의를 이루게 하자는 데 그 신학의 관심이 있는 것이 아니다.

　반면 다른 한편으로 세계 교회는 종교지향주의를 형성해 나가고 있다. 대부분의 교회에서는 종교성을 강조시킴으로써 맹목적으로 그들이 선포하는 이론을 추종하게 만들고 있음을 볼 수 있다. 하나님께서 이 세상을 어떻게 주장하고 그 나라를 세워나가고 이루실 것인가, 그리고 내 삶이 하나님의 나라를 어떻게 경험하고 그 나라를 드러낼 것인가 하는 일에는 관심이 없다. 단지 종교적인 열정에 빠져서 정신적 위로를 주면 충분하다고 여기고 있을 뿐이다. 특히 우리나라 교회를 놓고 본다면 소위 보수주의 교단에서 그러한 현상이 두드러지게 나타나고 있다.
　십일조 생활을 장려하고 주일성수와 교회에서의 봉사를 독려하되 그 목적이 하나님의 나라와 의를 세우는 데 있지 않다. 오히려 교회의 양적 확장이나 현세에서의 기복사상을 강조하기 위한 수단으로 사용되고 있다. 심지어 그러한 일에 빠져있는 사람들이 장차 천국에 갈 것처럼 미혹하고 있다. 그러한 방법을 동원하여 종교적으로 고갈된 사람들을 충족시켜주는 것을 기독교라고 잘못 이해하고 있는 것이다.

　경제적으로 조금은 윤택해져서 먹고 살 만하게 되었고 물질적으로도 풍요로워진 상태에서 봉사하라, 전도하라, 선교하라고 하며 선교비, 전도비, 봉사비 등을 각출하는 일에 교회들이 혈안이 되어 있는 것은 어제 오늘의 일이 아니다. 그러나 언젠가 교인들의 생활이 좀 더 풍족해지고 여유가 많아지게 되면 종교적인 포만감은 얻을 수 있을지 모르지만 인생에 대한 명확한 판단력과 사리를 찾지 못해 교회를 떠나고 말 것이다. 인생이 하나님을 위해 존재한다는 본분을 망각한 상태의 종교성이란 한갓 모래성에 불과할 뿐이다.
　한국 교회에서 한동안 선풍적인 인기를 끌었던 민중신학이라는 것도 가난한 자들과 노동자와 농민을 위해 대변하고 있는 것처럼 말하고 있지만 그들이 추구하는 것은 하나님의 나라를 세우거나 하나님의 의를 추구하는 것과는 상관이 없다. 마치 교회가 사람들의 복리 증진에 앞장서는 것 같고 그 해답을 제시하는 것처럼 위장하는 일단의 정치적 운동에 불과한 것이다.

지금까지 어떤 종교 운동이나 정치 운동이라 할지라도 인간들의 복리를 충족시켜 줄 만한 대책을 제시한 경우는 한 번도 없었다. 뿐만 아니라 인간들이 땅을 갈아 양식을 얻기 위해 투쟁하는 상태에서는 근본적으로 인간에게 풍족한 양식을 해결할 길이 없다. 이것이 바로 하나님의 심판 아래 있는 죄 있는 인간들이 처한 비참한 현실이다.

기독교는 인간의 빵 문제를 해결하기 위해서가 아니라 인간의 죄의 문제를 해결하기 위해 존재한다는 점을 명심해야 한다. 이처럼 하나님의 나라와 상관없고 하나님의 의도를 무시하고 단지 인간들의 생리적 욕구 충족을 위해 기독교가 종교화되는 것을 가리켜 배교(背教)라고 한다.

기독교는 민중에게 빵을 해결하기 위해 존재하는 것이 아니라 하나님을 드러내기 위해 존재한다. 이땅에 하나님의 나라를 건설하는 것이 기독교이다. 이런 면에서 교회가 마땅히 지향하고 나아가야 할 역사적인 사명이 있다. 그 사명을 따라 사는 것이 바로 '의'이다. 우리가 살아야 할 의는 거기에서 발견되어야 한다. 먼저 그러한 사상을 기반으로 하는 개혁신학을 전수받고 연구하고 우리의 신앙을 무장시키는 것이다.

그것을 바탕으로 그리스도의 군사로서 훈련받고 자라남으로써 하나님의 나라를 이땅에 드러내는 것 그리고 그러한 경험을 풍성하게 비축하여 함께 나누며 서로를 권고하고 위로하는 일을 해야 한다. 또한 이러한 신앙을 후배들에게 전수하여 그들이 세상과 타협하지 않고 하나님의 나라를 계속하여 건설해 가도록 독려해야 한다. 이것이 우리에게 요구되는 시대적인 요청이고 이 일을 수행하는 것이 진정한 '의'이다. 이럴 때 우리는 '의'를 이루었다고 말할 수 있다.

우리가 의에 주리고 목말라 한다는 것도 바로 그런 뜻이다. 내가 마땅히 살아야 될 시대적인 사명을 확인하고 좇아 살아가는 것, 우리 교회가 마땅히 가야 될 그 길에서 세상을 보며 안타까워하고 마음을 괴롭히고 심령을 억누르고 뼈를 쇠잔케 할 만큼 아픔을 느껴야 한다.

그러한 것과 상관없이 내 삶을 다른 곳에 허비하고 산다는 것이 참으로 안타까운 일인 줄 알아야 한다. 인생을 낭비한다는 것이 우리에게는 저주스러운 상태이기 때문이다. 어떻게 살아가는 것이 하나님의 의를 추구하는 것인가 하는 일에 배고파하고 목말라하듯 애타는 사람에게 하나님께서 위로해 주실 것이다. 주님께서는 그러한 자들에게 의로 배부르게 할 것이라고 약속해 주시는 것이다.

시편 52편에서 시인은 이 세상의 악한 것에 대해 가슴 아파하고 스스로 의로운 길을 향해 살겠다는 의지가 얼마나 투철한지를 역력히 볼 수 있다.

> "강포한 자여 네가 어찌 악한 계획을 스스로 자랑하는고 하나님의 인자하심은 항상 있도다 네 혀가 심한 악을 꾀하여 날카로운 삭도같이 간사를 행하는도다 네가 선보다 악을 사랑하며 의를 말함보다 거짓을 사랑하는도다"(시 52:1-3).

하나님 앞에서 의당히 서서 가야 될 그 길에서 살아가는 것보다는 인간의 이해타산이나 복리에 의해 간사하게 살아가는 것이 이 세상이다. 의인은 그러한 일을 보고 두려워하는 것이다. 이것이 의에 목말라하고 안타까워하는 사람의 모습이다.

"오직 나는 하나님의 집에 있는 푸른 감람나무 같음이여 하나님의 인자하심을 영영히 의지하리로다 주께서 이를 행하셨으므로 내가 영영히 주께 감사하고 주의 이름이 선함으로 주의 성도 앞에서 내가 주의 이름을 의지하리이다"(시 52:8-9)는 시인의 고백과 같이 하나님 나라 안에서 인생을 경영하되 그 경험이 충분하고 그러한 일에 매진하며 안타까워하는 마음을 가지는 삶이 바로 의를 추구하는 삶이며 구원받은 자만이 누릴 수 있는 복된 삶의 모습이다.

〈기도〉

하나님 아버지.

이 세상이 얼마나 강포한 지 알 수 없습니다. 하나님에 대해서는 의식도 하지 않고 자기들의 이익과 권익을 위해서는 전쟁을 일으켜서라도 탈취하고야마는 악한 심성으로 가득 차 있습니다.

세상이 그처럼 온통 하나님의 의와는 상관없이 나아가는 이때에 우리도 자칫 그러한 일에 빠져 살까 두렵습니다. 저희를 붙잡아 주셔서 우리는 그러한 일에 종이 되지 않으며 내 삶을 온전히 하나님께 맡겼으므로 이제는 걱정하지 않고 내가 주리거나 목마를 때 무엇을 마실까 먹을까 염려할 것이 아니라 우리가 하나님을 위해 어떻게 살 것인가 하는 것을 더 깊이 생각해야 할 것입니다.

참으로 우리가 의에 주리고 목말라 하는 심정을 갖게 하시고 하나님의 의를 닮아서 하나님의 의에 대한 형상을 닮아 지음 받은 자들로서 진정으로 의로운 모습을 드러내게 하옵소서. 우리가 마땅히 살아야 될 그 길에 우리의 최선을 다하게 하옵소서.

주 예수 그리스도의 이름으로 기도합니다. 아멘.

I. 하나님 나라의 내형적인 실체(實體)

제7장

의에 주리고 목마른 자 (3)

마태복음 5-7장에 나와 있는 산상수훈은 하나님 나라를 표상해 주고 있는 예수님의 교훈이다. 산상수훈이 하나님 나라의 특성을 묘사하고 있는 것과는 대조적으로 산상수훈을 기록하기 전 마태복음 4장에서는 어둡고 불안한 사람들의 모습들을 묘사하고 있다(마 4:23-24). 거기에는 온갖 병든 자들과 더러운 귀신들린 자, 간질하는 자들이 있어서 예수님 앞에 나아와 치료를 받는 장면이 그려져 있다. 여기에서 우리는 예수께서 산상수훈을 통해 하나님 나라를 선포하기 이전 상태의 인간들이 처한 모습은 마치 흑암과 죽음 속에 빠져 있다는 현실을 발견하게 된다.

이와 같이 죽음 앞에 있는 사람들과 죽음 속에 빠져 있는 사람들이 예수님을 통해 새로운 광명의 세계로 나아오게 되었다(마 4:25). 마태는 이처럼 하나님 나라의 특성과 이 세상의 어둡고 암울한 현상을 극적으로 대조해 보임으로써 우리의 관심을 하나님 나라에 고정하도록 유도하고 있다. 그러한 관심을 가지고 있는 제자들을 상대로 예수님은 하나님의 나라가 어떤 것이라는 사실을 구체적으로 가르쳐 주셨다. 그것이 곧 산상수훈이다.

1. 산상수훈에 대한 구조적 의미에서 본 '의'의 개념

마태복음 5장 2절은 "예수께서 무리를 보시고 산에 올라가서 앉으시니 제자들이 나아온지라 입을 열어 가르쳐 가라사대"라고 기록하고 있다. 이것은 예수께서 산상수훈을 그의 선택된 제자들에게 주신 것임을 의도적으로 보여주기 위함이다.

여기에서 가르친다(διδασκω)는 말은 지식을 전달한다는 가르침(teaching)이라기보다는 일종의 교훈(instruction)을 의미한다. 이러한 어원을 볼 때 주님께서 그의 제자들에게 가르친다는 의미는 그것이 마치 율법과 같은 비중을 가지고 있음을 알 수 있다.

토라(תורה)는 모세가 이스라엘 백성들이 가나안 땅에 들어가기 전에 하나님의 백성으로서 어떻게 살아야 할 것인가를 가르치기 위해 준 것이다. 이것을 율법이라고 말한다. 율법은 이스라엘 백성들을 하나님의 백성으로 인정하고 그에 걸맞은 삶을 요구하기 위해 주어졌다.

그런데 신약 시대에 와서 예수께서는 새롭게 하나님 나라의 백성들이 어떻게 살아야 할 것인가를 교훈하고 있다. 구약의 토라는 하나님께서 모세를 통해 이스라엘 백성들이 살아야 할 삶의 규범을 선포한 것이라면, 마태복음 5장의 산상수훈은 새 나라, 새 하늘나라, 하나님 나라에 속한 백성이 살아야 할 삶의 규범을 가르치신 것이다.

그러므로 예수께서 "가르쳐 가라사대"라고 말씀하신 바, 여기에서 가르친다는 것은 어떤 물리적인 지식을 전달하여 제자들로 하여금 지식이나 기술을 습득하게 하는 것에 그 목적을 두고 있는 것이 아니라 토라(율법)와 같이 일종의 교훈을 베풀어주신 것이다. 즉 하나님의 백성으로 살아가야 할 이스라엘 사람들에게 하나님께서 율례를 주신 것과 같이 이제 새로운 세상에서 그리스도의 제자로서 그리고 새 나라의 백성으로서 살아가야 할 삶의 도리를 베풀어주신 것이다.

이런 점에서 예수께서 산상수훈을 그의 제자들에게 선포하신 것은 예수께서 그 나라의 왕으로서 그 나라 백성들이 살아야 할 삶의 규범을 선포하는 것과 같은 의미를 가지고 있다. 이것은 마치 예수께서 새 왕국의 왕으로 등극하는 즉위식과 같다(실제로 그리스도께서는 오순절날 영으로 오시어 만인이 보는 앞에서 그 나라의 왕으로 취임하셨다).

때문에 예수님의 선포는 왕이 그 나라의 헌법을 선포하는 것과 같은 권위가 있었던 것이다. 이것은 "예수님의 가르침이 지금까지 가르쳐 온 어떤 서기관 같지 아니하고 아주 권세 있는 자와 같았다"(마 7:29)는 마태의 설명에서도 명확하게 나타난다.

지금 예수께서 선포하는 이 가르침(산상수훈)은 어떤 권세를 소유하신 분이 강령을 선포하는 것과 같은 성격을 가지고 있다. '입을 열어 가르쳐 가라사대' 자연의 현상을 설명한다든지 아니면 일종의 기술을 가르치는 일반적인 가르침이 아니라 이것은 명령이라고 할 수 있다. 명령이란 특별한 권위를 가진 사람이 선포하는 것으로 예수께서는 그 나라의 왕으로서 그 나라의 법을 선포하신 것이다.

특히 여기에서의 '가르친다'는 단어는 예수님이 권세 있는 자로서 법을 선포하는 분임을 강력하게 시사해 주고 있다. 그러므로 예수님은 법을 주시는 분(Law Giver)의 입장에서 산상수훈을 말씀하신 것이다. 마태복음 1-4장에서는 예수님을 가리켜 하나님께서 보낸 메시아이고 하나님의 나라를 회복하실 유일한 왕이심을 증거하고 있다. 이제 공생애를 시작하신 예수께서 그의 백성들에게 하나님의 나라에서 살아 갈 도리를 선포하고 있음(마 5:2)을 통해 예수님이 그 왕권을 가지신 분임을 보여주는 것이다.

하나님 나라의 왕이신 예수께서 그 백성들에게 선포하신 그 나라의 헌법이라 할 수 있는 내용은 마태복음 5, 6, 7장에 자세히 나타나 있다. 특히 우리가 관심을 가지는 것은 마태복음 5장 1-16절까지의 내용으로, 이것은 산상수훈의 대강령이라 한다. 이 부분은 또다시 마태복음 5장 3-5절까지를 전반부로 7-12절까지를 후반부로 나눌 수 있다.

전반부에서는 하나님 나라의 내면적인 모습을 볼 수 있다.

① 첫 번째 상태는 심령이 가난한 자에 대한 것이다. 심령이 가난하다는 것은 누구의 도움이 없다면 영적으로 살 수 없는 상태, 즉 영적인 공백 상태를 의미하는데 그와 같은 상태를 가리켜 예수님은 복이 있다고 하신다.

여기에서 우리가 염두에 두어야 할 것은 모든 가치 판단의 기준을 자기에게 두지 않아야 한다는 점이다. 그 기준은 하나님의 절대적인 사랑과 선에 두어야 하며 그 앞에서 자신을 비교할 때 얼마나 파괴되었는가, 즉 하나님의 절대성 앞에 자기 자신이 완벽하게 멸절되어 있는 상태를 발견하게 된다. 이것을 가리켜 심령이 가난하다고 말한다.

② 두 번째 상태는 애통하는 자에 대한 것이다. 애통하는 행위가 일종의 공로가 되는 것은 아니다. 애통하다는 것은 히브리어에서 짓밟힌다는 의미를 가지고 있다. 때문에 하나님 앞에서 자기 자신이 파괴되어 있는 것에 대해 영적인 고통을 받는 상태를 가리켜서 애통하다고 말한다.

고통 가운데 빠져 있되 그것이 영적인 고통으로서 자기 자신의 존재를 아파할 수 있는가? 다시 말하면 자신의 본질을 알았다 한다면 그 본질 때문에 마음이 아파하는 상태를 가리켜 영적인 고통이라고 한다. 이러한 상태에 있음을 알게 된다면 자신이 흑암과 심판에 빠져 있다는 사실을 먼저 인식해야만 한다.

왜냐하면 흑암과 고통에 빠져 있는 곳에 그리스도께서 임하셨을 때 진정한 구원의 빛이 있을 것이기 때문이다. 이 사실에 대해서는 이사야가 예언한 것을 마태복음 4장 15-16절에 기록하고 있다. 마찬가지로 하나님에 대해서 자신의 나약함과 철저히 파괴된 것을 깨닫는 자가 이제 세상과 세상의 억압에 대해서 마음이 아프고 영적인 고통을 느낄 때 곧 흑암의 상태에 빠져 있음을 인식할 때 비로소 예수 그리스도를 통해 구원에 이른다는 사실을 깨닫고 위로를 받는 것이다. 이러한 경험이 없는 자는 그리스도의 구원의 사실에 대해 별다르게 기다릴 필요성을 느끼지 못하는 것이다.

③ 세 번째 상태는 온유한 자에 대한 것이다. 온유라는 단어가 가지는 의미 중의 하나는 그 마음이 부드럽다는 것이다. 그런데 이 온유는 도덕이나 윤리적으로 마음이 부드럽다는 의미보다는 상전 앞에서 종(servant)이 취하는 마음의 자세를 가리킨다. 즉 상전의 은혜를 간절히 바라는 겸손한 마음을 온유라고 한다. 때문에 자신이 나서서 경거망동함으로써 주인의 결정을 방해하지 않아야 한다. 혹은 주인이 아무런 언질을 주지 않았는데도 불구하고 자기가 나서서 적당히 일을 처리해 버리는 행위도 있어서는 안 된다.

온유란 적극적으로 주인의 의중을 헤아리되 주인의 언질에 따라 절대적으로 순응하고 그 뜻에 따라 자기의 능력을 발휘하는 것이다. 이러한 마음의 상태를 가지고 있다면 의당히 하나님의 백성이 된 우리는 전적으로 하나님의 의중을 헤아리고 하나님의 마음을 기쁘고 즐겁게 하기 위해 매사를 경영해 나가야 할 것이다. 이것이 진정으로 온유한 마음을 가진 자의 모습이다.

④ 네 번째는 의에 대한 것으로 위에서 언급한 세 가지 마음으로 주인의 뜻을 따라 자신의 인생을 경영하는 것을 가리켜 '의'라고 한다. 절대자이신 하나님의 뜻을 받들어 살고자 하는 것이 바로 인생의 '의'이다. 그렇다면 여기 3-5절까지의 내면적인 상태를 보게 되면 "심령이 가난한 자는 복이 있나니"라고 시작되는 하나님 나라에 속한 백성의 영적인 상태가 "의에 주리고 목마른 자"의 상태로 진행되어 마침내 "저희가 배부를 것임이며"라는 복된 상태에 도달하게 되는 것을 발견하게 된다.

이 말을 요약한다면 영적으로 흑암과 심판 가운데 처해 있는 우리에게 위로의 날이 임했는데 종이 주인에게 의를 구하는 것처럼 그리스도 안에서 하나님의 의를 바라는 자에게는 하나님의 의로 말미암아 배부름을 얻을 것이라는 의미로 해석할 수 있다.

　여기 배부름이라는 말은 소나 양이 충분히 꼴을 먹고 그 주위의 이리나 독사 등의 위험에서 보호받는 상태로 매우 만족하여 포만감을 누리고 잠을 잔다든지 되새김질을 하는 등의 평온한 상태를 지시하는 단어이다. 결국 의에 대해 목말라 하는 자는 하나님의 의로 말미암아 충만한 상태에 도달하게 되는 복을 누리게 된다.

2. 하나님의 백성은 '의'를 갈망함

　우리에게 진정으로 이러한 배부름을 얻을 만한 자격이 있는가를 생각해 본다면 우리는 하나님의 '의'를 구할 만큼의 위치에 있지 못하다는 것이다. 우리에게 어떤 의가 있어서 그것을 바탕으로 의를 구할 수 있는 자격이 없기 때문이다. 그러므로 우리가 하나님의 의를 구할 만한 자격을 먼저 갖추지 않으면 안 된다.

　절대적으로 의로우신 하나님 앞에 서서 하나님의 뜻을 구한다는 것은 죄인이 된 인간으로서는 감히 상상도 할 수 없는 일이기 때문이다. 이런 점에서 아무나 하나님의 의를 구할 수 있는 것이 아님을 알 수 있다. 따라서 절대자 앞에서 자신의 불의를 감출 수 있는 어떤 방도를 마련해 놓지 않고서는 함부로 하나님 앞에 나아가 하나님의 뜻을 구할 수 없다.

　그러므로 마태복음 5장 3-5절의 결론에 도달하게 되면 자연스럽게 우리가 하나님 나라에서 먼저 추구해야 할 것은 무엇보다도 의에 대한 간절한 갈급함(열망)이다. 그것은 하나님 나라는 의에 대해서 포만감을 갖는 것에서부터 시작되기 때문이다. 여기에서 우리는 하나님의 의로 말미암아 충만함을 느끼는 데서부터 하나님 나라가 존재한다는 사실을 깨닫게 된다.

출애굽기 20장에서도 하나님께서 십계명을 선포하기 직전에 "너희는 내 백성이라 나는 너희의 하나님이라"고 말씀하신 것을 볼 수 있다. 이스라엘 백성들에게 어떤 공로가 있어서 하나님의 백성이 된 것은 아니다. 그들의 신분은 애굽에서 종노릇하고 흑암 속에서 마치 죽음의 바다에 빠져 있는 상태에 처해 있던 일종의 노예일 뿐이었다. 하나님은 그들을 전격적으로 구원해 내신 것이다. 그리고 하나님은 그들에게 구원받은 자들로서 율례와 법도를 지키라고 요구하셨다.

그들에게 별다른 특성이 있다든지 세상 사람들과 비교해 볼 때 특별히 하나님을 사랑한다든지 또는 하나님의 사랑을 받을 만한 자격이나 여건을 갖추었기 때문에 하나님께서 그들에게 율례와 법도를 주신 것이 아니다. 마치 마태복음 4장에서 보는 것처럼 온갖 질병과 더러움 속에 빠져 있는 자들에게 예수께서 병을 고쳐주시는 은혜를 베푸신 것처럼 흑암 속에 빠져 있고 애굽에서 바로의 노예가 되어 있는 그들을 하나님은 자의로 구원해 내셨고 구원받은 자들에게 '내 말대로 행하라'고 주신 것이 율례와 법도이다.

여기에서 하나님께서는 자신이 베푼 은혜에 대해 적극적으로 순종할 것을 요구하시는 분임을 알 수 있다. 하나님은 이스라엘을 향하여 '너는 내 것이라'고 선언하신 후 "나는 너희 하나님이 될 것이며 너희는 나의 백성이 될 것이다"고 선포하시고, 그 뒤에 '네가 과연 내 안에서 나의 백성이 될 것이라 한다면 나와 같이 온전해야 할 것이다. 그러기 위해서는 내가 제시하는 삶인 규범을 지켜야 한다'는 의미에서 율법을 주신 것이다.

마태복음 5장에서 생각할 것은 심령이 가난하고 애통하고 온유한 자 그리고 의에 대해서 목말라 하고 배고파하는 자는 그가 하나님의 아들이 되었다는 사실에서부터 자연스럽게 발생된다는 것이다. 즉 그들은 하나님의 의를 입은 자들이다. 그들은 하나님의 아들이라는 자격을 외부로부터 부여받지는 않았다 할지라도 하나님으로 말미암아 그 자리에 오르게 되었다.

때문에 하나님을 알게 되었고 하나님의 구체적인 속성에 자신을 비추어 볼 때 자신의 심령이 참으로 가난하다는 사실을 알게 되었다. '나는 하나님 앞에서 망한 자와 같다'는 사실을 알기 때문에 애통하게 되었고 그 마음이 하나님 앞에서 간절한 은혜를 추구하게 되었다. 그것이 바로 온유한 마음이다. 주인에 대해서 절대적으로 간절한 은혜를 구하는 마음을 가지게 된 것이다. 바로 그러한 사람에게 예수님은 '의를 구하라'고 말씀하셨다.

마태복음 6장 33절에 기록된 "하나님의 나라와 그의 의를 구하라 그리하면 이 모든 것을 너희에게 더하시리라"는 말씀은 적어도 먹고 사는 문제만은 하나님께서 해결해 주시겠다는 전제 아래 주어진 것이다. 먹고 사는 것을 사람들이 추구하게 된 것은 범죄의 결과였다.

원래 아담과 하와는 먹고 사는 것을 위해 에덴동산에서 살지 않았다. 그러나 그들이 범죄함으로 인해 땅에서 가시덤불이 나게 되었고 아담은 땀을 흘려 곡식을 땅으로부터 얻어(탈취하여) 그 아내와 자식을 먹여 살려야 했다. 그때부터 먹고 사는 것이 인간에게는 질고가 되었다.

먹고 사는 문제가 대두된 것은 바로 하나님께서 죄 있는 인간에게 내리신 형벌이었다. 그러나 하나님 안에 들어와 있는 사람, 즉 하나님 나라 안에 있는 사람은 그러한 문제가 해결되었다. 그래서 먹고 사는 일에 관심을 갖는 것이 아니라 이제는 인간으로서 살아야 할 본연의 목적을 성취하기 위해 의를 구하면서 살게 된다.

이처럼 의란 마땅히 사람으로서 해야 될 것을 지시한다. 이 의에 대해서는 창조 이래로 역사가 증명해 주고 있다. 그래서 이 시대의 사명을 깨닫고 내가 살아가야 될 마땅한 의무를 행하는 것이 의이다. 이러한 의에 대해 목말라 하고 배고파하는 자들에게 하나님은 비로소 인생의 진정한 삶의 가치를 제시하고 이루어 가도록 은혜를 베푸시는 것이다. 이것이 마태복음 6장 33절의 약속이다.

3. 의를 추구하는 자에게서 발견되는 하나님 나라의 세 가지 특성

하나님의 의를 입은 자는 의당히 자신의 본분을 행하게 됨으로써 자연히 외부적인 형태로 하나님 나라의 특성을 발휘하게 된다. 즉 하나님의 내적인 은혜를 충만히 받은 자가 이제 외적으로 그 특성을 표현하기에 이르는 것이다. 그 특성은 세 가지로 나타난다. 첫째는 긍휼을 가지는 것이며, 둘째는 마음을 청결케 하는 것이며, 셋째는 화평케 하는 것이다.

1) 긍휼히 여기는 자

지금까지 살펴본 하나님 나라의 내면적인 네 가지 상태, 즉 심령이 가난하고 애통하고 온유한 자가 구할 것은 '의'이고 그 의를 추구하는 삶의 모습이 외형적으로 드러난 모습의 하나로 나타나는 것이 긍휼을 베푸는 것이다.

긍휼이라는 말은 처음 아담과 하와가 죄를 범했을 때 메시아를 통해 구원하시겠다는 하나님의 사랑에서부터 발견된다. 죄를 범한 인간을 하나님이 구원해 내시는 구속사의 과정에서 우리는 긍휼의 진정한 의미를 찾을 수 있다. 그러므로 긍휼을 최초에 표현하신 분은 하나님이시다.

긍휼에 대한 예는 일만 달란트를 탕감 받은 자(마 18:23-35)에 대한 예수님의 비유에서도 발견된다. 어떤 임금이 회계할 때에 일만 달란트 빚진 자 하나가 빚을 갚을 길이 없게 되자 그 임금은 그 사람의 몸과 처와 자식들과 모든 소유를 다 팔아 갚게 하라고 하였다. 그러자 그 사람은 불쌍히 여겨달라고 애원하여 겨우 그 임금으로부터 빚을 탕감 받는 은혜를 받고 풀려나게 되었다.

그 사람이 마침 풀려나 길을 가다가 자기에게 백 데나리온 빚진 동관 하나를 만나게 되었다. 그런데 이 사람은 조금 전 평생 동안 갚아도 다 갚을 수 없는 일만 달란트의 빚을 탕감 받았음에도 불구하고 자기에게 백 데나리온 빚진 자의 목을 붙잡고 당장에 빚을 갚으라고 호통쳤다. 그 동관이 엎드려 간절히 간구하며 조금만 참아달라고 하였으나 이 사람은 이를 무시하고 그를 옥에 가두고 말았다.

이것을 보고 사람들이 너무 민망하여 그 사실을 임금에게 고하자 그 임금은 그 사람을 다시 불러 "악한 종아 네가 빌기에 내가 네 빚을 탕감하여 주었거늘 내가 너를 불쌍히 여김같이 너도 네 동관을 불쌍히 여김이 마땅치 아니하냐"(마 18:32-33)고 하면서 이 사람을 옥졸에게 넘겨주고 말았다는 이야기이다.

예수님은 누구든지 그의 형제를 진심으로 용서하지 아니하면 하나님께서 그를 용서하지 않으시리라는 말씀을 일만 달란트 빚진 자에 대한 비유를 통해서 말씀하셨다. 악을 악대로 갚지 말고 악을 선으로 갚으라는 교훈을 주신 것이다.

왜냐하면 우리는 이미 긍휼을 받은 자이기 때문이다. 즉 영원히 하나님의 형벌을 받아 죽어야 마땅할 자리에 있는 우리를 하나님은 용서해 주시고 하나님의 의로운 삶 안으로 인도해 주셨다. 물론 여기에는 그리스도의 속죄 사역이 당연히 요구되었기 때문에 그리스도는 우리의 죄를 탕감하기 위해 죄 값을 치르셨다.

그리스도께서 우리의 죄를 속량하신 속죄의 공로를 입어 새로운 인생을 살아가게 된 그리스도인이라면 의당히 형제의 잘못에 대해 용서하고 불쌍히 여기는 마음을 가지게 된다. 이것이 긍휼이다. 이미 하나님의 긍휼을 받은 자이기 때문에 긍휼을 베풀 수 있다. 이것이 의를 행하는 자에게서 나타나는 모습이다.

2) 마음이 청결한 자

의를 행하는 자에게서 찾아 볼 수 있는 특성은 '마음이 청결하다'는 것이다. 이 말을 시편 24편에서는 '손이 깨끗하다'고 표현한다. 마음이 청결하다는 것은 마음을 항상 깨끗하게 한다는 의미인데 히브리 사람들은 손이 깨끗하다는 말로 표현한 것이다. 즉 그 마음에 부끄럼이 없는 사람을 가리킨다. 이런 사람은 하나님을 볼 수 있다. 마음이 청결한 사람, 즉 그의 손이 깨끗한 사람만이 하나님과 깊은 관계를 맺을 수 있기 때문이다.

3) 화평케 하는 자

또한 의를 행하는 자에게서 발견되는 특성은 화평을 이룬다는 것이다. 화평을 유지하기 위해서는 희생이 뒤따른다는 사실을 전제해야 한다. 마음의 평화를 위해서는 욕심을 버려야 되기 때문이다. 누구든지 욕심을 부리기 시작하면 그 안에 평화가 있을 자리가 없어진다. 그러므로 화평을 원한다면 거기에는 자기 희생이 있어야 한다.
  하나님과 죄인 된 사람 사이에는 심판이 있기 마련이다. 우리들 역시 하나님의 저주를 받을 위치에 있었다. 그러한 상태에서 하나님과 우리 사이에 화평을 이루게 되었다. 그 사이에는 예수 그리스도께서 자신의 몸을 화목 제물로 희생하셨기 때문에 가능했다. 예수 그리스도의 희생을 통해 우리는 하나님과 화평을 누리게 되었다.

우리의 이웃이란 단순히 옆에 사는 사람이 아니라 함께 하나님의 나라를 추구하는 사람이다. 그들과 화평을 이루기 위해서는 나에게 항상 책임이 있다. 즉 내가 희생해야 될 위치에 서 있는 것이다. 희생한다는 말이 '내가 참고 말아야겠다' 하는 정도의 것이 아니라 이미 나는 하나님과 화평을 입은 자라는 것을 근거로 해서 다른 사람들과 화목을 이루게 되는 것이다.

심지어 나를 대적하는 자에게도 우리는 화평해야 한다. 나를 대적하는 자에 대해 그를 적대시하고 억압하지 않는 것이다. 오히려 우리는 그들과도 화평을 누려야 할 이유가 있다. '네 원수를 사랑하라'는 말은 원수를 쫓아다니면서 아부하라는 의미가 아니라 그와 함께 평안을 누려야 한다는 것을 이야기한다.

4) 의를 목말라 하는 자의 보편적인 특성

이러한 사람, 즉 이렇게 의를 좇아 사는 사람의 모습이 ① 긍휼을 베푸는 모습으로, ② 마음이 청결한 모습으로, ③ 화평을 이루는 모습으로 등장하게 된다. 이 세 가지의 '의'를 위해 살아가는 사람은 그 성격상 이 세상으로부터 핍박을 받게 된다. 그러므로 3-5절에서 말한 심령이 가난한 자, 온유한 자, 애통하는 자에 속한 사람은 의당히 의에 대해 주리고 목마른 자가 되는 반면에, 7-9절에서와 같이 의를 위해 사는 사람은 세상의 핍박을 받게 되는 것이다.

의에 주리고 목마르다는 것은 자신이 하나님에 대해 가지는 심적인 상태를 이야기하고 있다. 그리고 의를 위해 핍박을 받는 것은 이미 그와 같이 의를 추구하는 자가 긍휼을 베풀고 마음을 청결케 하고 세상을 위해 평화를 이루는 것으로 나타난다. 아울러 그러한 일에 대해 거부하고 있는 이 세상으로부터 핍박을 받게 되는 것이다.

이러한 사람, 즉 의를 위해 핍박을 받는 사람의 모습을 가리켜서 주님은 세상의 소금과 빛이라고 마태복음 5장 13-16절에서 말씀하셨다. '세상의 소금이다' 또는 '빛이다'는 말은 이와 같이 진정으로 의를 추구하고 의를 위해 핍박 받는 사람을 가리켜서 말한다. 이 말을 오해하여 썩어 가는 세상을 썩지 않도록 하기 위해 구조악에 대해 적극적으로 대항함으로써 교회는 세상의 소금이 되어 방부제 역할을 하고 세상의 빛으로서 사람들을 광명한 곳으로 인도해야 한다고 말하는 사람들이 있다.

여기에서는 그런 의미로 예수께서 말씀하신 것이 아니다. 의를 추구하는 사람은 세상의 부패를 방지하고 어둠을 몰아내는 존재와 같아서 마치 소금이나 빛과 같은 존재로 부각되는 것이지만 그보다는 그 자신이 의를 구현하며 살고 있는 존재론적 의미야말로 바로 소금이나 빛과 같은 존재라는 점에서 예수님이 하신 말씀이다.

의를 추구하고 실행하는 사람은 소금과 빛으로서 이 세상에 존재하되 그 결국은 세상으로부터 핍박을 받는 대상이 된다. 왜냐하면 세상은 근본적으로 부패하고 어둡기 때문이다. 따라서 세상은 소금과 빛에 대해 본능적으로 거부하고 저항한다. 이러한 과정에서 당연히 의를 행하는 사람은 세상으로부터 핍박을 받기 마련이다.

그러나 마음이 청결한 것과 애통하는 것과 또 온유한 것 등의 심적인 상태는 하나님의 아들이라는 것을 깨닫는 것에서부터 자연스럽게 시작된다. 따라서 우리는 의를 당연히 추구하게 된다. 그러한 사람은 긍휼과 청결함과 화평을 이땅에 빛으로서 드러낸다. 그러한 사람을 가리켜서 세상의 소금이며 빛이라고 예수께서 말씀하셨다.

4. '의'는 그리스도인의 본성임

우리가 하나님의 아들이라는 사상이 철저하지 않으면 우리는 사회복음주의자가 되고 말 것이다. 사회복음주의자란 예수님의 가르침을 인간적인 욕구를 통해 충족하고자 하는 자들이다. 그들은 가난한 자를 도와주기 위해 희생을 요구하고 그것이 마치 세상의 빛으로서 사는 길이며 그 일을 완수하기 위해 세상을 복음화시켜야 한다는 것으로 주장한다. 그러나 의가 무엇이고 그 의를 추구하는 삶이 무엇인가를 안다면 그렇게 말할 수 있는 것이 아니다.

그리스도의 십자가 사역과 구속의 피가 있기 때문에 우리는 하나님의 아들이 될 수 있었다. 그래서 우리는 의가 무엇인가 알게 되었고 의를 추구할 수 있게 되었다. 그 자체가 복된 상태이다. 하나님으로부터 죄에 대해 용서함을 받아 하나님의 자녀로 뽑혔기 때문에 복된 사람이다. 그 사람은 다시는 죄인의 길에 서지 않고 하나님의 말씀에 따라 살아가기 때문이다.

예수님은 산상수훈의 강령인 마태복음 5장 1-16절을 통해서 진정으로 의를 추구하는 사람의 모습이 무엇인가를 포괄적으로 말씀해 주셨다. 우리는 어쩌면 피상적으로 하나님의 말씀을 듣고 하나님을 신앙하고 있는지 모른다. 하나님의 실존에 대해 많은 면에서 피상적인 생각을 가지고 있기 때문이다. 심지어 예수께서 선포하신 말씀까지도 피상적으로 이해하는 경향이 있다.

그래서 심령이 가난하다는 말을 내 마음의 상태가 가난하면 된다는 의미로 해석할 것이 아니다. 그리스도께서 이루신 구속의 사건을 근거로 하나님의 아들이 되었고 하나님의 아들이 된 자로서 이미 복된 자리에 있기 때문에 예수님은 우리에게 이러한 말씀을 해 주셨다. 따라서 이 말씀을 따라 살고자 할 때 우리가 하나님 앞에서 얼마나 무능력하고 무기력한 자인가를 아는 것이 심령이 가난한 자의 모습이다.

때문에 우리는 자연스럽게 심령이 가난해지게 되고 그 사실 앞에서 애통하게 되며 온유한 마음을 가지게 된다. 이러한 사상이 있기 때문에 적극적으로 하나님의 의를 구하게 되고 그 의를 바탕으로 우리가 사는 삶의 모습에서 긍휼과 마음의 청결함과 화평케 하는 모습을 드러낼 수 있는 것이다. 우리가 살아가는 모든 일상적인 모습 속에서 이러한 열매가 눈에 보여야 한다. 때문에 전적으로 하나님의 은혜를 구하는 모습에서 그리고 의를 이루어 가기 위해 세상의 핍박을 달가워할 수 있는 상태를 가리켜 하나님의 나라와 의를 구하는 삶이라고 말한다.

'너희는 먼저 그의 나라와 의를 구하라'는 말이 성경에 기록되어 있기 때문에 그렇게 살아야겠다는 막연한 의무감을 갖는 것으로는 결코 하나님의 나라를 이루어 낼 수 없다. 우리의 일상생활 모든 부분에서 적극적으로 마음이 가난하고 애통하고 온유하고 의를 구함으로써 긍휼과 청결함과 화평을 이루어 나갈 때 비로소 하나님의 나라가 구현된다.

그것이 그리스도인의 삶이고 그 자체가 자연스럽게 하나의 인격으로 표시되어야 한다. 그것은 성도로서의 인격, 즉 하나님의 백성으로서의 인격이어야 한다. 하나님 역시 그와 같은 분이시다. 그리스도의 삶은 당연히 그렇게 삶으로써 구현되었다. 마찬가지로 우리의 삶 역시 그와 같아야 한다. 억지로 살지 않고 자연스럽게 이러한 삶을 경영해 나가야 한다.

〈기도〉

하나님 아버지.
우리가 하나님의 말씀을 생각하고 상고한다 하면서 항상 부딪히는 것은 하나님의 말씀은 말씀대로 따로 있고 나는 나대로 살아가는 것을 느끼는 것입니다. 이처럼 이율배반적인 상태를 보고 우리의 마음이 얼마나 안타까운지 알 수 없습니다. 하나님의 말씀과 우리의 삶이 자연스럽게 일치하고 하나가 되기를 원합니다.

무엇보다도 우리가 하나님의 백성이라는 사실을 먼저 인식해야 할 것입니다. 때문에 우리의 삶이 억지로 하나님의 말씀을 읽고 그것을 좇아가서 살려 하지 않고 내가 하나님의 아들이기 때문에 자연스럽게 내 삶이 하나님의 말씀과 일치되어야 할 것을 배웠습니다.

우리의 마음이 진정으로 가난하기를 소원합니다. 또 우리의 마음에 애통이 있기를 소원합니다. 우리의 마음이 참으로 하나님의 긍휼을 구하는 온유한 마음이 있기를 소원합니다. 그러한 것들이 자연히 발생하여서 긍휼을 베풀고 청결한 마음을 갖고 세상에 대해 화목을 누리게 하는 일들이 자연스럽게 내 안에서 우러나와 하나님을 닮아가기를 소원합니다.

주 예수 그리스도의 이름으로 기도합니다. 아멘.

제1부 _ 하나님의 나라

Ⅱ. 하나님 나라의 외형적인 실체(實體)

II. 하나님 나라의 외형적인 실체(實體)

제8장

긍휼히 여기는 자 (1)

마태복음 5장 1-12절에 나타난 하나님 나라의 대강령은 두 부분으로 나누어 볼 수 있다. 첫째 부분은 하나님 나라의 내면적인 상태, 둘째 부분은 외면적인 상태를 보여주고 있다.

지금까지 내면적인 네 가지의 상태로 ① 심령이 가난한 자 ② 애통하는 자 ③ 온유한 자 ④ 의에 주리고 목마른 자 등의 특성을 통해 하나님의 백성 된 자가 갖추어야 할 모습들이 어떤 것인가를 살펴보았다. 이제 둘째 부분인 ⑤ 긍휼히 여기는 자 ⑥ 마음이 청결한 자 ⑦ 화평케 하는 자에 대해 살펴볼 것이다.

여기 일곱 가지 내용들은 천국 백성의 외형적인 특성을 가리키고 있다. 여기에서 보여주고 있는 이 일곱 가지 특성은 하나님의 백성 된 자가 자연히 가지게 되는 인격이기도 하다. 따라서 이 특성들은 별개의 상태로 존재하거나 나타나는 것이 아니다. 하나님 나라에 속한 백성에게서는 하나의 인격으로 표시될 것이지만 그 나타나는 특성을 여러 각도에서 살펴보면 그와 같이 일곱 가지 특성으로 나누어 볼 수 있다는 것이다.

하나님의 백성 된 자로서 이땅에 살아갈 동안에는 자연히 세상으로부터 핍박이 있게 마련이라고 주님께서 말씀하셨다. "의를 위하여 핍박을 받은 자는 복이 있나니 천국이 저희 것임이라 나를 인하여 너희를 욕하고 핍박하고 거짓으로 너희를 거슬러 모든 악한 말을 할 때는 너희에게 복이 있나니 기뻐하고 즐거워하라 하늘에서 너희의 상이 큼이라 너희 전에 있던 선지자들을 이같이 핍박하였느니라"(마 5:10-12).

여기에서 핍박을 받는다는 것은 한 사람이 그리스도의 거룩한 심성을 본받아 심령이 가난하고, 애통하고, 온유하고, 의에 주리고, 긍휼히 여기고, 마음이 청결하고, 화평케 하는 자로서 그 특성을 분명히 나타낼 때 거기에는 당연히 세상과 대적하게 됨으로써 얻어지는 현상을 말한다. 그럴 때 이 사람은 세상에 대해 아픔을 가지게 되고 그에게는 내, 외형적인 핍박이 있게 될 것이라고 주님께서 말씀하신다.

의인이 받는 핍박은 외형적으로 나타나는 것처럼 감옥에 갇히고 돌에 맞는 물리적인 현상뿐만 아니라 그가 하나님의 심정을 가지고 세상을 바라보며 느끼는 모든 안타까움과 아픔을 느끼는 현상까지도 포함된다. 그런 것들이 모두 핍박과 같은 것이다. 때문에 핍박은 외부로부터 오는 면도 있지만 세상에 대해 스스로 통한을 느끼는 심정과 같은 내부적인 면도 있기 마련이다.

이러한 핍박을 받은 성도가 많이 있다. 그중에 한 예를 보면 롯을 들 수 있다. "소돔과 고모라 성을 멸망하기로 정하여 재가 되게 하사 후세에 경건치 아니할 자들에게 본을 삼으셨으며 무법한 자의 음란한 행실로 인하여 고통하는 의로운 롯을 건지셨으니 (이 의인이 저희 중에 거하여 날마다 저 불법한 행실을 보고 들음으로 그 의로운 심령을 상하니라)"(벧후 2:6-8)고 한 말씀에서는 롯을 가리켜 의로운 사람, 의인이라고 지목하고 있다. 여기에서 롯은 소돔을 바라보면서 마음이 상했다는 것을 알 수 있다.

롯이 실질적으로 소돔 사람들로부터 핍박을 받은 적이 있었다는 기록은 찾아 볼 수 없다. 그러나 베드로 사도는 롯을 가리켜서 '그는 소돔을 바라보며 마음이 상했다'라고 증거하고 있다. 롯과 같이 의인으로 살아가는 그 자체가 세상에서는 핍박과 환난이 된다는 의미이다.

이처럼 의인으로서 살아가는 것, 즉 주께서 말씀하신 것처럼 천국백성이 드러내는 일곱 가지 특성을 가지고 있는 의인에게는 의당히 의인들을 미워하는 세상으로부터 핍박을 받는 것이라고 주님께서 말씀하신 것이다.

1. 마태복음 5장 7절에 대한 이해

하나님 나라의 특성을 나타내는 외형적인 모습 중 하나가 '긍휼히 여기는 자'에 대한 것이다. 마태복음 5장 7절을 이해하기 위해 원문을 보면 다음과 같다.

μακάριοι οἱ ἐλεήμονες
　복 있는 자들(이여) 긍휼히 여기는 자들아,

ὅτι αὐτοὶ ἐλεηθήσοντια
　왜냐하면 너희들은 긍휼히 여김을 받을 것이다.

긍휼히 여긴다는 뜻의 엘레모네스(ἐλεήμονες)는 엘레오스(ἐλεος)라는 단어에서 나온 것으로 불쌍히 여긴다(pitiful), 긍휼을 베푼다(merciful), 또는 긍휼히 여긴다(compassionate)라는 뜻을 가지고 있다. 이 말은 히브리서 2장 17절에서는 '자비'라고 표현하고 있다. 이와 같은 단어가 마태복음 9장 27절이나 15장 22절에 보면 "다윗의 자손이여 우리를 불쌍히 여기소서"라는 말에서 '불쌍히 여긴다'는 말로 나타나기도 한다.

긍휼이라는 단어를 먼저 떠올리는 곳은 갈라디아서 5장 22절에 나오는 성령의 열매에서 찾을 수 있다. 성령의 열매는 9가지의 특성으로 발휘된다. 그중의 하나가 '자비'이다. 이 '자비'라는 단어 역시 긍휼이라는 말로 인애, 인자, 불쌍히 여긴다는 말과 동의어이다. 이 속성은 성령의 열매가 가지는 독특한 성질이기도 하다.

성령의 열매는 하나님의 속성에 해당된다. 때문에 하나님의 마음 바탕을 사랑, 오래 참음, 자비(긍휼) 등으로 표현하기도 한다. 여기에서 말하고 있는 긍휼히 여기는 자, 자비를 베푸는 자, 불쌍히 여기는 자 등의 표현은 모두 성령의 열매 중 하나이며 하나님의 속성이기도 하다. 따라서 긍휼히 여긴다는 것은 하나님의 백성 된 자만이 가질 수 있는 특성이다.

긍휼, 자비를 또 다른 말로 바꾸어 말한다면 '사랑'이라고 할 수 있다. 사랑을 가지고 있는 사람이 그것을 베푸는 모습이 긍휼이다. 이것들은 모두 하나의 특성을 여러 가지 측면에서 보여주는 다양한 모습들이다. 예를 들면 은혜라는 말도 이와 같은 성질을 가지고 있음을 알 수 있다. 은혜란 어떤 대가를 요구하지 않고 남에게 물질이나 정신적인 도움을 베푸는 것을 말한다. 특히 하나님의 '은혜'라 한다면 하나님께서 사랑을 베푸시되 그 대가를 요구하지 않는 것을 가리킨다.

은혜 역시 하나님의 사랑이 사람에게 표현되는 하나의 양상이다. 그러한 사랑을 '긍휼'이라고 표현하는 것은 그 대상의 상태가 어떤가에 따라서 붙여진다. 즉 사랑을 받는 대상이 가련하고 불쌍하다는 절대적인 상태를 그 안에 내포하고 있는 단어가 '긍휼'이다.

2. 긍휼은 하나님의 의에 근거하여야 함

어떤 사람이 어려운 처지에 빠졌는데 몇가지 문제만 조금 해결하면 그가 처한 어려움에서 벗어날 수 있는 상태에서 그를 돕기 위해 베푸는 것을 긍휼이라고 하지는 않는다. 그런 사람에게 베푸는 것은 도움이나 동정이라는 말로 표현한다.

반면에 동정 혹은 도움이라는 단어 대신 '긍휼' 혹은 '자비'라고 표현할 때는 특별한 상태를 지시한다. 도저히 그 사람이 그 자리에서 벗어날 수 없을 때 베푸는 사랑을 긍휼이라고 이야기한다. 사랑을 받을 만한 위치에 있지 못하는 사람, 사랑의 대상이 될 수 없는 사람을 상대로 사랑을 베푸는 것이 긍휼이다. 때문에 하나님께서 인간에게 긍휼을 베푸실 때는 죄와 연관지어 하나님의 사랑이 표현되어진다.

죄와 그 결과인 사망(죽음) 가운데 빠져서 도저히 벗어날 수 없는 상태에 있는 죄인 된 사람을 위해 죄에서 회복시켜 주고 죽음에서 벗어나게 하여 생명의 길로 인도하는 사랑을 긍휼이라고 한다. 다시는 생명의 길로 들어설 수 없는 가련한 처지에 빠져 있는 사람을 불쌍히 여겨 그가 가지고 있는 죄책을 묻지 않고 은혜를 베푸는 것이 긍휼이다.

사람을 향한 하나님의 긍휼은 하나님의 의(義)에 근거해서 발휘된다. 하나님의 의란 하나님께서 역사선상에서 이루시고자 하는 것을 말한다. 따라서 의에는 당연히 의무가 담겨 있다. 하나님께서는 이 세상과 인간을 창조하실 때 하시고자 하신 목적이 있었다. 그것은 아담과 하와가 자기들의 이성을 발휘하여 궁극적으로 도달해야 할 목표로 표면화되었다.

그들이 도달해야 할 궁극적인 목표란 그리스도와 같은 품성을 갖는 것이었다. 다시 말하면 그리스도화(化) 되는 것이다. 그 결과 그들은 그리스도와 같은 영광에 이르러야 한다. 부활하신 그리스도께서 입으신 그 영광의 몸에 도달하기까지 아담과 하와가 이르기를 원하신 것이다.

그러므로 모든 인류가 최후에 도달해야 할 목적지는 그리스도화 되는 것이다. 즉 그리스도와 동일하게 되어야 한다. 그렇다고 마음으로 그리스도와 하나가 되었음을 의미하는 것은 아니다. 소위 우리들이 말하는 한 마음, 한 몸이 되었다는 상징적인 말로 표현하는 것이 아니다.

예를 들면 어떤 사랑하는 두 사람이 '우리는 하나가 되었다' 면서 여전히 그 둘은 또 다른 몸을 가지고 있고 서로 별개의 삶을 살아가는 상태를 유지하고 있는 것과는 다른 것이다. 같이 잠을 자면서도 서로 다른 꿈을 꾸는 것과 같은 그런 상태를 가리켜서도 보통 하나가 되었다는 표현을 사람들 사이에서는 얼마든지 사용할 수 있다.

그러한 상태를 가리켜 서로 사랑한다고 말도 하고 한 몸이다, 하나가 되었다고 말할 수는 있다. 그러나 그리스도와 하나가 되었다는 것은 그런 관계를 의미하는 것이 아니라 온전히 그리스도와 일치를 이루는 상태에까지 도달하는 것을 의미한다.

그렇게 하기 위해 먼저 아담과 하와는 서로를 사랑해야 한다. 서로 사랑하되 몸과 마음이 하나가 되어 가야 한다. 인격적으로 하나가 될 뿐만 아니라 두 사람의 몸이 합쳐 하나가 되어야 한다(이것은 혼인의 정신에서 그 근본이 된다). 이런 의미에서 아담과 하와가 인격적으로 하나가 되었음을 말하기 위해 '이는 내 뼈 중의 뼈요 살 중의 살이다' 고 말하고 있다.

이렇게 두 사람이 연합하여 하나가 되는 과정을 통해 궁극적으로 그리스도와 합일을 이루는 경지에까지 도달하는 것을 배우게 된다. 즉 아담과 하와가 최후에 도달해야 될 목적지인 그리스도와의 합일을 이루기 위해서는 그리스도와 같이 영화의 몸, 신령한 몸을 입어야 한다. 최후에는 그리스도와 인류가 서로 하나가 되는 것이다. 거기에까지 도달할 것을 하나님께서는 창조하실 때 이미 작정하셨다. 이것이 하나님의 의이다.

그러므로 아담과 하와가 비록 죄 가운데 빠졌다 할지라도, 또는 죄 가운데 있기 때문에 도저히 아담과 하와가 그리스도와 합일이 되는 위치에 도달하지 못할지라도 하나님은 죄 가운데 빠져있는 그들을 구원하여 마침내 그리스도의 영광의 몸에까지 그들이 도달할 수 있도록 하는 것이 하나님의 의이다.

따라서 그 의를 이루기 위해서는 하나님의 전능하심이 수반되어야 한다. 하나님이 무능하시고 죄를 이기지 못한다면 의를 이룰 수 없기 때문이다. 뿐만 아니라 그 전능하심을 온전하게 표현하기 위해서는 하나님께서 영원하신 분이어야 한다. 영원히 변치 않는 분이어야 하는데 자주 변화되고 변질된다면 의를 이룰 수 없기 때문이다.

때문에 전능하시고 영원하신 하나님에 의해서 죄와 죽음 가운데 빠져 있는 사람들을 구원하는 방편으로 하나님께서 준비한 것이 그리스도의 십자가이다. 그 십자가의 공효를 근거로 더 이상 죄에 빠져 있는 사람들에게 죄책을 묻지 않고 하나님의 아들로 인정하는 사랑의 표현이 곧 '긍휼'이다. 죄를 용서하고 죽음에서 건져내어 생명으로 이끌어 가는 사랑이 진정한 의미에서 말하는 긍휼이다. 이 일을 이루시는 분은 곧 하나님 자신이시다.

하나님은 우리가 이 세상에 살면서 그저 평안하게 혼인하고 서로 뜻을 맞춰 살고 아들, 딸 낳고 행복하고 건강하게 살면서 교회에 다니고 좋은 직분을 맡아 봉사하다가 죽어서 천국에 들어가는 것만을 목적으로 인생을 지으신 것이 아니다.

하나님께서 긍휼을 입은 자들에게 바라시는 것이 있다. 그것은 '너희가 죄사함을 받고 하나님의 아들 된 것이 분명하다면 새로운 생명으로 태어난 자로서 새 생명의 속성을 발휘하고 하나님의 자녀다운 거룩한 생명의 권능을 이땅에 충만하게 발현하라'는 것이다. 생명을 가진 자로서 생명을 실증(實證)하라는 것이다.

그리스도의 구속을 받은 사람은 새 생명을 입은 사람으로서 하나님의 새로운 피조물답게 그리스도의 거룩한 생명을 표현해야 될 위치에 서 있어야 한다. 이러한 자리에서 성도로서의 삶을 구현하기 위해 그 속성을 발휘하는 것이 구원받은 자의 모습이다. 그 모습 중의 하나가 바로 긍휼이다.

3. 새 생명의 특성으로서 긍휼

하나님의 긍휼을 입었다는 것은 죄와 죽음과 연관지어 이해되어야 하며 죄와 죽음이 해결된 모습으로 얻게 된 새 생명에게서 그 특성이 명확하게 표현된다. 이 새 생명을 입은 자를 가리켜서 성경은 중생한 자라고 한다.

그러므로 내가 하나님의 긍휼을 입었다, 자비를 입었다고 각성할 때는 거기에 항상 죄 가운데에서 죽을 수밖에 없었던 사람이라는 것을 전제하고 있다. 그 죄의 자리에서 벗어났기 때문에 이제는 은혜를 입은 자답게 살아야 한다는 각성이 뒤따르기 마련이다.

이렇게 새 생명을 입은 자로서 살아가는 모습이 구체적으로 표현되는 것이 바로 성령의 열매이다. 다시 말해서 그리스도적인 품성을 발휘하는 것이다. 때문에 내가 긍휼을 베푼다든지 어떤 사람을 긍휼히 여긴다는 것은 내가 죽음 가운데에서 구원받고 새 생명을 입은 자이기 때문에 그리스도의 품성을 자연스럽게 발휘하는 성품이 죄 가운데 빠져 있는 다른 사람에게 긍휼을 베푸는 모습으로 표시된다. 그것이 긍휼이요 자비이다.

왜냐하면 내가 그리스도인으로서, 즉 그리스도적인 품성을 가지고 있는 사람으로서 의당히 그리스도를 증거해야 될 위치에 있기 때문에 긍휼을 베푸는 것이다. 내가 그리스도인으로서 각성이 되었고 중생한 자로 새 사람을 입었기 때문에 근본적인 인간적인 가치, 즉 새 사람이 된 자로서의 가치를 표현하는 모습 가운데 하나가 긍휼을 베푸는 것이기 때문이다.

긍휼을 베푼다고 할 때는 적어도 그리스도인이라는 위치에 대한 각성이 되어 있어야 하며 그에 대한 책임의식이 있어야 한다. 그리고 내 삶의 모습으로 구체적으로 그리스도를 증거하고자 하는 책임의식이 있어야 긍휼을 베풀 수 있다.

그리스도를 증거한다는 말은 외형적인 형태, 즉 전도나 선교 등의 모습으로 증거하는 것만을 의미하지 않는다. 전도나 선교 등은 구체적으로 교회가 각 사람의 은사를 확인하고 그들에게 전도나 선교를 사명으로 부여한 일종의 사역에 속한 일이다.

아무나 전도자나 선교사로 나선다면 교회는 질서를 잃어버리게 되고 오히려 혼란만 가중될 뿐이다. 전도자나 선교사로 일할 사람은 교회가 특별히 선정하여 훈련시키고 그 사역을 위임해야 한다. 성경을 조금 안다고 함부로 전도나 선교를 하겠다고 나서는 것이 아니다.

오히려 그리스도를 증거한다는 말은 내 삶의 실질적이고 구체화된 모습으로 이 사회에 표현하고 드러내는 것이다. 그것은 바로 그리스도적인 생명이 구체적으로 내 안에서 품성화 되고 인격화 되어 나타나는 성도의 삶이다. 이것이 곧 그리스도를 증거하는 것이다. 그리스도의 충만한 성격을 가지고 내 안에서 자연스럽게 발출되어 나타나는 것이 그리스도를 증거하는 것이 된다. 그것이 곧 그리스도의 인격이고 성령의 열매이다.

그리스도의 인격, 즉 성령의 열매는 사람이 조작해서 만들어 나타낼 수 없으며 매우 독특한 성질을 가지고 있다. 육신의 소욕은 성령을 거스르는 것처럼 사람의 마음속에서 자신이 자작하여 만들어 낸 것도 하나님을 거스르기 때문이다. 따라서 긍휼을 베푼다는 것은 먼저 그 자신이 긍휼히 여김을 받은 사람이어야 한다.

그러한 사람이 하나님의 심정을 가지고 있어서 그리스도의 인격을 소유하게 되어 자연스럽게 긍휼을 베풀게 된다. 그래서 긍휼히 여기는 자는 복이 있다고 말하는 것이다. 그 사람은 참으로 복이 있는 사람이다. 왜냐하면 하나님의 긍휼을 입은 자이기 때문이다. 다시 말하면 중생한 자로 그리스도의 인격을 표출할 수 있는 사람이기에 그는 복이 있는 사람이다.

하나님의 심정을 갖고 있지 못하면 긍휼을 베풀 수 없다. 다시 말하면 그 인격(人格)이 신격화(神格化) 되어 있지 않다면, 곧 하나님의 인격과 동일하지 않다면(이것은 성령의 사역에 해당되는 것으로 성령의 충만한 상태를 지시한다) 우리는 결코 그 누구에게나 긍휼을 베풀 수 없다.

긍휼을 베풀 수 없다는 것은 긍휼을 받지 못했거나 아니면 아직 긍휼을 베풀 수 있는 상태로 장성하지 못했다는 것을 의미한다. 하나님으로부터 긍휼을 받되 그것을 충만히 드러낼 수 있을 정도로 성숙한 사람이어야 긍휼을 베풀 수 있기 때문이다. 특히 긍휼은 죄사함과 연관되어 있기 때문에 죄사함을 받은 경험이 없는 사람, 즉 하나님의 긍휼을 경험하지 못한 사람은 결코 남을 긍휼히 여길 수 없다. 왜냐하면 죄사함을 받지 않은 사람이 긍휼을 베푼다고 하는 것은 그것이 성령으로부터 발생된 열매라기보다는 육신의 소욕이기 때문이다.

구속받지 못한 사람이라 할지라도 남에게 일반적인 의미에서 긍휼을 베풀 수 없다는 것은 아니다. 그러나 그것은 성령의 열매가 아니라 그 사람이 가지고 있는 육신의 소욕일 뿐이다. 진정한 긍휼은 내 모든 죄가 하나님의 죄사함에 의해서 효과적인 그리스도의 십자가로 말미암아 구원받았다는 사실을 경험하고 그로 말미암아 내가 새 사람으로 살겠다는 각성이 있고 난 후 새 사람으로 살아가는 당연한 품성의 결과로서 나타나는 것이다.

일반적으로 구원받지 못한 사람이 베푸는 긍휼과 새 사람에게서 나타나는 긍휼은 그 근원이 다르기 마련이다. 긍휼히 여김을 받은 경험을 가지지 않은 사람이 남에게 긍휼을 베푼다는 것은 그 모습이 비슷할지 몰라도 어디까지나 인간이 가지고 있는 속성의 발현이거나 아니면 자신의 사상을 고양시켜 얻어낸 육신의 소욕일 뿐이다.

하나님으로부터 긍휼히 여김을 받은 사람만이 다른 사람을 긍휼히 여길 수 있다. 이 사람은 계속해서 하나님의 긍휼을 받을 위치에 서 있기 때문이다. 주께서 가르치신 기도문에서도 "우리가 우리에게 죄 지은 자를 사하여 준 것같이 우리 죄를 사하여 주옵시고"(마 6:12)라는 말의 의미 역시 하나님으로부터 죄사함에 대한 경험이 있다는 것을 전제하는 기도이다. 중생한 사실이 분명한 사람이 하나님으로부터 죄사함을 받았기 때문에 다른 사람을 용서할 수 있다고 고백하는 것이다. 때문에 계속적으로 하나님으로부터 죄사함의 위치에 서 있음을 감사해야 한다.

그러므로 "긍휼히 여기는 자는 복이 있나니 저희가 긍휼히 여김을 받을 것이요"라는 말은 하나님의 자녀로서의 품성을 발휘하고 그리스도를 증거한다면 의당히 하나님의 계속적인 구원으로 인도함을 받을 위치에 있음을 전제하고 있다. 즉 하나님으로부터 여전히 긍휼을 받고 있어야 함을 의미한다.

범죄한 아담의 후손은 언제나 죄악을 가지고 있기 마련이다. 죄의 씨앗이 늘 그 안에 있어 언제나 죽음의 길로 들어서려는 악한 습성을 가지고 있는 것이다. 이것이 악습이다. 벗어나고 싶어도 벗어날 수 없는 힘이 내 안에서 계속 꿈틀거리고 있다. 때문에 계속적으로 하나님의 긍휼을 구해야 할 이유가 여기에 있다.

'나는 불쌍한 죄인이다' 라는 사실을 늘 각성하는 것이다. 실질적으로 그와 같이 계속적으로 긍휼을 입은 경험이 있는 자에게는 하나님께서 계속 긍휼을 베푸신다. 이는 하나님의 의를 이루시기 위해서이다. 의로운 하나님의 자녀가 마침내 그리스도와 일치되고 연합이 되기 위해 계속적으로 하나님께서 긍휼을 베푸시는 것이다.

그렇다고 우리가 짊어지고 있는 죄책이 없어지는 것은 아니다. 대신 그 죄책에 대해 하나님은 예수님에게 물으신다. 그래서 우리는 예수님을 의지하고 살도록 되어 있다. 이런 점에서 우리는 늘 긍휼을 입고 있다. 이 세상에서 이것보다 더 큰 사랑은 없다. 죄와 죽음에서 도저히 벗어날 수 없는 암담한 상태에 빠져 있을 때 그리스도께서 십자가를 지시고 보혈의 피를 흘리심으로써 그 대가를 치르신 것이다.

이러한 이야기는 우리가 오랫동안 교회를 다니면서 수없이 들어왔기 때문에 습관적이거나 관성적인 말로 들리기 쉽다. 그러나 실질적으로 내 가슴에 와 닿고 참으로 그와 같은 그리스도의 십자가 효력으로 말미암아 새 사람이 된 것이 분명하다면 그리스도를 의지하지 않을 수가 없다. 그리스도의 속죄 공효를 한 순간이라도 의지하지 않고서는 도저히 하나님의 긍휼을 기대할 수 없다는 엄중한 사실을 망각해서는 안 되기 때문이다.

4. 긍휼의 원천으로서 그리스도

그리스도를 닮아간다는 것은 그리스도의 품성을 드러내는 것을 의미한다. 내가 가지고 있는 인간적인 인격을 가지고 표현하는 것이 아니다. 나와 하나가 되어 주신 성령님의 인격을 표현해야 된다. 내가 살아온 모습 자체가 성령의 인격으로 구조(構造)되어 있어야 한다. 그것을 바탕으로 세상에 대해 아픈 감정을 느낀다든지 긍휼이 필요한 자에게 긍휼을 베푸는 것이다.

우리가 지금까지 살아왔던 삶의 습성과 도덕적인 영향이나 사회적인 관습에 따라 여전히 살고 있으면서 세상 사람들에게 의롭고 떳떳하고 정당하게 보일 수 있다. 하지만 이것은 하나님과 아무런 상관이 없다. 그러한 상태로 살아가는 것은 죄사함 받았다는 것과 상관도 없고 그 안에서 죄사함의 효력도 찾을 수 없다.

일반적으로 교회를 다니는 사람들이 그 사실을 모르지는 않는다. 예수께서 나를 위해 죽으셨기 때문에 모든 죄를 용서받았다는 것은 초보적인 이야기이다. 그것을 근거로 예수를 믿으면 다 구원받는다고 말을 한다. 그러나 그 사실을 아는 것과 죄사함의 실질적인 효과를 누리는 것과는 다른 것이다. 왜냐하면 죄사함의 사실을 아는 것과 그 효과를 누리고 사는 것은 그 성질이 다르기 때문이다.

우리가 살아가는 모든 실질적인 삶에서 그리스도와 상관이 되어 있어야 한다. 즉 우리의 모든 사고와 판단의 척도는 그리스도적인 성격을 가지고 있어야 하며 그리스도적인 마음에 바탕을 두어야 한다. 그리스도께서 이 일을 어떻게 인정하실 것인가를 늘 마음에 두고 세상을 판단해야 하는 것이다. 그와 같이 그리스도의 마음으로 그리스도적인 심정을 가지고 살아가는 모습의 제일 단계가 긍휼히 여기는 모습이다.

긍휼히 여긴다는 것은 이미 그 사람이 구원의 완성에 서 있음을 의미한다. 효과적인 하나님의 은혜의 방도는 하나님의 긍휼을 우리에게 베풀어주시는 것이기 때문이다. 그러므로 하나님의 긍휼을 입은 자로서 우리의 인격이 그리스도화 되었다면 자연스럽게 우리 안에서부터 긍휼을 베풀어야 한다.

우리는 영원히 죽을 수밖에 없는 자리에서 용서함을 받은 자들이다. 마치 일만 달란트 빚진 자가 왕으로부터 그것을 삭감 받은 것과 같다. 그럼에도 불구하고 자기에게 백 데나리온 빚진 자를 감옥에 가둘 정도로 패역한 짓을 한다는 것은 도저히 긍휼을 받을 자격이 없는 자임을 증명하는 것이다.

우리를 새롭게 살려주시고 새 생명을 주신 하나님의 사랑이 있는데 그처럼 거룩하고 큰 사랑을 받은 우리가 이 세상에 대해 또는 우리 형제에 대해 작은 것 하나도 용서하지 못하고 이해하지 못하고 받아들이지 못한다면, 그리고 그들을 향해 긍휼을 베풀지 못한다면 여전히 우리는 긍휼을 입지 못한 자리에 서 있는 것에 불과하다.

진정 긍휼은 긍휼을 입은 자만이 베풀 수 있는 특권이다. 그 긍휼은 그리스도의 인격, 즉 성령의 열매로 말미암아 자연스럽게 내 안에서 삶의 인격으로 나타난다. 그런 사람이 바로 복된 자이다. 왜냐하면 그는 계속적으로 하나님의 긍휼을 입을 수 있는 위치에 있기 때문이다. 이런 의미에서 예수님은 긍휼히 여기는 자는 복이 있다고 말씀하셨다.

〈기도〉

하나님 아버지.

우리가 죽을 수밖에 없는 처참한 처지에 있었을 때 주님께서는 그리스도의 거룩한 십자가의 공로로 말미암아 우리를 구원하셨습니다. 이것이 곧 하나님의 의요 긍휼이심을 우리가 알았습니다. 하나님의 긍휼이 얼마나 크고 얼마나 아름답고 능력 있는 것인지 이제 우리가 알기를 원합니다.

아무도 구원해 낼 수 없는 죽음으로부터 건져내신 하나님의 긍휼이 우리에게 어떤 모습으로 경험되어야 할지 우리가 생각해 보건대 참으로 우리가 하나님의 긍휼을 입었다면 우리의 인격이 새로워지고 새 사람이 된 자들로서 마땅히 우리도 긍휼을 베푸는 자들이 되어야 할 것입니다.

큰 사랑을 받았음에도 불구하고 여전히 우리 마음이 너무나 작고 모자라서 그리스도인답게 그리스도의 품성을 드러내지 못한 것이 얼마나 많은지 알 수 없습니다. 우리의 이와 같은 못된 마음과 약한 생각들을 씻어 버리게 하시고 그리스도를 닮아 가게 하옵소서.

주 예수 그리스도의 이름으로 기도합니다. 아멘.

긍휼히 여기는 자 (2)

시편 145편을 통해 여호와 하나님은 은혜로우시고 자비로우셔서 분 (憤)을 더디 내신다는 사실을 알 수 있다(시 145:8). 이것은 하나님이 가지 신 속성 중 하나이다. 하나님이 어떤 분인가를 표현할 수 있는 속성은 많이 있지만 그중에서 은혜로우시다, 자비하시다는 말로 표현한 것이 다. 이 자비라는 말은 긍휼이라는 말과 같은 말이기도 하다.

하나님의 속성으로서 긍휼이나 자비가 발휘되는 데에는 언제나 죄인 된 인간을 불쌍히 여기는 것에서 나타나고 있음을 발견할 수 있다. 따 라서 하나님의 긍휼은 하나님의 속성을 표시하는 말 중의 하나로 자연 스럽게 발휘되는 것이지만 그 내면에는 죄인 된 인간을 불쌍히 여기고 구원에 이르게 하는 데 능력을 발휘한다는 점에서 그 독특한 특성을 발 견하게 된다.

1. 하나님께서 인생을 내신 의미

원래 하나님께서는 사람을 지으실 때 그저 이 세상에 존재하면서 자기 마음대로 살아가라고 지으신 것이 아니다. 인류는 하나님의 형상을 따라 하나님과 긴밀한 교제를 나누며 살도록 지음 받았다. 하나님의 형상을 따랐다는 것은 사람도 하나님과 같은 인격을 가지고 있다는 의미이다.

그러므로 사람은 인격을 발휘하여 사람 답게 살되 그 인격을 하나님처럼 다시 말하면 하나님의 성품처럼 발휘해야 한다. 그리고 함께 창조함을 입은 사람들을 대상으로 서로 인격을 주고받아 장성함으로써 마침내 하나님과 같은 수준의 자리에까지 도달하기를 기뻐하셨다. 이와 같이 인간이 도달해야 할 궁극적인 목표를 신학적인 용어로는 '영화' (glorification)라고 한다.

사람이 고유한 인격을 발휘하여 최종적으로 도달해야 할 목적지는 영화의 자리이다. 영화의 자리는 부활하신 예수 그리스도의 영광된 모습에서 현격하게 나타난다. 즉 부활하신 예수 그리스도의 영광된 몸에 참여될 정도로 사람이 장성하기를 하나님께서는 원하셨던 것이다. 예수 그리스도와 한 몸을 이루고 한 인격을 갖고 하나의 성품을 갖는 위치에 도달하기 위해 하나님은 아담과 하와를 창조하신 후 그들에게 인격을 주셨고 그 인격을 서로 충분히 발휘함으로써 마침내 영광된 자리, 영화의 자리에까지 도달하도록 하신 것이다.

이러한 영광된 자리에 도달한 상태를 성경은 다른 말로 '영생'이라고 한다. 하나님께서는 영생을 얻게 하기 위해 아담과 하와를 창조하셨다. 영생을 이루는 도중에 죽든지 아니면 변질되거나 결핍이 있어서 하나님의 요구에 합당하지 못하게 되는 일이 없도록 하셨다. 그래서 하나님은 아담과 하와에게 영생에 이를 것을 하나의 상징(sign)으로 보여주신 것이 있다. 그것이 바로 생명나무이다. 영생하는 생명나무를 그들에게 주심으로써 그들이 도달해야 할 목적지가 영원한 생명이라는 사실을 명확하게 가르쳐 주셨다.

그런데 아담과 하와는 하나님의 긍휼과 엄위하신 명령을 어기고 배반함으로써 죄를 범하고 말았다. 그 결과 사망이 사람에게 들어오게 되었다. 한번 죄로 인해 사람이 사망에 이르게 되면 다시는 그 죄를 벗어날 수도 없고 사망에서 생명으로 회복될 수도 없다. 이것은 하나님의 공의에 속하는 영원한 법칙이다. 따라서 사람이 하나님의 말씀을 어김으로써 죄를 범했다는 것은 도저히 그 죄와 사망을 벗어날 수 없게 되었음을 의미한다.

대신 죄와 사망을 속하기 위해서는 그에 대한 대가를 치러야 하는데 자신의 생명과 동등한 가치를 속전으로 지불해야 한다. 그러나 죄를 범한 사람은 이미 그 생명 자체가 죄로 말미암아 죽어 있어 존재의 가치를 상실해 버렸다. 때문에 자신의 생명을 속전할 자격이 없다. 이미 그 사람의 생명은 죄로 인해 오염되고 부패해졌기 때문이다. 그래서 죄를 범한 인간으로서는 자기의 생명을 속전할 방법이 없다.

2. 은혜와 긍휼

한번 죄를 범한 인간은 사망에서 벗어날 기능이 없다. 그리고 사망을 대속할 만한 대가를 치를 능력도 없다. 이러한 상태를 가리켜 무기능이라고 한다. 그러한 무기능한 인간에 대해 어떤 대가를 바라거나 죄책을 묻지 않고 그 죄와 사망에 상당할 만한 다른 대가를 무조건 대신 지불해 주는 것을 가리켜 '은혜'라고 한다.

그러므로 은혜는 '우리가 지은 죄와 그 죄책의 결과 얻은 사망의 흑암에서 벗어날 수 없고 그 대가를 치를 수 없는 상태에 있을지라도 그에 상응한 대가를 지불해 주시고 다시는 그것에 대해 묻지 않겠다고 선언하시되 인격자이신 하나님께서 그 대상으로서 사람에게 베푸신 사랑'을 가리켜 말한다.

일반적으로 '은혜로우신 하나님이다, 하나님은 은혜로우시고 자비하신 하나님이다'고 할 때 그 은혜란 항상 인간을 죽을 수밖에 없는 자리에서 구속하여 그 대가를 묻지 않고 새 생명의 자리로 불러내신 것을 전제하고 있다.

이처럼 구속(拘束), 즉 죄로부터 우리를 구원하시는 하나님의 사랑이 행사되었을 때를 가리켜 은혜라고 한다. '하나님은 은혜로우시다' 하나님의 은혜가 내게 임했다'할 때는 구속의 사실, 즉 예수 그리스도께서 지신 십자가의 사실을 전제하고 은혜를 받았다고 말해야 한다. 나아가 하나님은 자비로우시다고 하는데 이것은 은혜로우신 하나님의 또 다른 속성을 표시하는 말이다.

우리가 죄를 지었고 그 죄로 말미암아 이 세상에 있는 동안에는 항상 이 세상에서 주는 어떤 곤란과 형벌이 주어지기 마련이다. 다시 말하면 아담과 하와가 죄를 범함으로써 이땅이 하나님의 저주를 받아 형극(荊棘)을 내었다. 그 결과 땅에는 가시덤불이 자라게 되었다.

예전에 에덴동산에서는 아담과 하와가 아름다운 열매를 먹고 살았지만 이제는 땅을 갈아서 농사를 지어 땅으로부터 양식을 얻어야 했다. 그러나 양식을 얻는 일도 마음대로 풍족히 거두는 것이 아니다. 땅에는 가시덤불이 자라고 있어서 양식을 얻기 위해 고생하고 땀을 흘려야만 먹고 살 수 있게 되었다. 바로 이것이 죄에 대한 형벌이다. 먹고 살기 위해서 애를 쓰고 땀을 흘려야 하고 고생해야 하는 것이 죄로 인해 발생한 형벌로부터 나온 것이다.

뿐만 아니라 그들이 당하는 형벌에는 생존을 위해 고생하는 것 말고도 하나님께서 죄를 미워하시기 때문에 받는 형벌이 있다. 하나님의 공의는 죄 있는 사람들을 적극적으로 심판하신다. 그것은 바로 영원한 죽음이라는 형벌이다.

아담과 하와가 죄를 범하기 전에는 시간이 지난다 할지라도 육신이 늙어 후패하지 않고 날마다 새로운 활력을 찾고 점차 강건해지도록 되어 있었다. 그 최종의 결과는 영생을 누릴 만큼 부활하신 그리스도와 같이 완전한 인간이 되는 것이었다. 이것은 생명이 가지고 있는 특성이기도 하다. 생명은 생명력을 발휘하고 있는 그 자체만으로도 이미 독특한 가치를 가지고 있기 때문이다.

그러나 그들이 죄로 인해 생명을 상실해 버렸기 때문에 생명이 가지고 있는 고유한 능력 대신 죽음이 가져다주는 고통을 맛보지 않을 수 없게 되었다. 생명에 속해 있을 때는 영광된 하나님의 나라에서 누릴 수 있는 모든 특권을 이제는 누릴 수 없게 되었다. 뿐만 아니라 죽음이 요구하는 아픔을 맛보아야만 한다.

그 결과 시간이 갈수록 사람은 후패하고 늙어 마침내 죽음에 들어가는 것이다. 이 죽음에 들어가는 것은 잠시 죽음의 권세 가운데 들어갔다가 일정한 기간이 지난 뒤에 다시 생명으로 돌아오는 것이 아니다. 한번 죽음에 들어가면 영원히 그 죽음 안에 갇혀버리는 것이다. 이것이 죄지은 인간이 당하는 하나님의 심판이다.

그러므로 죄로 인해 사람이 당하는 형벌은 이 세상에서 살아있는 동안 양식을 얻기 위해 수고하고 고생하는 고통과 더불어 하나님께서 내리신 형벌, 즉 영원히 죽음에 버려지는 형벌을 받아 날마다 죽음으로 나아가는 비참한 상태에 있다는 점에서 늘 확인된다. 그런데 하나님께서 이러한 형벌을 불쌍히 여기셔서 다시는 그러한 것으로 사람이 고통당하지 않도록 은혜를 베푸시는 것을 가리켜 '긍휼'이라고 한다.

즉 하나님께서 우리의 죄와 죄책에 대해 묻지 않고 이 세상에서 얻어질 형벌과 하나님의 심판으로 주어진 영원한 사망에서 우리를 불쌍히 여겨 건져 주시는 것을 가리켜 긍휼이라고 하는 것이다. 이것이 죄로 말미암아 불쌍한 처지에서 우리를 불쌍히 여기시는 하나님의 마음을 나타내는 '자비' 혹은 '긍휼'이다.

자비 혹은 긍휼이라는 의미를 확대하여 적용한다면 인격을 가지고 있는 사람에게만 행하는 것이 아니라 짐승들에게도 측은지심을 갖는 것에서도 확인된다. 즉 인격자이신 하나님께서 인격자인 사람에게 행사하시는 것을 '은혜'라고 하며 그 은혜를 바탕으로 불쌍히 여기시는 것을 긍휼이라고 하는 반면에, 인격이 없는 짐승에게 베푸는 것은 은혜라 하지 않고 단지 '긍휼'이라는 말로 사용하는 것이다.

우리가 하나님의 은혜를 받았고 그것을 바탕으로 긍휼을 받았다는 것은 우리가 하나님의 아들이라는 사실을 상징하고 있다. 하나님의 인정을 받되 하나님께서 베푸시는 사랑의 대상자로서 사랑을 입고 살게 되었음을 의미한다. 그렇다면 우리는 의당히 새 생명을 발휘하고 살아가야 될 위치에 있는 사람들이다. 하나님께서 지으신 새로운 피조물이 되었기 때문에 예수 그리스도의 거룩한 새 생명을 드러내어야 할 위치에 있는 사람이라는 의미이다.

그러므로 우리가 진정한 생명을 부여받은 자로서 그리고 하나님의 은혜를 받고 하나님의 긍휼을 입은 자로서 마땅히 우리는 생명의 실체를 표해야 된다. 그러한 표현 중의 하나가 곧 긍휼이다. 그러한 이유로 우리는 죄 있는 다른 사람을 긍휼히 여기는 것이다. 그것이 곧 그리스도를 드러내는 것이고 증거하는 것이다.

이처럼 그리스도를 증거하고 드러내며 하나님의 속성을 나타내는 그러한 모습 중의 하나가 남을 긍휼히 여기는 것이고 짐승들이나 미물들에게도 긍휼을 베푸는 것이다. 불교에서 말하는 것처럼 윤회설에 근거하여 살생을 금지하기 때문에 짐승을 죽이지 말라는 이야기가 아니다. 불교에서는 사람이 죽으면 짐승으로 환생을 한다는 윤회관적인 신앙을 바탕으로 그러한 사상을 가지고 있다. 그 짐승은 예전의 내 아비일 수도 있고 아니면 조상일 수도 있기 때문에 죽이지 말라는 미신적인 차원에서 긍휼을 이야기하고 있다.

그러나 기독교에서 짐승을 죽이지 말라든지 짐승에게 긍휼을 베풀라고 하는 것은 하나님께서 짐승에게 내신 생명이 가지는 고유한 의미가 있기 때문이다. 그 생명을 존중하는 마음으로 함부로 그것들을 대하지 않는 것이다. 그러한 정신은 모세가 기록한 율법에 잘 나타나 있다. 특히 출애굽기 21-23장에 보면 이러한 가르침을 통해 하나님의 긍휼이 어떤 정신을 내포하고 있는가를 잘 알 수 있다.

3. 긍휼의 정신

최초 율례와 법도(율법)는 애굽에서 구속되어 자유인으로 해방된 이스라엘에게 주신 것이다. 다시 말하면 이미 구원이라는 확실한 증거를 경험한 사람에게 율법이 주어졌다. 하나님께서 이스라엘에게 율법을 주신 것에는 고유한 목적이 있다. 그것은 역사적으로 이스라엘이 수행해야 하는 독특한 사명으로 제시되었다. 그 사명이란,

> ① 거룩한 제사장 나라가 될 것
> ② 하나님의 의를 선포하는 나라가 될 것
> ③ 이 세상과는 다른 새로운 나라를 건설하라는 것이다(출 19:5-6)

이런 점에서 율법은 이스라엘이 역사적인 사명을 수행함에 있어 구체적으로 그들이 살아가야 할 생활의 규범으로 주어진 것이다. 때문에 율법은 이스라엘, 즉 구속받은 하나님의 백성 된 자들에게 주어진 하나님 나라의 헌법이라고 한다. 이 세상 나라들과는 다른 새로운 양식에 입각하여 드높은 나라를 건설하기 위해 주신 법이다. 그러므로 출애굽

기 21-23장의 율법은 드높은 하나님 나라의 사상을 담고 있기 때문에 여기에는 하나님의 성품이 드러나 있고 긍휼의 정신이 어떤 것인가를 명확하게 볼 수 있다.

출애굽기 21장 2-6절에는 히브리 종에 대해 몇 가지를 언급하고 있다. 여기에서 우리는 긍휼의 정신이 어떤 것인가를 볼 수 있다. 먼저 히브리 종을 사면 6년 동안은 그 사람을 종으로 삼되 7년째 되는 해, 즉 안식년에는 값없이 그 사람을 자유롭게 놓아주도록 했음을 읽을 수 있다. 이 정신에 대해서는 신명기 15장에 자세히 나와 있다.

원래 하나님께서 이스라엘 사람들을 애굽에서 불러내신 것은 어떤 이유로든 가난해져서 다른 사람을 섬기고 종노릇 하라고 불러내신 것이 아니다. 하나님으로부터 생존에 대한 충분한 보장을 받고 하나님 나라를 건설하는 일과 의를 이루는 일을 통해 하나님의 뜻을 성취하도록 하기 위함이었다.

히브리 사람은 하나님의 백성답게 살 수 있도록 구속함을 받은 사람들이지 남 밑에서 종노릇이나 하라고 애굽에서 불러내신 것이 아니다. 따라서 히브리 사람이 자신의 인생을 잘못 경영했든지 인생을 낭비한 결과가 아니라면 타인의 종이 되지 않았을 것이다.

그렇지만 어떤 이유가 있어 종으로 팔려갈 수밖에 없는 처지에 빠져 있다면 비록 6년 동안 그 몸값으로 열심히 일을 해 줄지언정 영원히 그 사람의 종이 되어서는 안 된다는 것을 말하고 있다. 왜냐하면 이스라엘 백성의 소유권은 이스라엘을 구속해 내신 하나님께 영원히 있기 때문이다.

히브리 사람이 타인에게 팔려가 종으로 있는 동안에 혼인하여 자녀를 낳게 되는 경우에 그 자녀는 주인인 상전의 소유가 되었다. 그 이유는 종으로 있는 동안에는 히브리 사람이라 할지라도 주인의 경영권에 예속되어 있기 때문이다. 대신 히브리 종이 개인적으로 모은 재산에 대해서는 사유 재산권을 인정해 주었다.

만일 히브리 종이 자신의 아내나 자녀가 사랑스럽고 자기에게 베풀어준 상전의 은혜가 고마워서 기쁘게 그 주인을 섬기겠다는 자원하는 마음이 있다면 그때는 6년의 만기가 되었다 할지라도 계속해서 그 상전을 섬기도록 하였다. 이것은 순전히 히브리 종의 개인적인 의사에 따라 결정되었다.

그러한 경우라 할지라도 상전은 그 히브리 종을 다시는 종으로 대하지 말고 자기가 대리고 있는 자유로운 품꾼의 하나로 대하도록 했다. 그래서 레위기 25장 39-55절에는 히브리인을 절대로 종으로 여기지 말고 품꾼으로 여기라고 한 것을 볼 수 있다. 또는 우거하는 자와 같이 대접하라고 했다. 이것은 히브리 종이 일한 만큼의 대가를 항상 지불하도록 하기 위한 명령이다.

만일 히브리 종이 자원하는 마음이 있어 안식년이 되어도 돌아가지 않는다 할지라도 희년(일곱 번의 안식년이 지난 50년째 되는 해)이 되면 무조건 그의 가족에게 돌아가서 조상의 기업을 회복하도록 하였다.

조상의 기업을 회복한다는 것은 하나님께서 처음 이스라엘 백성들에게 가나안 땅을 기업으로 주신 것을 회복하기 위한 것이다. 이 일을 위해 희년이 되면 땅을 원 주인에게 돌려주도록 했다. 이처럼 희년이 되면 가옥이나 땅 등의 부동산뿐 아니라 종으로 팔린 사람이라 할지라도 원 상태로 회복시켜야 했다(레 25:23-34).

그러므로 희년은 마치 이스라엘 백성이 애굽에서 종 되었다가 자유롭게 풀려난 것을 상징한다. 이것을 기념하기 위해 팔렸던 기업을 원 소유주에게 회복하도록 했다. 이스라엘 백성이 소유한 기업이란 하나님께서 조상에게 주어 대대로 물려받은 것인데 이 기업은 이스라엘 백성이 가나안에서 하나님의 나라를 건설하기 위해 주어진 것이다.

그 땅을 하나님께서 주셨고, 그 땅에 살 집을 주셨고, 그 사람의 생명을 주신 것을 상징하는 것이 곧 이스라엘의 기업이다. 땅과 집과 생명을 하나님께서 주신 것은 하나님께로부터 받은 사명, 즉 그들에게는 하나님 나라를 건설하라는 사명을 이루게 하기 위함이다. 그것이 히브리인이 그 땅에 존재하는 이유이다.

기업을 회복한다, 기업을 무른다는 말은 히브리어로 고엘(לﬡﬢ)이라고 한다. 이 단어 속에는 '구속'이라는 의미가 담겨 있다. 즉 마땅한 대가를 지불하고 자유를 얻게 하는 것을 말한다. 즉 토지는 대가를 지불함으로써 원 소유주에게 돌려주는 것이다. 그리고 종으로 팔린 사람 역시 어떤 대가를 지불해서 자유롭게 해 주는 것이다.

특히 이 고엘(לﬡﬢ)의 정신, 속전의 정신은 히브리인이 이방인에게 팔렸을 때 더욱 잘 나타나 있다. 만약 어떤 히브리인이 이방인에게 종으로 팔렸다면 그 사람의 친척 중에서 유력한 사람이 희년까지의 연수를 계산해서 그 대가를 지불하고 자유롭게 하라고 했다. 이것을 '속전'이라고 한다. 이 속전은 돈을 가지고 있는 가까운 친척이 지불하도록 했다.

히브리인이 이방인에게 종으로 팔려갔을 때는 그대로 두지 말고 유력한 형제나 가까운 친척이 속전을 내고 그를 자유롭게 풀어 주라고 명령한 것에는 특별한 의미가 있다. 왜냐하면 하나님의 백성이 어떤 형편이나 이유로 타국인의 종이 된다는 것을 하나님은 용납하지 않으신다는 사상이 그 안에 담겨 있기 때문이다. 대신에 그 히브리인이 자유롭게 되면 자기의 고유한 특성, 즉 자기의 인격을 잘 발휘해서 하나님 나라를 다양하고 풍요롭게 표출해야 하는 본래의 존재 의미를 다해야 한다. 이것은 이땅에 존재하는 모든 인생이 살아야 할 본분이며 목적이기도 하다.

하나의 인생이 자유롭게 되어 자신의 본분을 수행하도록 하는 제도가 바로 고엘(속전)의 정신이다. 여기에서 우리는 긍휼의 기본적인 성격을 발견할 수 있다. 즉 히브리 사람이 자신의 몸값을 지불하지 못해 팔려 갈 경우 또는 히브리 사람이 이방인에게 팔릴 경우 그 사람의 몸값을 희년까지 계산하여 가까운 친척이나 유력한 사람이 그 값을 지불함으로써 히브리 종을 자유롭게 하는 근거는 바로 하나님의 나라를 정상적으로 건설해 나가도록 하는 데 그 목적을 두고 긍휼을 베푸는 것이다.

때문에 긍휼을 베푼다 할 때는 그저 불쌍히 여겨서 '저 사람이 불쌍하고 가련하구나' 하는 마음으로 동정을 베푸는 것으로 끝나는 것이 아니다. 긍휼히 여긴다는 것은 그 사람이 소유하고 있는 자신의 인격을 최대한으로 발휘하고 사람답게 살 수 있도록, 또한 그 사람의 고유한 특성이나 인격을 발휘할 수 있도록 자유로운 위치에 설 수 있는 모든 조건을 다 베풀어주는 것을 말한다.

어떤 사람을 불쌍히 여긴다고 할 때 그 사람에 대해 안타깝다는 차원에서 몇 푼의 동정을 행사하는 것을 가리켜 긍휼히 여긴다고 하지 않는다. 하나님께서 우리를 긍휼히 여긴다고 할 때는 그 사람이 담당하고 있는 모든 제약과 부담으로부터 자유로워져서 마침내 그 사람답게 살 수 있도록 해주는 것까지를 말한다.

긍휼히 여김을 받은 사람은 자기가 존재하는 고유한 사명의식을 파악하고 있어야 한다. 자기의 본분을 행할 수 있는 위치를 본인이 깨달아야 하는 것이다. 그러므로 긍휼히 여긴다는 것은 인간이 인간답게 살 수 있도록 최선의 책임을 지는 것이다.

그리고 긍휼히 여김을 받은 사람은 만일 자기에게 긍휼이 베풀어지는 기회가 주어진다면 자기의 본분을 충분히 행할 수 있는 위치에 도달할 수 있기 위한 의식을 가지고 있어야 한다. 때문에 긍휼히 여김을 받았음에도 불구하고 여전히 허랑방탕하고 예전과 같이 빚을 져서 또 다른 사람에게 팔려갈 정도로 나약하거나 게으르고 나태한 사람이라면 긍휼히 여김을 받을 자격이 없다.

마태복음 5장 7절에서 "긍휼히 여기는 자는 복이 있나니"라는 말씀은 긍휼을 함부로 베풀지 않은 정상한 상태를 근거로 하고 있다. 길을 가다가 거지를 발견하고 불쌍하고 측은지심이 생겨 몇 푼의 돈을 던져 주면서 '나는 다른 사람을 긍휼히 여겼으니 언젠가 하나님께서 나를 긍휼히 여겨 주시겠지'라는 식의 생각을 말하지 않는다.

내가 긍휼히 여긴다는 것은 내가 하나님께로부터 긍휼히 여김을 받은 사람이기 때문에 긍휼을 베풀 수 있는 것이다. 죽음과 사망으로부터 자유를 입고 새 생명을 입은 사람으로서의 의식을 가지고 있기 때문에 자유인으로서 자유의지에 따라 긍휼을 베푸는 것이다.

긍휼을 베풀 만한 자리에서 그 사람이 긍휼을 입을 경우 나와 마찬가지로 자유인이 되어 사람의 근본된 속성, 본분을 잘 드러낼 수 있는 사람에게 얼마의 동정이라도 베푸는 것을 가리켜 긍휼이라고 한다. 그러한 긍휼이 온전한 긍휼이다. 그렇지 않고 자기 마음 가운데 거지에게 돈 만원을 주었든지, 몇 백만 원을 주었든지 그것은 자기 만족감에서 나온 행위일 뿐이다. 성경에서 말하는 긍휼이라는 정신과는 상관이 없다. 긍휼은 동정과는 그 성격이 전혀 다르기 때문이다.

〈기도〉

하나님 아버지!

긍휼에 대한 그리스도의 가르침을 우리가 생각합니다. 언뜻 남들에게 사랑을 베푼다, 온정을 베푼다고 하면서 자신의 존재 의식이나 당사자에 대한 명확한 인식을 가지지 않은 상태에서 함부로 동정을 베푸는 경우가 많이 있음을 고백합니다. 그 사람에 대한 책임도 없고 생명에 대한 관심도 없으면서 내 마음의 흡족함을 위해 온정을 베풀고 긍휼을 베푸는 경우도 없지 않았음을 고백합니다.

이런 것들을 가리켜서 성경은 긍휼이라 하지 않음을 배웠습니다. 적어도 우리가 긍휼을 베푼다 할 때는 온전한 인격을 나타낼 수 있고, 표현해 낼 수 있고 또 그것을 근거로 생명력을 발휘할 수 있는 자리에 있을 때 긍휼을 베풀고 또 긍휼을 받을 자격이 있다는 사실을 배웠습니다.

주님! 이런 일들에 대해서 우리가 온전한 마음을 갖게 하시고 거짓되거나 스스로 자신을 속여가면서 남들에게 잘 보이려 하는 사악한 행위를 하지 않도록 도와주시옵소서.

주 예수 그리스도의 이름으로 기도합니다. 아멘.

II. 하나님 나라의 외형적인 실체(實體)

제10장

긍휼히 여기는 자 (3)

긍휼히 여기는 사람의 자세와 그 대상에 대해 기본적으로 성경에서 언급하고 있는 내용은 출애굽기 21장 1-6절에 나와 있는 바와 같이 히브리 종에 대한 언급에서 찾아볼 수 있다. 여기에서 우리는 어떤 사람이든지 그 사람을 자유롭게 하는 것이 긍휼의 극치이며 그러기 위해 그 사람의 존재 의미를 먼저 확인해야 한다는 것을 전제하고 있음을 볼 수 있다. 다시 말하면 하나님께서 베푸시는 긍휼은 인간에게 뿐 아니라 짐승에게도 적용되는데 그 생명에 대한 존엄성이나 가치를 인정하고 그 가치를 완벽하게 표시하도록 하기 위함이다.

그 생명이 생명답게 발현될 수 있도록 해주는 것이야말로 진정한 의미에서 긍휼이라는 것을 성경은 전제하고 있다. 하나님께서 우리를 불쌍히 여기신다고 하는 것은 우리가 죄와 죄책과 그로 인해 받아야 할 형벌에 대해 불쌍히 여기시고 그 죄와 죄책과 형벌을 면책하여 더 이상 그것들이 짐(부담)이 되지 않도록 하심으로써 우리로 하여금 온전한 자유인으로서 본연의 존재 가치, 즉 인생의 목표를 드러내도록 하기 위함인 것이다.

우리가 다른 사람에게 긍휼을 베풀 때도 그래야 한다. 돈이 있든 없든, 지식이 많든 적든, 유력하든 그렇지 못하든 간에 우리가 어떤 사람을 불쌍히 여긴다는 것은 그 사람이 마땅히 살아야 할 자태를 알지 못하고 있는 상태를 먼저 불쌍히 여겨야 한다.

예를 들면 길가에 있는 거지에게 돈 만 원을 주든지 십만 원을 주든지 불쌍하다, 측은하다 여기는 것을 가리켜 긍휼이라고 하지 않는다. 그 사람이 이 세상에 태어난 본래의 목적을 구현해서 그 사람답게 살 수 있도록 하는 차원에서 불쌍히 여기는 것이 긍휼이다. 그러므로 긍휼에는 기본적으로 그 목적이 담겨져 있어야 한다. 무작정 불쌍히 여기고 동정한다는 것을 긍휼로 여기는 것이 아니다.

1. 긍휼은 인생의 의미를 드러내기 위한 방도

이러한 사상은 출애굽기 21장 7절 이하에서도 살펴 볼 수 있다. 여기에서는 어떤 사람이 가난하여 빚을 짐으로써 자신의 딸을 종으로 판 경우를 들어 긍휼의 정신을 이야기하고 있다. 이런 경우 히브리 여종은 남종과 달리 취급하고 있다. 남종은 속전을 주면 풀려나든지 희년이 되면 자유롭게 해주는 것에 반하여 여자는 그렇지 못하다는 점에서 차이점을 발견할 수 있다.

대신에 (아직 혼인하지 않은) 어떤 사람이 히브리 여자를 종으로 사오는 경우에는 그 여자를 종으로 사오는 것이 아니라 자기의 부인과 같은 예우를 해주도록 했다. 즉 그 히브리 여종을 일반적인 종으로 여길 것이 아니라 아내와 같은 위치에서 그 여자를 대우하라는 것이다.

이것은 여자가 생리적으로 남편을 의지하며 살아가도록 되어 있기 때문이다. 따라서 히브리 여자를 종으로 샀을 경우에는 부인을 얻은 것과 같이 대우를 해줌으로써 그 여자가 여자로 태어난 본래의 의미와 역할을 다하도록 배려한 것이다. 만일 그 여자가 마음에 들지 않아서 관계하고 싶지 않으면 평생 그냥 데리고 살 뿐이지 다른 사람에게 팔지 못하였다.

히브리 여종의 주인이 다른 여자와 정혼을 하게 되면 그 히브리 여종에게는 스스로 살아갈 수 있도록 생존에 필요한 기본적인 것들, 즉 의복과 음식과 동침하는 것을 끊지 못하도록 했다(10절 참조). 만일 그 일을 싫어하거든 그 여자의 속전을 받지 않고 그 인생을 자유롭게 해주도록 했다. 나아가 히브리 여종을 자기가 취하지 않고 아들에게 주었다면 그 여자를 종으로 취급하지 않고 자기의 딸과 같이 대하도록 했다.

히브리 여자를 종으로 샀을 경우에는 그 여종의 남편으로서 의무를 지켜야 했고 만일 아들에게 줬으면 딸처럼 대하도록 한 것이다. 그렇지 않으면 그 여종에게 의복과 음식과 동침하는 것을 끊지 못하게 하였고 그것도 아니면 그 여종을 차라리 자유롭게 내보내라고 했다. 이것은 무엇보다도 인간의 가치를 소중히 여기라는 의미이다. 대신 이 여자 종은 그 주인의 부인과 같은 역할로서 (단순히 종으로 살아가는 것이 아니라) 자신의 존재 의미를 드러내는 것이다. 이것이 히브리 여종에 대한 가르침에서 찾을 수 있는 특이한 점이다.

혹시 히브리 여자가 종으로 팔렸다 할지라도 단순히 종으로 한 평생을 희생하거나 가치 없이 살아가는 것이 아니다. 자신의 주인을 남편처럼 섬김으로써 그 남편이 하나님의 의로운 백성답게 인생의 본분을 다행할 수 있도록 도와주는 역할을 해야 했다. 이것은 부인이 남편에게 행하는 의무인데 히브리 여종 역시 그와 같은 일을 통해 자신의 존재 의미를 찾는 것이다.

만일 주인이 그것을 원치 않는다면 차라리 그 여종을 자유롭게 풀어주어 다른 남자와 혼인하게 함으로써 어떤 경우든지 그 여인이 하나님 앞에서 자신의 존재 의미를 찾아 살도록 했다. 이처럼 비록 종으로 팔렸다 할지라도 사람이 가지고 있는 기본적인 인격과 기본권이 보장되

어야 하며 그 사람이 하나님으로부터 받은 바 인간으로서 본연의 목표
를 달성할 수 있는 위치에 서 있도록 해주어야 한다.

2. 긍휼을 베풀어야 할 근거

어떤 사람이 여종을 사서 그 여종을 부린다고 했을 때 왜 이렇듯 자
기 부인과 같이 의복과 음식을 주고 같이 동침을 해 가면서 인격적인
대우를 해주느냐 하면 거기에는 긍휼이라는 것이 작용하기 때문이다.
그 주인도 역시 예전에는 종과 같은 사람이었다. 즉 옛날 이스라엘 사
람들은 모두 바로의 종이었음을 되새기게 하는 것이다.

히브리 사람들이 종 된 자리에 있을 때 하나님께서 은혜를 베풀어 자
유롭게 해주셨다. 그리고 이제는 인간으로서 본분의 가치를 드러내기
위해 약속된 가나안 땅에 살고 있다. 이것은 이스라엘 사람들이 하나님
의 백성으로서 이땅에 하나님의 의로운 통치를 드러내기 위해 살게 됨
으로써 인간 본연의 존재 의미를 수행하고 있음을 의미한다.

어떤 사람이 가난해서 나이 어린 딸을 종으로 팔 수밖에 없다면 그
여자를 산 사람은 그 팔린 여자의 아비와 같은 역할을 대신해야 한다.
주인은 자기가 산 여종에게 아비와 같은 긍휼을 베풀어야 될 위치에 있
는 것이다.

'네가 가난한 부모 밑에 있어서 종으로 팔려 네 본연의 역할을 다하
지 못할 처지에 있어 이제 네가 내 아래에 왔으니 인간의 인권으로서
기본권과 자유인으로서 마땅히 해야 할 일을 수행할 수 있도록 내가 보
장해 주겠다'는 마음의 자세를 가져야 한다. 이것이 바로 긍휼히 여기
는 정신이다. 이것은 동정과는 엄연히 다르다.

그 결과 그 히브리 여자는 비록 종으로 팔렸다 할지라도 종으로서 일
생을 타인의 소모품처럼 사는 것이 아니었다. 오히려 가난한 부모 밑에

서 가난하다는 이유로 자신의 가치를 백분 발휘하지 못했던 위급한 상황에서 벗어나는 긍휼을 입을 수 있게 되었다. 그래서 하나님은 이러한 종의 제도를 허락하심으로 자기 자신의 역할을 다할 수 있는 자리에 서도록 기회를 주시는 것이다.

　외형적으로는 종으로 팔렸다는 자체가 비극이고 비참한 현실이다. 하지만 하나님은 그러한 자리를 통해서 오히려 그 여인으로 하여금 인생의 가치를 드러내도록 회복하기 위해 이런 제도를 주셨다. 그러므로 긍휼이라 할 것 같으면 이처럼 크고 원대한 하나님의 경영 안에서 하나님은 긍휼을 베푸시고 행하신다는 것을 염두에 두어야 한다.

　내가 종을 하나 사게 되었는데 불쌍하니까 자유인처럼 대한다는 막연한 차원에서 긍휼을 베푸는 것이 아니다. 그것은 긍휼의 정신과 아무런 관련이 없다. 이러한 이유로 관대하다, 잘 해준다는 정도만으로 긍휼의 정신을 담을 수 없다. 성경에서는 노예를 노예로 생각하지 않고 심지어 자기 부인처럼 혹은 딸처럼 대우하도록 가르쳤다. 남종을 사 왔을 때는 그 사람을 충분히 자유롭게 하고 심지어 혼인도 시키고 또 희년이 되면 자유롭게 내보내도록 함으로써 마땅히 이 세상에서 각자의 본분을 수행하며 살아가도록 하는 것이 긍휼의 정신이다.

　그러기 위해서는 자신이 무엇을 위해 존재하는가에 대해서도 알고 있어야 한다. 자기 종에게 긍휼을 베푼다는 것은 무엇보다도 먼저 자기가 존재해야 할 의미와 목적에 대해 알고 있어야 가능하기 때문이다. 혹시 자기 종들로부터 대우를 받는다든지 도움을 받는 것조차도 자신이 그러한 위치에 있다는 것을 빌미로 향락하고 즐기기 위해서가 아니다.

　자신의 존재 의미를 수행하기 위해 그 사람들의 도움을 받는 것이며 이것을 하나님의 은혜로 생각하고 이 점에서 자신도 그 사람들의 도움을 받을 필요가 있다고 여겨야 한다. 그래야 자신이 마땅히 해야 할 삶의 당위를 수행하는 일에 있어 자기에게 속한 종들일지라도 하나의 소유물로 여기지 않고 그들 나름대로 독자적인 존재 가치가 있는 인격자로 여기게 될 것이다. 만일 자기에게 그들의 도움을 받을 만한 자격이 없다면 그들을 자유롭게 내보내야 한다.

자기가 마땅히 살아야 될 본분의 위치에 있어서 필요 이상의 종들을 가지고 있다고 느낀다면 그 종들을 해방시켜 주어야 한다. 그렇지 않고 그저 자기 인생의 향락에 빠져 많은 여종을 데려다 쾌락을 즐긴다든지 아니면 많은 종을 거느리며 권세 있는 것처럼 행한다면 그 사람은 자신의 인생에 대한 이해가 없기 때문일 것이다. 그로 말미암아 그 사람 밑에 있는 종들은 그 사람을 위한 하나의 사치품이나 소모품으로 전락하고 말 것이다. 자기 한 사람의 인생이 잘못됨으로 인해 나머지 사람 전부가 비참한 인생길로 빠질 수밖에 없다.

3. 소중히 여겨야 할 사람의 생명

사람의 생명은 소중한 것이다. 따라서 생명을 소중히 여기도록 하기 위해 살인한 자는 반드시 사형을 시키라고 했다(출 21:12). 그렇지만 부지불식간에 살인을 한 경우에는 예외로 하였다.

예를 들어 나무를 하다가 도끼날이 손에서 빠져나가 어떤 사람을 죽였다면 고의로 사람을 죽인 것이 아니다. 때문에 그 억울하게 죽은 사람을 대신해서 죽도록 하지 않고 도피성을 만들어 그곳에 피신할 수 있는 제도를 만들었다. 교살죄, 고의로 살인한 사람은 분명히 피로써 그 생명을 갚아야 할 것이지만 부지불식간의 살인은 그 피에 대해 하나님은 대속할 수 있는 제도를 마련해 주신 것이다. 여기에서도 하나님의 자상하신 의도를 엿볼 수 있다.

부지불식간에 살인한 사람에 대해 하나님이 긍휼을 베푸신 다른 이유는 갑자기 죽임을 당한 사람의 가족들과 친척들의 원한을 감안한 것이다. 하루아침에 사랑하는 가족이나 가까운 친척을 잃은 사람들의 심경은 이루 형용하기 어려울 것이다. 죽은 사람이 한 가정의 가장이라면 그 타격이 결코 작지 않을 것이다. 이 일로 인해 부지불식간에 살인한 사람에 대한 경계심과 원한이 증폭된다면 자칫 또 다른 불상사를 일으킬 염려가 없지 않다.

따라서 부지불식간에 살인한 사람을 일정 기간 동안 일상의 생활에서 구별하여 별도의 도피성에 거주하게 하는 것은 당사자간에 피차 완충 기간을 갖게 되는 이점이 있을 것이다. 이렇게 함으로써 당사자간에 필요 이상의 감정이나 정력이 낭비되지 않도록 배려한 것이다.

나아가 비록 부지불식간에 죽임을 당한 사람의 가족이나 친척이라 할지라도 그 살인한 자를 함부로 심판할 것이 아니라 오히려 긍휼을 베풀도록 하기 위한 하나님의 배려이기도 하다. 그러한 이유로 부지불식간에 살인한 사람에게는 도피성으로 피할 수 있는 기회를 주셨고 거기에서 살 수 있도록 모든 여건을 마련해 주셨다.

여기에 긍휼의 다른 모습이 담겨 있다. 사람의 생명에 대한 존엄성이다. 때문에 그 사람은 도피성에서 살되 당대의 대제사장이 죽으면 그 사람은 다시 자기의 산업으로 돌아와서 자기의 기업을 일으키도록 했다. 그러나 만일 대제사장이 죽지도 않았는데 그 사람이 도피성에서 나오면 그 살인 당한 사람의 가족이나 친척이 그를 죽일 수 있는 권한이 주어졌다. 이것은 하나님께서 도피성을 만드신 제도를 무시했기 때문에 죽임을 당하는 것이다.

한번 도피성에 들어가면 영원히 그 도피성에서 나오지 못한다는 것이 아니다. 일정기간 동안, 즉 당대의 대제사장이 죽는 날까지만 그 도피성에 있고 그 대제사장이 죽으면 자기가 받은 기업에 다시 돌아와서 여전히 자기 산업을 일으켜 나갈 수 있었다. 여기에서 중요한 것은 자기의 기업을 계속 유지시켜 나가도록 제도화 되었다는 점이다. 그 사람이 자기가 해야 할 일을 할 수 있도록 새로운 조건을 준 것이다.

이처럼 마땅히 하나님으로부터 받은 기업을 발전시키며 살아가야 할 길을 갈 수 있도록 배려하는 것이 하나님께서 인간 세계에 베푸신 긍휼의 모습이다. 그것은 하나님 나라에 속한 인생이 이땅에 사는 동안 무엇보다도 하나님의 나라를 건설하는 것을 자신의 산업으로 삼아야 한다는 대원칙에 근거해 있다.

하나님의 기업을 이어나간다는 사상은 이스라엘 사회에서 매우 중요한 비중을 차지하고 있다. 이러한 사실은 자기 아비나 어미를 친 자나 저주를 한 자를 반드시 죽이라고 한 말씀에 잘 나타나 있다. 이것은 하나님께서 내신 자연법이다. 자식은 아비로부터 나오며 아비는 그 자식의 근원이다. 따라서 자기 생명의 근원을 저주한다든지 또는 쳐서 모독하여 생명의 근원을 더럽힌다는 것은 자연법의 위배이다. 더욱이 부모와 자식 간에는 근본적으로 하나님께서 주신 사명을 대대로 전승하여 수행해야 하는 독특한 관계가 있는 사람들이다.

아비가 하나님께로부터 기업을 받았다면 그 기업은 자식에게 넘겨주게 되어 있다. 이런 점에서 자식은 하나님께 받은 그 기업을 계승할 위치에 있는 사람이다. 기업을 계승한다는 것은 단순히 먹고 사는 문제를 해결하기 위함이 아니다. 그것을 바탕으로 그 자신이 무엇을 위해 존재해야 할 것인가를 확인하고 자신의 존재 의미를 구현해 내는 데 그 목적이 있다.

이것은 넓은 의미로 하나님 나라의 건설과 확장을 말한다. 그것이 인생의 본분에 속한 일이기 때문이다. 그러한 사명을 가지고 있는 사람이 자기의 아비를 저주한다든지 몰염치하게 그 아비를 친다는 것은 하나 님께로부터 받은 기업에 대한 인식을 잘못 이해한 상태에서나 있을 법 한 일이다.

여기에서 아비와 자식 간에 어떤 질서가 있다. 그것은 사랑이며 그 사랑이 유지되는 데는 하나님께로부터 받은 기업에 대한 정당한 사상 이 있어야 한다. 마땅히 살아야 될 인간의 본분이 그 기업 안에 담겨 있 기 때문이다. 따라서 부모의 사랑을 배신한다는 것은 기업을 이을 자격 이 상실된 것으로 이러한 행위는 죽음에 해당된다(출 21:15-17). 이것은 하나님이 내신 질서를 파괴한 범죄로 마땅히 죽음에 상당하는 행위이 기도 하다.

이 세상에는 그와 같은 경우가 많이 있다. 그러나 자식이 아비를 때 린다든지 학대하는 것은 그 사회가 그만큼 죄로 인해 부패해졌고 저주 받은 사회임을 드러내는 하나의 표이지 결코 정상한 상태에서는 그러 한 일이 있을 수 없다. 실제로 건강한 사회에 살면서 하나님의 긍휼을 입고 있다면 그리고 하나님의 긍휼이 무엇인지를 알고 있다면 그와 같 은 패륜의 길은 가지 않을 것이다.

그러므로 긍휼을 받았다든지 긍휼을 베푼다고 하는 것은 아비가 자 식을 사랑하는 것까지도 마땅히 사람 된 본분을 따져서 사랑하는 법이 다. 따라서 패륜아라고 한다면 의당히 그 사회에서 영원히 추방해야 한 다. 비록 사랑스런 자식이라 할지라도 자식이 아비를 저주하는데 '저것 불쌍한 녀석이다' 하면서 끝까지 자식을 두둔하는 것은 점차 그 사회의 성격을 악하게 하는 결과를 가져오고 말 것이다.

이런 이유 때문에 그러한 자식은 살려두지 말고 반드시 죽이라고 한 것이다. 즉 긍휼을 베푸는 데 있어서 긍휼을 받을 만한 위치에 있지 않 을 때는 심지어는 죽여서라도 사랑의 관계를 확인하라는 것이 여기에서 가르치고자 하신 의도이다. 이것은 개인적인 감정을 앞세우는 것이 아니다. 하나님 나라가 가지는 드높은 사상을 건실하게 지켜나감으로써 하나님의 의로운 통치가 구현되어야 할 것을 소망하는 신앙의 자태이기도 하다.

4. 공의가 동반되어야 하는 긍휼

"이는 이로, 눈은 눈으로 갚으라"는 말씀 속에서도 긍휼의 정신을 찾을 수 있다. 여기에서 우리는 긍휼이 가지는 또 다른 특성을 발견하게 된다. 즉 하나님의 공의가 뒤따를 때 긍휼의 정신이 더욱 선명하게 발현된다는 점이다. 누구를 불쌍히 여길 때는 무조건 측은지심만 일으키는 것을 의미하는 것이 아니라 거기에는 언제나 공의가 동반되어야 할 것을 지시하기 때문이다.

하나님의 공의를 분명히 알고 이해할 때 비로소 긍휼의 가치를 알게 된다. 하나님의 공의를 무시하거나 인간의 천륜 혹은 자연법을 무시한 긍휼은 있을 수 없다. 이런 점에서 공의야말로 사람들이 생각하는 정의, 즉 어떤 윤리적인 규범이 아니라 하나님의 절대적인 공의를 근거로 사람을 불쌍히 여긴다든지 측은하게 여긴다든지 사랑을 베푼다고 할 때 비로소 거기에 긍휼의 참된 가치가 드러나는 것이다. 즉 공의는 긍휼을 낳는 원동력이라는 사실을 알게 된다.

긍휼의 정신은 주인이 남종이나 여종을 잘못하여 신체 일부를 상하게 하는 경우가 발생하면 그 종을 자유롭게 놓아주라고 한 말씀에서도 잘 나타나 있다. 눈을 상하게 한다든지 이(齒)라도 부러지게 한다면 그것이 신체의 전부를 대신하는 것은 아니지만 그 일부의 상함에 대한 보상으로 몸 전체의 값으로 환산하여 자유롭게 놓아주라는 말이다(출 21:26-27). 이것은 긍휼이 가지고 있는 극치이다.

눈 하나 상한 것이 몸 전체의 값을 대신할 수 없다. 여기에서 눈(신체의 일부)의 값어치가 신체 전체의 값어치에 해당할 정도로 그 가치를 높인다는 의미가 아니다. 그보다는 종은 그 주인을 생명의 근원으로 여기고 살아가는 사람이다. 다시 말하면 주인은 그 종의 생명을 지켜주고 생존을 보장해야 할 위치에 있다. 이것은 비록 종이라 할지라도 자신의 존재 의미를 구현함에 있어 주인과 동반자적인 위치에 서 있다는 점에서 각별한 존재 가치가 있음을 의미한다.

따라서 주인이 종을 사랑하지 못하고 잘못하여 그 신체의 일부를 상하게 했다면 이미 주인으로서의 위치에 합당하지 못하다는 것을 지시한다. 다시 말하면 그 사람은 종을 다스릴 자격이 없다는 것이다. 때문에 주인은 그 종의 존재 가치를 인식하지 못하고 함부로 대한 대가로 그 사람을 자유롭게 놓아주라고 명령하는 것이다.

사람과 사람의 관계에서도 물론 하나님의 공의와 사랑이 중요하다. 아비와 자식의 관계에서도 마찬가지이고 심지어 종과 주인의 관계에서도 그렇다. 주인은 자기의 종을 사랑해야 될 뿐만 아니라 종은 주인을 신뢰해야 한다. 저 주인이 아니면 내 인생의 가치가 없을 뿐 아니라 내 생명이 보장되지 않는다는 이유만으로도 주인을 신뢰해야 하는데 주인이 폭력을 행사함으로써 그 신뢰의 관계가 무너져 버렸다는 것이다.

때려서 몸의 어느 한 부분을 상하게 하는 것으로 상호 신뢰 관계를 무너뜨린다면 그리고 그 일로 사랑의 관계를 무너뜨린다면 당연히 그 주인은 종을 데리고 있을 자격이 없다. 여기에서 참으로 하나님께서 한 사람의 생명, 비록 종 된 한 사람의 생명일지라도 그 하나하나를 얼마나 소중히 여기시는가를 읽을 수 있다.

그러므로 어떤 히브리 사람이 종으로 팔릴 때는 평생 종살이나 하고 살아야 하는 것이 아니라 하나님께서는 그 사람의 생명을 보존하기 위한 방편으로 다른 사람에게 위탁시키신 것으로 이해해야 한다. 그 이유

는 본인에게 주어진 인생을 정상적으로 경영하지 못한 책임을 물으시
는 것도 있다. 때로는 그 자신 스스로 자기의 인생을 경영해 나가는 것
보다는 타인에게 위탁하는 것이 본인에게 더 유익이 되기도 한다.

　종의 신분이 되었다 할지라도 그 자신이 가지고 있는 고유한 존재 의
미와 가치를 지니고 있다. 왜냐하면 하나님께서는 어느 때든지 그 사람
이 지니고 있는 생명의 가치를 인정해 주시고 보장해 주시기 때문이다.
그 사람에게 좀 더 자유로운 여건을 주는 것이 좋겠지만 필요에 따라
그 사람이 처한 여건이나 지식이나 능력 정도가 자유인으로서 사는 것
보다는 타인의 지도 아래 사는 것이 나을 수 있다. 이럴 경우 좋은 상전
을 만나 그 사람다운 가치를 나타낼 수 있도록 하는 것이 하나님의 긍
휼이다. 그런 차원에서 당시 종의 제도를 용납하신 것이다.

　본래 하나님께서는 그와 같은 종의 제도를 만들거나 사람을 사고 파
는 행위를 용납하신 것이 아니다. 그러나 사람이 죄로 인해 불성실하고
때로는 악한 상태에서 벗어나지 못하기 때문에 하나님께서는 필요에
따라 타인의 지배를 받더라도 그 사람답게 살도록 하기 위해서 종의 제
도를 잠정적으로 허용하신 것이다. 그러한 하나님의 긍휼을 사람들이
악용하는 것이 잘못이지 원래는 그렇지 않다.
　대신에 그 종은 자기가 자유인으로서 하나님을 섬기지 못하여 종이
되었을지라도 상전을 잘 보좌하고 하나님같이 여겨 그 상전이 다른 일
에 시간과 정력을 낭비하는 것을 대신할 수 있다. 이렇게 함으로써 그
상전이 마땅히 해야 될 일을 할 수 있도록 도와주게 된다. 이처럼 상호
협력 관계 속에서 전체적으로는 하나님 나라가 건실하게 세워지는 일
에 피차 헌신할 수 있는 것이다.

　이러한 일을 통해 종은 자기 나름대로 하나님 앞에서 자신의 존재의

가치와 의미를 찾게 된다. 때문에 비록 종이라 할지라도 왜 저 사람을
상전으로 섬겨야 하는가에 대한 의미를 파악하고 있어야 한다. 그렇게
할 때 그 자신뿐 아니라 그 주인까지도 하나님 앞에서 의미 있고 가치
있는 삶을 갖는 일에 협력하게 된다.

하나님의 긍휼이 행사되려면 이처럼 하나님 앞에서 인간에게 바라시
는 존재 의미나 그 본질에 대한 가치 인식을 근거로 하고 있어야 한다.
따라서 긍휼은 서로의 존재 가치를 확실하고 분명하게 확장시켜 나가
는 은혜의 방편이 된다. 부모가 자식들을 불쌍히 여긴다든지 남편이 아
내를 불쌍히 여긴다는 것도 마찬가지이다. 그저 불쌍히 여기는 정도로
만 자녀들을 대하는 것은 긍휼의 정신이 포함되어 있지 않은 것이다.
이것은 무가치한 동정에 불과하다.

긍휼은 사랑의 극치이다. 성령의 열매는 사랑과 긍휼(자비)과 온유함
등에서 그 특성을 나타낸다. 여기에서 말하는 긍휼은 성령의 열매로
나타나는 독특한 그리스도인의 성품이다. 마땅히 하나님 앞에서 받은
바 인간 존재의 사명이 완수될 위치에 서서 사랑을 베풀 때 그것은 성
령께서 하시는 일이며 거기에 사랑의 열매가 있다. 그것이 진정한 긍
휼이다.

〈기도〉

아버지 하나님!
우리가 이 세상에서 사는 동안에 동정심을 나타내거나 타인을 불쌍
히 여기는 행위를 여러 가지 방편으로 행할 때가 많이 있었지만 하나님
의 대의적인 뜻을 앞에 놓고 볼 때 그것이 얼마나 부족한 행적인 것을
알았습니다.
이제 우리가 불쌍히 여기는 마음을 갖는다 할지라도 마땅히 인간으

로서 본분을 행할 수 있는 자리에까지 이를 때에 비로소 진정한 긍휼을 베풀 수 있고 또 그러한 사람이어야 긍휼을 베풀 자격이 있다는 사실을 고백합니다.

참으로 우리 인생의 가치가 의미 있도록 인도하고 도우시어 우리 인생이 하나님의 나라를 위해 영광스럽게 쓰이기를 소원합니다.

주 예수 그리스도의 이름으로 기도합니다. 아멘.

II. 하나님 나라의 외형적인 실체(實體)

제11장

긍휼히 여기는 자 (4)

긍휼이라는 단어는 자비 또는 인자, 인애라는 말과도 동일한 의미를 가진다. 긍휼은 인간이 어떤 사람이나 피조물에 대해 불쌍한 마음을 갖는 감정을 가리켜서 말하지 않는다. 오히려 창조주이신 하나님께서 피조물들이 정상한 위치에서 이탈되어 심판을 받고 있는 현실에 대해 불쌍히 여기시고 그들의 결핍된 것을 채워주셔서 그것들이 충족된 상태로 자기들의 역할을 행할 수 있도록 조처하는 모든 행위 속에서 긍휼의 참 모습을 찾을 수 있다.

이러한 점에서 긍휼의 의미에 대해 히브리 종에 대한 규례와 그밖에 인간 세상에서 어떻게 사람들을 대해야 할 것인가를 살펴봄으로써 이해를 도울 수 있다. 특히 이러한 긍휼의 정신은 출애굽기 22장 20절 이하에 나타난 인간관계를 통해 나타나고 있다.

나아가 본문에서는 긍휼을 베푸는 일이 곧 여호와를 섬기는 일과 일치한다고 피력하고 있다는 점에 우리는 주의를 기울이지 않을 수 없다. 즉 사람이 사람을 불쌍히 여기는 것이라든지 긍휼을 베푸는 일은 단순히 그 일로 끝나지 않고 그것이 곧 하나님을 섬기는 일과 일치한다는 점에서 우리는 긍휼의 정신에 대하여 다시 생각해 보아야 할 것이다.

1. 긍휼-하나님의 속성

본문은 이방 나그네나 과부 또는 고아를 해롭게 하지 말라(출 22:21-22)고 말하고 있다. 만일 그렇게 할 경우에는 오히려 하나님의 진노가 임하여 이방 나그네를 압제하는 자를 죽이고 과부와 고아를 해롭게 하는 자의 아내와 자녀들이 과부와 고아가 될 것이라고 경고하고 있다(출 22:23-24).

출애굽기 22장 25절 이하에서는 만일 돈을 빌려 줬으면 채권자처럼 채무자를 괴롭히지 말고, 이자를 받지 말며, 혹시 그 사람이 옷을 저당 잡혔다면 해가 지기 전에 그 옷을 돌려주라고 명하고 있다. 히브리 사람들에게 있어서 옷은 살과 같은 것이고 그 의복을 입어야만 정상적인 생활을 유지하기 때문에 의복을 돌려주라고 한 것이다. 이와 같은 명령을 내리시며 '나는 자비하신 하나님이시라'(출 22:27)고 말씀하고 있다는 점에서 긍휼을 베푸는 일을 통해 하나님의 속성을 발견할 수 있다는 사실을 알 수 있다.

이 말씀이 기록된 출애굽 시대를 BC 1440년대로 추정해 볼 때 지금으로부터 약 3,500년 전에 이와 같은 드높은 법이 선포되었다는 사실에 대해 놀라지 않을 수 없다. 여기에서 선포된 법의 내용은 법률학상으로 볼지라도 고도한 법이기 때문이다. 요즘 세상에서도 보기 드문 법 정신이 그 안에 내포되어 있다. 이는 지금까지 단순히 인간 사회에서 통용되어 온 어느 법률보다 훨씬 심오하다. 마치 새로운 차원의 정치 체제에서나 찾아 볼 수 있는 높은 수준의 법 정신을 보게 된다.

　긍휼이나 자비를 베푼다는 것에는 항상 인간의 본분을 정상적으로 발휘할 수 있는가를 염두에 두어야 한다. 그러한 사람이 긍휼을 베풀 자격이 있고 또 그러한 사람에게 긍휼을 베풀어야 한다. 이것이 긍휼에 있어서 근본이 되는 정신이다.

　그렇다면 출애굽기 22장에서 말하는 것처럼 과부를 압제하지 말고, 돈을 빌린 자에게 채주처럼 하지 말고 옷을 저당잡혔을 경우 해가 지기 전에 돌려주라는 등의 이야기들은 자비하신 하나님께서 선포하신 법률이라는 점에서 일반 세상 나라에 대해 하신 말씀이 아님을 알 수 있다. 지금 이 말씀을 듣는 사람들은 애굽에서 종살이하던 자리에서 벗어나 자유를 행사할 수 있는 능력이 있는 이스라엘 사람들이다. 다시 말하면 충분하게 인격을 행사할 수 있는 사람들에게 이 말씀을 하신 것이다.

　하나님은 새롭게 태어난 이스라엘 백성들에게 법률을 선포하시면서 그들이 새로 태어났다는 사실을 자주 상기시켜 주신다. 출애굽기 23장 9절에서도 "너는 이방 나그네를 압제하지 말라 너희가 애굽 땅에서 나그네 되었은즉 나그네의 정경을 아느니라"고 말씀하시며 이스라엘이 종 된 애굽으로부터 자유롭게 되었다는 사실을 상기시켜 주고 있다.

　출애굽기 22장 21절에서도 마찬가지 사실을 발견할 수 있다. 그 사실을 염두에 두면서 전에는 너희가 노예와 같은 사람이었기 때문에 세상의 법도나 형편에 따라 옳지 않은 일을 했을지라도 이제는 자유인이 되었으니 정상인답게 살아야 된다는 의미를 강조하고 있다. 따라서 마땅히 해야 될 일들을 염두에 두고 살아가야 한다는 차원에서 이 말씀을 선포하고 있다.

　이런 면에서 '옷을 저당 잡았으면 해가 지기 전에 돌려보내라'는 말씀에 담겨 있는 근본적인 정신을 읽을 수 있다. 그 말씀 내면에는 하나님께서 각 사람의 생존을 보장해 주신다는 긍휼의 정신이 담겨 있기 때문이다. 하나님이 인간의 기본적인 생존권을 보장해 주신다는 사실은 과부와 고아들에게 행할 도리 속에서도 발견된다.

2. 과부와 고아와 빚진 자를 불쌍히 여기라는 의미

어떤 사람이 일을 소홀히 하거나 혹은 크게 실수해서 빚을 질 경우가 있다. 사람이라면 마땅히 자기 의지에 따라 이성을 발동시킴으로써 어떤 판단을 하기 마련이다. 그 판단이 잘못되어 실수할 수도 있고 사업을 망하게 할 수도 있다.

그렇다 할지라도 하나님께서는 그러한 사람들의 삶에 대해 기본적으로 생존권을 보장해 주시는 것이 당연하다는 것을 전제하신다. 왜냐하면 그들은 이스라엘 백성이고, 이스라엘 백성은 하나님의 자녀들이며 하나님의 자녀들은 이땅에서 마땅히 하나님 나라를 세워야 할 위치에 있기 때문이다.

일반적으로 이스라엘 백성이 하나님을 위해 살려고 애를 쓰다가 그 판단이 잘못될 수 있어서 빚을 질 수는 있다. 그러한 경우 최소한 하나님의 나라에 속했다는 사실만으로도 하나님은 그 사람의 생존권을 보장해 주시는 것이다.

그렇지만 게으르고 나태하고 도박을 일삼아서 빚을 진 사람이라면 하나님께서 그러한 사람들의 생존권까지를 보장해주실 이유는 없다. 따라서 그들이 당하는 경제적인 고통이나 사회적인 불평등은 그들이 감수해야 한다. 이러한 경우 그들을 돕는 것은 사람의 생각에서 나온 온정이지 긍휼이라고 할 수 없다.

이스라엘 사회에서 어떤 히브리 사람이 빚을 진다는 것은 마땅히 그 사람이 살아야 할 바를 알지 못하여 거기에는 낭비와 허실(虛實)이 있었던 결과일 것이다. 그 결과의 원인은 하나님을 바로 알지 못했다든지 세상 사람들의 허영심에 동조하다가 자신의 인생을 낭비한 데서 나온 것이다.

특히 이 말씀을 하기 전에 이방인이 섬기는 신들을 섬기지 말라고 경고하고 있다는 점을 유의해야 한다. 이것은 이스라엘 백성 된 자가 이방인의 속성에 따라 살거나 자기의 인생을 허실하는 것 자체가 죄일 뿐 아니라 심판의 대상이 된다는 사실을 주지시켜 주기 위함이다. 이러한 사람들에게 있어서 인생의 낭비는 결국 자신의 본분을 성실히 수행하지 않은 것에 대한 하나님의 심판에 해당될 것이다.

때문에 하나님께서 긍휼을 베푼다고 할 때는 이스라엘 백성이 자기의 본분을 성실히 수행하고 있음을 전제하고 그러한 자리에 있는 자들이야말로 하나님의 긍휼을 받을 자리에 있음을 지시하고 있다. 이 말은 나그네를 압제하지 말라는 말씀과도 연관시켜 생각할 수 있다. 이스라엘 사람에게 있어서 이방 나그네는 이땅에 태어났다 할지라도 선천적으로 이스라엘의 혈통에서 제외되어 있는 자들로서 하나님의 기업에 소속될 수 있는 복을 얻지 못하고 태어난 사람들을 가리킨다.

그러한 사람들이라 할지라도 하나님은 그들에게 최소한 생존의 기본권을 보장해 주신다는 점에서 그들은 긍휼의 대상이 된다. 왜냐하면 그들은 하나님의 기업에서는 제외되어 있으나 전 세계를 경영하시는 하나님의 통치 아래 인류의 역사를 이루어 가는 일에 쓰임받고 있기 때문이다. 이방인들은 비록 하나님의 기업에 소속되지 않았지만 이 세상을 다스리는 하나님의 통치 아래에서 그 나름대로 하나님의 소용에 따라 쓰임을 받기도 하는 것이다.

이렇듯 하나님께서 이방 나그네까지 긍휼을 베푸시고 심지어 다른 신을 섬기는 사람들에게까지도 긍휼을 베푸신다고 한다면 하나님의 백성으로 선택된 이스라엘 사람들이 빚을 진다든지 옷을 저당잡혔을 때 어떻게 해야 되겠는가를 말씀하신다.

이스라엘 사람은 하나님의 백성으로 서로를 도와 하나님 나라를 세우기 위해 부름받은 사람들이다. 혹시 자신의 잘못 때문에 재산을 잃은 사람일지라도 서로 도와서 하나님 나라를 함께 건설해 나갈 수 있도록 피차 역할을 감당해야 한다는 정신을 여기에서 찾을 수 있다. 자신의 인생을 소홀히 경영하여 경제적으로나 정신적으로 무력감에 빠지게 된 것은 하나님의 심판에 해당되는 일이라 할 것이다. 그럴지라도 그 사람은 본래 하나님 나라를 함께 건설하기 위해 존재해야 한다는 점에서 긍휼의 대상이 되어야 한다.

이러한 정신은 과부나 고아를 해롭게 하지 말라는 말씀 속에서도 나타난다. 과부나 고아는 의지할 상대가 없음을 상징한다. 이들은 오직 하나님만을 의지할 수밖에 없는 사람들이다. 그러나 이 세상에서 과부나 고아가 되는 일은 그리 흔한 경우가 아니다.

그들이 과부가 되고 고아가 되는 원인을 살펴보면 이스라엘 사람들이 마땅히 해야 될 일을 하고 하나님 나라를 건설해야 될 위치에 서서 자신의 인생을 바르게 도모했더라면 자기의 아내를 과부로 만든다든지 자녀를 고아로 만드는 경우는 없을 것이다.

과부나 고아가 발생하는 경우란 "여호와 외에 다른 신에게 희생물을 드리는 자는 멸절할지어다"라는 말씀을 염두에 놓고 본다면 하나님 앞에서 극히 사악하여 하나님을 섬기지 못하고 하나님으로부터 그 인생에 대해 인정받지 못할 경우에 그 사람들이 하나님의 심판으로 말미암아 죽임을 당한 결과로 나타나는 것이다.

오늘날과 같이 무법한 사회에서는 여러 가지 원인이 있어 가장이나 부모가 죽는 일이 다반사이지만 이 당시는 하나님에 의해 경영되는 사회라는 점을 감안해 볼 때 과부나 고아가 발생하는 경우가 극히 드문

일이다. 때문에 그 원인은 하나님에 대한 배신 또는 하나님을 불신한 경우에 그 죄의 형벌로써 죽임을 당하는 것이 주된 원인일 수밖에 없다. 특별히 자신의 생명에 해를 당할 만한 일을 일으키지 않는 상태에서 죽임을 당하는 것은 이처럼 하나님께 대해 죄를 지은 것이 그 원인이다.

그러한 예를 출애굽하는 과정에서 하나님을 원망하는 이스라엘 사람들에게 임한 하나님의 심판과 그것으로 인해 나타난 여러 가지 재앙을 통해 볼 수 있다. 그러므로 과부나 고아가 만들어지는 경우는 대부분 하나님에 대해 바르게 신앙하지 못하거나 하나님을 망령되이 일컬었을 경우 남편이나 가장이 죽임을 당하는 것이 그 원인임을 알 수 있다.

예를 들어 안식일에 대한 규례를 살펴보면 안식일에 일을 한 자는 사람뿐 아니라 소나 나귀 등 짐승도 때려죽이도록 되어 있다. 어떤 사람이 이러한 계명을 어겨 죽임을 당하게 되면 그 사람 혼자 죽는 것으로 끝나는 것이 아니다. 그 사람의 아내는 당연히 과부가 되는 것이고 심지어 부부가 죽임을 당하는 경우 그 자녀들은 고아가 되는 것이다. 이처럼 대부분의 경우에 여호와 하나님 앞에서 자기 인생을 정당하게 경영하지 않고 그릇되게 살다가 그 죄의 결과로 죽임을 당하게 된다. 그 결과 과부나 고아들이 발생하는 것이다.

여기에서 과부나 고아를 불쌍히 여기라는 말은 단순하게 세상에서 과부나 고아들을 불쌍히 여긴다는 차원에서 말씀하는 것은 아니다. 남편이 죽어 과부가 되었다든지 부모가 죽어 고아가 되었다는 것 자체가 그들에게는 시련이다. 그러한 사람들의 처지를 이용하여 자신의 이권을 챙기려 하는 것은 또 다른 악을 낳는 일이다. 사람들이 과부를 업신여기거나 힘없는 자라는 이유로 함부로 대한다든지 고아라는 이유로 냉대를 한다는 것은 그들이 가지고 있는 고유한 생명에 대해 함부로 한 것이며 이것은 생명을 내신 하나님께 죄를 범하는 일이다.

심판은 하나님께서 행사하시는 것이고 그들이 과부가 되거나 고아가 되었다는 그 자체가 이미 하나님의 심판을 받은 결과이다. 적어도 하나님의 백성이라 한다면 과부와 고아를 업신여기지 말아야 한다. 그들에 대한 심판은 하나님의 소관이지 사람들이 나서서 함부로 하거나 업신여길 수 없다. 오히려 과부나 고아라 할지라도 하나님의 산업을 함께 이루어 가야 하는 이스라엘 백성과 동등한 위치에서 하나님의 백성으로 인정하고 서로 도와서 하나님 나라를 세워나가야 한다는 것을 말씀하신다.

세상 사람들은 누구나 죄업을 갖고 있기 마련이다. 단지 그 경중에 따라서 하나님께서 심판을 일찍 행사하시거나 또는 유보하실 뿐이지 따져 놓고 본다면 마땅히 죽어야 할 사람들이다. 그래서 자기에게 언제 그 심판이 임할지 모르는 사람이 과부나 고아를 압제하고 업신여긴다는 것은 말도 안 되는 행사이다.

그들의 아내가 과부가 되지 않고 자녀들이 고아가 되지 않는 것은 그들에게 죄가 없어서가 아니다. 여호와의 긍휼이 그들의 죄악을 좀 더 오래 참으시기 때문에 그런 것뿐이다. 그래서 어떤 사람일지라도 감히 과부나 고아를 압제할 위치에 있지 못하다.

이러한 정신은 출애굽기 20장 4-6절에 기록되어 있다. "너를 위하여 새긴 우상을 만들지 말고 또 위로 하늘에 있는 것이나 아래로 땅에 있는 것이나 땅 아래 물속에 있는 것의 아무 형상이든지 만들지 말며 그것들에게 절하지 말며 그것들을 섬기지 말라 나 여호와 너의 하나님은 질투하는 하나님인즉 나를 미워하는 자의 죄를 갚되 아비로부터 아들에게로 삼사 대까지 이르게 하거니와 나를 사랑하고 내 계명을 지키는 자에게는 천대까지 은혜를 베푸시느라."

결국 여호와를 어떻게 사랑하느냐에 따라, 곧 여호와 앞에서 합당하게 살아가는 사람들에게 있어서 하나님은 그들의 자자손손 천 대까지 은혜를 베푸실 것이다. 그렇지 않는 자에게는 하나님의 질투가 아비로부터 자녀의 삼사 대에 이르기까지 그 죄를 갚으시겠다는 경고가 이 말씀 안에 담겨 있다. 하나님은 언제든지 죄의 대가를 치르게 하시는 분이시다.

자녀들이 고아가 되었다는 것은 꼭 그 고아의 잘못이라기보다는 그 부모가 하나님의 백성으로 바르게 살지 못하고 범죄했기에 그러한 처지에 빠지게 된 것이다. 반면에 자기의 본분을 잘 깨닫고 하나님 앞에서 성실하게 살아가는 백성에게는 하나님의 은혜가 천 대에 이르기까지 그들의 자녀에게 임할 것이다.

설령 어떤 사람이 크게 범죄하지 않는 한 하나님께서는 하나님을 사랑하고자 하는 자의 믿음을 인정하셨기 때문에 대부분 사람들의 실수나 사소한 잘못에 대해 당장 심판하지 않고 유보하시는 경우가 많다. 어떤 사람이 범죄했을 때 즉각 심판하지 않고 지켜보시고 그 죄에 대해 유보하시는 것은 이와 같이 하나님의 은혜를 천 대까지 베풀 것이라는 오랜 참으심이 전제되기 때문이다. 이처럼 하나님의 긍휼을 받고 있는 사람들이 감히 과부나 고아를 압제한다는 것은 더 이상 하나님의 긍휼을 받을 자격이 없다.

이 말씀은 마땅히 자기가 살아가야 할 바를 바르게 살아가지 않는다면 그 인생에는 자연히 낭비와 허실이 있고 그 결과 가난을 초래하거나 자녀를 고아로 만드는 죄과에 빠질 수 있게 된다는 사실을 엄중히 경고하고 있다. 하나님의 통치에 순응한다면 의당히 자신의 삶이 풍성해지는 것이 이스라엘 사람으로서 기본적인 삶의 자태가 된다. 그렇지 않고 자기의 아내가 과부가 되고 혹은 자녀가 고아가 되거나 아니면 빚을 진다든지 하는 것은 사람의 본분을 행함에 있어 역행되는 위치에 빠져 있다는 경고이다.

과부와 고아와 빚진 자들을 불쌍히 여기는 것은 ① 자기도 저들과 같이 될 처지에 언제든지 빠져들 수 있음을 경각하고 ② 자기의 본분을 지키고 ③ 의로우신 하나님의 말씀을 순응하며 ④ 하나님을 전심전력으로 사랑해야 되겠다는 마음을 가지고 있어야 가능하다. 과부와 고아를 도와주는 것에서 끝나는 것이 아니고, 저당 잡힌 자의 옷을 돌려주는 것으로 끝나는 것이 아니라 언제든지 저들과 같은 처지에 빠질 수 있음을 생각하여 하나님 앞에서 인생의 본분을 지킴으로써 이런 복된 자리에 서 있다는 사실을 충분히 알고 있어야 한다.

따라서 하나님 나라가 완성되는 그 일을 향해 전진해 나가야 할 자리에 함께 서 있다는 사실을 확인했다면 비록 과부나 고아라 할지라도 인간관계 안에서 협조하고 사랑하는 일들을 통해 서로 배울 수 있다. 저당 잡힌 자의 옷을 돌려줌으로써 그 사람이 잠을 잘 때 그 옷을 덮고 편히 자는 것으로 기뻐할 것이 아니다. 그렇게 한 행동으로 말미암아 거기에 나타나는 하나님의 섭리와 그들을 사랑하시는 하나님의 긍휼을 스스로 느끼고 나 역시 하나님의 사랑과 긍휼을 입고 있다는 증거를 그 자리에서 얻어야 한다.

마음이 완악하지 않고, 강퍅하지 않고 말씀대로 행하는 것 자체가 복된 자리이다. 왜냐하면 내가 하나님의 아들이기 때문에 그러한 결정을 내릴 수 있고 그러한 일들이 하나님의 아들임을 증명해 주기 때문이다. 과부를 압제하지 않고, 가난한 자를 체휼하지 않으며, 겉옷을 돌려주는 일들이 단순히 인간관계에서 발휘되는 인정으로 하는 것이 아니다. 이런 것 하나에서부터 하나님의 간섭과 통치하심을 느끼고 과부나 고아나 빚진 자가 본래의 역할을 수행할 수 있도록 긍휼을 베푸는 것 하나 하나가 은혜를 받은 자만이 누릴 수 있는 특권이라는 점에서 더 큰 은혜를 누리는 것이다.

따라서 하나님께서 이런 말씀을 하시는 것에는 비록 과부나 고아가 되었을지라도 또 빚진 자의 위치에 있을지라도 평생 동안 그런 자리에 있어서 힘없이 남에게 부담만 지워주는 사람으로 지내라는 것이 아님을 알 수 있다. 누구나 그와 같은 자리에서 회복되어 본연의 위치로 복귀할 수 있도록 한 의도를 볼 수 있다. 이러한 하나님의 의도는 수혼법(형수취수법)에서도 분명하게 나타난다.

수혼법이란 형이 아들을 남기지 않고 죽게 되면 동생이 형수를 취하여 아내로 맞이하도록 한 제도이다. 이것은 가문의 기업을 잇게 하는데 목적이 있을 뿐만 아니라 과부가 된 여인으로 하여금 가문의 기업을 세워나가도록 원상의 위치를 회복하고자 하는 데 더 큰 목적이 있다. 이러한 수혼법의 정신은 기업을 무르게 하는 정신(고엘⟨גאל⟩: 대속의 의미를 가짐)과도 일맥상통하고 있다.

'고엘'이란 히브리인이 종으로 팔린다든지 혹은 농토를 팔거나 저당 잡힌 경우 가까운 형제나 친척 중에서 유력한 자가 그 빚을 갚아 주도록 함으로써 원상의 위치를 회복하도록 하기 위한 제도이다. 또한 이 정신은 안식년이나 희년의 제도에서도 나타난다. 안식년이나 희년이 되면 히브리 종들을 해방시켜주는데 여기에서도 그들이 충분히 인간답게 살 수 있는 원상의 상태로 회복시켜 준다는 정신을 찾을 수 있다.

이런 제도들은 한결같이 하나님께서 그들의 생존을 책임져주실 뿐 아니라 그들을 통해 하나님 나라가 완성된다는 것을 보여준다. 이것이 히브리 사람들이 하나님으로부터 받은 은혜이다.

그러한 자리에 참여하고 있음을 실제로 체험하고 증험되는 모습이 바로 나그네를 압제하지 않고 과부와 고아를 함부로 하지 않고 빚진 자에게 긍휼을 베푸는 일들 속에서 찾을 수 있다. 뿐만 아니라 그러한 객관적인 검증을 통해 하나님 나라가 세워져 가는 실체를 경험하게 된다. 이것이 하나님 나라에 대한 체험이고 하나님 나라가 점차적으로 발전하고 있다는 것을 보는 증표이기도 하다.

3. 긍휼 - 하나님의 백성이 가지는 속성

이스라엘 백성이 하나님 나라에 참여하고 있다는 사실은 익히 알려진 사실이다. 그들이 가나안 땅에 존재하며 사는 삶부터가 그 증표였다. "너는 너의 추수한 것과 너의 짜낸 즙을 드리기에 더디게 말지며 너의 처음 난 아들들을 내게 줄지며 너의 소와 양도 그 일례로 하되 칠일 동안 어미와 함께 있게 하다가 팔일 만에 내게 줄지니라"(출 22:29-30)는 말씀에서도 이 사실을 확인할 수 있다.

여기에서 처음 난 소출은 곡식이든 짐승이든 심지어 가문을 이어야 할 장자(長子)라 할지라도 하나님께 드리도록 명령하고 있다. 처음 소산을 모두 하나님의 것으로 구별하라는 것이다. 그 처음 것을 하나님께 바치라, 하나님께 드리라(헌상)고 하는 것은 모든 기업의 원천이 하나님에게 있다는 사실을 확인하기 위함이다.

그러므로 첫 소산을 하나님께 드린다는 것은 모든 가문의 기업은 하나님이 그 근원이시라는 사실을 상징하기 위함이다. 때문에 하나님으로부터 나오는 모든 기업의 원천을 하나님께 드리는 것이 마땅하다. 그러한 일을 더디게 하거나 인색하거나 주저하지 말고 즉시 드리라고 하셨다.

이것은 하나님 나라를 세우고 건설하는 데에 있어서 적극적인 헌신을 요구한다. 그 일에 참여하는 것이 인생의 본분이며 하나님께 자신을 드리는 것이 마땅하다는 차원에서 사람의 첫 아들이든지 추수한 첫 곡식 단이나 짐승의 처음 새끼를 하나님께 드려야 한다는 의미이다. 즉 기업의 시작이 여호와께로부터 말미암음이라는 믿음이 첫 소산을 하나님께 드리는 일로 상징이 된다.

이 말씀은 모든 기업이 하나님으로부터 나왔기 때문에 그 생명에 대해 하나님이 보장해 주신다는 의미이다. 따라서 그러한 여호와 하나님의 소유권을 인정하고 생존을 보장해 주신다는 것에 대한 신뢰가 있을 때 비로소 헌상을 할 수 있는 것이다. 하나님께로부터 나왔다는 믿음이 없고 하나님께서 내 삶을 책임져 주신다는 신뢰가 없다면 우리는 아무 것도 하나님께 헌상할 수 없을 것이다.

그런데 이처럼 중요한 인생의 본분을 말하는 말씀 속에서도 하나님의 긍휼이 나타나 있다. 그것은 하나님께서는 짐승이 새끼를 난 즉시 바치라고 하지 않고 칠일 동안에는 어미와 함께 있게 하다가 충분히 그 어미와 새끼 간에 정을 나누고 난 뒤에 바치도록 하셨다는 점이다.

비록 그것이 미물인 짐승이라도 어미가 새끼를 낳으면 자신의 젖으로 그 새끼를 기르고 싶어 하는 것이 자연 법칙이고 자연의 질서이다. 이런 이유로 칠 일간 새끼를 어미 곁에 두도록 하신 것이다. 이처럼 첫 새끼를 바치기까지 칠일 동안의 여유를 주어 어미의 마음이 새끼를 통해 충분히 즐거움을 누릴 수 있도록 한 후에 하나님께 바치도록 배려한 것이다. 물론 짐승이 새끼를 낳으면 한 마리뿐 아니라 여러 마리를 낳을 수 있지만 그 중에서 첫 새끼만큼은 하나님께 바치도록 하셨다.

하나님이 여기에서 말씀하시고자 하는 것은 자연법이다. 어미가 새끼를 낳으면 당연히 어미가 새끼를 보호하고자 하는 본능이 발생한다. 거기에는 사랑이 행사된다. 또한 새끼는 어미 품안에서 양식을 얻고 생명의 근원을 얻어 자라도록 되어 있다.

그렇다면 짐승의 첫 새끼를 일주일 동안 어미 품에 두었다가 팔일 만에 하나님께 바치게 하는 일을 통해 어미와 새끼 간의 정을 나누도록 되어 있는 자연법을 존중해야 한다는 정신이 그 안에 담겨 있음을 볼수 있다. 심지어 미물인 짐승들 사이에서도 어미와 새끼 간의 정이 있고 사랑이 있다면 사람들 사이에서의 부자지간의 정에 대해서는 굳이 언급할 필요가 없다.

짐승들간에도 사랑이 있고 보호가 있어 서로 의지하고자 하는 이런 상호 관계에 대한 교훈이 있고 원칙이 있다면 사람들 사이에서도 충분히 그런 원칙이 있어야 한다. 부모와 자녀의 사랑에 대해 그리고 자녀는 부모에 대해 어떻게 대접할 것인가를 이런 일을 살펴보더라도 쉽게 느낄 수 있다. 하나님을 섬긴다는 원칙 역시 이와 같이 유추하여 생각할 수 있다.

하나님을 섬기되 무엇이든지 하나님께로부터 나왔다는 믿음이 없고 하나님께서 내 삶을 책임져 주신다는 신뢰가 없다면 우리는 아무것도 하나님께 헌상할 수 없다. 그러므로 하나님의 긍휼은 그저 무법하거나 절도 없이 사랑을 마구 쏟아 주는 것이 아니라는 점을 여기에서 배우게 된다. 부모가 그 자녀를 매로 때리는 것에도 법도가 있듯이 원칙을 따라 살아가는 것에서 하나님을 섬기는 법도가 있다는 것을 배울 수 있는 것이다.

출애굽기 23장 4-5절에는 원수의 길 잃은 소나 나귀를 보면 반드시 그 주인에게 돌려보내라고 하였고 원수의 나귀가 짐을 싣고 가다가 무거워서 넘어지면 그것을 도와 그 짐을 풀어주라고 함을 볼 수 있다.

소나 나귀라는 것은 사람의 소유물이지만 여기에서는 재산권을 인정하거나 보장해 주어야 한다는 기본적인 법도를 상징하기보다는 짐승에 대해서라도 긍휼을 베풀어야 할 것을 지시하고 있다. 비록 길 잃은 원

수의 짐승일지라도 다시 그 주인에게 돌려준다는 것은 주인의 재산권
을 회복시켜 주었다는 것으로 끝나는 것이 아니다. 그 짐승에게 있어서
는 주인에게로 돌아가게 하는 것이 곧 긍휼이다.

　짐승이 주인의 손에서 떠났다는 것은 안정이 없고 생명에 대한 보장
이 없다는 의미이다. 길을 잃은 짐승이 어디에서 흡족하게 음식을 먹거
나 생명의 보장을 받을 수 없기 때문이다. 그것은 죽음의 길에 있다는
것을 상징한다. 언제든지 들짐승이나 독초 등의 위험에 빠져 있으며 심
지어 굶어 죽을 수 있는 것이다. 그러한 처지에 있는 짐승을 보거든 그
주인에게 돌려주도록 한다는 것은 짐승의 생존권까지라도 보장해 준다
는 것을 염두에 두고 있다. 물론 그 주인에게 있어서는 재산권의 가치
로만 보일지 모르겠지만 그 짐승에 대해서 긍휼이라는 것을 드러낸 것
이다.

　이땅에 태어난 모든 생명체는 각각 존재 의미가 있고 존재적인 당위
성을 가지고 있다. 이 점을 생각하라고 하나님은 이 말씀을 주셨다. 나
귀가 짐을 너무 많이 실어서 넘어지게 되면 그 짐을 내려주라는 말씀
역시 그 나귀가 짐을 질 수 있을 만큼의 무게를 지워 주는 것이 그 나귀
에 대한 긍휼이라는 의미이다. 이런 것들을 놓고 볼 때 그저 짐승 하나
가 길을 잃었으니까 그 주인에게 돌려줘야겠다는 마음으로 끝날 것이
아니다. 특별히 원수의 소유물까지도 그렇게 해야 하는 이유를 생각해
보아야 한다.

　만일 원수의 짐승이 길을 잃어 헤매고 있는데 못 본 체하고 지나가면
서 '저 원수가 자기의 짐승을 잃어 버렸으니 속이 다 후련하다'는 마음
이 쉽게 들 수 있는 것이 사람이다. 그러니까 원수의 짐승을 찾아서 주
인에게 돌려주는 것에는 단순히 짐승을 불쌍히 여기는 마음뿐 아니라

그 원수에 대해 어떻게 할 것인가 하는 마땅한 도리가 그 안에 담겨져 있다.

잃어버린 짐승을 못 본 체 하는 식으로 원수를 갚는 마음을 갖지 않아야 한다. 원수가 나쁜 처지에 빠져 있는데 속으로 고소하게 생각하고 쾌재를 부르는 것은 저급한 생각이다. 마땅히 돌려줄 것은 돌려주고 긍휼을 베풀 것은 긍휼을 베풀어야 한다. 어려운 처지에 빠져 있는 사람을 악용해서 마음을 즐기는 일은 하나님 나라에서는 있을 수 없는 일이다.

그러므로 긍휼에 대해 생각할 수 있는 것은 언제든지 하나님께서 행사하실 만한 위치에서 하나님이 어떻게 하실 것인가를 염두에 두어야 한다. 다시 말하면 하나님의 인격을 내 안에 소유하고 있어야 한다는 말이다. 각박한 사회에서 원수의 짐승을 그 주인에게 돌려준다면 그 사회가 얼마든지 변화될 것이다. 이렇게 함으로써 하나님의 부드러움이 내 안에서 발동하여 원수의 마음 안에까지 가득하게 된다. 이것이 하나님 나라의 임재를 경험하는 자료가 된다.

출애굽기 23장 10절 이하에 보면 "안식년에는 땅을 갈지 말고 그 땅에서 나는 소산은 가난한 자가 먹고 그 나머지는 들짐승이 먹게 하라"는 말씀이 있다. 이것은 들짐승에게까지도 먹을 것을 주시는 하나님의 자상한 배려에서 나왔다. 안식일에는 '너뿐만 아니라 종과 짐승도 같이 쉴 것'이라고 하신 말씀 역시 짐승들까지도 사람과 같이 동등하게 취급하시는 하나님을 볼 수 있다. 여기에서 우리는 생존권에 대한 보장과 진정한 안식에 대한 의미를 찾아 볼 수 있다.

안식일에는 사람뿐만 아니라 짐승도 쉬게 하고 안식년에는 들짐승들이 밭에서 양식을 얻도록 하고 추수할 경우에는 밭의 네 모퉁이는 그대로 두어서 지나가는 나그네나 과부나 고아의 양식이 되게 한 것 등 모두가 하나님께로부터 생명의 근원이 왔고 하나님이 생명을 지켜주시고 보장해 주신다는 신뢰의 근거가 된다. 그것을 믿기 때문에 네 모퉁이를 추수하지 않고 흘린 곡식을 다시 줍지 않는 것이다.

사람이 누려야 할 안식은 하나님 품안에서 누릴 때 참된 안식이 된다. 이 세상에서 곡식이나 많이 추수해서 재물을 모아야 편히 살고 만족하는 것이 아니라는 사실을 알아야 한다. 비록 추수를 다하지 못한다 할지라도 진정한 풍요는 하나님 품안에서 누려야 할 것을 여기에서 배울 수 있다.

그러므로 내가 긍휼을 베풀어야 할 또 다른 이유는 이땅에서 내가 안식을 얻는 것으로 끝나는 것이 아니라 하나님의 안식에 참여한 자로서 이땅에서 긍휼과 자비를 베풀 수 있다는 것에서 찾을 수 있다. 나에게 원수된 자에게 또 내가 알지 못하는 불쌍한 자에게 심지어 들짐승에게까지 긍휼을 베푸는 것은 내가 이땅에서 천 년 만 년 살 것이 아니라 영원한 생명의 안식처가 있음을 알기 때문이다. 또한 그 나라에 들어가야 될 사람으로서 충분한 여유를 가지고 살아야 될 이유를 알고 있기 때문이다.

긍휼의 정신에 대한 또 다른 가르침은 출애굽기 23장 19절에서 염소 새끼를 그 어미의 젖으로 삼지 말라는 말씀에서 찾을 수 있다. 젖이라는 것은 어미가 새끼를 양육하기 위해 생산되는 것으로 생존을 위한 수단이 되어야 한다. 그런데 그 젖이 새끼를 삶아 죽이는 데 사용된다는 것은 자연 질서가 무너지는 일이다. 이는 매우 악질적인 것으로 저주스러운 상태이다.

이와 비슷한 용례를 신명기 22장 5-7절을 보면 길을 가다가 어미 새가 새끼나 알을 품고 있는 것을 보면 동시에 취하지 말고 그 어미는 놓아주고 새끼나 알만을 취하라는 말씀에서 찾을 수 있다. 어미 새는 다시 알을 낳고 새끼를 키울 수 있기 때문에 놓아주되 새끼나 알은 양식으로 취할 수 있게 한 것이다. 또한 레위기 22장 28절에 보면 어미와 새끼를 동시에 한 날에 잡지 말라는 말씀을 볼 수 있다.

이와 같이 어미젖으로 새끼를 삶지 말고, 새와 알을 동시에 취하지 말며 어미와 새끼를 한꺼번에 잡지 말라는 말들은 가볍게 넘길 것이 아니다. 거기에는 하나님이 각각의 짐승들을 내신 목적이 있다는 것을 염두에 두어야 하기 때문이다. 하나님께서 사람을 지으실 때는 온 우주 만물을 다스리고 정복할 위치에 두셨다. 이것은 짐승들이 가지고 있는 생명 하나하나까지도 다스려야 할 것을 의미한다.

다스린다는 것은 그저 통치하는 것으로만 되는 것이 아니라 보호해야 할 의무도 그 안에 있다. 피조물들을 인간이 다스려야 하는 이유는 하나님의 영광을 위해서이다. 이런 점에서 인류는 거룩한 하나님의 영광을 드러내기 위해 땅을 정복하고 피조물들을 다스려야 한다.

그렇다면 사람들이 짐승들에게 온정을 베풀고, 어미젖으로 새끼를 삶지 않으며 어미와 함께 새끼를 취하지 않는 것 역시 긍휼을 베푸는 것과 같다. 이처럼 작은 일들이 하나님의 거룩한 영광을 상징하는 것이며 하나님의 법을 따라가는 삶이다. 이러한 일을 수행함으로써 하나님의 통치를 대행할 수 있는 자신의 위치를 발견하게 된다. 하나님의 통치를 받는다는 것이 은혜라고 한다면 그 은혜는 사람을 통해 짐승들에게도 임해야 한다. 그러한 위치에 우리가 서 있을 때 피조물의 통치자로서 책임을 다하게 되는 것이다.

바로 이러한 위치에서 벗어나 사람이 죄를 범한 결과 자연 질서가 깨지고 짐승들이 포악해져서 서로 해치는 결과를 낳았던 것이다. 그러므로 젖으로 짐승을 삶아 먹는다든지, 어미와 새끼를 동시에 취한다든지, 한 날에 어미와 새끼를 잡는다는 것은 사람이 포악하고 흉악해져서 자

신의 이익만을 생각하고 있음을 상징한다. 이러한 악행으로 인해 하나
님의 경영이 무시되고 마는 것이다. 하나님의 통치가 있는 곳에서는 긍
휼이 있을 뿐이지 그처럼 포악과 잔인(殘忍)은 없어야 한다.

　　하나님이 다스리는 세계에서는 죄에 빠져 영원히 죽을 수밖에 없는
사람들을 위해 십자가로 대속해 주시고 그 죄과에 대해 영원히 참으시
며 긍휼을 베푸셔서 그들로 하여금 인간답게 살 수 있도록 모든 은혜를
베풀어주시는 법이다. 이러한 나라에 속한 사람들이라면 한 날에 어미
와 새끼를 잡아먹는 포악성을 가질 수 없는 것이다. 그렇지 않고 자연
을 훼손하고 더럽히고 포악한 행위를 일삼는다는 것은 하나님에 대해
인간이 패역해졌다는 사실을 증명할 뿐이다. 사람들은 하나님의 영광
을 위해 존재해야 한다. 때문에 하나님이 통치하시는 통치 원리가 어떤
경우에든지 파괴되어서는 안 된다.
　　이것을 살펴본다면 진정한 긍휼이라는 것은 하나님의 의지가 발동하
는 것이라고 말할 수 있다. 이 점에서 긍휼은 신적 의지의 표현이다. 긍
휼을 베푼다는 것은 긍휼을 입은 자유인으로서 인격을 발현하는 것이
다. 나아가 긍휼의 행위를 통해 인간의 본분을 완성하는 것이다. 이렇
게 함으로써 하나님의 나라를 완성하는 일에 참여하게 된다. 그리고 마
침내 그와 같은 위치에 서 있는 사람이 자연을 다스리고 피조 세계를
다스림으로써 하나님의 영광을 구현하게 된다. 이것이 바로 하나님의
통치를 상징하는 삶의 모습들이다.

　　이런 구체적인 증거들은 하나님의 심성(혹은 속성)이 내 안에 있음을
상징한다. 이것은 하나님의 의지가 나를 통해 발현된다는 외적인 증거
이기도 하다. 그러므로 마침내 하나님과 내가 하나가 되었다는 증표를
그 안에서 발견하게 된다. 반면에 내 안에서 그러한 속성의 긍휼이 없
고 대신 포악하고 완악하다는 것은 하나님이 통치하시는 질서를 파괴

하는 것과 같다. 이는 하나님께서 인류에게 주신 인격을 모독하는 행위이기도 하다.

진정한 긍휼은 신적 의지의 발현이라는 원칙을 우리 안에 두고 우리가 이땅에 살아야 한다. 이것이 하나님 나라의 백성 된 자가 누리는 삶의 모습이고 아름다운 자태이다.

〈기도〉

하나님!

하나님으로 받은 은혜가 얼마나 크고 귀한지 알 수 없다고 말하면서도 우리 안에 그러한 여유가 없음을 고백합니다. 하나님의 나라를 소유하는 복을 누리고 있는 자리에 있음에도 불구하고 우리는 아직도 악하고 옹졸할 수밖에 없는 것이 현실입니다. 이러한 처지에 여전히 빠져 있다는 것이 얼마나 안타까운지 알 수 없습니다.

그러한 자들을 끝까지 참고 기다리시는 하나님이심을 배웠습니다. 이제 우리가 좀 더 여유를 갖고 좀 더 넓은 마음도 가져야만 하나님의 자녀 된 자들로서 하나님의 의지를 표현할 수 있는 위치에 서서 이땅에 살아가게 될 것입니다.

우리가 행사하는 긍휼이 우리 안에서 나온 측은지심으로 행할 것이 아니라 하나님 나라를 건설하고 마땅히 그 나라를 소망하는 자로서 우리 안에 하나님의 거룩한 신성이 심어지고 나타나는 결과가 되기를 간절히 소원합니다.

주 예수 그리스도의 이름으로 기도합니다. 아멘

II. 하나님 나라의 외형적인 실체(實體)

제12장

마음이 청결한 자 (1)

마태복음 5장 1-12절에서 제시하고 있는 천국 백성의 특성은 그 나라를 주관하고 다스리는 하나님의 속성에 그 기반을 두고 있음을 알 수 있다. 이러한 사상을 일반적으로 인간 세상에서 찾아볼 수 없는 것은 아니다. 그러나 죄로 말미암아 부패한 인간에게서 발견되어지는 것은 언제나 왜곡되고 결핍된 형태로 표출될 뿐이다. 때문에 그것들이 하나님의 속성을 정상적으로 드러낸다고 말할 수 없다.

우리 주님께서 제시하신 천국 백성의 특성은 어디까지나 구속받은 성도들을 전제로 하고 있다는 점을 잊어서는 안 된다. 이러한 점을 간과하고 이 세상에서도 그 정도의 사상이나 오히려 그보다 월등한 형태의 정신을 발견할 수 있다고 주장하는 것은 어디까지나 부패한 인간의 심성을 근거로 각자의 기준에 따라 주장하는 것에 불과하다. 원상에 근거한 기준에 따라 적절하게 판단되어지지 않았다는 점에서 그 가치를 인정할 수 없다.

무엇보다도 중요한 것은 천국 백성의 특성은 전적으로 그리스도의 구속 사역과 성령님의 거듭나게 하시는 사역의 결과 새롭게 주어진 생명의 발현이라는 점이다. 이것은 그리스도인이라고 자처하는 사람들에게서 당연히 발견되고 발현되어야 할 신적 특성이기도 하다. 따라서 그리스도인이라고 자처하는 사람에게서 이러한 신적 특성이 발견되지 않는다면 그리고 그의 일상 생활에서 그러한 신적 특성이 발현되고 있지 않다면 그를 가리켜 더 이상 그리스도인이라고 지칭할 수 없다.

우리 안에서 신적 특성이 자연스럽게 표출되지 않고 있다는 것은 우리가 그리스도의 속죄와 성령님의 거듭나게 하시는 사역의 공효를 입은 사실이 없다는 외적 증거이기도 하다. 이러한 이유로 천국 백성의 내재적인 모습인 '심령이 가난한 것과 애통하는 것과 온유한 것과 의에 주리고 목마른 것'과 더불어 그러한 내적인 특성에 근거하여 외형적으로 '긍휼히 여기는 것과 마음이 청결한 것과 화평케 하는 모습'이 그리스도인의 생활 가운데에서 구체화되어 발휘되어야 한다.

1. '청결하다'는 단어의 의미

긍휼의 정신이 신적 의지의 표현이어야 한다는 점에 이어 마음이 청결하다는 의미가 어떤 것인가를 이해하기 위해 마태복음 5장 8절을 먼저 살펴볼 필요가 있다.

μακάριοι οἱ καθαροὶ τῇ καρδίᾳ
　　복 있는 자들(이여) 마음이 청결한 자들아,

ὅτι αὐτοὶ τὸν θεὸν ὄψονται
　　왜냐하면 너희들은 하나님을 볼 것이다.

여기에서 청결하다(καθαρος)는 말은 '깨끗한, 순전한, 때 묻지 않은'

등의 의미를 가지고 사용된다. 이 말과 같은 단어가 마태복음 23장 26 절에서도 나온다. 예수께서 "소경된 바리새인아 너는 먼저 안을 깨끗이 하라 그리하면 겉도 깨끗하리라"고 바리새인들을 책망하는 말씀 가운 데 '깨끗이 하라' 는 의미로 같은 단어가 사용되고 있다.

마태복음 27장 59절에서는 예수께서 십자가에 죽으신 후 요셉이 그 시체를 가져다가 정한 세마포로 싸서 자기의 새 무덤에 장사시켰다고 기록되어 있다. 여기에서 '정한 세마포' 라는 말에서 '정하다' 라는 단어 가 '청결하다' 와 같은 단어로 여기에서는 깨끗한(clean, pure)이라는 의 미로 사용되고 있다.

그밖에도 성경에는 여러 곳에서 깨끗하다, 청결하다는 말이 같은 단 어로 사용되고 있다. 특히 깨끗하다, 순전하다, 때 묻지 않았다는 말들 은 성경에서 죄가 없다는 뜻으로도 사용된다. 죄가 없다는 말은 죄로부 터 깨끗하다(clean from guilt)는 말로 무죄하다(guiltless, innocent)는 의미 이기도 하다.

이러한 의도로 사용된 경우가 특히 사도행전 18장 6절에서 발견된 다. 바울이 고린도에서 예수 그리스도를 증거할 때 많은 유대인들이 와 서 훼방을 하였다. 바울은 심히 마음을 곤고해 하면서 겉옷을 벗어 그 들 앞에 털면서 "너희 피가 너희 머리로 돌아갈 것이요 나는 깨끗하니 라"고 선언한다. 이후부터 바울은 이방인에게 주로 복음을 전하고 있음 을 볼 수 있다.

여기에서 '깨끗하다' 라고 사용된 단어 역시 청결하다는 단어와 같 다. 너희가 죄를 범한 결과 너희 피가 너희 머리로 돌아갈 것이며 나는 너희가 하나님을 배반하고 죄를 범한 것과는 상관이 없다는 의미로 이 단어를 사용하고 있다(참조. 행 20:26).

반면에 성경에서 거룩하다는 의미로 사용되고 있는 '깨끗함'(άγνος)

이라는 말은 정신적인 깨끗함을 의미한다. 고린도후서 7장 11절의 "너희 자신의 깨끗함을 나타낼 것이니라" 또는 요한일서 3장 3절의 "주를 향하여 이 소망을 가진 자마다 그의 깨끗하심과 같이 자기를 깨끗하게 하느니라"는 말씀에서 깨끗하다는 단어의 어원은 거룩하다(קדשׁ)라는 히브리어에서 유래한다. 이 말은 순전하다(to be pure)는 말로 정신적인 순결을 의미한다.

또한 구약에서는 이 단어가 하나님의 거룩성을 표시하기 위해 또는 세인들로부터 구별되었다는 의미로 사용된다. 여기에서 깨끗하다, 청결하다는 말이 때 묻지 않고 죄로부터 무죄하다는 뜻도 있지만 어떤 면에서는 구별된다, 거룩히 하다는 뜻도 있다. 특별히 하나님의 거룩성을 강조하는 이 말은 하나님의 거룩성뿐 아니라 우리가 세상으로부터 구별되는 의미나 하나님을 위해 구별되어진 물건을 지칭하기도 한다.

이상에서 살펴본 것처럼 어원적으로나 단어의 용례를 볼 때 마태복음 5장 8절에서의 마음이 청결한 자라는 것은 마음이 깨끗한 자, 거룩한 자, 특별히 구별되어진 자라는 뜻이 포함되어 있음을 알 수 있다. 이런 점에서 청결한 자, 마음이 깨끗한 자라는 것은 오염되지 않은 상태를 말한다. 어떤 다른 것과 섞이지 않고 불순이 없는 상태를 청결하다고 말한다.

이런 상태를 가리켜 우리는 순일하다, 단순하다고 말하는데 여기에서 단순하다는 말은 여러 가지가 뒤섞이지 않고 한 가지로만 이루어졌다는 의미로 사용된다. 이 말을 하나님을 향해 사용할 때 청결하다, 깨끗하다, 깨끗한 마음을 갖고 있다는 것은 오롯한 마음을 갖고 있다는 의미로 사용된다. 우리의 마음에 다른 것으로 섞이지 않고 온전히 하나님께 드려지는 상태를 가리켜 마음이 청결하다, 깨끗하다고 표현한다.

2. 청결함의 기준에 대하여

'마음이 청결하다'는 기준이 있어야 한다. 특히 본문에서 말하는 '청결하다'는 것이 물건을 깨끗이 한다든지 손을 씻고 옷을 빨아 입는 다는 차원에서 말하는 것이 아니기 때문이다. 영혼을 가지고 있는 사람 의 마음을 깨끗이 한다고 하는 까닭에 여기에서는 윤리적이고 도덕적 인 차원에서 사용되고 있음을 알 수 있다.

사람의 윤리나 도덕은 그 사람이 살고 있는 시대나 환경, 교육, 지식 혹은 상황에 따라 달라질 수밖에 없다. 따라서 일반적으로 주변의 환경 이나 자신의 능력을 기반으로 깨끗함의 기준을 설정한다는 것은 언제 나 가변적일 수밖에 없기에 항구한 가치 판단의 기준이 될 수 없다.

사람에게는 누구나 양심이라는 것이 있다. 그 양심은 하나님의 거룩 한 품성을 본받아 지음을 입었다. 때문에 하나님의 거룩한 형상이 발휘 되고 있어 사람은 항상 인격(personality)을 표시하도록 되어 있다. 그러 므로 마음이 청결하다 혹은 깨끗하다고 할 때는 인격적인 활동, 즉 불 의나 불순한 것에 대해 얼마나 정확하고 민감하게 반응하고 불안을 느 끼게 되는가를 그 판단의 기준으로 삼아야 한다.

양심의 활동에 따라 자신이 불의에 저촉되지 않았을 때 그를 가리켜 깨끗하다, 청결하다고 말할 수 있다. 그러나 사람 자체의 윤리성이나 도덕성에 근거를 두고 있는 인격적인 반응을 보고 깨끗하다거나 죄가 없다고 하는 것은 그 기준 자체가 다양하고 모호해서 가변적일 수밖에 없다. 따라서 사람의 인격을 표준으로 삼기보다는 그 인격의 근본이 곧 하나님이기 때문에 청결이라는 기준도 하나님께로부터 찾아야 한다.

그러므로 하나님의 순결하심, 정결하심, 깨끗하심이 청결한 자의 기 준이다. 이 말은 사람들이 나름대로 기준을 정하고 판단한 것으로는 결 코 하나님으로부터 깨끗하다는 동의를 구할 수 없다는 것이다. 제 아무리 사람들이 고상한 상태를 유지하고 나름대로 높은 경지를 설정하여 기준을 정한다 할지라도 그것으로는 하나님으로부터 깨끗하다고 인정을 받지 못하기 때문이다. 이런 점에서 '나는 마음이 깨끗하다'고 주장해서가 아니라 하나님께서 '너는 마음이 깨끗한 자이다'라고 인정하셔야 만 하나님을 볼 수 있는 복된 자리에 서게 되는 것이다.

3. 청결함을 인정받았다는 의미에 대하여

사람은 본래 죄를 범한 상태에 있기 때문에 더 이상 깨끗할 수가 없다. 항상 불순하고 오염된 상태 아래 있기 마련이다. 이는 사람이 절대적으로 오염되었고 불순한 상태임을 의미한다. 이런 상태에서는 누구나 하나님 앞에서 청결할 수가 없다. 때문에 마태복음 5장 8절에서 말하는 '마음이 청결한 자'는 일반적으로 존재하고 있는 사람이 아님을 알 수 있다.

"마음이 청결한 자는 복이 있나니 저희가 하나님을 볼 것임이요"라는 주님의 말씀은 보통의 사람들이 누구나 마음이 청결하고 순결하다면 하나님을 볼 수 있다는 말이 아니다. 왜냐하면 앞서 보았듯이 청결하다는 개념이 사람의 기준에 따라 결정되지 않을 뿐만 아니라 전적으로 하나님께서 인정하셔야만 한다는 점에서 자연인으로서는 그 누구나 하나님으로부터 깨끗하다고 인정을 받을 수 없기 때문이다.

그럼에도 불구하고 주님께서 이 말씀을 하시는 것은 하나님 나라에 속한 백성의 품성은 사람이 노력하고 추구하여 이루어지는 것이 아니라 태어날 때부터 생득적으로 그러한 품성을 가지고 있음을 전제하고 있기 때문이다. 이 말은 하나님 나라에 속한 백성이라면 자연스럽게 신적 속성을 발현한다는 것을 지시한다.

일반적으로 말하는 것처럼 사람이 교육을 받고 철학적인 훈련이나 윤리적인 단속을 통해 신적 속성을 소유하거나 발휘할 수 없음을 의미한다. 그렇다면 하나님 나라에 속한 백성으로서 신적 속성을 발휘한다는 것은 이미 새 사람으로 변개되어 있을 뿐만 아니라 상당한 수준으로 장성한 상태임을 알 수 있다.

따라서 신적 속성을 발휘할 정도로 장성하기 위해서는 무엇보다도 먼저 그 자신이 예수 그리스도께서 완성하신 속죄 사역의 공효를 입은 자라는 전제 조건이 있어야 한다. 예수 그리스도의 구속 사역의 결과 죄로부터 구별되고 해방되어 자유함을 입은 그리스도인이어야 비로소 신적 특성을 발휘할 수 있다. 뿐만 아니라 그 안에서 성령님의 도움을 입어 상당한 기간 훈련을 받고 성숙해야 한다.

이 말은 하나님 앞에서 깨끗하다는 말이 내가 양심상으로 거리낌이 없다는 뜻이 아니라는 사실을 강조한다. 예수 그리스도의 속죄 사역을 힘입어 더 이상 인간이 갖고 있는 본성의 죄와 죄책과 죄의 오염으로부터 구별되어 있어야 한다. 그와 같은 상태에 있을 때 하나님께로부터 깨끗하다는 인정을 받을 수 있다. 그후에야 그 사람을 가리켜 마음이 청결한 자라고 한다.

죄로부터 구별되었다, 자유함을 입었다는 말은 죄로부터 야기된 모든 선입견이 제거된 상태를 말한다. 즉 죄와 단절된 상태를 의미한다. 그렇다면 죄와 단절된 상태라는 것은 '그 사람이 누구에게 소속되어 있는가'의 문제임을 알 수 있다. 누구의 소유인가? 여전히 사탄의 소유인가 아니면 하나님의 소유인가 하는 그 여부가 죄로부터 단절되었다는 판단의 근거가 된다.

이러한 판단을 돕기 위한 예로 애굽에 있었던 이스라엘 백성들을 들 수 있다. 그들이 바로의 손 안에 있을 때, 즉 애굽에 있을 때는 바로의 소유였지만 출애굽을 통해 가나안으로 들어온 이후에는 하나님의 백성이 되었다. 여기에서 그들의 주인이 누구이며 소유권이 누구에게 있는가에 대한 해답을 얻을 수 있다.

마찬가지로 우리가 예수 그리스도를 통해 죄와 죄책이 면제되었다면 나의 주인은 누구인가 하는 문제의 해답을 얻을 수 있다. 죄 아래 있었던 상태와 같이 여전히 사탄이 우리의 주인인가 아니면 하나님이신가에 대한 판단이 분명하게 서게 되는 것이다. 따라서 죄로부터 모든 것이 구별되었고 단절된 상태라 한다면 우리는 하나님과 특별한 관계를 가지게 된다. 마치 요한복음 15장에서 예수님이 포도나무와 가지의 관계를 비유하신 것처럼 하나님과 우리의 관계는 포도나무와 가지의 관계인 것을 알 수 있다.

우리가 하나님과 연결되어 있다는 것은 하나님의 생명에 우리가 연결되어 있는 상태를 의미한다. 이 상태야말로 죄로부터 구별된 상태이다. 즉 하나님께로부터 깨끗하다고 인정을 받은 상태이다. 그러므로 청결하다, 깨끗하다는 것은 하나님의 재창조 사역으로 말미암아 새 생명의 원동력, 즉 에너지를 계속 공급받고 있는 상태에 있어야 마음이 청결한 자로 계속 성장하고 있다고 말할 수 있다.

이러한 사람은 필연적으로 하나님과 연결되어 있기 때문에 생명의 진액이 흘러 들어와서 하나님과 동일한 생명의 질을 드러낼 수 있다. 나아가 하나님과 동질의 생명력을 발휘할 수 있다. 결국 그리스도의 능력으로 새 사람이 된 사람만이 하나님의 품성을 드러낼 수 있다. 그 사람에게서 하나님의 생명력이 발휘되는 것이다.

따라서 마음이 청결한 자, 깨끗한 자라는 것은 그 자신이 윤리적으로 세상적인 가치관에 따라서 죄가 없다, 성품이 곧다 하는 차원이 아님을 알 수 있다. 하나님으로부터 근원이 된 생명의 진액이 나에게로 흘러들어 와서 그것이 생명력으로 발휘되고 드러나는 상태까지를 가리켜서 청결하다고 일컫는 것이다.

4. 청결함 - 신적 생명력을 발휘하는 것

이상을 종합해보면 청결하다는 것은 두 가지로 해석할 수 있다.

소극적으로는 죄의 오염이나 죄책으로부터 침해를 당하지 않은 상태이다. 죄의 그늘에 은폐되어 있지 않은 상태, 즉 더 이상 죄와 상관이 없을 뿐만 아니라 죄에 빠져 있으면서 그렇지 않은 것처럼 위장되어 있지도 않고 죄책으로부터 완전히 면제된 것을 말하는 것이라고 할 수 있다. 반면에 적극적으로는 하나님으로부터 생명을 받았기 때문에 하나님의 거룩한 품성을 드러내고 새로운 생명력을 발휘하는 상태이다.

여기에서 말하는 두 가지 상태는 동전의 양면과 같아서 동시적이어야 한다. 한쪽으로는 죄로부터 보호를 받고 다른 면으로는 하나님의 생명력, 하나님의 품성을 발휘해야 한다. 그러한 과정을 거쳐 하나님과 같이 순일한 상태, 동질의 생명력, 윤리성, 도덕성을 발휘하는 것을 가리켜서 마태복음 5장 8절에서는 '마음이 청결한 자'라고 한다.

죄로부터 자유함을 입고 보호를 받는다는 것은 예수 그리스도께서 이루신 십자가의 공효로서만 가능하다. 그러나 이 세상에 살고 있는 사람이라면 아무리 성자라 할지라도 범죄할 가능성을 내포하고 있으며 그러다가 결정적인 순간에 이르면 죄를 범하게 된다. 이 말은 아무리 그리스도께서 이루신 속죄의 공로로 그리스도인이 되었고 하나님을 섬긴다 할지라도 의식적이건 무의식적이건 죄를 범하게 되어 있음을 의미한다. 이는 우리가 언제나 윤리적으로나 도덕적으로 흠을 가지고 있다는 의미이다.

이것을 어떤 사람들은 마치 포도나무 가지가 나무에 붙어 있더라도 그 가지 속에 벌레가 있다든지 병이 들어서 영양분을 제대로 공급받지 못해 열매를 맺지 못하는 것처럼 그리스도인들도 죄를 범할 수 있다고 해석하기도 한다. 이런 해석은 알미니안주의(Arminianism)적 사상을 그 근본으로 하고 있는 매우 위험한 해석이다.

죄를 범한다는 것은 그 자체가 하나님과 단절된 상태를 말한다. 참으로 하나님과 연결되어 있다면 적극적으로 하나님의 형상을 드러내고 하나님의 인격을 드러내야 한다. 만일 잠시라도 우리의 의식 상태나 심리 상태가 빈약해져서 하나님의 영광을 드러내지 못하고 그 특성을 발휘하지 못한다면 그것은 하나님과 단절된 상태와 같다.

이것은 죄의 형벌을 초래하는 비참한 상태로 하나님과 원수가 되는 것이다. 새 사람으로 변개된 그리스도인이라 할지라도 스스로 그러한 상태에서 헤어날 수 없다. 그러므로 아담이 범한 그 원죄에 대해 그리스도께서 이루신 속죄의 공효로 우리가 다시는 죄에 빠지지 않도록 보장받고 있다 할지라도 우리가 또다시 범죄에 빠지게 되어 헤어나지 못한다면 그것은 근본적으로 하나님과 단절된 상태에 있음을 의미한다. 그러한 사람은 하나님이 다시 건져내셔서 정상의 위치에 올려놓기 전까지는 하나님의 생명과는 상관 없는 비참한 상태에 빠져있는 것과 같다. 이러한 상태를 가리켜서 불순하다고 한다.

그러므로 마음이 청결하다는 것은 더 이상 하나님 앞에서 윤리적으로나 도덕적으로 죄에 빠지지 않는 상태에까지 도달해 있어야 한다고 해석하는 것이 성경적이다. 그래서 청결하다, 깨끗하다 한다면 하나님의 생명과 끊임없이 연결되어 있어야 하고 그 자신의 생활의 구석구석에서 구체적으로 하나님의 생명력이 활동하고 발휘되고 있어야 한다. 이러한 상태를 가리켜서 마음이 청결하다, 깨끗하다고 말을 한다. 이런 사람은 항상 하나님께 대해 순일한 마음을 갖고 있다.

따라서 '마음이 청결한 자는 복이 있나니'를 해석한다면 마음이 오롯하게 하나님을 향해 있는 사람은 복이 있다는 말이 된다. 이런 사람을 가리켜서 온 마음을 하나님께 쏟고 있다고 하는 것이다. 또한 이러한 상태를 가리켜 성경은 온전한 사랑이라고 표현한다. 그것이 모든 율법의 대강령이다. "이스라엘아 들어라 우리 하나님 여호와는 오직 하나인 여호와시니 너는 마음을 다하고 성품을 다하고 힘을 다하여 네 하나님 여호와를 사랑하라"(신 6:4-5). 그러므로 마음이 깨끗하다, 순일하다, 온전히 하나님을 사랑한다는 말은 마음을 다하고 성품을 다하고 힘을 다해 하나님을 사랑하는 것이라고 할 수 있다.

예수께서도 이 말씀을 인용하여 "네 마음을 다하고 목숨을 다하고 뜻을 다하고 힘을 다하여 주 너의 하나님을 사랑하라"(막 12:30)고 말씀하셨다. 마음이 청결한 자, 마음이 오롯하게 하나님을 향하는 자는 바로 이와 같은 사람이다. 마음을 다하고 목숨을 다하고 뜻을 다하고 힘을 다하여 오직 하나이신 하나님을 사랑하는 것이다. 하나님께만 전 마음을 드리는 것이다. 뜻을 다한다는 것은 조금도 빠뜨림이 없다는 것으로 이 말을 가리켜 순결이라는 뜻으로 해석할 수 있다. 이것은 순결한 신부의 상태를 의미하기도 한다.

특히 고린도후서 11장 2절에서 바울은 "내가 하나님의 열심으로 너희를 위하여 열심을 내노니 내가 너희를 정결한 처녀로 한 남편인 그리스도께 드리려고 중매함이로다"고 말하며 그리스도인을 정결한 처녀라고 비유하고 있다. 마음과 뜻과 정성을 다해 하나님을 사랑하는 사람을 정결한 처녀라고 표현한 것이다. 오로지 그 남편을 향해 순결한 사랑을 드리는 처녀와 같이 그리스도인은 마음과 뜻과 정성을 다해 주 하나님을 사랑해야 한다.

이에 바울은 "뱀이 그 간계로 이와를 미혹케 한 것같이 너희 마음이 그리스도를 향하는 진실함과 깨끗함에서 떠나 부패할까 두려워하노라"(고후 11:3)라고 경계하고 있음에 우리는 주의를 기울이지 않을 수 없다.

뱀이 하와를 유혹하는 과정을 보면 이 사실을 더 분명하게 볼 수 있

제12장 _ 마음이 청결한 자 (1) · 263

다. 모든 피조물을 다스리는 위치에 있는 하와가 뱀을 다스리지 못하고 거룩한 하나님의 말씀을 토론의 대상으로 여긴 것부터 이미 하와에게 불순이 싹트고 있었던 것이다. 그 결과 하와는 뱀에게 유혹을 당해 하나님께 대한 사상에서 순결을 상실하고 말았다.

하와에게는 진정으로 사랑해야 될 남편이 있었고 아담과 거룩한 교통을 통해 함께 진실함과 깨끗함을 나누어야 하는 정결한 신부의 위치를 유지하고 있어야 했다. 그럼에도 불구하고 한갓 피조물 중의 미물인 이성이 없는, 즉 인격이 없는 뱀과 대화를 하고 하나님의 계시에 대해 논한다는 것 자체가 아담에 대한 불순한 행위가 되었던 것이다.

따라서 하와의 불순은 아담에 대한 순결한 사랑을 잊어버린 것에서부터 시작되었다. 하와가 하나님의 말씀을 어기게 된 이면에는 이처럼 자신이 아담에 대해 순결한 처녀와 같이, 순결한 신부와 같이 오롯한 사랑을 드리지 않은 것에서부터 시작되었던 것이다. 이와 마찬가지로 마태복음 5장 8절의 '마음이 청결한 자' 라고 할 때는 순결한 신부와 같은 상태로 온전한 마음을 하나님께 드리고 있어야 한다. 이러한 사람이어야 하나님을 만나는 복된 자리에 서 있는 것이다.

순결하다, 정결하다, 순수하다, 청결하다는 것은 오직 하나님에 대해 오롯하게 신앙을 표하는 자만이 누릴 수 있는 능력이다. 신부가 순결을 잃어버렸다면 신부로서의 자격도 없고 능력도 행사할 수 없으며 권리도 없다. 하나님에 대한 신령한 원칙도 마찬가지이다. 우리가 신앙의 순결과 정조를 잃어버린다면 하나님께 대해 아무런 능력을 발휘할 수 없다. 반면에 마음이 정결하다면 그 자체가 능력이다.

때문에 마음이 청결한 사람은 이 세상에서 볼 수 없는 능력을 소유하고 있다. 그 능력은 본질상 외형적으로 그 힘을 표시하는 성질이 있기 때문에 마음이 청결한 자는 그가 가지고 있는 능력을 거리낌 없이 나타내게 된다. 이런 점에서 마음이 청결하다는 것은 하나님 나라의 백성이 가지고 있는 외형적인 특성에 해당된다.

이상을 종합해 놓고 본다면 마음이 청결하다는 것은 심령의 상태가 깨끗함을 이야기하고 있음을 알 수 있다. 윤리적, 도덕적으로도 하나님의 기준에 비추어 볼 때 깨끗한 것을 말한다.

그러기 위해 그리스도의 십자가의 공로가 전제되어야 하며 죄로부터 분별, 구별이 되어 있어야 한다. 뿐만 아니라 적극적으로 하나님으로부터 공급되는 신적인 품성을 드러내야 한다. 나아가 하나님에 대해 온전하고 순결한 사랑을 드릴 수 있는 능력을 표시하는 상태를 가리켜 마음이 청결하다고 할 수 있다.

〈기도〉

만왕의 왕이신 하나님.

우리 하나님께 우리가 순결한 사랑을 드리게 됨을 감사합니다. 마음이 청결한 자는 복이 있다고 말씀하셨사오니 이제 우리가 이 세상에 있는 모든 일 때문에 마음이 분요하거나 빼앗기는 일이 없이 우리 하나님께 온전한 마음과 뜻과 정성을 다 쏟을 수 있는 복된 자리에 설 수 있기를 소원합니다.

이제 우리가 이 말씀을 듣고 깨닫는 것은 그동안 살아오면서 이생의 염려와 여러 가지 유혹과 사상의 불순함과 죄책과 죄에 대한 오염 때문에 온전히 하나님을 사랑하지 못한 아픔을 느낍니다.

하나님, 이제 우리를 그러한 자리에서 건져주신 능력에 힘입어 온전한 위치에 서고 정상한 자리에서 뜻과 힘을 다해 우리 하나님을 사랑하기를 원합니다.

주 예수 그리스도의 이름으로 기도합니다. 아멘.

제13장

마음이 청결한 자 (2)

1. 청결함의 의미

'마음이 청결하다'는 말의 의미는 다음과 같다.

1) 모든 죄의 오염으로부터 구별되어 있는 상태이다.

사람은 본래부터 죄 아래에서 잉태되어 태어났기 때문에 누구나 죄의 영향력 안에 있기 마련이다. 이러한 상태로서는 거룩하신 하나님을 뵈올 수 없을 뿐만 아니라 감히 그 앞에 서지도 못한다. 왜냐하면 하나님은 죄를 용납하지 않는 분으로서 어떤 형태로든 죄의 모양이나 흔적을 가지고 있는 자를 묵인하지 않고 충돌하시기 때문이다.

따라서 청결하다는 것은 무엇보다도 먼저 죄의 영향력으로부터 벗어나 있고 죄의 그늘에서 떠나 있는 상태여야 한다. 나아가 죄에 대한 경험을 이미 가진 자로서 더 이상 죄에 대한 선입견이 제거되어 있어야 한다. 죄로부터 자유롭다고 하면서 여전히 죄의 선입견에 싸여 있다면 청결하다고 할 수 없을 것이다.

　　그러나 사람은 누구나 자력으로 의를 추구하거나 발휘할 수 없다. 뿐만 아니라 아담과 하와가 죄를 범한 이후부터는 모든 사람이 죄의 지배 아래 있기 때문에 인류는 누구나 죄의 영향력으로부터 벗어날 수 없다. 이처럼 사람이 자력으로 죄의 영향력을 벗어날 수 없다는 것을 신학적인 용어로 전적 무능력(total inability)이라고 한다.

　　사람이 죄에 대해 전적으로 무능력하다는 것은 결국 아무도 마음이 청결하지 않다는 말이기도 하다. 따라서 전적으로 죄로부터 구별되어 있는 분은 유일하게 예수 그리스도 한 분으로 여기에서 말하는 마음이 청결한 자는 바로 예수님 자신을 가리키고 있음을 알 수 있다.

　　우리가 마음이 청결한 자가 되기 위해서는 처음부터 마음이 청결하신 예수 그리스도와 연합해야만 가능하다. 여기에서 우리는 그리스도께서 성취하신 십자가의 공효와 부활의 권능을 입기 위해 그리스도의 구속 사역을 받아들이고 인정해야 하는 이유를 발견하게 된다. 만일 그리스도께서 이루신 구속의 사실이 없다면 아무도 마음이 청결한 자로 인정 받을 수 없다. 뿐만 아니라 그 사실을 받아들이지 않는다면 영원히 죄로부터 자유로울 수도 없다.

　　2) 청결하다는 기준은 하나님의 거룩성에 근거해야 한다.

　　사람들이 가지고 있는 일반적인 가치관이나 윤리관에 근거하여 사람을 평가하는 것은 어디까지나 인간 사회에서 통속적으로 말해지는 것에 불과하다. 그러한 통속적인 차원에서 일컬어지는 깨끗한 정도를 가지고 하나님 나라에서 통용하려고 하는 것은 어리석은 생각이다. 아직 그 자신이 하나님 나라의 청결함에 대해 무지하거나 아니면 하나님 나라의 거룩한 속성을 무시하려고 하는 교만에서 나온 생각에 불과하다.

하나님은 처음 사람인 아담과 하와를 청결한 상태에서 지으시고 이 세상에 살도록 하셨다. 그러나 아담과 하와가 죄를 범함으로 모든 사람이 순결성을 상실하게 되었다. 이런 점에서 첫사람 아담과 하와를 제외하고는 본질적으로 순결한 사람은 아무도 없다.

사람이 순결한 상태에 도달하기 위해서는 오직 그리스도께서 죄를 타파하고 부활하신 생명의 능력을 그의 백성에게 주셔야만 가능하다. 그밖에 다른 길은 없다. 이 말은 주의 영으로 오신 성령께서 새롭게 그리스도인의 생명력으로 오셔서 그의 백성들과 합일을 이루지 않는다면 결코 누구도 청결한 상태에 도달할 수 없다는 사실을 웅변적으로 말하고 있다.

이 사실은 우리가 그리스도의 구속 사건과 더불어 성령님의 인도와 보호 아래 살아야 함을 의미한다. 이런 점에서 보혜사이신 예수님은 성령님을 가리켜 '다른 보혜사'라고 지칭하셨다(요 14:16). 그리스도와 똑같이 선택한 백성들을 구원에 이르도록 하기 위해 오신 분이 바로 보혜사 성령님이시다. 따라서 그리스도의 부활로 인해 구속받은 성도는 성령님의 강림으로 인해 성령 충만을 입어야만 비로소 마음이 청결한 자로 살아갈 수 있다.

이런 차원에서 성경은 여러 곳에서 성령의 충만함을 입으라고 권고한다. 요한복음 4장 37-39절에서 "누구든지 목마르거든 내게로 와서 마시라 나를 믿는 자는 성경에 이름과 같이 그 배에서 생수의 강이 흘러나리라"고 예수께서 말씀하신 의미는 "이는 그를 믿는 자의 받을 성령을 가리켜 말씀하신 것이라 (예수께서 아직 영광을 받지 못하신 고로 성령이 아직 저희에게 계시지 아니 하시더라)"는 요한의 해설과 같이 예수님의 구속 사역의 완성이 그의 백성들에게 성령의 충만함을 입게 하는 것임을 알 수 있다.

3) 청결하다는 것은 적극적으로 새 사람다운 속성을 발휘하는 데서 입증되어야 한다.

죄로부터 분리되었고 성령님의 거룩하게 하심의 결과 새 사람으로 거듭난 사람이라면 의당히 그 사람의 인격은 자연스럽게 하나님의 거룩한 속성을 발현하도록 되어 있다. 만일 어떤 사람이 거듭났다고 하면서도 일상 생활을 통해 하나님의 속성으로서의 청결함을 표시하지 않고 있다면 본질적으로 청결함에 이르지 못했음을 지시한다. 또는 그 자신이 새 사람으로 거듭났다는 사실에 대해 지식으로만 용인할 뿐 여전히 죄 아래 있기 때문일 것이다.

거듭난 사람의 커다란 특성 중의 하나는 일상의 삶 가운데 자연스럽게 신적 속성을 표출하는 데 있음을 예수님의 말씀 속에서도 발견할 수 있다.

"내 아버지께 복 받을 자들이여 나아와 창세로부터 너희를 위하여 예비된 나라를 상속하라 내가 주릴 때에 너희가 먹을 것을 주었고 목마를 때에 마시게 하였고 나그네 되었을 때에 영접하였고 벗었을 때에 옷을 입혔고 병들었을 때에 돌아보았고 옥에 갇혔을 때에 와서 보았느니라 이에 의인들이 대답하여 가로되 주여 우리가 어느 때에 주의 주리신 것을 보고 공궤하였으며 목마르신 것을 보고 마시게 하였나이까 어느 때에 나그네 되신 것을 보고 영접하였으며 벗으신 것을 보고 옷 입혔나이까 어느 때에 병드신 것이나 옥에 갇히신 것을 보고 가서 뵈었나이까 하리니 임금이 대답하여 가라사대 내가 진실로 너희에게 이르노니 너희가 여기 내 형제 중에 지극히 작은 자 하나에게 한 것이 곧 내게 한 것이니라"(마 25:34-40).

이 말씀에서 볼 수 있는 것처럼 여기에서 의인이라고 칭함을 받고 있는 자들에게서 발견할 수 있는 공통적인 특성은 매우 각별하고 특수한 임무나 업적을 세운 것에 있지 않다. 그들은 평범하게 일상의 삶을 경영해 가는 동안 자연스럽게 신적 속성을 발휘하고 있다는 점이다. 반면에 저주를 받는 자들에게서 요구되었던 것 역시 별다른 업적을 요구한 것이 아니었다. 그들의 인품이 거듭난 사람으로서 자연스럽게 발휘되어야 할 새 사람다운 인격을 그들에게서는 찾아 볼 수 없었다는 점이다.

새 사람으로 거듭난 사람이라면 자연스럽게 그리스도의 인품을 드러내는 것이다. 그것은 결국 하나님께 대해 순일한 사랑을 표현하는 것으로 나타나야 한다. 이것은 하나님만을 사랑하고 바라보며 의지하는 삶에서 자연스럽게 얻어지는 결실이다. 그러한 사람은 전적으로 자신을 하나님께 드리기 위해 의지적인 결단을 하기 마련이다. 이것을 가리켜 헌상(獻上)이라고 한다. 이런 이유로 매주일 예배 시간에 헌금을 하는 것은 자신이 하나님께 드려졌다(獻上)는 신앙의 고백이어야 한다.

위와 같은 검증을 거친 사람이어야 비로소 하나님께 대해 참 신앙을 하는 것이다. 마치 신부가 신랑을 위해 단장하고 순결한 마음을 드림과 같다. 이것을 정조(貞操)라고 하듯이 새 사람은 하나님께 대한 신앙의 정조를 지켜야 한다. 이러한 관계를 가리켜 사랑이라고 한다. 일반적으로 하나님의 사랑 안에 많은 복을 누리는 것에 대하여는 관심을 표하면서도 사랑하는 하나님에 대해 기본적으로 갖추어야 할 신앙과 정절에 대하여 등한시하는 현상은 여전히 죄의 영향력 아래 살던 버릇 때문이다.

2. 청결함 - 하나님을 사랑하는 것

바울은 하나님과 새 사람 사이에 형성되어 있는 사랑의 관계를 다음과 같이 피력하고 있다. "이는 곧 물로 씻어 말씀으로 깨끗하게 하사 거룩하게 하시고 자기 앞에 영광스러운 교회로 세우사 티나 주름 잡힌 것이나 이런 것들이 없이 거룩하고 흠이 없게 하려 하심이니라"

(엡 5:26-27).

여기에서 '물로 씻어 말씀으로 깨끗하게 하사 거룩하게 하시고' 라는 말씀 속에서 예수 그리스도가 완성하신 속죄의 사역으로 정결케 하여 그리스도의 신부가 되기에 부족함이 없도록 세상과 구별된 청결한 상태를 발견할 수 있다. 이처럼 청결한 목적은 '영광스런 교회' 로 세우기 위함인데 이것은 하나님의 영광을 받아 빛나는 청결한 상태의 교회를 의미한다. 따라서 교회는 거룩하고 흠이 없도록 보존되어야 한다. 바로 이러한 상태가 순결한 상태이다.

이 상태를 한마디로 말한다면 전심으로 여호와 하나님을 사랑하는 것이다. 시편 기자가 "주 나의 하나님이여 내가 전심으로 주를 찬송하고 영영토록 주의 이름에 영화를 돌리오리니"(시 86:12)라고 노래하는 것은 그 마음이 하나님을 향해 있음을 고백하는 것이다. 이러한 자에게 하나님은 새롭게 인생이 살아갈 수 있는 능력을 주신다.

"여호와의 눈은 온 땅을 두루 감찰하사 전심으로 자기에게 향하는 자를 위하여 능력을 베푸시나니"(대하 16:9)라고 하신 약속과 같이 전심으로 여호와를 사랑하는 자에게는 이 세상의 어떤 세력으로부터도 자신의 정절을 지키고 죄를 대항하고 타파할 수 있는 능력을 주시는 것이다.

바울은 "우리가 그(그리스도) 안에서 그를 믿음으로 말미암아 담대함과 하나님께 당당히 나아감을 얻느니라 그러므로 너희에게 구하노니 너희를 위한 나의 여러 환난에 대하여 낙심치 말라 이는 너희의 영광이니라 이러하므로 내가 하늘과 땅에 있는 각 족속에게 이름을 주신 아버지 앞에 무릎을 꿇고 비노니 그 영광의 풍성을 따라 그의 성령으로 말미암아 너희 속사람을 능력으로 강건하게 하옵시며 믿음으로 말미암아 그리스도께서 너희 마음에 계시게 하옵시고 너희가 사랑 가운데서 뿌리가 박히고 터가 굳어져서 능히 모든 성도와 함께 지식에 넘치는 그리스도의 사랑을 알아 그 넓이와 길이와 높이와 깊이가 어떠함을 깨달아 하나님의 모든 충만하신 것으로 너희에게 충만하게 하시기를 구하노라"(엡 3:14-19)고 권면한 후 "우리 가운데서 역사하시는 능력대로 우리의 온갖 구하는 것이나 생각하는 것에 더 넘치도록 능히 하실 이에게 교회 안에서와 그리스도 예수 안에서 영광이 대대로 영원무궁하기를 원하노라"(엡 3:20-21)고 성도들을 향해 축원하고 있다.

위에서 살펴본 것처럼 아내가 남편에 대해 전심을 다하지 않고 다른 생각을 갖게 되면 거기에는 눈에 보이지 않지만 이미 회절(回折)이 시작된 것이다. 그것은 결국 순결을 잃어버릴 위험에 처한 것과 같다. 따라서 전심으로 여호와를 향하는 자에게는 하나님께서 능력을 베푸시어 어려운 상황에서도 순결을 잃지 않도록 보호하신다. 이런 이유로 전심으로 여호와를 사랑하는 성도라면 여호와 앞에서 다른 이론을 가지지 않는다.

시편 기자가 "나의 영혼이 잠잠히 하나님만 바람이여 나의 구원이 그에게서 나는 도다 오직 저만 나의 반석이시요 나의 구원이시요 나의 산성이시니 내가 크게 요동치 아니하리로다"(시 62:1-2)고 노래하고 있는 것은 시편 기자의 모든 소원이 전적으로 여호와 하나님 한 분에게만 있음을 고백한 것이다. 여기에서 우리는 진정한 성도라면 세상 어디에 있든지 항상 하나님 한 분만을 바라보고 살고 있다는 사실을 발견하게 된다.

한 남편의 아내가 되었다면 어디를 가든지 아내로서의 정절과 품위를 지켜야 한다. 그렇지 않다면 그녀의 행위는 남편을 추하게 만드는 결과를 가져다 줄 뿐이다. 마찬가지로 우리가 하나님께 대한 순결한 사랑을 저버린다면 결국 하나님을 소홀히 여길 뿐만 아니라 하나님을 무시하는 죄를 범하는 것이다.

남편에 대한 정절을 소홀히 여기는 여자를 가리켜 '음녀'라고 하듯이 하나님에 대한 정절을 소홀히 여기는 자는 음녀와 같이 취급을 받아야 한다. 오늘날 기독교가 전심으로 여호와 하나님을 섬기지 못하고 각종 사조와 생활의 정황에 마음을 빼앗기는 것 역시 음녀와 같은 행위이다. 이러한 상태를 가리켜 이미 사도 요한은 이렇게 경고한 바 있다.

"무너졌도다 무너졌도다 큰 성 바벨론이여 모든 나라를 그 음행으로 인하여 진노의 포도주로 먹이던 자로다"(계 14:8). 여기에서 말하는 큰 성 바벨론을 가리켜 요한은 '음녀'라고 밝혀 말하고 있다(계 17:1, 2 참조). 이 바벨론은 말세에 그리스도를 배교한 기독교 단체를 표상하고 있다. 사도 바울이 바벨론을 가리켜 음녀의 대표격으로 표현하고 있는 것은 말세의 교회가 배교하여 하나의 거대한 종교로 변질될 것을 바라보았기 때문이다.

순일하게 여호와 하나님을 신앙하거나 두려워하지 않고 교회가 전적으로 사람들의 욕구를 기준하여 사람들을 유혹하고자 변질될 것을 사도들은 경고하고 있다. 음녀란 사람을 꼬이려고 화려하게 몸을 치장하는 것을 그 특징으로 한다. 말세의 교회들이 종교적 음녀와 같이 변질되어서 다채롭고 화려하게 치장하고 그것을 거룩한 문화인 것처럼 위장하여 사람들에게 지적 호기심을 불러일으켜 그들의 영혼을 유혹할 것이기 때문이다.

이것은 마치 순결한 신부가 신랑을 위해 단장하는 것과 같지 않고 숱한 남정네를 유혹하기 위해 치장하는 음녀와 같다. 예수 그리스도만을 사랑해야 할 교회가 사람들을 모으고 그들에게 지적, 정서적 만족감과 안정감을 주기 위해 치장하기 시작하면서 하나님께 대한 정절을 잃어버리게 됨과 같다.

이러한 음녀와 같은 특성은 일반 종교에서도 얼마든지 찾아볼 수 있다. 사람들의 호기심을 만족시켜 주기 위해 각종 방법으로 단장하고 치장하는 것이 바로 일반 종교들이다. 그중에서 대표가 되는 것을 가리켜 사도 요한은 '음녀, 바벨론'이라고 호칭하였다. 결국 교회가 하나님의 거룩하신 능력을 포기하고 일반 종교적인 현상을 추종하여 변질된 상태를 가리켜 바벨론이라고 한 것이다.

여기에서 바벨론은 노아 홍수 이후 인류가 마땅히 하나님 나라를 건설해야 하는 시대적인 사명을 수행할 위치에 있음에도 불구하고 그 사명을 버리고 인간들에 의해 인간들을 위해 통치하는 인간들의 나라를 건설하고자 했던 바벨탑 사건(창 10장 참조)을 상징하고 있다.

당시 인류는 노아의 단일 후손으로서 새롭게 하나님으로부터 생명을 부여받고 이땅에 거룩한 나라를 건설하기 위해 존재하고 있었다. 그러나 인간들은 창조주 하나님의 뜻을 거스르고 자신들의 이상을 건설하기 위해 바벨탑을 쌓았던 것이다. 이 사건은 마치 아담이 하나님의 명령을 거역하고 선악을 알게 하는 나무의 열매를 따먹은 것과 같은 성질을 가지고 있다. 더욱이 당시 인류는 집단적으로 하나님에 대한 신앙을 배반했던 것으로 이것은 전 인류가 배교한 첫 번째 사건이기도 하다.

이와 마찬가지로 말세가 이르게 되면 국부적으로 몇몇의 교회나 민족이 하나님을 버리고 배교하는 것이 아니라 전 세계 교회뿐만 아니라 전 인류가 집단적으로 하나님을 대항하는 배교의 두드러진 상태에 도달할 것이다. 이 사실을 요한은 바벨탑 사건의 연장으로 묘사하기 위해 바벨론이라고 지칭하고 있다. 때문에 말세가 가까워 올수록 교회는 전 세계적으로 배교하는 현상을 강하게 지향하게 되리라는 방향성을 우리는 미리 예측할 수 있다.

이러한 배교의 사실을 앞에 두고 진정으로 하나님을 사랑하고 그 신앙의 정절을 지킨다는 것은 우리 시대의 교회들이 지향해야 할 시대적인 사명으로 확고하게 보이는 것이다. 이러한 이유로 성경은 교회가 그리스도의 신부가 된 사실을 강조하며 끝까지 신앙의 정조를 지켜야 할 것을 누차 강조하고 있다.

그리스도께서 교회를 사랑하시되 "이는 곧 물로 씻어 말씀으로 깨끗하게 하사 거룩하게 하시고 자기 앞에 영광스러운 교회로 세우사 티나 주름 잡힌 것이나 이런 것들이 없이 거룩하고 흠이 없게 하려 하심이니라"(엡 5:26-27)고 바울이 경계한 상태, 즉 흠이 없고 티 없이 하나님으로부터 깨끗한 신부로 인정을 받은 상태를 스스로 포기한 교회는 결국 일반 종교로 전락하고 마는 것이다. 이러한 상태를 사도 요한은 경고하면서 교회가 부패하면 많은 사람들에게 진노의 포도주를 먹이게 하는 것이라고 지적한 바 있다(계 17:2).

포도주란 잔칫집을 나타내는 상징물인데 구원의 능력으로 환희에 차 있어야 할 교회들이 구원의 능력을 상실하고 종교적 축제에 들떠 있음을 요한은 지적하고 있다. 그 안에서 행해지는 것은 추잡한 음행일 뿐이다. 당시 이교 종교에서는 공식적으로 창기를 두고 이러한 음행 행위를 적극적으로 조장해 왔다. 그들에게 있어서 성창(聖娼)과의 성관계는 신과 인간이 합일하는 것을 상징한다고 주장하며 음행을 부추겨 왔던 것이다. 이러한 잘못된 현상이 마침내 교회 안에까지 들어오게 되는 현상에 대해 성경은 이미 이스라엘의 역사를 통해 경고한 바 있다.

3. 배교 - 말세 교회의 특성

이스라엘의 왕 중에서 악한 왕이었던 아합은 자신의 나라를 견고히 하기 위해 정략적으로 당시 시돈을 통치하고 있던 왕 엣바알의 딸인 이세벨과 혼인하였다. 아합의 왕비가 된 이세벨은 여호와 하나님을 섬기는 이스라엘 백성들에게 이방 종교인 바알과 아세라를 섬기도록 온갖 술책을 다하고 여호와의 전에서 예배하거나 제사 드리는 행위를 일절 금하였다.

지금까지 이스라엘 백성들은 여호와 하나님을 섬기되 혹시 신학적 사상의 수준이 미급하고 저속하여 변질된 상태로 여호와를 섬기기는 했을지라도 여호와를 근본적으로 부인하거나 떠난 사실은 없었다. 물론 이스라엘 백성들이 여호와를 바로 섬기지 못하고 여호와에 대한 신앙이 변질될 때는 여호와 하나님께서 선지자들을 보내 그들의 신앙을 타매하고 원상의 상태로 돌아올 것을 강력하게 촉구하였기 때문에 이스라엘이 전적으로 여호와 하나님을 배역하지는 않았었다.

그러나 이세벨이 왕비가 된 후로는 그 실상이 완전히 바뀌고 말았다. 지금까지는 여호와를 섬기는 길에서 크게 벗어나지 않았던 이스라엘이 이제 전적으로 여호와를 떠나 바알과 아세라를 섬기게 되었다. 살아계신 하나님을 섬기지 않고 죽은 우상을 섬기되 예전에 가지고 있던 여호와에 대한 신관을 완전히 벗어버리고 새로운 개념의 신관을 도입하여 바알과 아세라에게 입을 맞추었던 것이다.

이러한 현상은 마치 노아의 후손들이 바벨탑을 건설하고자 하나님을 떠난 것과 같이 악한 성질을 가지고 있기 마련이다. 바로 이 일을 주도한 장본인이 이세벨이었기 때문에 성경은 이세벨을 가리켜 음녀라고 한 것이다. 이처럼 이세벨은 여호와 하나님의 신부인 이스라엘을 꼬드겨 바알과 아세라에게 입을 맞추게 한 악한 뚜쟁이였다.

이세벨의 등장은 여호와 하나님에 대한 신앙이 파괴되는 절체절명의 위기를 가져왔다. 이때 선지자 엘리야가 나와서 이세벨에게 정면으로 도전장을 내고 바알과 아세라 선지자들을 갈멜산으로 불러 모았다. 이렇게 하여 하나님의 사자인 엘리야와 바알과 아세라의 선지자들이라고 하는 자들과 일대 전면전이 벌어지게 되었다. 그들 사이에서 누가 참으로 살아있는 하나님의 선지자인가를 증명하기 위한 전쟁이 시작되었

다. 먼저 바알과 아세라 선지자들이 미리 준비한 재물을 태우기 위해
갖은 교태를 다 부렸지만 그들의 신은 잠을 자고 있는지 뒷간에 가 있
는지 응답이 없었다.

그들이 아무리 부르짖어도 아무런 반응이 없자 이제 엘리야가 나섰
다. 그리고 이스라엘 백성을 향해 "너희가 어느 때까지 두 사이에서 머
뭇머뭇하려느냐 여호와가 만일 하나님이면 그를 좇고 바알이 만일 하
나님이면 그를 좇을지니라"(왕상 17:21)고 외치며 타매한 후 하나님께 그
사실을 고하자 하늘로서 불이 내려와 재물을 태웠다. 이것으로 엘리야
의 하나님 여호와가 살아 있는 참 하나님이심이 증명되었다. 그제야 백
성들은 그동안 여호와 하나님에 대해 변절되어 있는 자신들을 돌아보
고 회개하였다. 그리고 엘리야의 지시를 따라 바알과 아세라의 선지자
들을 모두 잡아 죽임으로써 그들이 변절했던 여호와에 대한 신앙을 회
복하였다.

이 사건에서 엘리야가 외쳤던 것은 이스라엘이 누구의 소유인가 하
는 문제였다. 여호와 하나님의 소유인가 아니면 바알과 아세라의 소유
인가에 대한 대답은 명확한 것이었다. 음녀 이세벨의 계략으로 이스라
엘 백성이 집단적으로 하나님을 떠나 배교할 위기에 있을 때 이처럼 하
나님은 엘리야를 보내어 그들을 돌이키셨던 것이다. 그러나 이세벨의
유혹은 오늘날에도 여전히 사라지지 않고 교회들을 미혹하고 있음에
대해 우리는 주의를 기울여야만 한다.

말세의 두드러진 특성으로 교회가 집단적으로 하나님을 떠나 배교하
게 될 것임을 볼 때 이미 19세기부터 시작된 신학적인 배교 현상이 20
세기에 들어와서 세계적인 배교 현상을 가져오고 있다는 사실을 결코
간과할 수 없다. 이 일에 있어 앞장섰던 독일 교회는 오늘날 하나님을
찾아 볼 수 없는 상태로 완벽하게 배교하였다.

뿐만 아니라 그들의 신학을 배우고 받아들인 유럽 교회나 미국 교회

역시 배교의 성향을 추구하고 있음을 볼 수 있다. 오히려 그들에게 배 웠던 후대의 신학자들에게서 강한 성격의 배교적인 신학을 발견하게 된다. 또한 우리나라 역시 그러한 영향력에서 벗어나지 못하고 급진적 인 신학 사상을 추구하는 교회들이 대다수를 차지하고 있음은 결코 우 연한 일이 아니다.

이와 같이 전 세계적인 배교 현상은 이전까지 없었던 현상으로 역사 상에 나타난 특성이 되었다. 이러한 현상은 예전의 바벨탑 사건이후 국 부적이고 지엽적인 현상과는 현저한 차이가 있다. 이러한 때에 우리가 하나님에 대한 신앙을 고백하고 정결한 신부와 같이 여호와 하나님을 섬기기 위해서라면 무엇보다도 신앙의 정조를 지키고 청결해야 한다. 더욱이 신자들에게 임하는 시험은 매우 간교하고 악질적이어서 예전과 같이 예수를 부인하라든지 저주하라는 식의 박해가 아니라 현실의 생 활 속에서 신앙의 회절을 요구하고 있다는 점에 더욱 주의해야 한다.

4. 사람이 살아가는 존재의 이유

우리가 세상을 살아가는 동안에 무슨 일이든지 자기의 지혜나 사회 적 세력이나 수단과 술수를 통해 혹은 친구를 의지하려는 마음이 먼저 발생할 때 무서운 시험이 닥치게 된다. 차라리 예수를 부인하라고 요구 해 오면 신앙에 대한 경각심이라도 가질 수 있지만 먹고 사는 문제로 혹은 사회의 정황이나 주변 여건의 변화로 인해 어려운 문제가 발생할 때 자칫하면 신앙의 원리를 포기하고 사회적인 영향력 안에서 살아보 려고 애를 쓰는 경우가 얼마든지 발생할 수 있다.

이러한 경우 문제를 풀기 위해 여호와에 대한 신앙을 제쳐두고 우선 자신의 생존을 염려하여 세상과 타협하거나 잠정적으로 그 앞에 굴복 해 버린다면 자기도 모르는 사이에 배교하는 자리에 빠지게 된다. 사실 배교의 두드러진 특성은 자신의 인생을 경영함에 있어 하나님을 차선에 두는 것에서부터 나타나기 시작한다.

자신의 문제를 해결하려는 최선의 방편을 늘 자기 안에서 혹은 이웃이나 주변의 사회적인 세력 안에서 얻으려 한다는 것이 배교의 첫걸음이다. 따라서 이러한 미혹이나 유혹에서 벗어나려면 무엇보다도 먼저 자신이 왜 존재하고 있는가에 대한 본질적인 문제를 찾아야 한다.

사람이 존재하는 것은 하나님께서 그 사람을 이 세상에 보내신 고유한 목적을 수행하기 위함이다. 그것은 사람에 따라 다르겠지만 공통적으로 요구되는 것은 하나님을 사랑하고 영원토록 즐거워하는 것이다. 이것이 인간의 제일 되는 목적이다. 이에서 벗어난 그 어떤 목적이라 할지라도 사람이 이땅에 존재할 명분은 없다.

따라서 한 개인이 구체적으로 어떤 사명을 수행해야 할 것인가는 그 사람이 속한 교회적인 형편과 교회가 나가야 할 길에 따라 결정되겠지만 인간에게 주어진 궁극적인 목적, 즉 하나님을 경외하는 것만은 어느 시대나 바뀌지 않는 법이다.

우리가 하나님을 경외하고 하나님의 이름을 송축하기 위해 정당한 예배를 드리고 있다면 그것만으로도 존재해야 할 이유가 있고 살아 있어야 할 의무가 있다. 그러한 성도라면 의당히 하나님께서 그 생존권을 지켜 주신다.

만일 자기 스스로 생존의 문제를 해결하지 않을 수 없다는 것은 더 이상 그 사람은 하나님의 자녀가 아니라는 사실을 증명해 줄 뿐이다. 그러므로 누가 내 삶을 보장해 주고 있는가를 먼저 잘 살펴야 한다. 하나님이신가 아니면 내 스스로 해결하고 있는가에 대한 대답은 누구보다도 자신이 극명하게 알 수 있다.

여기에서 우리는 하나님께서 우리 일상의 삶에 대해 보장해 주신다고 한다면 과연 그런가에 대해 명백하고도 분명한 객관적인 증거를 가지고 있어야 한다. 단순히 감각적인 몇 가지 사건이나 그럴 것이라고

지레짐작하는 자기도취에 빠져 하나님의 도움을 받고 있는 것이라고
착각한다면 영원히 이 문제의 미궁에서 헤어나오지 못할 것이다.

하나님께서 우리를 인도하신다는 구체적이고 객관적인 증거는 결코
우리가 가지고 있는 몇 가지 경험적인 지식이나 단편적인 삶의 정황만
으로는 대답할 수 있는 성질의 것이 아니다. 따라서 전 역사를 통해 하
나님께서 경영해 오시는 그 나라의 성격을 먼저 규명하고 그 나라의 한
부분을 차지하는 이 시대의 특성과 교회적인 사명의식을 명확하게 알
고 있지 않다면 함부로 하나님의 인도를 받는다는 식의 자기만족에 빠
지지 않아야 한다.

이것은 그만큼 하나님께서 역사를 어떻게 경영하시고 어떤 방향과
목적을 가지고 이 세상을 통치하시며 그 안에서 나에게 주어진 역할과
나에게 요구하시는 하나님의 뜻이 무엇인가를 극명하게 알고 있어야
함을 의미한다.

이러한 방면에 대해 명확한 의식을 갖고 역사를 판별하려면 상당한
기간 동안 성령께서 돌보시는 가운데 구속사에 대한 바른 지식을 습득
해야 하고 그 지식에 근거하여 이 세상에서 살아가는 훈련을 쌓아야 한
다. 그런 후에야 일생에 한 번이나 하나님의 부르심에 부응할 수 있는
기회를 얻게 될 것이며 바로 그날에 우리에게 요구되어지는 일을 성실
하게 수행하기 위해 우리는 존재하는 것이다. 이것이 분명하다면 하나
님을 섬겨야 할 이유도 분명하다.

따라서 우리는 언제든지 하나님을 바라보고 살 수 있는 것이다. 그리
고 그 마음에 추호도 다른 마음을 가지지 않는다. 오직 여호와 하나님
한 분만을 바라보고 그 나라에 절대적으로 필요한 역할을 수행하기 위
해 전적으로 자신을 구별해 놓아야 하기 때문이다. 또한 그것으로 우리
가 매일 살아가는 일상의 양식으로 삼는 것이다.

이러한 마음의 상태를 가리켜 마음이 청결하다고 하는 것이며 그와 같은 자는 복이 있는데 언제나 하나님을 보기 때문이다. 이미 그 사람의 마음은 하나님과 같은 감성을 가지고 있고 하나님과 같은 마음으로 합일되어 있다. 오직 그와 같은 자에게 하나님은 친히 자신을 보여주시는 것이다. 그리고 이것은 단지 영감에 근거한 만남이 아니라 실제로 그날이 이르게 되면 얼굴과 얼굴을 마주 대하며 함께 즐거움을 나누게 될 것을 보여주는 증표(sign)이기도 하다.

〈기도〉

하나님 아버지.

우리 인생이 이땅에 살아가는 동안 하나님의 거룩한 성품을 닮아 살아감으로써 우리가 세상 사람들과 구별된 인생이라는 것이 입증되어야 할 것입니다. 그러한 품성 중 하나가 우리의 마음이 순결해서 전적으로 하나님을 향해 있어야 한다는 사실을 알게 되었습니다. 이것이 새롭게 지음 받은 새로운 존재인 성도들의 모습입니다.

그럼에도 불구하고 우리는 무엇인가 되어 보려고 하거나 어떤 업적을 이룸으로써 하나님의 자녀가 되는 것으로 오해하며 살아갑니다. 우리가 새 사람으로 거듭났다면 자연스럽게 그리스도의 성품을 나타내야 할 것인데 무엇인가를 행함으로써 그 업적을 가지고 하나님의 백성이 된 것처럼 착각하기 쉽습니다.

무엇보다도 하나님을 사랑함에 있어 거짓이 없고 불순이 없어야 할 것입니다. 그리고 하나님에 대해 순전한 사랑을 가지는 것이 마음이 청결한 백성의 모습일 것입니다. 말세일수록 믿음을 거짓으로 치장하는 일이 많아진다는 경고를 거울삼아 하나님의 백성으로서 명확한 인식을 가지고 오로지 하나님만을 바라보며 살아가기를 소원합니다.

주 예수 그리스도의 이름으로 기도합니다. 아멘.

II. 하나님 나라의 외형적인 실체(實體)

제14장

화평케 하는 자 (1)

1. 평안(שׁלום)의 의미

마태복음 5장 9절에 있는 "화평케 하는 자는 복이 있나니 저희가 하나님의 아들이라 일컬음을 받을 것임이요"라는 말씀을 이해하기 위해 본문을 보면 다음과 같다.

μακάριοι οἱ εἰρηνοποιοί
복 있는 자들(이여) 화평하게 하는 자들아,

ὅτι αὐτοὶ υἱοὶ θεοῦ κληθήσονται
왜냐하면 너희들은 하나님의 아들이라 불리울 것이다.

여기에서 '화평케 하는 자'(εἰρηνοποιος)의 어근인 에이레네(εἰρηνη)라는 헬라어는 '평안, 평화'라는 의미이다. 이 말에서 '화평케 하는 자'라는 말이 나왔는데 그 뜻은 '평화를 제조하는 사람'(peace maker)이라는 뜻이다.

이 말을 좀 더 원어에 가깝게 해석하면 '평화를 경작하는 사람'(one who cultivates peace: 경작한다, 땅을 간다, 농사를 짓는다)이라는 의미를 가지고 있다. 이는 평화를 재배하는 사람, 경작하는 사람, 또는 개척한다는 뜻을 포함한다. 나아가 문화를 창조한다는 뜻으로도 사용된다. 이런 의미로 보면 평화를 개척하는 사람 또는 평화를 창출해 내는 사람이라는 뜻으로 해석된다.

또한 에이레네(ειρηνη)에는 화합(concord), 조화라는 뜻도 담겨 있다. 그렇다면 평화라는 말에는 '조화, 화합을 이룬다' 는 의미가 있으며 이런 점에서 '형제가 연합하여 한 마음을 이룬다' 는 말도 평안, 평화라는 말로 쓰이게 된다.

이 '평안, 화평' 이라는 말은 히브리인들에게는 매우 익숙한 단어인데 일상적으로 사용되는 샬롬(שׁלום, shalom)이라는 단어는 보편적으로 사용되는 반면에 매우 특이한 사상을 그 안에 담고 있다. 즉 장차 완성될 메시아의 평화를 소망하는 의미를 그 안에 담고 있다는 점에서 그들에게 있어 샬롬은 영원하고 신적 능력이 발휘되는 평화이기도 하다. 여기에서도 '평안을 만든다, 경작한다, 개척한다' 는 말은 일시적이고 단회적인 평안을 의미하기보다 영원하고 신적 능력이 발휘되는 평화라는 의미를 담고 있음을 간과해서는 안 된다.

평화를 만드는 사람(a peace maker)은 기본적으로 그 자신에게 평안이 있어야 한다. 그 자신이 평안으로 가득 차 있을 뿐 아니라 나아가 대인관계나 사회적 관계에서 구체적으로 그 평화를 드러낼 수 있어야 한다. 그런 사람을 가리켜 예수님은 '화평케 하는 자' 라고 일컬으신 것이다.

이처럼 평안이 가득 차고 그 평안이 겉으로 표출되어 다른 사람에까지 흘러나올 정도가 된다는 것은 그 평안을 억압하는 모든 장애가 제거

되어 있는 상태가 유지되고 있어야 함을 의미한다. 자신의 마음 가운데
나 혹은 외부적인 상황에 어떤 불만이든지 위협 혹은 장애가 있어서는
온전한 평안을 드러낼 수 없기 때문이다. 그러므로 자신을 괴롭히는 것
들이 완전히 제거된 상태를 평안이라 말할 수 있다.

이런 상태는 매우 자유로운 상태이다. 어떤 억압이나 외부적인 위협,
불안도 없고 또한 그것들이 가져다주는 공포로부터 완전히 해방된 상
태를 가리켜서 평안이라고 한다. 이런 평안이라는 것은 내 마음이 즐겁
고 기쁘다는 상태와는 다르다. 마음이 기쁘다, 즐겁다는 것은 그 자신
이 평안을 유지하지 못하고 있는 상태라 할지라도 얼마든지 외부적인
영향이나 자신의 내적 감정에 따라 기쁨이나 즐거움을 느끼거나 표시
할 수 있기 때문이다. 따라서 마음이 평안하다는 것은 기쁘다거나 즐겁
다는 말과는 그 의미가 다르다는 것을 알 수 있다.

이상 살펴본 것처럼 평안은 자신의 내부에서든지 외부에서든지 전적
으로 안정된 상태를 유지할 수 있어야 한다. 그것이 유지되기 위해서
자신뿐 아니라 자신의 주변 환경 혹은 사회, 국가까지도 모든 조건이
안정되어 있어야 평안하다고 말할 수 있다. 내가 지금 비록 돈이 있고
사회적 지위가 다소 있다 할지라도 국제 정세가 불안하게 되면 당장에
평안을 잃고 불안을 느끼게 될 것이다.

그러므로 평안하다, 안전하다, 안녕하다고 할 때는 단순하게 내 개인
적인 상황만을 가지고 '나는 참 평안하구나!' 라고 생각하는 것은 바람
직하지 않다. 내가 평안하다고 말하기 위해서는 나 자신뿐 아니라 가정
과 사회와 국가와 세계의 모든 여건이 안녕해야 비로소 자신이 평안하
다고 말할 수 있다.

그렇다면 전 인류가 불안이나 불평이 없어야 된다. 이런 상태, 즉 전
인류가 불안이나 공포가 없고 불평이 없는 상태라는 것은 정치의 궁극
적인 목표이다. 그러나 실제로 이런 상태란 없다. 왜냐하면 사람마다

모두 다른 생각이 있어서 각각 추구하는 바가 다르기 때문이다. 또한 각자 자신이 궁극적으로 바라는 목표가 다르기 때문에 어쩔 수 없다. 때문에 이 세상에 살아 있다는 자체가 이미 위협과 공포를 느끼며 불안을 안고 있기 마련이다.

이러한 세상에서 진정으로 자신을 자유롭게 하고 평안을 유지하려면 이 세상의 정치 형태로서는 될 수 없다는 것을 알아야 한다. 아무리 선진국이라 해도 그 나라에서 진정하게 평안과 자유를 누리고 살 수 있는 것은 아니다. 사회보장 제도가 발달되어 복지 국가라고 일컫는 스웨덴 같은 나라라 해도 그 나름대로 사회적인 불안이나 공포가 있기 마련이다. 때문에 이 세상에서 말하는 평안이란 상당 부분 내재하고 있는 불안의 요소를 접어두거나 모른 체하고 내가 추구하는 근시안적인 몇 가지 조건만을 바라보고서 평안하다고 말하는 것이다. 좀 더 눈을 떠서 거시적인 안목으로 본다면 마음이 온전히 평안하다는 것은 불가능하다.
마음이 평안하고 태평스럽게 지낸다는 사람들은 그 마음이 지극히 개인적이고 극단적으로 이기적인 마음으로 가득 차 있기 때문에 자기 개인의 안녕만을 기준으로 평안하다고 말할 수 있을 것이다. 그러나 좀 더 인류애적인 마음을 갖고 사회적인 양심을 갖고 참된 사람다운 마음으로 살려고 한다면 그렇게 말할 수 없다.

성경에서는 이 세상의 것을 다 전제하고 포용하며 세상의 불안과 불공평과 구조악까지도 포함해서 그런 세상이나 위협으로부터 자신을 보호하고 또한 제거할 수 있는 능력을 소유하고 자유로워진 상태를 가리켜서 화평 혹은 평안이라고 말한다. 단순히 막연하게 먹고 살 만하고 직장이 안정되어 있다는 정도의 상태를 가리켜 평안하다는 말을 사용하지는 않는다. 이런 점에서 성경은 이 지상에서 찾을 수 있는 정치 형

태로 유지되는 평안보다는 다른 정치 형태를 그의 백성들에게 제시하
고 있다.

성경은 인간이 가지고 있는 최고의 악, 즉 사탄이 조장하는 모든 죄
까지도 포함해서 그것으로부터 나오는 모든 결핍, 부족, 불안, 불평으
로부터 보호되고 있는 상태를 가리켜 평안이라고 한다. 또한 그런 것들
이 가져다주는 위협, 즉 사회적이고 국가적인 위협을 비롯하여 이 세상
이 가져다주는 모든 위협 등 하다못해 사탄이 지배하는 이 세상에서 사
탄을 숭배하지 않아도 살 수 있을 정도의 능력을 소유하고 있는 사람을
가리켜 평안하다고 하는 것이다.

따라서 이 세상에 있는 정치 형태 또는 사탄이 지배하고 사탄의 품안
에 있는 이 세상에서 나름대로 자기의 평화를 누리고 있다면 그 사람은
사탄적인 성향의 평안을 누리고 있다고 하겠다. 진정으로 성경에서 말
하는 평안, 즉 죄로부터 보호받고 모든 악으로부터 구별되어 있는 평안
을 누리기 위해서는 이 세상과는 다른 통치 아래 있어야만 한다. 그래
야 평안이 있다고 말할 수 있다.

때문에 세상에 있는 모든 구조, 즉 사탄이 지배하는 모든 지배력으로
부터 자신이 보호되고 구별되어서 새로운 정치 형태나 다른 삶의 형태
또는 다른 통치 형태 안에 포함되어 적극적으로 그만한 능력이 있는 자
의 통치를 받고 살아가는 사람이어야 비로소 평안을 누린다고 말할 수
있다.

성경에서 평안이나 화평(샬롬)이라고 말할 때는 그것은 하나님만이
유일하게 주시는 은혜로서의 평안을 말한다. 다시 말하면 하나님만이
가지시는 절대적인 권능이 발휘되어 우리를 이 세상에 있는 모든 불
안과 위협과 불편으로부터 보호하시고 그것들을 제거시키는 하나님
의 능력을 힘입어 살아가는 상태를 가리켜 평안, 화평이라고 말하는

것이다.

그렇다면 기본적으로 우리에게 보장되어야 할 것은 생존권이다. 생존권에 대한 보장과 또한 모든 위협과 적의 침입, 즉 도둑이나 강도뿐 아니라 사회적인 구조악 또는 국가적인 적이나 인류를 멸망케 하는 모든 죄악을 비롯하여 근본적으로 사탄이 행하는 모든 세력으로부터 보호되며 그것들이 제거된 상태에 있는 사람을 비로소 자유로워진 사람이라고 하며 이러한 사람이어야 평안을 누린다고 말할 수 있다. 이런 사람이 이러한 자유로운 상태에서 적극적으로 하나님 나라를 건설해 나가는 것이 그 사람의 삶의 본분이고 보람이며 의미라는 것이다.

우리가 하나님 나라를 세워나간다 혹은 하나님 나라를 확장한다고 할 때, 자기 안에 여러 가지 미미한 불협이나 위협을 느끼면서 남에게 전도하는 등의 행위로써 하나님 나라를 확장한다는 것은 억지에 불과하다. 참으로 우리가 하나님 나라를 건설해 나간다면 그런 모든 위협이 제거되어서 적극적으로 하나님 나라를 구현해 나가는 사람이어야 비로소 하나님의 자녀다운 사람으로 살아가는 것이고 그것이 다시 말하면 평안을 누리는 사람의 모습이다.

이처럼 평안을 누리고 있는 사람에게 있어서 평안이나 화평이라는 것이 특별하고 유일한 은혜인데 이것은 오직 하나님으로부터 나오는 것이다. 그러므로 그런 사람이 자기 안에 하나님의 평안이 가득 차서 그 평안이 겉으로 표출되어 나갈 때 화평케 하는 자(Peace maker) 혹은 평안을 경작하는 사람이라는 말을 할 수 있다. 그렇게 해서 하나님 나라를 건설해 나가는 사람, 즉 샬롬의 나라를 건설해 나가는 사람이라면 다른 사람들이 당연히 "아! 저 사람은 하나님으로부터 나온 사람이 아니겠느냐"라고 일컬음을 받는 것이다.

2. 하나님의 능력을 드러내야 함

"화평케 하는 자는 복이 있나니 하나님의 아들이라 일컬음을 받을 것임이요"라 했을 때 이는 그저 단순하게 사람들의 싸움을 중재해서 그 사이에 평화를 가져다준다든지, 좀 더 거국적으로 나라 사이의 분쟁을 막기 위해 동분서주하는 그런 정도의 모습이 아니다.

그 본인 자신이 하나님 나라의 거룩한 품성으로서 평안을 발휘하고 그 평안이 다른 사람에게 영향을 미쳐서 다른 사람도 보았을 때 '아, 그 사람은 참 하나님 같은 사람이구나, 하나님의 자녀답다' 하는 일컬음을 저절로 받을 뿐 아니라, 그러한 모습이 하나님 나라를 확장하고 하나님 나라를 세워 나가는 진정한 모습이 화평케 하는 자이다.

좀 더 히브리적인 샬롬(שׁלום)의 개념을 살펴보면 이 샬롬은 기본적으로 '안전하다'는 것을 전제하고 있다. 여기에서 안전이라 함은 그 자신이 건강해야 하고 질병이 없고 건실해야 함을 뜻한다. 혹은 다른 사람의 눈에는 그가 건강하게 보일지 몰라도 실제로 그 사람 속에서 암세포가 자라고 있고 그 자신도 모르고 있다면 그것은 샬롬이 아니다.

그렇듯 눈에 보이지 않는 상태까지도 건실해야 안전한 것이다. 속으로는 암이 발생하여 언제 죽을지 모르는데 자기가 발견하지 못한 상태에서 건강하다고 한다면 그것은 위장된 건강이고 위장된 평안이며 안전이다. 그러므로 히브리 사람들이 '샬롬'이라 했을 때는 적극적인 안전을 이야기하는 것이다.

그것뿐 아니라 어떤 사람이 안전하고 건강하다 할지라도 하는 일마다 실패한다면 그에게는 늘 마음의 불안이 있을 것이다. 이런 이유로 성경에서는 샬롬을 '형통'이라고 번역하기도 한다. 또한 '번영(繁榮)하다'는 의미도 가지고 있다. 개인적으로 형통하고 번영하다는 의미뿐만 아니라 사회나 국가가 평안하다는 의미로도 쓰인다.

이처럼 이 샬롬은 일반적으로 안온하고 태평하다는 뜻뿐 아니라 대인 관계에서도 원만하고 원수지간이 없어서 사람들을 만나도 불안이 없는 상태를 가리킨다. 나아가 하나님과의 관계에서도 샬롬이라는 뜻을 사용한다. 하나님과 불협화음이 없고 껄끄러움이 없는 상태라는 뜻이다. 외형적인 면에서 사회적, 국가적인 안녕뿐 아니라 국가적인 번영, 형통 심지어는 전쟁터에서 전략이 좋아 이겨나가는 것, 즉 싸움의 형편이 좋은 상태를 가리켜서 샬롬이라 말하기도 한다.

특별히 히브리 사람들이 말하는 샬롬이라는 인사말은 우리나라에서 '안녕'이라는 말과도 상당히 상통한다. 개인적인 안녕뿐만 아니라 국가적인 안녕이라는 것과도 의미가 통한다. 그렇다면 개인적인 안녕 또는 국가적인 안녕이라는 것은 한 개인이나 국가가 아니라 전 세계적이고 인류적인 안정이 되어야 안녕이 있는 것이다. 뿐만 아니라 개인이나 사회나 국가가 목적을 향해 진행함에 있어서 그 진행이 잘 진척되고 또한 그 진행을 하는 데 있어서 인류 역사가 아무런 장애를 가져다주지 않을 정도가 되어야 샬롬이라는 말을 사용할 수 있는 것이다.

말하자면 우리나라가 국가적으로 편치 못하는 여러 가지 현상들, 즉 국내적인 면에서 노동 운동이나 노동자 착취 문제 또는 민주화 운동이든지 교회 연합 문제에 있어서도 편안한 상태가 아니거나, 국외적인 면에서도 북한과 대치된 정치적 상황이 불안한 상태나 유류 파동이 발생해서 상당한 영향을 받는 상태에 있다면 이를 가리켜 평안하다고 하지는 않는다. 이러한 외부적인 불안의 요인으로 인해 실질적으로 우리 개인들의 생활에도 불안의 요소를 가져다주기 때문이다.

이렇듯 '화평케 한다' 혹은 '화평케 하는 자'란 인간 사회의 우여곡절 가운데서 살고 있는 여느 사람을 가리켜 말하는 것이 아니다. 화평케 하는 자(peace maker)라는 말은 '평안을 가져다주는 자' 혹은 '평안이 있게 하는 자'라는 뜻인데 그렇다면 그 자신이 평안을 소유하고 있을 뿐 아니라 또한 남에게 그것을 드러낼 수 있는 능력을 소유하고 있어야 한다.

그런데 이 세상에서 그러한 능력을 가진 사람은 아무도 없다. 만일 누군가가 '안녕하십시오!'라고 기원을 하였다면 그 자신 역시 안녕할 뿐만 아니라 그 상대방이 불안한 상태에 있다면 그 불안의 요소를 제거하여 실제로 그가 안녕을 누릴 수 있도록 능력을 베풀어주어야 한다. 그러한 능력이 없는 사람이 말로만 '안녕하십시오'라고 한다는 것은 어디까지나 겉치레로 그렇다고 말할 뿐이지 참으로 평안을 가져다주지는 못하는 것이다. 이런 사람에게는 '샬롬!'이라는 말이 겉치레에 불과할 뿐이다.

교회에서 설교자들이 교회 회원들을 위로하고 교회를 다니면 구원을 얻는다고 외치는 것을 자세히 살펴보면 개인적이고 매우 극단적인 이기주의적인 상태에서 서로 마음에 위로를 주고받는 정도에 지나지 않음을 볼 수 있다.

참으로 성경에서 말하는 것처럼 참 평안을 가져다주는 역할을 교회가 하고 있는가를 살펴본다면 가당치 않은 이야기를 하는 것이 태반이다. 참으로 구원의 능력을 베풀지도 않고 그 능력 가운데 살 수 있는 길을 제시하거나 인도하지도 못한다. 그러면서 마치 교회에 다니면 구원을 받을 것처럼 혹은 자기들은 이미 하나님의 자녀가 된 것처럼 하나님을 섬기고 있다면 이는 언어도단에 속하는 중대한 범죄 행위이다.

우리는 말로는 평안이다 또는 하나님의 아들이라고 얼마든지 위로할 수 있다. 그러나 그것으로 참된 평안을 누리고 하나님의 아들다운 품성을 드러내지 못한다면 그러한 말들에서는 아무런 효과를 찾을 수 없다. 심지어 교회 주보에 치유하는 교회, 전도하는 교회, 교육하는 교회 등의 문구를 기입해 놓고 마치 그 교회는 그러한 능력을 가지고 있는 것처럼 위장한다 할지라도 그것은 어디까지나 사람들의 눈을 미혹하게 하려는 얄팍한 술책에 지나지 않을 뿐이다.

치유하는 교회라고 한다면 그 치유함(care)이 위로하는 것이며 마음의 상처를 제거해 주는 것이고 말씀으로 사람들의 마음속에 있는 모든 질고를 제거시킨다는 의미일 것이다. 그런데 실제로 그럴 만한 능력을 행사할 수 있느냐가 문제이다. 말로써 아무리 그렇게 외쳐도 아무 소용이 없다. 마음의 상처를 위로하려면 그 근본을 알고 그 요소를 제거시켜서 실제로 그 사람의 마음에 평안을 가져다주어야 진정으로 위로하는 것이고 평안을 가져다주는 것이다. '화평케 하는 자'라는 말은 바로 그런 사람이다.

때문에 "화평케 하는 자는 복이 있나니"라는 말씀에서 지목하는 사람은 이 세상에서 보통 찾아 볼 수 있는 사람이 아님을 알 수 있다. 그렇다면 전적으로 예수님처럼 평안 그 자체를 소유하신 분, 즉 예수님 자신을 일컬어 '화평케 하는 자'라고 할 수 있다. 여기에 근거하여 이 의미를 좀 더 확대한다면 평안의 원천이신 예수님으로부터 실제로 평안의 능력을 부여받은 사람을 가리켜 '화평케 하는 자들'이라고 확장하여 해석할 수 있는 것이다.

마태복음 5장에서 말하는 산상수훈의 강령은 하나님의 백성 된 자(들)로서 기본적으로 갖추어야 될 요소를 말씀하시는 것이라 한다면 어떤 특별한 사람을 지목하여 '화평케 하는 자'라고 하는 것은 아니다. 이미 앞에서부터 살펴본 바와 같이 심령이 가난하고 애통하고 온유하고 의에 주리고 목마른 자와 같고 마음이 청결한 사람이라면 그 사람의 실질적인 삶의 모습중의 하나가 '화평케 하는 자'의 모습이다.

예수께서 말씀하신 하나님 나라가 표방하는 성격의 처음 네 가지, 즉 마음이 가난한 자, 애통하는 자, 온유한 자, 의에 주리고 목마른 자 등이 하나님 나라에 속한 백성이 가지고 있는 내면의 상태라고 한다면 마음이 청결한 자와 화평케 하는 자는 하나님 나라의 내형적인 모습이 외형적으로 드러나는 자연스런 모습이다. 때문에 마음이 가난한 자가 곧 화평케 하는 자요 긍휼히 여기는 자요 온유한 자이다. 이것은 천국 백성을 가리켜 어떤 때는 마음이 가난한 자로, 때로는 온유한 자로 혹은 화평케 하는 자라고 표현한 것이다.

이처럼 한 사람의 성격이 여러 모양으로 드러날 수 있는 성품을 일곱 가지로 표현하고 있다. 실제로 '화평케 하는 자'에게 있어서 문제가 되는 것은 그 능력을 소유하고 있어야 한다는 것이다. 화평케 하는 자라 한다면 아주 가깝게는 어떤 사람을 위로해서 그 슬픔의 원인을 제거하고 모든 기타의 요소들을 제거시켜 안정을 찾게 할 수 있는 능력이 있어야 한다. 더 적극적으로 생각해 본다면 질병까지도 고쳐서 육체적인 평안을 누릴 수 있도록 하는 능력을 발휘할 수 있어야 된다. 더 거국적으로 보면 사회적, 국가적인 악함을 제거하여 평안을 보장해 주어야 한다. 좀 더 크게 본다면 이 세상의 모든 안녕을 보장해 줄 수 있는 그런 능력이 있어야 한다.

누군가 평안을 필요로 할 때는 그 평안을 위협하는 모든 요소를 제거하고 고통이나 괴로움이나 재앙 등을 억제시키고 제거할 능력을 소유하고 있어야 화평케 하는 자라고 말할 수 있다. 그런 사람이어야만 하나님의 아들이라 할 수 있고 하나님에게 속한 사람이라고 말할 수 있다. 왜냐하면 그처럼 하나님의 능력을 드러낼 수 있고 하나님의 거룩한 품성과 그 성품을 전달하는 사람이라면 누구나 그를 가리켜 하나님의 아들이라고 일컫게 될 것이기 때문이다.

이런 점에서 예수 그리스도야말로 진정으로 화평케 하는 자이다. 이 세상의 모든 악의 근본인 죄를 없게 하고 그 죄를 타매하고 사람들에게 진정한 평화와 자유를 가져다주는 분이기 때문에 유일하게 그를 가리켜 '화평케 하는 자' 라고 말할 수 있는 것이다.

때문에 진정으로 그리스도를 따르는 사람이라 한다면 우리에게 실질적으로 그런 능력이 있어야 한다. 그래서 마음이 가난하고 애통하고 온유하고 뿐만 아니라 마음이 청결하고 긍휼하고 화평케 하는 능력이 나타나서 이 모든 것이 드러남으로 하나님의 거룩한 품성이 나타나야 한다. 그리고 거기에 하나님 나라의 자태가 어떤 것인가를 드러내야 한다. 이것을 가리켜 다른 형태로는 성령의 열매라고 표현한다. 이것들은 한결같이 하나님의 나라가 이런 것임을 규정해 준다.

그렇다면 과연 나에게 그처럼 평안을 경작하고 평안을 재배해서 평안을 드러낼 수 있는 능력이 있는가에 대해 생각해보아야 한다. 즉 참으로 평안을 행사하고 누릴 수 있는 능력을 소유하고 있는가에 대한 점검을 해야 한다. 그런 면에서 내 역할이 무엇인가를 먼저 인식하고 있어야 한다. 전 인류의 평화를 위해서 존재하는 사람인가? 아니면 한 사회단체의 평화를 위해서 존재하는 사람인가? 아니면 내 능력이 어디까지 미치는가를 따져보는 것이다.

국가적이고 인류애적인 평안을 이루지 못하는 처지에 있을지라도 그 나름대로 존재해야 할 사람이라면 자기에게 주어진 각별한 역할이라는 것이 분명히 있는 것이다. 그것이 무엇인지 알아야 비로소 제대로 살아갈 수 있다. 내가 이런 방면에서 '화평케 하는 자'임을 알고 살지 않으면 무턱대고 인류 사회나 타인의 인생에 덤벼드는 만용을 부리게 된다.

때문에 자기는 전도자로서의 아무런 훈련이나 소명이 없는 사람임에도 불구하고 아무나 붙잡고 전도하려고 억지를 부리기도 하는 것이다. 자기 안에 있는 불안조차도 해결하지 못하는 사람이 누군가 어려움에 빠져 있는 것을 보면 그를 위로하려고 하는 것도 마찬가지이다. 이것은 누구에게나 예수 그리스도의 이름을 전하면 구원을 받는 것으로 착각하는 것과 똑같다.

　그렇다고 "화평케 하는 자는 복이 있나니 저희가 하나님의 아들이라 일컬음을 받을 것이라"는 말을 필요 이상으로 확대 해석하여 화평이라는 의미가 전 세계적이고 전 인류적이라면 자기는 그런 능력을 아예 가지지 못했다는 이유로 당장에 하나님의 아들이 아니라는 이야기는 아니다. 여기에서 우리는 각 사람에게 주어진 달란트에 대해 관심을 가져야 한다. 하나님께서 각 개인에게 필요에 따라 기본적으로 주신 역량(달란트)이 있기 마련이다.

　성경에서 말하는 '자유롭다'는 의미를 오해하여 자기가 자유로운 상태에 있음에도 불구하고 진정으로 자유를 누리지 못하는 경우가 많이 있다. 일반적으로 사람이 자유롭지 못하는 경우를 보면 자기가 행사할 수 있는 능력의 범위를 벗어날 때 자유롭지 못하는 것이다. 자기 주제를 벗어나 있기 때문에 거기에는 자유가 없다.

　이런 차원에서 자기에게 맡겨진 본분을 항상 알아야 한다. 내 본분을 모르니까 마땅히 해야 될 일을 하지 못하고 쓸데없는 곳에 정력과 시간을 낭비하게 되는 것이다. 그것이 인생을 이 세상에 내신 하나님께 대한 불손이며 불경을 저지르는 일인지조차도 모르고 있다.

　마찬가지로 화평케 하는 자에 대한 말씀의 의미를 이해함에 있어서 오해하기 시작하면 당장이라도 뛰어나가 세상 사람들에게 평화를 줄 것처럼 착각하기 쉬운 것이다. 우리에게는 주어진 능력이 있고 그 능력의 한계가 있고 그 능력을 행사할 범위가 있으며 그 모든 일에 근거가 되는 것으로써 주어진 인생의 본분이 있다. 내가 마땅히 해야 될 나의 역할이 있고 본분이 있다. 그러므로 모든 그리스도인들이 마땅히 자신들이 해야 될 일들을 충분히 수행해 나가면 거기에 하나님 나라의 성격이 드러나게 되는 것이고 거기에서부터 그리스도인들이 하나님의 아들들이라 일컬음을 받는 것이다.

본문을 보면 '화평케 하는 자들'이라는 복수의 단어로 되어 있음을 볼 수 있다. "화평케 하는 자들은 복이 있나니 저희들이 하나님의 아들들이라 일컬음을 받을 것임이요"라는 의미이다. 그러므로 하나님 나라를 세워나간다든지 자기의 본분을 아는 것은 나 하나만의 일이 아니다. 나 하나가 똑바로 서야 하겠지만 이 말씀을 따라 살아가야 할 모든 그리스도인들 전부를 가리켜서 이 말씀을 하신다.

그 안에서 우리들 그리스도인 각자가 자기의 역할과 본분을 알고 수행해 나갈 때 거기에 비로소 하나님 나라가 유형적으로 드러나고 세워지며, 그러한 때 하나님의 통치가 구현되어 나가는 것이다. 그런 것들을 다 무시하라는 말이 아니다. 이와 같이 하나님의 나라를 분명히 세우는 그곳에서는 무엇보다도 먼저 그 나라의 구성원들이 자연스럽게 하나님의 아들들임을 스스로 증명하게 된다.

여기에서 우리는 마음이 가난한 자, 애통하는 자, 온유한 자, 의에 주리고 목마른 자, 긍휼히 여기는 자, 마음이 청결한 자와 더불어 화평케 하는 자라는 상태가 바로 하나님 나라의 상태가 어떤 것인가를 규명해 주고 있음을 볼 수 있다. 이러한 특성들이 별도로 나타나는 것이 아니라 전체가 조화를 이루고 있어야 한다. 때문에 이것은 성령의 열매로 나타난 천국 백성들의 삶의 양태를 보여준다. 이것이 바로 하나님 나라의 성격이다.

따라서 평화 그 자체는 그 나라의 왕으로 계신 여호와 하나님으로부터 나오는 능력이다. 그 능력을 소유하고 있지 못하다는 것 자체가 그 사람은 하나님 나라와 상관이 없음을 증거하고 있다. 이런 점에서 우리가 누려야 할 평화는 전체적으로 구현되는 하나님 나라의 능력을 힘입고 있을 때만 가능한 것이다.

〈기도〉

우리 주님.

참으로 우리 안에 마땅히 살아야 될 삶에 대한 의미와 존재와 그 본분에 대해 빨리 눈을 뜨고 그 본연의 자태를 갖기를 원합니다. 그러하지 못할 때 우리는 사람들에게 불협과 위협의 요소가 되고 서로를 해하는 악한 일을 서슴지 않는 자들이 될 것입니다.

그러하오니 주여, 참으로 우리가 화평케 하는 자로서 살아갈 때 그런 사람이 되기 위해서는 먼저 마땅히 우리의 위치와 역할과 본분에 대해 잘 깨닫게 하옵고 하나님과의 관계가 원만해져서 참으로 하나님께서 주시는 능력을 힘입어 살아가는 자들이 되게 하옵소서.

그러할 때에 진정으로 하나님 나라의 평화를 이땅에 구현하고 하나님 나라의 거룩한 자태를 드러내게 될 것입니다. 진정 우리가 화평케 하는 자가 되기 위해 먼저 우리 자신의 위치를 다시 한 번 점검할 수 있는 마음의 여유를 주옵소서.

주 예수 그리스도의 이름으로 기도합니다. 아멘.

II. 하나님 나라의 외형적인 실체(實體)

제15장

화평케 하는 자 (2)

평화, 화평이라는 말은 자신 안에 평안이라는 요소가 가득 차 있고 외부로부터 어떤 힘이나 위협이 밀어닥친다 할지라도 요지부동할 만큼 굳건한 힘이 있는 상태를 말한다. 상대적으로 그렇지 않은 상태를 불안이라고 한다. 때문에 심리적인 면에서 불안한 상태 아래 있다면 그것을 가지고 화평, 평안이라고 말할 수 없다.

우리 마음의 상태가 평정을 이루고 있다든지 혹은 위안을 누리고 있다고 하는 것은 그 자체가 요지부동의 상태로 있음을 의미한다. 마치 외부로부터 불화살이 정면으로 쏘여진다 할지라도 끄덕하지 않을 정도로 굳건한 힘이 있어야 그것을 가리켜 평안이라고 한다.

이러한 평안의 상태를 상징하는 말들이 시편에 많이 표현되는 것을 볼 수 있다. "여호와는 나의 요새이시요 산성이시요 반석이시라"(시 18:2; 144:2) 등의 표현을 자주 쓰는 이유는 마치 사탄이 불화살을 가지고 나를 아무리 공격한다 할지라도 '여호와는 나의 방패가 되시고 나의 산성이시고 반석이시기 때문에 절대로 어떤 위협으로부터라도 보호되고 안전하다'는 것을 말한다.

평안이라고 할 때는 누가 보더라도 굳건함이 바깥으로 나타나 있어서 요지부동한 증거를 지니고 있어야 한다. 자기 자신은 평안하다 하지만 다른 사람이 볼 때는 불안에 떨고 있는 것으로 보인다면 무엇인가 그 안에 평안의 요소가 결핍되어 있는 것이다. 나아가 겉으로 그 사람이 안정되어 있는 것만으로 끝나는 것이 아니다. 적극적으로 그 평안이 다른 사람에게 유입되고 전이되어서 불안한 다른 사람을 평정하는 능력을 발휘할 수 있어야 비로소 '평안, 화평, 샬롬'이라고 할 수 있다.

평안의 근원이 되시는 분은 오직 하나님 한 분밖에 없다. 우리가 평안을 누린다는 것은 내가 하나님과 화평, 평화로운 상태를 유지하고 있다는 말이다. 비록 이 세상에 사는 동안에 외형적으로 불안한 요소가 없거나, 혹은 불안한 사실을 인식하지 못하고 있어서 마음에 평정을 누리고 산다 할지라도 하나님과의 관계 자체가 불안하고 화평이 되어 있지 않다면 그것은 어디까지나 위장되어 있는 평안일 뿐이다.

예수께서는 그처럼 불안한 평안의 상태에 대해 추수를 끝내고 스스로 평안하다고 하는 어떤 부자를 예로 들어 말씀하신 바 있다(눅 12장). 어떤 부자가 추수한 곡식을 창고에 가득 쌓아 놓고 말하기를 "내가 곡식 쌓아 둘 곳이 없으니 어찌할꼬? 내 곳간을 헐고 더 크게 짓고 내 모든 곡식과 물건을 거기 쌓아 두리라. 그리고 여러 해 쓸 물건을 많이 쌓아 두었으니 평안히 쉬고 먹고 마시고 즐거워하자"고 생각했다.

그 말을 들으신 하나님께서는 부자를 향해 "어리석은 자야, 오늘 밤에 네 영혼을 도로 찾으리니 그러면 네 예비한 것이 뉘 것이 되겠느냐"고 말씀하심으로써 인간이 추구하여 얻은 평안이라는 것이 결코 항구하지 않다는 내용의 비유를 말씀하셨다. 그러므로 하나님께서 그 인생의 경영을 보장해 주지 않거나 인정해 주지 않는다면 그 자신이 아무리 수고하고 애써 성취한 평안이라 할지라도 그것은 한갓 허사에 불과하다는 것을 알아야 한다.

1. 하나님과의 평화를 누려야 함

많은 사람들이 평안에 대한 이야기를 할 때 주로 말하는 것은 우선 본인 자신이 건강하며 돈에 여유가 있고 사회적인 지위를 쌓아 놓으면 일반적으로 평안하다고 이야기한다. 그것이 사람들이 갖는 수준에서의 평안의 상태이다. 특히 하나님을 신앙하지 않는 사람들에게 있어서 그러한 경향이 많이 나타난다.

일반적으로 믿지 않는 사람들에게서 명예와 건강과 경제력만 해결된다면 사실상 그 이상의 평안을 찾으려 하지 않을 것이다. 혹시 절대적 빈곤이 아닌 상대적인 빈곤이라는 점에서 더 많이 갖고 싶어하고 더 누리고 싶은 욕심에서 발생한 불안이 있을지 몰라도 대부분 그 정도면 평안하다고 하는 것이다.

이러한 문제들은 겉으로는 다양한 것처럼 보이지만 그 내면을 보면 돈만 있으면 해결될 만한 성격의 것이 대부분이다. 사람들은 돈이 많다는 것으로 대부분 만족해하고 평안하다고 한다. 또한 화평이라는 말에 대해 오해하는 또 다른 요소들이 있는데 사람들 사이에 이해가 잘되고 서로 양해를 잘하고 원만하게 살아가면 화평하다, 평화롭다고 생각한다. 하지만 이런 것들은 당사자간에 이해관계가 조금만 어긋나도 금방 깨어지고 분란이 생기고 마는 것이다. 그런데도 사람들은 잠정적인 평온의 상태를 가리켜 화평하다, 평안하다고 말한다.

이상과 같은 정도의 이해를 가지고 교회에서 분란을 없게 만들고 다른 사람에게 해를 끼치지만 않으면 하나님과 평화를 이루고 있다고 여기며 자신을 하나님의 백성이라고 생각하는 사람들이 많이 있다. 그러나 이미 앞에서 살펴보았듯이 평화란 그런 것이 아니다. 마치 돈만 있으면 해결될 수 있는 정도의 심적 불안 상태나, 혹은 외부로부터 어느 정도 인정을 받는 것으로써 마음의 평화를 유지하는 정도의 것을 가지고 평안이라고 하지 않는다.

진정한 평화 또는 화평이란 죄인 된 인간이 하나님과의 불안한 관계, 즉 죄로 인해 발생한 결핍된 요소들을 제거하고 청산하여 서로 충족한 관계를 유지하는 것을 말한다. 하나님은 그 자녀를 보고 기뻐하시며 그 자녀는 그 하나님만으로 만족하는 관계가 이루어져 서로 충분하게 만족하고 기쁨이 유지되는 것을 가리켜 화평이라고 한다. 이런 점에서 하나님과의 불안안 상태를 해결하기 위해서는 무엇보다도 죄의 문제가 앞서는 것이다.

그러므로 화평케 하는 자라면 사람들끼리 어떤 평안을 유지시키고 이해시키고 양해시키는 것을 의미하는 것이 아니다. 진정으로 화평케 하는 사람이란 어떤 사람에게 불안이 있다면 그 불안을 해결하는 유일한 방편으로 하나님과 그 사람 사이를 화목하게 해주는 사람이어야 한다. 그렇다면 그 자신이 먼저 하나님과의 관계에 있어서 죄의 문제로 인해 더 이상 부담이나 방해를 받지 않아야 한다.

뿐만 아니라 다른 사람을 하나님과 화목하게 하기 위해서는 그 사람의 죄 문제와 그 죄로 인해 발생한 죄책과 결핍에 대한 문제를 해결해 줄 수 있어야 한다. 그렇게 함으로써 더 이상 하나님과의 관계에서 부담이나 방해를 받는 요소가 제거되어야 비로소 그 자신도 하나님과 화평할 뿐만 아니라, 다른 사람에게도 그러한 능력을 발휘하여 그들의 죄 문제를 해결해 줄 수 있어야 비로소 화평케 하는 자가 되는 것이다. 이것이 '화평케 하는 자'이다.

대부분 일상 생활 가운데서 사람들에게 어떤 문제가 발생하고 그 문제가 해결되지 않는 상황을 살펴보면 그 안에는 돈에 관한 문제가 숨겨져 있음을 볼 수 있다. 돈을 충족히 준다면 대부분의 문제는 해결될 수 있다. 그래서 인간사의 제반 문제는 대부분 돈만 있으면 해결이 가능하다. 그런데 인간과 하나님 사이에 있어서의 문제는 돈에 관한 것이 아니다. 그것은 죄에 관한 문제이기 때문이다.

아무리 다른 어떤 것으로 위로를 찾고 해결하려 할지라도 하나님으로부터 죄사함을 받았다는 확실한 근거나 증거가 없다면 결코 하나님 앞에서 평안을 찾을 수 없고 항상 마음이 불안할 따름이다. 사람들이 자기는 하나님 앞에 죄가 없다고 하며 죄를 인정하지 않는다는 것은 자기의 생각일 뿐이다. 일단 하나님 앞에서 자신이 죄인임을 인정하고 그 죄를 근본적으로 해결하기 전에는 결코 하나님과 화평할 수 없다.

2. 제사 의식에 담긴 화목의 정신

하나님은 인간이 죄의 문제를 해결할 수 있는 길을 만드시고 구체적으로 그 길을 계시해 놓으셨다. 그것이 곧 제사 제도이다. 이런 점에서 제사 제도란 가시적인 형태로 하나님과 인간 사이의 불안을 제거하고 화목케 할 수 있는 길이다. 이 제사 제도에 있어서 기본적인 정신은 사람이 하나님 앞에서 흠을 발견했을 때 하나님 앞에 제물을 가지고 나가서 자신의 흠을 제거하기 위해 희생을 드린다는 것이다.

제사의 종류는 형식상으로 속죄제, 속건제, 화목제로 나누어진다.

① 속죄제는 흠 없는 제물, 즉 황소나 수양을(가난한 사람은 새를) 제단에 태워 하나님께 제물로 드리는 예식이다. 제물을 하나님께 번제로 드리기 전에 사람이 부지불식간에 죄지은 것을 대신하여 제물의 머리 위에 손을 얹고 자신의 모든 허물을 그 제물에게 전가시킨다. 그러면 제사장은 마치 그 사람이 죄의 대가를 치르고 죽는다는 것을 상징하듯이 그 제물을 죽여 잡은 후

내장을 깨끗이 씻고 그 피는 제단의 사방에 뿌린다.

피뿌림은 속죄제 예식에 있어서 중심적인 위치를 차지한다. 그것은 죄 있는 사람의 죽음을 상징하기 때문이다. 그런 후 제사장은 제물을 장작더미 위에 올려놓고 모두 태움으로써 하나님께 드린다. 그리하여 제물은 재만 남게 된다. 이렇게 제물을 완전히 태워서 하나님께 드리는 제사 형식이 번제(燔祭)이다. 이것은 제사 정신에 있어서 근본적인 정신이다.

여기에서 보여주는 것은 죄지은 사람의 죄를 제물에게 전가시키고 그 제물이 대속의 원리를 상징하는 차원에서 대신하여 죽는 것이다. 이것이 피뿌림의 정신이다. 즉 짐승으로부터 취한 피를 단에 뿌리는 예식을 통해 그 사람이 죄로 인하여 죽었음을 상징한다. 때문에 그 피는 자신의 죽음을 상징하는 것이며 자기의 피 대신에 짐승의 피를 뿌리는 것이다. 이것이 대속의 원리이고 그 제물은 완전히 태워져서 하나님께 드리는 것이다. 이와 같이 자신의 죽음을 상징하는 의미에서 속죄제를 드린 후에는 속건제를 드린다.

② 속건제는 곡식이나 고운 곡식 가루 등에 기름을 뿌리고 유황을 바른 후 소금을 쳐서 제물로 하나님께 드리는 예식이다. 제사장은 그 소제물 중에서 한 움큼을 대표로 취한 후 번제단에서 불태운다. 이 속건제는 인간의 모든 생사화복을 통치하시는 하나님께 전적으로 자기 자신을 바쳤음을 의미한다.

이 예식을 통해 하나님의 통치에 대한 감사와 나 자신을 하나님께 헌신하였다는 것을 상징한다. 그리고 속건제에서 드린 소제물의 나머지는 제사장이 갖게 된다. 여기에서는 하나님의 통치에 순종하는 사람이 자신을 하나님께 전적으로 헌신하고 있음을 상징한다. 속죄제와 속건제를 드린 후에는 화목제를 드린다.

③ 화목제는 레위기 3장에 나와 있는 바와 같다. 속건제는 제물을 모두 태워 하나님께 드리는 것으로 이는 온전하게 내가 죽어야 할 것을 그 제물이 대신하여 죽음으로 상징한 것이다. 속건제는 죄로부터 속죄함을 입은 사람이 이제부터 자기 마음대로 인생을 경영하지 않고 전적으로 하나님의 통치에 순응한다는 헌상의 표시로 드리는 것이다.

화목제는 조금 다르다. 일단 흠 없는 소나 양 또는 염소를 취하여 칼로 가슴을 자른 후 그 피를 제단 사면에 뿌린다. 피뿌림이 있은 후 그 짐승의 내장과 특별히 콩팥과 기름을 취해서 그것만을 번제로 드린다. 내장과 콩팥과 기름을 하나님께 드린다는 것은 자기 자신의 전부를 하나님께 드린다는 의미를 가지고 있다. 여기에서 내장과 콩팥과 기름은 사람의 중심부를 의미한다.

그러면 왜 하나님께서는 맛있는 고기를 안 받으시고 콩팥이나 기름만을 취하시는가 하는 의문이 발생한다. 여기에서 말하는 콩팥이나 심장이라는 단어는 히브리 사람들에게는 각별한 의미가 있다. 그들은 이 단어들이 자기 자신의 마음을 상징한다고 생각했었다. 우리들의 언어 습관 가운데에도 '하도 답답하니 차라리 내 속을 보여주겠다' 는 등의 표현을 쓰는 것과 마찬가지이다.

히브리 사람들은 '내 속' 이라는 말을 '내 콩팥을 보여주겠다' 혹은 '내 심장을 보여주겠다' 는 말로 대신하였다. 그러므로 그 짐승의 속, 즉 내장이나 콩팥이나 심장을 드린다는 것은 소나 양 등의 짐승을 모두 하나님께 드리되 그 중의 대표인 내장을 하나님께 드리는 것으로, 이것은 자기 자신을 대신하여 드리는 것을 상징한다. 그러면 하나님은 그것을 기쁘게 받아 주신다.

이렇게 화목제를 드리고 나면 고기가 남게 된다. 이것은 제사장과 제사를 드리는 사람과 그 가족, 즉 자신의 식구뿐 아니라 그 집에서 일을 하는 하인 또는 종들과 동네의 레위인까지 초청해서 그 고기를 요리하여 음식을 만들어 나누어 먹도록 하기 위함이다. 단 이 고기는 다른 곳이 아닌 하나님 앞에서 먹도록 하였다.

이렇게 온 식구들이 모여 화목제로 드린 고기를 나누어 먹는데 이것은 후에 신약에서 매우 중요한 예식인 성찬식의 코이노니아로 발전된다. 그러나 이러한 행사의 근본 정신은 죄인이 하나님과 화목하게 되었음을 상징하고 그 답례로 하나님께서 음식을 베푸시는 것으로 마감을 짓는 것이다.

속죄제란 우리 자신을 하나님께 다 불태워서 드렸다는 것을 상징하

고, 속건제란 하나님께 자신을 헌상함을 상징한다. 이후 드리는 제사를 화목제라고 특별히 이름짓는 것은 우리 자신의 소중한 것, 즉 심장과 내장을 다 하나님께 드림으로써 나는 하나님의 것임을 확인한 후 하나님께서 진설해 주신 음식을 같이 먹음으로써 하나님과 인간이 화목하게 되었음을 상징하기 위함이다.

그러므로 이 제사 제도(속죄제, 속건제, 화목제)에서 볼 때 ① 자기 자신의 죄를 속한 후에 ② 하나님께 드렸다는 것으로 헌상을 전제하고 ③ 그 다음에 화목제로 하나님 앞에서 함께 음식을 먹음으로써 피차 화평을 나누고 있음을 표시하고 있다.

이처럼 제사 제도는 자신의 죄에 대한 근본적인 치유를 목적으로 드리는 것으로 여기에서 나타나는 제사의 원리는 먼저 자기의 죄를 사함 받고 자신을 하나님께 드린다는 것을 전제하고 하나님과 화목하게 되었음을 상징하기 위한 것이다. 이렇게 하나님은 제사 제도를 통해 죄 있는 인간에게 하나님과 화목할 수 있는 길을 열어 주셨다.

여기에서 하나님과 화목함에 있어 중요하게 나타나는 의식은 속죄제나 화목제 등에서 시행되고 있는 피뿌림 의식이다. 피를 취한 뒤 그 내장과 기름을 하나님께 드리라고 한 것은 앞에서 말한 것처럼 피는 생명을 상징하는 반면에 기름이나 내장은 짐승의 중요한 부분으로 그 짐승을 대표한다.

피와 내장과 기름을 하나님께 드린다는 것은 하나님 앞에서 우리가 죄 지은 것을 깨달아 하나님과 단절된 죽음의 상태에서 속함을 받고 원상태로 회복된다는 것을 상징하기 위해 번제와 화목제를 드린다는 것을 알 수 있다.

자신이 죄로 말미암아 죽었음을 상징하기 위해 속죄제를 드린 후 자신을 하나님께 헌상한다는 의미에서 속건제를 드리고 이를 기쁘시게 받으신 하나님께서 죄인을 용납하시고 화목하게 되었음을 상징하는 것이 화목제이다.

여기에서 제사의 극치를 이루는 것은 물론 화목제이다. 속죄제란 모두 불태워서 하나님께 드리는 것이지만 화목제만은 내 마음과 정성과 뜻을 하나님께 드리고 아버지와 아들로서 화해하며 하나님의 깊은 뜻 가운데 살아갈 것을 상징하는 차원에서 같이 음식을 나누어 먹는다는 점이야말로 모든 제사제도의 극치를 이루는 것이다.

3. 그리스도 안에서 화평을 얻음

여기에서 생각할 것은 하나님과의 관계에서 내가 하나님과 화해하고 싶어 화목제를 드리면 하나님께서는 가타부타하지 않고 바로 받아 주시는 것이 아니라는 점이다. 죄 있는 사람이 하나님께 찾아가서 '하나님 제가 하나님과 화목하고 싶습니다' 라고 해서 하나님께서는 '그래, 좋다. 너와 다시 화친하고 서로 화평을 유지하자' 라고 하시지 않는다는 것이다.

대신에 하나님께서는 죄 있는 인간이 하나님과 화목하기 위하여 제물을 가지고 나아와 제사를 드리면 받아주시겠다는 의미로 제사 제도를 마련해 주셨다. 그런데 하나님께서는 공의의 하나님이시고 또 불의에 대해 용납하지 않는 분이기 때문에 어떤 사람이 화목하고 싶다 하더라도 그 죄의 대가를 다 치르기 전에는 하나님과 화목할 수 없다. 뿐만 아니라 그 죄로 인해 발생한 죄책과 결핍은 계속해서 그 사람을 하나님과의 교제로부터 멀리하게 만들기 때문에 한 번 발생한 죄일지라도 하나님과 화목함에 있어 심각한 방해를 가져다주기 마련이다.

때문에 하나님은 죄 있는 인간을 그저 용납하기보다는 죄로 인해 발생한 죄과를 죽음으로 치르고 다시 태어나 새 사람이 되어 전적으로 순결한 상태에서 하나님과 교제하기를 원하신다. 곧 제사 제도를 통해 죄 있는 사람은 죽어 없어지고 다시 태어난 새 사람으로서 하나님과 교제를 나눌 수 있도록 하신 것이다. 이러한 정신이 피뿌림의 의식 안에 담겨 있다.

이것을 상징하기 위해 짐승이 대신 피를 흘리고 죽어야 했다. 그러므로 짐승이 대신 죽는다는 것은 마땅히 사람이 죽어야 할 것을 대신하는 것이다. 그렇다고 짐승의 생명이 사람의 생명과 동등한 가치를 가지고 있다는 것은 아니다. 그것은 어디까지나 하나의 상징적인 행위일 따름이며, 좀더 구체적으로 구속사를 통해 밝혀진 것처럼 예수님의 피뿌림을 예표하는 성격을 담고 있다.

우리가 하나님께 화목제를 드리고자 한다면 그 생명을 대신할 만한 가치를 가지고 있는 것으로 드려야 한다. 그것은 자기 생명밖에 없다. 그러나 죄 있는 사람이 죄를 대속하기 위해 하나밖에 없는 생명을 내어 놓는다면 다시는 이 세상에서 사람이 살아 갈 길이 없다. 그래서 하나님께서는 죄 있는 인간을 대신해서 소나 양을 죽게 하셨던 것이다.

그것은 하나님께서 인간과 화목할 수 있는 길을 열어 주시되, 사람의 생명을 대신할 만한 생명을 가진 짐승을 제물로 가져오게 함으로써 그 제물이 그의 생명을 대신하게 하신 것이다. 이때 하나님께서는 사람의 생명과 동물의 생명을 동등한 차원에서 동질로 받는 것이 아니라 그 가치가 다른 것이지만 사람의 생명을 상징하는 의미로 제물을 바치라고 하셨던 것이다.

짐승이 대신 죽었다는 것은 그 사람이 마땅히 죽어야 할 죄인임을 표증한다. 마땅히 죽어야 될 사람, 즉 자신이 죄인임을 인정하는 것을 짐승이 대신 죽는 것으로 상징한 것이다. 마치 우리가 헌상의 시간에 '나' 자신을 온전히 드려야 됨에도 불구하고 내가 가지고 있는 물질의

한 부분을 하나님께 드린다면 그것이 나의 전부를 드리는 것을 상징하는 것과 같다.

예를 들면 내가 얼마의 지폐를 하나님께 드렸다 한다면 그 지폐의 가치와 내 생명의 가치는 절대 동등하지 않다. 그 가치가 절대적인 동질이 아니다. 그럼에도 불구하고 하나님께서는 그 헌금을 받으실 때 우리의 생명도 같이 받으시는 것이다. 따라서 우리가 하나님께 헌상을 한다면 그 가치는 절대적이어야 한다.

내 주머니에 있는 어떤 부분의 것을 드리는 것으로 만족할 것이 아니다. 나의 전부를 하나님께 드리되 나를 여기에 담아 드린다는 정신이 있어야 한다. 내가 헌금을 한다는 것은 내 생명의 전부를 거기에 담아 드리는 것이다. 그래서 내가 다른 사람에게 얼마를 베풀고 구제를 한 것과 하나님께 헌상하기 위해 헌금한 것과는 그 절대적인 가치가 달라야 한다.

우리는 아나니아와 삽비라가 재산을 팔아 하나님께 헌상한 사실을 알고 있다(행 5장). 하나님께 재산을 헌상한다는 것은 조금도 나쁘거나 잘못된 것이 아니다. 그럼에도 불구하고 그들을 당장에 하나님께서 쳐서 죽이신 이유는 비록 그들이 소유한 재산의 얼마를 냈든지간에 거기에는 자신의 전부가 담겨있어야 했던 것이다. 그러나 아나니아와 삽비라는 교회에 헌상하는 예물 중에서 절반을 따로 남겨둠으로써 스스로 자기들이 살 길을 모색해 두었던 것이다.

아나니아와 삽비라가 전부라고 속이고 내어놓은 것에는 전부가 담겨있지 않다는 것을 하나님께서 모르실 리 없다. 비록 백분의 일, 천분의 일을 하나님께 드렸다 할지라도 '이것은 나의 전부를 상징한다'는 절대적인 차원에서 드려야만 그것이 헌상이다. 마찬가지로 비록 보잘것 없는 짐승의 생명일지라도 그것이 자신의 전부를 상징하고 있다는 정신을 그 안에 담고 있어야 비로소 온전한 제물이 되는 것이다.

화목제를 하나님께 드릴 때 몇 마리의 황소를 가져 왔다 할지라도 그 안에 자신의 생명을 전적으로 부어 넣지 않는 한 그것은 제물로서의 의미가 없다. 하다못해 양 새끼를 하나님 앞에 가져 왔다 할지라도 '하나님! 이것은 죄로 인하여 내 생명이 죽어야 할 죽음을 절대적으로 상징합니다'라는 절대성을 부여해야만 그 제물이 하나님께 온전한 것이 되는 것이다.

그랬을 때 하나님께서는 그 사람의 전부인 제물을 받으시고 대신하여 죄로 인해 죽어야 할 그의 생명을 보존하신다. 그 짐승의 죽음이 곧 그 사람의 생명을 대속할 만한 가치가 있다고 인정하시고 비로소 전인격적으로 그 사람과 화해를 하시는 것이다. 그런 후에 그 제물로 드린 고기를 하나님께서 그 사람과 같이 나누어 드신다. 그 제물의 요긴한 내장을 불태운 것은 하나님께서 받으시고 대신에 그 고기는 사람에게 주어 나누어 먹게 하신 것이다.

따라서 하나님 앞에서 함께 음식을 나누어 먹는다는 것은 하나님 앞에서 음식을 먹을 수 있는 허락을 받았다는 그 자체로써 하나님과 화목을 누리고 있음을 상징한다. 이는 하나님의 백성만이 누리는 특권이다. 하나님의 자녀가 아니면 감히 하나님 앞에 앉을 수도 없고 그러한 자리에 나올 수도 없다.

화목제를 드린다는 자체 곧 화목제를 드릴 수 있는 길이 열렸다는 그 사실은 이미 하나님께서 우리를 용납하신 것이고 하나님의 아들로 인정하셨음을 의미한다. 이것은 하나님과 우리 사이가 원수지간이 아니라 하나님과 나 사이에 평화가 있음을 상징한다. 하나님과 나 사이가 아버지와 아들이라는 명백한 관계 아래 있음과 더불어 하나님 앞에 언제든지 나아갈 수 있다는 특별한 은혜를 열어 주셨다는 것을 제사 제도가 상징하고 있는 것이다.

우리가 하나님께 제사를 드린다면 이미 나는 하나님의 아들이어야 한다는 대원칙이 거기에 담겨 있어야 한다. 하나님께서는 그러한 의미를 가지고 화목제물을 하나님 앞에서 먹도록 하셨다. 다시 말하면 하나님 앞에서만 살 수 있도록 하는 제도를 주신 것이다. 내가 하나님의 아들이요 또 하나님 앞에서 살 수 있도록 허락하셨다는 그 자체가 기본적인 하나님의 백성으로서의 삶의 자세이다.

이와 같이 화목제를 드린다, 제사를 드린다는 것은 하나님과 나 사이에 화목이 있다는 것을, 즉 하나님과 나 사이에 평화가 있다는 것을 날마다 점검할 수 있는 길이 된다. 따라서 우리는 매일매일 하나님과 나 사이에 불화가 없는가 또는 하나님과 나 사이에 화평이 있는가를 이러한 제사 제도를 통해 점검할 수 있다.

이러한 제사 제도를 주신 하나님의 의도 중의 하나는 혹시 어떤 사람이 부지불식간에 죄를 졌다 할지라도 그것이 죄라는 것을 깨닫는다면 즉시 제사를 통해 그 죄를 속죄할 수 있도록 함으로써 하나님과 화목할 수 있는 길을 열어 주셨다는 점이다. 즉 언제든지 흠 없고 부끄럼 없이 살 수 있도록 그러한 제도를 만들어 주셨다. 이처럼 하나님 앞에서 흠 없고 불화가 없이 살 수 있는 성도의 삶의 자세가 매일매일의 삶 속에서 항상 확인되고 있어야 한다.

우리가 하나님을 섬긴다는 것은 단순히 하나님의 이름을 알고 하나님을 믿는다는 정도의 신앙 고백을 요구하는 것이 아니다. 하나님이 우주의 창조주이시고 유일하신 분이심은 귀신도 잘 알고 있는 사실이다. 심지어 귀신을 믿는 사람들조차도 그 사실을 부인하지 않는다.

그러나 우리가 하나님 앞에서 한 점도 부끄럼 없이 살고 있는가를 항상 가시적으로, 촉감적으로, 구체적으로 확인하고 그것을 보장받을 수 있다는 것은 그들과 다른 삶의 모습이다. 그리고 그러한 생활을 지지해 주는 것이 바로 제사 제도이다. 언제든지 내 마음에 거리낌이 있고 흠

이 있다면 즉시 하나님께 달려가서 제사를 드림으로써 하나님과 화목
할 수 있기 때문이다.

　신약에 와서 이러한 제사 제도는 예수 그리스도의 구속 사역의 완성
으로 말미암아 성취되었다. 구약시대에는 생활 속에서 흠을 발견하면
즉시 달려가서 하나님 앞에 제사를 드려야 했다. 그리고 제사를 드릴
때마다 제물이 있어야 했고 피흘림이 있어야 했으며 자신을 상징해서
대신 죽어야 될 대속물이 있어야 했다. 또한 자신을 온전히 하나님께
드려야 한다는 헌상의 사상이 그 안에 있어야 했다.
　그러나 신약시대에서는 내가 혹시 죄의 감각(感覺)을 느끼고, 죄에 대
해 아픈 감정을 느끼고, 죄의 사실을 확인했다면 당장에 달려가서 제물
을 드리는 것이 아니다. 이제는 예수 그리스도를 찾아야 한다. 이미 대
제사장이신 예수께서 속죄의 사역을 단번에 완성하셨기 때문이다.

　우리가 죄의 어떤 사실을 발견하면 그 즉시로 예수 그리스도의 속죄
에 힘입어서 '내가 이와 같은 죄를 졌습니다. 내 생명을 대신하여 예수
께서 죽으심으로 나의 생명을 담보로 잡아 주셨으므로 하나님께서 저
의 허물을 용서해 주십시오' 라는 고백을 해야 한다. 그 결과 우리는 하
나님과 화목을 누리게 된다.
　늘 제물을 갖고서 하나님께 제사를 드리는 것이 아닐지라도 이미 그
리스도께서 내 대신 피를 흘리셨고 생명을 대신하여 구속해 주셨기 때
문에 그 사실에 입각해서 내 자신을 하나님께 드리는 것이다. 예수 그
리스도께서 나를 대신하여 죽으신 것처럼 내가 죽었다는 것과, 나를 하
나님께 드린다는 것과, 나의 죄를 용서해 주실 것을 간구해야 하는 것
이다. 그렇게 해서 항상 하나님 앞에 흠 없고 부끄럼 없이 살아가는 삶
의 자세가 우리들 삶 속에서 역력하게 드러나야 할 것이다.

이렇게 함으로써 항상 하나님과 화목을 이루는 것이 예수께서 죽으신 피흘림의 은혜이다. 그것이 피흘림의 의미이고 궁극적인 구원의 능력이다. 이러한 의미를 알지 못한다면 예수께서 십자가에 못 박혀 죽으셨다는 그 사실은 나와 아무 상관이 없다. 2천 년 전에 그분이 돌아가셨다는 사건과 오늘날의 나와 아무런 상관이 없다는 말이다. 그런데도 '나를 위해 죽으신 예수 그리스도를 믿으면 구원받겠구나'라는 말을 한다는 것으로는 아무런 의미도 없는 소리일 뿐이다.

실제로 그만한 효력이 나에게 있다면 그 사실에 입각해서 내가 하나님과 더불어 화평을 누려야 한다. 예수께서 나를 위해 대신 죽으셨다는 그 사실에 근거해서 내가 하나님께 나의 죄를 속해 주실 것을 간구함에도 불구하고 하나님께서 나에게 평안을 주시지 않고 나와 화평해 주시지 않는다면 예수 그리스도의 속죄 사역은 나와 상관이 없기 때문이다.

여기에서 예수 그리스도의 속죄 사실이 중요하다. 그 사실이 있기 때문에 내가 하나님과 화목할 길이 열려 있는 것이다. 옛날에는 짐승을 가지고 가서 '하나님 제가 이렇게 죄를 졌습니다' 하면서 속죄를 드릴 수가 있었다. 하지만 이제 속죄제가 없는 이상 어떻게 하나님과 화목할 수 있는가? 오직 예수 그리스도를 통해서 가는 길밖에 없다.

그러므로 내가 하나님과 화목함에 있어서 그분의 죽으심과 피흘림이 나에게 절대적으로 가치가 있고 의미가 있어야 한다. 막연하게 '나를 위해서 죽으신 예수님! 십자가에서 피 흘리신 예수님'을 백번 되뇐다 해도 그건 주문일 뿐이지 아무런 효과가 없다.

진정으로 단 한번이라도 내가 어떤 죄감(罪感)을 느끼고 죄에 대해 아픈 감정을 느꼈을 때, 즉 하나님과 나 사이가 불안하고 안정이 없어서 내가 하나님 앞에서 부자연한 것을 느꼈을 때,

① 예수 그리스도께서 나를 위해서 죽으셨다는 그 사실에 근거하고

② 그의 피흘리심이 나의 피흘림을 대신해서 하나님께 드려졌고
③ 그분의 생명이 나의 생명을 대신해서 담보로 잡히셨다는 사실을 근거
　로 해서

하나님 앞에 우리가 간구해야 한다.

그러면 하나님께서 예수 그리스도의 그 공로를 받으시고, 그분의 죽으심에 대해 인정을 하시고, 그 죽으심에 근거해서 우리를 용서하신다. 이처럼 그리스도 안에 참 평화가 있고 하나님과 더불어서 화평을 누린다는 사실이 단 한 번이라도 나에게 있다는 점이 중요하다. 이것을 발견할 수 있어야 한다.

매일 내가 살아가는 삶 속에서 막연히 기도하고 예수를 믿는다는 것이 아니라 실제로 그만한 효과가 내 안에 있어야 한다. 다른 사람이 나를 괴롭게 하고 또 다른 사람이 하는 일이 눈에 거슬려서 마음이 불안한 그러한 상태가 아니라 실제로 내 마음에 화평을 누릴 수 있을 만한 효과가 예수 그리스도의 죽으심의 사실을 통해서 나에게 하나님의 평화가 임해야 하는 것이다.

4. 화평케 하는 자는 누구인가?

마태복음 5장에서 "화평케 하는 자는 복이 있나니 저희가 하나님의 아들이라 일컬음을 받을 것임이요"라는 말씀에서 그와 같은 평화, 즉 내가 이제는 그리스도를 통해 하나님과 화평을 갖고 하나님과 더불어 평화를 누리고 있다는 이 사실이 이제는 역력하게 구체적으로 다른 사람에게 평화의 능력을 발휘함으로써 나타나야 한다.

그 평화의 능력이라는 것은 여전히 죄감과 죄책과 죄에 대한 아픈 감정을 느끼고 있는 다른 사람을 하나님과 더불어 화목케 하는 역할을 하

는 사람이어야 한다. 이때 하나님과 화목케 하는 일은 자기 자신의 존재와 본분을 정당하게 행사하는 과정 속에서 이루어진다. 자기의 본분이나 자신의 존재 가치를 모두 무시해 버리고 다른 사람을 쫓아다니면서 '하나님과 더불어 화목하고 평화를 누리라'고 한다는 것은 의미 없는 일이다.

그렇다면 어떻게 해야 다른 사람에게 평안을 끼칠 수 있는가를 깊이 생각해 보아야 한다. 내가 내 자신의 존재의 의미와 본분을 확연하게 알고 정당하게 행사해 나갈 때 거기에 하나님이 내리시는 평화라는 복이 임재해 있는 것이다. 그 복의 그늘 아래 있는 사람들이 비로소 하나님을 인식하고 하나님과 더불어서 평안을 누리는 것만이 참된 인생의 가치를 누릴 수 있는 길이라는 것을 알게 하는 것에 '화평케 하는 자'의 역할이 있다.

아브라함의 그늘 아래 있는 사람들이 아브라함을 통해서 하나님과 평화를 누리고 살아가는 그 자체가 곧 화평케 하는 자의 몫이다. 오늘날 이러한 일을 하는 역할이 교회의 회원된 신자들이 해야 할 일들이다. 내가 이 나라의 정치가를 쫓아다니면서 그들에게 평화를 줄 수 있느냐 하는 문제는 아무런 의미가 없다. 또한 우리 교회가 이 세상에 있는 많은 사람들에게 그만한 일을 할 수 있느냐 하면 못하는 것이다. 기껏해야 나 한 사람조차 진정한 평화를 누리지 못하는 것이 현실이다.

그렇다면 진정으로 화평케 하는 신자라면 우선 나 자신만이라도 하나님과 더불어 화평을 가질 수 있어야 한다. 바로 그러한 모습이 점차 가시화되고 역력히 드러날 때 비로소 그 빛을 받는 사람들이 하나님과 더불어 평화를 누리게 되는 것이다. 진지한 교회적인 삶의 형태를 취하고 있을 때, 다시 말하면 하나님과 진정한 평화를 누리는 상태가 유지

되고 있을 때 비로소 화평케 하는 자의 역할이 시작된다는 사실을 명심
해야 한다.

〈기도〉

하나님 아버지!

참으로 우리의 모습이 처참하고 얼마나 일그러져 있는지 알 수가 없
습니다. 이 세상 어느 곳에 있다 할지라도 하나님과 더불어 화평하고
평화를 누리고 있는 사람이 많지 않다는 사실을 이 시대의 역사 속에서
확인할 수 있습니다.

내 안으로부터 또는 외부로부터 오는 분란으로 인해 평화를 깨뜨리
지 않아야 할 것입니다. 심지어 사탄이 그 분란을 일으킨다 할지라도
결코 요동치 않고 하나님과 더불어 평화를 누릴 수 있다는 그 자체가
얼마나 큰 복인가를 우리가 알았습니다.

우리가 참으로 그만한 자리에 서는 복을 누리게 하옵소서. 이제는
그리스도의 공로에 힘입어 하나님과 화평케 되었사오니 우리 안에 반
석보다도 더 두터운 믿음이 있게 은혜를 주시어 그 믿음 가운데에서 우
리가 가야 할 인생의 길을 묵묵히 나아가는 역군들이 되게 하옵소서.

주 예수 그리스도의 이름으로 기도합니다. 아멘.

Ⅲ. 하나님 나라의 본질적인 성격(性格)

III. 하나님 나라의 본질적인 성격(性格)

제16장

의를 위하여 핍박받는 교회 (1)

산상수훈의 구조를 살펴보면 다음과 같다.

1) 시작하는 말(prologue) : 마태복음 5장 1-2절
2) 산상수훈의 강령(manifesto) : 마태복음 5장 3-16절
   i) 하나님 나라의 내형적인 실체(實體)
     ① 심령이 가난한 자
     ② 애통하는 자
     ③ 온유한 자
     ④ 의에 주리고 목마른 자
   ii) 하나님 나라의 외형적인 실체(實體)
     ① 긍휼히 여기는 자
     ② 마음이 청결한 자
     ③ 화평케 하는 자
   iii) 하나님 나라의 본질적인 성격
     ① 의를 위하여 핍박받는 교회
     ② 세상의 소금으로서 교회
     ③ 세상의 빛으로서 교회
3) 하나님 나라 헌법의 정신 : 마태복음 5장 17-48절

4) 천국 백성의 삶 : 마태복음 6장 1절-7장 12절
5) 복과 저주 : 마태복음 7장 13-27절
6) 맺음말(epilogue) : 마태복음 7장 28절

이상의 구조를 놓고 보면 하나님 나라에 속한 백성의 내, 외형적인 7가지 복된 상태로 사는 사람은 필연적으로 의로운 삶을 추구한다는 이유로 인해 자연스럽게 세상으로부터 핍박의 대상이 되고 있음을 알 수 있다.

이러한 위치에 있는 제자들을 대상으로 예수님은 "의를 위하여 핍박을 받은 자는 복이 있나니 천국이 저희 것임이니라"(마 5:10)고 말씀하시면서 그 핍박의 원인이 "나를 인하여 너희를 욕하고 핍박하고 거짓으로 너희를 거스려 모든 악한 말을 할 때는 너희에게 복이 있나니 기뻐하고 즐거워하라 하늘에서 너희의 상이 큼이라 너희 전에 있던 선지자들을 이같이 핍박하였느니라"(마 5:11-12)고 부언하셨던 것이다.

이 말씀을 하신 주님의 의도는 현실 생활 가운데 하나님 나라의 특성을 추구하고 그 나라를 세워가야 할 제자들이 세상으로부터 당하게 되는 핍박에 대한 성격을 미리 규명하고 자신들을 이 세상에 내신 하나님의 경륜에 근거한 삶을 살도록 하기 위함이다. 따라서 그리스도의 가르침을 받아 하나님 나라의 백성이 된 제자들은 세상이 추구하는 속성과 구별된 삶을 살아가겠다는 다짐을 가져야 한다.

때문에 "의를 위하여 핍박을 받은 자는 복이 있나니 천국이 저희 것임이니라"(마 5:10)는 말씀은 지금까지 주께서 말씀하신 천국 백성에게서 나타나는 7가지 복된 상태에 대한 결과로, 이 세상에 있는 동안 제자들에게 임할 외형적인 도전의 양태를 미리 경고해 주신 것이다.

"의를 위하여 핍박을 받은 자는 복이 있나니 천국이 저희 것임이니

라"(마 5:10)는 말씀을 이해하기 위해 본문을 보면 다음과 같다.

μακάριοι οἱ δεδιωγμένοι ἕνεκεν δικαιοσύνης
　복 있는 자들이여 핍박을 받은 자들은 의를 행한 것 때문에

ὅτι αὐτῶν ἐστιν ἡ βασιλεία τῶν οὐρανῶν
　왜냐하면 그들에게 있으리라 (그)하늘나라는

이 말씀을 다음과 같이 직역할 수 있다.

　의를 행함으로 핍박을 받은 자들은 복이 있나니
　하나님의 나라가 그들에게 있기 때문이다

여기에서 '하나님의 나라가 그들에게 있을 것이다'는 문장은 존재의 의미를 지시하는 εἰμι(Be)동사가 사용되고 있다는 점에서 '하나님의 나라가 그들에게 임하여 있다'는 뜻으로도 해석이 가능하다. 이 말은 상대적으로 그들이 하나님의 나라에 참여하고 있다는 관점으로도 볼 수 있다. 즉 그들이 처한 상황은 마치 천국에 있는 것과 같다는 의미이다. 따라서 본문을 다음과 같이 해석할 수 있다.

　'의를 위하여 사는 생활이 원인이 되어 그것으로 인하여 핍박을 받은 경험이 있을 뿐 아니라 지금도 여전히 핍박 가운데 있는 사람들에게는 하나님의 나라가 임하고 계속해서 그들은 하나님의 나라에 참여되고 있기 때문에 그들의 삶은 복된 형태의 인생이다.'

본문에서 '하나님의 나라가 저희들의 것임이요'라는 말은 표현상으로는 마치 하나님의 나라가 의를 위해 핍박을 받은 사람들의 소유인 것처럼 되어 있다. 오히려 본문은 하나님의 나라에 그들이 들어가 있으

며, 그들에게 하나님의 통치가 구현되고 있음을 의미한다. 즉 '하나님의 나라가 그들에게 임하고 있다' 또는 '그들은 하나님의 나라 안에 (참여하고) 있다' 는 의미로 해석이 가능하다.

1. '의를 위하여' 라는 말의 의미에 대하여

일반적으로 의라는 것을 생각할 때는 인간이 만들어낸 훌륭한 덕이나 윤리, 도덕, 사상 등을 그 기준으로 말한다. 이러한 것을 가리켜 사람들은 정의라고도 말을 한다. 그런데 인간이 만들어낸 정의라는 것은 항상 시류(時流)에 따라서 변할 수밖에 없다. 또한 시류뿐 아니라 그가 속한 사회의 환경에 따라서 정의의 기준이 달라지기도 한다.

예를 들어 유럽의 선교사가 아프리카에 선교활동을 하러 가서 그곳의 주민들이 옷을 입지 않고 벌거벗은 채로 생활하고 있는 것을 보았다. 그것이 덕스럽지 못하게 여겨져서 선교사가 옷을 가져다 그들에게 입혔다. 그런데 그들이 옷을 잘 관리하고 몸을 청결히 하면서 새로운 의복생활을 유지해야 하는데 그들은 그렇지 못했다. 오히려 의복으로 인해 더 몸이 습해지고 더러워져서 더욱 불결하게 되어 환자가 늘어나고 고생을 하게 되었다.

이렇듯 사람들이 생각하는 도덕적인 표준이라는 것이 지역마다, 사람들마다 다를 수밖에 없다. 때문에 어떤 일이 옳은가를 따져 놓고 본다면 그 기준이라는 것이 항상 모호해질 수밖에 없다. 그러한 일상의 삶의 기준으로 절대적인 의를 측정한다는 것은 언제나 가변적일 수밖에 없는 것이다.

이처럼 사람들의 정황에 근거한 것을 가리켜 '의' 라고 말하지 않는다. 성경에서 의를 행하며 산다는 것은 하나님께서 주신 인생의 존재 가치와 의미를 알고 사는 것을 가리켜 '의'라고 한다. 즉 본체론적 존재 의미, 다시 말하면 역사선상에서 나타난 하나님의 경륜을 좇아 자기 인생의 본분을 깨닫고 사는 것이 진정한 '의'이다.

진정한 의를 이해하기 위해서는 어떤 시류라든지 환경에 따라서 내가 왜 그 시류와 환경을 따라야 하는가에 대한 근본적인 존재 의미로서 자신의 위치를 파악해야 한다. 그 자신의 본분을 잘 알아서 행하는 하나의 방편으로 시류를 역행해야 할 것인가, 아니면 포용할 것인가? 또는 환경에 적응할 것인가, 극복할 것인가? 하는 등의 문제를 대처해 나가야 한다. 또는 필요에 따라 그러한 문제들을 해결해야 하는 위치에 서기도 하는 것이다.

그런데 하나님의 경륜을 좇아 살아간다, 혹은 의를 행하며 살아간다고 할 때에는 필연적으로 이 세상에서 핍박이 있을 것이라고 주님은 말씀하신다. 왜냐하면 이 세상의 경영이나 시류라는 것은 사람으로 하여금 인생의 본분을 좇아 살도록 가만 놓아두지 않기 때문이다. 이 세상의 일반적인 경향이라는 것은 언제나 반신국적이고 하나님을 대적하려는 성질이 농후하기에 더욱 그러하다.

이러한 현상은 아담이 하나님의 말씀을 거역한 때부터 이미 나타난 바 있다. 사탄이 하와를 유혹하여 "네가 이 과실을 먹으면 눈이 밝아져서 하나님과 같이 될 것이다"고 했을 때 하와가 그 과실을 따 먹은 행위는 물론 범죄한 행위이지만, 그 이전에 사탄의 말에 대해 마음이 미혹되어서 그와 같은 행위를 마음속에 갖기 시작했을 때부터 하와는 이미 그 마음속에 반신국적인 성향을 가지기 시작한 것이다.

그러므로 그 마음이 하나님께 대해 전폭적으로 지지하지 않거나 그 마음을 하나님께 전적으로 의지하지 못한 것에서부터 사탄이 하와의 마음에 침투하여 의심을 발생하게 한 것이다. 그때부터 사람들은 하나님을 거역하려는 경향을 드러내었다. 그 결과 사탄의 유혹에 넘어간 것이다.

하와가 그 말을 처음 들었을 때부터 즉시 선악을 알게 하는 나무의 열매를 먹으면 하나님같이 되겠다는 생각을 하지는 않았을 것이다. 처음에는 그 말에 귀를 기울이지 않고 절대 그렇지 않다고 부정했을 것이다. 하지만 사탄의 말이 조금씩 하와의 가슴 속에서 움트고 자라나서 나중에는 선악을 알게 하는 나무의 열매를 따먹게 되는 결과를 가져온 것이다.

반신국적인 요소가 극적으로 표현된 것은 가인이 아벨을 돌로 쳐 죽인 사건에서 명확하게 드러나게 된다. 가인은 아담과 하와가 에덴동산에서 쫓겨난 후 얻은 첫 아들로서 '장차 여인의 후손으로 날 자가 사탄을 철저히 궤멸시키고 죄에 빠진 인류를 구원해 낼 약속을 따라 태어난 씨, 곧 언약의 자손'이다(창 3:15). 이처럼 언약에 따라 얻은 아들이기 때문에 아담과 하와는 언약의 성취라는 면에서 "여호와로 말미암아 득남하였다"는 뜻으로 '가인'이라는 이름을 붙여 주었다.

아담과 하와에게 있어서 가인이라는 한 아들을 얻었다는 것은 창세기 3장 15절의 언약이 실현되고 있다는 약속의 증표였다. 이런 점에서 가인은 아담과 하와로부터 상당한 기대를 모을 수 있었다. 더불어 아담과 하와에게는 가인의 탄생이야말로 죄 가운데 빠져 있는 고통 가운데에서 누릴 수 있는 최상의 위로와 기쁨이었다.

그런데 가인의 성품은 아담과 하와의 기대와는 다른 길로 흘러가고 말았다. 그것은 이미 아담과 하와가 선악을 알게 하는 나무의 열매를 먹은 때부터 시작된 죄의 결과로 나타난 악의 영향으로 오염되고 부패된 인간의 심성이 고스란히 가인에게서 나타나고 있었기 때문이다. 가인은 언약의 후손이라기보다는 차라리 아담과 하와가 행한 악의 영향을 받아서 태어난 사람으로 자연히 악한 성품을 드러내기 시작했다. 이런 이유로 가인을 바라보고 있는 아담과 하와에게는 매우 실망스러운 일이 아닐 수 없었다.

가인이 아담과 하와를 얼마나 실망시켰는지 후에 하와가 두 번째 아들을 생산한 후 그의 이름을 '공허'라는 의미의 이름인 '아벨'이라고 부른 것만 보아도 알 수 있다. '허사다, 텅 비었다'는 아벨의 이름은 가인을 얻었을 때 "내가 여호와로 말미암아 득남하였다"고 하면서 언약의 성취에 대해 기뻐하고 만족하고 그것으로써 인생의 덕과 복으로 삼았던 것과는 매우 대조가 되는 이름이 아닐 수 없다.

하나님의 언약을 바라보고 사는 아담과 하와에게 있어서 가인의 출생이야말로 언약의 성취라는 기대감을 주었다. 하지만 가인에게서 발견되는 성품이 죄의 극단적인 모습밖에는 없다는 점에서 아담과 하와는 그만 넋을 잃고 말았을 것이다. 이로써 아담과 하와는 한 번 부패한 인생이 죄로 오염되어 있어서 이처럼 공허하고 허사일 수밖에 없다는 처지를 깨닫게 된 것이다.

결국 최초의 사람인 아담이 범죄하고 그로 인해서 죄가 들어온 결과 죄의 오염과 부패가 사람들 속에서 지워지지 않고 자라나고 있다는 사실을 '가인'을 통해 알게 되었다. 그래서 아벨을 얻자 죄 있는 인생의 경영이라는 것이 '허사다, 수포가 되고 말았다'는 뜻의 이름인 '아벨'이라고 부르게 된 것이다.

아담이 가졌던 사람의 본성은 하나님의 형상대로 지음을 받았기 때문에 지극히 선하고 의로운 인격을 지니고 있었다. 그럼에도 불구하고 죄에 한 번 빠져버린 후부터는 공허한 인간의 삶으로 전락되고 말았던 것이다. 타락과 멸망으로 깊이 떨어지고 결국은 그 죄책으로 말미암아 영원한 형벌이 주어지게 되었다. 그것이 곧 사망이다.

뿐만 아니라 아담의 그 범죄라는 것은 아담 자신이 인류의 머리로서 인류를 대표하여 맺은 하나님과의 언약을 파기한 것이기에 온 인류가 하나님의 공의 앞에 심판을 받을 수밖에 없는 위치로 떨어지고 말았다. 그러므로 아담의 범죄는 온 인류가 범죄한 것이며, 온 인류가 하나님 앞에 죄인으로서 죄의 대가를 치러야 하는 위치에 처하게 된 것이다.

나아가 아담이 범죄했다는 것은 인류의 대표라는 것뿐 아니라 이미 아담이 갖고 있는 인간의 본성이 죄로 얼룩지고 부패해져서 인간의 아름다운 형상이 모두 파기되었음을 의미한다. 결국 아담의 범죄는 자신의 혈통을 따라 태어나는 모든 인류에게 죄의 오염과 부패를 가져다 줄 정도로 그 심각성은 대단한 것이다. 그 결과 모든 아담의 후손들은 태어날 때부터 죄의 오염과 부패 가운데 빠져들고 말았던 것이다.

그와 같이 온 인류가 영원한 죄의 오염과 부패와 결핍 가운데 빠질 수밖에 없다는 사실이 드러난 것이 곧 가인의 생애였다. 이후부터 인류의 마음은 하나님에 대해 기뻐하지 않고 오히려 대적하려는 마음을 가지게 되었다. 곧 적극적으로 반신국적인 경향을 가지게 된 것이다.

가인은 자신의 존재 의미가 무엇인가에 대해 바르게 이해하지 못하고 있었다. 그는 이 세상에 태어난 것이 하나님께서 약속하신 언약의 후손으로서 그 약속의 성취를 바라보고, 그러한 하나님의 경영가운데 살아가야 한다는 인생의 본분에 대해 바르게 알고 있지 않았다. 이러한 점에서 가인은 의를 이루지 못했던 것이다. 때문에 가인은 창세기 3장 15절의 언약을 가볍게 여기고 대신에 자신의 타락한 심성에 인생을 내던지고 말았다.

이처럼 부패한 사람에게 있어서 본질상 죄의 오염과 부패가 늘 잠재해 있다가 어떤 적당한 기회만 주어지면 그 잠재된 죄의 부패성이라는 것이 발생해서 외부로 드러나게 된다. 이러한 사람을 가리켜 성경은 '진노의 자녀' 혹은 '본질상 진노의 아들들' 이라고 말하고 있다(엡 2:3).

그런데 놀라운 것은 '허사다, 헛것이다' 라고 아담과 하와가 이름을 부른 아벨은 오히려 하나님께서 역사 속에서 경영하시는 구원의 의지를 보고 있었다. 가인이 죄의 경향을 더욱 드러내고 있는 반면에 아벨은 다른 차원에서 하나님의 뜻이 무엇이고 자신의 본분이 무엇인가를 생각했던 사람이다. 그리고 창세기 3장 15절의 '여인의 그 후손'에 대한 약속을 간절히 기대하고 살았다. 그것이 아벨이 행한 '의'이다.

아벨이 얼마나 착하게 살았고, 아버지와 어머니를 얼마나 기쁘게 하였고, 윤리적으로 얼마나 깨끗하게 살았는가 하는 차원에서 말하는 '의'가 아니라 창세기 3장 15절의 언약에 대해 실질적으로 그것이 자신을 통해 성취될 것이라는 믿음을 가졌던 것이다. 이러한 이유로 아벨은 자신의 인생을 전적으로 장차 태어날 여자의 후손에게 의지하고 살 수 있었던 것이다.

아벨은 하나님께서 '여자의 그 후손'을 통해 인간의 죄를 근본적으로 제거하실 것을 바라보고 있었다. 그것이 바로 아벨의 믿음이다. 이와 관련해 히브리서는 다음과 같이 증언하고 있다.

> "그러므로 아벨은 가인보다 더 나은 제사를 하나님께 드림으로 의로운 자라 하신 증거를 얻었으니 하나님이 그 예물에 대하여 증거하심이라 저가 죽었으나 그 믿음으로서 오히려 말하느니라"(히 11:4).

여기에서 우리는 무엇이 진정한 '의'인가를 알 수 있다.

2. 가인과 아벨의 제사에 나타난 '의'의 정신

아벨이 진정한 의미에서 '의'를 추구하고 살았다는 사실은 하나님께 드리는 제사를 통해 증거되고 있다. 아벨은 하나님께 드리는 제사가 어떤 의미를 가지는가를 바로 이해하고 있었다. 이 제사에서 아벨은 가인에게서 찾아볼 수 없는 믿음을 가지고 있었다. 그것은 바로 여자의 후손을 통해 죄악을 궤멸시키실 하나님의 구원을 믿었다는 점이다.

그러나 가인은 그가 지은 농산물을 가지고 설령 기쁜 마음으로 하나님께 제사를 드렸다 할지라도 아벨과 같은 종류의 믿음을 가지고 있지 않았다. 가인은 여자의 후손에 대한 믿음을 가지지 않았을 뿐만 아니라, 죄를 근본적으로 파괴시키고 궤멸시킬 하나님의 구원 사역에 대해 기대한 바도 없었다. 오히려 그는 죄의 영향력 아래에서 살아간 사람이었을 뿐이다.

아벨의 제사와 가인의 제사는 근본적으로 다른 점이 있었다. 그것은 하나님께서 죄를 궤멸시키고 죄로부터 도탄에 빠져 있는 인간을 건지실 것이라는 믿음이 있었다는 것이다. 따라서 아벨이 드린 제사에는 그 정신이 그대로 살아있었다.

아벨이 이러한 사상을 가질 수 있었던 것은 죄의 대가는 사망이라는 사실을 알고 그 사망에서 건짐을 받을 수 있는 유일한 길은 그 사망에 해당하는 생명을 바쳐야 한다는 점에서 하나님의 공의를 보았던 것이다. 이것에 근거하여 죄로부터 구속되고 해방되는 것은 피흘림이 있어야 하며, 그것은 곧 자신의 생명을 바치는 것을 상징하는 차원에서 양을 제물로 드릴 수 있었던 것이다.

자신이 마땅히 죽어야 될 자리에 있지만 하나님께서 자신의 생명을 상징하는 양으로 생명을 대신해서 용서해 주실 것이라는 사실과 이 모든 일은 장차 태어날 여자의 그 후손에 의해 근본적으로 죄를 제거하실 것이라는 믿음을 그 제물에 담아 제사를 드렸던 것이다.

이러한 제사 정신은 하나님께서 여자의 후손을 통해 죄를 궤멸시키실 것이라는 약속에 대한 믿음에서 나온 것이다. 그래서 자신의 생명을 드린다는 것을 상징하는 의미에서 짐승의 생명을 드림으로써 죄로 말미암아 하나님과 원수되었던 관계가 회복되어 이제 하나님과 화목하게 되었다는 정신을 아벨의 제사 행위 안에 담고 있었던 것이다.

이러한 정신을 가지고 매사에 아벨은 '여자의 그 후손'으로 일컬어지는 중보자의 중보사역에 근거하여 자신의 인생을 경영해왔다. 이것이 아벨의 의(義)였다. 즉 아벨에게 있어서 '여자의 그 후손'에 대한 믿음을 갖고 있었던 것이 진정한 의의 근거가 된다. 그리고 그런 믿음에 따라서 자신을 죄로부터 구별시키기 위해 자신의 생명을 하나님께 바치는 행위가 실제적으로 제사의 정신으로 드러난 것이다. 결국 아벨은 하나님과 화목해야 될 위치에 자신이 처해 있다는 것을 알고 그 사실에 근거하여 하나님과 화목하고자 하는 행위로 제사를 드렸던 것이다.

물론 아벨의 제사는 후에 출애굽 이후에 정의된 제사 제도와는 구별된다. 따라서 출애굽기에 제시된 제사 제도를 근거하여 아벨의 제사를 평할 수 없다. 하지만 여기에서 우리가 생각할 수 있는 것은 아벨이 하나님께 양을 드릴 때 자신이 기르지도 않고 아무렇게나 길거리에서 주운 양을 하나님께 드리지 않았다는 점이다.

아벨은 자신이 기르던 양 중에서 가장 좋은 양으로, 평소 자신이 애지중지하며 길렀던 양의 첫 새끼를 하나님께 드렸을 것이다. 뿐만 아니라 아벨은 자신이 드려야 할 제사의 성격이 어떤 것인가를 잘 알고 있었기 때문에 자신의 생명을 대신하여 죽어야 될 제물로 인하여 하나님과 화목하게 된다는 것을 알았음이 분명하다.

때문에 자기가 생각할 때 가장 아끼고 사랑하고 귀엽게 여겼던 양의 생명을 자신의 '분신'으로 여기고 바쳤을 것이다. 그것을 하나님은 의롭다고 인정하시고 그 제사를 받아 주셨다. 그리고 하나님은 먼 훗날 출애굽한 이스라엘 자손들에게 제사 제도를 제정해 주실 때 이러한 아벨의 제사 정신을 반영해 주셨던 것이다.

반면에 가인에게는 그러한 제사의 정신을 찾아 볼 수 없다. 물론 가인은 자기가 추수한 곡식을 하나님께 드릴 때 감사하는 마음으로 드렸을 것이다. 하지만 왜 그 제사를 드려야 하고 하나님과 자신과의 관계에서 화목해야 할 이유가 무엇인가에 대해 생각하지 못했다.

가인은 자신이 하나님께 드리는 제사의 정신을 바르게 이해하지 못했기 때문에, 자기의 제사는 거부되고 아벨의 제사는 하나님이 받아 주신 것에 대해 당장에 질투를 하고 말았다. 그 질투라는 것이 달리 어디에서 솟구치는 것은 아니다. 그것은 자신의 사악한 마음이 그대로 드러나는 것이고 죄로 인해 부패한 인간의 심성을 발휘하는 것뿐이다.

아벨이 하나님께 드린 제사를 가지고 가인이 그렇게 노여워하고 질투하게 된 것은 다른 것이 아니라 왜 아벨은 자기와는 다르게 살려고 하는 것인가에 대한 것이다. 아벨도 자기와 같이 제사를 드리면 그만이지 특별하게 거기에 어떤 의미를 부여하고 달리 행동하는가에 대한 이질적인 요소를 느꼈던 것이다. 내가 살고자 하는 삶의 방향과, 내가 추구하고자 하는 삶의 이상형과 다르다는 것 때문에 가인은 아벨을 죽이고자 하는 마음을 가지게 된 것이다.

사탄 역시 아벨에 대해 두려워하고 있었다. 사탄은 가인에 대해서는 두려워해야 할 이유가 없었다. 반면에 자신의 인생이 추구해야 할 본분에 대해 알고 있을 뿐만 아니라, 자신의 본질적인 존재 의미를 인식하고 하나님과 화목하려고 하는 아벨의 모습에 대해 사탄은 적개심을 가졌던 것이다. 그래서 어떻게 해서든지 그 아벨을 처치하고자 하지 않을 수 없었다.

그런데 사탄은 본래 사람을 죽일 수 있는 능력을 가지고 있지 않다. 사탄은 감히 사람의 생명을 해할 위치에 있지 못하기 때문이다. 그래서 사탄은 본성적으로 죄에 노출되어 있고 오염되어 있는 가인의 심성을 자극할 수밖에 없었다. 그래서 사탄은 어떻게든지 가인을 자극하여 가인이 지니고 있는 죄의 성향을 확장시킬 수 있도록 모든 정황을 조장하였다. 또한 그 죄성(罪性)을 발휘할 수 있도록 가인을 부채질하여 하나님의 뜻을 좇아 살려는 의인 아벨에 대해 절대적인 반감, 즉 적개심을 느끼게 하는 일에 총력을 기울였다.

가인은 사탄에게 복종하고 사탄의 종이 되어 아벨을 죽인 것이 아니라, 사탄이 조장하고 밀어붙이는 악의 세력에 탄력을 받아 스스로 자신 안에 있는 죄의 본성과 성향으로 마침내 아벨을 미워하고 질투하여 살인을 하고 말았다. 하지만 결국 그와 같이 하도록 가인을 부추긴 것은 사탄이 조장한 것이다. 이와 관련하여 요한 사도는 "가인 같이 하지 말라 저는 악한 자에게 속하여 그 아우를 죽였으니 어인 연고로 죽였느뇨 자기의 행위는 악하고 그 아우의 행위는 의로움이니라"(요일 3:12)고 명쾌하게 해명해 주고 있다.

가인은 사탄의 사주를 받아서가 아니라 그 자신이 이미 악에 빠져 있었기 때문에 그 악으로 말미암아 아우를 죽인 것이다. 이런 점에서 가인은 사탄적인 성향을 가지고 있었다. 실질적으로 아벨이 가인에게 손해를 끼친 바도 없고 가인의 것을 훔쳤다거나 해를 끼친 적도 없어서 둘 사이에는 어떤 이해관계가 있었던 것도 아니다.

하지만 가인이 아벨을 미워한 것은 자신이 악에 속한 사람이라는 것 때문에 자신의 성격과 다르다는 이유로 아벨을 미워하게 되었다. 곧 가인은 '악한 자'에게 속해 있었으며, 아벨은 그렇지 않았던 바로 그 차이가 아벨을 죽이는 것으로 작동하게 된 것이다. 그리고 마침내 아벨의 제사가 하나님으로부터 인정받고 자기의 제사는 거부되었다는 상반된 모습으로 나타나게 되자 가인은 아벨을 때려 죽였던 것이다.

3. 신본주의와 인본주의의 갈등

가인이 아벨을 죽이기 위해서는 '힘'을 작동해야 한다. 내 사상과 경향이 다른 상대방에 대해 제압하려는 것이 힘이라는 것으로 드러나게 된다. 결국 이러한 가인의 사상, 즉 힘으로 상대방을 제압하겠다는 힘의 사상은 가인을 대표로 하여 인류 역사를 통해 오늘날까지 내려오고 있다. 이런 점에서 가인이 추구했던 힘의 우월주의를 가리켜 가인이 즘(Cainnism)이라고 말할 수 있다.

뿐만 아니라 사탄은 창세기 3장 15절의 '여자의 그 후손'이 태어나는 것을 방해하고 이땅에서 근본적으로 그 통로를 제거하기 위해 어떻게든지 이 가인이즘, 즉 힘으로 상대방을 제압하겠다는 사상을 이땅에 가득 채움으로써 서로 사람들을 죽이도록 조장하였다.

아벨이 하나님의 '의'를 좇아 산다는 것은 '여자의 그 후손'에 대한 약속을 좇아 산다는 것을 의미한다. 반면에 사탄은 아벨과 같은 사람을 힘으로 눌러 죽여 없애고자 하는 악한 경향인 힘의 철학, 즉 가인이즘을 이 세상에 가득 채워 의를 좇아 사는 사람들을 이 세상에서 제거하려고 하였다. 그래서 가인 이후로부터는 '여자의 그 후손'에 대해 믿음을 갖고 살려는 의로운 사람들을 적극적으로 핍박하는 경향이 역사 속에 팽배하게 되었다.

이처럼 '여자의 그 후손'에 대한 믿음과 장차 사탄의 궤계를 깨뜨릴 것에 대해 소망하고 또 그 의를 이루고자 하는 사람이 있다면 어느 시대든지 그 적대 세력으로부터 오는 핍박을 피할 수 없다. 이러한 방법을 통해 사탄은 인간이 가진 부패한 심성이 의를 추구하지 못하도록 죄의 경향을 자꾸 조장하여 악을 도모하도록 책략을 쓰는 것이다.

그렇게 함으로써 이 세상에서 '의'를 도말시키고 어떻게든지 '의'를 잠재움으로써 인간들이 하나님의 심판으로 영원히 버림을 당하도록 수단과 방법을 가리지 않는다. 이러한 술책을 통해 사탄은 하나님께서 인간을 창조하신 의도를 무모화시키고 하나님께서 여자의 후손을 통해서 죄 있는 인간을 구원하시겠다는 구원 사역이 실패하도록 그런 일들을 적극적으로 행하는 것이다.

사탄이 어떤 한 사람을 쫓아다니면서 미혹하고 악에 빠지도록 하는 것은 아니다. 사탄은 단 한 사람의 생명도 해칠 만한 권한이나 능력도 없다. 따라서 사탄이 하는 일이라고는 고작 세상의 경향을 가인이즘, 즉 힘의 철학으로 유지시키려고 조장하는 것이 전부일 뿐이다.

이러한 힘의 철학에 근거한 사탄의 정략이 하나님의 일을 방해할 수 있는 것은 결코 아니다. 전능하신 하나님은 처음부터 인류를 이땅에 심으신 자신의 목적을 이루어 가시는 분이다. 그 앞에서 사탄은 결코 아무런 힘을 발휘할 수 없다. 사실 피조물인 사탄이 하나님의 일을 방해하려고 책동하는 것은 이미 자신의 능력 밖이라는 점을 모를 리 없었을 것이다. 하지만 어떻게든지 아담으로부터 한 번 얻게 된 이 세상의 권세를 끝까지 지켜보고자 그와 같이 발악하는 것뿐이다.

그러자 하나님은 아벨을 잃어버린 아담에게 다시 셋이 태어나도록 하심으로써 그 후손 가운데서 여자의 후손이 탄생할 수 있는 길을 열어 놓으셨다. 곧 사람에게 생명을 주실 수 있는 유일한 능력자인 하나님만이 그 일을 하실 수 있는 것이다. 그래서 결국 하나님은 아벨을 대신하여 셋의 혈통을 따라 '여자의 후손'이라는 계통을 어어가게 하셨다. 여기에서 우리는 하나님께서 인류를 구원하시겠다는 의지를 다시 한 번 읽을 수 있다. 그리고 마침내 그 계통을 따라 노아가 탄생하게 되었다.

노아는 당대의 의인이고 완전한 자였다. 여기에서 '의인'이라는 말은 그 당대에 하나님께서 인류를 구원하시기 위해 역사를 경영하시는 섭리를 따라 자신의 인생을 경영하고 있다는 점에서 노아를 의인이라

고 한 것이다. 노아 당시에는 모든 사람들이 사탄이 조장한 힘의 세력
에 굴복하고 극단적인 악으로 치닫고 있었다. 그러한 상황에서 노아는
세상 사람들과 타협하지 않고 자신의 인생을 구별해 내었던 것이다.

하나님은 이러한 노아를 의롭게 보시고 이땅의 모든 악을 제거시키
시는 과정에서 노아와 그의 세 아들 및 자부들을 살려 주셨다. 그리고
그들을 통해 새로운 민족을 형성하게 만드셨다. 그러나 안타깝게도 노
아의 후손들은 이러한 하나님의 의를 따르지 못했다. 오히려 그 계보가
운데서 가인이즘을 전승하는 사람으로서 함의 후손인 가나안이 탄생하
였다. 이것은 거대한 홍수 이후에도 인류의 혈통 속에는 죄의 부패와
오염이 여전히 내재되어 있음을 보여준다.

죄의 부패와 오염은 가나안의 혈통을 따라 또다시 인류 역사상 힘으
로 나라를 건설하여 거대한 문명을 일으킨 니므롯이라는 후손이 태어
나게 된다. 그가 곧 바벨론을 건설한 장본인이다. 니므롯은 자신의 장
대한 힘을 바탕으로 인간의 나라를 세우고 인간 중심의 세계를 만들고
자 했다. 이처럼 인간 중심의 세계를 표방하여 세워진 것이 바로 바벨
탑이다.

이렇게 하여 바벨론은 인간 중심의 문화, 즉 휴머니즘(Humanism)의
극치를 드러내는 문화를 형성하게 되었다. 이 인간 중심의 문화는 후에
마게도니아의 헬레니즘(Hellenism)으로 계승되었다. 이처럼 힘의 철학을
바탕으로 건설된 바벨론이 세상을 대표하고 있을 즈음 하나님은 또다
시 자신이 약속한 구원의 사역을 성취하기 위해 그 힘의 세상에서 아브
라함을 불러내셨다.

이 아브라함은 휴머니즘의 본산지인 바벨론에서 불려나와 신본주의
인 헤브라이즘(Hebraism)을 건설하고 하나님의 통치와 하나님 나라의
건설이라는 대전제를 가지고 가나안으로 이주하여 그곳에서 새 나라를
건설하게 된다. 그 아브라함을 통해 건설한 나라가 곧 하나님의 나라이

다. 하나님의 통치가 적극적으로 구현되는 사상이 바로 아브라함이즘
(Abrahamism)으로 이것이 곧 헤브라이즘의 중심 사상이다.

　헤브라이즘은 인간의 극단적이고 장대한 문명 속에서 구별되어 헬레
니즘의 중심부에서 불러냄을 받은 인류가 하나님의 약속을 믿고 그 약
속을 성취하고자 하는 운동이다. 이것이 하나님의 의를 구현하는 인생
이다. 이때부터 헬레니즘과 헤브라이즘은 역사선상에서 끊임없이 대결
하는 갈등의 관계에 서게 되었다. 바벨론의 힘의 철학과 힘의 문화를
상대하여 하나님 나라를 건설하고 하나님의 통치를 구현하기 원하는
새로운 인류의 의로운 가시적인 싸움이 이때부터 시작된 것이다.

　그 결과 힘의 철학과 하나님의 통치 구현에 의해서 의로운 인생을 구
현하고자 하는 싸움이 극단적으로 역사선상에서 보인 사건이 곧 홍해
사건이다. 애굽의 장대한 군사력과 하나님의 백성으로서 하나님의 나
라를 건설하겠다는 이스라엘 민족과의 싸움이 바로 그것이다. 곧 홍해
는 헬레니즘과 헤브라이즘의 일대 결투장이었던 것이다.

　그 홍해 사건에서 승리한 이스라엘은 출애굽을 할 수 있었고 이 일로
힘의 철학은 적어도 이스라엘 후손들에 의해 궤멸되고 무너지고 말았
다. 그렇게 함으로써 힘의 철학을 대변하던 애굽의 바로가 가지고 있던
군사력과 정치력으로 표방되는 힘의 세력이라는 것은 하나님 나라 앞
에서 무력할 뿐만 아니라 결코 대적이 되지 못한다는 사실을 역사 속에
기록하여 오늘에 이르게 되었다.

4. 의인이 당하는 핍박의 성질에 대하여

　사탄은 힘의 철학을 바탕으로 하는 인본주의로 신본주의를 상징하는
헤브라이즘을 상대할 수 없으며 결코 적수가 되지 못한다는 사실을 간

파하게 되었다. 그래서 작전을 바꾸어 어떻게 하면 하나님의 백성이 여전히 죄의 도탄가운데 빠지게 될 것인가를 연구하여 마침내 헤브라이즘 안에 부패성을 심는 계략을 꾸며내었다.

그 결과 하나님의 나라를 건설하고 의를 세우려 하는 사람들이 외부의 힘이 아닌 자신들의 체제 안에서 스스로 부패하도록 만드는 악랄한 방법을 사용하게 되었다. 이러한 현상은 가나안 땅에 세워진 이스라엘 국가가 스스로 우상에 빠져 부패하게 되는 결과로 이어졌다.

예레미야나 이사야와 같은 의로운 선지자들은 바벨론과 같은 외부의 나라나 외적에 의해 핍박을 받은 것이 아니라 오히려 헤브라이즘을 추구하겠다고 하는 동일 민족과 왕들에 의해서 핍박을 받는 기이한 현상이 나타난 것도 이 때문이다. 사탄이 그렇듯 교묘하게 헤브라이즘 속에 힘의 철학을 심어놓은 것이다.

이스라엘 왕들은 원래 하나님 나라를 건설하는 것을 위해 세움을 받은 자들이다. 그들이 하나님을 전폭적으로 의지하고 하나님의 의로운 통치를 구현하고자 하는 동안에는 문제가 없었다. 그런데 그들이 강력한 군사력과 정치력을 가지고 당시 주위에 있는 나라들을 정복하려 하고 그들과 대등하게 어깨를 나란히 하고자 할 때에는 자연히 힘을 가지려는 경향이 타나나기 시작했다. 때문에 하나님은 이스라엘 왕은 힘의 상징인 말(馬)을 갖지 못하게 하셨던 것이다. 원래 말이란 동물은 전쟁에서 전차를 끄는 등 힘을 상징하기 때문에 힘을 상징하는 말을 가지지 못하게 하신 것이다.

하나님은 이스라엘 왕들이 힘을 상징하는 군사력을 갖지 못하도록 하셨다. 그럼에도 불구하고 그들이 강력한 군사력을 갖고자 함으로써 자연스럽게 인간의 부패성이 힘을 추구하고자 하는 경향으로 드러나게 되었다. 그리고 다른 한편으로는 그러한 힘의 철학에 대해 반대하고 하나님의 통치를 구현하고자 하는 의인들을 강력한 군사력과 제도적인 힘을 사용하여 핍박하였다.

그와 같은 정치력과 군사력 또는 제도적인 힘으로 의인을 핍박한 현저하고 결정적인 사건이 예수 그리스도의 죽음을 통해 보여진다. 당시 헬레니즘을 대표하는 로마를 제쳐 두고라도 헤브라이즘을 대표하는 바리새인들이 강력한 메시아 왕국을 건설하겠다는 열망을 내세우며 그 나라의 전통과 제도를 지켜내겠다는 제사장들과 힘을 합해 예수 그리스도를 죽이게 되었다.

여기에서 우리가 볼 수 있는 것은 의인의 죽음이나 박해라는 것은 실질적인 이해관계가 있는 곳에서 일어난다는 사실이다. 상관없는 로마의 왕이 등장해서 예수를 박해하는 것이 아니라 가까이에 있는 바리새인과 제사장들에 의해서 예수님이 십자가에 못 박혀 죽임을 당하게 되었다.

오늘날 이러한 경향은 더욱 깊어져서 실제로 교회 외부로부터 박해하는 것보다는 오히려 기독교적인 정신으로 살겠다고 다짐하는 종교인들이나 교회들이 일어나 의로운 믿음을 가진 형제들을 핍박하는 양상을 만들고 있다. 때문에 오늘날에는 진정한 의를 바라고 하나님 나라를 추구하며 자신의 본분을 좇아 살려고 하는 사람이 있다면 실질적으로 기독교를 대변하는 교회라고 하는 경영 체제에 의해 핍박을 받게 된다.

핍박이나 박해라는 것은 자신의 무능력이나 게으르고 무식해서 오는 것이 아니다. 그러한 결과 나타난 몇 가지 불편한 현상을 가리켜 핍박을 당한다고 하지 않는다. 핍박이란 그처럼 저급한 성질의 것을 가리켜 말하지 않는다. 오히려 적극적으로 자신의 본분을 다하고자 하는 사람들에게 있어서 이 세상의 일반적인 경향에 대해 심적 부담을 가지게 되는 것부터가 핍박의 시작이다. 일상의 사람들이 사치를 하거나 힘을 추구하거나 또는 일반적인 교회의 형편이나 교회가 추구하는 모습들이 의롭게 사는 사람들을 억압하는 것이다.

다시 말하면 의를 추구하는 사람이 이 세상에서 의를 구현하는 일에 공정한 대우를 받지 못한다는 것이다. 한 인생이 자신의 본분을 깨닫고 그 일을 추구해 나가고자 할 때 이 세상이나 교회가 그러한 사람을 공평하게 대우하지 않는 것이다. 의를 좇아 사는 사람들이 세상의 시류를 좇지 않고 바르게 살려고 할 때는 당연히 세상이 주는 부나 명예 또는 많은 편익을 잃게 된다. 이것이 곧 세상이 가져다주는 불공정이다. 또한 그러한 교회 체제라든지 의로운 삶을 추구하려는 것에서 발생하는 불공정한 대우 등이 의인을 억압하는 요인이 된다.

사탄이 직접 나서서 어떻게 해서든지 의인들을 침몰시키려고 그들을 쫓아다니며 억압하는 것이 아니다. 힘을 숭상하고 물질적 숭배나 물질의 노예 또는 사치 등이 팽배한 상태에 빠지도록 사탄은 세상의 경향을 적극적으로 조장한다. 사탄은 그러한 사상을 이 세상에 주입시켜 그것 때문에 참으로 의를 좇아 살고자 하는 이들에게 많은 불이익이 돌아가도록 하는 것이다.

진정한 삶의 가치를 찾고자 하는 의인들을 세상에서 질식시켜 말살하고자 꾀를 도모하는 것이 사탄의 수법이다. 이를 위해 사탄은 조직적으로 그 일을 수행해 나간다. 단순히 이 세상을 부패시키는 것이 아니라 매우 조직적이므로 상당한 수의 하수인들을 사용하여 힘을 축적하며 그 일을 해 나간다. 그것을 가리켜 사탄의 회(會), 곧 '사탄의 나라'라고 한다.

이 사탄의 회는 역사를 통해 거대한 세력을 축적하고 있으며 교묘하게 세상의 흐름을 악하게 조장한다. 로마 천주교라든지, WCC 등과 같은 종교 세력뿐 아니라 때로는 동성애라든지 자본주의와 같은 세속적 문화를 통해서도 의로운 신자들의 정신을 피폐화시키기 위해 부단히 노력하기도 한다.

요한일서 5장 19절에 보면 "또 아는 것은 우리는 하나님께 속하고 온 세상은 악한 자 안에 처한 것이며"라고 말하고 있다. 여기에서 말하는 '(그) 악한 자'는 곧 사탄을 가리킨다. 사탄은 온 세상을 그의 악한 영들을 사용하여 조직적으로 장악하고 있기 때문에 이 세상에서 살려고 하는 사람들은 누구나 그 악한 영들과 더불어 살아야 편히 살고 부를 축적할 수 있도록 되어 있다.

그 악한 영들이 조장하고 있는 정세와 권세자들과 손잡고 있어야 돈을 벌도록 되어 있어서 그들과 원수가 된다는 것은 이 세상에서 편히 살 만한 곳이 없게 된다는 것을 의미한다. 때문에 과연 우리가 사탄의 나라에 속해 있는지 아니면 하나님 나라에 속해 있어서 하나님의 다스림과 보호를 받고 있는지에 대해 먼저 명확히 구분해야 한다. 사탄과 손을 잡지 않고, 사탄의 나라 속에서 먹고 살 길을 찾지 않겠다면 당연히 사탄의 지배 아래 있는 현실 세계에서 우리는 핍박을 받을 수밖에 없기 때문이다.

요한복음 15장 19절에서 "너희가 세상에 속하였으면 세상이 자기의 것을 사랑할 터이나 너희는 세상에 속한 자가 아니요 도리어 세상에서 나의 택함을 입은 자인고로 세상이 너희를 미워하느니라"는 말씀에서 보는 바와 같이 세상은 많은 선지자들을 박해해왔다. 심지어는 예수님마저 십자가에 못 박아 죽였던 것을 우리는 기억해야 한다. 이런 점에서 '의'를 추구하는 신자들은 언제나 세상의 세력으로부터 적대감을 느끼는 것이다. 이땅에 존재하는 인생으로서 진정한 삶의 가치를 좇아 살 때 무엇보다도 강력한 반발 세력이 있다. 그 반발 세력 때문에 위협을 느끼는 것은 당연하다.

그것이 바로 의인이 이 세상에서 살아감에 있어 느끼게 되는 박해의 첫 걸음이다. 그 박해가 구체적으로 가까운 식구들이나 친척들 심지어 주변에 있는 단체 등에 의해 가해지는 것은 이차적인 문제이다. 일차적인 것은 신자들이 이 세상에서 의를 추구하며 살아갈 때 필연적으로 강하게 사탄의 세력을 피부로 느끼는 것이다. 그리고 사탄은 이러한 적대감을 의인이 속한 가족이나 사회나 또는 힘의 영향력을 펼 수 있는 거짓 교회라는 단체를 동원하여 의인들을 핍박하게 하는 것이다.

요한복음에서 말하는 것처럼 "너희가 나의 택함을 입은 자이므로 나에게 속한 자"(요 15:16)라 한다면 우리는 하나님의 아들이며 예수 그리스도의 진정한 종들이다. 나아가서 예수께서는 "너희는 나의 종이 아니라 나의 친구라"(요 15:15) 하실 만큼 우리를 복된 자리로 부르셨다.

우리가 하나님의 아들들이라고 한다면 당연히 세상에 속하지 않기 때문에 세상에 대해 적개심 또는 반발심을 느껴야 한다. 그렇지 않다면 우리가 의를 추구한다는 말은 실제의 삶과 상관이 없게 될 것이다. 말로는 하나님을 위해 살고 하나님의 뜻을 좇아 산다 또는 하나님의 의를 추구하며 산다 하면서 이 세상에 대해 적개심을 못 느끼고 비분과 비통함 혹은 애통함을 느끼지 못한다면 그것은 우리의 삶에 상당한 문제가 있음을 시사한다.

직장이나 사회생활에서 또는 TV나 일상적으로 행해지는 말투와 언어 행위뿐 아니라, 일반적으로 사람들이 사용하는 사랑의 수준이나 사람들이 이상을 추구하는 모습들이 우리에게는 매우 강력한 독소로 작용하기 쉽다. 그러한 일상적인 형태들에 대해 생명의 위협을 느낄 만큼 강한 적개심을 가져야 한다.

그럼에도 불구하고 아무 의식 없이 그저 받아들이고 인정하며 그러한 생활 속에 빠져들고 거기에서 쾌락을 느끼며 직장생활, 사회생활, TV매체 등에 휩쓸리고 몰입되어 있다면 그만큼 자신의 사상이 반신국(反神國)적인 경향으로 기울기 쉬운 것이다.

주님께서는 핍박이 오거나 핍박을 당하고 있는 자는 복이 있다고 말씀하신다. 여기에서 핍박이라는 것은 세상의 여러 세속적 요소들로부터 강박 관념을 느낀다는 의미이다. 이런 점에서 우리가 세상의 세력에 대해 강박감을 느끼고 있는가는 매우 중요한 요소이다.

〈기도〉

하나님 아버지.

참으로 우리는 위태로운 세상에 살고 있음을 고백합니다. 우리가 가려고 하는 인생의 길이 강력한 적대자들의 반발 때문에 한 걸음 나아가기도 어려운 때에 살고 있음을 알았습니다. 때문에 하나님께서는 우리에게 하나님의 말씀과 하나님의 신(神)으로 보장되기를 원하십니다. 또한 하나님께서 그만큼 훈련하기를 원하시는 것을 우리가 알았습니다. 그렇지 않았다면 우리는 당장에 사탄의 군대에 노출되어 우리를 방비할 아무런 무기나 방편도 마련치 못했기 때문에 쓰러지고 말 것입니다.

하오니 주여! 우리가 인생의 길을, 의의 길을 분연히 나아가야 한다면 먼저 우리 자신이 철저히 무장되고 그러한 악의 세력을 과감히 무찌르고 나갈 만한 용기와 지혜를 가져야 할 것입니다. 그럴 때에 우리 삶의 진전이 곧 하나님 나라를 대변하는 것이요 하나님 나라를 건설해 나가는 것임을 알고 그것이 우리에게 기쁨이 되고 또한 우리에게 영광이 될 것을 믿사오니 우리의 인생이 그만한 삶이 되게 하옵소서.

주 예수 그리스도의 이름으로 기도합니다. 아멘.

의를 위하여 핍박받는 교회 (2)

1. 이 세상이 가지고 있는 핍박의 성격

이 세상의 성격을 단적으로 보여주고 있는 성경 말씀은 창세기 3장 15절이라고 할 수 있다. "내가 너로 여자의 원수가 되게 하고 너의 후손도 여자의 후손과 원수가 되게 하리니 여자의 후손은 네 머리를 상하게 할 것이요 너는 그의 발꿈치를 상하게 할 것이라"(창 3:15)는 이 말씀은 하와를 유혹하여 선악을 알게 하는 나무의 열매를 먹게 한 뱀에게 하나님께서 저주의 심판으로 내리신 말씀이다.

이 말씀에는 뱀을 도구로 내세워 하와를 유혹했던 사탄이 아담의 왕권을 찬탈한 것에 대한 하나님의 응징이 담겨 있다. 그 응징의 구체적인 계획은 점차 역사 속에서 밝혀지고 있다. 하지만 이 말씀을 듣고 있는 당사자는 사탄뿐만 아니었다. 아담과 하와도 그 자리에 같이 있었다. 그러므로 뱀을 심판하시는 하나님의 말씀 속에는 아담과 하와가 죽음으로부터 구원되어 새롭게 새 생명을 얻게 될 것이라는 하나님의 의지가 그들에게 전달되도록 배려해 주고 있음을 볼 수 있다.

이와 같은 하나님의 구원 의지는 ① 장차 사탄의 후손들이 여자의 후손들과 원수가 될 것, ② 마침내 '여자의 그 후손'이 사탄의 머리를 상하게 할 것이라는 말씀 안에 담겨 있다. 때문에 장차 인류의 역사는 여자의 후손들과 사탄의 후손들 사이에 상호 원수지간으로서의 분쟁이 있을 것이다. 그리고 그 최후에 가서는 '여자의 그 후손'과 사탄 사이에 일전이 있을 것을 예시해 주고 있다. 그리고 '여자의 그 후손'에 의해 사탄의 모든 궤계가 무너질 것을 선언하고 있다.

이후부터 사탄은 줄곧 자기의 세력을 깨뜨릴 '여자의 그 후손'의 등장을 두려워하게 되었다. 반면에 아담과 하와는 자기들의 죄의 문제를 근본적으로 해결해 주실 중보자로서 '여자의 그 후손'을 소망하는 가운데 자신의 인생을 경영하고자 하는 믿음을 가지게 되었다. 이러한 사탄의 경향과 아담과 하와가 가지는 상대적인 구원의 믿음은 자연스럽게 그 후손들에게 전해지게 되었다.

이후 인류의 역사에는 여자의 후손들이라고 일컬어지는 거룩한 무리들과 사탄의 후손들이라고 일컬어지는 불의한 무리들 사이에 계속되는 투쟁이 발생하게 되었다. 사탄은 어떻게든지 여자의 후손들을 제압하여 장차 자기의 세력을 깨뜨릴 '여자의 그 후손'의 등장을 미연에 방지하고자 했다. 이렇게 자기의 아성을 굳건히 세워나가기 위한 사탄의 몸부림이 시작되었던 것이다.

그러나 사탄 역시 한갓 피조물에 지나지 않기 때문에 그의 지혜나 능력에는 한계가 있기 마련이다. 사탄은 거룩한 무리를 죄로부터 구원해 낼 것이라고 예언된 '여자의 그 후손'이 정확하게 누구인가를 알 수 없었다. 이러한 이유로 사탄은 '여자의 그 후손'이 가지는 성격을 강하게 드러내는 사람은 누구나 제거할 대상으로 삼았다. 그렇게 함으로써 어떻게든지 사탄이 구축한 아성을 조금이라도 더 유지해 보려고 했다.

사탄은 이러한 계획이 하나님의 구원 의지를 방해할 수 없음을 알고 있었다. 뿐만 아니라 그러한 생각이 참으로 무모하다는 것 역시 모를 리 없었다. 하지만 본래 사탄은 어떻게든지 하나님의 뜻에 대항하는 반역적인 성향을 가지고 있었기 때문에 그러한 사실을 알고 있음에도 불구하고 끝까지 하나님을 대적하고자 하는 것이다. 이러한 사탄의 성향이 이제 뱀의 후손들 사이에 강하게 나타나게 되자 점차 이 세상은 사탄의 사주를 받는 악한 자들에 의해 힘으로 세상을 지배하려는 경향이 드러나게 되었다.

반면에 아벨이 죽은 이후 아벨 대신 새롭게 태어난 셋의 후손들이 여자의 후손들로서의 성격을 드러내었다. 셋의 후손들이 의로운 인생의 길을 가게 되자 이에 두려움을 가진 사탄은 이미 자기의 포로가 된 가인의 후손들을 앞세워 여자의 후손들을 공격하기 시작했다. 셋의 후손들은 장차 태어날 '중보자'의 구속 사역을 통해 이루어질 하나님의 구원 사역에 대한 믿음을 근거하여 경건한 삶을 경영한 반면에 가인의 후손들은 가인이 아벨을 힘으로 제압했던 것처럼 힘을 숭배하는 것으로 그들의 특성을 드러내었다.

그러자 이 세상에는 자연히 힘을 숭배하는 무리들이 발생하게 되었고 그 대표적인 무리들이 네피림이었다(창 6:4). 이처럼 힘을 숭배하는 무리들의 횡포로 세상이 악으로 치닫게 되는 과정에서 경건한 성향을 가진 여자의 후손들마저도 점차 힘을 근거로 세상에서 살아가고자 하는 유혹에 빠져들게 되었다. 사탄은 이러한 경향을 조장하여 셋의 후손들이 힘을 추구하는 길로 빠져들게 했던 것이다.

그 결과 이 세상은 하나님의 의를 이루어 가는 무리들이 없어지게 되었고 온갖 힘으로 세상을 지배하고자 하는 무리들이 판을 치게 되었다.

세상 어디에서든 불의와 악이 가득하게 되었다. 하나님은 불의에 빠진 인류를 심판하시고 노아를 통해 하나님의 의를 이루어 갈 새로운 인류를 내시기로 하셨다.

노아 홍수 사건은 사탄이 예상하지 못했던 결과를 가져다주었다. 사탄은 세상의 인류가 힘을 숭배하게 함으로써 여자의 후손들의 성향을 제거할 계획이었다. 그렇게 한다면 사탄의 세력을 깨뜨릴 '여자의 그 후손'이 등장하지 못할 것이라고 판단했던 것이다. 그러나 하나님은 죄로 인해 오염된 모든 인류를 제거하시기로 결정하셨다.

하나님께서 노아 시대에 모든 인류를 제거하신 것은 그들의 죄악이 너무나 잔혹했기 때문이었다. 홍수 심판으로 모든 인류가 죽게 되자 사탄의 계획은 무용지물이 되고 말았다. 그러나 하나님은 인류 가운데 하나님의 의를 이루어 가고 있는 의인 노아와 그 가족들을 홍수 심판에서 구원해 내심으로 하나님께서 인류를 구원하실 것이라는 의지를 명확하게 드러내셨다.

그러자 사탄은 노아의 후손들을 타락시키기 위해 새로운 계략을 짜기 시작했다. 그것은 노아의 후손들로 하여금 하나님에게 눈을 돌리는 것을 막기 위해 인류의 모든 관심을 사람 자신에게 향하도록 하는 것이었다.

사탄은 노아의 후손들로 구성된 새 인류가 셋의 후손들처럼 하나님의 구원 사역에 관심을 갖고 인생을 경영해 간다면 자기가 이 세상의 주관자로서 서야 할 자리가 없다는 것을 두려워했다. 그래서 사탄은 새 인류가 하나님보다는 인간 자신에게 관심을 갖게 유도함으로써 사람들의 보기에 위대한 인간 문화를 건설하도록 분위기를 조장해 간 것이다.

이러한 사탄의 계략에 말려든 노아의 후손들은 자기들의 위대한 문화를 건설한다는 명목으로 바벨탑을 쌓기에 이르렀다(창 11장). 그들이 바벨탑을 쌓는 것은 하나님의 통치를 거부하고 인간들에 의해 주도되는 인간의 나라를 세우겠다는 의지의 표시였다. 그렇게 함으로써 그들은 위대한 인간의 문화를 건설할 것이라고 생각한 것이다. 이것이 소위 인본주의(humanism)이다.

그러나 노아의 후손들이 쌓고자 한 바벨탑은 하나님의 적극적인 개입으로 좌절되고 말았다. 그렇지만 하나님의 통치를 거부하고 인간들의 나라를 건설하겠다고 하는 인본주의의 성향은 여전히 사람들 가운데 남아 있었다. 이 인본주의는 바로 사탄이 그들에게 주입한 이념이었다.

2. 의로운 백성에게 임한 핍박의 성질

하나님은 인본주의의 본고장인 갈대아 우르에서 경건한 하나님의 사람인 아브라함을 불러내셨다. 그리고 아브라함을 통해 신본주의(hebraism) 성향의 나라를 가나안에 건설하시겠다고 약속하셨다(창 12:1-3). 이때부터 아브라함은 사탄의 세력을 등에 업은 인본주의자들, 즉 힘을 숭배하는 자들로부터 공격을 당하는 대상이 되었다.

① 첫 번째 사건은 가나안 땅에 기근이 임하여 아브라함이 애굽으로 내려가자 애굽의 왕 바로가 아브라함의 아내인 사라의 아름다움을 보고 취해간 사건이었다(창 12:10-20). 당시 바로는 절대적인 권세를 행할 수 있는 위치에 있었다. 얼마든지 자기의 사욕을 위해 사라를 취할 수 있었다. 아브라함은 한마디 항거도 하지 못하고 바로에게 사라를 빼앗기고 말았다.

아브라함이 바로에게 사라를 빼앗긴 것은 바로가 가지고 있는 막강한 힘 때문이었다. 그러나 하나님은 바로의 손에서 사라를 구출해 내셨다. 바로는 하나님께서 내리신 재앙을 당하고 자기의 권세보다 막강한 신(神)이 아브라함을 지키고 있음을 깨닫고 사라를 돌려주었던 것이다.

② 두 번째 사건은 하나님께서 아브라함에게서 낳을 아들을 통해 하나님의 나라를 건설하시겠다고 하시자(창 15장) 아브라함이 사라의 여종인 하갈을 통해 아들 이스마엘을 얻게 됨으로써 발생한다. 하갈은 사라를 대신하여 아브라함에게서 아들을 낳게 된 것을 기화로 주인인 사라를 멸시하기에 이른 것이다(창 16:4).

이 일로 사라와 하갈 사이에 눈에 보이지 않는 주도권 싸움이 발생되었다. 그후 하나님께서 아브라함과 사라 사이에 낳은 아들을 통해 아브라함의 기업을 잇게 하시겠다고 한 약속에 따라 이삭이 출생하게 되었다(창 17장). 그러자 이스마엘이 이삭을 희롱하는 일이 발생했다(창 21:9). 이스마엘은 아브라함의 기업을 독차지하고자 하는 시기심이 발동하여 새롭게 태어난 이삭을 희롱한 것이다.

결국 하갈과 이스마엘은 아브라함의 집에서 쫓겨남을 당했다. 그동안 하갈과 이스마엘이 사라와 이삭을 멸시하고 희롱한 것은 어디까지나 하나님의 구원사역을 이루어 가는 사라와 이삭으로부터 아브라함의 기업을 빼앗고자 하는 악행이었다. 이러한 일련의 사건들은 악의 세력 앞에 노출되어 있는 사람들의 일반적인 경향이다. 이는 의인 아브라함이 눈에 보이지 않는 고통가운데 빠져 있음을 단적으로 보여준다.

③ 세 번째 사건은 사라가 이삭을 잉태한 후 그랄 땅에 거하는 기간에 발생했다(창 20장). 그랄 왕 아비멜렉은 사라의 미모를 보고 사라를 취하여 갔다. 그러나 이 일로 아비멜렉은 하나님으로부터 경고를 받고 즉시 아브라함에게 사라를 돌려주었다. 여기에서 아비멜렉은 힘을 상징하는 인물로 등장하지만 하나님의 적극적인 개입으로 아브라함은 사라를 지킬 수 있었다.

만일 하나님이 아니었다면 아브라함은 여지없이 아비멜렉의 힘 앞에 사라를 빼앗기고 말았을 것이다. 이처럼 아브라함은 힘의 세력 앞에서 많은 고초를 당했다. 물론 이 사건들의 배후에는 '여자의 그 후손'이 세상에 등장하는 통로를 어떻게든지 제거하고자 하는 사탄의 음모가 숨겨져 있음을 우리는 그냥 넘길 수 없다.

힘의 세력이 의로운 자를 박해하는 사건은 다만 아브라함에게서만

발견되는 것이 아니다. 이삭에게서 태어난 쌍둥이 에서와 야곱의 사이
에서도 똑같은 원리가 작용하고 있음을 볼 수 있다. 에서는 털 사나이
로 사냥을 좋아하고 아버지 이삭의 마음을 사로잡을 정도로 힘 있는 대
장부였다. 그러나 에서는 하나님의 약속이 어떻게 성취될 것인가에는
별반 관심을 가지고 있지 않았다.

반면에 야곱은 에서에 비해 빈약했지만 그대신 야곱은 하나님의 언
약에 대해 관심을 보이고 있었다. 야곱은 언제나 하나님 나라의 기업을
상속받을 것에 대해 관심을 가지고 있던 중 에서가 장자권에 별 관심이
없음을 간파하고 에서로부터 장자권을 취득하였다(창 25:29-34). 그리고
이삭이 에서에게 주고자 하는 축복까지도 선취했던 것이다(창 27장). 그
제서야 에서는 장자권과 아버지의 축복을 야곱에게 절취당했음을 깨닫
고 야곱을 죽이려는 계획을 세우게 되었다.

이 일로 야곱은 약속의 땅 가나안에서 살지 못하고 생명을 지키기 위
해 그 땅을 떠나야만 했다. 그러나 하나님은 오히려 야곱을 더욱 장대
하게 만들어 주셨고 다시 가나안으로 돌아오게 하셨다. 야곱이 약속의
땅으로 돌아오자 에서는 더 이상 가나안의 주인이 될 수 없었다. 왜냐
하면 약속의 땅은 하나님께서 아브라함의 언약을 기업으로 받은 야곱
에게 주셨기 때문이다.

결국 에서는 더 이상 그 땅에 머물지 못하고 스스로 약속의 땅을 떠
나게 된다(창 36:1-7). 외형적으로는 힘 있는 에서가 야곱을 제압할 것처
럼 보였지만 하나님의 의를 추구하는 야곱이 그 땅을 차지하게 되었다.
여기에서 우리는 "온유한 자는 복이 있나니 저희가 땅을 기업으로 받을
것임이요"(마 5:5)라는 하나님 나라의 원리를 다시 확인할 수 있다.

힘의 세력이 의로운 자들을 박해하고 억압한 사건은 후에 이스라엘
백성이 애굽에 이주하고 있을 때 역사선상에서 더 분명하게 나타난다.

애굽 왕 바로는 이스라엘의 인구수를 조절하고 여전히 이스라엘의 통치권을 장악할 목적으로 사내아이들이 출생하면 모두 죽이라는 명령을 내리기까지 했다(출 1장). 이것은 힘을 바탕으로 하나님의 거룩한 산업으로 구별된 이스라엘 백성을 자기의 손아귀에 장악하려는 사탄의 전략이었다.

그러나 바로의 명령으로 나일강에 버려진 모세가 하나님의 적극적인 개입으로 구출됨으로써 흑암의 땅에서도 하나님의 구원 사역이 계속되고 있음을 분명하게 보여주었다. 그러자 사탄은 여자의 후손에 대한 두려움을 가지고 모세를 비롯하여 이스라엘을 더욱 핍박하게 하였다. 이스라엘 백성은 하나님의 경영 안에 들어있었기 때문에 사탄의 세력으로부터 공격 대상이 되었던 것이다.

3. 사탄의 지배 아래 있는 인류 역사의 방향과 성격

사탄이 의로운 백성을 장악하여 하나님의 구원 계획을 어떻게든지 방해하려는 책동은 역사가 흐르는 동안 끊임없이 계속되었다. 이러한 사탄의 책동은 가나안에서 새로운 나라를 건설해야 할 이스라엘의 역사 속에서 역력하게 보인다. 출애굽한 제2세대 이스라엘은 여호수아의 영도 아래 가나안의 부족들을 진멸하고 그곳에 하나님의 의로운 나라를 건설해야 했다. 그러나 가나안 족속들과 일일이 전투하여 그들을 그 땅에서 쫓아낸다는 것은 그리 쉽지 않았다.

거기에는 무엇보다도 하나님의 언약을 신앙하는 절대적인 순종이 앞서야 했다. 뿐만 아니라 조금도 이방 민족들과 타협하지 않아야 한다는 독특한 이스라엘만의 존재 의미를 스스로 깨닫고 있어야 했다. 가나안을 평정해야 하는 계속된 전투에서 이스라엘 백성은 왜 그들이 가나안 땅에 들어와야 했으며 그곳에 건설해야 할 하나님 나라의 특성이 무엇인가를 날마다 확인해야 했다. 나아가 이스라엘이 가나안에서 수행하고 있는 전투는 일보의 후퇴나 타협이 없어야 했다. 그만큼 그들이 수행하고 있는 전투는 급박하고 분명한 목적이 있었던 것이다.

그러나 계속되는 전쟁을 엿보던 사탄은 가나안 족속들을 준동(蠢動)시켜 이스라엘 군대와 화해하도록 책동했다. 오랜 동안의 전투에서 휴식을 갈망하던 이스라엘 백성은 가나안 족속들이 스스로 항복해오자 쉽게 그들을 받아들이고 말았다. 그 결과 미처 가나안 땅에서 이스라엘 군대가 척결하지 못한 상당수의 가나안 족속들이 이스라엘 주변에 살게 되었다(삿 1장).

그러자 문제는 예상하지 않은 곳에서 발생하기 시작했다. 가나안 원주민들은 농사를 주업으로 하고 있어 풍요를 상징하는 바알을 신으로 섬기고 있었다. 바알의 제전(祭典)이 있을 때마다 그들은 화려하게 몸을 치장하고 온갖 교태를 부리며 이스라엘을 유혹하기 시작한 것이다. 오랜 세월동안 광야에서 살아왔던 이스라엘 사람들은 가나안 원주민들의 화려하고 현란한 생활 방식에 금세 물들어가고 말았다.

화장을 진하게 하고 갖은 교태를 부리며 이스라엘 사람들을 희롱하고 유혹하는 가나안 여인들의 몸놀림에 그만 이스라엘 사람들은 넋을 잃고 말 정도가 되었다. 그리고 이스라엘 사람들은 하나둘 자기들의 눈에 맞는 가나안 여인들을 데려다 살기 시작했다. 결국 가나안 족속들과 화해를 한 결과 이스라엘 사람들은 그들과 섞여 살게 되었다.

가나안 여인들은 경건한 이스라엘 사람들에게 우상을 가져다 심었다. 유일신 여호와 하나님만을 섬겨야 할 이스라엘이 가나안 여인들의 교태에 빠져 바알을 섬기게 되었다. 그리하여 여호와에 대한 신앙이 변질되고 말았다. '여호와'라는 이름은 '언약의 하나님'을 특별히 지칭하여 부르던 성호였다. 하지만 이스라엘이 우상 숭배와 가나안 여인들에게 빠져 있는 동안 그들의 마음속에서 여호와의 이름이 지워지기 시작했다. 그러자 하나님은 여호와의 신앙을 회복하기 위해 선지자들을 보내어 이스라엘을 타매하며 처음 신앙으로 돌아올 것을 촉구하였다.

선지자들의 외침은 한결같이 출애굽 사건을 되새기며 여호와께서 이스라엘을 어떻게 애굽에서 구원해 내었는가를 깨닫도록 하고 그들에게 시대적인 사명으로 주어진 하나님 나라를 건설할 것을 요청했다. 그러나 정작 선지자들을 핍박하고 박해한 것은 우상 숭배자인 이방 사람들이 아니었다. 오히려 이스라엘의 정권을 잡은 왕들과 권세자들이 선지자들을 핍박하고 나선 것이다. 그들은 권력을 가지고 있다는 점을 이용해 힘을 바탕으로 의로운 자들을 박해했다.

그들이 선지자들을 핍박한 것은 오직 한 가지 이유였다. 그것은 자기들의 권세를 행함에 있어 선지자들이 걸림돌이 되었던 것이다. 이미 그들이 추구하는 길은 하나님 나라를 건설하는 것과는 상관없는 일이었다. 자신들이 추구하는 자기들 방식의 종교와 정치를 펼치는 욕구밖에 없었다. 그들을 향해 선지자들이 하나님 나라를 회복할 것을 요구하는 것은 있을 수 없는 일이었다. 그것은 곧 자기들이 장악하고 있는 권세가 무가치하게 되는 것이라고 여겼다.

처음 하나님께서 이스라엘 백성을 상대로 내신 정치 체제는 힘을 상징하는 왕정정치가 아닌 사사정치였다. 이 사사정치 시대에는 누구든지 자기 스스로 하나님의 법에 따라 사는 것만으로 충분했던 것이다. 이처럼 드높은 정치 체제를 거부하고 이스라엘은 끝내 왕정정치를 고집한 결과 스스로 올무에 걸려들고 말았던 것이다.

권세를 가진 자들에 의해 선지자들과 의로운 하나님의 백성들이 고난을 당해야 했다. 그러한 일 중에 현저한 사건은 아합왕 때의 일이었다. 이때 나타난 엘리야의 갈멜산 사건은 그 대표적인 사건이 아닐 수 없다. 이스라엘의 왕들이 하나님의 말씀에 순종하지 않고 스스로 자기들의 왕권을 이용하여 지속적으로 의를 도말하고자 한 결과 마침내 북이스라엘 왕국과 남 유다 왕국은 앗수르와 바벨론에 의해 각각 멸망당하고 말았다.

힘으로 자기들의 정권을 장악하고 유지하고자 한 왕들의 불의함 때문에 하나님께서 이스라엘과 함께하신다는 임재의 상징이었던 성전이 무너지고 말았다. 그리고 그 성전에 존재하던 쉐키나(불기둥과 구름기둥)는 다시는 사람들의 눈에 보이지 않게 되었다. 하나님이 더 이상 함께하시지 않는다는 것은 인류가 어둠 가운데 빠져 있음을 상징한다.

하나님께서 인류를 떠나셨다는 것은 인류가 하나님의 영원한 심판에서 벗어날 길이 없음을 보여준다. 이로써 사탄의 계략이 승리한 것으로 역사는 기록된다. 특히 하나님의 나라를 상징하는 이스라엘과 유다를 점령한 앗수르와 바벨론은 막강한 군사력을 가지고 있던 나라들로 당시 세계에서 최강의 권세를 차지하고 있었다. 이 나라들 역시 힘을 상징하는 나라들이라는 점에서 사탄의 지배 원리가 이 세상에 작용하고 있다는 사실을 보여주고 있다.

그러나 하나님은 회복기의 선지자들(학개, 스가랴 등)을 통해 하나님의 성전이 다시 세워져야 할 것을 예언하게 하셨다. 그리고 마침내 무너진 성전이 스룹바벨에 의해 재건되었다. 하나님의 성전이 인류 가운데 다시 세워졌다는 것은 인류를 버리신 하나님께서 다시 찾아 오셨음을 상징한다. 그래서 학개 선지자는 새로 건설된 성전을 바라보며 그곳에 영원하신 하나님이 오실 것을 기뻐하였던 것이다.

그러자 사탄은 다시 불안에 빠져들기 시작했다. 그래서 이번에는 성전을 장악할 음모를 꾸몄다. 그것은 에돔 사람인 헤롯을 앞장세워 성전 제사를 주장하게 함으로써 인류의 죄를 근본적으로 말살할 메시아 신앙을 미연에 방지하기 위한 것이었다. 간사한 헤롯의 마음에 들기 위해 이스라엘의 대제사장들은 막대한 뇌물을 바치며 헤롯의 마음을 사고자 아첨을 쉬지 않았다. 이스라엘의 지도자들이 사리사욕에 눈이 멀어 서로 반목을 일삼는 동안에 어부지리를 얻은 헤롯은 자신의 왕좌를 굳건하게 다져가고 있었다. 그것은 막강한 힘을 축적하고 있음을 보여준다.

상대적으로 이스라엘의 지도자들은 백성들로부터도 인정을 받지 못하고 있었다. 이에 헤롯은 스룹바벨 성전을 화려하게 치장하는 등 백성들의 환심을 사기 위해 갖은 수단을 다 부렸다. 백성들의 마음이 간교한 헤롯에게 도둑맞고 있다는 사실조차도 파악하지 못한 이스라엘 지도자들은 헤롯과 로마의 힘 앞에 굴종하며 자기들의 잇속 챙기기에 여념이 없을 정도로 어두운 시대가 되고 말았다.

바로 이러한 시점에 우리 구주 메시아께서 아기의 몸을 입고 이땅에 태어나셨다. 연한 순 같이 아기의 몸을 입고 메시아가 오실 것이라고는 아무도 생각을 못했다. 이것은 사탄의 모든 궤계를 깨뜨릴 것을 예언하신 하나님의 약속이 성취되는 징조였다. 즉 '여자의 그 후손이 너의 머리를 상하게 할 것이라'는 말씀의 성취로 메시아는 여자의 몸을 통해 어린아기로 이 세상에 오신 것이다. 심지어 사탄조차도 모든 죄악의 권세를 이기고 하나님의 나라를 굳건히 세우실 '여자의 그 후손'인 메시아가 아기의 몸을 입고 오실 것이라고는 예측을 하지 못했다.

동방에서 온 박사들이 유대인의 왕이 태어났다는 소식을 알려주지 않았더라면 유대 백성의 지도자들조차도 메시아가 오셨다는 사실을 알 수 없었을 것이다. 하나님께서는 참으로 지혜롭게 그의 아들을 이 세상의 빛으로 보내주셨지만 이미 사리사욕에 눈이 어두워진 유대의 지도자들뿐만 아니라 어두움의 권세 아래 잡혀 있는 일반 백성들에 이르기까지 그리스도의 탄생은 아무도 인식하지 못한 사건이었다.

당시 유대인들은 메시아를 소망하되 강력한 힘을 가지고 하늘로부터 갑자기 나타나 로마 군대를 쳐부수고 유대 땅에 새로운 나라를 건설할 것이라는 정치적이고 군사적인 메시아에 대한 신앙을 가지고 있었다. 때문에 당시 유대인들은 막강한 힘의 소유자인 메시아를 소망하였고 그 메시아는 정치적으로 유대를 로마의 압제로부터 해방할 것으로 기대하였던 것이다. 그들이 바라고 있는 것은 강력한 해방자로서의 메시아였다.

그러나 하나님은 연한 순 같이 어린 아기의 몸을 입은 메시아를 유대 땅 베들레헴에 보내셨다. 이것은 사탄조차도 허를 찔리고 만 사건이었다. 사탄은 강력한 힘을 가진 메시아가 등장하면 일거에 그 세력을 제압하기 위해 그동안 막강한 군사력을 등에 업은 헤롯을 앞장세우고 호시탐탐 기회를 엿보고 있었다. 그러나 유대인의 왕으로 아기가 태어났다는 갑작스런 사실에 대경실색하고 말았을 것이다.

사탄은 황급히 유대인의 왕으로 태어난 메시아이신 아기를 죽이려고 책동을 부렸다. 여기에서 우리는 사탄의 마지막 발악하는 모습을 볼 수 있다. 헤롯은 자기가 그동안 구축해 놓은 힘을 바탕으로 두 살 이하의 사내아이들을 모두 죽이도록 했다. 그날에 모든 이스라엘 땅에서는 통곡의 소리가 끊이지 않았다. 그것은 사탄이 잔인한 헤롯을 통해 유대인의 왕으로 나신 아기를 죽이기 위한 음모의 결과였다.

하지만 무엇보다도 그들이 소망하던 메시아가 왔음에도 불구하고 (그러나 그들이 소망한 메시아가 아닌 새로운 차원의 메시아가 왔음에도 불구하고) 그것을 인식하지 못할 정도로 어두움에 빠져 있는 이스라엘을 심판하시는 하나님의 진노가 담겨 있는 통곡이었다. 하나님은 이미 아기 예수를 애굽으로 피신시키셨고 그곳에서 위기를 넘기신 아기 예수는 요셉과 마리아의 보호 가운데 갈릴리에서 온전하게 자라실 수 있었다.

메시아로 오신 그리스도 예수께서는 세례 요한의 물세례를 통해 마침내 세상에 자신의 용모를 드러내셨다. 예수님은 힘을 앞세워 사탄의 세력을 상대하지 않으셨다. 예수님의 전략은 힘을 바탕으로 하지 않기 때문이다. 오직 신적 속성을 가진 사람만이 누릴 수 있는 사랑이 예수님의 무기였다. 예수님은 사탄까지도 불쌍히 여기셨다. 심지어 사탄의 무리들인 악령들일지라도 함부로 상대하지 않으셨다. 그리고 사탄의 앞잡이로 나선 이스라엘의 지도자들인 제사장들과 바리새인들과 사두개인들까지도 불쌍히 여기셨다.

예수님은 언제든지 그들을 상대하실 때 힘을 앞세워 진노를 드러내신 적이 없었다. 그러나 그들은 언제나 그들이 가지고 있는 정사와 권세를 앞장세워 힘으로 예수님을 상대하고 제압하려 했다. 그리고 마침내 이스라엘의 지도자들은 로마의 세력을 등에 업고 예수 그리스도를 십자가에 처형하고 말았다.

예수님의 십자가에서 죽으심은 오히려 하나님의 구속 사역의 완성이었다. 십자가 사건은 외형적으로 볼 때 힘을 가진 자들의 승리처럼 보일지 모른다. 그러나 그것은 순전히 그리스도 예수께서 원하신 것으로 하나님의 공의를 만족케 한 사건이었다. 따라서 더 이상 지상에 세워진 성전은 필요가 없게 되었다. 예수께서 "이 성전을 헐라 내가 사흘 만에 다시 일으키리라"(요 2:19)는 말씀은 이러한 의도에서 하신 말씀이다.

사탄은 '여자의 그 후손'으로 오신 예수님의 발꿈치를 물었으나 예수님의 발에 사탄의 머리가 박살나고 만 것이다. 마침내 창세기 3장 15절에서 약속하신 하나님의 언약이 성취되었다. 이것으로 사탄은 자신의 패배를 인정하지 않을 수 없었다. 그러나 사탄은 그 본성적인 성품의 경향 때문에 한 번 손아귀에 잡은 이 세상의 왕권을 순순히 내놓고 물러서려고 하지 않았다. 그리고 어떻게든지 하나님 나라가 이 세상에 세워지는 것을 막기 위해 마지막 발악을 시작하였다.

사탄은 지나간 오랜 세월동안 쌓아온 지략을 동원하여 기독교 안에 사이비적인 요소를 심어 놓았다. 그것은 이제 더 이상 로마와 같은 세력으로 교회를 핍박하는 것은 교회를 이길 수 없음을 알았기 때문이다. 사탄의 교묘한 공작으로 기독교 안에 상당한 변수가 발생했다. 그것은 기독교 안에 사이비적인 요소를 가진 교회의 지도자들이 스스로 명예와 권세와 영광을 추구하는 길로 가기 시작한 것이다.

그 결과 발생한 것이 로마 천주교의 전신인 신성 로마제국이었다. 로마의 교황권을 앞장세운 신성 로마제국은 그들의 권세가 신으로부터 주어진 것이라고 하며 절대적인 권력을 내세워 세속 권력을 장악했다. 이 당시만 하더라도 세속 왕권은 전적으로 로마 교황의 지배 아래 있었다.

그리고 로마 천주교는 자기들의 기득권을 계속 확장하고 유지하기 위해 교회 내에 있는 불순 세력을 제거한다는 명목 아래 참된 성도들을 핍박하기 시작했다. 그들은 하나님이 통치하는 나라와는 상반되는 종교적인 국가를 건설하고자 했다. 이것은 또 다른 의미의 바벨탑과 같은 것이기도 하다.

한편 사탄은 세속 사람들을 부추겨 13세기부터 15세기에 걸쳐 소위 르네상스(Renaissance) 운동을 세속에 도입하게 하였다. 이 르네상스 운동은 개인의 해방과 자연의 발견에 착안하게 하였다. 동시에 그리스, 로마의 고전 문화의 부흥을 부르짖으며 학문, 정치, 종교 등을 망라하여 새로운 변신을 일으키게 하였다. 소위 신(神) 중심의 중세 문화로부터 인간 중심의 근대 문화로 전환하는 혁명을 꾀했던 것이다. 이것은 인간들만의 문화를 건설하고자 하는 운동의 일환으로 바벨탑 사건에서 보여준 인본주의(Hellenism)의 복고를 의미하는 것이었다.

이즈음 교황과 추기경들은 화려한 법복을 입고 하나님의 이름을 빙자하며 찬송을 부르면서 하나님의 아들된 성도들을 핍박하기 시작했다. 1520년대 루터가 로마 천주교에 반대하면서 새로운 신앙의 불길이 솟아올랐다. 이 신앙의 불길에 위협을 느낀 교황 피오스는 1557년 로마 천주교 제국에 대하여 불복하고 개혁을 외치는 프랑스의 성도들인 위그노들을 말살하라는 칙령을 교회의 이름으로 반포하기도 했다. 심지어 위그노들을 사냥하는 종교 사냥꾼들이 버젓이 하나님의 이름으로 성도들을 잡아 죽였다. 1572년 8월에 프랑스에서는 7만 명의 성도들이 학살을 당하는 일도 발생했다.

소위 로마 천주교 제국에 대항하여 세속에서는 르네상스 운동이 일어나고 기독교 내부에서 개혁 운동(Reformation)이 불길같이 일어나고 있는 가운데 1789년 프랑스 대혁명이 발생했다. 이때 법복을 입은 승려들이 대량 학살을 당하게 됨으로써 기고만장했던 로마 천주교 제국은 풀이 꺾이고 말았다. 이 혁명으로 오히려 세속 학문은 탄력을 받게 되었고 18세기에 이르러 계몽주의 운동이 꽃을 피우기 시작했다.

계몽주의 운동은 합리주의 사상으로 무장한 반(反) 봉건주의 운동으로 로마 천주교를 등에 업고 있던 구시대의 권위와 사상 및 제도에 반발하여 이성(理性)의 계몽을 통해 진보와 개선을 도모하고자 하는 운동이었다. 이러한 계몽주의 영향은 성경의 권위에 도전하는 길을 열어 놓았고 이것은 근대 신(新)신학이 등장하는 계기를 만들었다.

이때 합리주의 사상과 인간의 이성을 중시하는 신(新)신학자들은 하나님의 말씀을 재조명해야 한다는 명분을 내세웠다. 그리고 하나님의 말씀을 소위 세속사의 잣대로 재해석하면서 성경 본문의 진위를 가리는 작업에 들어갔다. 그 결과 하나님의 말씀은 학자들의 학설에 의해 잔인하게 찢겨지면서 고유의 권위에 도전을 받는 사태가 발생했다. 동시에 교회는 혼돈과 혼탁한 신학 사조의 영향 아래 빠져 다시 어둠의 그늘 아래 떨어지고 말았다.

외형적으로는 르네상스의 인본주의와 18세기 계몽주의 영향을 받아 발생한 19세기의 신신학(新神學)은 인간을 중심으로 한 문화를 건설하는 것처럼 위장되었다. 그 영향 아래 자본주의와 민주주의라는 정치 체제가 등장했다. 이리하여 자본주의와 민주주의야말로 바야흐로 진정한 인간성의 회복 운동인 것으로 보이게 되었다.

그러나 그들이 제창하여 드러난 인간성의 회복은 극단적인 인본주의를 창출해 낼 뿐이었다. 인본주의자들이 주장하는 자유, 평등, 박애는 마치 인간에 의한, 인간을 위한, 인간의 승리인 것처럼 보였다. 그러나 그 내면을 보면 신정정치(Theocracy)를 전면 거부하는 반신국적 행위에 지나지 않았다. 그 결과 현대 유럽의 정치, 문화, 철학은 인본주의의 극치를 이루는 가운데 인간에게 최대 다수의 최대 행복을 가져다 준다는 명목 아래 사람들의 마음은 혼돈에 빠뜨리고 말았다.

그들은 외형적으로는 민주주의를 부르짖으며 자본주의를 발전시켰다. 동시에 자본주의와 결탁한 국가들은 기독교를 앞장세워 전 세계 곳곳에 식민지를 개척하였다. 그리고 그들이 누릴 수 있는 모든 특권을 앞장세워 식민지를 착취하며 자기들의 부를 채워나갔다. 오늘날 선진국이라고 하는 대부분의 유럽 국가들은 이때 착취한 재물을 바탕으로 산업을 육성시켜 부유하게 되었다. 그 후예들은 그들의 선조들이 이루어 놓은 막강한 경제력을 앞세워 가난한 나라들을 착취하였다.

그들이 주장하는 자유, 평등, 박애는 그들과 같은 언어를 사용하고 피부색이 같은 종족들이나 누리는 것이다. 그들과 언어가 다르고 피부색이 다른 사람들은 그들이 소위 주장하는 인간다운 생활을 위한 하나의 소모품에 지나지 않을 뿐이다. 그러한 부조리 속에서 형성된 부를 가지고 그들은 여유롭게 앉아 신학을 논하며 마침내 하나님의 부재를 선언하기에 이르렀다.

현대 신학의 거장이라 불리는 칼 바르트(K. Barth)는 '신은 인간 세상 저편에 존재하는 것으로 인간 세상의 역사에 들어올 수 없다'고 못 박았다. 그가 주창한 실존주의에 근거한 신학으로 말미암아 신(神)은 신의 세계로 돌려보내고 인간은 인간의 세계에서 마음껏 자유와 평등과 박애를 부르짖게 하였다.

그 결과 이 세상은 인간 중심의 나라, 즉 인본주의에 의해 주장되어지는 나라가 되었다. 그러나 그 내면을 보면 인간이 무시되고 철저히 무가치하게 되고 말았다. 인간은 소위 인본주의라는 괴물을 지탱해 나가는 하나의 도구에 지나지 않을 뿐이다. 그러한 사상은 현대 사회의 한 단면을 보여주는 올림피아드에서 적나라하게 드러나고 있다.

최고의 지성인들이 스포츠 정신을 바탕으로 최상의 인간 정신을 찬양하기 위해 매4년마다 개최되는 올림피아드는 힘을 중심으로 인간의 미와 선을 측정하는 행사이다. 여기에서는 오직 승자만이 영광을 누릴 뿐이다. 결국 현대판 네피림들을 탄생시키는 데 혈안이 되어 있다. 이러한 힘의 우월주의를 바탕으로 세워진 인본주의는 20세기에 들어서서 실용주의를 탄생시켰다. 실용주의는 인본주의의 금자탑을 건설하기 위해 방해가 되고 거추장스러운 신(神)을 인류와 영원히 결별시켰음을 선언한 것과 같다.

따라서 이땅에서 진정으로 하나님의 통치를 구현하고 아브라함의 언약을 따라 신본주의를 건설하고자 한다면 자연히 세속의 문화와 충돌을 일으키게 된다. 그리고 세상을 주장하고 있는 인본주의자들과 충돌을 일으킨다는 것은 먼저 생존의 방법으로부터 위협을 당하는 것과 같다. 그들은 실용주의 노선 아래 효과적인 방법으로 먹고 살 길을 도모하는 자들인데 그곳에 신본주의를 건설한다는 것은 그들에게는 대단히 불만족스러운 일이기 때문이다.

먹고 살기 위해 합리적이고 실용적인 삶의 방법이 있음에도 불구하고 이를 포기하고 그들에게 구태의연하게 보일 수밖에 없는 신정정치를 내세운다는 것은 극도로 이성을 중시하는 그들의 눈에 가히 위협적인 요소로밖에는 보이지 않을 것이다. 더욱이 이미 그들은 신존재(神存在)를 거부하고 있는 마당에 하나님의 뜻을 주장하는 우리를 못마땅하게 여길 수밖에 없다.

4. 마치는 말

이 세상에서 의를 위해 산다는 것은 이땅에 하나님 나라를 건설하는 일임을 다시 확인할 수 있다. 따라서 이 세상에 존재하는 의인은 하나님 나라가 건설되는 역사의 현장에 늘 동참하고 있어야 한다. 그것이 이 시대의 진정한 교회가 나가야 할 길이기도 하다.

그러나 극단적인 인본주의의 영향 아래 있는 이 세상에서 그들이 추구하는 사상을 깨뜨리고 그곳에 신본주의 나라를 건설한다는 것은 결코 쉬운 일이 아니다. 이것은 마치 가나안 땅에 진군하던 이스라엘 같이 거룩한 나라를 건설하기 위한 전쟁을 수행하는 성격을 가지고 있기 때문이다. 이런 점에서 지상의 교회를 가리켜 '전투하는 교회'(militant church)라고 한다.

때문에 세상과 전투하는 차원에서 인생을 경영하고 그러한 긴장 가운데 하나님 나라를 세워려는 의식을 가진 사람만이 이 세상으로부터 위협과 핍박을 받는 위치에 있는 것이다. 그러한 의식이 없는 사람이라면 긴장과 갈등을 느끼지도 못한다. 뿐만 아니라 진정으로 의를 위해 핍박을 받거나 박해를 받은 경험조차 없는 것이다.

여기에 배교의 특징이 발견된다. 하나님의 나라와 그 의를 위해 긴장감을 갖지 못하거나 세상에서 아무런 갈등을 느끼지 않는 교회나 교인이 있다는 것은 그들이 이미 세상과 타협한 것을 의미하기 때문이다.

그들에게 있어서는 신앙의 순결을 지키기 위해 고난을 자초하거나 핍박 앞에 기꺼이 자기를 내어놓을리가 없다. 그들에게 혹시 신앙의 순결이 있다면 그것은 하나의 이론적인 장식품에 지나지 않을 것이다. 그들에게 있어서 신앙은 스스로 배불리기 위한 것이 전부일 뿐이다. 결국 그들이 유일하게 추구하는 신은 황금이다. 여기에서 배금주의 (Mammonism : 황금만능주의)가 발생하였다.

그들 앞에 있는 우리는 하나의 몽상가일 뿐이며 그들이 추구하는 노선과 길이 다르다는 점만으로도 우리는 그들로부터 적대감을 받기 마련이다. 더 중요한 것은 이미 세상과 타협하고 있는 교회와 교인들이 누리는 황금의 위력을 과시하며 자기들의 기득권을 보호하기 위해 중세시대 법복을 입은 교황과 추기경들이 그랬듯이, 멀리는 로마의 힘을 등에 업은 바리새인들과 사두개인들이 그랬듯이 이 시대의 진정한 의인들을 핍박한다는 사실이다.

여기에서 우리는 바울의 권고에 대하여 귀를 기울여야 한다.

"우리가 이 보배를 질그릇에 가졌으니 이는 능력의 심히 큰 것이 하나님께 있고 우리에게 있지 아니함을 알게 하려 함이라 우리가 사방으로 욱여쌈을 당하여도 싸이지 아니하며 답답한 일을 당하여도 낙심하지 아니하며 핍박을 받아도 버린바 되지 아니하며 거꾸러뜨림을 당하여도 망하지 아니하고 우리가 항상 예수 죽인 것을 몸에 짊어짐은 예수의 생명도 우리 몸에 나타나게 하려 함이라 우리 산 자가 항상 예수를 위하여 죽음에 넘기움은 예수의 생명이 또한 우리 죽을 육체에 나타나게 하려 함이니라 그런즉 사망은 우리 안에서 역사하고 생명은 너희 안에서 하느니라 기록한바 내가 믿는 고로 말하였다 한 것같이 우리가 같은 믿음의 마음을 가졌으니 우리도 믿는 고로 또한 말하노라 주 예수를 다시 살리신 이가 예수와 함께 우리도 다시 살리사 너희와 함께 그 앞에 서게 하실 줄을 아노니 모든 것을 너희를 위하여 하는 것은 은혜가 많은 사람의 감사함으로 말미암아 더하여 넘쳐서 하나님께 영광을 돌리게 하려 함이라 그러므로 우리가 낙심하지 아니하노니 겉사람은 후패하나 우리의 속은 날로 새롭도다 우리의 잠시 받는 환난의 경한 것이 지극히 크고 영원한 영광의 중한 것을 우리에게 이루게 함이니 우리의 돌아보는 것은 보이는 것이 아니요 보이지 않는 것이니 보이는 것은 잠간이요 보이지 않는 것은 영원함이니라"(고후 4:7-18).

이처럼 의를 위해 핍박을 받은 경험이 있는 사람이라는 것은 그가 친히 건설하고 있는 하나님의 나라에 속한 사람이라는 사실을 증거한다. 때문에 그 사람은 친히 하나님이 경영하시는 나라의 백성으로 이 세상에 존재하고 있는 것이다. 그러한 사람에게는 장차 임할 영원한 하나님 나라에서 기업을 받게 될 것이라고 우리 주님께서 약속하셨다.

이땅에서 하나님 나라에 속해 있는 자만이 장차 임할 영원한 나라에 속할 수 있음을 여기에서 알 수 있다. 이러한 이유로 이땅에서 의를 위해 핍박을 받는 자는 복이 있다. 왜냐하면 그 사람은 지금 하나님의 나라에 속해 있을 뿐만 아니라 장차 임할 영원한 나라의 기업을 받을 것이기 때문이다.

〈기도〉

하나님 아버지.
이 세상은 의를 위해 살아가는 성도들에 대해 적대적이어서 언제든지 성도들을 무고히 박해하고 대적하는 시대에 우리가 살고 있습니다. 이럴 때 우리는 오로지 하나님을 섬긴다는 이유로만 그들로부터 미움을 살 뿐이며 그밖에 다른 것으로는 결코 미움을 받아서는 안 될 것입니다.
그럼에도 불구하고 거룩한 백성으로 자태를 나타내지 못하고 힘의 세력 앞에 힘으로 상대하려는 잘못된 사상이 우리에게 여전히 남아 있음을 고백합니다. 과거 이스라엘 왕들도 힘으로 세상의 세력들을 상대하려다가 오히려 하나님의 심판을 받았던 교훈을 되새김으로써 말세의 교회는 힘에 의존하지 않고 오로지 하나님 앞에서 의롭고 성결함으로 살아가야 할 것이옵니다.

어린아기의 몸으로 이 세상에 오셔서 아무런 저항도 하지 않고 고난을 오직 인내로 극복하신 그리스도의 모범을 본받아 우리 또한 고난을 당한다 할지라도 장차 하나님 나라의 상급을 바라봄으로써 인내하게 하옵소서.

주 예수 그리스도의 이름으로 기도합니다. 아멘.

III. 하나님 나라의 본질적인 성격(性格)

제18장

세상의 소금으로서 교회 (1)

마태복음 5장 1-12절까지의 말씀은 하나님 나라의 강령으로서 그 나라 백성이 가져야 할 기본적인 성품을 보여주고 있다. 이어 마태복음 5장 13-16절은 천국 백성이 이 세상에서 존재하는 위치에 대해 언급하고 있다. 그중에서 먼저 "너희는 세상의 소금이니 소금이 만일 그 맛을 잃으면 무엇으로 짜게 하리요 후에는 아무 쓸데없어 다만 밖에 버려워 사람에게 밟힐 뿐이니라"(마 5:13)는 말씀 중에서 '너희는 세상의 소금이다' 는 말씀에 대해 같이 생각해 보도록 하겠다.

Ὑμεῖς ἐστε τὸ ἄλας τῆς γῆς
　　너희는 이다 소금 이 세상의

본문은 직설법으로 기록되어 있다. 이것은 소금이 가지고 있는 성질을 표시하기 위함이라기보다는 제자들, 곧 머지않아 이 제자들을 터로 삼아 이 세상에 등장하게 될 교회의 신분이 마치 세상에서의 소금과 같다는 본체론적인 차원에서 교회의 본질을 말하기 위함이다.

특히 성경에서 어떤 사실을 구체적인 설명 없이 단순 서술형으로 기록하고 있는 경우에는 창세기 1장 1절과 같이 대부분 그 자체가 단정된 기정사실을 강조하고 있음을 유의할 필요가 있다. 더 이상 증명이나 덧붙이는 설명 없이 명확하고 간략하게 진실을 기술하고자 하는 경우에는 단순 서술형이 쓰이고 있기 때문이다.

따라서 본문은 '너희는 세상의 소금이다'는 사실에 대해 자세한 설명이 필요하지 않다. 즉 본문은 소금의 기능이나 역할을 강조하기 위함이라기보다는 소금이 가지고 있는 본질적인 속성이나 존재론적인 의미에서 그 특성을 강조하기 위함임을 알 수 있다.

주님께서 산상수훈을 듣고 있는 제자들을 향해 "너희는 이 세상의 소금"이라고 했을 때 '세상'이라는 단어는 물리적인 세상을 의미한다. 여기에서 사용된 '이 세상'(της γης)이라는 말은 우주를 구성하고 있는 지구(global)를 지시한다. 일반적으로 '세상'이라고 하면 세상의 악한 성질이나 이 세상이 가지고 있는 조직적인 구조악 또는 불의 등을 염두에 두기 마련이다.

이러한 경우에는 코스모스(κοσμος) 또는 호 코스모스(ὁ κοσμος)라는 단어를 사용하여 사탄의 영향 아래 있는 악한 성질을 가지고 있는 세상이나, 또는 사탄 그 자체를 가리키기도 한다. 그렇지만 여기 마태복음 5장 13절에 나와 있는 '이 세상'은 물리적인 지구를 이야기하고 있다. 즉 도덕적으로 중립의 상태에 있는 이 세상, 또는 지상 세계를 지시하고 있는 것이다.

이런 점에서 '이 세상'은 사람들이 살고 있는 현실 세계를 가리키고 있으며, 그 세계에서 존재하고 있는 교회, 즉 하나님 나라의 백성은 이 세상에서 소금과 같은 존재라는 의미임을 강조하고 있다. 여기에 어떤 의미를 부여하여서 세상의 구조악이라든지 악의 세력이 있는 세상에서 그리스도인이 소금의 역할을 해야 한다는 식으로 의미를 부여할 필요가 없다. 오히려 그리스도인은 이 세상을 구성하고 있는 한 구성원으로서 단지 소금과 같은 존재라는 의미로 해석해야 한다.

반면에 5장 14절에 나오는 "너희는 세상의 빛이라"는 말씀에서 '세상'은 '코스모스'(κοσμος)를 말한다. 유기적이고 잘 조직된 세상을 가리키고 있다. 그러나 이 단어는 사탄의 통제 아래 있는 '이 세상'이라기보다는 히브리인들의 병행법이라는 언어 습관에 따라 13절의 세상과 연관지어 볼 때 넓은 의미의 세상을 가리킨다. 즉 하나님께서 다스리시는 모든 세상을 지시한다.

따라서 13절에서 언급하고 있는 '이 세상'은 일반적으로 우리가 존재하는 배경이 되는 지구라고 한다면 14절에서 세상은 광의적인 물질의 세계를 가리킨다고 볼 수 있다. 단지 히브리인들의 문장 병행법 사용의 예를 따라 앞선 단어와 동일한 의미를 가지지만 단지 그 범위를 점차 확장시킴으로써 시각적 효과를 가져온다는 논리적인 강조라는 점에서 본질적인 의미는 큰 차이가 없다. 그러므로 본문은 단순히 교회가 곧 이 세상에서 소금이라는 뜻으로 보아야 한다.

이런 점에서 우리는 주님께서 "너희는 세상의 소금이라"고 하신 의미를 좀더 깊이 생각해 볼 필요가 있다. 먼저 이 말씀을 하고 있는 배경에는 마태복음 5장 1-12절까지 예수께서 말씀하신 내용이 자리하고 있다. 그것은 예수께서 이 세상에 오신 목적을 구현해 나가는 원리로 말씀하신 것이기 때문에 이 부분을 다시 한 번 언급할 필요가 있다.

1. 주께서 오신 목적

예수께서 이땅에 오신 목적을 한마디로 말한다면 하나님께서 최초에 창조하셨던 세계를 회복하고 구속하기 위함이라 할 수 있다. 이 말에 대해 좀 더 구체적으로 해석할 필요가 있다.

하나님께서 천지를 창조하실 때의 목적은 하나님께서 지혜와 권능으로 이 세상을 다스리기 위함이었다. 그것을 위해 하나님께서 피조물들을 창조하셨다. 때문에 모든 피조 세계에서는 하나님의 온전하신 지혜와 선하심이 아무런 제약 없이 드러나 있었다. 하나님께서 어떤 피조물을 창조하시되 그것이 자기 마음대로 악을 창출해 내지 않도록 아무런 결핍 없이 창조하셨기 때문이다.

이처럼 하나님은 창조물들을 통해 하나님의 지혜와 권능이 잘 드러내도록 하기 위해 능력으로 모든 피조물들을 친히 창조하셨다. 때문에 모든 피조물들은 하나님의 지혜와 능력을 발휘하기 마련이다. 이렇게 함으로써 피조물들은 하나님의 지혜와 권능이 얼마나 큰 것인가를 스스로 드러낼 수 있었다. 이것을 가리켜 하나님의 영광이라고 한다. 이처럼 하나님은 자신의 영광이 순수하고 명확하게 드러나는 세계를 창조하신 것이다.

때문에 하나님의 통치가 구현되는 모든 피조 세계에서는 하나님의 지혜와 의와 선이 드러나기 마련이다. 이 말은 모든 피조 세계가 하나님의 경영에 순종하고 한 치의 오차 없이 하나님의 뜻에 따라 운행됨을 의미한다. 이처럼 모든 피조 세계가 하나님의 뜻에 따라 운행되며 하나님의 영광을 드러내는 데서 그 본래의 존재 목적을 완수하는 것이다.

하나님께서는 이처럼 하나님의 영광이 조금도 왜곡되거나 거침없이 구현되어 나타나는 그 나라를 아담에게 주셨다. 그 나라를 다스리는 전권을 아담에게 위임하시고 아담의 통치를 통해 하나님의 영광이 계속하여 온전히 발휘될 수 있도록 하셨다. 이것은 하나님께서 천지 창조를 통해 얻고자 하셨던 영광을 이제는 아담을 통해 얻기를 기뻐하신 것에서 나온 결정이었다.

하나님은 처음부터 그러한 계획을 가지고 이 세상을 창조하셨다. 때문에 아담은 자기의 모든 지혜와 의와 선, 곧 하나님으로부터 받은 능력을 잘 발휘하여 마침내 하나님께서 기뻐하실 만한 영광을 온 우주에 드러내야 했다. 이것이 아담, 곧 사람이 존재하는 가장 근본적인 이유이다.

이런 점에서 아담은 여타 다른 모든 피조물들과는 다른 차원에서 탄생되었다. 일반적으로 피조물들은 하나님의 영광을 드러내고 반영하기 위해 창조된 반면에 아담은 친히 자신의 인생을 경영해 나감으로써 여타의 피조물들이 담고 있는 영광을 온전하게 드러내도록 하는 위치에서 있었던 것이다.

이런 점에서 아담은 다른 피조물들이 가질 수 없는 독특한 기능을 소유하고 있었다. 그것은 아담만이 가지고 있는 것으로서 이 피조 세계를 다스릴 수 있는 기능이었다. 아담이 여타의 피조물들과 다른 차원에서 창조되었다는 사실은 "여호와 하나님이 흙으로 사람을 지으시고 생기를 그 코에 불어 넣으시니 사람이 생령이 된지라"(창 2:7)는 말씀 속에서 찾을 수 있다.

흙으로 사람을 지으셨다는 말은 흙의 각종 원소로 사람을 지으셨다는 의미이다. 이 사람에게 하나님은 특별히 생기(the breath of life)를 불어 넣어 주셨다(breathed into). 이 상태의 사람은 동물과는 다르게 생각도 하고 말도 하는 존재였다. 그 결과 아담은 여타의 피조물과는 다른 존재가 되었다. 성경은 이 사람을 가리켜 생령(a living soul)이라고 한다.

이로써 아담은 여타의 피조물과는 달리 영적인 존재가 되었다. 아담이 영적인 존재(a living being)가 되었다는 것은 그 특성상 하나님과 같은 품성을 가지고 있음을 의미한다. 이것을 가리켜 인격(personality)이라고 한다. 따라서 인간의 인격(人格)은 하나님의 신격(神格)을 그 모체로

하고 있다.

　이처럼 아담이 인격을 소유하고 인격적인 존재가 되었다는 것은 하나님께서 이 세상을 통치하시는 것과 같은 동질의 통치력을 행사할 수 있음을 의미한다. 그러나 아담이 그 일에 대해서 충분히 자각하고 있다 할지라도 그 모든 일을 통해 하나님의 영광을 성취함에 있어서는 절대적으로 하나님의 '말씀'(λογος)에 적극적으로 순종해야 했다. 여기에서 말하는 이 '말씀'은 이 세상을 창조한 원인자이기도 하다.

　즉 하나님께서 이 세상을 창조하실 때 여기에서 '말씀'으로 계시되고 있는 중보자를 통해 이 세상이 창조되었다. 따라서 아담은 이 '말씀'으로 계시된 중보자를 바라보고, 그 중보자를 통해 자신의 인생이 궁극적으로 나아가야 할 목표를 날마다 깨달아 가야 했다. 이 중보자의 존재는 '선악의 지식을 알게 하는 나무'의 열매를 먹지 말라고 하신 말씀(창 2:16-17)으로 계시되었다. 말씀은 후에 요한에 의해 그리스도와 동일시 되는 로고스(말씀, λογος)로 명확하게 해명된다(요 1장).

　이것은 아담이 인격을 행사할 수 있는 자의적인 기능을 보유하고 있다 할지라도 생명나무로 상징되어 나타난 중보자를 의지하고, 아주 작은 사소한 일에서부터 하나님의 영광을 드러내야 한다는 사실을 보여 준다. 그리고 그 일을 통해 점차 하나님께서 다스리시는 원상의 나라를 소망해야 한다. 하나님께서 직접 통치하시는 완전한 나라에 도달할 것을 바라보아야 했던 것이다. 그리고 그것을 위해 자신의 인생을 경영해 나가야 했다.

　여기에서 아담이 자신의 왕국을 건설하기보다는 하나님께서 다스리시는 원상의 나라를 소망하고 그 나라에 친히 참여할 것을 소망해야 함을 알 수 있다. 따라서 일차적으로 아담의 통치는 원상의 하나님 나라를 구현함으로써 아담이 그 나라에 참여하고 있음이 확인된다. 그리고 이 증표는 궁극적으로 하나님께서 친히 통치하시는 그 나라에 아담 자신이 직접 참여하게 될 것을 예표하는 상징(sign)인 것이다.

이처럼 아담은 자신의 통치가 하나님의 통치를 대신함으로써 하나님 나라를 건설해야 하는 위치에 있음에도 불구하고 오히려 아담 자신이 왕권을 임으로 행사할 수 있는 나라를 세울 수 있을 것이라는 생각을 하게 되었다. 아담은 사탄의 꼬드김에 넘어가 인간이 추구할 수 있는 이데아(Idea)의 나라를 세우고자 하는 욕심에 눈이 어두워지고 말았던 것이다.

아담은 중보자를 예표하고 있는 선악의 지식을 알게 하는 나무의 열매를 따먹음으로써 더 이상 중보자가 필요 없이 스스로 하나님의 자리에 도달하려고 하는 죄를 범하고 말았다. 이 과정에서 아담은 중보자의 사역을 거부하고 자신의 의지를 따라 인생을 경영하고자 했던 것이다. 이 일로 인해 온 세상은 하나님의 영광이 감추어지는 상태로 빠져들고 말았다. 이 상태를 가리켜 '악'이라고 한다. 이 악의 결과로 인해 창조 세계는 부패하고 말았다.

그러나 하나님께서 천지를 창조하신 목적이 아담으로 인해 좌절되는 것은 아니다. 만일 아담에 의해 하나님의 능력에 한계가 있다든지 혹은 도전을 받는다는 것은 하나님의 전능성에 있어서 결핍을 초래하는 것이다. 하나님은 아담에게 이 세상을 통치할 수 있는 전권을 위임하심에 있어 이미 아담이 스스로 자신의 판단에 근거하여 로고스(λογος)이신 하나님의 말씀에 따라 순종하며 살도록 하셨던 것이다. 그리고 그에 대한 판단은 아담이 자의지(自意志)를 가지고 결정할 것이다.

그렇다고 하나님은 아담이 타락할 것을 방조하신 것은 아니다. 비록 아담이 '말씀'을 거역할지라도 하나님은 아담이 도달해야 할 하나님의 영광된 세상에 이르기까지 모든 능력을 다 발휘하실 것이다. 때문에 아담의 타락이 하나님의 능력을 제한하거나 거부하는 것은 아니다. 이런 점에서 아담은 하나님의 능력에 의해 완성된 하나님의 나라, 즉 하나님의 경영에 의해 다스려지는 새로운 나라에 들어갈 수 있는 길이 열리게 되었다. 이것은 순전히 성삼위 하나님의 합의에 따른 결정의 결과였다.

아담은 자기의 의지를 자의적으로 발현할 수 있도록 지음 받았기 때문에 하나님의 의지를 적극적으로 드러내든지 아니면 거역할 수 있었다. 아담이 이러한 하나님의 의지에 적극 순응하였다면 생명나무가 예표하고 있는 바 하나님의 영광이 드러나는 생명의 세계, 즉 새로운 세계로 나아갈 수 있는 상급이 주어졌을 것이다. 그 과정에서 아담은 생명나무로 상징되는 중보자의 지속적인 도움을 받았을 것이다.

그러나 아담은 중보자의 도움을 거부하고 스스로 독자적인 세상을 구축하려는 욕심으로 하나님의 말씀을 거역했다. 이것은 앞서 말한 바 중보자의 사역을 거부한 것과 같다. 그 결과 창조의 세계는 질서를 잃어버리고 하나님의 영광을 더 이상 나타내지 못하게 되었던 것이다.

그렇다 할지라도 하나님께서 창조하신 목적은 아담의 불순종과 반역을 통해 변질되거나 변경되지 않는다. 하나님은 천지 창조의 질서가 원래의 모습으로 돌아오는 또 다른 길을 마련하셨다. 그것을 가리켜 '회복'이라고 한다. 이 회복은 이미 선악의 지식을 알게 하는 나무와 생명나무를 통해 상징적으로 예표되었던 중보자를 통해 이루어질 것이다.

이 중보자에 대해서는 아담의 타락 이후 '여자의 그 후손'으로 구체화되어 계시되었다(창 3:15). 아담을 비롯한 모든 인류가 이 '여자의 그 후손'으로 말미암아 새롭게 회복된 새 창조의 세계에 참여하게 될 것이다. 이것을 가리켜 '구속'이라고 한다. 그리고 후에 그리스도라고 소개된 이 중보자께서 인류를 구속하기 위해 하나님께서 이 세상의 역사를 경영해 나가시는 모든 역사를 가리켜 '구속사'라고 한다.

그러므로 그리스도이신 예수께서 이땅에 오신 것은 아담이 이땅에 구현해야 했던 그 영광된 나라를 회복하기 위함이다. 그리고 마침내 하나님의 영광을 하나님이 통치하시는 모든 세계에 비추기 위함이다. 이것은 하나님의 전능하심에 근거하여 이루어지는 일이기도 하다. 그럼에도 불구하고 그 일은 예수께서 자신의 인격을 가지고 하나님의 영광을 이루고자 하는 의지로 성취되는 것이다.

하나님께서 통치하시는 나라는 영적인 세계이다. 이 나라는 이땅에 건설되어 있는 지상 나라의 원상이라는 점에서 본질(essence)의 나라라고 할 수 있다. 그런 점에서 하나님의 나라는 인간이 꿈꾸는 이상적인 이데아(Idea)의 세계와는 본질적으로 다르다. 오히려 이 세상에는 본질의 나라, 즉 원상의 하나님 나라를 근거로 구상적인 나라가 건설되었다. 그 나라가 바로 아담이 통치하기로 주어졌던 지상 왕국이다. 아담은 바로 구상적인 이 세상의 나라에서 원상의 나라를 구현해 나가기 위해 자신의 인생을 경영하도록 되어 있었던 것이다.

아담이 하나님의 말씀에 순종하고 의와 지혜와 선을 온전하게 드러낸다면 그가 이루었던 세계는 현실적인, 즉 구상적인 세계로 이땅에 존재하게 될 것이다. 그러나 예수께서 이땅에 오셔서 인류를 구속함으로써 새롭게 건설하실 그 세계는 아담이 성취하고자 했던 구상적인 세계에 머무르는 것이 아니었다. 예수님은 처음부터 하나님께서 건설하고자 하셨던 하나님의 그 영광된 나라, 곧 본질의 나라와 합일을 이루는 영적인 나라를 세우시기 위해 오셨다. 그리고 구속의 과정을 통해 그 일을 성취하셨던 것이다.

이것은 아담이 성취할 수 있는 영역이 아니었다. 아담이 이땅에 건설하고자 하는 그 나라는 결코 예수 그리스도께서 새롭게 창조하실 영적

인 나라와는 같은 것이 아니다. 예수님은 아담의 나라와는 다른 세계를
창조하셨다. 아담이 세워서 완성될 그 나라와 예수께서 구속하여 건설
하신 나라는 본질적으로 다르다.

즉 본체인 하나님 나라와 이 세상에 하나님께서 창조하셨던 실체의
나라가 예수 그리스도 안에서 하나로 합일되는 특별한 세계를 예수께
서 건설하신 것이다. 이것을 가리켜 '새 창조'라고 한다. 그리고 이 새
창조를 통해서 비로소 하나님의 창조사역이 완성된다.

그러므로 새 창조를 완성하는 것이 예수께서 이 세상에 오신 목적이
라고 할 수 있다. 단순히 아담이 잃어버린 세상을 회복하고 그것을 구
속하는 것으로 마치는 것이 아니다. 아담이 성취했어야 할 그 세계와
그리스도께서 건설하실 하나님의 그 영광된 세계를 서로 합일시켜서,
곧 실체와 본질이 서로 합치되는 세계를 구현하기 위해 예수님은 이 세
상에 오신 것이다.

이것은 오직 예수님만이 하실 수 있는 능력이다. 이런 점에서 예수님
의 사역은 매우 독특하다. 왜냐하면 예수 그리스도는 인류를 구속하되
단순히 아담이 죄를 범한 사실만을 구속하고 죄로부터 인간을 구원하
는 것으로 끝나는 것이 아니기 때문이다. 예수 그리스도 안에서 영적으
로 새롭게 태어난 인류를 장차 임하게 될 본질과 실체를 갖춘 하나님
나라에 들어가게 한다는 점에서 아담과는 그 성격이 근본적으로 달랐
던 것이다.

2. 그리스도의 사역이 가지고 있는 특성에 대하여

예수님은 이 모든 일을 이루기 위해 선지자직과 제사장직과 왕직을
수행하셨다. 이 일들을 통해서 예수님은 그 나라를 어떻게 세워나갔는
가를 살펴볼 수 있다. 특히 예수님이 3중직을 행하셨다는 것은 구약에

서 계시된 예언의 성취라는 측면에 있어서도 상당한 의미가 있다.[7]

우리는 구약에서 하나님의 나라를 위임받고 그 나라를 구체화시키기 위해 쓰임 받은 몇몇의 사람들을 살펴볼 수 있다. 노아와 아브라함과 모세와 다윗 등이 그들이다. 그들은 예수께서 행하셨던 3중직을 특별히 수행한 사람들이다. 때문에 예수께서 이 3중직을 행하신다는 것은 구약이 이미 예시하고 성취했던 직분을 이 세상에서 행하셨다는 점에서 구약의 완성과 긴밀한 연관성을 가지고 있다.

1) 예수님의 선지자직

예수님의 선지자직은 마태복음 4장 17절에서 "회개하라 천국이 가까웠느니라"고 선포하신 것에서 잘 나타나 있다. 예수께서 그의 백성을 가르치고 깨우치고 그렇게 함으로써 이스라엘의 신앙을 하나님에게로 복귀시키는 사역을 수행하셨다. 이러한 선지자적인 사역은 구약 선지자들이 공통적으로 행했던 사역이기도 하다.

구약 예언자들을 특징적으로 놓고 본다면 백성들을 가르치고 일깨워

---

7) 예수님의 삼중직과 관련해 하이델베르크 교리문답(1563)은 다음과 같이 기술하고 있다.

제31문 : 왜 예수님을 '기름부음을 받은 자'라는 뜻의 '그리스도'라고 부릅니까?

답 : 성부 하나님께서 성령님으로 기름부으심으로1 우리의 구속에 대한 하나님의 오묘한 경륜과 뜻을2 완전하게 계시해 주는 위대한 선지자가 되셨고3 자기 몸을 화목제로 드려 우리를 구원하셨을 뿐 아니라4 늘 우리의 기도를 하나님께 간구하시는5 대제사장이 되셨으며6 우리를 말씀과 성령님으로 다스리시고 죄에서 승리하시는 삶을 살도록 늘 지켜 보호하시는7 영원한 왕이 되셨기 때문입니다.8

1)눅 3:21, 22; 4:14-19; 사 61:1; 히 1:9; 시 45:7; 2)요 1:18; 15:15 3)행 3:22(신 18:15); 4)히9:12; 10:11-14; 5)롬 8:34; 히 9:24; 6)히 7:17(시 110:4); 7)마 28:18-20; 요 10:28; 계 12:10-11; 8)마 21:5; 슥 9:9

서 하나님을 떠났던 그 백성들을 하나님에게로 복귀시키는 사역을 공통적으로 발견할 수 있다. 예수께서는 그 일을 성취하셨다. 특히 예수께서는 구약의 선지자들과 다른 면에서 선지자직을 성취하시는데 그것은 신적(神的) 사역을 병행하고 있다는 것이다.

선지자는 곧 하나님의 말씀을 대언하고 백성들의 마음을 하나님께 돌이키는 것을 그 사명으로 가지고 있었다. 그런 점에서 선지자들은 하나님으로부터 보냄을 받았다는 것을 그 특징으로 한다. 그런데 예수님은 그분 자신이 하나님이라는 점을 그의 사역을 통해 부각시키고 있다. 예수님은 신적 사역을 병행하는 신적 존재이며 동시에 신적 사역을 실행하는 선지자적 사역을 행사하셨다. 이런 점에서 예수님은 곧 하나님 자신이시며 동시에 선지자라는 점을 분명하게 드러내고 있다.

구약의 선지자들은 하나님으로부터 받은 것을 전파하는 특성이 있다. 그러나 예수님은 계시의 원천자로서, 곧 그분 스스로가 하나님으로서 다른 누구로부터 받은 계시를 선포한 것이 아니었다. 예수님은 그분 자신으로부터 나온 계시를 선포하는 분이시며 동시에 그 말씀을 선포하는 선지자로 활동했다는 점이 구약의 선지자들과 다른 점이다. 그러한 현상 중의 하나가 마태복음 4장 23-25절에 기록되어 있다.

> "예수께서 온 갈릴리에 두루 다니사 저희 회당에서 가르치시며 천국 복음을 전파하시며 백성 중의 모든 병과 모든 약한 것을 고치시니 그의 소문이 온 수리아에 퍼진지라 사람들이 모든 앓는 자 곧 각색 병과 고통에 걸린 자, 귀신 들린 자, 간질하는 자, 중풍병자들을 데려오니 저희를 고치시더라 갈릴리와 데가볼리와 예루살렘과 유대와 요단강 건너편에서 허다한 무리가 좇으니라."

이 말씀에서 나타나는 것처럼 병든 자들을 고치신다는 것은 예수께서 신적 존재임을 증명한다. 동시에 구약에서 예언된 바와 같이 그러한 일들은 메시아적 사역이라는 점에서 예수님은 자신이 메시아이심을 증명하셨다. 이 사실에서 예수님은 선지자로서의 독특한 사역을 수행하신 것이다.

2) 예수님의 왕직

예수께서는 왕으로서 자신의 사역을 행사하셨다. 예수님은 왕으로서 그의 백성들을 부르시고 그의 왕국을 세워나가는 일을 함으로써 왕적 사역을 수행하신 것이다. 그러한 구체적인 사건 중의 하나가 곧 마태복음 5장에 나와 있다.

예수께서 그의 백성을 부르셨음을 마태복음 5장 1절에서는 "예수께서 무리를 보고 산에 올라가 앉으시니 제자들이 나아온지라"고 기록하고 있다. 많은 사람들이 자발적으로 나아온 것이 아니라 그중에서 제자들, 즉 많은 사람 중에 선택받은 제자들만을 예수께서 부르셨다. 그리고 그들을 그리스도께서 건설하시는 나라의 백성으로 인정하시고 그들을 상대로 왕국 백성으로서의 삶을 선포하셨다. 그 내용이 마태복음 5장 2절에서부터 7장 27절에 나오는 산상수훈이다.

여기에서 두드러지게 나타나는 것은 아무나 하나님의 백성으로 받아들이는 것이 아니라는 점이다. 특별하게 예수께서 부르시어 나온 사람들을 상대로 하나님 나라의 법을 선포하고 그들과 더불어 그의 왕국을 건설하시는 것을 볼 수 있다. 때문에 마태복음 5장 2절 이하에서 선포된 산상수훈은 그리스도 왕국, 즉 하나님 나라의 백성으로서 어떻게 이 세상에서 살아야 할 것인가를 제시하고 있다.

특히 산상수훈에서 예수님은 그의 나라를 구성함에 있어 지금 왕의

권위를 가지고 그의 백성들을 부르시고 그의 백성들이 살아야 할 왕국
의 헌장을 선포하셨다. 이 사건 자체가 그리스도께서 행하시는 왕적 사
역의 극치이다. 그리스도께서 왕으로 선포하신 그 헌장이 세상 나라의
것과는 그 권위가 다르다는 것에 대해 마태는 이렇게 증거하고 있다.

> "예수께서 이 말씀을 마치시매 무리들이 그 가르침에 놀래니 이는 그 가
> 르치시는 것이 권세 있는 자와 같고 저희 서기관들과 같지 아니함일러라"
> (마 7:28-29).

여기에서 마태는 이 세상 나라와는 다른 나라를 예수께서 친히 선포
하셨음을 명확하게 드러내 보였다.

3) 예수님의 제사장직

이상에서 본 것처럼 예수님은 선지자로 친히 자신을 계시하셨고 왕
으로 그의 백성들을 부르시며 그의 나라를 세워 나가는 분이시다. 그리
고 그 일이 마침내 제사장직으로써 완성을 이루게 된다. 하나님께 범죄
함으로써 버림을 받았던 백성들을 하나님과 화목케 하는 일이 제사장
의 사역이다. 예수 그리스도의 제사장적인 사역은 마태복음 26장과 27
장에 구체적으로 나타난다.

예수님은 십자가를 지기 전에 새 언약을 선포하셨다. 여기에서 "이것
은 내 피요 내 살이라"고 하시면서 친히 자신의 죽으심을 앞에 두고 성
찬 예식을 행하셨다. 이 성찬식은 새 언약(렘 31:31-34; 욜 2:28-30)의 체
결식과 같은 의미를 가진다. 그리고 자기 자신을 제물로 삼되 그가 대
제사장이 되어 하나님과 그의 백성들 사이에 화목을 가져다 주셨다. 이
점에서 그리스도는 영원한 제사장으로서 임무를 완수하신다.

이상에서 보는 것처럼 예수께서 이 세상에 오신 것은

    ① 그 자신을 스스로 계시하는 선지자로서,
    ② 그의 백성을 부르시고 그들과 더불어 하나님의 나라를 세우는 왕으로서,
    ③ 그 스스로를 제물로 드려 그의 백성들을 하나님과 화목케 하는 제사장으로서

3중직을 행사하기 위함이라는 사실을 확인할 수 있다.

이러한 위치에 계신 그리스도께서 그의 나라를 건설하겠다는 의지를 명확하게 드러내는 자리에 특별히 부르심 받은 사람들을 향하여 "너희는 세상의 소금이다"고 말씀하신다.

즉 그리스도의 구속사역에 선택되어 그의 나라를 구성하는 백성으로 인정받은 그 나라의 백성을 상대로 이 말씀을 하신 것이다. 그리고 장차 그 나라의 백성답게 살아야 할 기본적인 강령에 대해 선포하는 자리에서 친히 그리스도께서 그의 제자들을 가리켜 "너희는 세상의 소금이다"고 하셨음을 명심해야 한다.

3. '세상의 소금' 에 대하여

예수께서 "너희는 세상의 소금이다"라고 하신 말씀은 '너희는 세상의 소금이 되라' 는 의도로 하신 이야기가 아니다. 일반적으로 이 말씀에 대해 마치 '너희는 세상의 소금이 되어서 세상의 부패와 오염을 방지해야 하는 것'으로 오해하는 경우가 있다. 그래서 소금의 역할을 강조하고 기독교인은 소금으로서 이 세상을 변화시켜야 하는 것으로 해석하는데 그러한 의도로 하신 말씀은 결코 아니다.

예수님은 이땅에서 선지자, 왕, 제사장으로서 사역을 완성하시되 그

사역을 통해 완성된 나라에 참여된 백성들을 향해 "너희는 세상의 소금이다"고 말씀하셨다. 때문에 이미 산상수훈의 대강령(마 5:2-12)에서 제시한 것처럼 하나님 나라의 성격과 그 백성 된 자들의 성품, 다시 말하면 신국 백성 된 성도들의 인격에 대해 구체적으로 제시하신 후 그들을 가리켜 "너희는 세상의 소금이다"라고 하신 말씀이다.

주께서 그의 백성들에게 하신 말씀은 이미 하나님 나라의 백성으로서 그리스도께서 지금 세우는 나라인 그리스도 왕국의 백성 된 자가 가져야 할 성품과 자질이 어떤 것인가를 충분하게 제시하기 위함이다. 그리고 그러한 위치에 서 있는 제자들이야말로 이 세상에 없어서는 아니 될 소금과 같이 존재한다는 사실을 가리켜 하신 말씀이다.

그 나라에 속한 백성으로서 인격과 자질을 갖춘 사람들이 이제 그리스도의 나라, 곧 이땅에서는 교회로 표상되는 그 나라를 세우고 그 나라의 성격을 자연스럽게 드러내는 하나의 모습이 소금과 빛으로 이 세상에 존재한다는 것이다. 그러므로 여기에서는 소금과 빛의 역할을 강조한 것이 아님을 알 수 있다. 오히려 성도로서 당연히 갖추어야 할 인격적인 자질을 바탕으로 이 세상에 어떤 형태로 존재해야 할 것인가를 언급하고 있는 존재론적 차원에서 말하는 '소금'과 '빛'에 대한 것임을 알 수 있다.

이 말씀은 "너희는 이미 세상에 대하여 소금이고 빛이다"는 의미이다. 장차 그리스도인으로서 이 세상에 나아가 소금이 되거나 빛이 되어서 세상의 부패를 방지하고 세상의 어두움을 일깨워 나가라는 의미가 아니다. 이미 그리스도인은 그 존재 자체가 세상의 소금이며 빛이다.

여기에서 말하는 "너희는 세상의 소금이다"는 말씀은 소금이 가지고 있는 그 특성을 염두에 두고 하신 말씀이다. 소금에는 가는 소금도 있고 굵은 소금도 있다. 여기에서는 그런 소금의 모양에 대해 말씀하신 것이 아니다. 소금이 가지고 있는 특성 중의 하나는 짠맛을 낸다는 것이다.

그렇다고 소금이 짠맛을 낸다는 말은 세상에서 짠맛을 내라는 말이 아니다. 소금은 그 짠맛을 가짐으로써 소금으로서 존재하는 법이다. 마찬가지로 하나님 나라의 백성은 그 백성다운 특성을 드러냄으로써 하나님 나라의 백성임을 나타내어야 한다는 의미이다.

일반적으로 소금의 짠맛은 음식물의 부패를 방지하거나 음식물의 맛을 내는 데 사용된다. 따라서 너희는 세상의 소금이라 했을 때 소금이라는 것은 부패를 지연시킨다든지 방지시키는 역할을 자연히 하기 마련이다. 이것을 가리켜서 보통 일반적으로 해석할 때 소금은 자기 몸을 녹여서 어떤 유기물들을 썩지 않게 하는 것이라고 말한다.

그렇다고 해서 우리는 세상에서 자신을 희생하고 비록 녹아 없어질지라도 이 세상을 부패하지 않게 해야 한다고 해석해서는 안 된다. 지금 예수께서 소금은 녹는다, 소금은 염소와 나트륨으로 구성된다는 식의 이야기를 하신 것이 아니다. 소금이 가지고 있는 특성 중의 하나로 짠맛을 가지고 있음을 말씀하신 것이다.

소금이 짠맛을 가지고 있다 할지라도 이미 부패해 버린 것은 아무리 거기에 소금을 많이 뿌린다 할지라도 부패한 상태를 원상으로 회복시킬 수 없다. 소금을 가지고서는 이미 썩어버린 것을 원상태로 바꾸어 놓을 수 없기 때문이다. 또한 이미 썩기 시작한 것에 대해서 소금은 약간의 억제 작용을 할 뿐이지 언젠가 그것은 썩고 마는 것이다.

한번 소금을 뿌려 놓으면 어떤 유기물이든지 절대로 썩지 않는다는 법도 없다. 그러므로 너희가 세상의 소금이라는 말을 잘못 해석하여 그리스도인들이 세상에 녹아져 부패를 방지하는 일을 해야 한다고 주장하는 것은 예수님의 말씀을 오해한 것이다.

이미 세상은 썩어 있고 부패해 있다. 이미 부패가 시작한 이 세상은 언젠가는 썩고 말 것이다. 그때 이 세상은 하나님의 심판을 받을 것이다. 그러함에도 불구하고 너희는 세상의 소금이기 때문에 너희들이 있는 한 하나님 나라의 성격을 드러내고, 그 나라의 백성으로서 인격을 발현하고 있어야 한다는 점을 말씀하신 것이다. 너희가 이땅에 존재하고 있는 한 적어도 너희만큼은 썩지 않고 부패하지 않아서 너희들만이라도 그 순수성을 유지하고 있어야 한다는 의미이다. 그러할 때 자연스럽게 그만큼 이 세상은 덜 부패할 수는 있을 것이다. 그러나 궁극적으로 이 세상은 언젠가는 종말을 맞이하는 것이 하나님의 공의이다.

우리가 아주 구체적으로 하나님의 나라를 구현해 내는 그 자체가 바로 세상의 소금으로서 우리의 특성이 되어야 한다. 세상의 부패를 방지하려는 것에 그 목적이 있는 것이 아니다. 이 세상은 부패해 있기 때문에 어쩔 수 없이 심판을 향하여 치닫고 있다. 그렇다 할지라도 우리가 교회의 한 회원으로서 존재하는 그 자체가 바로 세상의 부패를 지연시키는 일이다.

특히 예수께서 '너희'라고 하셨음을 기억해야 한다. 이는 어떤 공동체를 염두에 두고 하신 말이다. 즉 거룩한 언약 공동체인 교회를 말씀한 것이다. 따라서 '너희'는 세상의 소금이라 했을 때 '나' 하나 또는 '너' 하나가 소금이라는 말은 아니다. 우리가 속해 있는 '교회'가 곧 세상의 소금이라는 의미이다.

그렇다면 '너희'라는 공동체는 이 세상에서 독특하게 존재하는 하나의 사회를 구성하라는 의미이다. '너희'라는 어떤 특성이 있는 단체를 이루라는 것이다. 이 세상에 있는 모든 단체나 사회는 부패를 향해 치닫고 또 그것을 특성으로 갖고 있다. 그것들에 대해서 너희는 너희로서의 특성을 분명히 드러내라는 것이다.

역사적으로 그 특성을 가장 먼저 드러낸 공동체가 바로 안디옥 교회였다. 그들을 가리켜 '그리스도인'이라고 지칭했던 것이다. 이들이 바로 소금으로서 자신의 순결성을 잃지 않은 독특한 공동체의 특성을 세상에 나타낸 것이다.

이와 같이 소금으로서 존재한다는 것은 우리 나름대로 어떤 구체적인 형태로써 공동체를 만들어 세상에 대해 부패를 방지하는 역할을 하자는 것이 아니다. 우리는 이 세상에 존재하면서 부패하지 않는다고 자만할 필요도 없다. 대신 우리가 부패함에 대해 두려움을 갖고 그것을 억제해 나간다면 곧 그것이 하나님께서 보실 때에 우리 안에 하나님의 의와 통치가 구현될 수 있는 자리가 있다는 것을 인정하신다는 의미이다. 그런 면에서 우리는 세상의 소금이다.

우리가 교회로서 혹은 교회를 구성하는 원세포로서 이땅에 존재하고 있다면 그것 자체로써 이미 우리의 사명을 다하는 것이다. 그것으로써 이미 소금의 사명을 하고 있다는 의미이다. 소금이 어떤 유기물에 뿌려지면 그 결정체는 여전히 소금으로 남아 있어야 한다. 그 소금이 유기물과 화학적인 반응을 일으켜서 소금이 다른 성분으로 바뀐다면 그것은 더 이상 소금이 아니다.

다시 말하면 이 교회가 또는 우리가 교회의 한 구성원으로서 이땅에 살아간다는 이 말을 잘못 해석해서 우리 교회가 세상과 화합하고 세상과 연합하여 새로운 화합물을 만들거나 새로운 구성체를 이룬다는 말이 아니다. 우리는 단순히 거룩한 교회로 존재해야만 한다. 이 시대에 명백하게 존재하는 교회로 서있다는 것은 단순히 교회가 그 자리에 있다는 의미론에서 끝나는 것이 아니다. 우리가 좀 더 구체적으로 친밀하

게 하나님과 교통을 나누고 성도의 교통을 이루어 나갈 때 하나님께서
더 기뻐하시는 일이다.

부패해 가는 이 세상을 가로막고 새롭게 변모시키고 변화시킬 능력
은 우리에게 없다. 소금은 그러한 능력을 가지고 있지 않다. 그러나 우
리 각 개인이 그리고 우리가 소속되어 있는 교회가 거룩한 하나님의 성
품을 제시해 나가고 복음에 따라서 새 삶을 살아가고 있다면 바로 그
자체가 이 세상이 부패해 나가는 현상과 흐름 속에서 부패가 더 진행되
지 않도록 하는 것이다.

그 사실이 있는 것만으로도 소금의 역할로써 충분하다. 따라서 우리
가 그러한 교회의 특성을 드러내고 우리 인격의 특성을 드러내기 위해
서 하나님의 계시에 대해 더 관심을 갖고 공부해야 한다. 또한 우리는
하나님의 사랑에 대해 훨씬 더 순수성을 유지할 필요가 있다.

이런 것을 본다면 나 하나만이라도, 우리 교회 하나만이라도 내가 속
해 있는 세상인 이 지구상에서 그리스도인으로서 그리고 언약 공동체
인 교회로서 존재하는 것 자체가 의미를 가진다. 이 말은 우리가 사회
나 직장이나 가정생활에서도 마찬가지이다. 그것이 부패해짐으로 심판
을 향해 치닫는 것이 현실이지만 그리스도인으로서 그리고 언약 공동
체인 교회로서 존재해야 한다는 의식이 필요하다. 이것을 가리켜 '정
체성'이라고 한다. 그랬을 때 우리에게 구체적인 사명이라는 의식이
싹트게 된다.

우리의 사명은 적극적으로 하나님 나라를 구현하고 하나님의 백성으
로 살아가고자 하는 것이다. 세상의 부패를 방지하는 것이 아니라 부패
해 나가는 역사선상에 있어서 우리만이라도 그 순수성을 지켜야 한다
는 사명감을 가지게 된다. 이러한 의식이 우리 안에 더욱 구체화 될 때
그것을 가리켜 교회의 시대적 사명이라 한다. 그 안에서 각 개인이 살

아가야 될 삶의 당위성을 찾게 되는 것이다.

세상이 흘러가고 있는 부패성과 결탁되어 그 부패를 향해 함께 치닫고 있다면 우리는 소금도 아니고 그냥 세상에 있는 썩어져 가는 한 무리에 불과할 것이다. 하지만 우리가 교회로서 순수성을 유지하고 하나님에 대한 우리의 사랑을 실천해 나갈 때 그러한 삶 자체가 곧 하나님 앞에서 숭고하게 사는 모습이다. 그것이 온전하게 살아가는 삶의 모습이고 그러한 위치에 있을 때 비로소 하나님께서는 구체적으로 우리에게 시대적인 사명을 제시하는 것이다. 이것이 곧 '너희는 세상의 소금이라'는 말의 뜻이다.

따라서 우리는 우리 스스로가 부패해지는 일에 대해 엄격하고 단호하게 대처해 나가야 한다. 만약 그러지 못했을 때 "소금이 그 맛을 잃어버리면 밖에 버리어져 사람의 발에 밟힐 뿐이니라"고 하신 말씀처럼 우리가 교회로서 특성을 잃어버리고 성도로서 순수성을 잃어버릴 때 세상 사람들의 웃음거리와 조롱거리가 될 뿐이다.

우리의 특성 곧 교회로서의 특성과 하나님 나라의 백성으로서의 특성을 더욱 순수하게 유지시키는 일에 전심을 다하는 것이 제 일차적인 우리의 각성이다. 우리가 소금과 같이 순도를 유지하고 세상의 모든 부패로부터 우리 자신의 순결성, 곧 교회로서의 순결성을 유지하고 나아가야 할 것에 대해 주께서 이렇게 말씀해 주셨다.

〈기도〉

하나님.
주님께서 우리의 삶을 이렇게 아름답게 가꾸어 주시니 감사합니다.
이 세상이 하나님을 거역하고 악을 향해 끝없이 치닫고 있는 이런 때에
하나님께서는 우리가 그러한 무리들과 동화되지 않으며 사상적인 면

에서 또 구체적인 삶 속에서 하나님과의 관계를 유지하고 하나님과의 사랑이 순수하기를 원하십니다.

바로 그러한 모습을 보시고 우리 주님께서는 하나의 교회로서, 교회의 한 세포로서 우리를 가리켜 세상의 소금이라 말씀하셨습니다. 이제 저희가 부패해 가는 이 세상에서 저희의 순수성과 하나님에 대한 사랑을 지켜나갈 수 있는 마음의 자세를 갖도록 허락해 주옵소서.

주 예수 그리스도의 이름으로 기도합니다. 아멘.

III. 하나님 나라의 본질적인 성격(性格)

제19장

세상의 소금으로서 교회 (2)

"너희는 세상의 소금이다"는 말씀은 이 세상의 그리스도인들로 하여금 소금이 되라든지 혹은 소금같이 세상에 나가 녹아짐으로써 부패해가는 세상을 정화시키라는 뜻이 아니다. 오히려 주께서는 소금이 가지고 있는 특성중의 하나인 짠맛을 가지고 소금의 본질을 말씀하셨던 것이다. 때문에 이 말씀은 소금의 어떤 역할을 강조하는 것이라기보다는 소금의 본질을 말씀하신 것이다.

일반적으로 소금은 음식에 맛을 내기 위해 사용된다. 또는 소금을 뿌려서 부패를 방제하거나 신선도를 유지하기 위해 사용된다. 그렇지만 음식을 자기 입맛에 맞추기 위해 꼭 소금이 필요한 것은 아니다. 어떤 것은 소금을 넣어서는 안 되는 음식이 있다. 또한 부패를 방지하기 위해서 꼭 소금만을 사용하는 것도 아니다. 어떤 것은 얼음에 재어 둘 수도 있고 아니면 꿀을 바르거나 때로는 불에 그슬려서 부패를 방지할 수도 있다.

예수께서 마치 소금의 짠맛을 가지고 음식을 입에 맞게 한다든지 부패를 방지하는 데 사용하라는 등 소금의 역할을 강조하기 위해 말씀하셨다면 구태여 소금이라는 재료를 언급하실 이유가 없다. 만일 그러한 목적이었다면 다른 것으로도 원하는 맛이라든지 아니면 부패를 방지하는 역할을 얼마든지 해낼 수 있기 때문이다.

따라서 이 말씀은 소금이 가지는 독특한 성질이 무엇인가를 제시하고 소금에 짠맛이 없다면 더 이상 소금이 아닌 것처럼 이 세상에 존재하는 그리스도인 역시 어떤 성질을 가지고 있어야 할 것인가를 말씀하시고자 하신 것을 알 수 있다.

많은 사람들은 이 말씀을 해석하여 마치 교회가 사회에 참여한다든지 또는 가난한 자들을 돕거나 사회 정의를 세워야 하는 것으로 말한다. 즉 교회의 역할을 강조하신 말씀으로 해석하려는 경향이 있다. 그러나 이 말씀은 너희가 과연 교회라 한다면 먼저 교회가 이 세상에 대해 가지고 있는 고유한 성질이 있어야 한다는 사실을 강조한 것이다. 이것은 "만일 소금이 그 맛을 잃으면 아무 것에도 쓸데없다"는 말씀에 비추어 볼 때 더 확실해진다.

1. 세상의 소금으로서 교회

교회는 교회로서 그 특성, 즉 그 맛을 잃어버리면 아무것에도 쓸모가 없어 결국 사람의 발에 밟힐 뿐이다. 이것은 교회 그 자체가 특성을 잃어버리게 되면 더 이상 그것은 교회가 아니라는 점을 보여준다. 교회의 특성은 무엇보다도 하나님의 나라를 표상하기 위해 부름 받은 자들에게서 나타나기 마련이다.

그러므로 교회란 그리스도에 의해 부름 받은 자들의 모임이라는 점에서 무엇보다도 그리스도를 따르는 사람들임을 염두에 두어야 한다. 뿐만 아니라 그리스도를 따르는 사람들은 세상 사람들과 다른 독특한 성질을 가지고 있다. 그것은 그리스도를 따른다는 점에서 공통점을 찾을 수 있다.

소금이 그 맛을 잃어버린다는 점에 대해 주께서 말씀하신 의도가 무엇인가는 누가복음 14장 25-35절에서 발견할 수 있다.

"허다한 무리가 함께 갈세 예수께서 돌이키사 이르시되 무릇 내게 오는 자가 자기 부모와 처자와 형제와 자매와 및 자기 목숨까지 미워하지 아니하면 능히 나의 제자가 되지 못하고 누구든지 자기 십자가를 지고 나를 좇지 않는 자도 능히 나의 제자가 되지 못하리라 너희 중에 누가 망대를 세우고자 할진대 자기의 가진 것이 준공하기까지에 족할는지 먼저 앉아 그 비용을 예산하지 아니하겠느냐 그렇게 아니하여 그 기초만 쌓고 능히 이루지 못하면 보는 자가 다 비웃어 가로되 이 사람이 역사를 시작하고 능히 이루지 못하였다 하리라 또 어느 임금이 다른 임금과 싸우러 갈 때에 먼저 앉아 일만으로서 저 이만을 가지고 오는 자를 대적할 수 있을까 헤아리지 아니하겠느냐 만일 못할 터이면 저가 아직 멀리 있을 동안에 사신을 보내어 화친을 청할지니라 이와 같이 너희 중에 누구든지 자기의 모든 소유를 버리지 아니하면 능히 내 제자가 되지 못하리라 소금이 좋은 것이나 소금도 만일 그 맛을 잃었으면 무엇으로 짜게 하리요 땅에도 거름에도 쓸데없어 내어버리느니라 들을 귀가 있는 자는 들을지어다 하시니라" (눅 14:25-35).

여기에서 보는 바와 같이 주께서 관심을 가지고 말씀하시는 것은 세상과 구별됨으로써 하나님 나라를 표상하고 구현할 수 있는 제자들이 마땅히 가지고 있어야 할 자질에 대한 것이다. 비록 많은 사람들이 예수님을 따라 다녔지만 그중에서 참으로 그리스도의 제자라고 일컬음을 받는 사람은 많은 수가 아니었다.

또한 제자들에게 요구되는 것 역시 여느 사람들이 보통 행할 수 있는 일이 아니었다. 오직 하나님의 나라에 속한 백성만이 누릴 수 있고 드

러낼 수 있는 특성과 그 본질을 갖추고 있어야만 행할 수 있는 자질을
가지고 있다.

많은 사람들이 예수님께 나왔지만 예수께서 그들에게 하시는 말씀은
제자가 되고자 하는 자는 두 가지의 특성을 가지고 있어야 함을 제시함
으로써 그들이 모두 그리스도의 제자가 되는 것이 아니라는 사실을 분
명히 말씀하셨다.

1) 자기 부모와 처자와 형제와 자매 및 자기 목숨까지 미워하지 아
니하면 능히 나의 제자가 될 수 없다(눅 14:26).

여기에서 '미워한다'는 말의 의미는 상대적인 가치 평가를 의미하
고 있다. 히브리 사람들에게 있어서 미움이라는 개념은 도덕적인 악을
의미하기보다는 어떤 것에 더 관심과 사랑을 두는가에 따라 상대적으
로 열등한 상태를 미움이라고 한다. 때문에 이 말씀은 부모나 처자나
형제나 자매나 자기 목숨을 마치 원수를 대하듯 미워하라는 말이 아니
다. 히브리 사람들에게는 그러한 미움이라는 개념이 없다. 따라서 이
말씀의 의미는 그 어떤 것보다도 주님을 더 사랑해야 한다는 것이다.

이 말은 자기 자신도 사랑할 줄 모르는 사람은 그만큼 사랑의 질에
있어서 열등할 뿐만 아니라 열등한 만큼 그가 드러내는 사랑이 저급함
에서 크게 벗어날 수 없다는 의미를 포함하고 있다. 반면에 높은 수준
에서 부모와 형제를 사랑할 수 있는 사람은 그만큼 상대적으로 주님을
더 높이 사랑할 수 있다. 제대로 사람을 사랑하지 못하는 자는 주님을
사랑한다 할지라도 그 사랑의 질에 있어서 그만큼 떨어질 것이다.

때문에 사람들을 상대로 높은 수준에서 사랑을 베풀 수 있는 사람이
어야 사실은 주님에 대한 사랑도 그만큼 높은 수준에 서 있을 수 있다.
그렇다고 이 세상에서 일반적으로 말하는 사랑의 수준에서 주님을 사

랑한다는 것은 어디까지나 사람들의 생각에 근거한 것이다.

따라서 세상의 기준에 근거한 사랑보다는 오히려 절대적인 사랑의 가치를 가지고 있는 주님께 대한 사랑에 그 기준을 두어야 한다. 이 말은 절대적인 사랑의 가치관을 주님에게 부여하고 주님을 사랑하는 사람이야말로 비로소 부모나 형제나 자기 자신을 그만큼 고결하게 사랑할 수 있음을 의미한다.

또한 사람들보다도 주님을 더 사랑해야 한다는 이 말씀은 만일의 경우 주님을 따라가는 인생길에 있어 부모나 처자나 형제 등이 방해가 될 수 있음을 의미하기도 한다. 만일 마땅히 나아가야 할 길에 있어서 사람들이 방해가 된다면 그들을 사랑하는 것과 주님을 사랑하는 것과 비교하여 사랑의 대상으로서 가치를 부여해야 할 것이다.

그러한 경우 무엇보다도 주님을 사랑하는 것에 절대적인 가치를 부여하고 있어야 한다. 그러한 의지를 가지고 있지 않다면 언제든지 주님을 사랑한다고 하면서 부모나 처자나 형제들의 문제로 인해 주님을 최선에 두지 못하게 될 것이다. 이것은 그리스도의 제자로서 부적합한 태도이다.

2) 누구든지 자기 십자가를 지고 그리스도를 좇지 않는 자도 제자가 되지 못한다(눅 14:27).

여기에서 말하는 '십자가'는 예수님이 인류를 죄로부터 대속하기 위하여 지실 십자가를 의미하는 것은 아니다. 그리스도인이라면 이 세상에서 살아가는 동안 각자 자기가 짊어지고 가야 할 고유한 십자가를 지시하고 있다. 그래서 주님은 '자기 십자가'를 지고 나를 좇으라고 하셨다.

'자기 십자가'란 한 개인이 이 세상에서 존재하는 가치를 상징한다.

이것은 그 사람만이 가질 수 있는 유일한 것이기 때문에 그 사람의 인생관에 근거하기 마련이다. 이런 점에서 '자기 십자가'는 인생의 고유한 사명이라고도 할 수 있다. 따라서 각자가 자기 십자가를 지고 주님을 따른다는 것은 주께서 이미 십자가를 지고 가심으로써 인생의 가치를 나타내신 것처럼 우리 각자 역시 하나님 나라를 이땅에 드러내는 일과 긴밀하게 상관되어 있음을 알 수 있다.

일상적으로 '십자가'는 마치 고난의 연속이나 되는 것처럼 생각한다. 하지만 이 말씀의 의미는 십자가를 질 수 있는 정도로 인생관이 정립되어 있어야 함을 포함한다. 이런 점에서 십자가는 자기 인생이 이 세상을 살아가는 최고의 가치관을 상징한다. 즉 자기 인생의 완성을 의미하는 것이다. 왜냐하면 각자 짊어지고 주님의 뒤를 따라가야 할 십자가는 그 자신의 생명이 가지고 있는 고유한 가치를 전적으로 담고 있기 때문이다.

이상에서 보는 바와 같이 교회의 특성은 하나님의 나라를 표상하고 그 나라를 구현하기 위해 부름 받은 것에서 찾을 수 있다. 따라서 제자란 교회의 한 요소, 즉 한 분자가 되기 위해 적어도 이 두 가지는 확인되어 있어야 한다. 이러한 위치에 서 있는 사람이 그리스도의 제자로서 소금과 같은 특성을 지니게 된다.

예수께서 하신 이 말씀은 세상과 구별됨으로써 하나님 나라를 표상하고 구현할 수 있는 사람들의 자질이란 어떤 것인가에 대한 것이다. 마치 자기 목숨까지 미워하고 예수의 제자가 되거나 자기 십자가를 지고 예수의 제자가 되면 어떤 일을 할 수 있을 것이라는 이야기가 아니다. 제자가 되려면 적어도 이런 정도의 자질을 갖고 있어야 한다는 본질에 대한 이야기를 하신 것이다.

그렇다면 자기 부모와 처자와 형제 자매라든지 심지어 자기 목숨까지도 미워한다면 미워해야 할 어떤 이유가 있어야 한다. 또한 자기 십자가를 지고 예수님을 좇아야 제자가 된다고 했으므로 자기 십자가가 무엇인가를 알고 있어야 한다. 자기 목숨까지 미워해야 할 이유가 분명하지 않은데 예수님의 제자가 될 수 없기 때문이다. 그러면 이 말을 해석하기 이전에 이 말씀을 하고 있는 그분은 누군인가에 대해서도 이해하고 있어야 한다.

어떤 사람이 자기 목숨까지도 미워하고 나를 따르라, 자기 십자가를 지고 나를 좇으라고 했다면 말하는 사람이 온전한 정신을 가진 사람인가? 내가 목숨까지 미워하고 내 십자가를 지고 좇아가면 그 일이 과연 정당한 일인가 하는 것을 충분히 알기 위해 그 말을 하는 사람이 누구인지 이해하고 있어야 한다.

2. 주님은 누구인가?

주님은 이 말을 하는 사람, 자기 목숨까지도 미워하고 나를 좇으라 또 자기 십자가를 지고 나를 좇으라고 하는 그 사람이 누구인가에 대해 설명하셨다.

첫째, 예수님은 망대를 세우는 자와 같이 그 예산을 충분히 마련한 사람이라고 자신을 소개하신다. 망대를 세울 때는 그것을 준공할 때까지 모든 비용을 계산해서 이룰 만하니까 공사를 시작하는 것이다. 그렇지 못하면 사람들이 역사(役事)를 능히 이루지 못하고 그만 둔 사람이라고 비웃을 것이다. 따라서 망대를 세우는 자는 그 역사를 중도에 그만둠으로써 사람들로부터 비웃음을 사지 않을 만한 능력을 갖추고 있어야 한다.

둘째, 전쟁을 치르는 임금과 같이 승전할 수 있는 계산이 되어 있는 사람이라고 말씀하신다. 이러한 이유로 너희는 나를 좇으라고 말씀하셨다. 전쟁에 임하는 임금은 능히 적과 싸워 이길 수 있어야 전쟁에 임하는 것이다. 패전할 것이 확실한데 나가서 싸우는 것처럼 미련한 사람은 없다.

마찬가지로 예수님은 예산과 계산이 되어 있어 모든 일에 완전을 기하는 분임을 명확하게 제시하셨다. 이만한 준비가 되어 있기 때문에 예수님은 "이와 같이 너희중의 누구든지 자기의 모든 소유를 버리지 아니하면 능히 내 제자가 되지 못하리라"고 말씀하신 것이다. 내 제자가 되지 못한다는 말은 마치 소금이 그 맛을 잃은 것과 같이 땅에도 거름에도 쓸데없어 버림을 당한다는 의미이다.

예수의 제자가 되는 조건이 있고 그 조건을 충족시킬 만한 주체자로서 예수님이 누구인가를 설명하고 그만한 자질을 다 갖추었을 때 소금이 그 맛을 내는 것과 같이 그 제자들도 이땅에서 존재의 의미, 존재의 본분을 분명히 드러내야 한다. 이러한 점에서 이 말씀을 해석해 본다면 먼저 예수님이 누구인가를 명확하게 알게 된다.

당시 망대는 높은 탑 정도가 아니었다. 요즈음은 망대가 그리 중요하지 않아서 그다지 크게 만들 필요가 없다. 하지만 당시 가나안 지방뿐 아니라 고대 근동 지방에서 망대라는 것은 중요한 역할을 하기 위해 특별히 건축하였다. 망대란 한적한 들판에 우뚝 세우는 것이 아니었다. 성을 쌓고 그 성을 적으로부터 지키고 적을 공격하기 위한 요긴한 장소에 망대를 세웠다. 이처럼 성을 관리하고 적으로부터 성을 지키고 침략해 오는 적을 퇴치시키는 데 있어서 가장 요긴한 역할을 망대에게 부여했다.

망대를 세운다는 것은 단순하게 높은 탑을 하나 세우는 정도가 아니었다. 망대를 세움으로써 성을 완공하는 것과 같은 의미를 가지고 있다. 고대 근동 지방에서 성을 하나 세운다는 것은 하나의 나라를 건설하는 것과 같았다. 소돔성이라고 한다면 소돔성 자체가 하나의 성으로 이루어진 국가이고 거기에는 왕이 있어 백성을 다스렸다. 예루살렘성 역시 마찬가지이다. 예루살렘성은 몇 사람이 모여 사는 것이 아니라 그 성 자체가 하나의 나라를 상징하였다. 때문에 예루살렘성에는 성곽만 있는 것이 아니라 예루살렘성을 다스릴 수 있고 적의 공격으로부터 막을 수 있고 적을 퇴치시키기 위한 망대가 세워져 있었던 것이다.

그러므로 망대를 세운다는 것은 하나의 성을 세우는 것을 의미하였고 성을 완공함에 있어 망대를 세워야 비로소 성의 준공이 끝나는 것이다. 망대가 세워져 있지 않다면 그것은 성으로서 역할을 하지 못하기 때문이다. 따라서 여기에서 망대를 세운다는 것은 하나의 성을 세우는 것을 상징하며 동시에 이것은 하나의 나라를 건설한다는 말과 같다. 하나의 나라를 세우는 사람으로서 성을 세우고 마침내 거기에 망대를 세우게 되는데 그렇게 하려면 성을 건설하고 망대를 세우기 위해 필요한 여러 가지 요소가 준비되어 있어야 한다.

먼저 한 나라를 세우려면 그 나라를 구성할 영토가 있어야 하고 그 나라를 구성할 백성이 있어야 하며 그 나라를 다스리기 위한 법률, 즉 헌법이 구비되어야 한다. 이 세 가지 요소가 갖추어져 있어야 하나의 나라로서 가치가 있는 것처럼 예수께서 하나의 망대를 세운다면 그러한 여건을 계산해서 성을 세우시는 것이다.

단순히 돈 많은 사람이 땅을 넓게 잡고 성을 하나 세우게 되면 거기에 사람들이 모여들어서 성읍을 이루고 자기가 왕이 되는 것은 아니다. 거기에는 분명히 국가를 구성하기 위한 요소들이 겸비되어 있고 통치하는 능력이 있어 성을 쌓고 망대를 세우는 것이다.

예수님의 이 이야기는 세상 사람들도 성을 하나 쌓으려면 그만큼 계산하고 성을 세우는 것이고 그것을 가리켜 역사(役事)를 쌓는다, 역사를 시작한다고 하는 것처럼 예수님 자신이 능히 그만한 일을 계산하고 나가시는 분이라는 것을 사람들에게 선포하신 것이다. 만일 그렇지 못하면 사람들이 예수님을 향해서 역사를 시작하고 능히 이루지 못하는 사람이라고 비웃을 것이다.

때문에 예수님은 인류 역사(歷史)에 있어 획기적인 역사(役事)를 시작하기에 충분한 능력을 갖추고 있을 뿐 아니라 그 역사를 이루실 만한 모든 여건을 갖추고 있는 분임을 이 이야기 속에서 암시하고 있다.

나아가 망대를 세우고 성을 완공했다면 그것으로 끝나는 것이 아니다. 그 성을 지킬 만한 능력을 또한 갖추고 있어야 한다. 아무리 훌륭하게 성을 쌓고 튼튼한 망대를 세웠다 할지라도 적의 공격을 막아내지 못한다면 성을 세우는 일이나 망대를 세우는 일 등의 역사는 수포로 돌아가고 마는 것이다. 유사 이래로 수많은 성들이 적의 침략 앞에 무너져버렸다는 사실은 이러한 점에서 교훈을 주고 있다.

성을 세울 때는 적의 침공을 전제하고 전투를 대비해 쌓는 것이다. 이것은 성 자체가 싸움터가 되는 것을 의미한다. 그렇다면 그 나라를 다스리는 임금은 적과 싸울 때 나의 군사로 적의 군사를 이길 수 있는가를 계산해야 한다. 만일 승리가 불가능하고 자기 군사로 도저히 이길 수 없다는 판단이 서면 전쟁이 발생하기 전에 화친하는 수밖에 없다. 가급적 속히 화친해서 그 성을 지키는 것이 왕의 본분이다. 이길 수 없는 싸움을 걸어서 그 성을 깨뜨려 버린다면 그 성을 쌓았던 본래의 목적이 상실되고 말기 때문이다.

그렇다면 지금 예수께서 하나님의 나라를 세워나가는 능력을 충분히 갖고 있고 거기에 필요한 모든 요소가 다 갖추어져 있을 뿐만 아니라 이제는 어떠한 적의 침공이 있다 할지라도 그 침공을 능히 막아낼 수 있는 군사와 능력을 고루 갖추고 있다는 사실을 밝혀야 한다. 그 백성들에게 이 사실을 분명히 함으로써 만일 적의 공격이 왔을 때는 충분히 전략을 세우고 그 적을 퇴치할 수 있는 자리에 서 있어야 한다.

아무리 하나님의 나라를 건설한다고 하며 역사를 시작해서 백성을 많이 불러 모아놓고 훌륭하게 망대를 세웠다 할지라도 적의 공격 한 방에 그 성이 무너져버린다면 그동안 애써 세웠던 공은 모두 허사가 되고 말 것이다. 그러므로 이 이야기 속에서 나타나는 예수님은 한쪽으로는 망대를 쌓되 또 한쪽에서는 적의 공격을 대비하고 적과 싸울 준비가 되어 있는 분임을 암시해 주고 있다.

이것은 예수님이 이땅에서 성을 쌓고 적의 공격을 대비하기 위해 군사력을 갖추고 있는 임금이라는 사실을 의미한다. 그러한 임금 밑에서 제자가 되기 위해 이제 두 가지 조건을 갖추어야 한다고 그 나라의 왕 되신 예수께서 제자들에게 요구하신다. 그것은 곧 자기 부모나 처자나 형제나 자매 뿐 아니라 자기 자신까지도 미워할 수 있어야 될 것이며 나아가 자기 십자가를 지고 왕을 따라오지 않으면 안 된다는 것이다.

왜냐하면 예수님이 하시는 일은 하나님의 나라를 세우고 또 그 나라를 적으로부터 보호하기 위해 전투에 임하시는 왕이신데 그의 제자들이라면 바로 그 일에 함께 참여하는 역군들이고, 또 한편으로는 군사가 되기 때문이다. 즉 제자들이란 한편으로는 ① 하나님의 나라를 건설하는데 참여하는 백성이고 ② 다른 한편으로는 그 나라를 적의 공격으로부터 방어하기 위한 군사들이기에 적어도 이 두 가지 요소를 갖추고 있어야 한다고 예수님은 말씀하신다.

이러한 차원에서 예수께서는 그를 따르겠다고 하는 사람들에게 말씀하기를 "누구든지 자기의 모든 소유를 버리고 나를 좇아오라"고 하신다. 예수님을 따르되 부모나 처자나 형제, 자매 심지어 자기 자신보다도 그 나라의 왕이신 예수님을 사랑해야 하며 각자 자기에게 맡겨진 인생의 사명으로서 '자기 십자가'를 지고 예수의 제자가 되라는 것이다. 그것은 하나님 나라를 세우고 그 나라를 적으로부터 지키기 위해 쓰임 받는 군사의 의무이며 역할이다.

3. 제자는 누구인가?

왕 되신 예수께서 요구하신 말씀에 근거하여 우리가 과연 예수 그리스도의 제자가 될 수 있을 것인가? 왕 되신 그분께서 세우고자 하는 하나님 나라의 백성으로서 그리고 그 나라를 적으로부터 지키기 위한 군사로서 과연 나에게 그만한 자질이 있는가를 깊이 생각해 보아야 한다. 이러한 자격과 자질을 갖추기 전에 과연 내가 왕이신 예수님의 뒤를 좇아서 하나님 나라를 건설하고 적의 침략으로부터 그 나라를 보수하기 위해서 싸워야 할 이유가 있어야 한다.

다시 말하면 예수님의 제자가 될 것인가, 안 될 것인가 하는 역사적인 판단을 내 스스로 해야 한다. 그러한 판단도 없이 무조건 예수님의 뒤를 좇아갔다가 성 쌓는 일 때문에 힘들고 아니면 적의 침략 때문에 죽음이 두려워 중도에 일을 포기해 버린다면 그것은 자신에게 낭비를 가져가 주는 것이다. 그만큼 헛되이 인생을 살았기 때문이다. 적어도 임박한 싸움의 군사로 예수님의 군대에 들어가려고 한다면 최소한 자기의 모든 소유 정도는 포기할 각오가 되어 있어야 한다.

부모나 처자 또는 형제나 자매 때문에 걱정이 되어 자기가 성 쌓는 일(나라를 세우는 일)과 적의 침략을 막아내는 일을 등한시하고 무서워한다면 그 사람은 군사로서 자격이 없다. 더욱이 이 싸움은 자기의 명예를 위한 싸움이 아니다. 예수께서 건설하실 그 나라를 위해 또 예수께서 적의 세력으로부터 그 나라를 지키기 위한 그 싸움에 자기를 헌신하고 투신하는 것이다.

이 성을 쌓았다 할지라도 그 성은 내 것이 되는 것이 아니다. 적의 공격으로부터 그 성을 막아내었다 할지라도 그 성이 내 것이 되는 것도 아니다. 그 나라의 왕은 예수님이시다. 왕으로서 예수님이 다스리는 것이고 나는 그 백성이 되는 것뿐이다. 그러므로 모든 명예와 영광은 항상 예수님께 돌아간다. 그 영광이 나에게 돌아오는 것은 아니다. 혹시 명예와 영광이 나에게 돌아온다고 하는 것은 예수님이 받으신 영광에 참여할 수 있는 자리에 서게 될 때 비로소 그 자리에 동참하기 위해 부름 받았다는 사실에 대해 기쁨을 누리는 것뿐이다.

지금 예수님은 심지어 우리가 하나님 나라의 편, 다시 말하면 예수님 편에 서서 그 나라를 건설하고 그 나라를 위해 싸움에 임할 때 어떤 경우에는 부모나 처자, 형제, 자매가 적군편에서 나를 공격해 올 수도 있다는 것도 염두에 두고 이 말씀을 하신다. 때문에 내가 누구를 위해 싸워야 할 것인가를 분명히 결정해야 한다.

하나님 나라를 위해서 싸울 것인가? 그 말은 예수 그리스도를 위해서 싸우는 것과 같다. 따라서 이 말이 의도하는 바는 내 인생을 송두리째 그 싸움에 드려서 역사를 이루기 위해 전투에 임함으로써 하나님의 영광을 위해 살아가겠다는 것과 같다. 과연 그 싸움에 내가 참여할 것인가 아니면 그만 둘 것인가에 대해 분명히 결단을 내려야 한다는 말이다. 이것을 가리켜 예수님은 '자기 십자가' 라 말씀하신다.

4. '자기 십자가' 에 대하여

십자가는 아무나 지는 것이 아니다. 당시 십자가는 로마에 대해 반역 죄를 저지른 식민지 사람들에게 사형 선고를 내릴 때 행하는 방편이었다. 로마에 대항하는 최악의 무리들, 다시 말하면 제일 저주스러운 무리들에게 십자가형을 선고했다. 그것은 최악의 형벌이었다. 이런 점에서 십자가는 저주스럽고 혐오스러운 형벌을 상징한다.

반면에 로마의 지배를 받는 민족들에게 있어서 십자가형을 받는 사람은 존경과 영광의 대상이었다. 그만큼 십자가에서의 죽음은 명분 있는 죽음이었다. 자기 나라의 독립을 위해, 자기 나라의 주권을 위해 당당히 싸우다가 의연하게 죽는 자리가 십자가였던 것이다. 이런 점에서 십자가는 수치스럽고 부끄러운 자리가 아니라 십자가를 질 만한 사람에게 있어서 그 자리는 대의적인 사람으로 존경받는 자리이다. 자기의 이권을 위해 싸우는 이기적인 사람이 아니라 민족과 국가를 위한 영웅이 되는 것이다. 이처럼 십자가는 자기의 명예나 이권이나 영광을 위해 싸우는 사람이 아니라 민족과 국가를 위해 싸웠던 독립투사에게 주어지는 영광의 자리였다.

십자가형은 가장 잔인한 형벌이었다. 그러한 점에서 본다면 예수님이 십자가에서 사형을 당하신 사건은 참으로 납득할 수 없는 형벌이다. 예수님은 로마로부터 민족을 해방시키기 위해 독립운동에 투신한 열사도 아니고 로마를 대항하여 반역을 일으킨 장본인도 아니다. 그럼에도 불구하고 예수님을 십자가에 처형한 것은 매우 이례적인 일이 아닐 수 없다. 왜냐하면 십자가에 처형된다는 것은 로마를 상대로 그만큼 중대한 범죄를 행했다는 이유가 있어야 한다. 실제로 예수님은 십자가에서 처형을 당할 정도로 중요한 범죄자가 아니었다. 이 점을 보더라도 예수님의 십자가 처형 사건은 예수님을 미워하는 인간들에 의해 강제로 집행되었음을 알 수 있다.

대제사장을 비롯하여 바리새인과 서기관들이 앞장서서 유대인들이 가장 혐오하는 십자가에 예수님을 처형하고자 한 것은 그들이 얼마나 악의적으로 예수님을 죽이려 했는가를 보여준다. 실제로 로마의 관원에 의해 유대인 중 하나가 십자가에 처형되려고 한다면 누구보다도 그들이 나서서 제지해야 할 위치에 있던 사람들이다. 왜냐하면 유대인들

에게 있어서 나무에 매달려 죽는 것은 하나님의 저주로 여겨졌기 때문
이다. 그럼에도 불구하고 그들이 나서서 예수님을 십자가에 처형했던
것은 로마에 대항하여 해방 운동을 일으켰다는 반역죄를 예수님에게
뒤집어 씌워야만 그처럼 손쉽게 예수님을 죽일 수 있었기 때문이다.

앞에서 보았던 것처럼 예수께서 자기 십자가를 지고 나를 좇으라는
말은 자기 자신의 유익을 위해 싸우라는 말이 아님을 알 수 있다. 오히
려 자기를 부정하고 대의적인 명분을 위해 살아가는 자만이 질 수 있
다. 이것은 예수 그리스도를 위해 자기의 모든 것을 헌신한 사람만이
누릴 수 있는 특권이다.

만일 자기 자신을 위해서라면 십자가는 언제든지 벗어버릴 수 있다.
이러한 경우 십자가를 벗어버리면 그 사람에게 있어서 오히려 유익이
있을 것이다. 그러나 자기를 위해 싸우는 것이 아니고 예수 그리스도를
위해 싸우는 군사이기 때문에 십자가를 진다는 것은 자기 자신을 송두
리째 드리는 것과 같은 희생이 뒤따라야 한다. 이처럼 십자가를 진다는
것은 자기의 아상(我想)을 버렸을 때에만 가능한 일이다.

그러므로 십자가를 진다고 할 때는 명확한 명분이 있어야 한다. 하나
님 나라를 세우는 것과 그 나라를 적의 공격으로부터 방어하고 나아가
적을 공격할 군사로서 나가 싸워 승리를 쟁취해야 할 전사로서 십자가
를 자원하여 지는 것이다. 때문에 억지로 십자가를 지는 것이 아니다.
자기가 판단해서 져야만 하는 것이 십자가이다. 누가 대신 져준다든지
아니면 남이 져야 할 것을 자기가 대신 짊어질 수도 없다. 자기 유익을
얻는 것도 아니고 명예를 얻는 것도 아니기 때문에 다른 사람이 그것을
대신해 주는 것도 아니다.

따라서 자기 십자가를 진다는 것은 하나님 나라의 진행 속에서 자기
자신의 고유한 본분을 수행하는 것임을 알 수 있다. 그것은 유일한 것

이고 그 사람만이 할 수 있는 위치와 역할이 있기 마련이다. 이처럼 자기 십자가를 진다는 것은 구속사의 완성에 속한 것이라는 점에서 자기를 판단해야 한다. 또한 자기 십자가를 짐으로써 구속사가 완성을 향해 진행된다는 점에서 그 가치를 찾을 수 있어야 한다.

하나님께서 우리에게 세우라고 요구하시는 나라가 있다. 그 나라는 당연히 가야 할 길이 있기 마련이다. 때로는 그 길에서 대적하는 무리들과 싸워야 할 전투가 발생할 수도 있다. 그런데 그러한 길과는 상관없이 자기 나름대로 십자가를 지는 사람들이 있다. 이것은 예수님의 나라를 세우는 것이 아니라 자기 나라를 세우는 것이다.

이런 부류의 사람들은 예수께서 계시하신 나라가 아니라 어떤 허상을 보고서 자기 나름대로 살아가는 사람들이다. 때문에 역사의 흐름에 대해 명백한 지식을 갖고 있지 않으면 함부로 십자가를 지겠다고 나서서는 안 된다. 그러한 상태에서 십자가를 진다는 것은 엉뚱한 나라를 세우는 일에 자기 자신을 낭비할 뿐이다. 그것으로 인해 인생을 허비할 수 있기 때문이다.

적어도 하나님께서 그 나라를 어떻게 세워나갈 것인가 하는 하나님 나라의 경륜에 대한 지식이 있어야 그 지식을 바탕으로 자기의 본분을 다 할 수 있다. 그러한 사람에게 비로소 그 사람만이 짊어지고 역사를 행보하는 십자가가 요구된다. 이러한 위치에 있는 사람이 이 세상에서 소금과 같은 사람이다.

너희는 세상의 소금이라 했을 때는 이런 차원에서 세상의 소금으로서 본분을 이야기할 수 있을 것이다. 자기 자신의 본분을 명확하게 깨닫고 인생을 경영해 나갈 때 비로소 독특한 그 맛을 가지고 있는 존재가 된다. 이것은 그리스도인이 자연스럽게 갖추어야 할 성품에서부터 시작된다.

5. '너희는 세상의 소금이라' 는 말의 의미

자신의 사명을 확인한 그리스도인이라면 의당히 이 세상에서 소금과 같은 존재이다. 그런데 '너희는 세상의 소금이다' 는 말에서 특히 유의할 것은 '너희' 라는 말로 이것은 그리스도인의 공동체를 의미한다. '너희' 라고 일컬어지는 공동체는 다름 아닌 교회이다. 교회는 교회로서의 존재 의미가 있고 사명이 있다. 예수님은 그 교회를 가리켜 세상의 소금이라고 하셨다.

소금은 그 자체가 독특한 맛을 가지고 있는 것처럼 교회 역시 이 사회의 어떤 종교 단체라든지 일반적인 단체가 낼 수 없는 독특한 맛을 가지고 있어야 한다. 만일 그 맛을 잃어버리면 교회는 하나의 종교 집단이 되고 말 것이다. 그것은 일종의 정치적인 집단은 될 수 있을지 몰라도 교회라고 할 수 없다. 교회가 교회로서의 품성을 잃어버리게 되면 세상 사람들로부터 지탄을 받기 마련이다.

교회는 교회로서 이땅에 존재해야 한다. 그것을 가리켜 '너희는 세상의 소금이라' 는 말로 말씀하신 것이다. 만일 그 맛을 잃어버린다면 사람들의 발에 밟힐 뿐이다. 누가복음에서는 거름에도 쓸 데가 없어서 내어버림을 당한다고 말씀하셨다. 교회는 세상과 독특하게 구별되어야 한다. 그런데 세상의 형편이나 정황으로부터 구별되지 않고 세상과 동반하며 산다는 것은 소금이 그 고유한 맛을 잃어버리고 쓸데없어 버림을 당하는 것과 같이 교회는 아무짝에도 쓸모없이 되고 말 것이다.

교회는 하나님 나라의 속성을 드러내는 존재이다. 그것이 교회의 본분과 본질이다. 그러한 교회의 한 분자로서 의연하게 인생을 살 때 그 사람의 인생은 하나님 나라를 세워 나가는 요긴한 요소가 된다. 때문에 예수 그리스도의 제자로서 갖추어야 될 기본적인 조건도 갖추지 않은 상태에서 하나님 나라를 나타내는 일을 해 보겠다고 나서는 것은 무리

일 수밖에 없다. 예수님을 따르겠다고 하는 사람들은 많이 있지만 그의 나라를 세워나가는 일에 부름 받고 쓰임 받는 사람은 그다지 많지 않다는 것은 바로 이런 의미이다. 그러나 그 일에 쓰임 받는 사람이 소수일지라도 그 사람들을 가리켜 세상의 소금이라고 하신다.

이런 점에서 부모나 처자나 형제나 자기 자신보다도 주님을 더 사랑해야 한다. 심지어 그 나라를 세워나감에 있어서 어떤 경우에는 가까운 사람이 방해가 될 수도 있을 것이다. 그럴 때 주님을 위해 그들마저도 포기해야 하는 아픔을 감수하고서라도 그 성을 건설하는 일에 참여해야 하며 도전과 위기를 극복해 나가야 한다. 이처럼 역사 앞에서 자기의 갈 길을 묵묵히 가는 사람이야말로 이 세상에서 찾아보기 힘든 진정한 소금이다.

〈기도〉

하나님 아버지.

주께서 우리에게 하나님의 나라를 세우고 또 그 나라를 위해 전투를 수행할 군사로서 주님의 길을 요구하셨을 때 과연 저희가 그만한 자질이 있는지 다시 한 번 생각해 보았습니다. 너희는 세상의 소금이라 하신 것처럼 소금으로서 독특한 맛과 가치를 가지고 있어야 할 것입니다. 과연 우리가 이땅에서 교회로서 독특한 맛을 가지고 있는지, 우리 교회의 본질을 분명히 파악하고 있는지 먼저 점검해 보았습니다.

주님, 과연 이러한 자리에 우리가 명확하게 서 있을 때 하나님께서 우리에게 어떤 일을 맡길 것이고 또 그 일을 위해 사탄의 세력과 싸워야 될 위치에 설 때도 있을 것입니다. 먼저 저희가 그리스도의 제자가 될 수 있는 자질을 갖추게 하옵고 훈련과 연단을 잘 받게 하옵소서.

그리하여 하나님 나라를 세우는 일과 또 그 나라를 위해 싸우는 일에 전폭적으로 쓰이게 하옵소서. 이 일에 우리가 자원함으로써 하나님께 드려지기를 소원합니다. 주님께서 항상 우리에게 믿음과 용기를 허락해 주옵소서.

주 예수 그리스도의 이름으로 기도합니다. 아멘.

III. 하나님 나라의 본질적인 성격(性格)

제20장

세상의 빛으로서 교회 (1)

소금은 그 독특한 성질로 짠맛을 가지고 있어야 그 존재 가치가 있다. 마찬가지로 이 세상에 존재하는 그리스도인이라면 하나님의 나라를 표방하는 독특한 성품을 가지고 있을 때 비로소 그 존재 가치가 있다. 이러한 의미에서 "너희는 세상의 소금이다"는 구절과 병행구를 이루고 있는 "너희는 세상의 빛이라"는 말씀 역시 동일한 의미에서 주어졌음을 알 수 있다.

Ὑμεῖς ἐστε τὸ φῶς τοῦ κόσμου
　　너희는 이다 그 빛 이 세상의

여기에 사용된 '세상'(κοσμος)이라는 단어는 병행구인 '세상의 소금'에서 말하는 세상(γης)과는 의미가 다른 용어로 하나님께서 통치하고 다스리시는 우주적인 조직체, 즉 유기적인 조직체(organic)로서의 세상을 말한다. 이 세상은 선과 악이 공존하되 하나님의 통치 아래 운행되는 조직체이다. 이러한 의미에서 세상 한 가운데 살아가고 있는 그리스도인을 가리켜 주께서 "너희는 세상의 빛이다"고 말씀하신다.

그런데 히브리인들의 언어 관습인 병행법에 따라 '세상의 소금'에서 말하는 물질적인 상태의 세상(γης)과 '세상의 빛'에서 말하는 윤리적인 상태의 '세상'(κοσμος)이 상호 평행을 이룸으로써 후자의 '세상'(κοσμος)이 전자의 세상(γης)보다 좀 더 포괄적이며, 인류가 이 공간에 살고 있다는 점을 구체적으로 보여주고 있다는 것에서 의미상의 발전을 꾀하고 있다. 하지만 이 두 단어의 내형적인 의미의 사용에 있어서는 크게 다르지 않다는 점에서 특별하게 구분할 필요는 없다.

여기에서 말하는 '빛'(φως)이라는 말은 광원(光源, light)이라는 의미이며, 빛이 담고 있는 본질을 지시한다. 따라서 이 빛은 추상적인 존재이다. 이 빛은 형광등이나 등불 등에서 나오는 빛이라든지 번갯불과 같이 일반적으로 사람들이 감각할 수 있는 가시적이고 물리적인 발광체를 말하는 것이 아니다. 그것보다는 근본적인 밝음을 의미하는 빛의 원천으로서 광원을 말한다.

이 빛은 일상적으로 우리가 보고 느끼는 빛이 아니고 하나님께서 가지고 계신 속성의 한 단면을 빛으로 표시함으로써 빛의 근본이신 신적 존재를 지시하고 있다. 이처럼 성경은 신적 속성에 근거한 빛의 특성을 가지고 하나님의 특성을 표시하기도 한다. 이러한 경우에는 다른 빛과 구별하기 위해 '빛'(φως)이라는 단어를 사용하고 있는 것을 여러 곳에서 볼 수 있다.

"그 안에 생명이 있었으니 이 생명은 사람들의 빛이라 빛이 어두움에 비취되 어두움이 깨닫지 못하더라"(요 1:4-5)는 말씀에서 보는 바와 같이 본질적으로 어두움과 상반되어 있는 밝음의 존재를 지시하기 위해 '빛'(φως)이라는 용어를 사용한다. 따라서 이 빛이라는 단어는 그 특성상 존재 자체를 말한다. 이 빛에 대하여 요한은 '참 빛'(요 1:9)이라고 소개하고 있다. 요한은 예수님을 가리켜 '그분 자체가 곧 빛이시다'고 말한다.

또한 요한일서 1장 5절에서도 "하나님은 빛이시다"고 소개하고 있다. 이는 태양과 같은 발광체 등의 물리적인 빛을 말하는 것이 아니라 근본적인 존재로서 빛에 비추어 하나님의 속성을 표시하고 있다.

이상에서 보는 것과 같이 "너희는 세상의 빛이다"고 하시는 말씀은 '빛과 같이 빛나라, 빛과 같이 비추라'는 등의 의미에서 말하는 역할론을 강조하는 것이 아님을 알 수 있다. 위에서 요한 사도가 제시한 것처럼 예수께서 말씀하신 빛은 발광체에서 나오는 빛이 아니라 빛과 어두움이라는 본질적인 속성 가운데에서 어두움과 상반되어 존재하는 '빛' 그 자체를 지시하고 있다.

이 빛이 가지고 있는 속성을 가리켜 '밝음'이라는 말로 대치할 수 있다. '눈이 밝다, 귀가 밝다, 머리가 밝다'고 말하는 의미에서의 밝다는 속성 역시 어둠과 반대되는 빛의 개념을 통해 설명될 수 있다. 이러한 차원에서 본다면 예수께서 "너희는 세상의 빛이다"고 하신 말씀의 의미 역시 어두움과 상반된 위치에 서 있는 빛의 속성을 이야기하고 있음을 알 수 있다.

이런 점에서 예수께서 가지고 있는 빛의 속성을 근거하여 그의 제자들 역시 예수 그리스도의 속성을 드러냄으로써 그리스도를 닮은 빛과 같은 존재라는 뜻에서 '너희는 세상의 빛'이라고 말씀하신 것이다.

빛과 어두움은 극단적으로 상대적인 성질을 가지고 있다. 빛과 어두움의 한계를 정할 수 없기 때문이다. 어디에서부터 빛이고 어디에서부터 어두움이라고 말할 수 있는 경계선이 없다. 빛은 빛이고 어두움은 어두움일 뿐이다. 그러나 한 공간 안에 그 둘이 함께 공존할 수는 없다. 빛과 어두움이 섞여 있을 수 없기 때문이다. 따라서 빛과 어두움은 한 영역 안에서 서로 배타적이며 그중 하나가 자리를 확보하고 있기 마련이다.

'너희는 세상의 빛'이라는 말씀에서는 빛의 이러한 속성을 이야기하고 있다. 즉 이 세상에는 빛의 속성과 상대적으로 어두움의 속성이 있는데 너희가 속한 위치는 빛의 속성에 속한 자리라고 하는 의미를 이 말씀 안에 포함하고 있다. 이 말은 어두운 바다를 항해함에 있어서 바다를 지켜주는 등대와 같이 어두운 세상을 밝히는 등불이 되라는 말이 아니다. 이 세상에는 빛과 어두움이라는 공존할 수 없는 두 가지 속성이 있는데 너희는 어두움에 속하지 않고 빛에 속한 사람들이라는 의미로 이 말씀을 하신 것이다.

1. 빛의 본질에 대하여

'너희는 세상의 빛이라'고 하신 말씀을 좀 더 깊이 이해하기 위해 먼저 여기에서 말하는 빛은 무엇인가에 대해 생각해 볼 필요가 있다. 여기에 사용된 빛(φως)이라는 단어는 일상적으로 사용되는 단어가 아니다. 성경은 이 단어를 사용함에 있어 하나님과 예수님을 가리켜 제한적으로 사용하고 있는데 이것은 의미심장한 일이다.

요한일서 1장 5절에는 "하나님은 빛(φως)이시라 어두움이 조금도 없으시니라"고 하였다. 1장 7절에서는 "하나님은 빛(φως) 가운데 계시니라"고 묘사하고 있다. 디모데전서 6장 16절과 시편 104편 혹은 이사야는 하나님이 옷을 입으심과 같이 "빛을 입고 계신다" 또는 "하나님은 빛(φως)의 아버지시다"는 말로 묘사하고 있다.

한편 요한복음 1장 6-8절에서는 세례 요한을 가리켜 빛(φως)이라 하지 않고 빛을 증거하는 등불이라고 묘사하고 있다. 세례 요한은 빛이 아니고 빛을 증거하기 위해 온 선지자이기에 빛과 구분하여 말하고 있는 것이다. 이처럼 그리스도의 선지자들, 즉 하나님의 선지자들은 그

빛을 증거하는 사람 혹은 어두운 세상에 빛을 계시하는 사람들로 구별
하여 묘사하고 있는 것이 일반적이다.

그런데 유독 예수님은 그의 사랑하는 제자들에게 너희는 빛(φως)이
라고 말하고 있다는 점에서 이 단어를 매우 독특하게 사용하고 있음을
주의해야 한다. 일반적인 용례를 적용한다면 '너희는 빛을 증거하는
등불이다' 또는 '선지자와 같이 어두움을 밝혀주는 빛과 같은 사람들
이다'라고 해야 할 것이다. 그러나 예수님은 그의 제자들을 가리켜 '너
희는 빛이다'고 말씀하시고 있다. 이것은 독특한 용법이다.

선지자들이라든지 세례 요한과 같은 사람들, 다시 말하면 그리스도
가 누구이고 하나님이 누구인가를 드러내기 위해 쓰임 받는 사람들을
가리켜서 성경은 빛이라 하지 않는다. 그들을 가리켜 빛을 계시하는 사
람 또는 빛을 증거하는 사람이라고 한다. 이런 점에서 그들은 어두움을
밝히는 등불과 같은 존재들이다. 그런데 유독 마태복음 5장에서 예수
님은 그의 제자들을 가리켜 너희는 세상의 빛이라고 말씀하고 있다는
것이다.

이 점을 무시하고 일반적으로 해석하기를 "너희는 세상의 빛이다"는
말을 '우리는 예수 그리스도를 증거하는 사람들이다. 그러므로 빛의 역
할을 해야 한다. 세상에서 빛으로서 밝히 드러나야 한다. 어두운 세상
을 밝혀야 한다'고 말하고 있다. 이것은 이 말씀을 하신 예수님의 의도
를 고려하지 않은 생각이다.

그러한 역할을 하는 사람들을 가리켜서 성경은 빛(φως)이라고 하지
않는다. 그러한 사람들을 가리켜 말할 때는 빛과는 구별하여 등불과 같
은 사람이라고 한다. 하나님께서는 각 시대에 특별한 목적이 있어 그들
을 불러내시고 그들에게 사명을 주어 하나님의 의지를 이 세상에 밝히
드러내는 일에 사용하셨다.

반면에 빛이라고 할 때는 하나님이나 예수 그리스도께서 가지고 있는 본질적인 속성을 가리켜 말하고 있다. 특히 빛이 가지고 있는 밝음이라는 속성을 어두움과 대조하여 말한다. 이러한 의미를 가지고 예수님은 그리스도의 제자들을 향해 '너희는 세상의 빛'이라고 말씀하셨다. 여기에서 주께서 말씀하시고자 하신 의도는 예수님과 하나님이 가지고 있는 본질적인 속성에 비추어 성도라면 의당히 빛의 속성을 가지고 있어야 함을 강조하기 위함임을 알 수 있다.

그렇다면 우리가 어떻게 빛이 될 수 있는가를 생각해 보아야 한다. 우리가 과연 세상의 빛인가, 빛의 근원과 같은 존재인가에 대한 답을 찾아야 하기 때문이다. 그런데 우리는 본질상 빛의 근원은 될 수 없는 사람들이다. 본래 우리는 어두움의 자식들이었다. 우리는 어두움의 자식들로서 저주 아래 있던 사람들이었다. 이 말은 우리가 어두움에 속했던 사람들이었음을 의미한다.

예수 그리스도의 속죄 사역을 통해서 그리고 성령께서 그의 제자들에게 내주하심으로써 우리는 예수 그리스도께서 가지신 신적인 성품을 발휘할 수 있게 되었다. 우리가 예수 그리스도의 성품을 발휘한다는 것은 우리 안에 신격(神格)이 있음을 의미한다. 즉 하나님의 인격을 소유하고 있기 때문에 그리스도적인 성품을 발휘할 수 있게 되었다. 이로써 우리는 신적인 성품을 가진 새 사람이 되었다.

이런 차원에서 예수께서는 우리를 가리켜 세상의 빛이라고 하신 것이다. 다시 말하면 예수 그리스도의 성품을 발휘하는 존재들이라는 점에서 빛이라고 말씀하신다. 우리가 하나님 나라의 백성이라면 하나님 나라의 백성으로서 자각을 가지고 있어야 하며, 그 나라의 본체이며 본질이신 예수 그리스도와 접촉되어 있어 신적인 품성을 발휘하고 있어야 한다. 바로 그 현상을 가리켜 빛이라고 한다.

이것이 주께서 "너희는 세상의 빛이라"고 하신 말씀의 진정한 의미이다. 그러므로 우리가 예수 그리스도의 제자로서 그리스도의 성품을 밝히 드러낼 수 있다면 비로소 우리는 세상의 빛이라고 일컬어 말할 수 있을 것이다.

2. 빛의 속성에 대하여

빛의 독특한 성격 중의 또 다른 것은 어두움과 함께 공존할 수 없다는 점에 있다. 이것은 어두움이 가지고 있는 성질과는 달리 빛은 항상 밝게 드러나는 특성을 가지고 있기 때문이다. 빛이 존재하되 어두움과 조화를 이루어 적절히 섞여 있는 것이 아니다. 빛은 어두움과는 정반대의 기질을 가지고 있어 언제나 밝히 그 정체를 나타내는 존재이다.

그래서 예수님은 "너희는 세상의 빛이라"고 말씀하신 후에 "산 위에 있는 동네가 숨기우지 못할 것이고 사람이 등불을 켜서 말 아래 두지 아니하고 등경 위에 두나니 이러므로 집안 모든 사람에게 비취느니라"고 언급하셨다. 즉 빛이 존재한다, 빛이 있다는 것은 절대로 감추이지도 않고 그것을 숨길 수 없다는 의미이다. 빛이 어두움을 비출 때는 어두움을 물리치는 성질을 가지고 있다. 때문에 빛은 그 존재만으로도 확연히 드러나는 것이다. 즉 그 존재가 명확하게 나타나는 것이다.

아무리 칠흑같이 어둡다 할지라도 거기에 빛이 비추이게 되면 어두움은 순식간에 물러가고 만다. 어두움이 아무리 두껍고 깊다 할지라도 빛 앞에서는 도무지 적수가 될 수 없다. 때문에 어두움은 빛을 상대로 대적할 수 없다. 빛이 존재하고 있는 동안에는 결코 어두움은 그 힘을 쓸 수도 없고 그 존재를 드러낼 길이 없다. 이런 점에서 너희는 세상의 빛이라고 하신 말씀은 이미 어두움을 물리친 상태로서 더 이상 어두움이 상대할 수 없는 위치에 있음을 의미한다.

그러한 차원에서 예수님은 산 위에 있는 동네가 숨기우지 못하는 것처럼 또는 등불이 말(斗) 아래 있지 아니하고 등경 위에 있는 것처럼 빛으로 일컬어지는 교회의 존재를 결코 감출 수 없으며 등불이 등경 위에 있어야 하듯이 교회는 언제나 감추어지지 않을 때 그 존재 가치가 있다고 말씀하신다.

여기에서 말하는 산 위에 있는 동네(πολις)라는 말은 도시 국가의 형태를 띠고 있는 성(The wall of a city)을 의미한다. 말하자면 하나의 국가적인 단위를 상징하는 도시로 국민의 생존권과 법질서를 유지하기 위한 법률과 자치권을 가지고 있는 조직체를 말한다. 즉 성이 있다는 것은 그 안에 조직이 있고 존재의 목적이 있음을 상징한다. 그 성을 지키기 위한 방어력도 있고 그 성 자체를 유지하기 위한 생명력을 가지고 있기 마련이다. 산 위에 성을 세우는 것, 즉 도시를 세우는 것은 당시 지형학적인 상황에서 적으로부터 자신을 보호하기 위한 유리한 위치를 확보하기 위함이었다.

그러므로 산 위에 있는 동네라는 것은 그 동네 자체가 빛이라는 말은 아니다. 그러나 그 동네가 있다는 것은 확연한 사실이다. 특히 밤이 되면 그 성에서 비추는 불빛 때문에 그 존재가 드러나기 마련이다. 밤이 깊어 갈수록 산 위에 있기 때문에 어디서나 볼 수 있다. 거기에 성이 있다는 사실이 누구에게나 명확하게 드러나는 것이다.

등경 위에 두는 등불도 마찬가지이다. 모든 사람들이 등불이 어디에 있는가를 환히 아는 것이다. 구태여 등불이 어디에 있는가를 찾지 않아도 등불만큼은 숨길 수 없다. 등불을 숨겨야 할 이유가 있다면 모르겠지만 등불이란 감추어져 있는 것이 아니라 밝히 그 정체가 드러나 있어야 한다.

이처럼 빛의 성격이라는 것은 도저히 감추어질 수 없다. 어떤 경우에든지 항상 명확하게 그 존재를 드러내기 마련이다. 특히 여기 예수께서 '너희는 세상의 빛'이라고 말씀하시면서 산 위의 동네라든지 등경 위에 두는 등불과 연관시켜 말씀하시는 것은 그 존재가 감추어지지 않는 빛의 속성을 밝히시기 위함이다. 즉 우리 자체가 어떤 유기적인 조직체를 가지고 있어서 일반 세상에 대하여는 분명하고 밝히 드러날 수밖에 없다는 점을 강조하기 위한 말씀이다.

이것은 교회가 이 세상에 존재하는 유형적인 성격을 지시한다. '너희'라고 지칭하는 것부터가 어떤 한 개인이 아니라 조직적이고 유기적인 조직체로서의 한 단위를 염두에 두고 하신 말씀이다. 그러한 유기적인 조직체로 세워진 교회라면 그 교회는 하나님 나라의 속성을 자연스럽게 드러낼 수밖에 없고 그것이 곧 빛이기 때문에 세상과는 엄연하게 구별되어 존재하되 그 정체를 감출 수 없다는 것을 말씀하신다.

다시 말하면 어두운 세상에 비교해 볼 때 유기적이고 조직적인 이 교회는 산 위에 세워진 도시와 같이 숨겨지지 않는다. 뿐만 아니라 그것은 이 세상과 엄밀하게 구분되어 있다는 것을 말한다. 교회는 그 존재자체만으로도 세속과 본질적으로 구별되어 있다. 교회는 이 세상과 본질적으로 구분되어야 한다. 비록 그 살아가는 형태도 비슷하고 운영하는 체제나 조직이 세상의 조직체와 크게 다를 바 없음에도 불구하고 교회만이 세속과 구별될 수 있는 것은 그 독특한 성질 때문이다.

그 독특한 성질이란, 교회는 하나님께서 다스리시는 영역으로 하나님의 통치가 드러나는 곳이고, 그 결과 하나님의 영광이 친히 나타나는 곳이라는 점에서 찾을 수 있다. 이것을 가리켜 교회의 문화(文化)라고 한다. 본질적으로 교회는 세상의 문화와 다르기 때문에 구별되어야 한다. 뿐만 아니라 세상의 성질을 어두움이라 한다면 교회는 본질상 그 성질이 빛이기 때문에 당연히 구별될 수밖에 없다.

때문에 "너희는 세상의 빛이다"는 말은 '교회는 세상의 빛이다' 는 말이며 이것은 교회로서 세상과 구별되는 거룩성을 보존하고 있어야 한다는 말이다. 뿐만 아니라 이 세상이 지니고 있는 어두움의 성격과 구별되어 있어서 하나님의 통치가 구현되고 이로써 하나님의 영광이 나타나는 삶의 형태로서 고유한 문화가 확고하게 서 있어야 한다는 점을 강조하고 있다.

이러한 하나님 나라의 문화적 요소들을 고루 갖추고 발현되는 자리가 바로 '예배' 이다. 우리가 드리는 예배야말로 이땅에서 가장 현저하게 드러나는 교회의 문화이며, 이 예배를 통해 하나님께서 친히 자신의 영광을 온 땅에 나타내신다. 또한 예배를 통해 이땅에 유형적인 하나님 나라의 한 형태로서 교회의 존재를 확연하게 드러내는 것이다.

3. 교회가 이땅에 존재하는 의미

교회가 세상을 향해 원조를 베풀거나 문맹 퇴치 사업을 하는 것 등을 가리켜서 빛이라고 하지 않는다. 그러한 일은 교회가 아닌 다른 세상 단체들도 얼마든지 할 수 있다. 이미 그 교회가 가지고 있는 독특한 성격상 어두움과 대칭적으로 또 어두움을 물리치는 존재로서 고유한 문화를 가지고 있다는 점에서 빛이라고 한다. 때문에 교회는 그 교회만이 가지고 있는 독특한 문화가 있어야 한다. 만일 이것이 분명하지 않아서 교회와 세속의 경계선이 무너지게 되면 교회가 가지고 있는 거룩성은 쉽게 변질되고 마는 것이다.

마치 바닷가에 가면 바닷물과 육지 사이의 경계가 분명한 것과 같다. 간조의 차가 심한 곳이라 할지라도 그 경계선이 분명히 있기 마련이다. 그러나 교회가 세상에 대해 경계선이 명확하지 않다면 교회가 세속과 구분되기 위한 영역이 무너지기 쉬운 것이다. 빛은 그 성격상 어두움과 공존할 수 없다. 때문에 어두움이 조금씩 빛의 영역으로 잠식하여 들어

온다는 것은 이미 빛이 힘을 잃고 있어서 어두움에 점령을 당한다는 것을 의미한다.

빛의 속성은 본질적으로 어두움을 결코 용납하지 않는다. 따라서 빛에 어두움이 섞이고 있다는 것은 빛이 더 이상 그 속성을 유지하지 못하고 점차 어두움에 물들어 가게 되는 것을 나타낸다. 마찬가지로 교회가 세상과 같이 부패하게 되면 그것은 더 이상 교회라고 하기가 어렵다. 마치 빛이 어두움에 삼켜짐을 당하는 것처럼 교회가 어두움을 상징하는 세속 세력에 잠식되고 마는 것이다. 그런 상태에 있는 교회는 본질이 파괴되어 버렸다고 말할 수밖에 없다. 즉 교회의 본질이 파괴되었기 때문에 교회가 세속과 더불어 살아가게 된다. 그것을 가리켜 더 이상 교회라 하지 않는다.

교회가 세상과 타협한다든지 세상과 차이가 없을 때는 그 안에서 교회의 본질을 찾기 어려울 것이다. 단지 몇 가지 종교적인 버릇들이 남아 있어서 그것을 가지고 교회라고 하거나 혹은 교회라는 외형적인 형태를 갖추고 있다 하여 그것을 교회라고 할 수 없기 때문이다. 그것은 교회가 아니다.

적어도 우리가 교회라고 한다면 거기에는 독특한 하나님 나라의 형상이 있어야 한다. 하나님 나라만이 가지고 있는 기준이 있고 평안이 있어야 한다. 그래서 하나님의 나라는 세상과는 달리 능력이 있고 평강이 있고 거기에 기쁨이 있다. 세상이 주는 방법이나 위로나 쾌락으로 이것들이 얻어지는 것은 아니다. 교회만이 유일하게 하나님으로부터 받는 것으로서 평안과 능력이 있어야 한다. 그러한 하나님 나라의 속성이 유형화된 상태로 존재하는 것이 곧 교회이다. 그러한 교회를 가리켜서 '세상의 빛'이라고 한다.

여기에서 말하는 세상의 빛이라는 것은 하나님 나라의 문화를 밝히 드러내는 것을 가리켜서 말한다. 때문에 유형의 교회는 그 교회만이 추구해야 될 역사적인 존재 의미가 있기 마련이다. 막연하게 하나의 교회가 발생하여 어떤 풍습과 전통에 따라 살다가 가버리는 것이 아니다. 교회는 그 교회만이 가지고 있는 시간과 공간 속에서 존재해야 될 명확하고 고유한 존재 의미가 있어야 한다. 그러한 교회를 가리켜 '세상의 빛'이라고 한다.

이 빛이 있다는 것 자체가 이미 밝음이고, 이 빛이 있다는 것은 거기에 하나님의 나라가 현저하게 드러나고 있음을 의미한다. 그 안에서 이루어지는 삶을 통해 비로소 하나님 나라의 속성이 무엇인지 확인할 수 있다. 이것을 가리켜 교회의 문화라고 한다. 따라서 진정한 교회라면 그 교회만이 가지는 독특한 문화가 있기 마련이다.

이러한 이유로 역사 속에서 특정한 위치를 차지하는 시간과 공간대 속에서 교회가 가지고 있는 독특한 존재 의미가 어떤 것인가에 대해 관심을 가질 필요가 있다. 왜냐하면 고유한 교회의 문화가 발생하는 곳에서 비로소 그 교회가 존재해야 할 의미와 시대적 사명이라는 것이 확인되기 때문이다. 그러한 상태에 있는 교회가 빛으로서 이 세상에 존재하는 것이다.

그러한 빛이 없는 상태에서 우리가 아무리 세상의 빛이라고 외친다 할지라도 그것은 허무맹랑한 소리에 불과할 뿐이다. 때문에 주님은 "이 같이 너희 빛을 사람 앞에 비취게 하여 저희로 너희 착한 행실을 보고 하늘에 계신 너희 아버지께 영광을 돌리게 하라"고 말씀하신 것이다. 이것은 천상의 왕이신 예수 그리스도의 명령이다.

"하나님 아버지께 영광을 돌리게 하라"는 말씀 속에는 교회로서 분명한 자태와 그것이 가지고 있는 본질과 속성을 발휘함으로써 일종의 문화적인 형태로 명확하게 서 있어야 할 것을 지시하고 있다. 그것이 세상 사람들에게는 밝은 빛으로 드러나서 하나님께 영광이 되기 때문이다. 이러한 과정들이 밝혀지지 않는 상태에서는 감히 하나님께 영광을 드린다 또는 세상 사람들을 향해 하나님께 영광을 돌리라고 할 수 없다.

에베소서 5장 8-9절에 보면 "너희는 전에는 어두움이더니 이제는 주 안에서 빛이라 빛의 자녀들처럼 행하라 빛의 열매는 모든 착함과 의로움과 진실함에 있느니라"고 말씀한다. 여기에서 명확하게 보여주고 있는 것은 그리스도의 제자로 부름받은 우리는 이미 빛의 자녀라는 사실이다. 그 빛의 자녀가 드러내는 삶의 형태에 대해 본문에서는 '착함과 의로움과 진실함'이라고 밝혀 말하고 있다. 이와 같은 의미로서 마태복음 5장에서는 '착한 행실'이라고 말한다.

착한 행실은 이미 산상수훈의 대헌장(마 5:1-12)에서 주님이 말씀한 것으로 하나님 나라가 소유하고 있는 명확한 속성을 가리킨다. 그러한 삶의 형태가 유형적인 형태로 구성되어 있을 때 우리는 세상에서 빛의 존재로 서 있는 것이다.

"너희는 세상의 빛이라"하는 말이 오해되기 쉽고 또 요즈음 사회복음주의자들에 의해서 세상의 부정과 부패와 불의를 척결하는 일에 교회가 어떤 역할을 하는 것처럼 오용되고 있다. 그러나 하나님의 백성임을 자각하여 하나의 유형적인 교회를 이루고 시대적인 사명을 확인한 교회를 명확하게 세워 나가는 것이 진정한 빛의 자태이다.

〈기도〉

하나님 아버지.
주께서 우리 인생을 심히 아름답게 창조하셨고 무엇보다도 하나님의 인격을 부어 주셔서 빛의 자녀들이 되게 하셨습니다. 그러함에도 불구하고 우리는 어두움을 향하는 방향성을 여전히 가지고 있고 심지어 어두움에 깊이 빠져서 오랫동안 어두움의 종으로 살아왔던 불행한 과거를 떨칠 수 없습니다.

이제 우리가 거룩한 빛의 자녀들로 선택받고 본상의 위치에 돌아왔사오니 진정 우리가 하나님의 본질과 본성에 접촉되고 또 그러한 본질에 우리가 젖어 들어서 하나님을 밝히 드러내고 하나님의 성품을 나타낼 수 있는 유형적인 삶을 이루게 하옵소서.

그렇게 함으로 말미암아 우리가 세상의 빛으로서 어두움에 대해 분연하게 구별되고 그러함으로써 우리를 통해 하나님 나라가 완성된 모습으로 출현하게 될 것입니다. 하오니 주여, 진정 우리 안에서 먼저 하나님의 속성을 잘 닮고 또 그리스도의 인격을 잘 닮아서 장성한 분량에 이르게 도와주옵소서.

주 예수 그리스도의 이름으로 기도합니다. 아멘.

III. 하나님 나라의 본질적인 성격(性格)

제21장

세상의 빛으로서 교회 (2)

"너희는 세상의 빛이라"(마 5:14)는 말씀에서 말하는 '빛'(φως)이란 광원 그 자체를 지시하는 단어이다. 태양 빛과 같이 태양이 가지고 있는 요소들을 태워서 발생하는 물리적인 빛이 아닌 빛이 가지고 있는 속성으로서 본질을 가리킨다. 이런 점에서 여기에서 말하는 빛이란 '밝음'이라는 뜻의 단어라고 할 수 있다. "머리가 밝다, 눈이 밝다, 세상 물정에 대하여 밝다"는 등의 의미로 쓰이는 단어이다.

이러한 의미를 가진 단어를 사용하여 모세는 창세기 1장에서 태초의 빛으로 존재하고 계시는 하나님을 묘사하고 있다. 이것은 창조주 하나님만이 모든 빛의 근원이 되시기 때문이다. 따라서 빛의 근원이신 예수께서 그의 제자들을 가리켜 "너희는 세상의 빛이라"고 하시는 것은 예수께서 가지시는 인격적인 속성을 제시하고 그 속성에 근거하여 새롭게 삶의 변화를 가지고 있는 제자들의 속성이 어떠해야 하는가를 말하기 위함이다.

이런 점에서 제자들이 빛에 속했다는 뜻은 세상에는 어둠과 빛의 세력이 있는데 너희는 빛의 세력에 속해 있는 사람이라는 뜻이다. 특별히 여기에서 세상을 뜻하는 단어 '코스모스'(κοσμος)는 그 안에 질서가 있고 계통이 있어 잘 조직되어 있는 조직체를 가리켜 이야기한다.

우주가 운행하는 것을 보면 거기에는 질서가 있고 법칙이 있다. 무작정 그냥 돌아가는 것이 아니라 그 안에는 아주 세세한 규칙이 있어서 상호 유기적(organic) 특성을 가지고 운영되고 있다. 이처럼 유기적 특성을 가지고 있되 조직적으로 움직이는 세상이라는 것은 하나님께서 통치하시는 영역 가운데 이 세상이 있음을 의미한다. 그러한 세상에서 하나님의 통치를 밝히 드러내는 밝음에 속한 사람들이라는 의미에서 "너희는 세상의 빛이다"고 하신 것이다.

특별히 빛(φως)이라는 말을 성경에서 사용할 때는 하나님이나 예수님께서 가지신 신적인 속성을 드러내기 위해 사용되고 있음은 주지의 사실이다. 때문에 이 단어는 인간들이나 다른 피조물을 가리켜서 사용한 적이 없다. 이런 점에서 빛(φως)이라는 단어는 특별히 '신성'을 강조하여 사용된다. 즉 하나님이 가지고 있는 인격 또는 성품을 가리켜서 빛이라고 한다.

이런 것을 놓고 볼 때 특별히 제자들을 가리켜서 '세상의 빛'이라고 한다는 것은 이 지상에 살고 있는 일반적인 사람들과의 본질적인 차이를 지시함이 분명하다. 적어도 앞서 산상수훈의 대강령에서 지시하고 있는 것처럼 하나님의 성품, 즉 하나님 나라의 백성으로서 가지는 성품 또는 그리스도 자신이 가지고 있는 품성을 명확하게 드러낼 수 있는 상태를 가리켜 빛이라고 하고 그런 면에서 제자들을 가리켜 '너희는 세상의 빛'이라고 말씀하신다.

1. 중생한 사람이 가지는 속성으로서의 빛

여기에서 '세상의 빛'이라 했을 때 특이한 구별점이 하나 있다. 그것은 중생한 상태의 제자들을 지시하고 있다는 점이다. 예수께서 세상에 살고 있는 많은 사람들을 가리켜서 세상의 빛이라 하지 않고 특별히 산상수훈을 듣고 있는 제자들에게 "너희는 세상의 빛"이라고 한다는 것은 그들이 거듭난 상태의 사람들이기 때문이다. 요한복음 3장 6절에서 "육으로 난 것은 육이오 성령으로 난 것은 영이다"는 말은 성령으로 말미암아 잉태되어 출산된(born) 사람, 즉 성령으로 말미암아 태어난 사람을 지시한다. 그러한 사람은 '영'(πνυμα) 그 자체라는 말이다.

그러므로 '성령으로 난 것은 영이다'는 말은 그 자체가 영으로 말미암아 잉태되었기 때문에 영이라는 의미이다. 사람으로 말미암아 잉태되었다면 그것은 사람일 뿐이다. 그러나 영으로 말미암아 잉태되었기 때문에 그 사람의 본질 자체가 성령에 속해 있다는 것을 의미한다. 즉 성령으로 말미암아 태어난 사람으로서 중생한 사람이라는 뜻이다.

일반적으로 사람은 자연적인 출생의 법칙에 따라 이 세상에 태어나기 마련이다. 하지만 아담의 범죄 이후로 누구나 자연적인 출생에는 죄에 오염되어 있어서 태어날 때부터 죄책을 짊어지고 있다. 이것은 곧 사람이라면 누구나 '영적인 죽음'을 안고 태어난다는 의미이다.

반면에 하나님께서 영원한 작정 가운데 택한 사람들은 비록 자연적인 출생을 따라 이 세상에 태어난다 할지라도 그는 성령으로 말미암아 태어난 사람이다. 곧 죽음이 아닌 영적인 생명을 안고 태어나는 것이다. 단지 이 사실은 그가 장성하여 교회를 통해 일깨움을 받아 신앙을 고백할 때까지 감추어져 있을 따름이다.

중생은 우리가 세례를 받는 그 순간에 죽었던 사람이 다시 살게 되었다는 것이 아니라 이미 하나님께서 그에게 주신 영적인 생명이 있다는 사실을 깨닫는 의미에서 중생이라고 말하는 것이다. 여기에는 성령께서 우리를 죄로부터 깨끗케 하시는 정화의 과정이 작용되는데 이를 가리켜 '죽었던 우리가 다시 살게 되었다'는 의미에서 세례를 받는 것으로 상징하는 것이다(딛 3:5-7).

따라서 지금 예수 그리스도께서 산상수훈을 선포하는 대상으로 예수님 앞에 서 있는 제자들은 영에 속한 사람으로서 영에 속한 일을 받고 있는 것이다. 이것은 그들이 거듭난 자들로서 존재하고 있음을 의미한다.

어떤 사람이 태어나서 기독교를 알고 성경을 배우고 조직신학적으로 성령에 속한 사람이라는 지식을 배워서 영에 속한 사람이 되는 것은 아니다. 그 사람이 본시 성령으로 말미암아 이땅에 보내진 사람이기 때문에 영에 속한 사람이 되는 것이다. 그 근원 자체가 영(성령)이라는 의미이다. 즉 '그 사람의 본질이 영이었다'는 의미이다. 이런 사람만이 하나님 나라를 볼 수 있다.

하나님 나라를 볼 수 있다는 말은 예수께서 하나님의 나라를 해석하실 때 이를 영생이라고 말씀하신 것처럼 영생에 들어갈 수 있다는 말과 같다. 본래 이 사람은 영생을 갖고 태어난 사람이기 때문에 영생으로 들어간다는 의미이다. 때문에 우리의 신앙 행위라든지 종교성에 따라서 하나님 나라의 백성이 된다거나 그 나라를 건설함에 있어서 어떤 역할을 함으로써 공로가 인정되어 영생을 얻는 것은 아니다.

우리가 영생에 들어갈 수 있는 것은 본래 우리가 영생에 속한 자들이기 때문에 자연스럽게 영생에 들어가는 것이다. 우리는 성령님으로 말미암아 태어난 사람들이기 때문에 자연스럽게 하나님의 아들이 되는 것이며, 우리가 빛의 아들들이기 때문에, 빛에 속해 있기 때문에 당연히 빛의 열매를 맺는 것이다.

빛의 아름다움은 무지개나 보석을 통해 반사되는 영롱한 아름다움을 통해 인식할 수 있다. 그런 아름다움을 드러낼 수 있는 것은 본래 보석에는 그러한 특성이 담겨 있기에 가능하다. 돌맹이 하나를 주워서 그것을 열심히 가공하여 보석으로 만드는 것이 아니다. 보석은 처음부터 보석의 성질을 가지고 있는 원석을 가공해야 보석이 된다.

마찬가지로 사람 또한 처음부터 영생에 속한 자여야 중생의 사실을 깨닫고 세례를 받음으로써 그 사실을 교회가 보증해 주는 것이다. 그런 사람들이기 때문에 우리의 인생을 통해 우리가 빛의 자녀임을 드러낼 수 있다는 의미이다. 따라서 지금 하나님 나라의 일에 대해 예수께서 그 제자들에게 선포하셨다는 것은 그들이 하나님 나라의 질서 가운데 있음을 의미한다. 동시에 그들은 하나님 나라의 동질성을 의미하는 영생에 속한 자들임을 의미하는 것이다. 이처럼 본질적으로 하나님 나라에 속한 자들을 가리켜 '세상의 빛'이라고 하셨다.

우리를 잘 다듬고 가꾸거나 인격적으로 수양을 시켜서 빛의 열매를 맺는다거나 빛의 자녀가 되는 것은 아니다. 이 세상에 보면 그렇게 보이는 사람들이 없지 않다. 도덕적으로나 윤리적으로 자기 몸을 닦고 자기감정을 다스리고 사회를 다스리고 국가를 다스리려는 사람들이 많이 있다. 그래서 사람들 사이에 '수신제가치국평천하'(修身齊家治國平天下)라는 말들을 한다. 그러한 가치 기준을 놓고 보면 세상 사람들이 기독교인들보다 더 밝게 빛나는 것처럼 보일 수도 있다.

세상에서 소위 말하는 인류의 등불이라 일컬어지는 사람들은 기독교인들 말고도 얼마든지 있다. 유명한 슈바이처나 페스탈로치 같은 사람들도 인류의 등불이라고 한다. 이런 점에서 본다면 누구나 자신을 연마하고 업적을 쌓으면 인류의 빛이 되거나 등불 노릇을 할 수 있다. 교육을 잘 받고 인품을 잘 닦고 수양을 잘하면 누구나 사람들이 칭송하는 빛이 될 수 있다.

그러나 성경은 그런 사람들을 가리켜서 빛이라고 하지 않는다. 본래가 빛의 자녀로 태어난 사람이어야 하고 하나님의 아들이어야 한다. 단지 그 하나님의 아들 되는 사람, 빛으로 태어난 사람, 성령으로 말미암아 태어난 그 사람들이 자신의 신분을 알고서 어떻게 사는 것이 하나님께 기쁨이 되며 어떻게 살 때 이 아름다운 빛을 드러낼 수 있는가를 자각해서 살아갈 때 거기에 참 빛으로서 모습을 나타내는 것이다.

본래 빛에 속하지 않은 사람들이 자신을 도덕적, 윤리적으로 성숙시킨다고 해서 이 빛의 역할을 대신하거나 모방할 수 있는 것이 아니다. 때문에 우리가 세상에서 윤리적으로 혹은 도덕적으로 아니면 사회적으로 명성을 세우거나 또는 인류의 등불이라고 칭함을 받지 못한다 할지라도 우리는 근본적으로 빛에 속해 있는 것이다.

왜냐하면 우리는 본래 영으로 말미암아 태어나 빛의 근원을 갖고 있기 때문이다. 우리는 빛 그 자체이다. 따라서 우리는 빛으로서 존재한다. 빛은 빛으로서 존재하는 것이지 빛을 잘 비추어야 한다든지 혹은 그 빛으로 세상을 밝혀보겠다거나 또는 빛을 잘 드러내어서 어떤 업적이나 공로를 세우는 것으로 자신이 빛에 속했다는 사실을 증거하는 것은 아니다.

2. 빛은 존재하는 목적이 있음

빛이 빛으로서 존재함에 있어 방해를 받는 경우가 있다. 예수께서 '세상의 빛'에 대해 말씀하시면서 등불을 켜서 말(斗) 아래 두는 법이 없다고 하신 것은 빛의 존재를 방해받는 경우가 있음을 염두에 두고 하신 말씀이다. 말 아래 두든지 침상 아래 둔다는 것은 누군가 그 빛으로부터 나오는 불빛을 차단시킴으로써 그 빛의 존재가 감춰질 수 있음을 의미한다. 이것은 우리가 빛으로서 존재한다 할지라도 어떤 경우에 있어서는 그 빛이 차단당하는 경우가 발생할 수 있음을 경고하고 있다.

예를 들면 빛의 아들들의 모임이 교회라 한다면 이 교회가 교회로서 속성을 잃어버리게 될 경우 교회는 하나의 집단 체제로 존재할 뿐이다.

그것이 빛으로서 존재하는 속성을 잃어버리게 되는 것이다. 그런 일에 대해 우리는 조심해야 한다. 마태복음 5장 12절에서 보는 것처럼 등불을 켜는 이가 있다면 등불을 켜는 목적에 따라 등불을 높은 데 두게 된다. 마찬가지로 빛을 보내시는 이가 계신다면 스스로 그 빛을 가리는 자리에 교회를 두는 법은 없다.

때문에 우리가 빛으로서 존재한다면 우리의 빛이 보내신 분의 의지 때문에 가려지는 일은 없어야 할 것이다. 하나님께서 교회를 감추실 리 없기 때문이다. 원래 등불을 켜는 것은 어두움을 물리치고 빛을 비추기 위한 것이다. 등불을 등경 위에 두는 것이지 말 아래 감추지 않는다.

마찬가지로 교회를 이 세상에 보내신 하나님이시라면 우리를 당연히 등경 위에 두시는 것이지 말 아래 감추고 숨기는 일은 없다. 산 위에 성을 세우면 누구나 성이 거기에 있음을 알게 되는 것이고 감춰지지 않는다. 마찬가지로 빛이란 원래 숨기우지 않고 누구에게든지 다 밝히 보이기 위한 것이다.

빛이 감춰진다는 것은 극히 예외적인 경우이다. 어떤 특별한 경우에 빛을 밝혀서는 안 되겠다 하고서 불빛이 새어나가지 못하도록 빛을 감추는 경우가 있다. 적의 공습이 있을 경우에는 빛이 드러날 경우 치명적인 타격을 입기 때문에 빛을 감추는 일이 있다. 하지만 그런 경우는 극히 예외적인 일이다. 일반적으로 빛이라는 것은 자연스럽게 나타날 수밖에 없다.

그러니까 우리에게 주님께서 말씀하시는 것은 너희가 본질상 본상의 빛에 접촉되어 있다는 사실을 중시하라는 것이다. 빛 그 자체를 너희가 소유하고 있지 않다면 결코 빛을 드러낼 수 없다는 사실을 말씀하신다. 빛을 가진 자만이 빛을 드러낼 수 있기 때문이다.

'너희는 세상의 빛'이라는 것은 너희가 이제 본질적으로 빛을 가지고 있는 사람이라는 의미이다. 그 사람은 중생한 자로서 자연스럽게 예수 그리스도의 성품을 그 안에 가지고 있음을 강조하고 있다. 즉 영으로 말미암아 태어난 사람답게 이제는 자연스럽게 하나님의 인격, 그리스도의 인격을 드러내야 한다. 바로 이러한 일을 하시는 분이 성령이시기 때문에 영으로 태어난 사람은 그 성품을 감출 수 없다.

그러므로 우리가 빛을 비춘다, 빛의 역할을 한다는 것은 하나님께서 우리를 쓰신다는 점에 초점을 두어야 한다. 우리 스스로가 빛으로서 역할을 할 수 있는 것이 아니라 빛이 있으면 그 빛을 사용하시는 분의 뜻에 따라 용처를 나타내는 것이다.

이 세상에서 어떤 공적을 세움으로써 세상을 아름답게 바꾸려 하거나 윤리적으로나 도덕적으로 완성된 나라를 세움으로써 이 세상이 밝아지고 아름다운 열매를 맺게 될 것이라고 생각해서는 안 된다. 우리가 기독교인으로 또 교회의 역할을 잘 수행한다 해도 이 세상 사람들의 흠을 감추고 또 이 세상이 갈수록 아름답게 되리라는 것은 우리의 생각일 뿐이다.

세상은 갈수록 더 흠이 많아지고 더 악해진다. 그래서 세상의 종말에는 하나님의 심판이 있을 뿐이지 종말에 가서 세상이 천국처럼 아름답게 바뀌는 것이 아니다. '여호와의 증인'들이 말하는 것처럼 세상의 끝날에 이 세상이 낙원으로 바뀌는 일은 없다. 우리가 아무리 이 세상에서 아름다운 역할을 다하고 빛의 역할을 다한다 해도 세상은 결국 심판의 자리에 서고 마는 것이다.

하나님께서 그의 자녀를 택하실 때는 사람들이 이 세상에서 행한 공적을 근거로 하지 않고 본래 빛에 속한 자인가 아닌가를 따라 심판하신다. 왜냐하면 빛을 소유하고 있는 자만이 그리스도의 품성을 드러냄으로써 빛의 역할을 수행할 수 있기 때문이다.

이렇게 함으로써 그들을 통해 하나님의 통치가 이땅에 드러나고 하나님의 선하시고 지혜로우심과 전능하심과 아름다움이 나타나는 것이다. 이 모습을 가리켜 "하늘에 계신 우리 아버지여 이름이 거룩히 여김을 받으시오며 나라이 임하옵시며 뜻이 하늘에서 이룬 것같이 땅에서도 이루어지이다"(마 6:9-10)라고 한다. 이것은 우리가 역사를 경영하시는 하나님의 경륜 가운데 있을 때 비로소 하나님의 통치가 구현된다는 사실을 의미한다.

3. 하나님께 헌상되어야 함

우리가 하나님의 우주적인 통치에 대해 다 알 수 있는 것은 아니다. 단지 지금까지 흘러온 역사를 파악함으로써 지금 우리가 처한 위치를 알게 된다. 이러한 교회적인 존재 가치를 바탕으로 나에게 적합한 역할이 요구된다. 때문에 먼저 우리 자신이 빛으로서 존재해야 한다. 즉 역사적인 교회의 한 일원으로 존재하는 것이 우선이다.

이러한 위치에 서 있는 사람이라면 자신의 존재 의미에 걸맞은 생활을 경영할 것이다. 이것은 세상의 온갖 잡다한 일에 자신을 낭비하지 않고 자기의 분수에 알맞게 살아가는 지혜를 가져다준다. 이것이 그리스도의 제자다운 모습이다. 한 인간으로서 이 세상에 태어난 자신의 존재 가치를 다하는 것이 여호와를 경외하는 길이기 때문이다(잠 1:9).

자신의 본분을 다한다는 것은 그 사람을 창조하신 여호와 하나님께 선택되었음을 의미한다. 왜냐하면 사람은 하나님의 손에 들려졌을 때 가장 유효한 효과를 발휘하기 때문이다. 우리 인생이 지금까지는 깨어진 유리 조각같이 살아왔다 할지라도 하나님의 손에 붙잡혀 있다면 그 가치를 효과적으로 발휘하게 된다. 그날을 위해 우리가 존재하는 것이다. 즉 우리는 하나님께 쓰임 받기 위해 존재한다. 따라서 하나님께서 우리를 쓰실 수 있도록 언제든지 맡긴다면 하나님은 가장 유력한 방법으로 우리를 사용하여 그 효과를 발생하실 것이다.

이러한 의미에서 예수께서는 "이와 같이 너희 빛을 사람 앞에 비춰게 하여 저희로 너희 착한 행실을 보고 하늘에 계신 너희 아버지께 영광을 돌리게 하라"(마 5:16)고 말씀하신다. 그렇다고 우리 일생동안 매일같이 하나님의 경륜을 이루기 위해 쓰임 받는다는 의미는 아니다. 우리가 하나님의 일을 위해 쓰임 받기 위해 날마다 준비하고 살 때에 비로소 하나님께서 필요하시는 그 일을 위해 때를 따라 쓰시는 것이다. 이것이 헌신되어 있다는 의미이다. 이처럼 헌신되어 있는 사람을 하나님께서 사용하시는 그 상태를 가리켜 하나님의 영광이라고 한다.

교회도 마찬가지이다. 우리 교회가 언제나 하나님의 손에 쓰임을 받고 있는 것처럼 오해해서는 안 된다. 오히려 하나님께 쓰임 받기 위해 준비하는 시간이 더 많이 요구되기 때문이다. 바로 그날을 위해 우리가 매일같이 연구하고 장성하고 전진해 나갈 때 어느 때인가 하나님의 나라에 유익하고 필요로 하여 쓰임 받는다면 그것으로 존재 가치를 다하는 것이다.

바로 그날을 위해 우리가 늘 확인하고 있어야 할 것은 과연 우리가 처음부터 빛으로 존재하고 있는가에 대한 문제이다. 빛을 두신 이가 빛을 사용하고자 할 때 그 능력을 발휘할 수 있기 때문이다. 우리가 처음부터 빛이 아니라면 빛을 쓰시고자 하는 날에 막상 아무 곳에도 쓰임을 받지 못할 것이다. 이런 점에서 우리의 존재 의미에 대해 전 역사를 통하여 늘 확인하고 있어야 한다.

이후 전개될 마태복음 5장 17절부터 7장 마지막까지는 세상의 소금으로서 그리고 세상의 빛으로서 존재하는 교회와 그 회원의 삶에 대해 구체적으로 언급하고 있다. 여기에서 하나님 나라의 백성이 이미 갖추고 있는 속성들이 어떻게 발현되고 있는가를 확인할 수 있다. 곧 하나님의 나라가 이땅에서 구체적으로 구현되는 모습들을 찾을 수 있다. 이 상태를 가리켜 천국 백성의 삶이라 할 것이다.

〈기도〉

하나님 아버지.

주께서 이 세상을 다스리시는 것은 거룩한 주의 백성들로 하여금 최상의 가치를 발휘하고 각 사람의 본분을 완수하도록 하기 위함임을 알았습니다. 주께서는 그 일을 이루도록 하기 위해 무한한 지혜로 우리 각 사람의 인생을 돌보아 주실 뿐 아니라 어리고 연약한 우리의 신앙이 성숙할 수 있도록 은혜를 베푸셨습니다. 때문에 우리는 늘 하나님께 감사하며 오늘도 하나님의 백성임을 각성하고 우리 일상의 생활가운데 하나님의 영광을 드러내기 위해 최선을 다하기를 원합니다.

이미 우리는 빛의 자녀로 태어났사오니 우리에게서 자연스럽게 빛의 속성이 드러나야 할 것입니다. 빛의 속성은 그리스도께서 산상수훈을 통해 명확하게 그 특성을 보이셨습니다. 그러나 이 모든 빛의 열매를 맺음에 있어 저희의 성품만으로는 옳고 아름다운 열매를 맺을 수 없음을 고백합니다. 빛의 열매는 전적으로 성령께 우리를 드릴 때 비로소 맺을 수 있기 때문입니다.

하오니 우리가 전적으로 하나님께 드려지기 위해 늘 자신을 분별할 수 있는 은혜를 주시옵소서. 이 모든 일이 주 안에서 이루어지기를 소원합니다.

주 예수 그리스도의 이름으로 기도합니다. 아멘.

제2부 | 천국 백성의 삶

〈프롤로그〉

그리스도께서 세우신 새 창조의 세계

그리스도의 부활 사건은 하나님이신 예수님이 인간의 몸을 입고 성육신하여 인류를 죽음으로부터 구원하여 영원한 생명을 가지게 하는 첫열매였다(약 1:18; 고전 15:20, 23). 예수 그리스도는 그 자신이 동정녀를 통해 이 세상에 오신(incarnation) 죄 없으신 인간(人間)이면서 스스로 십자가를 지셨고, 죽으셨으며, 사망을 이기셨고, 부활하셨으며, 승천하심으로써 그 자신이 신(神)이심을 증거하셨다.

그러나 로고스(λογος)이신 그리스도가 동정녀 마리아를 통해 성육신(incarnation)하시고, 죽으시고, 부활하시고, 승천하셨다는 것만으로는 이 세상에서 시간(時間)과 공간(空間)의 제약을 받으며 여전히 인간으로 존재하고 있는 모든 성도들이 자동적으로 부활의 몸을 입게 되는 것은 아니다. 비록 죄로부터 구원을 받았다는 증표로 언약을 수여받은 언약 백성일지라도 여전히 인간 세계의 역사(歷史) 속에 머물러 있어야 하기 때문이다.

그렇기에 부활하여 승천하신 그리스도와 언약의 백성으로서의 그의 백성들 사이에는 신과 인간이 부활체로 하나가 될 수 없는 시간 및 공

간이라는 간격이 여전히 남아 있다. 이를 극복하기 위해 그리스도는
영(靈)으로 이 세상에 강림하여 그의 백성들에게 오셨다. 그것이 바로
오순절 성령(聖神) 강림 사건이다(행 2:1-4).

이로써 그리스도는 이제 시공간(時空間)의 제한을 넘어 영원히 인간과
하나가 되는 진정한 임마누엘(Immanuel)이 되셨다(마 1:23; 사 7:14; 8:8).
이것은 임마누엘 하나님이시며 그리스도의 영으로 오신 성령님의 적극
적인 인간과의 하나됨을 통하여, 즉 성화(聖化)라는 과정을 통하여 성부
하나님께서 계획하셨던 인간 창조의 궁극적인 목적을 성취하게 되었음
을 의미한다.

이렇게 함으로써 처음 창조의 질서 아래 자신들의 기능만으로는 구
원의 몸으로서 부활체를 입을 수 없었던 인류가 마침내 하나님이 현존
하시는 그 나라에 들어갈 수 있는 길이 열리게 되었다. 그리고 하나님
의 언약에 근거하여 약속된 모든 성도들은 때가 차서 시공간의 제약으
로부터 벗어나는 날 마침내 하나님 앞에서 살게 될 것이다. 그리고 그
나라의 백성들은 당연히 하나님의 백성다운 성품을 발휘하게 될 것인데
이를 가리켜 그리스도의 새 창조 사역이라고 한다(고후 5:17; 시 104:30;
사 65:17; 골 3:10).

그러므로 그리스도께서 이 세상에 오신 목적은 인간이 임마누엘이신
성령님의 사역으로 인해 하나님의 성품으로 말미암아 살아가는 새 창
조(New Creation) 사역의 완성을 위한 것임을 알 수 있다(시 104:30). 그리
고 처음 창조는 이 새 창조를 통해 완성된다는 사실을 증명하기 위해
그리스도는 만민이 지켜보는 앞에서 구름을 타고 하늘로 올라가신 그
대로 재림(παρυσια)하실 것이다(행 1:11).

그 날에는 새 창조의 권능 아래 있는 모든 언약 백성이 하나님과 하
나가 되며 비로소 하나님과 얼굴을 마주보며 영원토록 그의 이름을 위
해 찬양을 올리게 될 것이다. 그리고 이 모든 일은 살아 계신 하나님의

절대적인 주권에 의해 이루어진다.

이러한 그리스도의 구원 사역을 통해 이미 새 창조의 세계에 속해 있지만 아직 이땅에 살고 있는 오늘날의 성도들에게 요구되는 것은 그리스도의 영으로 오신 성령님의 적극적인 보호와 인도 아래 신적 속성, 곧 하나님의 품성(person)으로 충만하게 자기 자신을 가꾸는 것이어야 한다.

이러한 상태, 즉 성령을 거스리고 자기 육신의 소욕이 발생하는 근원인 자기의 아상(我想)으로부터 벗어나서(갈 5:16-21) 신적 속성, 곧 하나님의 품성으로 충만해져 있는 상태를 가리켜 성경은 '성령 충만'이라고 한다(갈 6:13; 롬 15:13; 엡 5:18). 그리고 성령이 충만한 성도들이 나타내는 삶의 열매를 가리켜 성령의 열매라고 한다(갈 5:22-23).

이 성령의 열매는 9가지의 양상으로 구체화되어 발현되는데 그것들은 사랑, 희락, 화평, 오래 참음, 자비, 양선, 충성, 온유, 절제 등이다. 그런데 이것들은 한결같이 신적 속성을 그 주연(distribution)으로 하고 있다.

우리 주님께서는 이러한 신적 속성, 즉 성령으로 말미암아 이루어질 그의 백성들의 품성(品性)에 대해 이미 구체적으로 제시하신 바 있는데 그것이 바로 산상수훈이다. 따라서 산상수훈의 가르침은 그리스도께서 완성하실 하나님 나라의 속성과 그 나라의 백성들이 살아가야 할 삶의 원리를 그 내용으로 하고 있다.

이런 점에서 산상수훈의 가르침을 우리가 바르게 이해하고 산다는 것은 신적 속성, 곧 신격(神格)을 우리 안에서 구현하고 있음을 의미하는 것과 같다. 이 일은 우리 안에서 역사하시는 성령님의 적극적인 사역의 결과라는 사실을 의심할 바 없다. 그리고 이 모든 성령님의 사역은 언제나 '우리'라고 하는 외형적 특성, 곧 세상의 소금과 빛으로 나타나는 유형의 형태인 '교회'를 통해서 이루어진다. 이런 점에서 교회는 곧 하나님의 영광을 발현하는 지상의 유일한 기관이라 할 수 있다.

이상과 같은 하나님의 창조 사역을 완성하기 위해 그리스도와 성령님의 역사에 따라 하나님 나라에 속한 백성들, 곧 천국 백성들이 이 지상에서 유형적인 형태로 나타나는 것이 '교회'이다. 바로 이러한 교회의 신적 속성에 근거한 삶의 원리로서 주께서 가르쳐주신 산상수훈을 근거로, 이 세상에서 장차 하나님과 하나가 되기 위해 끊임없이 전진해야 할 교회의 회원인 성도들이 바르게 살아가야 할 삶의 원리를 점검하고자 한다.

〈서론〉

천국 백성이 누려야 할 삶

1. 산상수훈의 내용

예수께서 그의 제자들에게 가르치신 산상수훈(마 5-7장)은 하나님 나라의 본질, 곧 하나님 나라가 지니는 중요한 근본적 성질과 요소에 대한 것이다. 그 중에서 마태복음 5장 2-12절은 산상수훈의 강령(general principles)이라고 할 수 있다. 일반적으로 이 부분을 8복(八福)이라고 따로 떼어 의미를 부여하지만, 그것은 어디까지나 사람들이 좋아서 부르는 명칭일 뿐 사실 8복과는 아무런 상관이 없다. 오히려 이 본문은 산상수훈에서 제시하고 있는 '하나님 나라의 상태'에 대해 전체적인 성격을 규명짓고 있는 일종의 강령(manifesto)이다.

따라서 마태복음 5장 2-12절은 이미 마태복음 3-4장에서 선포되었던 하나님의 나라가 그 백성들을 통해 나타나게 되는 내면적 및 외면적 상태에 대해 구체적으로 말해주고 있다는 점에서 우리는 이 내용으로 하나님의 나라가 어떤 상태인가를 알 수 있다.

이런 면에서 '하나님 나라의 강령'이라고 할 수 있는 이 본문을 바르게 이해한다면 주께서 세울 하나님 나라가 어떤 것인가를 알고 우리가 장차 들어갈 그 나라의 참맛을 미리 알 수 있다. 뿐만 아니라 주께서 세울 나라는 천상의 세계만이 아니고 이땅에서도 분명하게 그 자태를 외형적인 형태인 '교회'로 드러내는 나라인 만큼, 그 나라의 성격을 알게 되고 나아가 그 나라의 백성인 성도들의 상태가 어떠해야 하는가를 알 수 있다.

1) 천국 백성의 일곱 가지 상태

예수님은 산상수훈의 강령에서 하나님 나라를 구성하고 그 나라를 외형적으로 표명하는 그 나라 백성들의 일곱 가지 상태에 대해 말씀하신다. 성령의 열매에 대해서도 성경은 9가지 상태를 이야기하듯이(갈 5:22-23) 각기 그 나타나는 모습이 다양할지라도 그 열매는 하나인 것처럼, 주께서 선포하는 그 나라 백성들의 상태 역시 다양한 모습으로 나타나지만 따로 분리되는 것은 아니다.

예수님은 단지 그 나라 백성다운 자태를 드러냄에 있어 일곱 가지 성격으로 구분하여 말씀한 것뿐이다. 따라서 그 중 어느 하나만을 가지고 하나님 나라의 백성이 된 것처럼 착각하는 일은 없어야 한다. 무엇보다도 하나님 나라의 백성은 다음의 일곱 가지 상태를 자연스럽게 표시할 수 있어야 하며 결코 외부로부터 얻어지는 것이 아님을 유의해야 한다.

① 내면적인 상태
하나님 나라에 속한 백성들의 내면적인 상태로 4가지의 모습을 볼 수 있다. 그것들은 다음과 같다.

i) 심령이 가난한 자 : 하나님 나라의 백성은 무엇보다도 그 자신의 존재 위치를 알고 있어야 할 것을 말씀하신다. 절대자이며 창조주이신 하나님 앞에서 전적으로 무기력하고 부패되어 있는 자신을 살펴볼 때 순결하고 거룩

한 하나님의 의에 충돌되는 죄인인 것을 고백하고 자기를 부인해야 할 것을 인식한다.

이것이 하나님 나라의 백성으로서의 초보적인 모습이다. 이 상태를 가리켜 주님은 심령이 가난한 자의 상태라고 하신다. 이 상태는 자신의 아상(我相 : ego)을 버리고 전적으로 새롭게 하는 성령님을 의지하고 살아가는 중생한 성도로서의 자연스런 모습이다.

ii) 애통하는 자 : 하나님 앞에서 자기 자신을 부인한 사람이 그 다음에 느끼는 심적인 감정은 애통이다. 이 애통은 죄로 말미암아 오염되고 부패해 있는 자신의 모습에 대한 아픔에서부터 시작된다. 따라서 자신의 죄에 대한 대책으로 그리스도의 속죄의 공효를 의지하려는 심적인 변화가 발생하게 된다.

나아가 이러한 상태가 성숙하게 되면 부패한 사람들이 거룩한 하나님을 대적하는 세상의 모든 현상들을 보고 마음으로 분노를 가지게 된다. 이럴 때 하나님께서 이 악한 세상을 바라보고 느끼는 아픔에 동참하는 거룩하고 고도한 상태에서 애통을 느끼게 된다. 이처럼 하나님의 자녀는 그 자신이 하나님과 동일한 심정으로 자신과 세상을 바라보는 고상한 인품을 가지게 된다.

iii) 온유한 자 : 의에 대하여 적대적인 이 세상의 경향은 당연히 하나님의 진노를 유발하기에 충분하다. 그러나 하나님은 그것들에 대해 즉각적으로 심판하지 않고 오랫동안 참고 기다림으로써 거룩한 자비를 나타내신다. 이것이 바로 하나님의 온유이다. 얼마든지 심판하여 제거할 수 있음에도 불구하고 잠잠히 기다리시는 하나님의 끝없는 사랑(αγαπη)이 우리를 구원에 이르게 한다.

이러한 하나님의 성품을 닮은 그의 자녀들 역시 온유한 성품을 가지고 이 세상을 살아가야 한다. 따라서 온유한 성도의 모습은 절제된 정서를 가지고 있다. 함부로 감정을 낭비하지 않고 어느 상황에서나 하나님께서 경영하고자 하는 일들을 이루어 가듯이 마음에 동요함 없이 늘 평정한 상태를 유지하고 살아가야 한다.

iv) 의에 주리고 목마른 자 : 하나님의 자녀는 세상의 일에 대해 분요하거나 자기의 삶을 그것들에게 내맡기지 않고 하나님 나라에서 자신의 위치와 역할을 추구해야 한다. 바로 그러한 자세로 살아가는 삶의 자태가 바로 의에 주리고 목말라 하는 모습이다.

그러므로 성도들은 이제부터 자신의 정당한 삶의 당위성을 추구하며 살아가고자 하는 마음의 결심을 하게 된다. 이러한 상태에 있는 성도들은 자신의 기준이나 세상적인 삶의 기준에 따라 살지 않고 절대적인 가치를 지닌 하나님의 의를 기준으로 살아가기 마련이다.

② 외면적인 상태

이와 같이 하나님의 나라는 그의 나라를 구성하고 있는 백성들의 마음의 상태로써 이 세상에 구체적인 삶의 형태를 나타내기 시작한다. 그리고 그의 백성들은 하나님의 성품을 가지고 살아가는 삶의 원동력을 하늘로부터 얻게 된다. 이것은 "영접하는 자 곧 그 이름을 믿는 자들에게는 하나님의 자녀가 되는 권세를 주셨으니 이는 혈통으로나 육정으로나 사람의 뜻으로 나지 아니하고 오직 하나님께로서 난 자들이니라"(요 1:12-13)는 선언과 같이 그 출생 자체가 '신적 기원을 가진 자' 만이 가질 수 있는 성품이기 때문이다.

그러한 마음의 상태에서부터 시작하여 적극적으로 삶의 모습이 외형적으로 드러날 때 거기에는 이 세상과 다른 삶의 형태가 나타나게 된다. 그것이 바로 하나님 나라의 모습이다. 그것들은 다음과 같이 3가지 형태로 구체화되어 나타난다.

v) 긍휼히 여기는 자 : 긍휼히 여긴다는 것은 불쌍히 여긴다는 뜻이다. 적극적으로 의를 추구하는 성도라 한다면 자신의 불의와 세상의 악에 대해 당연히 분노하지 않을 수 없다. 그러나 자비한 하나님께서 이 세상을 얼마나 사랑하고 불쌍히 여기는가를 알기 때문에 성도들은 부정과 악으로 가득한 이 세상에 대해서 어떻게 처신해야 할 것인가를 직시할 수 있다.

우리는 함부로 나서서 세상을 심판하고 바로 잡으려 하는 행동을 하기보다는 전적으로 하나님께서 이 세상을 적절하게 심판할 것을 바라보아야 한다. 왜냐하면 하나님께서 이 세상을 경영하시는 대의적인 원칙에 따라 권능을 행사하심으로 공의를 나타내실 것을 믿기 때문이다. 그러한 사람의 모습이 곧 긍휼을 베푸는 자의 모습으로 나타나게 된다.

자기보다 약한 자라고 업신여기지 않고 자기보다 강한 자라고 아부하지 않으며 언제든지 하나님의 절대 의를 따라 처신할 수 있는 자만이 진정으로 긍휼을 베풀 수 있다. 따라서 이 긍휼은 사람의 마음에서 나오는 것이 아니라 신적인 마음에서 우러나오는 모습이다. 마치 예수님의 부드러우신 삶의 자태가 결코 비겁하거나 오만하지 않은 것처럼 그 나라의 백성들 역시 부드러우면서 강한 모습으로 이 세상에 드러나야 한다.

vi) 마음이 청결한 자 : 긍휼을 베푸는 성도의 마음은 당연히 깨끗해야 한다. 마음이 깨끗하지 않으면 그 안에서 힘이 나올 수 없다. 더욱이 그 마음에 다른 마음을 품고 다른 목적을 추구하면서 거룩한 하나님의 나라를 세워나갈 수는 없다. 또한 긍휼을 베푼다 하면서 자기의 이익을 얻고자 한다든지 아니면 그런 마음의 상태도 되지 않으면서 억지로 남을 불쌍히 여기는 불순한 사상을 가지고 있어서는 안 된다. 따라서 하나님의 자녀는 하나님에 대한 순결을 지니고 있어야 한다. 두 마음을 품지 않는 진솔한 삶을 구현해 나가야 한다.

vii) 화평케 하는 자 : 자신의 이익을 추구하지 않고 하나님 나라의 의를 위해 마음을 비운 사람은 평화(shalom)를 이땅에 구현하는 삶의 모습을 갖게 된다. 이렇게 함으로써 하나님의 나라를 표시하는 능력으로서의 의와 평강과 희락을 누리게 된다. 바로 이러한 삶이 하나님 나라의 실제적인 모습을 우리들 안에서 성취하고 그의 능력을 누리는 모습이다.

이 상태는 하나님의 나라를 자기 혼자만 누리는 소극적인 상태에서 벗어나 그 나라 모든 백성들과 함께 누리는 적극적인 상태로 진전된 모습이다. 이렇게 함으로써 하나님 나라는 우리들 가운데 언제나 실재(實在)하며 그 나라에 속한 모든 사람들에게 평화를 가져다주게 된다. 그 일에 참여된 상태가 바로 화평케 하는 일이다.

2) 세상의 반대를 받는 성도들

하나님의 나라를 구현해 나가다보면, 즉 이땅에서 외형적인 형태로 나타나는 하나님의 나라인 교회로 존재하다보면 성도들은 의례히 세상 사람들로부터 핍박과 고난을 당하게 된다. 이것은 하나님에 대해 반대하는 사람들이 마치 어둠의 세력인 '악한 자'(ὁ πονηρος)의 품안에서 삶을 유지할 수 있는 것처럼 착각하여 나오는 당연한 결과이다. 그럴지라도 하나님 나라의 백성이라면 그러한 핍박에 대해 정정당당하게 대처해 나가야 하는데 바로 그 자태가 소금과 빛의 모습이다.

하나님의 자녀는 인류 사회에서는 소금과 같은 존재이다. 날로 부패하고 힘을 다해 하나님을 대적하는 이 세상에서 자기 자신의 본분을 잃지 않고 살아가는 삶이 바로 그 독특한 맛을 잃지 않는 소금과 같다. 나아가 그러한 삶의 자태는 하나님께서 다스리는 거룩한 질서 안에서 그 독특한 모습을 잃지 않는 빛과 같은 존재이다. 어두운 사망의 세력이 가득 차 있는 이 세상에서도 그 빛을 잃지 않는 등불과 같다.

이처럼 교회는 자신의 존재인 본질과 본분을 잃지 않아야 한다. 그리하여 교회는 하나님의 통치를 이땅에서 구현하는 유일한 기관으로서 당연히 있어야 할 곳에 하나님의 나라를 나타내야 한다. 마치 고유한 맛을 가지고 있는 소금처럼 혹은 어둠 속에서 밝게 빛나는 빛처럼, 교회는 역사 안에서 자신의 위치를 지킴으로써 하나님의 뜻을 밝히고 드러내야 한다. 그리고 그 교회의 회원으로서 우리는 소금과 빛으로 이땅에 존재하고 있음을 명심해야 한다.

일반적으로 핍박이라 하면 거대한 외형적 박해를 연상하게 된다. 그렇지만 맛을 잃지 않은 소금으로서 이 세상에 사는 동안 어떤 환경이나 역경 속에서도 교회가 자신의 본분을 지켜내기 위해서는 그 이면에 눈에 보이지 않는 투쟁이 있기 마련이다. 비록 세상으로부터 겉으로 드러나는 물리적인 힘의 저항을 받지 않는다 할지라도 이미 부패한 세상에서 소금으로서 맛을 잃지 않는 상태야말로 교회만이 가질 수 있는 특성이며 이것은 박해를 받는 일과 동일한 일이다.

나아가 하나님의 계시에 대해 무감각하고 무심한 세상 사람들 속에서, 뿐만 아니라 그 악한 자의 품안에 놓여 있는 세상의 조직체 속에서 자신을 하나님의 빛으로 인식하는 위치를 명확하게 표시한다는 것은 쉽지 않은 일이다. 바로 이것이 사탄의 세력에 대항하여 싸우는 교회가 이땅에서 겪는 수난의 상태이다.

이처럼 우리가 이땅에서 박해와 수난의 상태에 있는 교회에 속한 회원인 성도들이라면, 그리고 앞에서 이미 살펴본 것처럼 하나님 나라의 백성으로서 일곱 가지 상태를 소유한 교회에 속한 천국 백성이라면 어느 시대든지 빛을 비추는 별과 같이 빛날 것이며 산 위에 있는 동네와 같이 세상에 밝히 드러나게 될 것이다.

흔히들 '소금과 빛'에 대한 가르침을 세상의 부정과 부패를 방지하기 위해 구조악을 개선하는 사회 참여와 세상 끝까지 복음을 선포하는 복음 전파 및 선교 등등의 역할에 대해 말하는 것으로 오해하고 있는데 이것은 주님의 가르침을 잘못 이해한 것에서 나온 생각들이다.

이미 하나님의 백성은 그 자신이 소금으로 이 세상에 존재하고 있으며 그 자신은 하나님의 빛으로서 이 세상에 보냄을 받은 자이다. 그래서 주님께서도 우리를 향해 '너희는 세상의 소금이 되어라. 세상의 빛이 되어라' 하지 않고 '너희는 세상의 소금이다. 너희는 세상의 빛이다'고 말씀하신다. 이미 소금 그 자체로 그리고 빛 그 자체로 교회는 본래의 성질, 즉 본질과 특성을 상실하지 않아야 할 것을 지시하셨다.

따라서 그 자신이 서 있어야 할 위치에 바로 서 있는 상태에서 하나님의 공의와 통치를 밝히 드러내는 이땅의 기관으로서 '교회'가 소금과 빛으로 존재하고 있어야 한다는 것이 주님의 가르침이다. 주님은 별도로 소금의 역할이나 빛의 역할을 우리에게 요구하지 않으셨다. 교회는 어둠과 악으로 특징되는 이땅에서 소금과 빛 그 자체로서 본질과 특성을 명확하게 표시하라는 차원에서 이 말씀을 하셨다.

2. '율법과 선지자'에 대한 이해

당시 하나님 나라의 총체적인 성격을 규명하는 주님의 가르침을 받고 있는 제자들은 하나님 나라에 대한 지식을 지금까지 유대 사회에서 전통적으로 내려오는 구약 성경을 통해 접하고 습득해 왔다. 따라서 예수께서 그들에게 지금 가르치고 있는 하나님 나라의 개념이 그동안 제자들이 배워 온 구약에서 말하고 있는 하나님 나라에 대한 개념과 어떤 관계가 있는가에 대해 해명할 필요가 있었다. 그래서 예수님은 사랑하는 제자들이 구약을 통해 습득한 하나님 나라에 대한 개념과, 새롭게 예수께서 선포하고 세우시려는 하나님 나라가 별개의 나라가 아니며 구약의 하나님 나라와 주께서 세울 나라는 하나의 나라임을 설명하셨다.

1) '율법과 선지자'의 의미

"내가 율법이나 선지자나 폐하러 온 줄로 생각지 말라 폐하러 온 것이 아니요 완전케 하려 함이로다"(마 5:17)는 말씀은 이러한 차원에서 말씀한 것이다. 여기에서 '율법과 선지자'(τον νομον η τους προφητας)란 지금의 구약 성경을 일컫는 대명사이다.

당시에는 신약 성경이 기록되지 않아서 신약과 구약이 구분되지 않았을 때이다. 유대인들은 하나님의 계시로서 크게 율법(תורה), 선지서(נביאים), 성문서(כתובים) 등으로 나누어지는 지금의 구약 성경을 가지고

있었다. 따라서 신약 성경의 많은 곳에서 '율법과 선지자'라는 용어를
당시까지 전해 내려온 구약 성경의 대명사로 사용하고 있음은 이상한
일이 아니다.

"그러므로 무엇이든지 남에게 대접을 받고자 하는 대로 너희도 남을
대접하라 이것이 율법이요 선지자라"(마 7:12)는 말씀에서 '율법과 선지
자'란 구약 성경을 지시하고 있으며, "네 마음을 다하고 목숨을 다하고
뜻을 다하여 주 너의 하나님을 사랑하라 하셨으니 이것이 크고 첫째 되
는 계명이요 둘째는 그와 같으니 네 이웃을 네 몸과 같이 사랑하라 하
셨으니 이 두 계명이 온 율법과 선지자의 강령이니라"(마 22:37-40)고 하
는 말씀에서도 구약을 대표하여 '율법과 선지자'라는 용어를 사용하고
있다.

이와 마찬가지로 "율법과 선지자의 글을 읽은 후에 ……"(행 13:15)라는
말은 율법서와 선지서를 따로따로 읽었다는 것이 아니라 '구약 성경을
읽은 후에 ……'라고 번역할 수 있다. 당시에는 구약 성경을 지칭하는
별도의 단어가 없었다.

그러므로 예수께서 '율법과 선지자'를 폐하러 온 것이 아니며 오히
려 완전케 하러 오셨다고 말씀하는 의도는 구약 성경에서 계시된 하나
님의 나라와 예수께서 세울 그 나라는 서로 다른 별개의 나라가 아니
며, 구약에서 계시된 그 나라를 더욱 명확하게 그리고 완전하게 세울
것을 제자들이 깨닫도록 하기 위함이다.

이러한 까닭에 마태는 복음서를 시작할 때 아브라함과 다윗의 계보
에서부터 시작하였고, 예수 그리스도는 하나님께서 아브라함과 다윗을
통해 건설해 오신 하나님의 나라를 이제 새롭게 성취하실 분이라는 사
실을 강하게 부각시켰다(마 1-2장).

2) "폐하러 온 것이 아니요 완전케 하려 함이로다"의 의미

구약의 계시가 모두 역사 안에서 현실로 성취된 것이 아니기 때문에 그 계시의 내용은 더욱 구체적이며 명확하게 이 세상에 드러나야 한다. 예수께서 육신을 입고 이땅에 오신 것(성육신: incarnation)은 바로 이 구약의 계시를 더 분명하게 드러내고, 그 구약의 계시를 이땅에 실체화시키려는 것이었다. 계시의 정점인 구속을 완성하기 위해서는 반드시 예수 그리스도의 성육신이 필요하였기 때문이다.

① 계시를 완성한 그리스도의 속죄 사역

'구속'은 정당한 대가를 치러야 가능한 것인데 하나님의 공의를 만족시켜 드리기 위해서는 사람의 생명을 대신할 흠 없고 완전한 생명을 대속물로 드려야 한다. 그러나 이 세상의 어떤 사람도 하나님의 공의를 만족시킬 만한 온전한 생명을 소유하지 못했다. 이미 죄로 말미암아 오염되어 있고 죄 가운데 빠져 있어서 죄책을 짊어지고 있기 때문이다.

이러한 죄의 사실 때문에 사람들 스스로는 하나님의 공의를 만족시켜 드릴 수 없고, 또 하나님의 영광을 드러내거나 하나님의 나라를 건설할 자격조차도 상실해 버리고 말았다. 그런데 구약은 하나님의 마음에 흡족한 '남은 자'(the remnant)를 통해 하나님의 나라를 건설할 것을 예언하고 있다(마 3-4장). 신약은 바로 이 예언의 성취로 오신 메시아가 구속 사역을 완성함으로써 하나님의 언약이 성취되었음을 보여주고 있다.

구약의 계시가 신약에 와서 완성되어 하나님의 구원 사역이 성취된다는 것은 성경 전체가 우리에게 계시하고 있는 약속이다. 이런 면에서 예수님은 구약, 곧 '율법과 선지자'를 폐하러 온 것이 아니라 완전케 하러 오셨다고 말씀하셨다. 이처럼 하나님은 역사 안에서 점진적으로

계시를 완성시켜 나가신다. 이것을 가리켜 '성경 계시의 점진성'이라고 한다. 뿐만 아니라 구약의 계시에서 나타나는 하나님 나라라 할지라도 신약에서 계시된 하나님 나라와 다르지 않다. 이것을 가리켜 '성경 계시의 통일성'이라고 한다.

② 신약 계시의 근거가 되는 구약 계시

구약에서 자세하게 계시된 하나님 나라의 규범과 율례는 전체 하나님 나라의 성격을 규명하는 데 있어서 절대적인 역할을 하고 있다. 이미 구약에서 구체적으로 계시된 하나님 나라의 성격을 이해함으로써, 지금 예수 그리스도께서 완성할 나라의 성격에 대해서도 규명할 수 있기 때문이다.

만일 그러한 과정이 없다면 예수께서 건설하는 하나님의 나라가 과연 하나님께서 계획하고 세우고자 한 나라인가 아닌가를 도무지 알 수 없다. 구약의 계시가 있기 때문에 예수께서 건설하실 하나님 나라가 바로 그 나라인 것을 확증할 수 있게 된다. 즉 이미 성취된 계시를 통해 지금 주어지는 계시의 정당성을 미루어 판단할 수 있다. 이것을 가리켜 '판명성의 원리'라고 한다.

그러므로 구약에서 계시된 하나님 나라가 불완전하거나 무기력하게 보이기 때문에 예수께서 오셔서 새로 하나님 나라를 선포하는 것이 아님을 알 수 있다. 구약에서는 그 정도로 하나님 나라의 성격을 보여주셨을 뿐이다. 신약에 와서는 그동안 다 보여주지 않은 나머지의 것들까지도 새로운 계시로 보여주고 있다. 그렇게 함으로써 전체 하나님의 나라가 어떤 나라인가를 점차적으로 윤곽을 그리게 하고, 나아가 인류 역사에 등장할 하나님 나라가 어떤 나라인가를 계시해 주고 있다.

이런 점에서 예수님은 구약의 기존 질서를 모두 파괴하고 새로운 질서를 확립한 것이 아니라 구약의 계시를 바탕으로 판명된 하나님의 나라를 바탕으로 이제 보다 명확하게 나타나게 될, 즉 계시의 유기성과 통일성에 따른 하나님 나라의 성격을 그의 제자들에게 소개하고 있다. 그러기 위해 구약에서 제시한 하나님 나라의 규범 위에 새로운 정신을 가미하여 새 나라의 규범을 제정하셨다. 그것이 바로 산상수훈이다.

산상수훈의 가르침은 구약의 규범인 율법과 충돌되거나 그 율법을 폐지한 것이 아니다. 오히려 예수님은 새로운 역사를 창조하고 있다. 예수님은 이 새로운 규범인 상상수훈을 통해 장차 건설될 하나님 나라의 성격이 어떤 것인가를 제시하고 있다. 이런 차원에서 예수님은 '새로운 규범의 제정자'로 자신을 드러내셨다.

3) 입법자이신 예수님

"진실로 너희에게 이르노니 천지가 없어지기 전에는 율법의 일점일획이라도 반드시 없어지지 않고 다 이루리라"(마 5:18)고 예수님은 말씀하신다. 여기에서 "진실로 너희에게 이르노니"(αμην γαρ λεγω υμιν)라는 이 용법은 매우 독특한 예수님만의 언어이다. 아멘(αμην)이란 용어는 하나님께서 그의 백성들에게 규범을 제정할 때에, 그 규범에 따라 살 것을 서약하는 백성들이 하나님의 말씀을 듣고 동의함을 표시하기 위해 사용되는 용어였다.

하나님의 뜻을 받들어 살고자 하는 하나님의 백성만이 응답하는 신앙고백이 아멘(αμην)이다. 그런데 예수님은 이 용어를 자신이 말씀하고자 하는 문장의 제일 처음에 사용하고 있는데 이것은 매우 독특한 용례이다. 더욱이 여기에서 예수님이 한 말씀은 그가 자신의 백성들에게 교훈으로 주는 말씀이라는 점에서 더욱 관심을 가져야 한다.

"천지가 없어지기 전에는 율법의 일점일획이라도 반드시 없어지지 않고 다 이루리라 그러므로 누구든지 이 계명 중에 지극히 작은 것 하나라도 버리고 또 그같이 사람을 가르치는 자는 천국에서 지극히 작다 일컬음을 받을 것이요 누구든지 이를 행하며 가르치는 자는 천국에서 크다 일컬음을 받으리라 내가 너희에게 이르노니 너희 의가 서기관과 바리새인보다 더 낫지 못하면 결단코 천국에 들어가지 못하리라"(마 5:18-20)는 이 말씀은 신적 권위를 행사하는 엄중한 선언이다.

이런 말씀은 하나님만이 할 수 있는 것으로 예수님은 동등한 위치에서 하나님 나라의 입법자로 자신을 소개하고 있다. 뿐만 아니라 예수께서 세울 그 나라의 통치자로 새 질서를 선포하는 것으로 볼 수 있다.

그러므로 그동안 구약을 통해 하나님께 순종하고 그 말씀에 순응한 사람들이라면 의당히 이제 하나님 나라를 세울 예수 그리스도에게 절대적인 순종을 드려야 한다. 구약의 가르침에 따라 교훈을 받아온 제자들은 그러므로 이제부터 예수 그리스도의 가르침을 받고 그 나라의 백성으로서 자격과 자질을 갖추어 나가야 한다. 왜냐하면 예수 그리스도야말로 충만하게 하나님 나라의 계시를 드러내는 분이고 그 실체이기 때문이다.

구약을 통해 하나님 나라를 접촉하였다면 이제는 예수 그리스도 안에서 하나님 나라의 본질을 찾고 느끼고 참여해야 한다. 그것이 구속의 길이고 하나님 나라를 성취하는 길이다. 때문에 예수님은 '율법이나 선지자'를 폐하러 온 것이 아니라 완전케 함으로써 누구든지 그리스도의 가르침을 따라 구속 사역을 완성하는 일에 참여하게 하셨다.

4) 새로운 차원에서 이루어야 하는 의

그리스도의 제자들에게 보여지는 '의'는 '바리새인이나 서기관들의 의'와는 그 차원이 달라야 한다. 바리새인들과 서기관들은 자기들의 전통으로 하나님을 열심히 섬기는 자들이었다. 그럼에도 불구하고 그들은 의에 대하여 절대적인 태도를 가지고 있었다. 비록 낙타를 통으로 삼키는 잘못을 범했으나 그들의 확고한 열심과 도덕적인 삶은 너무나 철저해서 아무도 책하지 못할 만큼 완벽했다.

이처럼 사람이 조작한 율례를 가지고서도 생명을 아끼지 않을 정도로 규범을 지킨다면, 하물며 만군의 주인이신 하나님께서 정한 규범에 대해서는 더 말할 나위가 없다. 따라서 우리는 바리새인이나 서기관들과 같은 차원에서 더 나은 의를 하나님께 드려야 한다기보다는 전혀 다른 차원에서 제정된 하나님 나라의 규범을 따라 살아야 한다.

때문에 예수 그리스도는 율법이나 선지자를 폐하러 오신 분이 아니라 완전하게 하려고 오신 분이며 그 나라의 왕이시기 때문에 우리에게 성경에 대한 해석과 이해 그리고 그 말씀의 성취에 있어서 절대로 인간적인 의에 근거하여 사는 바리새인이나 서기관과 같지 않아야 할 것을 요구하신다. 이런 점에서 우리는 바리새인과 서기관들과 같이 인간의 열정으로 의를 세우려 해서는 안 된다. 인간의 '의'라는 것이 얼마나 조악한 것인가를 알기 때문이다.

오히려 전적으로 성령님을 의지함으로써 신적 인격을 가지고 의를 자연스럽게 수행해 나가야 한다. 이런 차원에서 주님은 하나님 나라의 백성된 자들이 의를 이루고 살아가야 할 신령한 삶의 도리를 산상수훈을 통해 구체적으로 제시하셨다.

제1장

율법과 선지자

1. '율법과 선지자'에 대한 이해

예수님은 이미 마태복음 5장 2-12절에서 하나님의 나라가 외형적인 제도나 구조 또는 질서를 통해 유형적으로 건설되는 것이 아니라, 하나님의 백성 된 성도들의 내적인 인품, 곧 성품을 통해서 무형적으로 건설되어질 것을 가르치셨다. 하나님의 나라는 사람들이 생각하듯이 정치나 군사력으로 유지되지 않고 그 나라의 구성원들인 성도들의 고상한 인격으로 그 특성을 나타내며, 그들의 삶은 하나의 문화적인 형태, 즉 교회의 예배로 발현되는 새로운 하나님 나라로 이 세상에 존재한다는 사실을 강조하셨다.

따라서 거룩한 성도로서 인격이 갖추어진 사람들이 동시대에 태어나 일정한 시간 및 공간적 환경 가운데에서 각 시대마다 요구되는 시대적 사명을 각성하고 공동의 문화를 이루기 위해 유형의 교회를 건설하게 되는 것이다. 이런 과정을 통해 하나님의 나라를 표시하는 유형의 교회로 자연스럽게 형성되어 나타나는 것이다. 뿐만 아니라 언약 공동체인 교회 안에서 태어나고 자라난 다음 세대의 성도들에 의해 하나님의 나라는 자연스럽게 역사 선상에서 확장되며 계승된다.

1) 백성들의 품성으로 나타나는 하나님의 나라

하나님께서 교회를 다스린다는 말은 하나님이 강제적인 어떤 영향력을 행사하여 교회를 구속(拘束)한다는 의미는 아니다. 오히려 하나님의 성품이 교회를 구성하는 각 성도들의 인격 속에 감화되어 교회만이 가지는 고유한 성품을 형성하고, 그것이 유형적 삶의 형태로 표출되어 문화로 나타나게 된다.

그런 면에서 성도들이 속해 있는 교회적인 삶의 유형은 곧 하나님께서 그의 백성을 통치하는 수단의 구현이라고 말할 수 있다. 왜냐하면 성도들의 인품은 하나님의 성품을 발현하는 것이고, 그것을 바탕으로 교회만의 문화를 건설하게 되기 때문이다. 이런 점에서 교회의 문화 속에는 하나님의 성품을 본질로 가지게 된다.

그러므로 하나님의 나라는 세상의 나라들과 같이 외형적으로 구속력을 가지고 있는 법이나 혹은 치안을 유지하는 경찰력이나 군사력 등을 필요로 하지 않는다. 하나님 나라는 그러한 힘을 바탕으로 세워지는 것이 아니라 오히려 하나님의 고상한 성품이 그의 백성들 속에서 삶의 에너지로 공급되어(빌 2:13) 죄로 인해 무기력해진 영적 기능을 회복함으로써 독특한 삶의 문화를 건설하여 세워지는 영적인 나라이기 때문이다(롬 14:17).

때문에 하나님 나라는 시간과 공간의 제한을 받지 않고 하나님의 성품을 소유한 그의 백성들 마음속에 영원히 존재하는 나라이다. 이 나라는 아담 이후 지금까지 역사 속에서 실재해 왔으며 앞으로도 그럴 것이다. 따라서 이 나라는 힘의 원칙을 바탕으로 흥망성쇠를 계속하는 지상의 나라들과 같이 시간과 공간의 제약을 받는 제한적인 나라가 아니다. 오히려 전 역사를 통해 계속해서 이어지고 확장되며 역사의 끝날까지 실존하는 나라이다. 그렇기에 하나님 나라는 그 나라를 유지하는 법에 있어서도 세상의 법률과는 다른 독특한 성격을 가지고 있다.

① 외형적인 구속력으로 세워지지 않는 하나님의 나라

세속의 법은 실정법에 저촉이 될 때에만 그 효력을 발생한다. 법으로 제정되어 있지 않는 한 어떤 법도 사람을 구속하거나 처벌할 수 없다. 즉 실정법을 저촉한 사실이 있고 객관적으로 범법한 사실을 증명할 근거가 있어야만 법이 정한 규제에 따라 대가를 치르게 할 수 있다. 이것을 '죄형법정주의' 라 한다.

마음이나 생각으로 법을 무시하거나 그 권위를 순복하지 않는다는 이유로 사람을 벌할 수는 없다. 누구나 생각하는 것만으로는 형벌을 받지 않는다는 것이 법의 기본 이념이다. 이처럼 세속법은 외형적인 형태만을 구속하며 유형적인 상태에 대해서만 그 힘을 행사할 수 있다. 왜냐하면 세속 국가는 외형적인 형태로 존재하며 그 나라를 유지하기 위한 방편으로 만들어진 법 역시 외형적인 구속력만을 행사할 수 있기 때문이다.

그러나 하나님 나라의 법은 외형적인 구속력을 행사하기 위해 주어지지 않았다. 때문에 누구든지 그 법을 범했다는 이유로 법적인 제재를 받거나 체형을 당하지 않는다. 그래서 이 하나님 나라의 법을 규범(規範)이라고 말한다. 이 규범은 오직 그 나라의 왕이신 하나님만이 제정할 수 있다.

이 규범은 이스라엘 백성들이 시내산에서 하나님을 위해 살겠다고 약속함으로써 주어졌는데(출 19:8 이하) '하나님의 백성으로서 그들이 어떻게 살아야 할 것인가?' 에 대해 율법이라는 이름으로 성문화(成文化)

되었다.

　율법은 사람들을 기준으로 인생이 마땅히 살아가야 할 도리(道理)를 모세가 법률화 한 것이 아니다. 오히려 하나님께서 그 백성답게 살아가는 삶의 형태가 어떠해야 하는가에 대해 자세하고 친절하게 보여주기 위하여 주신 계시가 곧 율법이다.

　② 율법을 주신 이유

　율법은 이미 출애굽 과정에서 하나님의 구원 사역을 체험한 이스라엘이 장차 가나안 땅에 들어가 하나님의 나라를 세우고 그 문화를 건설하여 하나님의 통치를 구현해 나가기 위한 삶의 형태를 위해 주어졌다. 이 율법을 통해 하나님이 누구인가를 알고, 그 나라의 성격을 알고, 나아가 그 나라의 백성으로서 그리고 하나님의 아들 된 자로서 어떤 마음을 가지고 어떤 성품을 발현하며 살아가야 하는가를 알게 하기 위해서 제정해 주신 것이다. 그래서 율법은 다분히 그 정신을 바로 알고 살아가는 것을 통해 하나님께서 바라시는 우주적인 나라를 건설할 것을 그 목적으로 하고 있다.

　그러므로 율법은 외형적인 구속력을 행사하기 위해 주어진 법이라기보다는 그 정신을 알고 하나님께서 원하는 뜻을 성취해 가기 위한 길잡이라고 보아야 한다. 그래서 율법은 세속의 법과 같은 법적 구속력을 가지고 있지 않다. 따라서 율법을 해석하고 적용할 때에는 세속의 법과 같이 해석하고 적용해서는 안 된다.

　예를 들면 안식일을 범하는 자는 이스라엘 백성으로서의 자격을 상실하게 되고 이스라엘 공동체로부터 영원히 끊어지는 형벌로 돌에 맞아 죽임을 당했다. 그러나 하나님께서 "안식일을 기억하여 거룩히 지키라"(출 20:8)고 한 말씀의 본의는 안식일을 범한 사람을 죽이라는 데 있지 않다.

"엿새 동안은 힘써 네 모든 일을 행할 것이나 제 칠일은 너희 하나님
여호와의 안식일인즉 너나 네 아들이나 네 딸이나 네 남종이나 네 여종
이나 네 육축이나 네 문 안에 유하는 객이라도 아무 일도 하지 말라 이
는 엿새 동안에 나 여호와가 하늘과 땅과 바다와 그 가운데 모든 것을
만들고 제 칠일에 쉬었음이라 그러므로 나 여호와가 안식일을 복되게
하여 그 날을 거룩하게 하였느니라"(출 20:9-11)는 말씀과 같이, 하나님
의 안식에 참여하는 복을 누리는 특권을 주시기 위해 안식일을 제정하
신 것이다.

이 안식일은 하나님께서 그의 백성들을 구원하셨다는 구원 사역을
기념하는 날인 동시에 장차 모든 인류를 죄로부터 구원하여 참된 안식
을 누리게 할 것이라는 신앙의 표로써 매우 중요한 위치를 차지한다.
그러므로 이스라엘 백성들이 안식일을 지킨다는 것은 하나님의 구원
행위를 인정하고 그 결과를 신앙하는 의지적인 행위인 동시에, 안식일
을 지키지 않는다는 것은 하나님을 거부하고 인간 스스로 삶의 길을 찾
아보겠다는 의지적인 행위와 다를 바 없다.
이런 점에서 하나님의 통치를 받겠다고 자원하여 나온 이스라엘 백
성들이 안식일을 지키지 않는다는 것은 그 나라의 정체(政體)를 부인하
는 행위로 이는 이국적(異國的) 행위에 해당된다. 때문에 그 나라의 정통
성을 보장하기 위해 그들을 이스라엘로부터 끊어내어야 한다.

하나님의 나라는 이처럼 외형적인 구속력을 위해 세워지지 않았다.
오히려 하나님의 백성된 자들이 안식일 제도를 통해 장차 완성될 하나
님의 나라를 소망하며 그 나라의 복된 안식에 참여할 것을 바람으로
써, 하나님께서 천지를 창조하시고 인간을 그 가운데 다스리는 자로
두신 창조의 목적을 바로 이해하여서 하나님의 섭리를 이루어 가는 과
정을 통해 세워지게 된다. 이런 점에서 율법은 자의적인 순종을 필요

로 하는 것이며, 그 백성들을 속박하는 데 목적이 있는 것이 아니라 하
나님의 통치를 구현하고 그 나라를 세워나가는 데서 그 목적을 찾을
수 있다.

다른 율법의 조항들도 마찬가지이다. 그러므로 율법을 해석할 때에
는 하나님께서 그 규범을 만드신 의도가 무엇인가를 먼저 바르게 이해
하고 그 의도에 따라 적용해야 한다.

2) 율법에 대한 바리새인들의 태도

서기관들과 바리새인들은 규범을 해석하고 적용할 때 세속의 법과
같은 차원에서 율법을 이해했다. 하나님께서 모세를 통해 주신 율법을
따로 613개 조항의 규범들로 만들어 놓고 자기들 나름대로 해석하여
그 법에 저촉이 될 경우와 그에 따른 형벌을 일일이 만들어 놓았다. 그
리고 그것을 지킴으로써 스스로 의롭다고 자처하고 있었다. 심지어 그
들은 규범의 조항들을 법률화시키면서 자기들의 제한적인 능력 때문에
발생하는 예외 상황에 대해서는 별도로 예외 규정까지 만들어 가며 규
범을 지키는 것을 자랑으로 여기고 있었다.

안식일에는 일하지 말고 쉬어야 하기 때문에 어느 정도가 일이고 그
이상을 하면 안식일을 범하는가에 대한 조항까지 만들었다. 그렇게 함
으로써 하나님께서 천지를 창조한 본래의 목적과 안식일을 제정한 정
신과 의도는 사라지고, 그 대신에 안식일이라는 제도와 그 제도가 가지
는 형식적인 규정들과 법률만 남게 되었다. 이들은 신적 기원을 가지고
있는 율법을 인간적인 차원에서 자신들의 삶에 적용하는 법률로 전락
시키는 악을 범하고 말았던 것이다.

이처럼 율법이 가지고 있는 정신이 말살된 수없이 많은 조문들과 규
정들은 서기관들과 바리새인들에 의해 고상한 하나님 나라의 법이라

고 강력하게 신봉되었다. 이 법에 저촉될 경우에는 심하게 벌을 가함
으로써 그들이 만들어 놓은 법조문들을 신성화(神聖化)시키기까지 했
다. 또한 이 법조문들이 명시하고 있는 조건들을 따라 살아갈 때에 하
나님께서 이 세상에 세울 영광스러운 나라가 건설될 것이라고 믿고 있
었다.

그러한 배경에 근거하여 그들은 다윗 왕국과 같은 영광스럽고 찬란
한 시대가 다시 올 것을 기대했다. 그들이 기대하고 있는 이 나라는 지
상에서 고도한 정치 형태를 가지고 있을 것으로 여겼는데, 바로 그 정
치 형태를 예견하는 것이 그들이 신봉하는 법조문들이었다. 때문에 유
대인들이 그 법조문들을 수행하는 것은 장차 임할 영광스러운 다윗 왕
국을 소망하는 신앙이기도 했다. 이러한 의미로써 그들은 지상에 건설
될 정치적이고 군사적이며 힘의 원리를 따르는 인간의 나라인 '다윗
왕국'을 기다리고 있었다.

이와 같은 전통과 사회적 배경 속에서 살아 온 예수님의 제자들은 예
수께서 선포한 하나님 나라의 개념과 상당한 충돌을 느끼지 않을 수 없
었다. 예수께서는 외형적이고 정치적인 나라가 아니라 하나님의 성품
을 대변하는 성도들을 통해 영적인 나라를 건설하겠다고 선포하고 있
기 때문이다.

따라서 제자들은 과연 율법이 서기관들과 바리새인들이 해석하고 주
장하는 것처럼 외형적인 하나님의 나라를 건설하기 위한 조문인가 아
닌가에 대한 판단이 필요했다. 그래서 예수님은 '율법과 선지자', 즉
구약에 대하여 어떻게 해석하고 있으며 거룩한 하나님의 나라에서는
'율법과 선지자'를 어떻게 적용해야 할 것인가를 제자들에게 바르게
이해시키기 위해 몇 가지 예를 들어 설명하고 있다. 그것이 바로 마태
복음 5장 22-48절 내용이다.

2. 마 5:17-48에 나타난 예수님의 '율법'에 대한 견해

마태복음 5장 17-48절에서 예수님은 율법과 선지자에 대한 독자적인 견해를 피력하고 있다. 곧 예수님은 제자들이 오랫동안 서기관들과 바리새인들에 의해 유지되어 왔던 율법에 대한 잘못된 이해를 교정하고 구약의 가르침을 바르게 이해할 수 있도록 하기 위해 몇 가지 예를 들어 설명하신다.

여기에서 예수님은 살인, 혼인, 사회 질서, 원수 사랑 등에 대한 예를 재해석하심으로써 구약에 담겨 있는 계시의 참된 정신이 어떠한 것인가를 해명해 주신다. 그 내용을 간추려 보면 다음과 같다.

1) 마 5:17-48의 구조와 이해

먼저 마태복음 5장 17-48절의 구조에 따른 내용을 이해하면 다음과 같다.

① 서론(마 5:7-21)

예수님은 여기에서 서기관과 바리새인들이 율법에 대하여 세밀하게 해석하고 그것에 따라 율법을 행함에 있어서도 면밀하고 엄격하게 적용함으로써 가지게 되는 의로움과 비교해 볼 때 하나님의 백성은 그들보다 월등한 정신을 가지고 율법을 해석하고 적용해야 할 것을 말씀하고, 마태복음 5장 22-47절까지 율법의 정신과 정당한 해석이 어떠한 것인가를 이해하게 함으로써 인생의 궁극적인 목표가 어디에 있는가를 보여주신다.

② 살인에 대해서(마 5:22-26)

예수님은 살인에 대한 규범을 통해 생명의 가치와 인생의 존재의 의미에 대해 말씀하신다. 생명은 이미 그 자체가 존재하는 것만으로도 최상의 가치를 지닌다. 특히 사람의 생명은 하나님 앞에서 다른 여타의 생명과는 비교할 수 없는 가치를 가지고 있다. 따라서 어떤 이유에서라도 그 존재를 무시하면 하나님께서 내신 생명의 존엄성을 경시한 것과 같다. 인생은 그 존재 자체가 하나님의 섭리와 깊은 관계를 가지고 있다.

③ 혼인제도에 대해서(마 5:27-32)

하나님께서는 사람을 창조하시되 독자적으로 살도록 하지 않고 하나의 사회를 형성하여 창조의 목적을 이룰 수 있도록 혼인제도를 주셨다. 생명을 소유하고 있는 인생의 상호 관계와 그들이 속한 사회의 성격을 형성하고 나아가 하나님 나라적인 문화를 건설하는 원세포적인 단위로서의 혼인제도는 하나님의 섭리를 이해하고 그 뜻을 성취해 나가는 데 있어서 기본적인 단위이다.

이러한 하나님의 의도를 무시한 혼인 생활이라면 아무런 의미와 가치가 없다. 혼인은 하나님의 경륜(οικονομια)을 이루어 가기 위해 주신 기본적인 단위이기 때문에 그 질서가 무너지거나 무시되어서는 안 된다.

④ 사회 질서에 대해서(마 5:28-42)

먼저 예수께서는 혼인제도를 통해 형성된 사회에서 인간들 상호 관계는 어떠해야 하는가를 말씀하고 있다. 한 개인으로서는 생명의 존엄성을 알고 정상한 삶의 터전 안에서 인격을 형성한 그리스도인인 성품을 바탕으로 자기의 삶의 입지(立志)를 명확하게 세워서 '옳은 것은 옳다, 아닌 것은 아니다'라고 분명하고 명확하게 말할 수 있는 분별력을 가져야 한다. 하나님 나라의 진행과 그 길에 서서 자신의 삶의 방향이 분명해야 할 것을 말씀하신 것이다.

다음에는 타인에 대한 하나님 나라적인 품성으로서 '눈은 눈으로, 이는 이로 갚으라'는 말씀을 바르게 이해할 것을 제시하고 있다. 이 말씀은 자신의 생명에 대한 존엄성을 인정하듯이 타인의 생명과 인생의 존재 의미가 있음을 인정하도록 하기 위함이다.

자기가 어려운 형편에 빠질 때 타인의 도움을 구함으로써 인생의 가치를 이루어 내는 것과 마찬가지로, 타인이 어려움에 빠져 인생이 마땅히 살아가는 데 있어 상당한 어려움에 있을 경우에는 그가 원하는 것보다 훨씬 고도한 정신으로 그를 위해 도움을 베풀어 그 사람의 인생의 가치를 드러낼 수 있도록 해야 한다. 이런 예를 통해 하나님께서 다스리는 나라가 세속 국가들과는 달리 얼마나 고도한 나라인가를 말씀하셨다.

⑤ '원수를 사랑하라'에 대해서(마 5:43-47)

그렇기 때문에 하나님 나라에서의 특징은 사랑이다. 그 나라 백성들은 이웃을 사랑하는 정도를 넘어 원수에 대해서라도 사랑을 행사할 수 있는 마음의 평정을 늘 유지하고 있어야 한다. 사랑을 행사할 수 있는 사람이야말로 생명의 가치와 인생의 존재 의미를 드러낼 수 있는 사람이다. 그리고 사랑을 통해서만 진정으로 하나님께서 이루시고자 한 하나님의 나라가 어떤 것인가를 드러낼 수 있다. 이것이 인생의 목표이다.

⑥ 결론(마 5:48)

인생의 목표는 "하늘에 계신 너희 아버지의 온전하심과 같이 너희도 온전하라"(마 5:48)는 말씀과 같이 우리의 사상과 삶의 자태가 하나님과 방불할 정도가 되는 것임을 말씀하신다. 그러므로 우리의 인격은 다분히 하나님의 인격을 닮고 있어야 한다. 그리고 하나님의 고매한 인격이 어떠한 것인가에 대해서는 이미 마태복음 5장 2-16절에 있는 산상수훈의 강령을 통해 제시해 주었다.

이상이 예수님의 '율법과 선지자'에 대한 관점이다. 따라서 예수께서 "내가 율법이나 선지자나 폐하러 온 줄로 생각하지 말라 폐하러 온 것이 아니요 완전케 하려 함이로다"(마 5:17)고 한 말씀 속에는 율법이 가지고 있는 본래의 정신을 해석하고 그 목적을 성취한다는 의미를 담고 있음을 알 수 있다.

율법의 완성은 율법이 본래 가지고 있는 목적을 완수해야 성취된다. 그리고 율법은 하나님의 창조 목적을 완성하기 위해 주어진 것이다. 예수님은 유일하게 그 율법의 목적을 이루실 수 있는 분이시다.

2) 율법에 대한 우리의 자세

우리의 능력으로는 도무지 율법의 요구를 이룰 수 없다. 그럼에도 불구하고 율법이 있는 것은 하나님이 원하는 것이 무엇인가를 알고 그 뜻을 이루기 위해 필요하기 때문이다. 이스라엘 백성들이 가나안에 들어가 세울 하나님 나라의 성격과 그 나라의 문화가 어떠해야 하는가를 명확하게 제시한 것이 율법이었다. 그리고 그 나라가 어떻게 진행되었는가를 자세하게 기록한 문서가 선지서이다. 또한 그 나라의 독특한 성격을 자세하게 기록한 글들이 성문서이다.

우리는 이들을 구약 성경이라고 하는데 구약을 통하여, 즉 율법(תורה)과 선지자들의 책(נביאים)과 성문서(כתובים) 등을 통하여 하나님 나라가 어떤 성격을 가지고 진행하였고 완성되어 왔는가를 바로 알고, 그 나라의 특성과 성격을 정당하게 해석하여 우리가 그 나라의 백성으로서 현재 어떻게 살아가야 할 것인지를 판단할 수 있어야 한다.

오늘날 우리에게는 하나님께서 이스라엘 백성들에게 주셨던 구약 성경 외에도 신약 성경을 더 주셨기 때문에 더욱 새로워지고 훨씬 진전된 하나님의 나라를 건설하고 그 나라를 세워 나가야 한다. 따라서 우리가 세워 나가야 할 하나님 나라의 성격을 알고 그 나라의 독특한 문화를 드러내기 위해 우리는 구약을 자세하고 바르게 이해해야 한다. 그 이해를 바탕으로 지금 하나님께서 바라시는 그 나라를 세워 나가야 한다.

그렇지 않고 서기관들과 바리새인들이 그랬던 것처럼 율법의 조목을 자세하게 세분하고 그 조문들을 모두 외우고 지킨다고 해서 하나님의 뜻을 이루거나 그 목적을 달성하는 것은 아니다. 그런 일은 그들이 훨씬 잘했다. 그 누구도 따라가지 못할 만큼 그 방면에서 '의'를 세운 사람들이다.

그들 중에 대표적인 사람이 바울이다. 바울은 율법으로 말하면 책망할 것이 없는 자라고 스스로 말할 정도로 완벽한 사람이었다(갈 1:14; 빌 3:5-6). 율법이 요구하는 외면적인 요소들에 순응하였던 바울은 그리스도를 알고 난 후에는 이 율법을 수행하는 것으로는 결코 구원에 이르지 못한다는 사실을 깨달았다. 오히려 율법이 우리에게 요구하는 생활의 규범이 무엇인가를 바로 이해하지 못하면 율법의 노예가 되고 말 뿐이라는 사실을 경고하고 있다. 그래서 바울은 율법에 대해 자신은 죽은 자라고 말한다.

율법에 대해 바로 알지 못하면 율법이 요구하지도 않는 규율을 자꾸 만들게 된다. 그리고 자기도 짊어질 수 없는 그 무거운 짐을 남에게 지우는 만행을 저지르게 된다. 오늘날 교회가 율법에 대해 정당한 해석을 하지 않음으로써 교인들에게 무거운 짐을 지우게 하고서도 신령한 교회라고 자처하고 있는 현실을 볼 때, 율법을 통하여 하나님께서 인생에게 요구하는 것이 무엇인가를 바로 알아가지 않으면 안 된다는 커다란 위기의식을 가지게 된다.

하나님께서는 율법에 대해 바르게 이해하고 그 힘을 가지고 살도록 함으로써 그의 백성을 통치하신다는 사실을 중시해야 한다. 율법이 진정으로 하나님께서 그의 백성인 우리를 통치할 수 있는 수단으로 행사되기 위해서라도 율법에 대한 정당한 해석이 있어야 할 것이며, 우리의 삶도 그 해석에 따라 항상 명확하게 교회 안에서 하나님 나라를 현시하고 있어야 한다.

이처럼 예수께서 그의 제자들에게 말씀한 것은 율법의 조문에 대한 근본적인 목적을 바르게 이해시킴으로써 하나님 나라의 성격을 규명해 주고 나아가 우리의 성품이 어떠해야 하는가를 보여주는 표준을 제시하기 위함이다.

　율법을 해석하되 율법으로 우리의 외면적인 삶의 형태를 속박하고 억압할 것이 아니라 우리 내면의 성격이 어떠해야 하는가를 발견하고 하나님 나라의 백성다운 속성을 갖추어 나가는 일에 적용해야 한다. 율법은 우리의 내면 상태가 어떤 상태로 존재하고 있는가를 규명하는 것에서 강력한 효과를 발휘하기 때문이다.

　그럴 때에 비로소 우리는 하나님의 성품을 발현하여 하나님과 방불할 정도의 사람들이 되는 것이고(마 5:48), 바로 그 모습 속에서 하나님이 우리를 통치하는 사실이 현저하게 나타나게 되어 유형적인 하나님 나라로서의 교회가 우리를 통해 세워지게 된다.

제2장

살인하지 말라 (1)

예수님은 하나님의 나라가 외형적인 형태로 존재하지 않고 그 나라의 백성 된 성도들 안에 무형적으로 건설될 것을 중요한 내용으로 가르치셨다. 그리고 그 나라의 특성이 어떠한가를 말씀하면서 구약에서 예언한 하나님 나라의 정신에 대해 다시 해석할 필요를 느끼고 그의 제자들에게 구체적인 예를 들어서 가르치셨다.

그 내용은 마태복음 5장 17-48절에 있는데 먼저 하나님의 나라에 대한 예수님의 가르침과 구약의 가르침이 다르지 않음에 초점을 맞추고 구약의 본래적인 정신에 대해 이야기하고 있다.

1. 사람의 기본권에 대한 예수님의 가르침

예수님은 무엇보다도 먼저 십계명 중 제6계명과 7계명을 들어 인간의 존재 가치에 대해 언급하신다.

제6계명을 언급한 의도는 하나님의 나라가 시작되는 기본적인 바탕이 사람의 생명을 신성하게 여기는 일에서부터 시작된다는 것을 강조하기 위함이다. 이것은 하나님 나라를 건설하기 위해서는 하나님께서 내신 생명의 존엄성을 바로 아는 것이 무엇보다 중요하기 때문이다. 따라서 생명의 가치를 무시하거나 경멸하는 태도는 그 의도나 동기가 어떠하든지 배격되어야 한다.

제7계명을 언급한 것은 인간의 생명이 생명체로서 이땅에서 발전해 나가고 확장해 나가는 방편으로 주어진 혼인제도가 신성하게 존중되어야 할 것을 가르치기 위함이다. 혼인을 통해 사회가 형성되고 발전됨으로써 하나님 나라가 그 나라 백성들 속에서 확장되고 건설되어 나가기 때문이다. 그러므로 인간 존재의 의미와 가치를 근본적으로 인정하고 그 가치를 발현함에 있어서 살인을 금하고 혼인제도를 신성시하는 것은 기초적인 일이다.

이와 같이 제6계명과 7계명을 통해 사회가 형성되고 나면 다음으로 그 사회가 어떤 모습을 가져야 할 것인가에 대한 관심이 모아지게 된다. 그래서 예수님은 모세의 법칙 중에서 인간관계에 대한 두 가지 중요한 원칙, 곧 ① 맹세하지 말 것과 ② '이는 이로 눈은 눈으로' 라는 원칙을 인용하여 새로운 사회의 기초를 세우셨다.

1) 사회생활의 원리에 대하여

첫째, 맹세하지 말라고 한 것은 사람들 사이에 진실함이 늘 유지되어야 할 것을 강조하기 위함이다. 서로 믿을 수 없을 때 사람들은 맹세하게 되는데 사람 사이에 믿음이 없고 신실함이 없다면 그 사회에서는 결코 하나님 나라의 속성을 드러낼 수 없다. 그래서 언제든지 "예"라고 하든지 "아니오"라고 분명하게 말하여 자신의 진실함을 제시하고 사람을 절대적으로 신뢰하는 사회를 건설해 나가야 할 것을 말씀한 것이다.

둘째, 사람들 사이에 있어서 공의가 늘 행사되어야 할 것을 원칙으로 제시하였다. '눈은 눈으로 이는 이로' 라는 구약의 가르침은, 하나님께서 내신 생명에 대해 존중할 것과, 그 생명을 해하고자 하는 어떤 행위에 대해서든 하나님의 공의를 행사하라는 정신으로 세운 법칙이다. 사회를 발전시켜 나감에 있어서 인간관계의 신용과 공명정대함이 항시 유지되어야 할 것을 그 기본으로 제시한다.

그러나 사람의 생명을 중히 여기고, 생명의 전개를 위한 혼인제도를 신성시하며, 사회를 형성하고 발전시킴에 있어서 신용과 공의를 드러내는 것이 곧 하나님 나라의 성격을 명쾌하게 드러내는 것을 보장하는 것은 아니다. 생명을 존중하고, 그 사회가 신실하며, 공의가 있다 하더라도 얼마든지 냉정하고 차가운 사회를 만들어 낼 수 있기 때문이다.
그래서 하나님 나라의 성격은 또 다른 면에서 찾아야 한다. 그것은 사랑이다. 사랑이 없다면 잘 조직된 사회는 만들 수 있으나 풍요하고 따스한 하나님의 나라를 만들 수는 없다.

2) 하나님 나라 백성으로서 기본적인 삶의 상태

서로 좋아하고 긴밀한 관계를 가지고 있는 사람끼리만 서로 사랑하는 것으로는 하나님 나라의 다양함과 깊고 넓은 은혜를 충분히 발휘할 수 없다. 하나님 나라에서는 원수도 사랑할 정도로 마음이 너그럽고 온화하며 평정을 누리고 있어야 한다. 이것은 원수 앞에서도 그 마음의 평정을 잃지 않고 하나님의 사랑을 표할 수 있을 정도로 그 마음에 하나님의 사랑으로 가득해 있지 않다면 결코 이땅 위에 하나님 나라를 세워 나갈 수 없기 때문이다.
그러므로 하나님 나라를 세우고 구성하며 드러내는 그 나라 백성들의 인격은 매우 고상해야만 한다. 그 나라의 거룩한 인격은 하늘에 계신 아버지의 온전하심과 같이 온전해야 한다. 그래서 실제적으로 하나님께서 각자에게 요구하는 분량에 모자람 없이, 그 인격의 고상함이 충만해서 유치하지 않고 장성한 사람답게 자기의 인격을 발휘해야 한다. 이것이 "하늘에 계신 너희 아버지의 온전하심과 같이 너희도 온전하라"(마 5:48)고 하신 예수님의 의도이다.

따라서 우리의 인격의 완성은 하나님께서 요구하는 수준과 분량에서 온전해야 한다. 그래야만 우리를 통해 예수 그리스도께서 건설하고자 하는 나라를 세워 나갈 수 있는 것이다.

이러한 관점에서 예수께서 구약을 어떻게 해석하고 그 정신을 우리에게 제시하는가를 자세히 살펴보아야 한다.

2. 마 5:21-22의 살인 문제에 대한 해석

먼저 "옛 사람에게 말한 바 살인치 말라 누구든지 살인하면 심판을 받게 되리라 하였다는 것을 너희가 들었으나 나는 너희에게 이르노니 형제에게 노하는 자마다 심판을 받게 되고 형제를 대하여 라가라 하는 자는 공회에 잡히게 되고 미련한 놈이라 하는 자는 지옥불에 들어가게 되리라"(마 5:21-22)는 말씀에 대한 해석을 통해 살인에 대한 문제를 바로 파악할 수 있다.

1) 히브리인들의 독특한 언어 습관

"옛 사람에게 말한 바 너희가 들었으나"(Ἠκούσατε ὅτι ἐρρέθη τοῖς ἀρχαίοις)라고 번역된 본문은 '옛 사람들이 말한 것을 너희가 들었으나' 라고 바꾸어 번역하는 것이 본문을 이해하는 데 자연스럽다. 특히 그 다음에 등장하는 병행구인 22절에서는 예수께서 "나는 너희에게 이르노니(말하노니)"라고 되어 있음을 비교해 볼 때, 본문은 '옛 사람들이 너희에게 이른 것처럼(말한 것처럼)' 이라고 번역하는 것이 더 자연스럽다.

히브리인들은 자기들의 의사를 표현함에 있어서 병행구를 자주 사용하는데, 이것은 서로의 내용을 보충함으로써 그 뜻을 선명하게 표현하기 위함이다. 그러므로 본문을 원문에 근접하게 번역하면 "옛 사람들이 말하기를 누구든지 살인하는 자는 심판을 받는다고 한 말을 너희들이 들었으나 나는 너희에게 말하노니 형제에게 노하는 자마다 심판을 받게 될 것이다"라고 예수께서 말씀하셨다. 여기에서 '옛 사람(들)'은 유대인들을 가르쳐 온 랍비들일 수도 있고, 좀 더 근원적으로 올라가 율법의 원천인 모세의 율법을 지시할 수 있다.

그런데 모세가 하나님으로부터 받은 율법에서는 "살인하지 말지니라"(출 20:13)고 되어 있다. 살인을 금하되 살인하면 심판을 받는다는 말은 없다. 그렇다면 예수께서 이 말씀을 인용할 때에는 모세가 기록한 율법을 인용한 것이 아니라 이미 앞에서 살펴본 것처럼 '옛 사람들'이 그렇게 말해왔음을 당시 유대인들이 모두 알고 있다는 사실을 전제하고 본문을 인용하고 있음을 알 수 있다.

그러므로 율법을 해석하고 가르치는 선생들이 모세의 제6계명을 해석하여 가르치기를 '살인하지 말라, 누구든지 살인하면 심판을 받게 되리라'고 가르쳐 왔음을 알 수 있다. 즉 '심판을 받게 되리라'는 말은 모세의 말이 아니라 율법을 가르치는 선생들이 덧붙인 말이다.

2) '심판 받는다'는 말의 의미

그들이 말하는 심판을 받게 되리라는 말의 출처는 "네 하나님 여호와께서 네게 주시는 각 성에서 네 지파를 따라 재판장과 유사를 둘 것이요 그들은 공의로 백성을 재판할 것이니라"(신 16:18)는 말씀에서 찾을 수 있다.

이 말씀은 시내산에서 모세를 통해 하나님으로부터 율법을 받은 이스라엘 백성들이 광야에서 멸절되고 그 후손들인 제2세대 이스라엘이 가나안에 들어가기 직전에 한 말씀이다. 따라서 후대 사람들이 가나안 땅에 들어가 성을 세우고 이스라엘 나라를 세워가면서 발생하는 많은 문제점들에 대해서 그 성에서 세운 재판관들의 판결에 따라 옳고 그름을 판단한다는 의미를 가지고 있다.

여기에서 '심판을 받게 되리라'는 말은 성 안에 재판소가 설치되고 시시비비를 가리는 제도가 구성된 후에 율법을 가르치는 사람들에 의해 나온 이야기이다. 따라서 '살인하지 말라, 누구든지 살인하면 심판을 받게 되리라'는 이 말은 하나님으로부터 심판을 당한다는 말로 해석하기보다는 '살인하는 자는 당연히 재판에 회부되어 심판을 받게 되어 있다'는 말로 이해되어야 한다.

3) '살인하지 말라'는 말의 의미

물론 살인하게 되면 의당히 하나님의 심판을 받게 된다. 그러나 여기에서 강조하는 것은 살인하게 되면 그 성에 있는 재판소에 끌려가 재판을 통해 심판받게 된다는 의미이다. 결국 살인자는 그 심판을 벗어나지 못하고 마땅히 그 대가를 치러야 한다는 사실을 강조하고 있다. 따라서 살인자는 누구나 그 형제의 피를 흘린 사실에 대해 그 죄책을 짊어져야 한다.

그렇지만 랍비들의 이러한 가르침 속에는 율법을 내신 하나님의 의도가 결여되어 있음이 문제이다. 그들의 가르침대로 하면 살인한 사실이 있어야만 재판에 회부되어 심판을 받는다는 의미가 된다. 그러나 하나님께서 율법을 주신 이유는 거기에 있지 않다. 하나님께서 주신 율법의 정신은 사람의 생명이 어떤 이유에서라도 무시되거나 사람의 손에 의해 생존권을 박탈당하는 일이 있어서는 안 된다는 것을 가르치기 위함이다.

그래서 예수님은 "나는 너희에게 이르노니"라고 하시면서 이 말씀에 대하여 "형제에게 노하는 자마다 심판을 받게 되고 형제를 대하여 라가라 하는 자는 공회에 잡히게 되고 미련한 놈이라 하는 자는 지옥불에 들어가게 되리라"고 재해석하신 것이다.

다시 말해서 랍비들이 가르치는 것처럼 살인한 이유로 재판에 회부되어 심판을 받아야 한다고 한다면 형제를 노여워하고 업신여기며 그 인격을 침해하는 자도 마찬가지로 재판에 회부되어 심판을 받아야 할 것이라고 말씀하신다.

3. 법의 적용에 대하여

여기에서 랍비들의 법에 대한 해석 및 적용 문제와 예수님의 해석 및 적용 문제가 충돌하고 있음을 볼 수 있다. 랍비들의 해석대로 한다면 살인자는 모두 재판을 받되 "눈은 눈으로, 이는 이로"라는 차원에서 한 치 어김없이 심판을 받아야 한다.

그렇지만 하나님은 '살인'이라는 행위의 형벌을 규제하시기 위해 법을 제정한 것이 아니다. 그래서 부지중의 실수로 혹시 사람의 생명을 해치게 될 경우에는 도피성으로 피신하여 일정 기간동안 그가 부지중에 살인한 행위로 인해 심판을 당하지 않고 생명을 보존할 수 있는 길을 열어 주셨다.

예를 들면 고의적이 아닌 우발적인 사고로 사람의 생명을 해하게 된 때에는 살인의 행위로 간주하지 않고 도피성으로 피해 살게 함으로써 그 사람 자신에게 주어진 고유한 생존의 의미와 가치가 말살되는 일이 발생하지 않도록 배려해 주셨던 것이다.

1) 고유한 존재 의미를 가지고 태어난 인류

사람의 생명은 하나님께서 고유한 목적이 있어서 주신 독특한 존재의 의미가 있기 때문에 소중하다. 따라서 각 사람은 자신의 생명이 얼마나 소중한가를 알고 그 존재의 의미와 가치를 온전하게 발휘하기 위해 이땅에서 살아가야 한다. 그러기 위해 어떤 경우에 있어서도 사람의 생존권만은 기본적으로 인정되어야 한다.

사람은 아무리 해도 타인에게 생명을 부여할 능력이 없다. 때문에 자신의 생명뿐만 아니라 타인의 생명도 중시해야 한다. 하나님께로부터 부여받은 그 사람만이 가지는 고유한 존재의 목적이 있기 때문이다. 따라서 사람의 생명을 상하지 않기 위해서는 그 생명의 가치에 대한 분명한 인식이 있어야 한다. 그 가치를 인식하지 않은 상태에서 생명을 해하는 적극적인 범죄를 저지르지 않았다는 것으로 자신의 떳떳함을 주장해서는 안 된다.

아무리 작은 부분에서라도 생명을 경시하고 소홀히 하였다면 그 자체가 생명에 대한 정당한 대우를 하지 않은 것이므로 하나님 앞에서 그 책임을 져야 한다. 그러므로 예수께서 '형제에게 노하는 자' 역시 살인한 자가 받아야 할 재판의 자리에 서야 할 것이라고 말씀하신 것에는 이러한 정신을 그 안에 담고 하신 말씀이다.

살인 행위가 있기 위해서는 우선 살인하려고 하는 마음이 선행되기 마련이다. 그 마음에서 시작하여 살인이라는 행위가 나타나기 때문이다. 즉 살인이라는 구체적인 행동을 유발할 때까지는 그 사람의 마음속에서 진전하는 살인 단계가 있는데 처음에는 대부분 사람에 대한 분노로부터 시작된다. 사람에 대한 분노는 다음 단계로 사람에 대한 멸시를 가져다준다. 여기에 이르면 인격을 침해하고 무시하게 된다.

이러한 일련의 과정을 통해 동등하게 하나님으로부터 부여받은 인격에 대해 고유한 가치를 인정하지 않고 적극적으로 무시하는 행위로써 그 생명을 말살하는 것이 곧 살인이다. 이 점을 중시한 예수님은 "형제에게 노하는 자마다 심판을 받게 되고 형제를 대하여 라가라 하는 자는 공회에 잡히게 되고 미련한 놈이라 하는 자는 지옥불에 들어가게 되리라"고 구분지어 말씀하셨다.

2) 살인에 이르게 되는 심적 변화

첫째 단계는 형제에 대하여 심적인 분노(忿怒)를 가지게 된다.

노하는 것은 감정의 상태이다. 자신의 감정을 다스리지 못해서 생겨난 심리적 불쾌 상태가 분노이다. 이때는 마음의 평정 상태가 무너지고 상대방에 대한 미움이 자기의 이성을 지배하게 된다.

하나님 나라의 백성이라면 의당히 하나님께서 주신 마음의 평화가 늘 유지되어야 하는데 그 마음의 평안이 무너져버린 절대적인 위기 상태에 빠지게 된다. 그뿐만 아니라 분노가 적극적으로 평안을 대치해 나가는 급박한 진전이 발생하게 된다. 이렇게 마음의 평정을 잃고 형제에 대해 분을 품게 되면 그 결과는 살인과 다를 바 없다. 때문에 재판장에 끌려가 심판을 받아야 할 것이라고 예수님은 말씀하신다.

둘째 단계는, 분노가 터져 나와서 형제에게 대하여 '라가'(Ρακα)라고 욕설을 하는 외형적인 형태로 감정이 표출된다.

'라가'라는 말은 우리말로 번역한다면 "너, 이 자식!"에 해당된다. 혹은 분에 겨워 말을 잇지 못하고 "너─, 죽어!" 하는 식으로 자기의 분을 못 이기는 상태에서 나오는 욕설이다. 원래 '라가'라는 말은 아람어로 '바보', '정신 빠진 놈'이라는 말이다. 이것은 지적인 기능이 마비된 상태, 즉 정신박약의 사람을 가리켜 하는 말이다. 이런 욕설을 하는 상태에 이르게 되면 사람의 인격을 아예 무시해버리는 단계에 도달하게 된다.

사람을 대할 때에는 최소한의 예의가 있어야 한다. 그 사람에 대하여 정당하게 대우하지 않고, 혹은 그 사람의 이름을 부르지 않고 함부로 아무렇게나 호칭한다는 것도 그 사람을 멸시하고자 하는 행위이다. 이러한 단계로 진전되면 역력하게 분노가 표출된다. 형제에 대해 그처럼 분을 드러낸다는 것은 그 결과가 살인과 다를 바 없기 때문에 공회에 잡히게 되고 심판을 받아야 한다고 예수님은 말씀하신다.

여기에서 공회는 유대인들의 지역 공회를 지시할 수도 있고 예루살렘에 있는 산헤드린 공회를 지칭할 수도 있다. 공회는 주로 이스라엘의 종교와 관련된 문제를 다루는 기관으로 이스라엘 사람들에게 있어서는 종교적 생존을 다루는 중요한 기관이었다는 점에서 상당히 엄중한 재판을 받고 그 대가를 치러야 함을 암시하고 있다.

셋째 단계로, 형제에 대하여 '미련한 놈'이라 하면 지옥불에 들어가야 한다고 말씀하신다.

여기에서 미련한 놈이라는 말은 '모레'(Μωρε)라는 헬라어로서 '더럽고 추한 놈'이라는 뜻이다. 이 말 속에는 단순히 지적인 요소를 욕하는 것이 아니라 윤리적이고 도덕적인 불순한 내용의 의도가 포함되어 있다. 결국 상대하는 사람의 인격이나 품성이 윤리적으로 매우 더럽고 추잡한 상태에 있다고 단정한 상태를 가리킨다.

이 정도의 욕설은 감정적인 차원에서 벗어나 그 사람의 인격을 모독하는 극단적인 상태에 치닫고 있음을 표시하고 있다. 이렇게 인격적 모독의 상태에 이를 정도가 되면 재판을 받고 안 받고 할 것이 아니라 즉시 '지옥 불' 속에 던져져야 한다고 예수님은 경고하신다.

물론 여기에서 '지옥'은 영원한 지옥을 말하지는 않는다. '게헨나' (γεεννα)라는 이 말은 예루살렘 성 남쪽에 있는 '힌놈의 골짜기'를 지칭한다. 여기에서는 솔로몬 시대부터 우상 숭배가 심하던 곳이다. 특히 므낫세가 자기 아들을 불로 태워 제사했던 곳으로 유명하다.

후에 므낫세의 아들 요시아 왕이 종교 개혁을 일으켜 이곳을 각종 더러운 쓰레기나 부정한 시체들을 버리는 곳으로 만들고 그것들을 처리하기 위해 항시 불을 태우던 곳이었다. 그러자 후대 사람들은 그곳을 마치 지옥을 묘사하는 장소로 부르게 되었다. 그러므로 '지옥 불' 곧 '게헨나의 불'에 던져진다는 것은 더러운 곳에 던져지는 저주스런 상태로 버림을 당한다는 의미를 가지고 있다.

4. 예수님의 교훈

랍비들의 가르침대로 한다면 사람의 생명을 실제로 해하여 죽이는 실정법에 대한 위반을 저질렀을 때에만 살인죄로 심판을 받게 된다. 그러나 예수님은 사람들 내면에 담겨 있는 사람의 생명에 대한 경멸과 무시가 근본적으로 문제가 된다는 사실을 구약의 율법을 통해 설명하셨다.

비록 살인한 실제의 행위가 없다 할지라도 마음으로 사람에 대해 분을 품고 나중에는 멸시하고 나아가 능욕하고 모욕하는 이 모든 일들 역시 살인한 것이나 다를 바 없다는 점을 보이셨다.

사람을 죽이는 행위는 그 생명을 경시하여 이땅에서 없이한 행위이다. 그렇다면 사람의 생명을 무시하고, 인간을 모욕하고, 그 인권을 짓밟고, 사람의 기본권을 박탈하는 것 역시 살인한 것과 다르지 않다는 것이다. 사람의 인권이나 기본권에 대한 인식을 정당하게 하지 않은 것 자체가 살인이나 다를 바 없기 때문이다.

　살인은 하나님의 경영을 전적으로 파괴하는 반신국적인 행위이다. 하나님께서 생명을 부여하신다는 대원칙을 거부한 행위이다. 뿐만 아니라 그 생명이 발휘해야 할 하나님의 통치 구현을 말살하는 행위로 이는 심판의 대상이 될 수밖에 없다. 따라서 하나님이 내신 생명을 사랑하지 않고 미워하는 것이 곧 살인이다.

　히브리인들 개념 속에는 과거와 미래만 있지 현재는 없다. 현재는 가까운 과거이든지 혹은 가까운 미래로 표시한다. 그래서 언제든지 과거나 미래만 있을 뿐이다. 그 중간 상태는 없다. 마찬가지로 그들에게는 사랑과 미움이라는 상태만이 있다. 그 중간 상태는 없다. 사랑 아니면 미움이다. 따라서 생명을 사랑하지 않으면 생명을 미워하는 것과 같다. 결국 사람의 생명에 대해 정당한 평가를 하지 않는 것이 미움이고 그것이 곧 살인에 해당되는 것이다.

제3장

살인하지 말라 (2)

예수님은 하나님의 나라가 외형적으로 판단되는 세상의 제도나 법으로 세워지지 않고 사람의 내면에 담겨 있는 고도한 사상을 바탕으로 세워진다는 점에 대해 여러 가지 모양으로 제자들에게 가르치셨다. 우리는 이러한 예수님의 가르침을 받고 있는 제자들이 특별하게 주님의 부르심을 받은 사람들이라는 점에서 예수님의 의도를 분명히 알아야 한다. 예수님은 일반 세상적인 삶의 원리를 가르치시고자 제자들을 불러 모으신 것이 아니기 때문이다. 따라서 예수님의 가르침에는 상당히 비상한 내용이 담겨 있음을 눈여겨보아야 한다.

1. 제6계명에 대한 예수님의 해석

살인에 관한 모세의 율법에 대해 예수님의 해석은 하나님께서 그의 백성들에게 바라시는 것이 무엇인가를 보여주고 있다. 일반적으로 세속 국가의 법으로는 사람의 내면 상태에 대해 구속할 수 없어서 외형적으로 드러난 행위에 대해서만 법이 작용하고 또 법이 효력을 발생하기 위해서는 외적인 증거가 있어야만 한다.

서기관들과 랍비들 역시 세속 국가의 법처럼 율법을 해석하고 적용함으로써 하나님께서 그의 백성들에게 주신 규범을 하나의 법 조항으로 만들고 말았다. 사실 규범이라는 것은 각각의 외적인 행위 상태에 대해 일일이 제시하지 않고 그 규범 속에 담겨있는 정신을 사람들의 삶속에서 적절하게 적용하기 위해 보편적인 하나의 상태를 규정한 것이다. 때문에 규범을 해석할 때에는 무엇보다도 그 속에 담겨있는 정신을 중시해야 한다.

1) 인간성 존중을 기본으로 하는 하나님의 법

예수께서는 서기관들과 바리새인들처럼 그러한 방법으로 법을 적용하지 않으신다. 구약의 율법은 하나님께서 규범으로 주셨다. 때문에 예수님은 그 정신을 중시하여 해석함으로써 어떤 동기로 사람의 생명을 해하는가에 대한 근본적인 원인을 들추어 사람의 내면 상태를 염두에 두고 말씀하신다.

처음에 상대방에 대해 분노가 발생하고, 그 분노가 자라서 그 사람을 멸시하는 언사를 표현하고, 마침내 그 사람의 인권을 무시함으로써 그 사람이 어찌되든 상관없는 데까지 이르게 되어 나타난 적극적인 행위가 곧 살인이다. 이처럼 살인에서 중요한 요소는 생존의 기본권을 무시하고 인격을 능멸하였다는 점이다. 곧 사람의 존재 가치를 말살하는 행위는 살인과 다를 바 없다.

심지어 아무런 상관관계가 없는 사람을 살해하는 경우도 마찬가지이다. 예를 들면 돈을 탐내기 위해 강도가 어떤 사람을 특별히 미워할 이유가 없어도 그 사람의 생명을 해하는 행위는 근본적으로 사람의 생명에 대한 존엄성을 무시한 것과 같다.

사람의 생명에 대한 정당한 인식을 하지 못하고 그 가치를 무시하기 때문에 사람의 생명을 해하는 어떤 일이라도 서슴지 않고 하게 된다. 더군다나 돈을 사람의 생명보다 중시 여긴다는 사실 자체가 하나님께서 사람을 이 세상에 내신 뜻을 거역하는 반역과 다를 바 없다. 그러므로 누구든지 생명이 가지는 고유한 존재 가치를 무시하거나 말살하는 모든 행위는 살인과 같이 취급되어야 한다.

이런 점에서 예수님은 "나는 너희에게 이르노니 형제에게 노하는 자마다 심판을 받게 되고 형제를 대하여 라가라 하는 자는 공회에 잡히게 되고 미련한 놈이라 하는 자는 지옥불에 들어가게 되리라"고 말씀하신다.

사람을 살해한 살인의 행위에 대하여는 냉정하게 재판하고 심판하여야 한다. 사실 이스라엘 법정에서 살인죄는 최고의 형벌로 다스려야 했다. 이처럼 하나님이 내신 법을 어겼다 하여 어김없이 심판하는 것이 당시 유대인 사회였다.

반면에 그들은 살인이라는 구체적인 행위를 하지 않았다는 사실만을 가지고 자신이 하나님의 말씀대로 살았고 율법을 다 이루었다고 여기고 있었다. 이러한 자기 '의'에 대해 예수님은 그 율법의 본의를 밝히심으로써 인간 내부에 담겨 있는 악한 사상을 제거하지 않고서는 결코 하나님 나라에 들어갈 수 없고 그 나라를 세워나갈 수 없음을 강조하신다.

오히려 예수님은 형제에 대해 분노하는 심적 상태야말로 살인과 방불한 것으로 재판을 받아야 마땅하다고 하심으로써 인간이 기본적으로 하나님으로부터 부여받은 생명의 존엄성은 언제든지 보장되어야 할 것을 가르치셨다. 왜냐하면 생명의 가치가 인정되어야 생존권이 정당하게 행사되고 보장되며 나아가 그것을 바탕으로 하나님께서 인간을 이 땅에 보내신 존재의 목적을 수행해 나갈 수 있기 때문이다.

따라서 사람의 생존권을 무시하거나 말살하는 행위는 하나님께서 사람을 통해 이 세상을 경영하고자 하는 하나님의 경륜을 거역하고 반역하는 행위가 된다. 나아가 사람을 이 세상에 보내실 때에는 하나님께서 그 사람의 생명을 통해 하나님의 나라를 경영해 나가시는 적극적인 의지를 표현하신다는 점에서 살인은 하나님을 대적하는 일에 속하는 것이다.

2) 살인은 하나님을 대적하는 범죄

하나님은 적절한 때와 장소에 사람을 보내어 그의 나라를 세워나가고 경영해 나가신다. 이처럼 사람의 생명은 하나님의 뜻을 이루어 가는 데 있어서 기본적인 요소이다. 그렇다고 하나님께서 하나님의 뜻을 이루기 위한 수단으로 사용하시기 위해 사람에게 생명을 주신 것은 아니다. 오히려 사람에게는 독자적인 의지를 표현하고 발휘할 수 있는 인격을 주어 자기들 스스로 올바른 길을 선택해 나가게 함으로써 하나님의 기쁘신 뜻을 이루어 나가기를 원하신다. 그렇기 때문에 사람의 생명은 고유한 가치가 있고 의미를 가지게 된다.

어느 누가 되었든 하나님을 위하고 그 뜻을 추종하든지, 혹은 반면에 적극적으로 하나님을 거역하고 살든지 모두 다 영원하신 하나님의 계획안에서 그들은 한결같이 하나님의 나라를 세워 나가고 영원한 하나님의 경영을 이루어 가는 데 있어 각자 고유한 역할을 하기 마련이다.
이와 관련해 살인은 사람들이 자유의지를 발현하여 자신들의 인격을 발휘할 능력과 기회를 박탈함으로써 각자가 충분히 드러내어야 할 하나님의 지혜와 풍요로우심을 영원히 역사 앞에서 매장시키는 결과를 초래한다. 따라서 각 사람을 통해 나타나야 할 하나님의 품성이 영원히 감추어지고 마는 것이다. 왜냐하면 사람의 인격은 하나님의 형상으로 지음받았기 때문이다.

　사람의 생명은 존재하는 그 자체만으로도 충분한 가치가 있다. 그리고 인격을 지니고 있다는 것만으로도 하나님의 성품을 충분히 발휘할 수 있는 자격의 조건을 갖추고 있다. 따라서 그 인격을 무시하거나 능멸하거나 혹은 말살시키는 어떠한 일도 용납될 수 없다. 형제에 대해 분노를 품든지, 그 사람을 정당하게 대우하지 않고 멸시하든지, 혹은 인격을 무시하고 모독하는 어떤 심적 상태라 할지라도 하나님 나라에서는 용납될 수 없다.

　그러므로 하나님 나라의 법은 서기관들과 바리새인들이 말하는 법보다 월등하게 엄격하고 철저하다. 그 마음의 상태가 조금이라도 불안하고 마음의 평정을 잃어버리는 일이 없을 정도로 하나님은 그의 백성들에게 요구하기 때문이다.

　어느 통치자라 해도 사람의 마음속 상태를 보고 그 사람을 심판할 수 없다. 그러나 하나님만은 사람의 마음을 보고 심판하신다. 반면에 하나님 나라가 그만큼 고상한 나라임을 알 수 있다. 그 나라의 백성은 그 마음의 상태에서부터 평정을 유지하고 마음으로라도 하나님을 거역하지 않아야 하기에 이것은 보통 고상한 상태가 아니다.

　성문화 된 법에 따라서 사람이 구속받지 않고 그 사람 양심이 스스로 자기를 구속하되 기쁨으로 기꺼이 하나님의 의를 이룬다는 것은 최상의 정치 형태가 아닐 수 없다. 만일 그러한 영적인 형태의 정치 형태가 있다면 세상에서 최고의 나라를 이루게 될 것이다.

　3) 하나님의 통치를 거부하는 행위

　이러한 정신에 따라 각자가 자신의 삶을 소중하게 여기고 자기 존재 가치를 온전하게 발휘한다면 바로 거기에서부터 하나님의 나라가 실재한다. 사람들이 그처럼 소중한 생명을 소홀히 할 뿐만 아니라 경시하기 때문에 타인의 생명도 무시하고 심지어는 자신의 생명까지도 업신여기게 된다.

참으로 자기의 생명을 소중히 여긴다면 어떤 이유에서도 자신의 삶을 소중하게 하기 위하여 그리고 최선의 삶을 경영하기 위하여 자기의 인격을 정당하게 발휘해야 한다. 그렇다면 타인의 생명과 그 사람의 존재 의미에 대해서도 존중하는 사회를 만들 수 있을 것이다. 그렇게 하여 하나님께서 각 사람에게 주신 존재의 의미를 완수함으로써 하나님의 통치가 구현되는 최상의 나라가 건설될 것이다.

이것이 그리스도께서 그의 제자들을 통해 건설하고자 하는 나라의 한 가지 특성이다. 각 사람의 존재 가치가 완전하게 인정되고 그 존재 의미가 정당하게 발휘되는 나라가 바로 그리스도께서 건설하고자 하시는 하나님의 나라이다. 따라서 예수님의 제자들은 이러한 가르침을 받고 이땅에 사람의 존재 가치와 의미가 완벽하게 보장되고 발현될 수 있는 나라를 건설해야 할 역사적인 책임이 있다.

반면에 바리새인이나 서기관들이 율법을 해석함에 있어 이와 같은 율법의 근본정신을 무시하고 오히려 인간들이 조작한 법의 정신에 근거하여 율법을 실정법 정도의 저차원적으로 해석하고 일상의 생활 속에 적용하려 한 것은 고도한 하나님 나라의 사상을 한갓 인간 중심의 법률 사회로 전락시키는 저급한 사상에 불과하다.

2. 하나님 나라의 정신

예수님의 가르침 속에서 우리는 하나님의 나라 안에서는 생명의 존엄성을 얼마나 중시하는가 하는 중요한 정신의 일면을 읽을 수 있다.

그리고 그 정신에 근거한 하나님 나라의 백성으로서 삶의 한 상태를 "그러므로 예물을 제단에 드리다가 거기서 네 형제에게 원망 들을 만한 일이 있는 줄 생각나거든 예물을 제단 앞에 두고 먼저 가서 형제와 화목하고 그 후에 와서 예물을 드리라"(마 5:23-24)는 말씀 속에서 찾을 수 있다.

1) 마 5:23-24의 해석

하나님 앞에 제사를 드리는 숭고하고 장엄한 순간이라 하더라도 혹시 형제에게 원망 들을 만한 일이 생각나거든 그 제사를 드리려는 행위를 잠시 중단하고서라도 형제에게 가서 먼저 화목하라는 것이 예수님께서 새롭게 제시하신 하나님 나라의 법칙이다.

원래 제사란 엄숙한 순서에 따라 정당하게 하나님께 드려야 한다. 어떤 사람이 제사를 드리려 하면 흠 없고 온전한 제물을 규정에 따라 선택하여 성전에 나오면 먼저 이방인의 뜰을 지나고 다음에 여인들의 뜰을 거쳐 성전뜰에 이르게 된다. 거기에는 제사장만 들어갈 수 있는 제사장의 뜰이 있는데 제사를 드리겠다고 의사를 표시하면 그날 제사를 맡은 제사장이 나와서 정한 순서에 따라 제물을 하나님께 제사로 드리게 된다.

그러므로 제물을 제단 앞에 두었다는 것은 지금 제사가 절차에 따라 한참 진행되어 매우 중요한 제사의 중심부분에 도달해 있는 상태임을 의미한다. 이때는 하나님께서 제물을 받으시는 장엄하고 숭고한 순간이다. 그럼에도 불구하고 형제에게 원망 들을 만한 일이 생각나거든 그 예물을 재단 앞에 두고 그 즉시 형제에게 가서 그 원망 들을 만한 일을 해결하고 와서 계속 제사를 드리라고 말씀하신다.

예수님은 하나님 앞에 제사드리는 일보다 세상사에서 더 중요하고 엄격한 일이 없음에도 불구하고 형제에게 원망 들을 만한 일이 있거든 제사드리는 일을 중지하고, 하나님 앞에서 그처럼 엄중한 예의를 갖추어야 할 그 자리에서조차도 즉시 형제에게 찾아가라고 말씀하신다. 따라서 형제와 화목하는 일이 지금 하나님 앞에 제사드리는 일보다 더 우선이 되어야 한다는 의미이다.

그런데 여기 '네 형제에게 원망 들을 만한 일'에 대해 잘못 해석하는 일이 없어야 한다. 이 '원망'이라는 말은 아무 이유 없이 상대방이 자기를 미워하는 심적 상태를 의미하지 않는다. 즉 자기는 정당한데 상대방이 자기를 이유 없이 미워하여 원망한다는 말이 아니다.

여기에서 '원망'은 'against you'라는 말로, 자기의 어떤 행위로 인해 상대방의 마음이 상하게 됨으로써 자기에게 일종의 적대감을 느끼고 있는 상태를 의미한다. 예를 들면 상대방이 잘못을 했건 안 했건 그 사람에게 분을 내었든지, '라가' 혹은 '미련한 놈'(모레)이라고 욕을 하였든지 나의 어떤 행위가 그 사람의 마음을 건드려 심히 불쾌하게 만들어 나에 대해 어떤 적대 감정을 가지고 있는 상태를 가리켜 '원망'이라고 한다.

그러므로 본문은 어떤 사람이 나에게 불쾌한 일을 함으로써 그를 미워하는 마음이 들 때에, 하나님께 예물을 드리다가 그것이 자꾸 마음에 걸려 화해하지 않으면 안 되겠다는 생각으로 그 사람에게 달려가 '내가 당신을 이렇게 미워한 것을 용서해 주시오'라고 화해하고 돌아와 계속해서 제사를 드리라는 말이 아니다. 누구를 미워하는 것이 자꾸 마음에 걸려서 제사드리는 일에 방해가 되기 때문에 마음에 평정을 잃는 일은 자기 자신의 문제이지 상대방 문제가 아니기 때문이다.

진정으로 형제를 사랑하는 마음이 있다면 그리고 그 마음속에 하나님의 나라를 소유하고 있다면 결코 마음의 평화를 잃어버려선 안 된다. 그래서 예수님은 형제에게 대하여 노를 품는다든지, 욕을 하든지, 인격을 무시하는 언행을 하는 것이 바로 형제를 살인하는 것과 같은 것이라고 엄중하게 말씀하셨다. 그런 사람은 아예 하나님 앞에 나아가 제사드릴 자격이 없기 때문에 구태여 언급할 일도 아니다.

이 말씀과 연관지어 한 가지 더 생각할 것은 "서서 기도할 때에 아무에게나 혐의가 있거든 용서하라 그리해야 하늘에 계신 너희 아버지도 너희 허물을 용서하여 주시리라 만일 너희가 용서하지 않으면 하늘에 계신 너희 아버지도 너희 허물을 용서하지 아니하시리라"(막 11:25-26)는 말씀이다.

이 말씀에는 어떤 사람에 대하여 심적으로 불쾌함을 받을 만한 요소가 생각날 때에는 하나님께 기도하는 자세를 취하고 있다 하더라도 그 순간에 나의 마음을 상하게 하는 그 사람에 대한 어떤 혐의라도 있다고 여겨지거든 무조건 용서하라는 말이다. 이것은 앞서 말한 형제를 사랑하는 정신이 어떠한 것인가를 가르쳐주고 있다.

2) 생명의 존엄성

본문에서는 그보다 한 걸음 더 나아가 새로운 하나님 나라의 정신을 말하고 있다. 곧 나의 어떤 행위가 형제의 마음을 혹시라도 상하게 하여 그것으로 인해 형제가 나에게 어떤 불편함을 느끼고 있을 것이라는 문제에 대한 이야기이다.

그런 경우에는 하나님 앞에서 제사를 드리는 도중이라도 즉시 형제에게 찾아가 형제의 불쾌한 마음을 풀어주고 화목하라는 의미이다. 형제의 마음을 불편하게 만들어 놓고 자기는 아무런 마음의 동요도 없이 하나님 앞에 나아오는 것에 대해 예수님은 주의를 주신 것이다.

어떤 사람이 나에 대해 악감정이 있을 경우에도 마찬가지이다. 그가 그 악감정으로 나에 대해 나쁜 말을 하고 심지어 '라가'라든지 '모레'라고 하였다면, 그러한 악감정에 대해 내가 분을 이기지 못하고 그 사람이 미워져서 내 마음의 평정을 잃어버리는 일은 없어야 한다. 오히려 상대방이 어떤 연유로 나에 대해 불쾌한 마음을 가지게 되었는가를 생각해 보고 그 사람의 분을 풀어주어야 한다. 이것이 하나님 나라를 소유한 사람의 심적 상태이다.

그렇기 때문에 하나님께 예물을 드리는 중요한 순간이라도 혹 어떤 사람이 나 때문에 마음이 편하지 못할 것이라는 생각이 들면, 예물 드리는 일을 중단하고서라도 그 사람을 찾아가 마음의 평안을 찾도록 도와줌으로써 서로 화목해야 할 것을 예수님은 그의 제자들에게 가르치셨다.

이것이 바로 하나님 나라의 정신이다. 왜냐하면 그렇게 하는 것이 하나님께서 내신 생명을 소중하게 여기는 일이기 때문이다. 그렇게 하는 일이 생명의 존재와 그 가치를 인정하고 생명의 신성함을 수호하는 데 있어서 기초가 된다. 바로 이러한 일 하나를 하는 것이 형제를 사랑하는 일이다.

형제의 마음까지라도 읽어서 혹시 나 때문에 상하지 않았는가를 따져볼 수 있는 것은 하나님 나라의 백성들만이 가질 수 있는 하나님 나라적인 성품이다. 만일 이러한 일을 등한시한다면 이 작은 일 하나가 점점 자라나서 마침내는 하나님의 나라를 송두리째 무너뜨리고 말 것이다.

형제가 나에게 지니고 있는 작은 원한 하나가 점차 자라나서 마침내 살인을 하게 되는 악의 결과를 가져올 것을 뻔히 알면서도 그냥 무관심하게 내버려 둔다는 것은 하나님 나라의 진행에 해를 가져다 줄 것이다. 이러한 무관심에 대해 언급할 때 바울 사도는 "무정하며 원통함을 풀지 않는 것"(딤후 3:3)이 바로 말세의 징조라고 말하고 있다.

심판의 때가 가까울수록 몇 가지 악한 특성이 심히 두드러지는데 사람들은 자기 자신만을 생각하고, 돈을 사랑하고, 스스로 교만하며, 부모를 거역하여 감사할 줄 모르고, 세상과 구별되지 않는 반신국적인 형태로 급진하게 된다. 그 중에 하나가 바로 '무정하고, 원통함을 풀어주지 않는 일'이라고 바울 사도는 지적하고 있다.

그러므로 하나님 나라의 성격을 드러내고 그 나라 안에 있다는 능력을 체험하는 쉬운 길은 바로 이와 같은 반신국적인 요소에서 우리가 분리되고, 우리 안에 그러한 요소가 없도록 하는 것이다.

참으로 하나님의 나라를 소유하고 있다면 악은 어떤 모양이라도 버려야 한다. 그 첫째가 사람의 생명을 존중하고 그 존재 가치를 정당하게 발휘하도록 하는 일이다. 그래서 예수님은 하나님의 나라를 세워나가는 구체적인 일에 먼저 '살인하지 말라'는 제6계명을 거론하고 있다.

3) 생명의 존엄성에 대한 이해

이상의 가르침을 종합해 보면 다음과 같이 정리할 수 있다.

첫째, 형제를 미워하고자 하는 어떤 일도 내 안에서 용납되어서는 안된다.

혹 형제가 나의 마음을 상하게 하는 혐의가 발견되고 생각되어지더라도 그 즉시 형제를 용서해야 한다. 왜냐하면 형제가 가지고 있는 생명의 존엄성을 인정해야 하기 때문이다. 형제의 생명은 하나님께로부터 온 것이다. 어떤 이유로든 내가 그 생명을 무시하거나 그 가치를 도말해서는 안 된다.

그렇다고 내가 수행하는 정당한 일을 적대시하고 방해하는 일에 대해서도 무조건 용서하라는 것은 아니다. 적어도 하나님의 나라를 세워나감에 있어서 함께 형제 된 자로서 협력하고 서로 돕는 입장에서 서로의 감정을 상하게 하는 일에 대해서는 언제든지 그 일로 마음의 평정을 잃어버려서 하나님의 나라가 진행하는 일에 방해받지 않도록 하기 위해 용서하라는 의미이다. 그렇지 않고 반신국적일 경우에는 그 어떤 세력이라도 우리는 마땅히 대적해야 한다.

둘째, 나로 인하여 형제의 마음이 상하거나 불쾌할 경우가 발견되어질 경우에는 먼저 그 일부터 해결하기 위해 형제를 찾아가 그 마음을 위로해 주어야 한다.

비록 그 형제가 이미 나를 용서하였다 할지라도 내 마음이 혹 그 일로 인하여 형제가 불편할 것처럼 여겨진다면 먼저 형제와 화목하는 일이 우선이다. 하나님의 나라는 이론과 관념으로 있는 것이 아니라 이렇게 함으로써 우리 안에 실재하기 때문이다.

이처럼 생명에 대해 신성시하는 정신을 갖고 있다면 결코 살인은 있을 수 없다. 이것이 하나님께서 그의 백성들에게 '살인하지 말라'고 하신 말씀의 의미이다.

제4장

살인하지 말라 (3)

"그러므로 예물을 제단에 드리다가 거기서 네 형제에게 원망 들을 만한 일이 있는 줄 생각나거든 예물을 제단 앞에 두고 먼저 가서 형제와 화목하고 그 후에 와서 예물을 드리라"(마 5:23-24)는 말씀에서 하나님 나라의 고도한 정신에 대하여 예수님은 말씀하신다.

첫째, 형제를 미워하고자 하는 어떤 일도 용납되어서는 안 된다는 예수님의 의도가 강하게 나타나 있다. 심지어 형제가 마음을 상하게 하는 일이 있다 하더라도 형제의 생명은 하나님께로부터 온 것이기 때문에 그가 가지고 있는 생명의 존엄성을 인정해야 하므로 그 즉시 형제를 용서해야 한다. 이 가르침은 어떤 이유로든 사람의 생명을 무시하거나 그 가치를 도말해서는 안 된다는 것을 강조하고 있다.

하나님의 나라를 세워나감에 있어서 함께 형제 된 자로서 협력하고 서로 돕는 입장에서 서로의 감정을 상하게 하는 일에 대해서는 언제든지 그 일로 인하여 마음의 평정을 잃어버리지 않아서 하나님의 나라가 진행하는 일에 방해받지 않도록 하기 위하여 용서해야 한다.

둘째, 나로 인해 형제의 마음이 상하거나 불쾌함이 발견되어질 경우에는 먼저 그 일부터 해결하기 위하여 형제를 찾아가 그 마음을 위로해 주어야 한다. 비록 그 형제가 이미 나를 용서하였다 하더라도 내 마음이 혹 그 일로 인하여 형제가 불편할 것처럼 여겨진다면 먼저 형제와 화목하는 일이 우선이다. 하나님의 나라는 관념과 이론으로 있는 것이 아니라 이렇게 우리 안에 실재하기 때문이다.

이처럼 생명에 대해 신성시하는 정신을 예수님은 하나님의 나라를 세워나가는 데 있어서 기본적인 원칙으로 제시하셨다.

그러나 그것만으로 하나님의 나라를 특징적으로 나타낼 수 없다. 왜냐하면 하나님의 나라가 아무리 고도한 정신을 가지고 있다 하더라도 하나님의 나라는 그 나라만이 가지는 독특한 정신이 그 안에 담겨져 있어야 하기 때문이다.

따라서 하나님의 나라만이 가지는 특수한 성질에 대하여 제자들에게 인식시키고 좀 더 새로운 면에서 하나님 나라의 특징을 나타내어 하나님의 나라를 드러내기 위해 예수님은 형제와 화목하고 그 후에 와서 예물을 드리라(마 5:23-24)는 말씀과 연관지어 "너를 송사하는 자와 함께 길에 있을 때에 급히 사화하라 그 송사하는 자가 너를 재판관에게 내어주고 재판관이 관예에게 내어주어 옥에 가둘까 염려하라 진실로 네게 이르노니 네가 호리라도 남김이 없이 다 갚기 전에는 결단코 거기서 나오지 못하리라"(마 5:25-26)고 말씀하신다. 이 말씀에서 하나님 나라의 또 다른 면을 찾을 수 있다.

1. 마 5:25-26에 대한 해석

예수께서 하나님의 나라만이 가지는 특별한 성질이 무엇인가를 말씀하신 내용을 이해하기 위해 본문을 바르게 살펴보아야 한다. 이 말씀은 앞에서 예수께서 말씀한 제6계명에 대한 해석과 긴밀한 관련이 있다.

이 말씀을 하시기에 앞서 형제의 생명에 대한 존엄성을 강조하고 있는데 형제의 생명은 그 자체로서 존재의 의미와 가치가 있고, 그 생명이야말로 하나님의 경륜을 이루게 하는 기본적인 요소임을 말씀하셨다. 그래서 형제에 대하여 분을 품는 자는 재판을 받게 되고 '라가'라고 욕하면 공회에 잡히게 되고 '모레' 즉 미련한 놈이라고 하면서 인격을 무시하게 되면 게헨나에 던지울 만큼 중대한 일임을 강조하셨다.

1) '형제와 화목 하라' 는 말의 의미

이러한 이유 때문에 비록 하나님 앞에서 제사를 드리는 도중에라도 형제의 마음이 나 때문에 상하게 되는 일이 기억나거든 즉시 가서 형제와 화목하라고 하셨다. 왜냐하면 형제의 상한 마음을 화평하게 하지 않으면 그 형제가 나에 대한 악한 감정이 점차 커지고 분이 발동하여 마음으로 살인하게 되어 마침내 재판을 받고 공회에 잡히며 게헨나에 던지우게 되는 결과를 유발시킬지 모르기 때문이다.

그것은 곧 그 사람의 생명이 정당하게 자기 본연의 가치를 발휘하지 못하게 하는 잘못을 범하게 내버려두는 결과와 같다. 그의 마음을 화평하게 하지 않은 나의 무관심은 결국 그 형제를 실족하게 하여 그의 생명에 치명적인 손상을 입히는 악한 일을 행한 것과 같다. 따라서 형제와 화목하였다는 것은 그 형제의 생명을 소중히 여기고 존중하였다는 점에서 하나님 나라의 법 정신이 요구하는 수준이 얼마나 고도한 수준인가를 잘 나타내 주고 있다.

그러나 비록 형제와 화목을 하여 그 형제의 마음을 평온하게 하였다 하더라도 한번 그 형제의 마음을 상하게 한 일에 대해서 하나님은 그냥 지나치시는 분이 아니다. 단지 형제와 나 사이의 관계로서는 서로 화목하였으므로 더 이상 그것에 대한 죄를 묻지 않는다 하더라도 내가 형제를 실족하게 하였다는 점, 즉 내 생명의 가치를 온전하게 발휘하고 살아가야 하는 위치에서 그 소임을 다하지 못함으로써 하나님께서 나에게 주신 생명을 소중하게 여기지 못하였다는 결핍된 요소들에 대해서는 그냥 넘어가지 않고 끝까지 그 죄를 물으시는 분임을 예수님은 강조하고 계신다.

이런 면에서 "형제에게 노하는 자마다 심판을 받게 되고 형제를 대하여 라가라 하는 자는 공회에 잡히게 되고 미련한 놈이라 하는 자는 지옥불에 들어가게 되리라"(마 5:22)고 말씀한 것처럼 형제에 대해 어떤 형태로든, 그것이 무형적이든 유형적이든 형제를 실족케 하는 일이라고 한다면 하나님께서는 그 죄를 절대로 그냥 넘기지 않으신다는 점에서 "너를 송사하는 자와 함께 길에 있을 때에 급히 사화하라 그 송사하는 자가 너를 재판관에게 내어주고 재판관이 관예에게 내어주어 옥에 가둘까 염려하라 진실로 네게 이르노니 네가 호리라도 남김이 없이 다 갚기 전에는 결단코 거기서 나오지 못하리라"(마 5:25-26)고 말씀하신 것이다. 따라서 우리는 이 말씀을 해석함에 있어 매우 신중해야 한다.

특히 "네가 호리라도 남김이 없이 다 갚기 전에는 결단코 거기서 나오지 못하리라"(마 5:26)고 하심을 보아 그 재판은 매우 엄중함을 표하고 있다. 여기에서 말하는 '호리'(화폐 단위에서 낮은 단위)는 계량의 단위에서 가장 작은 것을 말한다. 즉 누구나 그 정도는 계산에 넣지 않아도 될 정도로 그 단위가 낮은 정도를 의미한다.

그러나 죄의 문제에 있어서만은 아무리 작은 일이라 할지라도 일단 재판장 앞에 서게 되면 그 죄가 반드시 드러나서 형을 집행하는 관예에게 넘겨주게 되어 형을 집행하게 될 것이며, 그 형벌 안에서는 호리라도 남김없이 다 갚지 않고서는 절대로 빠져 나올 수 없다는 점을 강조하고 있다. 그렇다면 이 재판은 매우 엄하여 최후의 심판과 관련된 재판의 성격을 가지고 있음을 알 수 있다.

이런 점에서 여기에 등장하는 재판은 종말론적인 심판의 성격을 충분히 드러내고 있다. 그리고 여기에서 재판장은 절대적으로 죄를 가려낼 수 있는 분, 곧 하나님이심을 강하게 표시하고 있다. 때문에 이 재판에서 유죄 판결이 날 경우에는 아무도 형벌을 면제받을 수 없으며 그 형벌에서 벗어날 수조차 없다는 사실을 알 수 있다.

더군다나 호리라도 남김이 없이 다 갚지 않고서는 나올 수 없는 감옥이라는 것은 이 세상에는 없다. 아무리 엄격한 감옥이라도 어느 정도의 융통성은 있는 법이다. 따라서 여기에서의 감옥은 그 사람, 곧 죄인의 생명에 상당하는 대가를 지불하거나 대속(代贖)하지 않고서는 절대로 나올 수 없는 곳을 의미한다.

이 세상에서는 유죄 판결에 따라 주어진 형벌에 해당하는 형량에 대하여는 그 대가를 다른 방법으로라도 대신 치를 수 있다. 그러나 하나님께서 재판한 죄를 대속하기 위해서는 이 세상에서 사람의 생명에 해당하는 다른 가치를 찾을 수 없기 때문에 한 번 유죄로 판명된 후에는 도저히 그 대가를 대신할 다른 방법이 없다.

2) '송사하는 자'의 의미

뿐만 아니라 여기 등장하는 '송사하는 자'(ὁ αντιδικος)라는 단어는 성경에서 자주 쓰는 말은 아니지만 아주 독특하게 쓰인다는 점에서 주의해야 한다. '송사하는 자'라는 단어는 예수께서 "네가 너를 고소할 자(ὁ αντιδικος)와 함께 법관에게 갈 때 길에서 화해하기를 힘쓰라 저가 너를 관속에게 넘겨주어 관속이 옥에 가둘까 염려하라 네게 이르노니 호리라도 남김이 없이 갚지 아니해서는 결단코 저기서 나오지 못하리라"(눅 12:58-59)는 병행구절에서 그 의미를 찾을 수 있다.

이 단어는 누가복음 18장 3절에 보면, 어떤 가난한 과부가 하나님을 두려워하지 않고 사람을 무시하는 어떤 재판관에게 찾아가 탄원할 때 "내 원수(ὁ ἀντίδικος)에 대한 나의 원한을 풀어주소서"(눅 18:3)라고 할 때 '원수'라는 말로 등장하고 있다. 이 '원수'라는 말은 베드로전서 5장 8절에서는 "근신하라 깨어라 너희 대적 마귀(ὁ ἀντίδικος)가 우는 사자 같이 두루 다니며 삼킬 자를 찾나니"라고 하면서 '마귀'라고 명확하게 명시하고 있다.

이처럼 성경에서는 이 단어가 정당한 인격의 소유자라기보다는 품위와 관용을 저버린 비열한 사람으로서, 밤낮 할 일 없이 남을 비아냥거리고 무언가 꼬투리를 잡을 것이 없는가 하고 두리번거리는 사람을 의미하고 있다. 그리고 '내 원수'(눅 18:3)라는 말 속에서는 법을 준수하지 않고 법을 파기하면서까지 의를 추구하는 사람에게 법적인 조항을 악용하여 법의 올무에 걸리도록 하는 악랄한 사람을 의미하고 있다. 특히 여기에서 '송사하는 자'(ὁ ἀντίδικος)라는 단어는 '참소하는 자' 또는 '고자질하는 자'라는 뜻으로 쓰이고 있다.

그러므로 '송사하는 자'라는 단어는 비열하고 악랄한 방법으로 우리를 절대자이신 하나님께 고자질하여 어떻게든지 우리가 하나님의 의에 저촉되어 하나님의 심판을 피하지 못하게 하기 위해 궤휼을 사용하는 사탄을 가리키고 있음이 분명하다. 그렇다면 우리가 사탄의 참소에 걸려들었다는 것은 우리의 힘만으로는 사탄의 음흉한 궤술에서 빠져나올 수 없는 절박한 상태에 있음을 지시하고 있다.

비록 형제를 실족케 하거나 혹은 형제의 인격을 손상시키는 잘못에 대하여는 제사를 드리려다가도 즉시 형제에게 가서 화목하여 그 형제의 마음을 상하지 않게 함으로써 해결할 수 있다. 그렇다 할지라도 그

동기를 제공한 내 삶의 결핍이 올무가 되어 사탄의 마수에 걸리게 되면 꼼짝하지도 못한 채 고자질장이인 마귀에 이끌려 재판을 받기 위해 하나님 앞으로 끌려갈 수밖에 없다는 사실을 예수님은 경고하고 계신다.

그때 우리가 하나님 앞에 서게 되면 사탄은 그 음흉한 속셈을 드러내어 하나님 앞에서 우리의 죄를 고자질할 것이다. 절대공의의 하나님은 자신의 거룩한 속성에 따라 우리를 재판하고 형벌을 부과하시어 관예, 곧 형 집행관에게 넘겨주실 것이다. 그렇게 되면 우리는 다시는 나올 수 없는 감옥에 빠지게 될 것이며 그것을 보고 사탄은 쾌재를 부르게 될 것이다.

3) 죄를 심판하시는 하나님

그러므로 우리가 어떤 경우든지 마음의 평정을 잃어버린다는 것은 사탄의 속임수에 빠지게 되는 쉬운 길임을 주님은 경고하고 계신다. 따라서 우리가 하나님 나라의 백성이라면 의당히 그리스도의 성품을 발현하고 즉 하나님과 같은 성품을 늘 유지하고 있어야만 한다.

그렇지 못할 경우 우리는 여지없이 사탄에게 참소할 자료를 만들어주게 되어 마침내 하나님 앞에 끌려가 재판을 받아야 하는 절대 절명의 비참한 처지에 빠지게 되고 말 것이다. 그렇게 되면 호리라도 그 대가를 다 치르기 전에는 그 안에서 절대로 나올 수 없다.

여기에서 우리는 우리가 처한 위치가 매우 급박한 현실 속에 있음을 절감하지 않을 수 없다. 때문에 사탄이 우리를 하나님 앞에 끌고 가서 참소하기 전에 사탄이 우리를 참소할 거리를 만들지 않아야 한다. 그리고 혹시 참소 거리가 생겼다면, 우리의 빈약한 성품 때문에 사탄의 올무에 걸릴 수밖에 없겠지만, 하나님 앞에 끌려가서 아직 재판을 받기 전에 신속하게 사탄이 참소할 수 없도록 그 문제를 해결하지 않으면 안

된다. 그렇지 않으면 우리는 사탄의 고소로부터 벗어나지 못하고 하나
님의 공의에 저촉되어 형벌을 면하지 못하게 된다.

그러므로 예수께서 송사하는 자와 함께 길에 있을 때에 급히 사화하
라고 말씀하신 것은, 우리를 송사하는 자가 법적으로 우리에게서 아무
런 하자를 발견하지 못하도록 함으로써 원수가 더 이상 우리를 시비하
지 못하게 하라는 의미임을 알 수 있다.

그렇다고 여기에서 '원수와 사화하라' 곧 화해하라고 한다 해서 하
나님의 백성인 우리가 사탄과 화해하라는 말은 아니다. 사탄과 의기투
합하여 서로 충돌하지 않고 화목하게 지내라는 말이 아니라 원수가 적
개심을 가지고 우리를 재판장에게 고소할 일이 없도록 미리 문제를 해
결해야 한다는 의미이다.

이처럼 급박한 처지가 우리의 현실이기 때문에 바로 앞에서 예수님
은 "그러므로 예물을 제단에 드리다가 거기서 네 형제에게 원망들을 만
한 일이 있는 줄 생각나거든 예물을 제단 앞에 두고 먼저 가서 형제와
화목하고 그 후에 와서 예물을 드리라"고 말씀한 것이다.

따라서 하나님께 제사를 드리는 순간이라 할지라도 나 때문에 형제
가 실족하게 되어 그 결과 내가 생명의 존엄성을 손상시키는 죄를 범하
여 고소자(사탄)가 그 죄를 들어 나를 상대하여 하나님께 재판을 청구하
기 전에 형제와 화목함으로써 원수에게 어떤 실마리라도 잡히지 않아
야 한다는 의미이다. 그러한 일이 있음에도 불구하고 그 형제를 그냥
내버려둔다면 결국 원수에게 덜미가 잡히는 비참한 결과를 초래하고
말 것이다.

또 하나 생각할 것은 형제와 화목하여 겨우 그 문제는 넘어갔다고 할
지라도 하나님과의 관계에 있어서는 아직 해결되지 않은 부분이 남아

있다는 점이다. 우리가 죄를 범했을 경우에는 당연히 사람에게 죄를 지은 것이지만, 사람은 자기도 죄를 지을 수 있는 연약함 때문에 자기에게 죄 지은 사람을 용서할 수는 있어도 죄의 절대성, 곧 인생의 고귀한 가치를 상실해 버린 결핍에 대한 하나님 앞에서의 책임만은 절대로 벗어날 수 없다는 점이다.

그래서 죄는 사람에게보다도 하나님에게 더 무서운 것이다. 따라서 사탄은 바로 이 점을 들어 우리를 하나님 앞에 고소한다. 그럴 때 우리에게는 사탄의 고소에 대항하여 우리가 하나님 앞에서의 죄에 대해 이미 하나님과 화목하여 죄가 도말되었다는 그리스도의 '속죄' 사역 즉 '구속'의 사역에 대한 명백한 증거를 제시할 수 있어야 한다.

2. 부활하신 그리스도의 공효

1) 사탄의 참소

이론적으로 우리를 대속하시기 위해 그리스도께서 십자가에서 죽으시고 부활하심으로 우리의 죄를 속량하셨다는 사실을 알고 있다 하더라도 그 지식이 우리를 사탄의 고소를 무력화하지는 못한다. 만일 우리가 그리스도께서 나를 위해 십자가에서 나의 죄를 속량하심으로써 나는 하나님 앞에 갚아야 할 속전을 다 갚았다고 변명한다면, 사탄은 '그러면 네가 그리스도의 부활에 참여한 삶의 증거를 확실하게 드러내 보여라!'고 요구할 것이다.

사탄은 '네가 그리스도의 부활에 참여하였다면, 무엇보다도 그리스도의 영이신 성령의 충만을 받아 그리스도적인 성품을 충일하게 가지고 있을 뿐만 아니라 그 성품이 온전하게 발휘되어 그리스도와 같이 온전하게 하나님을 드러내고 그 나라의 성격을 확고하게 세워야 할 것이 아니냐? 그런데도 불구하고 너에게 속량해야 할 부채가 여전히 남아 있다는 것은 네가 그리스도의 부활에 전적으로 참여한 것이 아니지 않느냐?' 라고 반대 의견을 제시할 것이다. 그렇다면 우리가 전적으로 그리스도와 하나가 되어 있지 않으면 사탄의 고소에 대해 한마디도 항변하지 못하고 꼼짝없이 엄위한 재판장 앞에 끌려가야만 한다.

2) 그리스도의 공로

여기에서 우리가 그리스도의 속죄의 사실과 그 공효가 실제적으로 우리에게 늘 능력을 발휘하고 있어야 한다는 중요한 도리를 배울 수 있다. 사실 그리스도의 속죄의 사실과 그 공효가 실제적으로 우리에게 늘 능력을 발휘하고 있다면 우리가 죄에 대해 항상 그렇게 끌려다닐 이유가 없어야 한다.

다시 말하면 구원의 사실이 우리 안에서 명백하게 확증되고 있어야 한다. 그리고 구원의 사실이 우리에게 권능이 되어 우리의 삶이 실제로 죄를 억제할 뿐만 아니라 이제는 죄에 대해 적극적으로 항쟁하고 나가는 데에서 그 능력을 체험하고, 새 사람으로서의 삶의 능력을 늘 발휘하고 살아가야 한다.

그러기 위해 하나님은 이 세상에서 그의 백성들이 정상적으로 살아갈 수 있는 삶의 터전으로서 교회를 주셨고, 교회 안에서 하나님의 성품을 온전하게 발현하여 이땅에 진정한 의미에서 하나님의 의를 충족하는 무리들, 곧 거룩한 무리들이 하나님의 통치를 즐거워하고, 그 영광을 드러내도록 한 것이다.

이러한 독특한 정치 형태를 통해 하나님의 백성들은 하나님과 거룩한 교통을 나누며 하나님께서 그들을 통해 이루시고자 하는 영원하고 복된 나라를 세워나가게 된다. 따라서 우리가 하나님의 백성으로서 온

전한 하나님의 통치를 받고 하나님의 뜻을 이루기 위해서는 무엇보다
도 예수 그리스도의 공로를 전적으로 의지해야 한다.

우리가 역사 속에서 하나님 앞에 죄가 있다는 명백한 사실에도 불구
하고 그리스도께서 우리를 대언해 주신다는 약속에 따라, 사탄이 우리
를 하나님 앞에 참소하기 전에 우리가 먼저 하나님께 나아가 그리스도
의 공로를 의지하여 자신의 부채를 하나님께 청산해야 한다. 그리고 우
리가 그 사실을 알고 있다면 하나님 앞에 스스로 나아가 죄를 고백하는
일에 아무런 거리낌이 없는 것이다.

이 세상에서도 어떤 죄이든 자수하면 훨씬 경하게 처리하는 것처럼
우리가 불식간에 형제를 위험에 빠뜨리거나 혹은 형제에 대해 악의를
품었을 경우 그 일이 사람을 살인하는 죄와 방불하다고 이미 주께서 경
고하셨으므로, 즉시 우리는 그리스도의 공로를 의지하여 하나님 앞에
나아가 하나님과 화평을 이루어야 한다. 그렇지 않고 자꾸 미루어 두거
나 덮어두려고 한다면 사탄이 그것을 빌미로 우리를 하나님 앞에 참소
하는 날에는 도저히 벗어날 길이 없음을 알아야 한다.

그래서 그리스도의 대속 사건이 우리에게 의미가 있다. 그리스도께
서 십자가를 지셨고, 피를 흘리심으로 생명을 속전하셨고, 나아가 부활
하심으로 하나님께서 그리스도의 공로를 인정하셨다면 그리고 우리가
그 사실을 알고 있다면, 어느 때든지 하나님께 나아가는 데 있어서 아
무런 불편이 없는 것이다.

여기에서 우리는 하나님께서 우리의 죄를 사하셨다는 칭의의 교리에
대해 생각하지 않을 수 없다. 하나님은 우리에게서 죄를 찾지 못하시기
때문에 우리를 의롭다고 인정하시는 것이 아니다. 하나님은 우리에게
서 허다한 많은 죄의 결핍을 보시는 분이다. 뿐만 아니라 우리가 미처
인식하지도 못하고 있는 삶의 결핍마저도 모두 심판의 대상이 된다는

점에서 아무도 하나님의 심판으로부터 자유로울 수 있는 사람은 없다. 그럼에도 불구하고 우리가 하나님께 의롭다고 인정을 받을 수 있는 것은 그리스도의 완벽한 속죄, 곧 대속의 사실과 그 공로가 우리에게 전가됨으로써 가능하게 된 것이다.

따라서 우리는 이러한 그리스도의 공로를 덧입었다는 사실에 근거하여 언제든 하나님 앞에서 의롭다 함을 인정받았으며, 그에 따라 오늘 우리에게서 발생한 삶의 결핍에 대해 하나님께 용서를 구할 수 있게 되었으며, 그로 인해 우리는 언제든 하나님과 화목할 수 있게 되었음을 감사해야 할 것이다.

항상 하나님과 화목하고 있어야 할 것에 대하여 주께서는,

"옛 사람에게 말한 바 살인하지 말라 누구든지 살인하면 심판을 받게 되리라 하였다는 것을 너희가 들었으나 나는 너희에게 이르노니 형제에게 노하는 자마다 심판을 받게 되고 형제를 대하여 라가라 하는 자는 공회에 잡혀가게 되고 미련한 놈이라 하는 자는 지옥 불에 들어가게 되리라 그러므로 예물을 제단에 드리려다가 거기서 네 형제에게 원망 들을 만한 일이 있는 것이 생각나거든 예물을 제단 앞에 두고 먼저 가서 형제와 화목하고 그 후에 와서 예물을 드리라 너를 고발하는 자와 함께 길에 있을 때에 급히 사화하라 그 고발하는 자가 너를 재판관에게 내어 주고 재판관이 옥리에게 내어 주어 옥에 가둘까 염려하라 진실로 네게 이르노니 네가 한 푼이라도 남김이 없이 다 갚기 전에는 결코 거기서 나오지 못하리라" (마 5:21-26)

라는 말씀으로 그의 제자들에게 자세하게 해명해 주셨다.

제5장

혼인제도 (1)

하나님의 나라가 그 나라를 구성하는 백성들의 인격을 바탕으로 나타난다는 사실을 매우 중시하여 예수님은 산상수훈의 서두인 대강령(마 5:1-12)에서 하나님 나라의 성격은 어떠하며, 그 나라 백성의 성품은 어떠해야 하는가에 대해 자세하게 말씀하셨다.

하나님의 나라가 이땅에서 현저하게 구현되는 것은 무엇보다도 사람의 생명에 대한 인식에서부터 시작되기 때문에 사람의 생명이 가지고 있는 가치 곧, 하나님께서 이땅에 내신 사람의 생명이 가지는 고유한 가치가 어떻게 정상적으로 발현될 수 있는가에 대해 마태복음 5장 17-48절에서 구체적으로 언급하셨다.

여기에서 예수님은 사람의 생명에 관해 그동안 왜곡되었던 문제점들을 율법의 근본적인 가르침을 통하여 정확하게 해석해 주심으로써 하나님 나라를 이루는 기본적인 사람의 생명에 대한 새로운 관심을 갖게 하신다.

그 첫째가 생명의 존재 의미와 가치를 존중해야 할 것을 제시하신다. 하나님으로부터 생명을 부여받은 사람이 이땅에 존재하도록 하는 것 자체가 하나님의 목적이기 때문에 한 생명이 가지는 고유한 존재의 의미는 항상 존중되어야 한다. 그 사람을 통해 하나님께서 경영하고자 하는 하나님 나라의 진전과 확장이 이루어지기 때문에 생명은 하나님의 경륜을 이룬다는 점에서 독특한 가치가 있다. 따라서 어떤 경우에 있어서도 생명이 무시되거나 멸절되지 않도록 보존되어야 한다.

이처럼 사람에 대한 존엄성이 인정되는 사회여야 하나님의 나라가 현저하게 발현될 수 있는 기본적인 여건을 갖추게 된다. 이러한 바탕 위에 사람들은 각자 부여받은 생명의 가치를 드러냄으로써 각각 인생의 본분을 완수할 수 있다. 그러기 위해서는 부활하심으로써 생명의 주인이심을 증거한 그리스도의 십자가의 공효를 모든 인생들이 힘입어야 한다. 그리스도의 구속만이 우리를 죄의 결핍으로부터 자유롭게 함으로써 인격적인 자유를 누리게 하기 때문이다.

그런 후에야 우리는 자기의 존재 가치를 명확하게 파악하고 인류 역사상 자기 존재의 위치를 바르게 파악할 수 있어서 비로소 자기 자신이 이루어야 할 삶의 목적을 완수하게 된다. 이처럼 기본적인 생명의 존엄성이 인정될 때 각 개체의 생명이 진전하고 확장되어 사회를 형성하게 되며 그 안에서 자신의 본분을 행함으로써 비로소 하나님의 나라가 구상화되어 이 세상에 그 자태를 나타내게 된다.

그런데 사회를 형성해 나가는 데 있어서 기초적인 단위가 '가정'이다. 가정이야말로 생명을 보호하고 그 가치를 드러내는 데에 유효한 능력을 발휘하는 기초적인 사회 조직이다. 가정을 이루는 원동력은 혼인제도이다. 그러므로 무엇보다도 사회의 기초 제도인 혼인제도가 정당하게 시행되고 보존되어야 한다.

그래서 예수께서는 "살인하지 말라"는 제6계명을 통해 생명의 존엄성을 말씀한 후에, 그 생명이 확대되고 발전되어 구상적인 하나님의 나라를 구현해 나감에 있어서 기본이 되는 혼인 생활에서 그 순결성이 보장되어야 할 것을 가르치신다. 이런 이유 때문에 제7계명을 인용하시면서 혼인의 신성함을 강조하신다.

가정은 사회의 기본적인 단위로서 하나님 나라의 거룩한 특성을 정당하게 발휘하게 될 때, 그 가정을 바탕으로 확장된 사회만이 하나님 나라의 고유한 특성을 발휘하게 된다. 그러한 사회의 특성은 상호 신뢰를 바탕으로 구축되어지기 때문에 맹세가 필요하지 않으며, 더 나아가 상호 신뢰는 원수까지도 사랑할 수 있는 고도한 도덕 사회를 형성하게 된다. 이것은 하나님의 온전하심과 같은 위치에 이르러야 할 하나님 나라의 백성들이 어떠한 상태에 있어야 하는가를 보여준다.

이런 점에서 우리는 제7계명을 통해 예수께서 그의 사랑하는 제자들에게 요구하는 도덕적인 수준이 어느 정도인가를 염두에 두고 혼인제도에 대한 그리스도의 가르침에 관심을 가져야 한다.

1. 혼인제도의 목적

하나님께서 혼인제도를 세울 때에는 분명한 목적이 있었다. 혼인제도를 세운 때는 사람이 죄를 범하기 이전으로 창조의 질서에 해당되는 일이다. 하나님께서 계획한 창조의 목적을 완수하는 데 있어서 아주 유효한 효과를 바라셔서 제정한 제도이다.

"사람의 독처하는 것이 좋지 못하니 내가 그(아담)를 위하여 돕는 배필을 지으리라"(창 2:18)는 말씀 속에서 분명하게 제시되어 있는 바와 같이 남자를 돕기 위해 여자를 지으시고, 두 사람이 연합하여 한 몸을 이룸으로써(창 2:24) 하나님께서 그들에게 바라셨던 창조의 완성을 이루어

나가도록 하신 것이 혼인제도이다.

1) 왕적 사명 수행과 돕는 배필

혼인제도를 통해 한 몸이 된 아담과 하와는 "생육하고 번성하여 땅
에 충만하라, 땅을 정복하라, 바다의 고기와 공중의 새와 땅에 움직이
는 모든 생물을 다스리라"(창 1:28)는 왕적 사명을 수행하는 데 있어서
최선을 다해야 한다. 이처럼 혼인제도는 하나님께서 인류에게 맡기신
사명을 수행하고 완수하는 일에 있어서 유효하고 고상한 제도임을 알
수 있다.

혼인제도를 신성시하지 않고 더럽히거나 무시하는 것은 하나님께서
세운 창조 질서를 혼탁하게 하는 행위이며, 하나님께서 세운 제도에 대
해 전적으로 반역하는 반신국적 행위이다. 나아가 혼인제도를 깨뜨리
는 것은 결국 하나님의 창조 질서를 깨뜨리는 행위이며, 그것은 또한
하나님께서 각 사람을 통해 이루고자 하는 하나님 나라의 경륜을 거부
하는 반역이기도 하다.

혼인제도는 하나님께서 그 사람을 통해 성취하고자 하는 구원의 계
획을 유효하게 완수하는 제도일 뿐만 아니라 후세를 생산하여 하나님
의 나라를 확장시켜 나갈 수 있는 유일한 방편이다. 때문에 더욱 신성
하게 여겨져야 한다. 또한 혼인제도는 하나님의 나라를 현시하고 확장
함에 있어서 효과적인 제도라는 점에서 무엇보다도 하나님께서 이 제
도를 중요시하고 있음을 우리는 명심해야 한다.

혼인제도는 서로 육체적인 쾌락을 얻고 즐거움을 나누라고 주어진
제도가 아니다. 또한 세상에서 혼자 살아가는 것보다는 두 사람이 서로
협력하고 서로 격려해 가면서 어떤 꿈을 이루어 가는 것이 좋을 것으로

보여 세워주신 제도도 아니다.

그것은 아담이 하나님으로부터 왕적 사명을 받아 그 사명을 자기 혼자의 지혜와 힘으로 성취할 것이 아니라 하나님께서 돕는 배필을 주신 의도에 따라 서로 합력하여 공동으로 추구하고 전진해야 할 인생의 목표가 있음을 더 분명히 보여주기 위함이라는 사실을 알아야 한다.

최초의 혼인의 상태에서는 아담과 하와 단 두 사람이었지만 그 두 사람은 당시 전체의 인류였다. 그들이 가정을 이루고 그들이 사회를 이루고 인류 전체를 이루고 있었다. 이런 점에서 하나님은 혼인제도를 통해 전 인류가 어떤 분명한 목표를 향해 나아가야 할 공동의 사명이 있음을 제시하셨다. 온 인류가 한 사회를 형성하고 하나님께서 계획하신 거룩한 창조의 영광된 완성을 목표로 삼고 총 진군해야 할 것을 원하셨다.

그러므로 아담과 하와는 영광된 창조의 완성을 향해 행진해야 한다. 이것을 가리켜 하나님의 경륜을 이루어 나간다고 말한다. 하나님께서는 아담과 하와가 그 경영가운데 속한 사람으로서, 즉 그에 합당하게 살아가는 사람으로서 혼자가 아니라 두 사람이 함께 행진함으로써 비로소 만전을 기할 수 있도록 하셨다. 이처럼 혼인제도는 하나님의 경영을 이루는 일에 효과적인 능력을 발휘하는 제도이다.

2) '두 사람이 하나가 되었다'는 말의 의미

혼인제도는 이처럼 왕적 사명을 수행하는 데 있어 유효한 제도일 뿐만 아니라 하나님께서 자신을 인간에게 계시함으로써 하나님이 누구이신가를 인식하는 데 있어서도 매우 유효한 제도이다. 아담과 하와가 서로 한 몸이 되는 데 있어서 하나님께서는 그 두 사람을 하나로 엮어주는 신비한 끈이 되어 주신다. 하나님께서 하와를 지으실 때 어떻게 하셨는가를 보여주는 다음 구절에서 그러한 사실을 알 수 있다.

> "여호와 하나님이 아담을 깊이 잠들게 하시니 잠들매 그가 그 갈빗대 하
> 나를 취하고 살로 대신 채우시고 여호와 하나님이 아담에게서 취한 그 갈빗
> 대로 여자를 만드시고 그를 아담에게로 이끌어 오시니 아담이 가로되 이는
> 내 뼈 중의 뼈요 살 중의 살이라"(창 2:21-23).

하나님은 아담과 동질로서 하와를 만드시되 아담에게서 하와를 만드
심으로써, 그 두 사람이 서로 다른 인격체임에도 불구하고 한 몸이 되
게 하셨다. 여기에는 하나님께서 매우 적극적으로 그 두 사람을 본질상
한 사람으로 묶어 두시려는 의도가 매우 강하게 나타나 있다.

따라서 여자와 남자가 하나가 되는 혼인제도를 통해 하나님께서 서
로 다른 인격체를 결합시킴으로써 두 사람이 한 몸이 된 것에는 하나
님께서 적극적으로 간섭한다는 신적 사역이 그 안에 분명하게 드러나
있음을 알 수 있다. 그러므로 혼인제도는 인간에게서 난 것이 아니고
신적 기원을 갖고 있다는 점에서 매우 독특한 제도임을 잊어서는 안
된다.

혼인제도를 통해 한 몸이 된 두 사람 사이에 하나님께서 신령한 끈이
되시어 신비한 연합(unio mystica)을 이루게 하심은 예수님의 말씀을 통
해서도 알 수 있다.

> "사람을 지으신 이가 본래 저희를 남자와 여자로 만드시고 말씀하시기를
> 이러므로 사람이 그 부모를 떠나서 아내에게 합하여 한 몸이 될지니라 한 것
> 을 읽지 못하였느냐 이러한즉 이제 둘이 아니요 한 몸이니 그러므로 하나님
> 이 짝지어 주신 것을 사람이 나누지 못할지니라"(마 19:4-6).

이 말씀 속에서 예수님은 두 사람을 한 몸으로 만드신 것은 하나님이기 때문에 그 당사자들뿐만 아니라 그 누구도 두 사람을 갈라놓을 수 없다고 하심으로써 절대 분리될 수 없는 연합이라는 사실을 강조하신다.

이런 이유에서 혼인을 하기 위해 배필을 정할 때에는 매우 신중해야 한다. 만일 누군가 이러한 사실을 등한시하고 함부로 배필을 선택하였다면 다시는 나누일 수 없기 때문에 평생 동안 자기가 택한 책임을 면할 수 없다.

하나님은 각 사람이 충분히 성숙하여 생명의 존재 의미와 가치를 효과적으로 발휘하기를 원하셔서 각 사람에게 충분한 시간과 은혜를 베풀어주신다.

이미 제6계명에서 우리는 사람의 생명을 얼마나 소중하게 여겨야 하는가의 가르침을 통해 각 사람의 존재 의미와 위치에 대하여 숙고한 바 있다. 따라서 가능하다면 자기 존재의 의미와 위치가 파악된 상태에서 인생의 본분을 성취하는 데 있어 적합한 배필을 선택하여 하나님께서 바라신 자신의 존재 가치를 충분하게 드러내어야 한다.

하나님은 배필을 선택하는 데 있어서 그러한 사실을 등한시 할 경우에 그 잘못된 선택에 대해 끝까지 책임지도록 하기 위해 그들의 선택을 따라 혼인하도록 허용하신다. 그렇게 함으로써 자신이 정상적으로 성숙하지 못한 상태에서 자신의 존재 의미에 대해 책임을 다하지 못한 결과로 배필을 선택함에 소홀히 하였다면 평생 동안 그 결여된 선택에 대해 보응해야 한다.

원래 혼인제도는 각 사람의 존재 가치를 효과적으로 발휘하기 위해 주신 좋은 제도임에도 불구하고, 인간들이 자신의 안목에 따라 배필을 선택할 경우에는 그에 따른 대가를 하나님께서 요구하시기 때문에 누구라도 어김없이 그 대가를 지불해야 한다.

이상을 보아 혼인제도는 하나님의 절대적인 주권이 각 사람에게 구체적으로 발휘되는 유일한 제도임을 알 수 있다. 아무도 하나님의 주권을 거부하고 한 몸이 된 두 사람을 갈라놓을 수 없기 때문이다. 만일 이 말씀을 거역한다면 그것은 신적 권위에 도전하는 결과를 초래할 뿐이다.

3) 그리스도와 하나임을 예표하는 혼인제도

또 하나 혼인제도를 통해 깨닫게 되는 것은 혼인하여 한 몸이 된 두 사람이 절대로 나누어질 수 없는 것처럼 우리가 그리스도 안에서 한 몸이 된 이상 절대로 그리스도와 분리될 수 없다는 것으로 그리스도의 구속의 사실 속에 영원히 참여되어 있음을 확신하게 된다. 이러한 사실은 바울이 혼인제도와 연관지어 그리스도와 그의 교회와의 관계를 언급한 에베소서 5장 22-33절에 잘 나타나 있다. 그 내용을 보면 다음가 같은 사실이 강조되어 있다.

　① 남편이 아내의 머리임 같이 그리스도는 교회의 머리로서 친히 구원을 이루신 분이시며,
　② 남편이 아내를 자기 몸처럼 사랑하듯 그리스도는 교회를 위하여 친히 자기의 몸을 내어 십자가에서 죽으시어 교회를 흠 없고 온전하게 하심으로써 영광되게 하셨으며,
　③ 부부간에는 서로의 육체를 보양함 같이 그리스도께서는 교회를 양육하고 보호하신다.

이 말씀을 통해 그리스도의 구원에 참여한 우리들은 아무도 갈라놓

을 수 없는 그리스도와의 신비한 연합 가운데 있으며, 그리스도께서는 친히 우리의 머리가 되시고 온전케 하시며 보호하심으로써 마침내 우리들과 한 몸이심을 스스로 증명해 주셨다. 따라서 우리는 혼인제도를 통해 두 사람이 한 몸이 된 것처럼 우리와 그리스도는 영원한 한 몸임을 신뢰할 수 있다. 그래서 바울은 우리와 그리스도와의 관계를 혼인의 관계로 비유하였다.

> "내가 하나님의 열심으로 너희를 위하여 열심내노니 내가 너희를 정결한 처녀로 한 남편인 그리스도께 중매함이로다 뱀이 그 간계로 이와(하와)를 미혹케 한 것 같이 너희 마음이 그리스도를 향하는 진실함과 깨끗함에서 떠나 부패할까 두려워하노라" (고후 11:2-3).

따라서 우리는 그리스도에게 향한 순결과 정조가 늘 깨끗하게 유지될 수 있도록 항상 최선을 다하고 있어야 한다.

이와 같이 그리스도와 교회와의 관계는 순결한 여자가 한 남편을 사랑하여 그 마음과 육체의 정조를 끝까지 굳게 지켜야 함과 같다. 그리고 실제로 도덕적인 사람의 자태는 위에서 말한 진실함이란 말처럼 항상 확실하고 신실해야 한다.

이런 점에서 사람이 정조를 파괴하는 데에는 육체적으로만 파괴하는 것이 아니라 정신(마음)적으로도 파괴할 수 있다는 점을 우리는 아주 조심하지 않으면 안 된다. "간음하지 말라"는 제7계명이 단순히 육체적인 불순한 결합을 금하는 것처럼 보이고 있으나, 그 근본을 살펴보면 정신적으로 항상 정조를 유지하고 있어야 한다는 점을 매우 중요시 여기고 있음을 알아야 한다. 이러한 정신은 주께서 혼인제도에 대해 해설한 다음의 내용에 잘 나타나 있다.

2. 마 5:27-28의 해석

혼인제도의 특성을 이해함으로써 우리는 "또 간음치 말라 하였다는 것을 너희가 들었으나 나는 너희에게 이르노니 여자를 보고 음욕을 품는 자마다 마음에 이미 간음하였느니라"고 한 예수님의 의도를 읽을 수 있다.

그때까지만 해도 율법을 해석하고 가르치는 랍비들은 혼인 외에 육체적인 접촉이 있는 불륜의 관계를 간음이라고 가르쳐 왔다. 이런 사상은 죄형법정주의에 길들여져 온 유대인 지도자들이 근본적인 의미를 제쳐두고 사람들 사이에서 발생할 수 있는 현실성만을 고려하여 그들의 사고 속에 고착되어 나타난 현상이다. 그러나 하나님 나라의 성격을 선포하는 예수께서는 그보다 훨씬 엄밀하고 치밀하게 간음을 정의하고 있다.

1) 간음에 대한 정의

마태복음 19장 9절에서 예수님은 "누구든지 음행한 연고 외에 아내를 내어버리고 다른데 장가드는 자는 간음함이니라"고 지적하고 있음을 볼 수 있다(눅 16:18; 막 10:11 참고). 이런 사상은 유대인 지도자들조차 상상도 하지 못할 내용이었다. 왜냐하면 당시 유대인들은 정당한 이유 없이 단지 새롭게 혼인할 것을 목적으로 이혼하기 위해 이혼증서를 남발하고 있었기 때문이다. 그러한 경향이 사회적으로 강하게 나타나고 있어서 이혼 후에 다시 장가드는 것을 간음이라고 생각조차 할 수 없었다.

그러나 이혼증서를 써 준 것으로 이혼이 성립되었다고 생각하고 유대인들이 새로 장가를 드는 것은 그 본처에게 간음한 것이라고 예수님은 단호하게 지적하셨다. 성경은 이혼을 허락하지 않았다(신 24:1-4).[8] 여기에서 이혼증서를 준다는 것은 그 아내가 재혼함에 있어 법적으로 아무런 하자가 없다는 사실을 증거하기 위함이다. 이 조항은 이혼을 허용하기 위함이 아니라 이미 합법적으로 타인의 아내가 된 사람을 또 다시 취하는 행위가 바로 음행이라는 사실을 규정하는 데 그 목적이 있다 (마 5:27-32).

어떤 이들은 이 내용을 음행의 연고로 인해서는 이혼을 할 수 있다고 해석하지만 음행의 경우에 있어서 율법은 사형을 언도했기 때문에(신 22:20-25) 사실상 사별로 인해 혼인 관계가 종식됨으로써 이혼증서를 작성할 필요가 없다. 따라서 이 조항은 이혼 그 자체를 허용하는 것이 아님을 알 수 있다. 오로지 이혼이 성립되는 경우는 남편이 그 아내를 싫어하여 버리고자 하는 자신의 탐욕적 결과로 나타나는 완악한 경우일 뿐이다(마 19:3-9).

그렇기 때문에 율법이 이렇게 규정하는 것은 한 때 자신의 탐욕적인 이익을 위해 한번 자기 아내를 버린 완악한 자들로 하여금 그녀가 적법하게 타인의 아내가 된 이후에 마음이 바뀌어 이혼해 버린 그녀를 다시 찾아올 수 없도록 하기 위함이다. 심지어 그녀가 재혼한 남편이 죽은 경우라 할지라도 그녀를 다시 아내로 삼을 수 없도록 규정하고 있다.

이미 이혼증서를 써준 아내를 자신의 이익을 위해 다시 찾아온다고

---

8) "사람이 아내를 맞이하여 데려온 후에 그에게 수치되는 일이 있음을 발견하고 그를 기뻐하지 아니하면 이혼증서를 써서 그의 손에 주고 그를 자기 집에서 내보낼 것이요 그 여자는 그의 집에서 나가서 다른 사람의 아내가 되려니와 그의 둘째 남편도 그를 미워하여 이혼증서를 써서 그의 손에 주고 그를 자기 집에서 내보냈거나 또는 그를 아내로 맞이한 둘째 남편이 죽었다 하자 그 여자는 이미 몸을 더럽혔은즉 그를 내보낸 전남편이 그를 다시 아내로 맞이하지 말지니 이 일은 여호와 앞에 가증한 것이라 너는 네 하나님 여호와께서 네게 기업으로 주시는 땅을 범죄하게 하지 말지니라"(신 24:1-4).

한다면 그로 인해 거룩한 혼인서약의 정신마저도 파괴됨으로써 그 사회는 더 이상 혼인의 질서를 보존할 수 없게 되는 것이다. 이로써 이 율법의 가르침은 이혼을 허락한다는 의미가 아니라 하나님께서는 그 어떤 이유가 있다 할지라도 이혼을 허용하지 않는다는 점을 분명히 드러내고 있는 것이다.

그런데도 유대인들을 다른 여타의 이유로 이혼을 주장하고 다른 여자를 취하는 행위를 서슴지 않았는데 주님은 이러한 행위가 계명을 어긴 것이라고 명확하게 말씀하셨다. 뿐만 아니라 예수님은 버림당한 여인에게 장가드는 것(마 5:32; 눅 16:18)도 간음이라고 지적하신다. 여기에서 버림받은 여자의 경우란 간음한 일로 이혼당한 여자이거나 남자가 강제로 쫓아낸 여자를 말한다.

사실 자신이 부정한 행위로 말미암아 버림을 당한 여자는 이미 그 여자가 다른 남자와 부정한 관계를 맺었기 때문에 버림을 당한 것이다. 따라서 그 여자는 이미 혼인의 정신을 어긴 자로서 하나님 나라의 질서를 파괴한 것과 같다. 그처럼 불순한 여자와 혼인한다는 것은 이미 생명의 존엄성을 상실한 여자와 한 몸이 되는 것으로서, 그 상태로는 거룩한 하나님의 경영을 이룰 수 없기 때문에 정상한 생명의 가치를 발휘해야 할 하나님의 백성은 당연히 거부해야 한다.

또 하나의 경우 강제로 버림받은 여자는 비록 그 남편과는 떨어져 있다 하더라도 법적으로 정당한 이혼이 아니기 때문에 아직 남편과 한 몸을 이루고 있는 상태이다. 따라서 그 버림받은 여자를 취하는 것은 정상적으로 이혼하지 않은 상태이기 때문에 아직 파기되지 않은 그들의 혼인제도를 파괴하는 행위가 된다. 따라서 강제로 버림당한 여자는 아직 그 혼인의 효력 안에 들어있기 때문에 다시 시집가는 것 역시 전남편에 대해 간음한 것임을 알 수 있다.

　남자나 여자가 다시 혼인할 수 있는 경우가 있는데, 그것은 배우자가 죽어 사별할 경우에만 가능하다(롬 7:1-3). 그러므로 부정한 행위로 버림을 당한 여자가 다른 사람과 혼인하거나, 혹은 정당치 않게 버림을 당한 여자와 혼인하는 것은 모두 간음에 해당되는 범죄 행위이다. 이들은 자신들이 적법한 혼인 관계를 스스로 파기한 것이기 때문에 이미 부정한 자들이다.

　더 나아가 마태복음 5장 32절에서는 "누구든지 음행한 연고 없이 아내를 버리면 이는 저로 간음하게 함이요"라고 하는데, 자기가 직접 간음을 하지 않았다 하더라도 다른 사람을 간음하게 하는 행위에 대하여 지적하고 있다.

　'살인하지 말라'는 말씀 속에서도 다른 사람이 나에 대해 악한 감정을 갖도록 만드는 것은, 그 사람으로 하여금 나를 살인하게 하는 결과를 초래하게 함으로써 간접적으로 내가 살인하는 죄를 저지르는 것과 같다는 정신이 들어 있다. 마찬가지로 내가 직접 간음하지 않았다 하더라도 다른 사람이 계명을 범하도록 밀어 넣었다는 것은 결국 나 자신이 계명을 어김과 같다. 이처럼 계명을 어기는 경우에 대하여 예수님은 상당히 넓게 그리고 구체적으로 제시하고 있다.

2) 음욕에 대하여

　이러한 이유 때문에 "나는 너희에게 이르노니 여자를 보고 음욕을 품는 자마다 마음에 이미 간음하였느니라"고 말씀하셨다. 여기에서 '음욕'($\epsilon\pi\iota\theta\upsilon\mu\epsilon\omega$)이라는 단어는 육신적인 만족 상태라기보다는 정신적인 만족 상태를 의미한다. 즉 자기의 정신적인 욕구를 만족시키기 위해 추구하는 모든 행위를 가리켜 음욕이라고 한다. 그러므로 여자를 대하되 겉으로는 나타나지 않지만 정신적으로 자기의 흥미를 만족시키는 상대로 대하는 것을 가리켜 음욕이라고 하며, 이러한 상태 역시 간음이라고 예수님은 지적하신다.

따라서 음욕은 하나님께서 생명을 이땅에 보내신 본의에 위반된다는 점에서 간음과 같다. 혼인의 정신에 입각하여 정당한 인생의 가치를 발현함으로써 하나님의 경영에 참여해야 함에도 불구하고 자신의 정신적인 욕구를 충족시키기 위해 여성을 대하는 행위는 마땅히 계명을 어긴 것과 같다.

사람의 생명은 혼인제도를 통해 정상적으로 그리고 정당하게 발휘되고 확장되어야 한다. 그런데 혼인제도가 가지는 정신을 무시하고 자신의 이익을 위해 그 제도를 파기하거나 혹은 성(性)을 도구화하였다 한다면 그 모든 행위는 간음함과 같다. 그처럼 하나님 나라 안에서는 자기를 구별해야 한다. 구별하되 정신적인 상태까지라도 허술함이 있어서는 안 된다.

그래서 예수님은 "만일 네 오른눈이 너로 실족케 하거든 빼어 내 버리라 네 백체 중 하나가 없어지고 온 몸이 지옥에 던지우지 않는 것이 유익하며 또한 만일 네 오른손이 너로 실족케 하거든 찍어 내 버리라 네 백체 중 하나가 없어지고 온 몸이 지옥에 던지우지 않는 것이 유익하니라"(마 5:29-30)고 말씀하셨다. 그처럼 우리를 감시하고 면밀하게 살피지 않으면 우리의 의가 결코 서기관들과 바리새인들보다 더 낫다고 할 수 없다.

제6장

혼인제도 (2)

예수께서 우리에게 어떤 제도나 규범을 주실 때에는 그것들이 하나님 나라의 성격을 드러내고 이땅에서 현저하게 천국 백성의 삶을 표명하여 우리 인생들이 하나님의 뜻에 가깝게 살아가도록 하기 위함이다. 따라서 예수께서 우리에게 주신 제도나 규범은 그 자체가 하나님 나라의 원칙으로서 효과를 드러내어 그 나라에 속한 백성들만이 누리는 특권에 참여시키는 은혜의 방도로서 우리를 구원에 이르게 한다.

그러므로 그러한 제도나 규범에 대해 바르게 이해하고 그 원리에 따라 우리가 인생을 살아간다는 것은 그 자체가 하나님 나라적인 삶이 되며, 나아가 하나님의 나라를 이땅에 현시하고 하나님의 경영을 이루어 가는 삶이 된다.

특히 산상수훈은 예수께서 하나님 나라의 성격에 대해 규명해 주고 있으며 그 나라의 백성으로서 어떻게 살아가는 것이 하나님의 마음에 합당할 것인가를 보여주고 있다는 점에서 우리의 인생을 경영하는 근본으로 삼을 하나님 나라의 규범이다.

우리는 이 가르침에 따라 우리 인생을 점검하고 또 원리로 삼아 하나님 나라의 백성답게 그리고 하나님의 아들답게 살아가도록 해야 한다. 이러한 목적이 있기 때문에 우리는 산상수훈을 면밀하게 살펴보고 나아가 우리 인생의 원동력으로 삼는 것이다.

1. 혼인제도에 대한 우리의 자세

1) 하나님께서 세운 혼인제도

한 남자와 여자가 한 몸이 되어 이룬 가정은 하나님의 창조 질서에 해당되는 일로서, 하나님께서 계획한 창조의 목적을 완수하는 데 있어 효과를 발휘하기 위해 제정하셨다. 이 혼인제도는 "사람의 독처하는 것이 좋지 못하니 내가 그(아담)를 위하여 돕는 배필을 지으리라"(창 2:18)는 말씀 속에서 분명하게 제시되어 있는 바와 같이, 남자를 돕기 위해 여자를 지으시고, 두 사람이 연합하여 한 몸을 이루게 함으로써(창 2:24), 하나님께서 그들에게 바라셨던 창조의 완성을 이루어 나가도록 하신 제도이다.

따라서 혼인제도를 통해 한 몸이 된 아담과 하와는 "생육하고 번성하여 땅에 충만하라, 땅을 정복하라, 바다의 고기와 공중의 새와 땅에 움직이는 모든 생물을 다스리라"(창 1:28)는 왕적 사명을 수행하기 위해서 먼저 가정을 이루고 이 가정을 바탕으로 하여 하나님께서 인류에게 맡기신 사명을 수행하고 완수해야 한다.

이처럼 가정은 하나님께서 사람을 통해 성취하고자 하는 구원의 계획을 완수하는 제도일 뿐만 아니라 인류를 발생시키고 확장시킴으로써 매우 효과적으로 하나님 나라를 발전시켜 나갈 수 있는 유일한 방법이기 때문에 우리는 혼인제도를 신성하게 여겨야 한다.

우리가 혼인을 통해 가정을 이루기 위해서는 먼저 혼인할 수 있는 자질을 갖추어야 한다. 혼인의 정신이 무엇이고 혼인을 통해 하나님께서 원하는 목적이 무엇인지도 모르고 남자와 여자가 성년이 되어 서로 마음에 들었다는 이유만으로 한 가정을 이룬다는 것은 혼인의 정신에 비추어 볼 때 아주 무책임한 일이 아닐 수 없기 때문이다.

최소한 혼인을 앞에 둔 사람들은 자기가 이 세상에서 살아야 할 인생의 본분에 대해 명확하게 알고 있지 않으면 안 된다. 자기 인생의 위치와 의미에 대해 하나님께서 세운 경륜에 따라 인식하고 어떻게 살아가는 것이 자신의 가치를 발휘하여 하나님의 뜻을 이루는 일인가를 파악하고 있어야 한다. 그리고 자기의 유익을 추구하거나 인생의 꿈을 위해서 혼인하는 것이 아니라 하나님의 경영에 참여하고 그 계획을 이루는 방편으로 혼인하여 가정을 세워야 한다.

이 가정을 바탕으로 자기 인생의 본분을 다하고 자기의 가치를 발휘함으로써 이땅에 하나님의 나라를 현시해야 본래 혼인제도가 가지고 있는 의미를 다하는것이다. 그러한 일에는 관심이 없고 세상살이에 온통 마음을 빼앗기고 그저 가정생활을 꾸려나가기에 급급하다면, 혹은 그럴듯하게 가정을 꾸려놓고 남 보라는 듯이 허세 당당하게 사는 것을 자랑하고자 한다면, 그것은 이미 혼인이 가져다주는 하나님의 은혜와는 별개의 삶이 되고 마는 것이다.

2) 인간 공동체를 형성하는 혼인제도

혼인이란 하나님의 창조 목적을 완수하는 데 매우 유효한 제도이다. 특히 혼인을 통해 자녀를 생산하고 인간의 생명이 확장된다는 점에서 우리는 하나님의 의도를 분명하게 알고 있어야 한다. 하나님은 혼인을 통해 인간 사회가 확장되도록 하셨다. 그리고 사회가 확장됨으로써 인류는 하나의 공동체가 되어 하나님께서 창조한 이 세상을 하나님 나라답게 세워나가도록 하셨다.

따라서 "생육하고 번성하여 땅에 충만하라, 땅을 정복하라, 바다의 고기와 공중의 새와 땅에 움직이는 모든 생물을 다스리라"(창 1:28)는 말씀처럼 인류가 왕적 사명을 수행함으로써 하나님의 영광이 온 땅에 충일하고, 그 안에서 인류 및 모든 피조물들이 영원토록 하나님의 영광 안에 참여할 수 있는 은혜를 받도록 한 것이다. 이처럼 하나님은 원대한 계획을 가지고 혼인제도를 세우셨다. 그러므로 '간음'은 혼인제도를 파괴하는 행위로서 하나님 나라를 세워나가는 일에 장애 요인이 된다. 이러한 차원에서 하나님은 간음을 금하신 것이다.

사실 하나님의 창조 계획과는 아무런 상관 없이 마음대로 배필을 정하고 혼인하며 살아가는 사람들에게 가정을 신성시하고 서로 화합하고 협력하여 가문을 세워나가라고 축복하는 것은 사람들이 인사치례로 그렇게 하는 것뿐이지 진정한 의미에서의 축복은 아니다. 오히려 요즘 시대뿐만 아니라 인류가 타락하여 부패해진 역사 이래로 혼인제도가 정당하게 시행되지 않고 인간들의 정욕을 추구하는 악한 제도로 변질되어 버린 사실을 우리는 중시하지 않으면 안 된다.

하나님의 나라를 세워나가야 하는 거룩한 인생의 목적을 가지고 있는 셋의 후손들이, 반신국적이며 힘으로 하나님을 대적하는 가인의 후손들과 자기들의 눈에 보기 좋은 대로 혼인을 하게 됨으로써 오히려 하나님의 진노가 인류에게 임하게 된 극도로 타락한 역사를 되새겨 보아야 한다(창 6:1-4).

혼인제도가 정당하게 시행되지 않음으로써 당시 인류는 '네피림'을 생산하게 되었는데, 그들은 힘을 그 기본으로 삼고 살아가는 사람들이었다. 노아 홍수 시대의 인류는 하나님의 공의로운 통치와 은혜의 복을 누리지 못하고, 힘을 바탕으로 하는 네피림들에 의해 인생의 가치가 좌절되어 버림으로써 패역한 사회가 되고 말았다.

이처럼 하나님께서 제정해 주신 제도가 사람들의 정욕을 채우는 도구로 전락해 버릴 때에는 저주가 그 사회에 임한다는 역사적인 교훈을 우리는 노아 홍수 사건에서 볼 수 있다. 뿐만 아니라 소돔과 고모라의 멸망 사건 역시 혼인제도의 부패로 말미암아 그 사회가 변질되고 인간의 가치가 상실되어 결국 하나님의 심판을 받고 말았음을 교훈하고 있는 역사적인 사실임을 알아야 한다.

이러한 비참한 현실은 최초로 혼인제도를 통해 하나가 된 아담과 하와에게서부터 시작되었음은 매우 주지할 만한 사실이다. 하와가 아담을 돕는 배필로서의 자기 본분을 등한시하고, 간사한 사탄의 입이 된 뱀과 지적(知的)인 교제를 나누게 되면서부터 혼인제도의 신성함이 부패하기 시작한 것이다.

에덴동산 안에는 하나님의 지혜와 영광이 가득하여 어느 것 하나라도 추한 것이 없고 사랑스럽지 않은 것이 없었다. 그러나 하와에게 있어서 아담 외에는 인격을 갖지 않은 피조물들로서 통치의 대상에 지나지 않았다. 그럼에도 불구하고 하와는 뱀을 교제의 대상으로 삼았다. "여호와 하나님의 지으신 들짐승 중에 뱀이 가장 간교하더라"(창 3:1)고 한 것을 보아 뱀은 매우 영특한 동물이었다. '간교하다'(עָרוּם)는 말은 '신중한, 영특한, 영민한'이라는 말인데, 예수께서는 "뱀같이 지혜롭게 되라"(마 10:16)고 할 정도로 뱀은 지혜롭고 영특한 동물이었다.

그러나 뱀은 어디까지나 짐승 중 하나이며 사람의 지배를 받는 사람의 은총의 대상이지 사람과 동등한 차원에서 교제의 상대가 되지 않는다. 그럼에도 불구하고 하와는 짐승들 중에 지혜로운 뱀을 가깝게 하고 귀여워 하다가 마침내는 지적인 토론의 대상자로 삼을 정도로 마음을 빼앗기고 말았다. 사탄은 이 점을 이용하여 거룩한 하나님의 계시의 말씀에 대해 변론하게 만들었고, 뱀의 논리에 마음을 빼앗긴 하와는 급기야 하나님의 계시의 말씀보다는, 그리고 하나님의 말씀에 대한 아담의 해석보다는 뱀의 소리에 비중을 두고 선악을 알게 하는 나무의 실과를 따먹고 말았다.

아담에게 순수한 마음과 사랑을 쏟아서 하나님의 거룩한 경영을 이루어 가야 할 하와가 지혜의 미가 번뜩이는 뱀과 하나님의 거룩한 계시에 대해 논란을 펼 정도로 마음을 빼앗긴 결과 전 인류를 타락으로 내던지는 결과를 초래하고 만 것이다. 이처럼 하와가 뱀에게 빼앗긴 아주 작은 정신적인 낭비가 불러온 결과는 인류에게 엄청난 고난을 가져다 주고 말았다.

2. 혼인에 대한 정당한 생각

1) 인간성을 말살시키는 음욕($\epsilon\pi\iota\theta\upsilon\mu\iota\alpha$)

마태복음 5장 28절에서 예수께서는 "나는 너희에게 이르노니 여자를 보고 음욕을 품는 자마다 마음에 이미 간음하였느니라"고 경고하는데, '음욕'이라는 단어는 '지적인 쾌락을 추구하는 것'을 의미한다. 즉 여자를 보고 지적인 쾌락의 대상으로 삼는 것을 음욕이라고 하셨다. 인격적인 대상이 되어야 할 상대를 정신적으로 성적인 유희의 대상으로 삼는 것은 인간성을 모독하고 말살하는 행위로서 그것은 살인과 크게 다를 바 없다.

특히 여기에서 주님께서 경고하는 것은, 여자를 보고 지적인 쾌락의 대상으로 삼으려 하는 아주 작은 마음 하나가 그 사람 자신의 전 인격을 변질시킴으로써 동물적인 욕구를 충족시키려는 저급한 상태에 빠질수 있다는 것이다. 그렇게 된다면 하나님께서 인간에게 주신 최상의 인격을 정상적으로 발휘하거나 사용하지 못하고 동물적인 상태로 저하시

키는 결과를 초래할 뿐만 아니라 나아가 그 인격을 말살해 버리는 죄악
으로 빠져들게 된다.

'여자를 보고 지적인 쾌락의 상태에까지 도달하는 자는 마음에 이미
간음하였느니라' 는 예수님의 경고는, 이렇게 작은 마음가짐 하나가 마
침내 전 인격을 변질시키고 나아가 하나님께서 내신 인류의 진행에까
지 악을 초래한다는 경고이다. 그래서 예수님은 아주 작은 마음가짐 하
나라도 하나님 앞에서 소홀히 하지 않아야 될 것에 대하여 "만일 네
오른눈이 너로 실족케 하거든 빼어 내 버리라 네 백체 중 하나가 없어
지고 온 몸이 지옥에 던지우지 않는 것이 유익하며 또한 만일 네 오른
손이 너로 실족케 하거든 찍어 내 버리라 네 백체 중 하나가 없어지고
온 몸이 지옥에 던지우지 않는 것이 유익하니라"(마 5:29-30)고 말씀하
셨다.

이처럼 우리들 자신을 감찰하지 않으면 우리의 의가 결코 서기관들
이나 바리새인보다 낫지 않을 것이다. 오히려 하나님 나라의 법은 인간
들이 만들어 놓은 서기관들의 법보다 더 깊은 곳까지라도 통찰하고 있
다는 점에서 그만큼 하나님 나라는 고도한 정신을 요구하고 있음을 알
아야 한다. 섣불리 교회에 다니는 것으로 하나님을 안다고 하고 하나님
을 위해 살아간다고 장담할 일이 아니다.

진정으로 하나님의 진리를 알게 되면 오히려 우리의 삶이 훨씬 풍요
롭고 벅차게 된다. "진실로 진실로 너희에게 이르노니 죄를 범하는 자
마다 죄의 종이라 종은 영원히 집에 거하지 못하되 아들은 영원히 거하
나니 그러므로 아들이 너희를 자유케 하면 너희가 자유하리라"(요 8:35-
36)는 약속과 같이 그리스도의 진리가 우리를 구속하여 자유케 할 때에
는(요 8:32), 우리 인생이 훨씬 복되고 아름다울 것이다. 그래서 우리는
그리스도의 구속을 바라는 것이다. 그리고 그리스도의 진리가 우리의

전 삶을 경영해 나가는 원동력이 되어야 한다.

이런 점에서 혼인제도가 우리 인생을 보호하고 인생의 본분을 다 할 수 있도록 우리를 인도하는 체험을 해야 한다. 정당한 혼인을 하여 하나님의 나라를 세워나가는 가정을 이룬다는 것은 우리에게 하나님의 구원을 체험하게 하는 좋은 은혜이다.

2) 우리 시대의 풍조

이처럼 중요한 혼인제도가, 오늘날 교회 안에서 그리고 사회적으로 너무 등한시 되고 있다는 것은 안타까운 일이 아닐 수 없다. 혼인제도에 대한 무관심은 가정을 정상적으로 이루지 못하게 하는 원인이 되며, 결과적으로 가정이 파괴되는 현실은 우리 인류가 하나님의 은혜와 보호를 받지 못하고 점차 심판의 자리에로 떨어지고 있음을 경고하는 현상이다.

특히 사회보장제도가 잘 되어 있는 북부 유럽지역에서 혼인제도는 더 이상 의미가 없고 혼인의 정신이 말살되어 버린 지 오래이다. 그리고 전 유럽이 그 풍조에 밀려 신성한 혼인을 찾아보기 힘들게 되었다. 교회가 하나님의 말씀 앞에서 두려움으로 그들을 가르쳐 왔다면 그런 현상은 훨씬 늦추어졌을 것이다. 교회가 서로의 편의를 위해 조금씩 양보한 결과가 오늘날처럼 혼인의 정신을 찾아 볼 수 없는 혼인 부재의 시대를 낳고 말았다.

이러한 경향은 전 세계적이어서 정상한 가정에서 자라야 할 청소년들이 가정이 파괴됨으로써 올바른 인격을 형성하지 못하고 인간적인 이기심으로 가득 차게 되었다. 그래서 그들은 기성세대에 대해 불신하게 되었고 그러한 현상은 사회 기본 구조를 파괴하는 심각한 결과를 가져오고야 말았다.

　기성세대들이 자기들의 인간적인 욕구를 채우기 위해 혼인제도를 파괴하고 가정을 등한시함으로써 인간들이 살아가는 삶의 바탕인 사회가 파괴되는 현상은 세계 도처에서 흔히 있는 일이다. 더구나 우리 한국 교회는 한 번도 이러한 혼인제도에 대해 심각하게 각성하지도 못하고 여전히 전래되어 내려오는 관습대로 교회 안에서 혼인이 시행되고 있는 것은 매우 안타까운 일이 아닐 수 없다.

　그리스도인으로서의 각성된 사람들이 서로의 가치를 확장함으로써 하나님 나라를 세워나가기 위해 혼인에 임해야 함에도 불구하고, 오늘날 많은 교회들이 말씀에 대한 정당한 해석 없이 사회의 시류에 편승한 혼인 풍습을 그대로 교회에 받아들이고 있는 현실은 그냥 지나칠 수 없을 정도로 심각한 문제이다. 일반적인 경향에 따라 기껏 교회는 혼인 당사자들이 세례를 받았는지 확인하는 정도이고, 세례를 받지 않았어도 학습을 받아 교회에 다니기로 한다면 혼인의 정신에 상관없이 혼례를 치르게 하는 실정이다.

　이것은 교회가 먼저 하나님께서 요구하는 시대적인 사명에 대해 각성되어 있어야 함에도 불구하고 단지 교회 공동체를 하나의 조직적 단체로 여기고 상호신용협동조합과 같은 하나의 친교단체로 전락시킨 데 그 원인이 있다. 교회는 엄연히 하나님께서 세운 목적이 있어 이 세상에 존재하되, 머리되신 그리스도와 유기적인 연합체로서 성도들 상호 간에 영적인 연합을 이루어 역사적으로 요구되는 하나의 사명을 완성해 나가야 한다. 이 사명은 하나님 나라를 이루어 가시는 하나님께서 세운 계획을 경영해 가는 과정에서 그 교회 공동체에게 부여한 것으로 교회는 전심을 다해 이 계획에 동참해야 한다.

　이러한 사명 의식이 분명하게 각성되어 있을 때 비로소 그 교회를 이루는 각각의 성도들이 성취해야 할 인생의 사명에 대한 인식을 바탕으로 혼인에 대한 정확한 의식과 함께 배우자를 선택할 수 있다. 이렇게 함으로써 하나의 사명을 완수하기 위해 교회와 혼인에 임하는 당사자들 사이에 명확한 유기적 공동체로서의 일체성이 확인되어 비로소 교회는 교회의 지체로서 인정하는 혼인예식을 주관하게 된다.

이러한 원리를 무시하고 일상적인 관습에 따라 혼인 상대를 임의로 선택하고 혼인에 대한 교회의 보증도 없이 단지 목사가 주례를 하고 교회당에서 혼인예식이 진행되었다는 이유만으로 적법한 혼인인 것으로 오해하는 것은 그만큼 이 세대가 시대적인 사명에 대해 무관심하고 오히려 사람들의 관심사에 대해 아무런 비판 없이 인정해 버리는 악습을 가져온 결과이다.

우리 주님께서도 말세의 징조를 지적하시면서 "노아의 때와 같이 인자의 임함도 그러하리라 홍수전에 노아가 방주에 들어가던 날까지 사람들이 먹고 마시고 장가들고 시집가고 있으면서 홍수가 나서 저희를 다 멸하기까지 깨닫지 못하였으니 인자의 임함도 이와 같으리라"(마 24:37-39)고 말씀한 것처럼 노아의 시대에는 사람들이 하나님의 경륜을 따라 인생을 경영하는 것이 아니라 단지 자신들의 일상생활에 평생을 소비해 버리는 경향이 농후했기 때문에 심판을 당했다는 사실을 돌이켜 보아야 한다.

이 시대의 교회들 역시 노아의 때와 같이 먹고 마시고 시집가고 장가드는 일에 그저 정신을 팔아버리고 그 일에 전심하되 그 이상의 존재 의미조차도 확인할 수 없다면 그것이 바로 심판의 징조라는 주님의 경고를 받아들여야 한다.

먼저 교회가 이땅에 존재해야 하는 역사적인 존재 의식이 바로 서야 하며 그 안에서 일상의 생활이 이루어져야 한다. 그렇지 않고 아무런 문제 의식도 없이 그저 교회원들이 먹고 마시고 시집가고 장가드는 일에 함께 부화뇌동하며 살아간다면 그것은 더 이상 교회라고 할 수 없

다. 이처럼 혼인제도 하나에 대한 명확한 인식이 결여된 것만 보더라도
이미 교회가 하나님을 떠나 있다는 현상을 보여주는 것이다.

혼인은 하나님의 창조 목적을 완수하는 데 있어서 꼭 필요한 제도로
서 하나님께서 세운 것인데, 교회가 이 점을 등한시하고 하나님의 경륜
에 근거한 인간의 본분이나 교회가 처한 역사적인 사명에 대해 무관심
하다는 것은 결국 혼인제도의 정신을 바로 세우지 못하게 하는 원인이
된다.

그리고 점차 교회가 하나님의 경영을 떠나 인간들의 비위를 맞추는
데 급급하여 말씀을 바르게 선포하지 않고, 정당하게 성례를 시행하는
일에 대해서도 무관심해짐으로써 하나님의 경륜을 거스르는 배교의 시
대의 특징이 더욱 두드러지게 나타날 것이다. 이러한 때에 혼인제도에
대한 우리의 자세는 단호하지 않으면 안 된다.

제7장

혼인제도 (3)

1. 마 5:31-32의 해석

"또 일렀으되 누구든지 아내를 버리거든 이혼증서를 줄 것이라 하였으나 나는 너희에게 이르노니 누구든지 음행한 연고 없이 아내를 버리면 이는 저로 간음하게 함이요 또 누구든지 버린 여자에게 장가드는 자도 간음함이니라"는 말씀 속에서 "누구든지 아내를 버리거든 이혼증서를 줄 것이라"는 말씀을 당시 유대인들은 크게 오해하고 있었는데 이에 대해 예수님은 정확한 의미를 가르쳐 주고 있다.

1) 혼인제도의 정신

혼인제도는 하나님께서 그의 나라를 완전하게 세워나가시기 위해 창조의 질서 가운데 제정한 제도였다. 창조의 질서란 낮과 밤을 정한 것과, 우주의 운행의 질서를 정한 것과, 지구상의 모든 질서를 정한 것인데 이렇게 함으로써 하나님의 통치가 이루어져 그의 영광과 지혜가 온 우주에 가득하게 하기 위함이다.

하나님은 이 영광된 나라를 통치하는 방편으로 아담과 하와에게 하나님의 성품과 인격을 주고 모든 피조 세계를 다스리는 전권을 위임하심으로써 아담과 하와가 창조의 목적을 이루게 될 것을 기뻐하셨다. 그래서 하나님은 아담과 하와에게 "생육하고 번성하여 땅에 충만하라, 땅을 정복하라, 바다의 고기와 공중의 새와 땅에 움직이는 모든 생물을 다스리라"(창 1:28)는 왕적 사명을 주고, 그들이 자유롭게 자기들의 의지를 발동하여 하나님께서 위임한 왕권을 발휘하게 하셨다.

그리고 하나님은 아담과 하와가 왕권을 시행하며 영광된 나라를 세워나감에 있어서 부족함이 없게 하기 위해 필요한 모든 것을 충분히 보장하고 공급해 주셨다(창 1:29-30). 따라서 아담과 하와는 하나님께서 주신 인격과 위임된 왕적 통치권 그리고 인생의 보장 아래 자신들의 사명을 수행하게 되었다.

그중에서 혼인제도는 아담과 하와가 자신의 사명을 수행함에 있어서 근본이 되는 하나님의 은혜였다. 혼인을 통해 두 사람의 인격이 아무런 제한이나 거리낌 없이 하나가 되어 왕적 통치권을 완벽하게 발휘할 수 있었을 뿐만 아니라, 자연스럽게 인류를 생산하게 됨으로써 온 땅에 충만하고 온 세상을 다스리는 일을 이룰 수 있게 되었다.

이처럼 혼인제도는 하나님께서 창조한 우주의 완성, 곧 창조의 목적을 달성하는 데 있어서 유력한 제도였다. 그러나 하와가 혼인제도의 정신을 살리지 못하고 아담과 영적인 교통을 소홀히 함으로써 뱀에게 유혹되어 마침내 모든 창조 질서가 정상을 유지하지 못하고 무너지고 말았다. 그 결과 하나님의 영광이 그들과 피조계에서 떠나게 되고 만 것이다.

2) 혼인제도의 파괴가 인류를 죄에 빠지게 함

아담과 하와가 혼인 정신을 완수하지 못하고 오히려 하나님의 뜻을 저버리게 됨으로 인해 그 대가를 치르게 되었다. 그중에서 가장 큰 것은 아담과 하와에게 주신 하나님의 형상이 전적으로 부패하게 됨으로써 정상적인 이성의 활동을 발휘할 수 없게 되었다는 점이다. 그래서 아담과 하와는 하나님께서 모든 피조물을 다스릴 수 있도록 위임한 왕적 통치권을 정상적으로 행사할 수 없게 되었다. 뿐만 아니라 모든 피조물들에서도 하나님의 영광이 떠나고 말았다. 모든 현상이 정상적인 상태를 잃어버린 것이다.

하나님께서 창조한 그 목적을 이루시기 위해 아담과 하와에게 특별한 권한을 위임하였음에도 불구하고 오히려 하나님의 계획에 정면으로 맞서서 방해하는 일을 최초의 인류는 스스로 저지르고 말았다. 이처럼 혼인제도를 통해 얼마든지 하나님의 창조 계획을 이루어 나갈 수 있었던 반면에 하나님을 정면으로 대적하는 결과를 초래할 수도 있었다.

그러나 혼인제도를 주신 하나님의 의도는 매우 순수하였고 그만큼 인류에 대한 사랑이 깊었음을 보여주고 있다. 혼인제도가 단순히 하나의 가정을 이루는 일에 그 목적이 있지 않고 전 우주적인 창조의 완성을 이루는 것에 있기 때문에, 그만큼 하나님은 인류에게 기대를 하셨고 하나님의 통치권을 전적으로 위임할 정도로 귀하게 여기셨다는 것을 볼 수 있다.

그래서 우리는 혼인제도 안에서 하나님께서 인간을 얼마나 사랑하시며, 사랑의 대상으로 삼으시고, 사랑을 나누시기를 원하시며, 사랑 받기를 기뻐하셨는가를 살펴볼 수 있다. 창조주이신 하나님께서 피조물인 인간을 사랑의 대상으로 삼으셨다는 사실이 은혜가 아닐 수 없다. 그러한 깊으신 뜻을 하나님은 혼인제도 안에 담으시어 아담과 하와가 충만하게 하나님의 사랑을 누리기를 기뻐하셨다.

하나님께서는 죄를 범한 아담과 하와의 지위를 회복시켜 창조의 질
서를 다시 세우고 창조의 목적을 완수할 수 있는 새로운 계획을 가지고
계셨다. 그것은 혼인제도를 파괴하고자 간교하게 하와를 유혹한 뱀에
게 내리신 저주인 "내가 너로 여자의 후손과 원수가 되게 하고 너의 후
손도 여자의 후손과 원수가 되게 하리니 여자의 후손은 네 머리를 상하
게 할 것이요 너는 그의 발꿈치를 상하게 할 것이니라"(창 3:15)는 말씀
에서부터 나타난다.

이 말씀 속에는 타락한 인류를 구원하시겠다는 하나님의 최초의 의
지가 담겨 있다. 그래서 이 말씀을 우리는 원시복음(原始福音, proto
evangelium)이라고 한다. 이후부터 하나님은 적극적으로 인류를 죄에서
구원하여 원상태의 지위를 회복하시고자 역사를 경영해 나가셨다. 그
래서 이후부터 역사 속에는 하나님께서 인간의 지위를 회복하시기 위
한 발자취가 강력하게 부각되기 시작하는데 이것을 구속의 역사 또는
'구속사, 구원사'라고 한다.

이러한 구원의 사역이 인류 역사 안에서 유형적으로 부각되어 나타
난 사건이 바로 홍해 사건이다. 하나님의 백성을 사탄의 노예로 만들고
인간의 정상적인 모든 자유 활동을 억압하는 바로의 손에서 하나님은
이스라엘 백성을 유월절 사건과 홍해 사건을 통해 구출해 내신 것이다.

이 사건으로 하나님은 이스라엘을 노예의 신분에서 자유인의 신분으
로 지위를 회복시켜 주셨다. 그리고 하나님은 이스라엘이 하나님의 뜻
을 이루어 나가기 위해 무너진 질서를 정비하고 새로운 질서를 가지고
살아가게 하셨는데, 그것이 '율법'이다.

따라서 율법은 죄의 세력에서 회복된 이스라엘이 자유의지를 발휘할
수 있도록 자유인의 신분에 알맞은 삶을 위한 하나님의 규범이다. 이

규범에 따라 이스라엘은 죄로 얼룩진 과거를 씻어버리고 하나님의 영광이 빛나는 나라를 이땅에 건설해 나가야 했다.

2. 율법과 혼인의 정신

1) 혼인정신은 율법의 기본 정신에 들어 있음

하나님은 창조 질서에 해당되는 혼인제도를 매우 중요하게 여기시고 이 율법 가운데 명백하게 그 정신을 담아 놓으셨다(출 20:14). 그리고 모세는 그러한 하나님의 의도를 깊이 알고 이스라엘의 생활에 대해 이야기할 때마다 사람의 생명에 대한 존엄성과 함께 자주 혼인의 정신을 언급하고 있음을 볼 수 있다(출 22:16-18; 신 22:13-30; 신 24:1-6 등).

그러나 한번 부패한 인간의 심성은 그러한 규범에도 불구하고 혼인의 정신을 세우기보다는 인간의 안목에 빠져드는 일에 더 자주 넘어지고 말았다. 그래서 이스라엘이 혼인제도를 무시하는 일에 대해 하나님께서 노를 발하고 그때마다 심판을 내리신 사건을 우리는 자주 볼 수 있다. 특히 이방신들을 섬기는 우상숭배 행위에 대해 하나님은 자주 경고하는데 여기에서도 하나님께서는 혼인제도를 얼마나 중요시 여기는가를 엿볼 수 있다. 당시 고대 근동지방의 우상숭배의 예식 절차에는 언제나 성적인 관계 행위가 매우 중요한 위치를 차지하고 있었다.

하나님은 모세를 통해 혼인제도의 정신을 강하게 부각시키시길 원하셨다. 이러한 이유 때문에 가나안에 들어가기 직전 모세는 이스라엘을 불러놓고 이스라엘의 법도를 이야기하면서 여자가 간음한 일이 있지 않는 한 이혼을 하지 못하게 하였다(신 24:1-4). 그런데 못된 심성을 가지고 있는 이스라엘은 언제든지 틈만 나면 혼인제도의 정신을 흐리게 하는 일들을 서슴지 않고 자행하였다.

그중에서 심각한 일은 사람들이 이혼을 쉽게 하기 위하여 "사람이 아내를 취하여 데려온 후에 수치 되는 일이 그에게 있음을 발견하고 그를 기뻐하지 아니하거든 이혼증서를 써서 그 손에 주고 그를 자기 집에서 내어보낼 것이요"(신 24:1)라는 말에 대해 매우 광범위하게 해석하기 시작한 것이다.

2) 타락한 인간의 심성은 혼인제도를 무시함

'수치 되는 일'에 대해 예수님 당시 유대인들 사이에는 아주 상반된 견해가 있었다. 당시 유대인들을 가르치고 정신적인 지주가 되는 학파 중에서 대표되는 학파는 샴마이 학파와 힐렐 학파가 있었다. 그중에 샴마이 학파는 이 말씀을 매우 엄격하게 해석하여 '수치 되는 일'이란 부부 사이에 배신되는 일로서 그것은 곧 음행이라고 가르쳤다. 부부 사이에는 아무것도 수치 되는 일이 없어야 하며 어떤 사유로든 이혼할 수 없다고 못을 박았다.

실제로 이스라엘 사회에서는 그 어떤 경우에도 음행이 용납되지 않았다. 그리고 음행의 경우에는 누구나 죽음을 그 대가로 치러야 했다. 따라서 음행의 일로 인해 이혼하는 사례 자체가 발생하지 않는다는 점에서 사실상 이스라엘 사회에서 이론적으로는 결코 이혼이 허용되지 않아야 하는 것이다.

그러나 힐렐 학파는 율법을 해석하고 가르칠 때 상당히 광범위하게 다루어서 사람의 기본적인 면에 대해서까지 접근하는 경향을 가지고 있었다. 이러한 경향은 학문하는 일에 있어서 매우 중요하고 유력한 방법이어서 힐렐 학파는 상당히 많은 사상가를 배출하기도 했다.

그런데 힐렐 학파는 이 '수치 되는 일'에 대해 서로간에 이해할 수 없고 적대감을 가지거나 그것이 수치로 여겨지는 일이라면 모두 여기에 해당된다고 해석했다. 그래서 배우자가 수치스러운 일을 하였다고 여겨질 때 자기가 그것을 용납하면 상관 없으나 도저히 용납할 수 없을 경우에는 이혼을 할 수밖에 없다고 가르쳤다.

이러한 힐렐 학파의 잘못된 해석을 빌미로 유대인들은 배우자가 싫어지면 언제든지 수치스런 일을 트집잡고 이혼을 하는 경향이 커져갔다. 그리고 아내가 자기의 마음에 들지 않으면 이혼증서를 써서 주는 것으로 자기는 법적으로 자유롭다고 생각하고 얼마든지 다른 여자를 얻는 악한 풍습이 생겨나게 되었다.

혼인제도의 정신에 입각하여 자신의 역사적인 위치와 진로를 생각하고 사는 사람들이라면 그러한 수치 되는 일에 그렇게 관심을 가지지 않아도 될 것이다. 이것은 혼인제도의 본래의 정신이 파괴되어 그러한 결과가 발생한 것이다. 사람들의 부패한 심성은 어떻게든지 자기의 안목의 정욕을 채우기 위해 발동되기 때문에 조그마한 틈만 있어도 정상한 길에서 빠져나가려 한다.

이러한 못된 사고방식이 잘 투영되어 나타나는 일을 우리는 마가복음 10장 1-12절에서 볼 수 있다. 어떤 바리새인들이 예수님에게 와서 "사람이 아내를 내어버리는 것이 옳으니이까"하고 물었다. 예수님이 그들에게 모세의 율법은 어떻게 가르치느냐고 묻자 "모세는 이혼증서를 써주어 내어버리기를 허락하였나이다"라고 그들은 대답했다.

이러한 답은 평소에 그들이 가지고 있는 부패한 심성이 잘 투영된 말이다. 그들이 진정으로 이 문제에 대해 관심을 가지고 있었다면 의당히 혼인제도의 정신에 입각하여 깊이 있게 상고해야 했다. 그러나 그들은 그러한 일에 그다지 관심이 없었다. 오히려 사람들에게 관심을 끌고 적당하게 서로의 편의를 위해 타협하는 것으로 충분히 만족하며 사는 사람들이기 때문이다.

3) 예수님의 경고

예수님은 그러한 세태에 대하여 "너희 마음의 완악함을 인하여 이 명령을 기록하였거니와 창조시로부터 저희를 남자와 여자로 만드셨으니 이러므로 사람이 그 부모를 떠나서 그 둘이 한 몸이 될지라 이러한즉 이제 둘이 아니요 한 몸이니 그러므로 하나님이 짝지어 주신 것을 사람이 나누지 못할지니라"(막 10:5-9; 마 19:5-6)고 경고하시면서, 이미 모세는 사람들의 후패한 마음을 알고 이혼을 하지 못하게 하였다는 사실을 경각시켜 주고 있다.

나아가 "누구든지 그 아내를 내어버리고 다른데 장가드는 자는 본처에게 간음을 행함이요 또 아내가 남편을 버리고 다른 데로 시집가면 간음을 행함이니라"(막 9:11-12)고 분명하게 규정해 주고 있다. 이러한 차원에서 예수님은 마태복음 5장 32절에서 "누구든지 음행한 연고 없이 아내를 버리면 이는 저로 간음하게 함이요 또 누구든지 버린 여자에게 장가드는 자도 간음함이니라"고 말씀한 것이다.

당시 시대적 경향을 볼 때, 아무런 제약 없이 단지 수치 되는 일에 해당된다는 이유만으로 남자는 여자에게 이혼증서를 써주고 이혼을 할 수 있었다. 이러한 사고방식은 당시 사회가 여자들의 인격을 정당하게 대우하지 않는 풍조 때문이기도 했다. 여자를 하나의 성적인 유희의 대상으로 여기고 심지어 소유물로 여기는 이방 사회의 전근대적인 사상이 그대로 유대 사회에도 영향을 미치고 있었다.

그러나 예수님은 여기에서 한 걸음 더 나아가 버린 여자에게 장가드는 자도 간음한 것이라고 경고하셨다. 정당한 사유 없이 버림받은 여자는 법적으로는 아직도 전 남편의 배우자이기 때문이다.

뿐만 아니라 이혼당한 여자에게 장가드는 것도 간음이다. 왜냐하면 이혼당한 여자는 법적으로 비록 자유일지 모르지만 이혼의 사유란 부부가 당연히 지켜야 할 신의를 저버린 사람인 까닭에 이혼을 당한 것인데, 이처럼 신성한 약속을 파괴한 사람과 한 몸이 되어 공동의 생활을 하고 육체적인 일치를 이룬다는 것은 그 사람과 꼭 같은 도덕적으로 파괴된 상태로 들어가는 행위이기 때문이다.

두 사람이 한 몸이 된다는 것은 도덕적인 책임도 함께 지는 것을 의미한다. 비록 몸은 따로 있어도 그 가치에 있어서만은 하나님은 두 사람을 하나로 여기시기 때문이다. 그러므로 두 사람은 하나의 단위로서 하나님 앞에 서 있다는 사실에 더 초점을 두어서 이 말씀을 이해해야 한다.

이런 점에서 "이러한즉 이제 둘이 아니요 한 몸이니 그러므로 하나님이 짝지어 주신 것을 사람이 나누지 못할지니라"(마 19:6)는 예수님의 말씀은 죽음 외에는 그 어떤 경우라도 두 사람을 갈라놓을 수 없음을 명확하게 보여주고 있다.

3. 혼인의 목적

창조 질서에서 남자와 여자를 동등하게 여기고 그 인격을 얼마나 소중하게 여기는지에 대해, 그리고 남자와 여자가 서로 합력하여 이루어야 할 인생의 목표에 대해 조금이라도 심각하게 여겼다면 잘못된 사조는 얼마든지 멀리할 수 있었을 뿐만 아니라 정신적으로 훨씬 고도한 사회를 세워나갈 수 있었을 것이다.

그래서 웨스트민스터 신앙고백서는 "혼인은 부부가 서로 돕기 위하여, 또 적출의 자녀에 의해서 인류가 번식되고, 또한 거룩한 씨가 번식되어서 교회가 증대되기 위하여, 또 오염이 방지되기 위하여 제정된 것이니라"(웨신 제24장 2절)고 말하고 있다.

나아가 혼인은 자기의 판단으로 동의를 표시할 수 있는 사람들이 합당하게 해야 한다. 따라서 혼인은 당사자의 혼인 의사와 동의를 표시할 수 있는 자기의식이 충분히 기능을 발휘함으로써 정상적으로 이루어지며 이러한 혼인이 유효한 것이다. 어느 한쪽이 혼인의 의사를 정당하게 표할 수 없는 상태에서는 혼인이 이루어져서는 안 된다.

사람들이 억지로 자기 마음에 드는 사람과 혼인하기 위해 혹은 마음에도 없는 사람과 마지못해 혼인하는 행위는 결코 혼인제도의 정신에 부합하지 않다. 혼인은 어디까지나 하나님의 나라를 세워나가는 것에 의미가 있기 때문이다(웨신 제24장 3절).

우리의 목표는 항상 하나님의 나라를 세우는 것이다. 그리고 하나님의 영광을 드러내는 것과 그 영광에 참여하는 것이다. 그러기 위해 하나님의 이름을 거룩하게 하는 일에 인생의 의미를 두어야 한다. 이러한 데다가 목표를 두고 인생을 경영하고 혼인을 하고 가정도 세우는 것이다. 자기의 기쁨이나 자기의 행복을 추구하기 위해 또는 인생의 편의를 위해 혼인한다는 것은 세상적인 사고방식이지 그것이 하나님께서 인류를 세상에 내신 목적이나 혼인제도를 세운 의도와는 다른 것이다.

혼인은 창조 이후에 세운 제도이다. 다시 말하면 사람의 생명이 존재한 이후에 주신 하나님의 법칙이다. 사람의 생명은 이미 태어날 때부터 하나님 앞에 명백한 목표가 서 있기 마련이다. 그리고 사람을 이땅에 내신 하나님은 타락한 인류를 중생에 이르게 하여 창조 이전보다 훨씬 영광된 재창조의 세계에 이르게 하셨다.

따라서 그러한 인생을 경영하기 위해 하나님은 만세 전에 세운 경영의 원칙에 따라 거룩한 도리 위에서 살아가도록 하셨고, 하나님께서 그 일에 쓰시려고 사람을 그 길에서 모든 지혜와 능력을 발휘하도록 한 것이다. 그러기 위해 배우자까지라도 그 일을 증진시키고 더욱 효과적으로 이루기 위하여 선택할 수 있도록 배려를 해주는 것이다.

그럼에도 불구하고 하나님께서 만세 전에 내신 인생의 거룩한 사명에 대해 무관심하고, 하나님께서 경영하는 자기의 인생의 길이 무엇인지도 모르고 자기 마음대로 살아간다는 것은 결코 인생의 정상한 모습이 아니다. 사람들이 자기 마음대로 살려고 할 때에는 거기에 광포가 있고 반신국적인 요소가 강하게 나타날 뿐이다.

이러한 이유에서 자기 마음대로 배우자를 선택할 것이 아니라, 하나님께서 경영하는 그 나라의 원리에 따라 그리고 그 길에 서서 가야 할 인생의 목적을 이루기 위해 협력할 원조자를 택해야 하고, 나아가 하나님께서 내리신 복된 은혜를 함께 누릴 자로서의 배우자를 선택해야 한다.

우리 주께서는 하나님의 영광이 나타나는 일에 혼인제도가 효과적으로 사용되어야 한다는 점에서 "또 간음하지 말라 하였다는 것을 너희가 들었으나 나는 너희에게 이르노니 음욕을 품고 여자를 보는 자마다 마음에 이미 간음하였느니라 만일 네 오른눈이 너로 실족하게 하거든 빼어 내버리라 네 백체 중 하나가 없어지고 온 몸이 지옥에 던져지지 않는 것이 유익하며 또한 만일 네 오른손이 너로 실족하게 하거든 찍어 내버리라 네 백체 중 하나가 없어지고 온 몸이 지옥에 던져지지 않는 것이 유익하니라 또 일렀으되 누구든지 아내를 버리려거든 이혼증서를 줄 것이라 하였으나 나는 너희에게 이르노니 누구든지 음행한 이유 없이 아내를 버리면 이는 그로 간음하게 함이요 또 누구든지 버림받은 여자에게 장가드는 자도 간음함이니라"(마 5:27-32)는 말씀을 통해 명백히 해명해 주셨다.

제8장

맹세하지 말라

마태는 하나님의 나라가 어떻게 세워지는가에 대해 예수께서 산상수훈을 통하여 가르치신 내용을 일목요연하게 기록하고 있다. 특히 예수께서는 하나님의 나라가 사람들의 지혜나 능력으로 세워지지 않고 어디까지나 영적이고 신령한 나라인 관계로 그 나라를 구성하는 백성들의 신령한 성품에 의해 세워진다는 사실을 강조하셨다. 마태는 이러한 예수님의 의도를 잘 기록해 주고 있다. 이런 점은 다른 복음서에 비교해 볼 때 매우 두드러진 특징이기도 하다.

예수님은 살인에 대해 말씀하시면서 인간의 생존권에 대한 보장과 인간 존재의 가치를 가르치셨다(마 5:21-26). 인간은 하나님의 경륜가운데 태어났기 때문에 누구나 존재 그 자체가 하나님의 의지와 관련이 있다는 사실을 밝혀주셨다. 사람의 생명은 그 가치가 하나님께서 부여한다는 점에서 근본적인 삶의 원리를 제시한 것이다.

다음으로 혼인제도를 통해 인간의 생명은 하나님께서 내신 혼인의 법칙에 근거하여 적법한 절차를 따라 이땅에 태어나는 것과, 그 생명은 창조의 목적을 완수하기 위해 함께 사회를 형성하고 합력하여 하나님의 경륜을 이루어야 할 것을 가르치셨다(마 5:27-32).

그리고 인간 존재는 언제나 사회의 기본이 되는 가정 안에서 그 존재 의미를 발견하되, 역사적인 교회의 가르침 속에서 자신의 위치를 확인함으로써 인간 본연의 사명을 찾아 자기의 삶을 가치 있게 발현하여 나갈 것을 가르치셨다. 이처럼 가정은 교회의 원세포로서 교회의 제도와 긴밀한 관계를 가지고 있음을 알 수 있다.

반면에 사람의 생명을 소홀히 여기고 혼인제도의 정신이 무시되는 현대 사회에서는 자연히 가정의 귀중함을 찾아 볼 수 없게 되었고 그것을 바탕으로 건설되어야 할 정상적인 교회를 찾아보기 어렵게 된 것은 결코 우연이 아니라는 사실을 주의하지 않으면 안 된다.

이런 현상은 하나님의 제도를 소홀히 여기는 현대인들의 두드러진 현상으로 그만큼 이 사회가 비정상적이며 비신국적인 경향이 강하다는 것을 나타내고 있다. 이럴 때일수록 교회는 주님의 말씀을 명확하게 가르치고 생명에 대한 존엄성과 혼인의 신성함을 강조해야 한다.

생명의 존엄성과 사회를 형성하는 혼인제도의 중요성을 지적한 예수님은, 이제 하나님의 백성으로서 사회생활을 어떻게 해야 하는가에 대한 원리를 말씀하신다(마 5:33-48).

첫째, 맹세하지 말라.
둘째, 악한 자를 대적하지 말라.
셋째, 원수를 사랑하라.

이것들은 모두 하나님 나라를 표방하는 사회가 유지되기 위한 생활의 원칙이다.

1. 마태복음 5장 33절에 대한 해석

"옛 사람에게 말한바 헛맹세를 하지 말고 네 맹세한 것을 주께 지키라 하
였다는 것을 너희가 들었으나"(마 5:33)

라는 말씀은,

"옛 사람들이 '헛맹세를 하지 말고 네 맹세한 것을 주께 지키라' 고 가르
친 말을 너희가 들었거니와"

로 바꾸어 생각하는 것이 원어에 더 가까운 해석이다.

당시 랍비들은 "너희는 내 이름으로 거짓 맹세함으로 네 하나님의 이
름을 욕되게 하지 말라 나는 여호와니라"(레 19:12)는 레위기의 말씀과,
"사람이 여호와께 서원하였거나 마음을 제어하기로 서약하였거든 파약
하지 말고 그 입에서 나온 대로 다 행할 것이니라"(민 30:2), 혹은 "네 하
나님 여호와께 서원하거든 갚기를 더디하지 말라 네 하나님 여호와께
서 반드시 그것을 네게 요구하시리니 더디면 네게 죄라"(신 23:21)는 말
씀을 근거로, '헛맹세를 하지 말고 네 맹세한 것을 주께 지키라' 는 식으
로 사람들에게 가르쳐 왔었다. 이제 예수께서 그 말씀을 인용하여 본래
모세가 기록한 본의가 어떤 것인가를 해설해 주고 있다.

1) 맹세에 대한 가르침

이 말은 헛맹세를 하지 말라는 것과 하나님께 맹세한 것만은 꼭 지켜
야 한다는 두 가지의 말로 나누어 볼 수 있다.

헛맹세란 거짓 증언과 같다. 더욱이 그 대상이 사람이어도 용납이 안 되는데 하물며 하나님 앞에 헛맹세를 한다는 것은 하나님의 이름을 모독하는 죄임에 틀림없다. 이러한 행위는 "너는 너의 하나님 여호와의 이름을 망령되이 일컫지 말라 나 여호와는 나의 이름을 망령되이 일컫는 자를 죄 없다 하지 아니하리라"(출 20:7)는 십계명에 위배되는 중대한 범죄 행위로서 이는 마땅히 돌에 맞아 죽어야 하는 사형에 해당된다. '망령되다'는 말은 정당한 인식을 바탕으로 하지 않고 우주의 창조주이신 하나님을 정당하게 대우하지 않는 어떤 것도 이에 해당된다. 그리고 하나님 앞에 서원한 어떤 말도 하나님 앞에서 행치 아니하는 것 역시 하나님을 망령되이 하는 행위와 같은 것이다.

맹세란 인격자가 인격자를 상대하여 진실을 걸고 다짐하는 행위이다. 따라서 하나님의 백성으로 마땅히 자기가 책임져야 할 것을 책임지고 그 진실을 표해야 하는 것은 당연한 일이다. 그럼에도 불구하고 마음속에 거짓을 담고 맹세한다는 것은 먼저 그 자신을 기만하는 행위이다. 자기가 자신의 인격을 무시하고 나아가 상대방의 인격을 말살해 버리는 행위가 '헛맹세'이다.

따라서 헛맹세는 자신과 상대방의 인격을 무시하는 심각한 범죄 행위이고, 정당하게 인격을 발휘하여 사람으로서의 존재 가치를 최상으로 드러내도록 하신 하나님의 뜻을 정면으로 거역하는 죄악이다. 특히 그 대상으로 하나님께 향하여 헛맹세를 하였다는 것은 거룩한 하나님의 이름을 모독한 신성모독에 해당되는 죄이다. 그러므로 헛맹세는 이스라엘 사회에서 절대로 용납해서는 안 되었다.

2) 맹세에 대한 유대인들의 견해

그런데 하나님께 대해 무엇을 하겠다고 맹세하는 것은 그 맹세가 어느 것이든 행해야 한다는 의무를 강하게 지워준 반면에 상대적으로 하나님께 맹세한 것 외에는 그만큼 비중을 두지 않아도 좋은 것으로 오해하기에 이르렀다. 그 결과 하나님께 맹세한 것은 목숨을 걸고라도 지켜야 하지만 그 외의 맹세에 대해서는 약간의 융통성을 두어도 된다는 식으로 받아들이는 괴이한 풍습이 생겨나게 되었다.

이러한 악습은 결국 하나님께 맹세한 것 외에는 꼭 지키지 않아도 된다는 식으로 사람들에게 한 맹세를 소홀히 여기게 되었다. 이러한 경향은 마침내 하나님 앞에 맹세한 것 외에는 진실성이 그만큼 결여되어 있다는 것으로 여겨지게 되었고 꼭 지키지 않아도 크게 문제되지 않는 정도로 가볍게 여기게 했다.

이런 현상이 심화되자 이제 사람들은 하나님 앞에서 맹세한 것이 아니면 도무지 사람들의 말을 믿으려 하지 않게 되었다. 그래서 그들은 당연히 하나님 앞에서 맹세해야만 그 진실성을 서로 인정하게 되는 기이한 현상을 만들었다.

그렇다고 거룩한 하나님의 이름을 감히 사람의 입으로 발설해서는 안 되기 때문에, 사람들은 하나님의 이름 대신 하나님의 권위를 상징할 수 있는 '하늘'이나 큰 성 '예루살렘'을 상대로 맹세함으로써 하나님 앞에 맹세하는 것처럼 자신들의 정당성과 맹세한 내용에 권위를 부여하고자 했다.

그 결과 어떤 사람이 맹세하는 내용 그 자체의 진위보다는 맹세하기 위한 대상을 보고 그 사람의 맹세를 신뢰하고, 사람의 인격보다는 그러한 맹세의 대상이 가지고 있는 권위를 근거하여 사람의 말을 신임하는 이상한 풍습이 뿌리 깊게 유대인들 사이에 자리잡고 말았다.

원래 맹세한다는 것은 말하는 사람의 진실성을 확고히 하기 위함이다. 따라서 맹세하는 사람의 인격이 바탕이 되어 그 진실성이 보장되어야 한다. 어떤 매개체를 두고 그 매개체의 가치나 권위에 따라 사람의 말에 진실성이 있다든지 혹은 없다고 하는 것은 인간의 인격을 모독하는 악이 아닐 수 없다.

그럼에도 불구하고 이스라엘 사람들이 하나님 앞에 맹세한 것이 아닌 것은 지킬 필요가 없다고 여겨왔기 때문에, 어떤 약속을 할 때 하나님의 이름을 걸어야 겨우 믿게 된 것은 그만큼 하나님께서 인간에게 주신 인격을 모독하는 경향이 농후해진 사실을 알 수 있다.

유대인들은 맹세하기를 좋아했다. 그들은 하늘을 걸고 맹세를 하거나 땅을 들어 혹은 예루살렘 성을 보증으로 내세우듯이 맹세를 했다. 심지어 어떤 사람은 자기의 머리 곧 자기의 생명을 담보로 하여 맹세하기까지 했다. 그리고 맹세를 하지 않으면 도무지 사람의 말을 받아들이려고 하지 않았다.

하나님께서 만들어 주신 피조물들인 하늘과 땅을 사람보다 더 권위를 부여하고 신봉하는 것은 도저히 있을 수 없는 일이다. 그러한 행위는 하늘과 땅을 마치 인격체로 여기는 것이고, 나아가 그것들을 거룩한 하나님과 같이 신성시함으로써 인격이 없는 미물을 하나님과 같이 숭배하는 우상 숭배의 행위일 뿐 아니라, 더 나아가 사람의 인격을 무시하는 살인의 행위와 다를 바 없다.

그만큼 그 사회가 병들고 사람들 사이의 신뢰감이 실추되어 있음을 보여준다. 그리고 사람보다는 피조물들을 하나님과 같이 신성시 여기는 신성모독의 경향이 농후한 시대임을 말해주고 있다.

2. 예수님의 가르침

그처럼 서로 신뢰할 수 없는 사회에 대해 예수님은 도무지 맹세하지 말라고 말씀하신다. 더군다나 맹세가 정당한 사실을 확신시키기 위해 사용되기보다는 이미 잘못된 일의 결과를 감추고 그 책임을 벗어나기 위해 자기의 사악함을 정당화시키고자 이용된다는 것은 이미 기본 사회 질서가 무너졌음을 의미한다.

그러한 사회에서의 맹세란 아무런 의미가 없는 것이다. 오히려 맹세한다는 것은 사람의 인간성을 추하게 만들고 하나님의 창조 질서를 무너뜨리는 위기를 초래할 뿐이다. 이런 상황에서 맹세란 서로를 기만하게 하는 독소가 될 뿐이다. 누구나 자기 말의 신빙성을 강조하기 위해 맹세해야 하고, 상대방의 인격을 바탕으로 그 진실을 받아들여야 함에도 미덥지 않아서 맹세를 요구하는 악순환이 계속된다.

1) 사회생활은 신의가 바탕이 되어야 함

예수님은 유대인들이 맹세할 때 즐겨 그 대상으로 사용하는 하늘과 땅 그리고 예루살렘과 사람의 머리에 대해 하나님의 백성들이 맹세하는 것을 금하셨다. 오히려 맹세하는 행위로는 사회 질서를 유지하거나 상호 신뢰감을 쌓아갈 수 없음을 분명하게 지적하신다. 더욱이 하나님의 나라는 그와 같이 상호 신뢰감이 무너진 상태에서 맹세하는 것으로 세워나갈 수 없음을 지적하셨다.

그래서 예수님은 "오직 너희 말은 옳다 옳다, 아니라 아니라 하라 이에서 지나는 것은 악으로 좇아 나느니라"(마 5:37)고 말씀하심으로써 새로운 사회 질서를 제시하셨다. 이 말씀은 "너희는 옳은 것은 옳다고 하고, 그른 것은 아니라고 말하라"고 바꾸어 말할 수 있다.

여기에서 우리는 적어도 인간 사회의 상호 관계는 서로를 신임할 수 있는 신의가 그 바탕이 되어야 함을 알 수 있다. 구차하게 변명하고, 그것도 모자라 맹세해야 사람의 말을 믿어줄 정도의 사회라면 이미 하나님께서 경영하고 이땅에 세우고자 하는 사회가 아니다.

하나님의 나라는 그와 같이 맹세를 함으로써 세워지거나 서로를 신뢰하지 못하는 사람들로서 세워질 수 없다. 따라서 예수님은 하나님 나라의 백성들이 모든 사물에 대해 간단명료하게 말할 수 있고 자신의 의견을 명백하게 제시할 수 있어야 할 것을 지적하신다.

2) 각 개인의 존재 가치가 분명해야 함

그러기 위해 하나님 나라의 백성 된 우리는 인생의 존재 의미와 가치관을 명백하게 세워놓아야 한다. 자기가 설정한 삶의 방향이 정확하지 않으면 자기의 이성 활동이 정상적일 수 없고 따라서 전체적인 인격적 활동 역시 비정상적이 되어 사람으로서의 본연의 성품이 흩어져 있기가 쉬운 것이다. 그러한 비정상한 사람들로서는 하나님의 나라가 한 발자국도 진전할 수 없다.

오히려 하나님은 그런 사람들로 구성되어 있는 사회를 심판하고 마는 것이다. 최소한 사회를 구성하고 유지하기 위한 기본적인 신뢰마저도 세워져 있지 않다면 그 사회는 이미 인간성이 무시되어 버린 사회이다. 따라서 하나님은 더 이상 그 사회를 묵과하시지 않고 심판한다는 사실을 우리는 명심해야 한다.

그렇다고 예수님의 이 말씀이 맹세를 절대로 하지 말라는 뜻은 아니다. 다만 맹세를 요구하고 맹세를 해야만 서로 마음이 편해지는 당시 사회 풍조를 지적한 것이다. 사람들 사이에 서로의 존재 의미를 명확하게 세워놓고 인간의 인격에 대한 최상의 가치를 자연스럽게 인정하는 사회라면 그처럼 맹세를 요구하지는 않을 것이다.

따라서 인생의 갈 길을 서로 분명히 하고 옳은 것은 옳다 하고 그른 것은 아니라고 자신의 의사를 명확하게 표함으로써 누구나 서로를 신뢰할 수 있고 나아가 그 신뢰를 바탕으로 서로의 인간성을 하나님 나라의 백성답게 함양해 나가야 하나님의 나라에 가까운 사회가 된다.

3) 비정상은 악을 초래함

"이에서 지나는 것은 악으로 좇아 나느니라"는 말씀과 같이 사람이 자기의 의사를 명확하게 표하지 않는 것은 그 속에 무언가 또 다른 음모가 숨겨져 있기 때문이다. 사회 정의를 추구하는 것이 인간으로서 마땅한 도리임에도 불구하고 무언가 자기의 유익을 추구하고자 하는 사사로운 욕심이나, 아니면 자기가 속해 있는 집단의 이익을 추구하고자 하는 소아적(小兒的)인 집단 이기주의 때문에 정당한 견해를 표명하지 않는다. 이러한 행위는 당연히 하나님께서 통치하는 기본적인 사회 정의를 무시한 것이기 때문에 죄악이 아닐 수 없다.

또는 아직도 자신의 입지가 명확하지 않은 불안한 상태에서 나오는 경우도 있다. 사람이 마땅히 자기 인생의 갈 길에 대하여 그리고 하나님 앞에서 자신의 삶에 대하여 책임을 지는 것이 정상이다. 그렇지 않고 언제까지든지 소아적(小我的)인 상태에 빠져서 나 하나 정도는 상관이 없을 것이라고 적당히 넘어가는 것 역시 하나님께서 우리 인생에 대한 기대에 어긋나는 행위이다.

내가 이땅에 태어났으면 그때부터 의당히 자기 본연의 자태를 가꾸어 나가야 한다. 그리고 하나님께서 계획하시는 그 나라의 진행의 정도에 맞추어 내 인생의 행로를 항시 구축해 나가야 한다. 그러한 인생들이 하나님의 나라를 구성하게 될 때 그리스도께서 원하시는 나라를 세워 나갈 수 있다.

이런 점에서 그리스도께서 세우시고자 한 나라는 당시 랍비들이 가르치는 하나님 나라의 정신보다 매우 월등하고 고상한 위치에 있음을 알 수 있다. 이런 정신이 바탕이 되어 하나님 나라가 세워질 때 우리 인생이 아름다운 삶의 열매를 하나님께 드려 하나님의 영광을 드높일 수 있을 것이다.

하나님은 생명을 이땅에 내고, 그 존재 가치를 정상적으로 발휘할 수 있도록 가정을 주고 사회를 주셨다. 그리고 그 사회제도는 사람의 존재 가치를 충분히 드러내게 하여 하나님의 창조 목적에 부합한 인생을 경영할 수 있도록 하는 역할을 하게 된다.

그러므로 사회는 항상 신뢰를 그 바탕으로 하여 사람들이 자기들의 존재 의미를 다 발휘할 수 있도록 모든 여건을 마련해 주어야 한다. 그와 같이 함으로써 하나님의 나라가 이 세상에 실제로 존재하며 사람들을 영광된 하나님의 나라로 이끄는 본래 사회의 존재 의미를 다하게 된다.

3. 이 가르침의 의미

이와 같이 사회제도는 그 사회를 형성하고 있는 각자의 생명의 존엄성이 존중되고, 서로에 대해 충분히 신뢰함으로써 각 사람의 가치를 충분히 발휘할 수 있도록 하는 터전이 된다. 그 사회가 온전해야 각 사람들의 가치가 정상적으로 발휘되고, 그래서 결국 하나님의 영광을 충만하게 드러내는 도구로서 역할을 다하게 될 것이다.

따라서 사회 질서를 근본적으로 유지하게 하는 상호 신뢰를 위협하는 거짓 맹세나, 혹은 사람의 인격을 무시하고 아무렇게나 맹세하여 신뢰를 기만하는 어떠한 행위도 용납되어서는 안 된다. 더욱이 하나님의 나라를 건설해야 할 우리는 예수님의 가르침에 따라 하나님의 성품을 우리 인격 안에서 충분히 드러내야 한다. 이것이 진정 우리가 이땅에서 이루어야 할 하나님 나라의 참 모습이다.

제9장

악한 자를 대적치 말라 (1)

세상살이에 맛이 들어 세상의 원리에 따라 살 때 하나님 나라의 도리를 오해하게 되는 사실을 지적하신 예수님은 이제 어떻게 율법을 정당하게 해석할 것이며, 그 율법을 통해 그려진 하나님 나라의 특성은 어떠한 것인지에 대해 잘못된 생각들을 시정해 주신다.

지금까지 살펴본 것처럼, 제6계명을 통해서는 사람의 생명을 얼마나 숭고하고 신성하게 여겨야 할 것에 대해 말씀하셨고, 제7계명에서는 그 생명이 사회를 형성하고 발전해 나가는 데 있어서 근본이 되는 혼인 제도가 순전하게 보존되어야 할 것을 말씀해 주셨다. 그리고 이제 사회생활을 통해 고귀한 생명으로서 그 가치를 온전하게 발휘하도록 인생이 마땅히 행해야 할 기본적인 삶의 기준으로서 '맹세하지 말 것'과 '악한 자를 대적하지 말 것'에 대해 말씀해 주신다.

'맹세'에 대해서 예수님은, 이 사회가 궁극적으로 하나님의 나라를 충일하게 드러내야 할 것인데, 무엇보다도 사람들 사이에 신의가 있어서 옳으면 옳다 하고 아니면 아니라고 분명하게 말할 수 있어야 한다고

지적하신다. 마음에도 없는 소리를 하고 그 말에 대해 맹세를 해야 서
로 믿는 그런 불신의 사회가 아닌 진실한 사회를 이루는 것이 하나님
나라를 세워나가는 기본적인 생활의 모습임을 제시한 것이다.

이처럼 상호 신뢰가 밑바탕이 된 사회에서 법을 유지하고 질서를 지
켜나가기 위해 어떻게 살아가야 할 것인가를 '눈은 눈으로, 이는 이로
갚으라' 는 말씀에 대한 해석을 통해 제시하신다.

1. '눈은 눈으로, 이는 이로 갚으라' 는 말씀에 대한 해석

구약에서 '눈은 눈으로, 이는 이로 갚으라' 는 규례는 출애굽기 21장
22-25절에 나오는 말씀이다. 이 말씀은 사람이 자기 마음대로 보응을
할 수 있다는 뜻은 아니다. 본문을 보면 "사람이 서로 싸우다가 아이 밴
여인을 다쳐 낙태케 하였으나 다른 해가 없으면 그 남편의 청구대로 반
드시 벌금을 내되 재판장의 판결을 쫓아낼 것이라"고 명시하고 있다.

그후에 "다른 해가 있으면 갚되 생명은 생명으로, 눈은 눈으로, 이는
이로, 손은 손으로, 발은 발로, 데운 것은 데움으로, 상하게 한 것은 상
함으로, 때린 것은 때림으로 갚을지니라"고 말씀한다. 문자 그대로 어
떤 대가를 치르기 위함이 아니라, 사회 질서를 유지해 나가는 기본 정
신이 어떤 것인가를 말하고자 한 것이 본문의 중요한 내용이다.

1) 사람의 생명에 대한 가치는 언제나 인정되어야 함

사람의 생명은 각각 하나님께서 내신 생존의 고유한 가치를 가지고
있다. 따라서 어떤 이유에서라도 사람의 생명을 경시하거나 무시해서
는 안 된다. 이것을 바탕으로 사회가 형성되고 확장되며 하나님 나라의
성격이 확연하게 발휘되기 때문이다. 그래서 출애굽기 21장에서는 먼

저 사람의 생명을 소중히 해야 할 것을 규례로 말씀한다.

비록 법을 경시하고 하나님의 도리를 떠나 사람을 해하는 등의 범법자라 할지라도 그 사람의 생명까지 멸시하여 함부로 대우해서는 안 된다. 만일 어떤 사람이 다른 사람에 대해 실수를 하거나 분이 나서 사람을 해하는 경우가 있더라도 해를 입은 사람이 함부로 판단을 하여 해를 입힌 사람을 사사로이 처벌해서는 안 된다.

그 예가 출애굽기 21장 13절 이하에서부터 자세히 나와 있다. 그중의 한 예를 보면, 아이 밴 여인을 다쳐 낙태하게 하였을 경우 피해자의 남편은 먼저 재판관에게 찾아가 피해당한 정도에 따라 정당한 보상을 요구하면, 재판관은 그의 청구를 판별하여 가해자에게 적절한 대가를 지불하도록 판결해야 한다는 내용 속에 그러한 법 집행의 정신이 잘 나타나 있다.

이러한 절차를 밟는 과정을 통해 보여주는 것은 사람의 생명에 대한 존엄성은 피해자나 가해자에게 동등하게 인정되어야 한다는 점이다. 심지어 범법한 자라도 기본적인 생명에 대한 존엄성만은 인정하게 함으로써, 함부로 사람들이 범법자를 판단하지 못하도록 한 것은 이 세상에서 찾아볼 수 없는 고상한 법 정신이 아닐 수 없다.

2) 법 집행자의 정신

재판관은 법을 집행함에 있어서 어떤 근거에 따라 피해를 보상하라고 판결을 내려야 하는데, 그 판결의 근거로 하나님께서 제시한 것이 바로 23절 이하에 있는 "다른 해가 있으면 갚되 생명은 생명으로, 눈은 눈으로, 이는 이로, 손은 손으로, 발은 발로, 데운 것은 데움으로, 상하게 한 것은 상함으로, 때린 것은 때림으로 갚을지니라"는 말씀이다.

다시 말하면 피해를 보상하되 피해자의 생명의 존엄성이 해를 입은 정도에 따라 꼭 필요한 정도의 보상을 하라는 법의 정신을 제시한 것이다. 이 말씀을 오해하여 '눈은 눈으로' 갚으라 했다고 해서, 가해자가 피해자의 눈을 때려 다치게 하였으면 피해자가 그에 상응할 정도로 가해자를 때려 눈을 다치게 하는 방법으로 보응한다는 것은 그 법을 내신 하나님의 의도를 잘못 이해한 것이다.

사람이 아무리 공정하게 판단을 하더라도 거기에는 언제나 사적인 감정이 개입되기 마련이다. 그래서 하나님은 재판이라는 절차를 마련하고 재판장은 공정한 위치에서 보상을 하도록 판결할 수 있는 제도를 보여 주셨다. 이러한 절차를 따를 때 사회가 정도(正道)를 지키게 되는 것이고, 이렇게 정의를 구현해 나갈 때 거기에 인생의 삶이 발휘될 수 있다.

우리가 또 하나 생각할 것은, 아무리 재판관이라 할지라도 법을 집행함에 있어서 절대적으로 공정할 수는 없다는 점이다. 그래서 우리는 법에 호소하거나 법을 집행할 때의 정신에 대해 교훈한 "너는 악을 갚겠다 말하지 말고 여호와를 기다리라 그가 너를 구원하시리라"(잠 20:22)는 말씀을 명심해야 한다.

법을 내신 이는 사람이 아니라 하나님이시다. 따라서 하나님만이 법을 정당하게 집행할 수 있는 분이시다. 그러므로 스스로 악을 대항하겠다고 나서지 말고 하나님께서 공정한 심판을 하시도록 판결을 맡겨야 한다.

이 세상 어디에도 참으로 공정한 판결을 내리고, 공의로 보응할 만한 사람은 없다. 우리의 판단과 법의 심판은 어디까지나 하나님의 공의를 드러내기 위한 상징적인 행위일 뿐이다. 최소한의 인간의 양심에 따라 공의로우신 하나님의 법도를 수행함으로써 하나님의 형상을 닮은 인격체로서 법을 집행하는 것뿐이지, 사람 그 자신이 어떤 권위를 가지고 법을 집행하는 것이 아니다. 따라서 법을 집행함에 있어서 명심해야 할 것은 그 자체가 절대적인 판단이 될 수 없다는 점이다.

3) 하나님만이 법을 정당하게 집행하심

아무리 사람이 법에 근거하여 판결을 내린다 해도 악에 대해 절대적인 평가를 할 수 없다. 더욱이 재판관이 가해자를 처벌할 목적으로 법을 적용할 경우 그 법을 내신 하나님의 의도를 명확하게 인식하지 못한다면 얼마든지 재판관 마음대로 법을 이용하여 정당치 못하게 집행할 수 있다.

특히 법을 운영하는 일에 있어서 불의한 목적이 개입될 경우라면 그러한 편법이 더 잘 나타나기 마련이다. 그래서 법은 법을 내신 하나님께서 권위를 가지고 행사하셔야 한다. 따라서 '눈은 눈으로, 이는 이로 갚으라'는 규례는 하나님만이 법을 정당하게 집행할 수 있는 분임을 인정하고, 사람이 함부로 원수를 갚으려 하지 말라는 의도를 그 안에 담고 있다.

2. 예수님의 가르침

이런 의미에서 예수님은 "또 눈은 눈으로, 이는 이로 갚으라 하였다는 것을 너희가 들었으나 나는 너희에게 이르노니 악한 자를 대적치 말라"(마 5:38-39상)고 말씀하신다. 우리는 아무리 법을 집행한다 해도 절대적인 공의를 행사할 정도의 지혜나 판단 능력이 없다. 법은 오직 하나님만이 내시고 공정하게 집행하실 수 있기 때문이다.

따라서 법의 권위는 하나님에게서 나오는 것이기 때문에 사람이 악을 갚겠다고 나서는 일은 하나님의 권위에 도전하는 것과 같다. 악은 하나님께서 판단하고 그에 상응한 형벌로써 심판하신다. 이렇게 우리가 나서서 악을 갚겠다고 할 것이 아니라 하나님께 의뢰하고 하나님께서 심판할 것을 믿는 것이 곧 법 정신이다.

1) 법의 집행은 하나님의 권위에 근거해야 함

"너는, 그가 내게 행함 같이 나도 그에게 행하여 그 행한 대로 갚겠다 말하지 말지니라"(잠 24:29)는 말씀은 이 점에서 더욱 우리에게 주의를 요한다. 사람이 당한 피해는 정당하게 평가하여 보상해야 하지만, 그 법을 해석하고 적용하는 일에 있어서 사람은 정당할 수 없기 때문에 함부로 행한 대로 갚겠다고 나서서는 안 된다는 뜻이다.

이 사실을 무시하는 사람들은 '눈은 눈으로, 이는 이로'라는 말씀을 자기가 당한 만큼의 피해를 갚으라는 말로 해석하려고 한다. 그러나 그 법을 제정한 이는 하나님이시고 집행할 수 있는 분도 하나님이시다. 그럼에도 불구하고 자기가 원수를 갚겠다고 나서는 것은 법을 집행할 권위가 자기에게 있는 것처럼 생각하는 것과 같다.

이러한 교만함으로 성경에 있는 말씀을 문자 그대로 받아들여 '눈은 눈으로, 이는 이로' 원수를 갚으려 하다는 것은 이치에 닿지 않는 생각이다. 세상에 있는 어떤 법의 집행도 마찬가지이다. 사람이 그 법을 집행한다는 것은 어떤 경우에도 부당한 생각이다. 오직 하나님만이 법을 정당하게 집행하는 분이시다.

2) 법 정신에 대한 예수님의 가르침

이처럼 법의 정신을 오해하고 있는 사람들의 생각을 고쳐주기 위해 "나는 너희에게 이르노니 악한 자를 대적치 말라"고 예수님은 이제 새롭게 법의 집행에 대해 가르치셨다.

여기에서 '악한 자'(τω πονηρω)라는 말은 두 가지로 해석할 수 있다. 하나는 인격체를 가리키는 말로, 일반적으로 사람들이 악한 자 또는 사악한 사람이라고 부르는 경우를 말한다. 다른 하나는 추상적인 의미로서 '악 그 자체'(the evil)를 의미하기도 한다. 그러므로 이 말씀은 '악한 자' 나 '악'을 대적하지 말라는 뜻으로 해석 될 수 있다.

바울은 "아무에게도 악으로 악을 갚지 말고 모든 사람 앞에서 선한 일을 도모하라 할 수 있거든 너희로서는 모든 사람으로 더불어 화평하라 내 사랑하는 자들아 너희가 친히 원수를 갚지 말고 진노하심에 맡기라 기록되었으되 원수 갚는 것이 내게 있으니 내가 갚으리라고 주께서 말씀하셨느니라"(롬 12:17-19, 살전 5:15 참고)고 권고하고 있다. 그렇다고 하여 악에게 무조건 양보하고 무능력하게 바라만 보라는 뜻은 아니다.

반면에 바울은 "네 원수가 주리거든 먹이고 목마르거든 마시우라 그리함으로 네가 숯불을 그 머리에 쌓아 놓으리라 악에게 지지 말고 선으로 악을 이기라"(롬 12:21)고 강권하고 있다.

예수님은 악한 자나 악을 대적하지 않고 선으로 악을 이기는 방법에 대해 가르쳐 주신다. "누구든지 네 오른편 뺨을 치거든 왼편도 돌려 대며 또 너를 송사하여 속옷을 가지고자 하는 자에게 겉옷까지도 가지게 하며 또 누구든지 너로 억지로 오 리를 가게 하거든 그 사람과 십 리를 동행하고 네게 구하는 자에게 주며 네게 꾸고자 하는 자에게 거절하지 말라"(마 5:39하-42)는 가르침에서 그 정신을 드러내 주고 있다.

3. 마태복음 5장 39-42절에 대한 해석

이 말씀에서 세 가지 이야기가 논점으로 등장하고 있다. 첫째는 오른편 뺨을 때리거든 왼편 뺨을 돌려 대어주는 문제, 둘째는 속옷을 송사하는 자에게 겉옷을 주는 문제, 셋째는 오 리를 가자고 하는 자와 십 리를 동행하는 문제 등이다.

1) 왼편 뺨을 돌려 대어주는 문제에 대하여

오른편 뺨을 때린다는 행위에는 눈에 보이지 않는 불편한 감정이 그 사람 안에 담겨 있음을 묘사해 주고 있다. 일반적으로 사람이 화가 나면 손을 들어 뺨을 때리는 경우가 있는데, 사람들은 보통 오른손으로 상대방의 '왼편 뺨'을 때리는 것이 상식이다. 그런데 상대방의 '오른편 뺨'을 때린다는 것은 그냥 홧김에 자기의 불만을 표시한 것이 아님을 알 수 있다.

물론 서로 이야기를 하다가, 혹은 논쟁을 하다가 의견이 맞지 않는다 해서 자기의 불만의 감정을 폭력으로 들어내는 것 자체가 인격을 침해하는 아주 저급한 행위이다. 상대방이 자기를 비아냥거리기 때문에 화가 나서 마음의 울분을 터트릴 경우라 해도, 폭력을 사용하여 자기의 의사를 관철하려는 행위는 결코 정당화 될 수 없다.

하지만 여기에서 말하는 폭력은 단순히 그런 정도의 개인적인 불만의 감정이 폭발한 것이 아님을 알 수 있다. 상대방의 '오른편 뺨'을 때린다는 것은 홧김에 순간적으로 감정을 절제하지 못해 돌발적으로 나타난 행위가 아니라 매우 고의적인 행위이기 때문이다.

상대방으로부터 자기의 어떤 문제점에 대해 정당한 지적이 올 경우, 자기의 권위를 내세워 상대방의 인격을 짓밟아버림으로써 지적당한 자기의 문제점을 정당화하려는 비겁하고 옹졸한 마음에서 나오는 행위이다.

누구에게도 아무런 문제가 되지 않을 이야기에 대해 유독 자기만 마음이 찔려서, 어떻게든지 그 순간을 모면하고자 하는 데서 상대방을 비아냥하고 조롱하여 그 말의 가치와 신빙성을 저하시키기 위한 행위가 바로 오른편 뺨을 때리는 행위이다. 이런 경우는 주로 충직한 아랫사람이 치졸한 상사에게 수모를 당하는 모습이다. 바로 이런 행위를 하는 자가 예수께서 지적하고자 하는 악한 자 혹은 악의 한 유형이다.

특히 말다툼하다가 어느 한 편이 화가 나서 때린 것도 아니고 싸움을 하다가 누가 먼저 폭행을 했다는 이야기가 아니라, 이야기하는 사람은 정당하게 말을 함에도 불구하고, 그 말하는 사람을 멸시하고 조롱하기 위해 뺨을 때린다는 것은 이미 그 마음에 악이 들어 있음을 보여준다. 그럴 경우 그 악한 자에게 대항한다는 것은 말하는 이의 정당성을 변호하는 것이라기보다는 서로 같은 정도의 사람밖에 안 된다는 것을 표시한다.

2) 폭력으로 하나님의 나라를 세울 수 없음

우리가 정의를 말하는 것은 하나님 나라의 편에 서서 하나님 나라를 드러내고 이땅에 명확하게 세워나가는 일이다. 그럴 때 세상은 우리를 무시하려들고 갖은 핍박으로 위협을 가해오기 마련이다. 우리가 참으로 정당하게 진실을 말한다고 하면서, 악한 자가 폭력으로 짓밟으려 할 때 우리의 진실을 보여주고자 그들과 같이 폭력을 사용한다는 것은 하나님 나라의 질서가 아니다.

주먹과 힘으로 우선은 사람을 제어할 수는 있다. 마치 세상은 항상 힘으로 지배되고 힘을 숭상하는 자들에 의해 유지되기 때문에 당장에 힘이 승리하는 것같이 보일지 모르지만, 그러나 하나님 나라는 힘으로 세워지지 않고 힘으로 그 정당성을 변호하지도 않는다.

오른편 뺨을 때리는 치졸한 폭력을 사용하는 사람에게 하나님 나라의 정당함과 진리를 가지고 상대할 경우에는 절대로 폭력으로 이길 수 없음을 알아야 한다. 오히려 세상은 어떻게든지 힘과 폭력으로 위협하며 정의를 짓밟으려 한다. 그리고 항상 하나님의 의를 추구하는 자들에게는 그러한 핍박이 있기 마련이다.

이럴 때 우리의 정당함과 진실을 위해 폭력으로 호소하려 하지 말고, 그 악에 대해 하나님께서 심판할 것을 맡겨야 한다. 진정 하나님을 믿고 그 권위를 인정하고 그의 능력을 신뢰한다면, 당연히 하나님께 악을 심판해 달라고 의뢰해야 한다. 이것이 예수께서 가르치신 교훈이다. 그러나 이것은 소위 '무저항주의'가 아니다. 무저항주의는 때리는 대로 맞고 말 뿐이다.

예수님의 가르침은 폭력 앞에서 무기력하게 주저앉아 있으라는 말이 아니다. 과연 우리의 사상이 정당하고 그것이 하나님 나라를 대변할 만큼 의로운 것이라면 오른편 뺨을 맞거든 왼편 뺨도 돌려 댈 정도로 자신의 정당함을 표현하라는 의미이다. 그렇게 자신 있게 자기의 정당함에 대해 의사를 표시할 수 있는 것은 선과 악을 하나님께서 심판하는 분이심을 믿는 신뢰감에서 나오는 믿음의 표출이다.

용기는 이것이다. 이 용기는 진리를 소유하고 있는 자신감에서만 나올 수 있다. 진리가 없다면, 그리고 그 진리에 대한 확신이 없다면 세상의 유혹과 핍박에 견디지 못하고 무너지고 말 뿐이다. 특히 인격적인 모멸감을 당할 때, 그것이 하나님 나라의 진리나 정당함에 대한 것이라면 결코 우리의 힘으로 하나님의 정당성을 변호하려고 해서는 안 된다.

하나님은 스스로 능히 하나님의 영광을 지키시는 분이다. 우리가 하나님을 대신하여 세상과 싸워 이김으로써 하나님의 영광이 현저하게 나타나거나 더 함양되는 것이 아니다. 심지어 우리 자신의 인격이 손상되어 화가 났을 때에도 그러하다. 우리는 하나님의 인품을 가진 사람들이다. 우리의 말과 행위 하나하나는 모두 하나님의 인품을 대신한다. 우리의 경솔함이 하나님께 누를 끼친다면 그보다 큰 불충은 없다는 사실을 명심해야 한다.

제10장

악한 자를 대적치 말라 (2)

우리가 법을 집행함에 있어서 중요하게 생각할 것은, 우리의 판단과 법의 심판은 어디까지나 하나님의 공의를 드러내기 위한 상징적인 행위라는 점이다. 사람은 양심에 따라 하나님의 법도를 수행하는 하나님의 형상을 닮은 인격체로서 법을 집행하는 것뿐이지, 사람 그 자신이 어떤 권위를 가지고서 법을 집행하는 것은 아니다.

법을 집행함에 있어서 명심해야 할 것은, 사람은 아무리 법을 공정하게 집행한다 해도 절대적인 공의를 행사할 정도로 지혜가 있거나 판단할 능력이 없다는 것이다. 오직 하나님만이 법을 내고 공정하게 집행할 수 있다. 법의 권위는 하나님에게서 나오는 것이기 때문에 우리가 악을 갚겠다고 나서는 일은 하나님의 권위에 도전하는 것과 같다. 이 사실을 믿는다면 우리가 나서서 악을 갚겠다고 할 것이 아니라 하나님께 의뢰하고 하나님께서 심판할 것을 믿는 것이 법 정신이다.

"너는 그가 내게 행함 같이 나도 그에게 행하여 그 행한 대로 갚겠다 말하지 말지니라"(잠 24:29)는 말씀은 이 점에서 더욱 우리에게 주의를 요하는 말씀이다. 사람이 당한 피해는 정당하게 평가하여 보상해야 하지만, 사람은 그 법을 정당하게 해석하고 적용할 수 없기 때문에 함부로 행한 대로 갚겠다고 나서는 것은 안 된다는 뜻이다.

이 사실을 무시하는 사람들은 '눈은 눈으로, 이는 이로'라는 말씀을 자기가 당한 만큼의 피해를 갚으라는 말로 해석하려고 한다. 그러나 그 법을 제정한 이는 하나님이시고 집행할 수 있는 분도 하나님이시다. 사람이 그 법을 집행한다고 생각하는 것은 어떤 경우에도 부당하다. 오직 하나님만이 법을 정당하게 집행하는 분이시다.

이처럼 법의 정신을 오해하고 있는 사람들의 생각을 고쳐주시기 위해 "나는 너희에게 이르노니 악한 자를 대적치 말라"고 예수님은 이제 새롭게 법의 집행에 대해 가르치셨다.

예수님은 악한 자나 악을 대적하지 않고 선으로써 악을 이기는 방법을 가르쳐 주신다. "누구든지 네 오른편 뺨을 치거든 왼편도 돌려 대며 또 너를 송사하여 속옷을 가지고자 하는 자에게 겉옷까지도 가지게 하며 또 누구든지 너로 억지로 오리를 가게 하거든 그 사람과 십리를 동행하고 네게 구하는 자에게 주며 네게 꾸고자 하는 자에게 거절하지 말라"(마 5:39하-42)는 가르침 속에서 그 정신을 찾을 수 있다.

이 말씀을 크게 세 가지 이야기로 나누어 생각할 수 있다.

첫째, 오른 편 뺨을 때리거든 왼편 뺨을 돌려 대어주는 문제.
둘째, 속옷을 송사하는 자에게 겉옷을 주는 문제.
셋째, 오리를 가자고 하는 자와 십리를 동행하는 문제.

1. 왼편 뺨을 대어주는 문제에 대하여

1) 폭력 제일주의를 배격함

상대방의 뺨을 때린다는 것은 그 동기야 어떻든지 간에 폭력으로 자기의 주장을 관철하고자 하는 폭력 제일주의에서 나온 행위이다. 뺨을 때리는 행위는 일반적으로 순화되지 못한 극한 감정의 표출이다. 대부분 힘 있는 자가 약한 자를 능멸하거나 무시함으로써 자기의 정당성을 비호하기 위해, 또는 극도로 자존심이 상한 자가 상대방을 무시하고 그 자리를 모면하고자 드러내는 치졸한 의사 표시가 뺨을 때리는 행위이다. 그 이유야 어떻든지 내면에는 결국 힘에 의해 상한 마음을 달래 보자는 돌발적이고 즉흥적인 충동이 숨겨져 있다.

그러나, 여기에서 예수님이 말씀하는 경우는 서로 감정적인 이유로 다투다가 뺨을 맞는 이야기가 아니다. 이 이야기의 대상은 고도한 하나님 나라의 정신을 표명함으로써 이땅에 하나님 나라의 성품을 발현할 제자들이다. 그들이 사람들과 의견이 대립되는 경우는 일상적인 생활의 이권 때문이 아니라는 점을 먼저 염두에 두어야 한다. 만일 세상의 일에 얽혀 뺨을 맞는다 한다면, 그런 일이 없어야 하지만, 그건 더 이상 언급할 만한 가치가 없을 것이다. 여기에서 예수님의 제자 된 우리가 뺨을 맞는 경우란, 하나님을 위해 살아가다가 악한 무리에게 조롱을 당하거나 핍박당하는 경우이다.

2) 정당한 인생의 길에 서 있어야 함

이처럼 우리가 하나님 나라의 성품을 드러내고, 고귀한 진리를 위해 바른 자세로 살아갈 때, 세상으로부터 때로는 생각지 못하는 고난을 당하는 경우가 발생하기 마련이다. 그러할 경우 우리가 어떻게 그 세력을 상대해야 할 것인가 하는 문제를 여기에서 살펴볼 수 있다.

지금까지 유대인들이 말하는 구약의 가르침에 따라 "눈은 눈으로, 이는 이로 갚으라" 했으므로, 하나님 나라와 그 의를 구하다가 생각지도 않은 세상의 핍박을 당하면 힘으로 그들을 상대하여 우리의 정당성을 대변해야 할 것이라고 생각할 수 있다. 그러나 하나님 나라의 성격이 그처럼 힘에 의해 표명된다고 한다면 거기에 커다란 문제가 야기되고 말 것이다.

물론 이땅에 하나님 나라를 구현해 나간다 한다면 거기에는 필연적으로 세상과 다툼이 발생하지 않을 수 없다. 그 성격이 첨예화 되어 상반되기 때문에 필연적으로 적대 감정이 극에 달하고 마침내 분쟁이 일어날 수밖에 없다. 그런 일에 우리가 참여하였다면 의당히 세상은 우리에게 최악의 형태로서 위협을 가해 올 것이다. 여기에는 적당히 타협하거나 양보가 있을 수 없다. 적어도 생존의 의미가 달려있는 만큼 그 분쟁은 치열할 수밖에 없을 것이다. 이만한 싸움에서 하나님을 위해 오른편 뺨을 맞았을 경우 우리는 어떻게 해야 하는가를 말하고 있다.

예수님의 제자로서 하나님 나라의 성격을 분명하게 드러내고 있다면 어느 곳에서든지 당연히 세상과 충돌이 발생할 수밖에 없다. 따라서 필연적으로 핍박이 나타나기 마련이다. 세상 사람들이 자기들의 살 길이 바쁘고 우리에게 관심을 쓸 여유가 없어서 겉으로는 우리를 이해하는 것처럼 보일 뿐이지, 언제든지 저들의 생존에 위협을 느낀다면 우리를 가만히 두지 않을 것이다.

하나님의 나라는 우리가 열심히 세워나간다고 해서 이땅에 그 모습을 드러내는 나라가 아니다. 대부분 핍박이나 박해를 접하게 되면 우리의 열정으로 하나님 나라가 세워지는 것으로 생각하기 쉽다. 그래서 세상의 반대 세력을 어떻게든지 무너뜨리고 그곳에 하나님 나라를 세워 보려는 욕심이 생기게 된다. 그러나 하나님 나라는 우리의 열심으로 세워지는 것이 아니라 우리가 하나님의 아들로서 그 자태를 명확하게 드러내는 데에서 더욱 현저하게 그 특성을 발휘한다.

3) 왼편 뺨을 돌려댈 수 있는 이유

이런 의미에서 예수님은 우리들에게 "누구든지 네 오른편 뺨을 치거든 왼편도 돌려 대며"라고 말씀한다. 우리가 뺨을 맞는 이유가 하나님을 위해 살아가다가 당하는 일이라면, 우리가 그 반대 세력에 맞서서 힘으로 억압하여 우리의 정당성을 증거하거나 주장하려 해서는 안 된다는 의미이다.

지금까지 유대인들은 그런 방식으로 사는 것이 하나님을 위하고 하나님을 섬기는 모습이라고 생각해 왔다. 그래서 로마의 압제에 대항하여 언젠가는 그 폭정에서 구원할 강력한 메시아가 오실 것이라고 기대하고 있었다. 그 날이 바로 구원의 날이요 하나님의 나라가 이땅에 그 모습을 드러내는 날이 될 것이라고 생각했다.

예수님은 그와 같은 방법으로 하나님 나라가 이땅에 임하지 않는다고 말씀하신다. 과연 정당하게 하나님을 위해 살다가 세상의 반대 세력에게 뺨을 맞는 멸시를 당하는 경우라 할지라도, 참으로 하나님의 마음과 같이 의연하게 왼편 뺨을 돌려대는 여유를 가지고 있는 성도의 성품 가운데 하나님 나라가 명쾌하게 세상에 제시된다는 점을 말씀한 것이다.

과연 우리가 그만한 정당성을 주장할 수 있을 정도의 신앙과, 의연한 삶의 자세를 가질 수 있을 만큼 하나님을 사랑하고 그 나라를 표방하고 있는가 하는 문제가 더 중요하다. 우리의 성품이 그와 같이 부드럽고 온화해서, 핍박을 받아도 동요하지 않고, 언제나 마음의 평정(shalom)을 유지하고 있어야 한다. 바로 그 모습이 하나님의 백성으로서 그 나라를 구현하는 참된 모습이다.

2. 속옷을 송사하는 자에게 겉옷을 주는 문제에 대하여

정당하게 하나님의 나라를 표명하고자 하는 우리를 폭력으로 저해하려는 자들에게 예수님은 마음의 평정을 잃지 않고 언제나 의연하게 하나님의 나라를 제시해야 할 것을 말씀하셨다. 이어서 예수님은 우리가 하나님의 나라를 표명하는 또 하나의 모습을 제시하는데, "또 너를 송사하여 속옷을 가지고자 하는 자에게 겉옷까지도 가지게 하며"라는 말씀 속에 나타나 있다.

일반적으로 의복은 그 사람의 신분을 상징하기 때문에 돈을 들여 상당히 치장하고 귀하게 여기기 마련이다. 이스라엘 사람들에게 있어서도 겉옷은 신분을 상징하기 때문에 매우 정성을 들이고 값비싼 옷을 지어 입었다. 겉옷은 신분을 상징할 뿐만 아니라 이스라엘 사람들에게 있어서는 특이한 역할을 한다. 이스라엘의 기후 아래에서는 특별히 별도의 이불이 필요하지 않다. 그래서 그들은 잠을 잘 때 돈이 많은 부자라면 별도의 이불을 덥고 자겠지만 일반적으로 겉옷을 덮고 잠을 잤다. 이처럼 겉옷은 그들에게 매우 유용한 필수품이었다.

1) 배금주의(mammonism)를 배격하심

그러나 그중에는 가난한 사람들이 있어서 급한 경우에는 겉옷을 저당 잡혀 돈을 융통해야 하는 경우가 있었다. 겉옷이 상당한 값어치가 있어서가 아니라 그것 말고는 달리 저당 잡힐 물건이 없는 사람은 그렇게라도 해야 했다.

이러한 경우를 아신 하나님은 "네가 만일 이웃의 옷을 저당 잡거든 해가 지기 전에 그에게 돌려보내라 그 몸을 가릴 것이 이뿐이라 이는 그 살의 옷인즉 그가 무엇을 입고 자겠느냐 내게 부르짖으면 내가 들으리니 나는 자비한 자임이니라"(출 22:26-27)고 말씀하신다. 이러한 말씀의 의도는, 돈이 급해서 옷을 저당 잡힌 사람이 있다면 밤에 덮고 잘 수 있도록 해가 지기 전에 옷을 돌려줌으로써, 사람간의 관계에 있어서 돈보다는 사람의 존재 가치를 더 중히 여겨야 함을 말하기 위함이다.

돈을 힘으로 여기며 살아가는 사람들은 사람보다 돈을 더 중히 여기고, 작은 돈을 위해서라도 사람을 얼마든지 업신여기는 일을 서슴지 않는다. 이들은 돈을 하나님보다 더 중히 여기며, 돈 그 자체가 그들에게는 신(神)이다. 그러나 하나님은 돈보다 사람의 생명을 소중히 여기는 분이시다. 이러한 정신은 "가난한 자에게 돈을 꾸이거든 너는 그에게 채주같이 하지 말며 변리를 받지 말 것이며"(출 22:25)라고 한 말씀 속에도 나타나 있다.

한 인간으로 태어나 빚을 지어 그 빚 독촉 때문에 마음이 상하고 정상한 사람의 성정을 발휘하지 못한다면 그처럼 안타까운 일이 없을 것이다. 하나님께서 생명과 인권이 돈에 의해 지배당하지 않도록 하셨고, 의당히 살아가야 할 인생의 길이 돈으로 말미암아 좌절하지 않도록 하였음을 아는 사람이라면 채주같이 돈을 받기 위해 사람을 괴롭히는 일은 없어야 한다.

신명기 24장에는 "그가 가난한 자여든 너는 그의 전집물을 가지고 자지 말고 해 질 때에 그 전집물을 반드시 그에게 돌릴 것이라 그리하면 그가 그 옷을 입고 자며 너를 위하여 축복하리니 그 일이 네 하나님 여호와 앞에서 네 의로움이 되리라"(신 24:12-13)고 말씀하셨고, "과부의 옷을 전집하지 말라"(신 24:17)고 하셨다.

이러한 의도는 사람이 돈을 많이 가지고 있는 것으로 그 존재의 가치가 판단되지 않고, 하나님께서 생존하도록 생명을 주신 그 자체가 존재의 의미를 가지고 있다는 생명 존중의 정신을 부각시키기 위함이다. 사람이 돈을 운영하는 것이지 돈의 지배를 받는 것은 아니다. 그리고 어떤 경우에서도 돈이 사람보다 우선일 수 없다.

2) 인간은 독특한 존재의 의미가 있음

마태복음에서는 예수께서 속옷을 가져가기 위해 송사하는 일을 언급하셨다. 속옷이란 겉옷에 비해 현저하게 차이가 날 정도로 그 가치가 낮다. 그럼에도 불구하고 몇 푼 되지 않는 속옷을 빼앗고자 재판을 청구할 정도가 된다는 것은, 한 푼도 손해 보지 않겠다는 독한 마음이 그 안에 있음을 강하게 시사해 주고 있다.

사람의 가치는 그가 가지고 있는 인격에 따라 달라지며 인격의 가치만은 그 어느 것으로도 대신 할 수 없을 만큼 소중하다. 그러나 욕심이 정도를 벗어날 경우에는 한낱 속옷을 가져가려고 송사할 정도로 옹졸하고 비정한 것이 사람이다. 그러한 상태를 가리켜 예수님은 '악한 자' 혹은 '악'이라고 하신다.

그처럼 악한 자가 속옷을 빼앗기 위해, 다시 말하면 사소한 이익이라도 포기하지 않고 기어이 가져가고자 한다면, 그를 상대로 함께 재판에 참여하여 구차하게 시비를 가리려 하지 말고 겉옷까지도 내어줌으로써 그의 송사에서 벗어나라고 말씀하신다.

이미 인간으로서 갖추고 있어야 할 하나님의 품격을 잃어버리고 자신의 이익을 위해 안면 몰수하는 사람을 상대함으로써 얻을 수 있는 것은 자기의 인격까지 더럽힘을 당하는 일뿐이다. 그런 사람을 상대하여 시비를 가리고자 시간을 허비하는 것은 하나님이 주신 인생의 고유한 가치를 낭비하는 것과 다를 바 없다.

우리의 인생은 하나님 나라의 품성을 발휘하기 위해 이땅에 존재한다. 거기에 존재의 가치가 있다. 그러한 인생의 사명이 있는데 하찮은 것으로 시간을 낭비한다는 것은 올바른 일이 아니다. 그런 일에 평생을 투자한다 해도 아무런 의미가 없는 것이다. 그렇다고 모든 일에 그처럼 양보하라는 말은 아니다. 우리가 생명을 다해 시시비비를 가려야 할 일에는 등한시하고 하찮은 이권을 위해 그처럼 재판까지 해가며 다투지 말라는 의미에서 그렇게 말씀한 것이다.

3) 자기 삶의 당위성이 확인되었어야 함

이것은 마치 "하루살이는 걸러내고 약대는 삼키는도다"(마 24:24)는 말씀과 같이, 아주 작은 일에는 그처럼 시시비비를 가리면서도 정작 하나님의 일에는 등한시하는 사람이 없도록 하기 위함이다. 우리가 정말 싸워야 할 일은 그처럼 육체의 이익을 얻기 위함이 아니다. "우리의 씨름은 혈과 육에 대한 것이 아니요 정사와 권세와 이 어두움의 세상 주관자들과 하늘에 있는 악의 영들에 대함이라"(엡 5:12)는 바울 사도의 권고와 같이, 육의 이익을 위해 살지 않아야 한다.

씨름한다는 것은 서로 맞붙잡고 싸우는 것이다. 싸우되 적어도 우리는 하나님 나라의 일을 위해 싸우는 군사들이다. 내 자신의 사소한 이익을 위해 살지 않는다 한다면, 그리고 내 인생의 존재 의미에 대해 명확하게 확인되어 있다면, 속옷을 위해 송사하는 자에게 겉옷까지 기꺼이 벗어 줄 수 있는 마음의 여유가 있다.

그것은 내가 하나님 앞에서 마땅히 해야 할 일이 있음을 알기 때문이다. 내 존재의 의의를 하나님 앞에서 확인하고 있다면, 그처럼 육적이고 저급한 일에 나의 인생을 낭비하지 않아야 한다. 자신의 삶에 대하여 충실하지 않고, 인생을 낭비하거나 사소한 일에 생명을 허비한다면, 하나님께서 인생을 내신 목적을 수행하지 못하고 마는 것이다.

내가 마땅히 살아야 할 내 삶의 당위성이 확인되어야만 그 생을 바탕으로 하나님의 나라가 현저하게 세워져 나간다는 사실을 명심해야 한다. 내 존재의 의미나 가치도 확인되지 않았다면 결코 하나님 나라를 세워 나갈 수 없다.

3. 오 리를 가자고 하는 자와 십 리를 동행하는 문제에 대하여

배금주의자와 상종하지 말 것을 말씀한 예수님은, 더 나아가 인간 세상에서 조직적인 권력을 행사하는 자들과 상대함으로써 고귀한 인생을 낭비하지 말 것을 제시하신다.

"또 누구든지 너로 억지로 오 리를 가게 하거든 그 사람과 십 리를 동행하고"라는 말씀은 매우 이상하게 들릴 소지가 있다. 그런데 당시 유대인들은 로마의 식민(植民)으로 있어서 그러한 부역을 자주 당하고 있었다. 로마인들은 유대인들을 언제든지 부역시킬 수 있는 권한을 가지고 있었다.

아무리 유대인이 개인적으로 바쁜 일이 있고 중요한 일이 있다 하더라도, 로마 군인이 부역을 명하면 하던 일도 중단하고 그 일을 해야 했다. 이것이 식민지 백성이 당하는 고통이다. 당시에는 우편 제도가 주로 도보를 이용하게 되어 있어서, 로마 군인이 유대인에게 짐을 지고 5리를 가도록 명하면, 꼼짝없이 그렇게 해야 했다.

1) 권력 지향주의를 배격함

이런 행위는 로마 사람들의 편의를 위해서는 매우 잘된 일인지는 몰라도 유대인들에게는 죽기보다 싫은 일이다. 사람은 누구나 자기 나름대로 해야 할 일이 있고, 나름대로 인생의 계획을 가지고 살아가게 되어 있다. 그러한 사정을 모두 무시해 버리고 오직 로마 사람의 편의를 위해, 비록 식민지의 사람일지라도, 자기들의 유익을 위한 희생물이나 소모품으로 여긴다는 것은 결코 정당한 일이 될 수 없다.

이런 행위는 조직적인 군사력이나 정치적인 힘을 이용하여 사람의 가치를 말살하는 비인간적이고 야만적인 행위가 아닐 수 없다. 그러나 유대인들은 저들이 시키는 대로 하지 않으면 안 되었다. 이처럼 물리적인 힘을 숭상하여 힘의 철학의 지배를 받는 곳이 세상이다. 세상의 정치가들은 정치적인 힘과 군사적인 힘을 통해 전 세계를 지배하려고 하는데, 여기에서 힘의 철학이 그 사상적 바탕을 이루고 있다.

이런 사상이 고대 헬라문화에서 꽃을 피웠다. 특히 근대 올림픽의 전신이라고 할 수 있는 고대 올림피아드에 그러한 경향이 강하게 나타나 있다. 헬라 도시국가들을 단합시키고 하나의 위대한 힘을 결성하여 당대에 최고의 군사력과 정치력을 유지하기 위해 발생한 것이 바로 이 고대 올림피아드였다.

여기에서 헬레니즘이 발생하게 되는데, 이 헬레니즘에서 궁극적으로 추구하는 것은 바로 힘이었다. 힘이야말로 그들에게 있어서 지고선(至高善)이었다. 그 힘을 상징하는 것은 올림피아드에서의 남성들의 근육이었다. 잘 발달된 남성들의 신체를 통해서 그들은 최고의 힘의 전율을 만끽할 수 있었다. 반면에 힘이 없고 철학과 예술이 없다는 것은 그들에게 악이었다.

무식하고 무력하고 추한 것은 그들 세계에서 악으로 취급될 수밖에 없었다. 그래서 헬레니즘에서는 지식과 힘과 미를 추구하는 것이 인생답게 사는 길이라고 여긴다. 그리고 그러한 것들을 많이 소유하는 것이 참이고 그렇지 못하면 악이라고 단정한다. 이러한 사상이 지금까지 내려와 이 세대 사람들도 지식과 힘과 미를 소유하기 위해 분주히 사는 것을 볼 수 있다.

2) 위장된 로마의 평화

이러한 경향이 로마에 접목되어서 나타난 새로운 경향이 힘을 바탕으로 세계를 지배하는 것이었다. 그래서 로마는 힘으로 전 세계를 지배하고 통일시켜 인류를 개화시키고 문화를 세우고자 했다. 그래서 그들이 점령하는 곳마다 경기장을 만들고 힘을 숭배한 것이다.

이 힘을 바탕으로 로마는 '로마의 평화'(Pax Romana)를 이룰 수 있었다. 그 힘의 지배를 받는 민족들의 피를 빨았으며 그로 인해 로마는 사치와 향락을 누릴 수 있었다. 이것이 바로 악의 실체이다. 피점령지의 사람들이야 인간으로서 얼마나 값어치가 있는지 그들에게는 아무런 상관이 없다. 오직 자기들만이 누릴 수 있는 최고의 선을 위해서라면 수천, 수만 명의 사람들이 인간답게 사는 것을 포기하고 처참하게 살아가도 아무런 문제가 되지 않았다. 이처럼 권력 지상주의는 또 하나의 악의 실체이다.

겉으로는 평화가 있고 문화가 있고 아름다운 예술이 있는 것처럼 보일지 모르지만, 그 내면을 보면 숱한 인권을 유린하고 자기들의 정권을 유지하기 위해 힘으로 지배하는 비인간적인 모습을 얼마든지 볼 수 있다. 사람의 인권을 존중하여 그 사람의 가치를 함양하고, 각자의 자유스러운 인성을 발휘함으로써 서로 평화를 유지하는 것이 인생임에도 불구하고, 헬레니즘을 바탕으로 발달된 로마의 정치는 힘으로 지배하는 하나의 군사정권에 지나지 않을 뿐이다.

따라서 그들이 추구하는 '로마의 평화'(Pax Romana)란 위장된 평화일 뿐이다. 언제든지 그 안에서 로마의 체제를 거부하고 깨뜨리고자 하는 봉기가 일어날 수 있는 매우 불안한 정치 형태이다. 그들은 그처럼 불안정하기 때문에 자기들의 정권을 유지하기 위해 더욱 강력한 힘을 추구해야 했고, 무차별한 그들의 폭정은 또다시 사람들의 인권을 유린하는 잔인한 칼날이 되는 악순환이 거듭되고 있었다.

이러한 악의 실체에 대해 우리가 더 잘 조직된 힘으로 그 악에 대처하는 것이 과연 현명한가에 대하여, 예수님은 "또 누구든지 너로 억지로 오 리를 가게 하거든 그 사람과 십 리를 동행하라"고 말씀한 것이다.

사람들은 자기의 이상을 꿈꾸며 실현하기 위해 거대한 힘의 조직을 앞세운다. 자기 혼자의 힘으로는 불가능한 일도 조직을 통해서 추구해 나가면 훨씬 쉽게 해결할 수 있기 때문이다. 결국 자기의 이익을 얻기 위해서 사람들은 어느 조직체에 가입할 것인가에 당연한 관심을 두기 마련이고 더 힘있는 조직체에 가담하는 것이 지혜로운 일처럼 여기기 쉬운 것이다.

그렇다면 '하나님의 일도 그와 같은 방법으로 성취해 나갈 수 있는가?'를 생각해 보아야 한다. 인간 존재의 당위성을 배제하고서라도 선한 목적을 위한다는 명목 하에 인간성을 말살하며 하나님 나라를 추구한다는 것은 있을 수 없는 일이다.

하나님 나라에서는 인간 각 사람의 가치를 존중해야 한다. 사람의 인품을 정상적으로 드러내기 위해 하나님의 나라가 세워져야 한다. 이것이 하나님의 뜻이다. 그럼에도 불구하고 사람들을 얽어매어 놓고 그곳이 하나님의 나라라고 한다는 것은 하나님의 뜻을 대적하는 반신국적인 행위가 아닐 수 없다.

우리는 힘의 조직을 가지고 싸우는 사람들이 아니다. 억지로 오 리를 가자고 하는 사람과 십 리를 동행하라고 말씀하는 것이 바로 그러한 가르침이다.

제11장

악한 자를 대적치 말라 (3)

　'눈은 눈으로, 이는 이로 갚으라'는 말에 대해 일반적으로 생각하기를, 사람들이 그 법을 문자 그대로 정의롭게 행사할 수 있으리라고 여긴다는 점에서 커다란 문제가 발생한다. 하나님께서 이 법을 제정할 때에는, 사람들이 그 법의 정신을 알고, 사사로이 자기 나름대로 법을 행사하지 말고 재판관에게 의뢰하여 객관적인 판결을 통해 자기의 억울함을 호소해야 할 것을 가르치신 것이다.

　자기가 피해를 당했다고 해서 개인적인 감정으로 그 피해를 보상받으려 할 때에는 누구나 감정에 치우치기 마련이다. 그럴 때일수록 자기의 감정을 객관화시켜 법에 호소함으로써 정당한 보상을 받도록 법질서를 지키고, 사람이 함부로 사람을 대상으로 판결을 내리지 못하게 함으로써 법의 정신을 존중해야 한다.

1. 원수를 갚는 문제에 대하여

　법은 하나님으로부터 나오는 신적 기원을 가지고 있다. 따라서 법을 정당하게 행사하는 분은 오직 하나님 한 분뿐이심을 우리는 항상 명심해야 한다.

"사람이 서로 싸우다가 아이 밴 여인을 다쳐 낙태케 하였으나 다른 해가 없으면 그 남편의 청구대로 반드시 벌금을 내되 재판장의 판결을 쫓아낼 것이라 그러나 다른 해가 있으면 갚되 생명은 생명으로, 눈은 눈으로, 이는 이로, 손은 손으로, 발은 발로, 데운 것은 데움으로, 상하게 한 것은 상함으로, 때린 것은 때림으로 갚을지니라"(출 21:22-25)는 말씀은 바로 이러한 법의 정신이 무엇인가를 말해주고 있다.

어떤 형태의 악에 대해 사람이 판단하여 처벌할 것이 아니라, 하나님께서 제정해 주신 법의 정신에 따라 재판장의 판결을 좇아 피해를 보상받도록 하는 것이야말로 사람의 생명에 대한 존엄성을 인정하는 것이라 할 수 있다.

이러한 법 정신을 무시하고 사람들이 개인적인 사적인 감정에 치우쳐 원수를 갚겠다고 나선다면, 세상은 최소한의 정의마저도 무너지고 말 것이다. 특히 '눈은 눈으로, 이는 이로 갚으라'는 말씀을 가지고 자기 판단의 정당성에 대한 근거로 삼으려 하는 일이야 말로 더욱 그러하다.

사회 정의를 세우고 법 정신을 세우기 위해 제정해 주신 하나님의 규범이, 오히려 사회 질서를 파괴하고 사람의 생명에 대한 존엄성을 무시하는 도구로 전락한다면, 더 이상 그 사회는 하나님의 은혜로우신 통치를 드러낼 수 없을 것이다.

따라서 예수님은 이 법 정신을 회복하고 하나님의 거룩한 경륜(οικονομια)을 가르침으로써, 이땅에 현저하게 드러낼 하나님의 나라를 세우기 위해 사람들이 오해하고 있는 이 말씀의 정신을 해석해 주신 것이다.

1) 악의 실체

예수님은 하나님의 나라를 세워나가는 방편으로 '악한 자를 대적치 말라'고 가르치신다. 그리고 좀 더 구체적으로 '그 악한 자', 혹은 '그 악'(the evil)의 정체에 대해 말씀해 주신다.

"누구든지 네 오른편 뺨을 치거든 왼편도 돌려 대며 또 너를 송사하여 속옷을 가지고자 하는 자에게 겉옷까지도 가지게 하며 또 누구든지 너로 억지로 오 리를 가게 하거든 그 사람과 십 리를 동행하고 네게 구하는 자에게 주며 네게 꾸고자 하는 자에게 거절하지 말라"(마 5:39하-42)는 말씀 속에서, 몇 가지의 악의 정체를 볼 수 있다.

오른 뺨을 치는 자, 속옷을 가지고자 송사하는 자 그리고 억지로 오리를 가자고 하는 자들이 바로 그들이다. 그렇다고 그들이 법을 무시하고 무조건 해를 입히려는 것은 아님을 알 수 있다.

여기 등장하는 악의 주체들은 한결같이 법적인 우위를 가지고 있다는 점을 우리는 주의해 보아야 한다. '오른 뺨을 치는 자'란 자기의 사적인 감정을 막무가내로 표출하는 사람은 아니다.

누군가의 뺨을 때린다는 행위가 그 바탕에는 힘으로 자기의 정당성을 표하려는 의도에서 발생한다 하더라도, 이미 그 힘을 행사할 수 있는 사람은 상대적으로 법적인 권위를 가지고 있는 사람이다. 뺨을 때리는 행위는 사람들 사이에 서로 감정이 격하여져서 폭력을 구사하는 것이 아니라 훨씬 냉정한 가운데 나타나는 감정의 표현이다.

일반적으로 상급자가 하급자에게 권위의 도전을 받을 경우, 하급자를 능멸하고 무시하기 위한 빠른 형의 집행이 뺨을 때리는 행위이다. 그리고 뺨을 맞은 사람은 그 수치심으로 마음에 심한 고통을 당하기 마련이다. 그러나 아무리 법적인 권위를 가지고 있어서 법의 보호를 받는다 할지라도, 정당한 사람에 대해 폭력으로 침묵케 하려는 행위는 악일 수밖에 없다.

'속옷을 가지고자 송사하는 자' 역시 법적인 절차를 밟은 사람이다. 그 사람의 마음이 아주 작은 것이라도 손해를 안 보려는 옹졸함에서 송사를 했다하더라도, 자기 나름대로 정당한 근거가 있어서 소송을 한 것이다.

아무런 근거도 없는데 힘없는 사람을 약탈하기 위해 소송한 것은 아니다. 단지 그 마음에 하나님의 자비나 긍휼을 행사할 수 있는 양심이 마비되어서, 사소한의 이권이나마 포기하지 않으려는 독한 마음이 있어 그러는 것이지 법의 질서까지 무시하고 사회 정의를 짓밟는 것은 아니다. 법의 정신에는 양심의 정당한 발휘가 그 기본임에도 불구하고 이 사람은 양심보다는 돈에 대한 욕심이 더 많은 사람이기 때문에 악한 자라고 하는 것이다.

'억지로 오 리를 가자고 하는 자' 역시 법적인 권위를 행사할 수 있는 사람이다. 로마라는 강대한 조직력을 바탕으로 피지배민들을 압제하고, 자기들의 편의를 위해 제도를 만들어 언제든지 부역을 시킬 수 있도록 되어있는 법을 행사하는것이다. 따라서 이 권위를 행사하는 자에게는 하등의 문제가 없다.

누구나 자기에게 어떤 권리가 보장되어 있다면 그 권리를 행사하려 할 것이다. 그러나 이 법은 이미 불공평하다. 로마의 군사력을 등에 없고 피정복민들을 마치 자기들의 소모품으로 이용하고자 하는 악한 사상이 그 안에 담겨 있기 때문이다.

2) 악은 힘을 바탕으로 행사됨

이상을 보면 악을 행사할 수 있는 사람은 힘을 소유한 사람인 반면,

그 상대들은 아무런 힘도 없는 무력한 사람들로 나타난다. 뺨을 맞는 사람은 사회적인 권력이 없고, 송사를 당한 사람은 경제력이 없고, 오리를 가자고 강요당한 사람은 정권을 유지할 수 있는 군사력이 없다.

이처럼 힘없는 사람들은 아무리 양심이 바르고 법의 정신을 지키려 해도 이미 힘 있는 자들의 횡포에 직, 간접적으로 억압을 당할 수밖에 없다. 그리고 무엇보다도 이 힘은 물리적인 실체를 가지고 있어서 함부로 대항할 수도 없기 때문에 그 피해는 훨씬 심각하다.

서로 동등한 입장에서 경기를 하듯이 누가 신체를 더 잘 단련하고 정신력을 향상시켰는가의 싸움이라 한다면 이러한 문제가 발생하지는 않을 것이다. 이런 경우에는 정당한 승자가 있고 패자가 가려지기 때문이다. 그리고 그 안에서는 영원한 승자나 패자가 없기 때문에, 서로 힘을 다듬고 노력하여 언제든지 패배를 설욕할 수 있는 기회가 있다는 점에서 훨씬 공정하다. 그러나 이처럼 좋은 조건에서도 힘에 대한 욕구 때문에 사람을 무시하고 망치게 하는 경우가 허다하다.

이런 점에서 힘으로 사람을 상대하고 성취감을 얻으려 하는 행위는 항시 조심하지 않으면 안 된다. 인본주의 발상지인 헬라문화가 바로 힘을 숭배하는 문화라는 점에서 더욱 주의해야 한다.

3) 현대인의 종교

특히 우리가 조심할 것은 힘을 행사하는 행위는 악을 비호하는 경향이 강하다는 점이다. 힘을 바탕으로 자기의 의사를 표시하려는 인간의 심성이 바로 그것을 증명한다. 인간이 타락한 이후, 자기의 정당성을 주장하기 위해 동생 아벨을 때려 죽게 한 비겁한 가인의 힘의 우월주의가 바로 이것이다. 이 힘의 우월주의는 사람들 마음속에서 그 형태만 달리 했을 뿐, 여전히 세상을 지배해 오고 있다.

그 결과 인간 사회에서는 힘이 곧 종교이며 정의가 되어버렸다. 현대 사회에서 이 힘은 매우 조직적으로 나타난다. 특히 사람들의 경제 활동을 좌우하는 돈에 대한 이러한 경향은 돈을 숭배하는 것 이상이다. 이 배금주의(mammonism)는 가히 현대 사회의 우상이라고 할 수 있다.

더 나아가 돈의 힘은 사회 조직력인 정치력과 긴밀하게 유착하여, 사람들을 지배하고 있다. 따라서 금권과 정권은 현대 사회를 지배하는 신으로서 모든 사람들의 정신세계까지 지배력을 확대하고 있다. 이것이 이 세상의 현실이다.

예수님도 이 점을 분명하게 지적하신다. 여기 제시된 "누구든지 네 오른편 뺨을 치거든 왼편도 돌려 대며 또 너를 송사하여 속옷을 가지고자 하는 자에게 겉옷까지도 가지게 하며 또 누구든지 너로 억지로 오 리를 가게 하거든 그 사람과 십 리를 동행하고 네게 구하는 자에게 주며 네게 꾸고자 하는 자에게 거절하지 말라"(마 5:39하-42)는 말씀 속에는, 힘의 우월주의와 배금주의와 정권 제일주의로 나타나는 악의 실체를 적나라하게 제시하고 있음을 볼 수 있다.

4) 바울의 가르침

힘의 철학이 세상을 지배하는 현실에 대해 바울은 우리에게 하나의 지혜를 가르쳐 주고 있다. "내 사랑하는 자들아 너희가 친히 원수를 갚지 말고 진노하심에 맡기라 기록되었으되 원수 갚는 것이 내게 있으니 내가 갚으리라고 주께서 말씀하시니라"(롬 12:19)는 바울의 가르침이 그것이다.

이 말씀은 원수를 갚지 말라는 말이 아니다. '친히 원수를 갚지 말라'고 하였다해서 악을 회피하고 도망가라는 뜻은 아니다. 다만 원수를 갚는 방법에 대해 우리가 나설 것이 아니라 하나님께 의뢰하라는 것이다.

우리가 악을 대적하는 방법은 크게 세 가지로 나누어 볼 수 있다.

첫째 방법은, 악의 세력에 대하여 월등한 힘으로 타파해 버림으로써 정복하는 방법이다. 그러나 여기 등장하는 악의 실체는 사소한 개인간의 세력 다툼이 아니다. 훨씬 조직적이고 우리의 힘으로는 도저히 감당할 수 없는 실세를 가지고 있음을 알아야 한다. 힘으로써 응징한다는 것이 하나님 나라를 세우는 일이 아닐 뿐만 아니라, 이미 악의 실체는 우리의 힘으로는 대항할 수 없기 때문에 이 방법은 불가능하다.

둘째 방법은, 악의 세력과 타협하거나 회피하는 것이다. 악과 관련해 서로 화평하고 적당한 선에서 서로의 이권을 인정하는 방법이 가장 쉬워 보일 수 있다. 그리고 그것이 안 되면 악의 세력에 대해 회피하여 도망가는 것이다. 그러면 서로 대적할 일이 없어질 것이므로 마음이 편해질 지도 모른다.

그러나 이 방법은 전투적인 교회의 특성을 흐리게 하는 일이기 때문에, 이 세상에 하나님 나라를 드러내야 할 우리가 추구할 길은 아니다. 그렇다면 잘 조직된 악의 세력에 대해 대항할 능력도 없고, 그 악과 타협하거나 회피한다는 것은 교회의 성격상 용납할 수 없다면, 과연 우리는 어떻게 해야 할 것인가에 대해 분명하게 정립하지 않으면 안 될 것이다.

셋째 방법은, 바울의 가르침에 따라 하나님께 맡기는 것이다. 원수를 갚지 말라는 것이 아니라, 원수 갚는 일을 하나님께 의뢰함으로써 하나님의 공의로우심을 드러내라고 권한다. 하나님은 악을 내버려두지 않는 분이시다. 그리고 우리가 악을 상대하는 것보다 훨씬 능력 있고 효과 있게 악을 징벌하는 분이시다. 그래서 우리는 하나님께서 악을 갚아 주실 것을 의뢰한다.

또한 우리에게는 나름대로 마땅히 해야 할 일이 있다. "네 원수가 주리거든 먹이고 목마르거든 마시우라 그리함으로 네가 숯불을 그 머리에 쌓아 놓으리라 악에게 지지 말고 선으로 악을 이기라"(롬 12:20-21)는 바울의 말은, 예수께서 "누구든지 네 오른편 뺨을 치거든 왼편도 돌려 대며 또 너를 송사하여 속옷을 가지고자 하는 자에게 겉옷까지도 가지 게 하며 또 누구든지 너로 억지로 오 리를 가게 하거든 그 사람과 십 리 를 동행하고 네게 구하는 자에게 주며 네게 꾸고자 하는 자에게 거절하 지 말라"고 한 말씀과 그 뜻을 같이 하고 있음을 알 수 있다.

2. 악한 자를 대적치 말라

우리에게는 새로운 인생의 경영이 있다. 곧 하나님의 나라를 이땅에 현저하게 증시하는 일이다. 이 일은 하나님의 우주적인 경영과 일치해 야 하기 때문에 무엇보다도 하나님의 뜻을 바로 알고 있어야 한다. 다 시 말하면 하나님의 경영 안에 인생의 존재 의미와 가치가 있기 때문 에 우리는 악에 대해 그리스도의 가르침에 따라 새로운 자세를 갖는 것이다.

1) 하나님의 백성으로서의 자세를 갖추어야 함

우리가 악에 대해 일일이 시비를 가리려 한다면 평생 동안 그 일에 매달린다고 해도 다 하지 못한다. 더구나 그 악의 실체는 이미 싸움의 대상이 아니다. 우리의 힘이나 지혜로는 도무지 상대가 되지 않을 정도 로 거대한 실체를 가지고 있기 때문이다.

우리가 마땅히 해야 할 인생의 본분은 따로 있다. 곧 하나님의 나라 를 현저하게 드러내는 일이다. 바로 이 나라는 하나님의 은혜로 세워 지는 나라로서, 은혜의 나라(regnum gratiae)이다. 우리는 이 은혜의 나라의 백성이며 새로운 통치 세계에서 사는 사람들임을 잊어서는 안 된다.

따라서 우리는 이 은혜의 나라에 속한 백성으로서의 자질을 갖추기 위해 우리 인생의 길을 가는 사람들이다. 이러한 본분이 있음에도 불구하고 우리의 인생을 낭비할 수 있는 요소는 얼마든지 있기 마련이다. 그중에 하나가 악한 자를 대적하는 일이다. 언뜻 생각하면 악한 자를 대적하는 일이 공의를 실현하는 것이고, 그것이 하나님의 나라를 드러내는 일처럼 보일지 모른다. 그러나 그러한 방법으로는 하나님의 나라를 드러내기보다는 오히려 방해하기가 더 쉽다.

왜냐하면 하나님의 나라를 인간들의 사리사욕을 대변하는 인간적인 일로 전락시킬 수 있기 때문이다. 하나님의 일을 한다고 하면서 세상 사람들과 싸우는 것은, 우리의 관심이 세상 사람들의 관심과 크게 다를 바 없음을 대변할 뿐이다. 세상 사람들은 자기들의 관심 밖의 일에 대해서는 그다지 신경도 쓰지 않고 대적하지도 않는다. 자기들의 관심사에 어떤 관련이 있을 때 적극적으로 나서서 자기들의 힘과 지혜로 대항하는 것이다.

세상 사람들이 관심이 있는 것은 생명에 대한 문제이다. 겉으로는 평안한 것처럼 보일지 모르나, 그 내심에는 죽음에 대한 두려움과 영생에 대한 욕구가 강하게 숨겨 있다. 그러한 욕구를 충족하지 못한 사람들이기 때문에 이 세상에서 어떻게든지 무엇으로라도 그 욕구를 대신 충족시키려는 심정에서 힘이나 돈이나 권력을 추구한다. 그들에게 생명에 대한 해답이 있고 인생의 궁극적인 목적이 있다면, 그러한 즉물적인 사고방식으로 살려고 하지 않을 것이다.

생명에 대한 확고한 해답이 없기 때문에 물질로서 보상하고자 하는 보상 심리의 콤플렉스가 사람들에게 강하게 작용한다. 그래서 그들의 자존심을 힘의 실체로 대변해 보이고자 하여 서로 힘을 과시하고 힘을 숭배하고 힘으로써 세상을 지배하려 한다. 결국 그들은 힘의 노예가 되어 있을 뿐이다.

2) 우리의 본분을 추구해야 함

반면에 우리는 생명을 추구하고 소유한 사람들이다. 따라서 우리에게서 생명의 냄새가 풍겨 나오게 되면 세상 사람들은 무엇보다도 싫어하고 대적해 오는 것이다. 자기들이 가지고 있는 힘의 실체로는 도저히 생명을 추구할 수 없기 때문에 질투심이 폭발하여 대적해 오기 마련이다.

우리가 그들과 꼭 같은 즉물적인 이권을 위해 싸운다면 그들과 달리 싸움이 되지 않는다. 그건 그 나름대로 질서가 있고 서로 편리한 방법이 있어서 먹고 사는 문제를 가지고서는 별달리 싸움이 발생하지 않는다. 그리고 그러한 싸움을 가지고서는 그들에게 핍박을 받는다든지 고난을 당한다고 말할 수도 없다.

그러나 생명에 대한 문제만은 절대로 양보할 수 없는 문제이다. 우리가 생명의 실체를 더 확고하게 드러내면 드러낼수록 세상 사람들은 더 질투심을 느끼게 될 것이며 수단과 방법을 가리지 않고 대적해 올 것이다. 그 싸움이 표면화 된 것이 예수께서 말씀한 오른 뺨을 맞는 일이고, 속옷 때문에 송사를 당하는 일이고, 억지로 오 리를 가야하는 억울함을 당하는 일이다. 이러한 경우 우리는 어떻게 해야 하는가에 대한 해답을 예수께서 말씀해 주는 것이다.

우리가 하나님의 나라를 세워나갈 때, 우리 인생의 본분을 좇아 살아갈 때, 우리를 시기하고 미워하는 자들이 자기들의 권위를 내세워 오른 뺨을 때리며 방해를 하거나 혹은 다른 형태의 폭력을 가해 온다면 우리는 어떻게 해야 하는가에 대한 문제가 발생한다.

그 문제에 대해 예수님은 '그 악한 자에 대하여 대적하지 말고, 누구든지 네 오른편 뺨을 치거든 왼편도 돌려 대어라'고 말씀하신다. 즉,

오른 뺨을 때리거든 그에 대해 시시비비를 가리기 위하여 인생을 낭비하지 말고 우리는 당연히 우리의 갈 길을 가야 한다는 의미이다. 우리가 마땅히 하나님의 일을 위해 살아간다면 그들이 또다시 박해를 가해 온다 해도 우리의 길을 포기해서는 안 된다는 말씀이다. 그것이 하나님의 나라를 이 세상에 드러내는 일이다.

우리에게는 아무도 이겨낼 수 없는 힘이 있다. 하나님에 대한 사랑과 신앙이 그것이다. 그래서 왼편 뺨을 돌려 대고서라도 묵묵히 우리의 갈 길을 가는 것이다. 그리고 그 악에 대해서는 하나님께서 정당한 방법으로 심판할 것을 믿는 것이다. 그래서 속옷을 가져가기 위해 송사하는 자가 있다면 겉옷까지도 벗어줄 수 있다.

속옷을 가져가기 위해 송사할 정도면 단순히 돈 몇 푼을 얻기 위함이 아님을 알 수 있다. 그 안에는 어떻게든지 우리에게 손해를 끼치려고 하는 악한 감정이 숨어 있다. 그러한 경우 그처럼 사소한 이권을 위해 우리의 인생을 낭비하는 것보다는 우리가 마땅히 가야 할 인생의 대도를 포기하지 않기 위해 양보를 할 뿐이다. 힘이 없고 정당함이 없어서가 아니다. 인생이 가야 할 본분의 우선순위 때문에 양보하는 것이다.

혹 조직적인 정치력이나 군사력으로 박해를 가해올 때도 마찬가지이다. 그들에 대해 우리의 정당함을 일일이 변명한다는 것은 시간 낭비이다. 마치 먼 길을 가야 할 사람이 지나는 곳마다 일어나는 일들을 일일이 간섭하고 해결해야겠다고 한다면 언제 자기의 갈 길을 다 갈지 알수 없을 것이다. 세상에서도 상대가 되지 않으면 그냥 지나쳐 가는 지혜가 있다. 마찬가지로 우리는 가야 할 길이 있음을 명심하지 않으면 안 된다.

우리에게는 세상 사람들보다 더 큰 이념이 있다. '하늘에 계신 우리 아버지의 아들이 되는 것'(마 5:45)이다. 그래서 우리는 원수도 사랑할 수 있다. 우리 인생의 궁극적인 완성은 "하늘에 계신 너희 아버지의 온전하심과 같이 너희도 온전하라"(마 5:48)한 그리스도의 말씀에 있음을 다시 한번 명심해야 한다. 이때 '온전하다'는 말씀은 최종적인 상태를 가리키는데, 이것은 우리 인생이 궁극적으로 완전을 향해 나아간다는 사실을 함의하고 있다.

제12장

원수를 사랑하라 (1)

1. 하나님 나라의 강령

예수께서는 하나님의 나라가 어떻게 이땅에 현시되는가에 대해 강론하시면서, 무엇보다도 하나님 나라는 가시적인 영토나 정치력 또는 군사력으로 나타나지 않고, 그 나라를 구성하는 백성들의 성품을 통해 세상에 증거된다는 점을 강조하셨다. 특히 마태복음 5장 2-12절에서 하나님 나라의 강령을 통해, 그 백성 된 자의 성품을 일곱 가지의 특성으로 말씀하셨는데, 그것은 다음과 같다.

1) 그리스도께서 가르치신 내용

먼저 내적인 품성으로서 하나님의 나라는, 심령이 가난하고(자신의 존재가치를 아는 자), 애통하고(세상에 대하여 하나님과 같은 고상한 인품을 가진 자), 온유하고(잘 절제된 삶을 가진 자), 그리고 의에 주리고 목마른 자(자기 삶의 당위성을 확인하고 사는 자)와 같은 마음의 상태에서부터 시작된다고 하셨다.

그러한 마음의 상태가 적극적으로 외형적인 삶의 형태로 드러날 때에는 긍휼히 여기는 자(신적 마음을 소유한 자), 마음이 청결한 자(하나님에 대한 순결을 가진 자) 그리고 화평케 하는 자(평화를 구현하는 자)의 모습으로 나타나게 된다고 하신다.

이러한 삶의 모습을 통해 하나님의 나라가 이땅에 명확하게 제시되어야 할 것을 말씀하고, 이처럼 세상과 구별되는 삶을 살아갈 때에는 의당히 세상으로부터 고난과 핍박을 받게 될 것이라고 말씀하신다. 왜냐하면 그런 삶은 세상이 추구하는 삶의 형태와 전적으로 대립되어 적대적인 위치에 서게 되기 때문이다.

이 삶의 형태는 예수께서 구약의 가르침을 해석해 주심으로써 더 구체적으로 제시된다. 당시 랍비들이나 유대인들은 자기들의 제도와 생활이 구약의 가르침을 근거로 세워나간다고 여기고 있었다. 그러나 하나님의 법을 자기들의 형편에 맞도록 마음대로 고쳐 해석함으로써 진정으로 구약의 가르침이 제시하는 하나님의 나라와는 상관없이 살아가고 있었다. 그러한 오류들을 시정하고자 정상한 천국 백성으로서의 삶의 모습에 대해 예수님은 자세히 언급한다.

2) 하나님의 나라를 드러냄

제6계명을 통해 인간의 생명은 제각기 그 생명을 내신 하나님의 뜻이 있으므로, 그 존재 자체가 의미를 가지고 있음을 강조하신다. 따라서 하나님의 나라를 구현해 내는 유일한 방도로서 생명 그 자체가 고상한 가치를 가지고 있다. 즉 하나님의 나라를 발현할 수 있는 유일한 방편이 생명이라는 점에서 우리는 생명을 신성시해야 한다.

제7계명은 그 생명이 점차 확장되어 한 사회를 이룸으로써, 구체적으로 하나님의 나라를 형성해 나가는 기본적인 제도로서의 혼인제도를 존중할 것을 말씀하신다. 하나의 생명이 하나님의 뜻을 이루어 가는 데 있어서 가정은 매우 독특한 역할을 하며 삶의 원동력이 된다는 점에서 우리의 관심을 환기시킬 필요가 있다.

나아가 하나님의 사상을 가지고 있는 사람들이 어떻게 사회생활을 해야 할 것인가에 대해 언급하신다. 먼저 사회는 상호 신뢰를 바탕으로 세워져 나감으로써 마침내 하나님 나라의 성격을 발휘한다는 점을 강조하신다. 그래서 우리는 옳으면 옳다하고 그르면 그르다는 의사 표시를 언제든지 분명히 해야 한다.

특히 사람들이 생각하는 것처럼, 사회적인 제도가 가지는 구조적인 힘으로써는 하나님의 나라가 세워지지 않음에 대해 구체적으로 말씀하신다. 힘 있는 자가 제도적인 힘을 등에 업고 어떤 형태의 불이익을 요구해 올 때, 우리는 하나님 나라가 가야 할 길을 묵묵히 가기 위해 이권을 포기할 뿐이다. 그렇게 하는 것이 하나님의 성품을 증거하는 또 다른 기회가 되기 때문이다.

우리보다 힘이 약한 자들에 대해서도 마찬가지이다. 힘이 없는 자들이라고 해서 무시하거나 힘을 바탕으로 억지로 굴복시키는 행위는 용납할 수 없다. "네게 구하는 자에게 주며 네게 꾸고자 하는 자에게 거절하지 말라"(마 5:43)는 말씀은 그래서 주의를 요한다.

많은 경우 자기보다 힘이 없다는 이유만으로도 정당한 절차를 무시하고, 대접을 기피하는 경우가 많이 있음을 볼 수 있다. 그러나 하나님 나라의 성품을 가지고 있는 자라면 힘있는 자들에게 대하는 그 마음 자세로 힘없는 자들에게도 꼭 같이 대해야 한다. 그렇게 함으로써 우리의 인생을 통해 이루시고자 한 하나님의 나라가 매우 구체적으로 이 세상에 증거될 것이다.

이처럼 우리가 하나님의 나라를 현시해 나감에 있어서 사람들과의 관계를 어떻게 이루어 나갈 것인가를 예수님은 예를 들어 말씀하고 있다. 그중에서도 흔히 대할 수 있는 일반적인 관계에서의 친구나 이웃이 아니라 특수한 관계인 '원수'에 대해 어떻게 태도를 취해야 할 것인가를 말씀하신다.

원수를 그 예로 드는 것은, 일반적인 경우에 있어서는 별로 문제시하지 않는 것까지도, 극단적으로 미워할 수밖에 없는 원수라는 관계에서는 심각한 문제로 부각되기 때문이다. 원수에 대해 어떤 태도를 가져야 하는가를 안다면, 일반적인 관계에 있는 다른 사람들에 대한 태도가 더욱 분명해질 것이다.

2. '원수'를 사랑함에 대하여

"또 네 이웃을 사랑하고 네 원수를 미워하라 하였다는 것을 너희가 들었으나 나는 너희에게 이르노니 너희 원수를 사랑하며 너희를 핍박하는 자를 위하여 기도하라"(마 5:43-44)는 말씀에서 나타나듯이, 당시 유대인들은 구약의 가르침에 대해, '이웃은 사랑하되 원수는 미워하라'고 해석하고 있었다.

구약에는 "원수를 갚지 말며 동포를 원망하지 말며 이웃 사랑하기를 네 몸과 같이 하라"(레 19:18)고 기록되어 있다. 그러나 랍비들은 이 말씀을 "네 이웃을 사랑하고 네 원수를 미워하라"는 말로 바꾸어 버렸다.

1) '원수를 미워하라'는 사상은 성경의 가르침에 위배됨

"네 원수를 미워하라"는 말이 구약에 없음에도 그들이 이렇게 말하는 데에는 근거가 없는 것은 아니었다. 구약에서 원수에 대해 보복하는 내용을 배제해 버리지 않고 있기 때문에, 원수에 대해 보수(報讐)하고자 하는 심정은 당연히 가질 수 있을 것이다.

"그러하오나 주 여호와여 나를 긍휼히 여기시고 일으키사 나로 저희에게 보복하게 하소서 나의 원수가 승리치 못하므로 주께서 나를 기뻐하는 줄 내가 아나이다"(시 41:10-11)라고 한 것처럼, 구약에서는 원수를 보복할 것에 대해 시사하는 내용을 많이 찾아볼 수 있다. 시편 94편은 원수에 대해 하나님께서 보수해 주실 것을 말하고 있다. 이러한 내용을 근거로 랍비들은 원수를 미워하라고 가르쳤다.

그러나, 그들의 해석은 공평한 차원에서 원수에 대해 보수할 것을 탄원한 성경 기자들의 의도와는 매우 상반된 해석이었다.

성경의 기자들은 악과 선에 대해 공평하게 판단하시는 하나님의 공의를 염두에 두고 있었다. 선을 행하고 공의를 추구하는 것에 대하여는 하나님께서 약속한 복으로 갚아주고, 반면에 악을 행하고 불의를 행하는 자들에게는 의로운 심판으로 보응하는 하나님의 성품에 근거하여, 원수를 보수할 것을 말하고 있다. 이러한 하나님의 공의는 하나님의 나라를 세워나가는 데 있어서 매우 중요한 원칙이기도 하다.

그럼에도 불구하고 랍비들은 그러한 성경 기자들의 의도를 무시하고, 하나님께 대적하는 원수에 대해서는 무시하고 모멸하는 자세를 갖는 것이 옳다고 확대 해석하여 '원수를 미워하라'고 가르쳤다.

2) '원수를 사랑하라'는 말의 진의(眞意)

랍비들이 성경의 의도를 무시하고 '원수를 미워하라'고 해석한 것은 잘못된 일이다. 물론 원수를 사랑하라고 하여 무조건 원수를 사랑한다는 것도 유치한 생각이다. 원수를 사랑하라는 것은 원수가 가지고 있는 성품이나 경향까지 사랑하라는 의미가 아니기 때문이다.

악한 자가 가지고 있는 반신국적이고 공의를 무시하는 행위는 어떤 이유에서라도 용납될 수 없다. 그러한 성격에 대해서는 마땅히 대항해야 한다. 단지 악한 자라고 해도 그가 하나님의 형상을 따라 태어난 사람이라는 점에서 미워하지 말고 사랑하라는 의미이다.

인격(person)이란 사람만이 가지고 있는 것으로서 하나님께서 주신 것이다. 그 사람이 죄에 오염되어 있고 죄책으로 인해 그 심성이 어두워져서 악을 행하는 것은 그의 잘못일지라도, 그 사람을 내신 하나님의 거룩한 뜻을 인간이 함부로 해서는 안 된다. 반신국적인 경향을 나타내는 것은 그의 성품이다. 우리는 그러한 반신국적인 경향이나 삶의 태도를 미워한다. 그리고 그것에 대해 미워하고 대항하는 것은 정당한 태도이다.

3) 유대인들의 '원수'에 대한 태도

유대 랍비들은 악에 대해 하나님의 심판을 탄원하고 공의를 드러내는 일에 열심을 낸다는 것이 지나쳐서 악을 행하는 자들을 원수로 만들고 그들을 미워하도록 가르쳤다. 처음에는 하나님에 대해 악행하는 자들을 미워하기 시작하였다가 점차 자기들의 정치적인 원수들까지도 미워하기 시작한 것이다.

자기들이 하나님의 경륜을 저버리고 거역한 대가로 희랍이나 로마군에 의해 점령당하였음에도 불구하고, 희랍 사람이나 로마 사람들을 하나님을 대적한 원수로 여기고 미움의 감정을 가지고 있었다. 이러한 감정은 이방인에 대한 악한 감정으로 발전되어 이방인은 누구를 막론하고 유대인의 적이고 원수로 여겼다.

이런 치졸한 감정은 유대인들이 가지고 있는 잘못된 메시아 사상과 연결되어 더욱 심하게 발전되었다. 그 결과 이방인들을 적대시하고 나아가 멸시하며 심지어 이방인을 '개'라고 호칭할 정도가 되었다. 하나님의 원수에 대해 공의를 표할 것을 탄원하고자 한 거룩한 의도가 이제는 자기들을 핍박한다는 이유로 이방인들을 멸시하고 모멸하는 저급한 감정으로 전락하고 만 것이다. 이런 감정은 적대감에서 점차 발전하여 원수에 대한 증오심으로까지 발전하게 되었다.

레위기에서는 "원수를 갚지 말며 동포를 원망하지 말며 이웃 사랑하기를 네 몸과 같이 하라"고 하였는데, 이미 원수에 대해 증오심이 가득한 유대인들은 '네 원수를 미워하라'고 이 말씀을 바꾸어 해석하고 말았다. 이러한 잘못된 편견은 원수가 누구인가를 바르게 이해하지 못한 데서 나온 것이다.

3. '원수'는 누구인가?

일반적으로 '원수'라고 할 때에는, 우리가 가야 할 앞길을 방해하는 자 혹은 장애물을 설치하는 자나 대적해 오는 자를 말한다. 더 나아가 고통과 환난을 가지고 오는 자를 원수라고 한다. 좀 더 포괄적인 의미에서는 미워하는 자를 원수라고도 한다.

이런 말을 종합해 보면 우리가 가야 할 길을 적극적으로 방해하거나 대적하여 고통을 가져다주는 자든지, 어떤 형태로든 방해하고 말로나 행동으로 반대하는 자들을 원수라고 할 수 있다.

그렇다고 해서 그와 같은 행위를 하는 사람이 다 원수가 되는 것은 아니다. 사람은 미묘한 감정을 가지고 있어서 어떤 때에는 별 일이 아닌 것도 크게 반발을 느끼기도 하며, 어떤 경우에는 큰 반대 세력에 대하여도 아무렇지 않게 넘어가기도 하기 때문이다. 즉 원수라는 것은 자기가 어떻게 어떤 감정으로 받아들이느냐에 따라 원수가 될 수도 있고 안 될 수도 있다.

　전쟁이 났을 경우에는, 아무런 상관이 없음에도 불구하고 상대편 사람은 무조건 원수가 된다. 그러다가도 전쟁이 끝난 뒤에는 얼마든지 화친하고 가까운 친구로 만날 수도 있다. 따라서 원수라 하는 개념은 자신의 생활환경이나 감정에 따라 얼마든지 변동될 수 있다.

　심지어 자기가 힘이 있으면 적대 세력에 대해 무시해 버리고 원수로 여기지 않는 경우도 있다. 반면에 힘이 없으면, 심각한 원수임에도 불구하고 아첨을 떨거나 비위를 맞추고자 비굴한 행위를 하는 경우도 있다.

　이처럼 자신의 능력 여하에 따라 원수에 대한 개념도 달라진다. 그래서 그런 경우를 가지고 원수로 여기고 미워해야 하는가? 아니면 사랑해야 하는가? 하고 고민한다는 것은 여기 예수님의 가르침과는 아무런 상관이 없는 이야기이다.

1) 정당한 가치관이 정립되어 있어야 함

　우리가 누구를 원수로 삼아야 하는가에 대해 알기 위해서는, 먼저 우리가 가지고 있는 세계관이나 인생관이 무엇인가를 정립해야 한다. 즉 우리의 인생과 세계와의 관계, 그리고 하나님과의 관계가 명확하게 서 있어야 우리 인생이 가야 할 길이 있고, 그 길에 대적하는 적대 세력을 알 수 있는 것이다.

　이런 일에서 우리 인생관이 바르게 정립되어 하나님의 경륜에 입각해 있을 때, 비로소 우리의 원수가 누구인가를 바로 파악하게 된다. 하나님 나라에 대한 정당한 해석과 견해를 가지고 하나님의 거룩한 지혜와 품성을 지니고 있을 때 우리 인생의 목적이 분명해지고, 인생의 목적이 분명해지면 누구나 다 원수가 되는 것이 아님을 알 수 있게 된다. 그러므로 원수 삼는 일은 무엇보다도 자기의 가치관에 따라 상당한 차이가 있음을 알 수 있다.

세상의 관점과 가치관으로 보면, 누구나 자기의 이권을 방해하거나 침해하면 원수로 삼을 것이다. 혹은 자기와 이념이나 사상을 달리하는 경우에도 원수로 여길 것이다. 아니면 저급한 감정의 대립만을 가지고서도 얼마든지 원수로 대적한다. 그럴 경우 일반적인 해결 방법은 힘을 기르는 것이다.

힘을 기르는 방법은 몸을 단련하여 힘을 기르든지, 돈을 많이 벌어 돈의 힘을 빌리든지, 학문을 연마하여 지적인 힘을 빌리는 방법도 있을 것이다. 그러한 힘도 없으면 어떤 술수를 써서라도 상대방을 제압하고자 수단과 방법을 가리지 않을 것이다. 이것이 세상에서 원수를 상대하는 일반적인 방편이다.

2) 원수를 상대하는 자세

그러나 우리의 가치관이 세상적인 것이 아니라 하나님 나라적인 것이라면, 우리는 어떻게 원수를 상대해야 할 것인가를 생각하지 않을 수 없다. 세상과 같이 힘의 철학에 바탕을 두고 힘을 축적하여 적대 세력을 타파한다든지, 원수를 미워하고 증오하고 멸시한다든지, 혹은 적당하게 타협하고 힘없이 굴복해 버림으로써 서로 화평을 누리든지 아니면 어떤 자세로 원수를 대해야 할 것인지를 명확하게 세워두어야 한다.

하나님 나라는 세상과는 다른 방법으로 경영된다. 서로 대립적인 위치에 서 있기 때문이다. 따라서 하나님 나라의 성격을 드러내고 이땅에서 하나님 나라를 세워나가려면, 세상에서 하는 방법으로 원수를 상대해서는 안 된다. 그렇다면 세상과 하나님 나라와는 별 다른 차이점이 없을 것이다. 오히려 하나님 나라에서는 세상의 방법과는 대조적인 자세를 취해야 한다. 바로 그것이 원수를 사랑하라는 것이다.

3) '사랑한다'는 말의 의미

예수께서 "나는 너희에게 이르노니 너희 원수를 사랑하며 너희를 핍박하는 자를 위하여 기도하라"(마 5:44)고 한 말씀 속에서의 사랑은, 아가페(αγαπη) 사랑이다. 이 사랑은 상대방의 이념을 지지한다든지 혹은 즐긴다(enjoy)는 말이 아니다.

상대방과의 사랑의 능력이나 사랑의 작용이 상호 교환될 수 있는 인격체에게 주어지는 것이 사랑이다. 따라서 사랑은 능동적인 사랑의 기능을 행사할 수 있는 인격체를 그 대상으로 한다. 비인격체, 즉 어떤 사상이나 이념이나 기구나 동물이나 식물을 사랑하는 것은 아가페 사랑이 아니다.

따라서 '원수를 사랑한다'는 말은 생명력을 발휘하는 인격적인 존재를 사랑한다는 의미이다. 이 말은 원수가 가지고 있는 반신국적이고 독선적인 죄악을 사랑하라는 뜻이 아니다. 반신국적이고 독선적인 죄악은 사탄이 가지고 있는 것으로, 당연히 미워하고 대적해야 한다. 그래서 우리는 그러한 원수가 나타내는 성품에 대해 멀리하고 불의한 행위에 대해 하나님의 심판을 탄원해야 한다.

그렇지만 인간이 악하고 불의하고 반신국적이라고 해서 그 인간 자체를 증오하고 저주한다는 것은 있을 수 없는 일이다. 그가 행하는 불의와 악은 하나님께서 심판하신다. 그가 행하는 악은 절대로 지지할 수 없다. 그러나 그 사람이 한 인격체라는 점에서는 미워하거나 증오해서는 안 된다는 의미이다.

하나님은 죄를 지독히 미워하시지만 죄 가운데 있는 사람이라 할지라도 미워하지 않고 사랑하신다. 바로 이것이 하나님의 거룩한 품성이다. 따라서 우리가 죄 있는 사람이라고 해서 미워해서는 안 된다. 왜냐하면 하나님은 언젠가 그 죄를 보수하는 분이며 절대로 용납하시거나 잊지 않으시기 때문이다.

이런 차원에서 예수님은 우리에게 "또 네 이웃을 사랑하고 네 원수를 미워하라 하였다는 것을 너희가 들었으나 나는 너희에게 이르노니 너희 원수를 사랑하며 너희를 핍박하는 자를 위하여 기도하라 이같이 한즉 하늘에 계신 너희 아버지의 아들이 되리니 이는 하나님이 그 해를 악인과 선인에게 비취게 하시며 비를 의로운 자와 불의한 자에게 내리우심이니라"(마 5:43-45)고 말씀한다.

이렇게 함으로써 하나님의 거룩한 품성을 가지고 있는 우리가 원수에 대해 거룩한 품격을 상실하지 않도록 하셨다. 심지어 세상적인 차원에서 원수라 할지라도 하나님께서 고루 햇빛과 비를 내리시듯이, 우리가 함부로 사람을 능멸하거나 증오해서는 안 될 것을 교훈하셨다. 이것이 하나님의 아들 된 자들이 이 세상에서 그 나라의 성품을 드러내며 하나님의 나라를 건설해 나가는 하나의 중요한 모습이다.

제13장

원수를 사랑하라 (2)

"또 네 이웃을 사랑하고 네 원수를 미워하라 하였다는 것을 너희가 들었으나 나는 너희에게 이르노니 너희 원수를 사랑하며 너희를 핍박하는 자를 위하여 기도하라 이같이 한즉 하늘에 계신 너희 아버지의 아들이 되리니 이는 하나님이 그 해를 악인과 선인에게 비취게 하시며 비를 의로운 자와 불의한 자에게 내리우심이니라"(마 5:43-45)는 말씀 속에서 '원수를 사랑하라' 는 의미를 알 수 있다.

이 말씀은 하나님의 나라와 공의에 반대하고 대적하는 원수의 성향이나 성격까지도 사랑하라는 말이 아니라, 그 원수 역시 하나님이 내신 인격체이기 때문에 그 인격을 가지고 있는 한 인간으로서 사랑의 대상으로 삼으라는 의미이다.

하나님은 비록 악인이라 할지라도 꼭 같이 해를 비추이시고 비를 내리우심으로써 최소한 생존권은 보장해 주신다. 그러나 하나님의 의가 악인의 악행과 충돌하기 때문에 그에 합당한 보응을 하시기 마련이다. 여기에서 우리는 사랑이 무엇인가를 알게 된다.

1. 하나님의 사랑에 대하여

1) 하나님은 누구에게나 기본권을 보장해 주심

하나님을 대적하는 원수에게도 하나님께서 일반 은총을 베푸시는 것은, 그들의 생존권이 존중되어야 하기 때문이다. 비록 악한 자라 할지라도 하나님께서는 그들을 이 세상에 내신 목적이 있으시다. 따라서 그들이 이 세상에서 생존할 수 있는 기본권을 보장해 주신다. 그들 나름대로 생존의 의미를 가지고 태어났고 그것을 성취해야 하기 때문이다. 하나님께서 생명을 내셨음에도 불구하고 악하다는 이유로 차별한다는 것은 하나님 스스로 공평하지 못한 처사이다.

그래서 악인에게도 선인과 마찬가지로 동등한 생존의 조건을 마련해 주어야 한다. 그렇지 않고 차별한다면, 하나님의 심판에 항변할 수 있는 이유를 만들어 줄 뿐이다. 반면에 동등한 조건을 준다면 아무도 하나님의 의로운 판단에 항변하지 못한다.

그렇다고 하나님께서 악인들에게 모든 삶의 여건을 허락하는 것은 악인들의 도움을 얻고자 한다든지 그들을 비호하거나 인정한다는 의미는 아니다. 단지 그들에게 생명을 주어 세상에 내신 이유가 있고 그것을 성취할 수 있도록 생존권을 보장해 주는 것뿐이다.

2) 하나님의 사랑은 공의를 바탕으로 함

하나님은 악을 심판하는 분이시다. 악인을 인정하고 그들을 아끼시기 때문에 생존권을 보장하는 것이 아니라, 그들도 하나의 생명을 가진 인격체이기 때문에 사랑을 베푸신다. 하지만 하나님은 누구에게나 악에 대해서는 그 대가를 요구하는 분이시다. 심지어 악한 자를 지옥에 던져 벌하는 것뿐만 아니라 사랑하는 백성들을 징계하는 것까지도 하나님의 공의를 표시하기 위함이다.

이처럼 하나님께서 공의를 행사하는 데에서 절정을 이룬 사건이 그의 아들을 십자가에서 죽이신 십자가 사건이다. 세상 죄를 짊어지고 있는 아들 예수는 하나님편에서 볼 때 그 순간만은 심판의 대상이었다. 그러므로 사랑은 공의에 근거해야 '사랑'이라고 말할 수 있다.

이미 공의가 무시된 사랑을 사랑이라고 할 수 없다. 누구에게나 공평한 차원에서 그리고 절대적인 하나님의 의에 근거하여 선악을 구별하심과 마찬가지로, 사랑을 행사할 경우에도 그러해야 한다. 사랑한다고 해서 공의의 형평을 잃어버리는 것은 동정에 지나지 않는다.

동정이나 연민은 사랑이 될 수 없다. 그런 의미에서 사랑은 공의를 포함하고 있어야 한다. 그래서 하나님의 백성으로 부름 받은 이스라엘이 하나님의 공의에 저촉될 때에는 하나님께서는 그 대가를 치르게 하셨다. 그것은 하나님의 사랑 때문이다. 그들을 사랑하시기 때문에 그들이 정당한 길을 벗어날 때마다 바른 길로 가도록 고통을 주신 것이다. 이처럼 공의의 차원에서 행사되는 사랑을 아가페(αγαπη)라고 한다.

3) 하나님의 사랑은 상호 관계적인 사랑(φιλεω)을 요구하심

또 하나 중요한 것은 하나님의 사랑은 그 대상에 따라 공평하게 행사된다는 점이다. 하나님께서 예수님에게 요구하는 사랑은 우리에게 요구하는 사랑과는 그 성질과 정도 면에서 차이를 가지고 있다. 두 분의 사랑은 한 순간도 빠뜨림 없이 절대적이고 완벽한 사랑을 나누는 사랑이다. 이 사랑은 영원 전부터 시작하여 영원까지 결코 변함없는 영원한 사랑이다. 그리고 이 사랑은 너무도 순일해서 조금도 거짓이나 결핍을 용납하지 않는 절대적인 사랑이다.

나아가 사랑은 상호 교통을 필연적으로 요구하고 있기 때문에, 서로에 대해 절대적으로 사랑의 행사를 요구할 뿐만 아니라 반응함으로써 오히려 일체를 이루기까지 두 분이 온전한 연합을 이루어 사랑을 완성하신다. 여기에서 우리는 상호 관계적인 사랑을 발견할 수 있다. 이 사랑을 필레오(φιλεω)라고 한다.

하나님은 우리에게도 비록 정도는 다르다 할지라도 그와 같은 사랑을 요구하신다. 사랑의 대상으로 함께 나누고 즐기는 사랑을 원하신다. 그러나 우리와 예수님의 사랑의 능력에는 현저한 차이가 있다. 예수님은 어떤 경우에서라도 하나님의 사랑의 대상으로서 부족이 없으시다. 그만큼 사랑을 반응하는 분이다. 그리고 그만한 마음과 능력을 가지고 계신다.

반면에 우리에게는 그런 능력도 없고 아무리 하나님을 사랑하겠다고 마음먹어도 그것은 매우 단편적인 판단에 불과할 경우가 많다. 하루에 수십 번이라도 하나님을 서운하게 하고, 심지어 하나님에 대한 의식마저 잃어버리고 사는 경우가 허다하다. 그래서 우리는 예수님과 같이 온전한 사랑의 나눔을 하나님과 가질 수 없다. 하나님은 우리에게 그와 같은 절대적인 사랑을 요구하시지 않는다.

이런 면에서 하나님의 우리에 대한 사랑과 우리의 하나님에 대한 사랑에는 현저한 차이가 있다. 그럼에도 불구하고 하나님께서 우리를 사랑의 대상으로 삼으시고 사랑을 포기하지 않으신다. 그것은 우리가 가지고 있는 사랑의 신실함 때문이 아니라, 그리스도께서 하나님의 사랑을 반응한 공로 안에서 우리를 사랑하시기 때문이다. 우리의 사랑이 기껍게 하나님의 사랑을 만족하게 한 것은 아니지만, 예수님의 사랑이 하나님을 충분히 만족하게 해드리기 때문에, 그 안에서 우리는 하나님과 사랑(φιλεω)의 교통을 누릴 수 있다.

이처럼 하나님은 우리를 사랑하시되 공의의 차원에서 사랑(αγαπη)할 뿐 아니라, 사랑의 대상으로서 함께 정을 나눌 수 있는 사랑(φιλεω)을 원하신다. 그의 백성들과 서로 마음을 나누고 즐거움을 나누고 고통과 슬픔까지도 나누시기를 즐거워하신다.

이런 점에서 하나님의 사랑은 지적이고 무조건적인 사랑(αγαπη)만이라고 해서는 안 될 것이다. 오히려 그의 백성들과의 사랑은 감정적인 사랑(φιλεω)이기를 원하신다. 함께 교감할 수 있는 사랑이어야 사랑의 기쁨을 나눌 수 있기 때문이다.

2. 원수를 사랑함에 대하여

반면에 하나님께서 원수를 사랑하는 것은 서로 교감하기 위한 사랑(φιλεω)이 아니다. 그래서 원수를 사랑한다고 할 경우에는 "하나님이 세상을 이처럼 사랑(αγαπη)하사 독생자를 주셨으니"(요 3:16)라고 하는 것처럼, 하나님을 반역하고 무시하고 모욕하는 세상일지라도 사랑한다는 의미에서 아가페 사랑을 구별하여 사용하고 있다.

그러므로 성경에서 아가페 사랑을 이야기할 경우에는 죄인을 사랑하는 하나님의 크고 무조건적인 사랑이라고만 여길 것이 아니라, 바로 여기에서 원수까지도 사랑하시는 하나님의 거룩한 속성을 발견할 수 있어야 한다.

1) 하나님은 원수도 구원에 이르기를 원하심

'죄'는 하나님의 거룩한 의에 절대적으로 대적하는 악이다. 그럼에도 불구하고 하나님은 죄인을 사랑하신다. 이 말은 죄를 인정하고 용납한다는 의미에서 죄인을 사랑한다는 의미가 아니다. 하나님의 속성은 긍휼과 자비를 드러낸다. 그러나 긍휼과 자비가 곧 사랑은 아니다. 긍휼은 죄인을 불쌍히 여기시는 하나님의 자비로우신 성품의 발휘이다.

그런데 이 긍휼과 자비가 죄인에게 향하여 발휘될 때 적극적으로 죄인을 구원하시려는 구체적인 행위로 드러나게 되는데, 그 절정이 바로 사랑(αγαπη)이다. 죄 가운데 그냥 내버려두면 필시 영원한 형벌 가운데 버림을 당하여 죽음의 차갑고 쓰디쓴 맛을 보아야 하는 고통을 당하게 되기 때문에, 그것이 불쌍하여 죄 가운데서 건져내고자 하는 하나님의 적극적인 의지의 표현이 바로 사랑(αγαπη)이다.

이런 차원에서 하나님은 반신국적인 경향이 농후하고 죄의 어두움에 빠져 있는 세상을 사랑(αγαπη)하신다. 그와 같은 차원에서 반신국적인 경향이 강하고 그러한 행위를 드러내는 원수에게도 구원의 은혜를 베풀어 주시기 위해, 원수에게 적극적으로 구원의 의지를 표시한 것이 사랑이다.

따라서 하나님께서 원수를 사랑할 때에는, 항상 구원의 영광된 자리에까지 이르기를 원하는 적극적인 의지가 담겨 있음을 알 수 있다. 단지 생존권을 보장해 주고 그것으로 일생을 편히 살도록 약속해 주는 것만이 아니라 언제든지 하나님의 구원의 은혜에까지 도달할 것을 바라시기에 해도 비추어주고 비도 내려주는 것이다.

여기에 하나님께서 원수를 사랑하는 고도한 정신을 볼 수 있다. 아무리 죄인이라 할지라도 그가 한 인격을 가지고 있기 때문에 정상한 인격을 발휘하고 인간으로 존재하는 생명의 본의를 따라 정당하게 생명력이 발현되기를 원할 뿐만 아니라, 바로 그 일을 위해 하나님은 적극적으로 그 사람에게 구원의 의지를 드러내어 사랑을 베풀어 주시는 것이다.

그럼에도 불구하고 하나님과 원수 된 자는 자기 스스로 하나님보다

는 세상을 더 사랑하고 즐겨하기 때문에 적극적인 하나님의 구원의 의
지를 무시해 버리는 것이다. 따라서 원수가 하나님의 심판을 받는 것은
하나님의 공의에 저촉되기 때문이지, 하나님께서 그를 미워하거나 사
랑하지 않아서가 아니다.

2) 원수에 대한 우리의 태도

우리가 원수를 사랑해야 할 이유도 여기에 있다. 그들이 더 잘 살고,
권력을 얻고, 잘 유지될 수 있도록 원수를 위해 기도하라는 말이 아니
다. 그들의 영혼이 인생으로서 마땅히 하나님께서 마련해 놓으신 구원
에 도달하도록 그들에게 사랑을 베풀고 그들을 위해 기도하는 것이다.
그 영혼의 구원을 위해 원수가 주리거든 먹이고, 목마르거든 마시게 하
고, 헐벗었거든 옷을 입히는 것이다. 그것이 악에게 지지 않고 선으로
악을 이기는 모습이다.

바울은 "네 원수가 주리거든 먹이고 목마르거든 마시우라 그리함으
로 네가 숯불을 그 머리에 쌓아 놓으리라 악에게 지지 말고 선으로 악
을 이기라"(롬 12:20-21)고 말한다. 그렇게 함으로써 우리의 사랑(αγαπη)
이 원수의 양심을 부끄러움으로 불붙게 하여 구원에 이르도록 도와주
는 방법이 된다.

"네가 숯불을 그 머리에 쌓아 놓으리라"는 말과 같이 그 원수에 대해
악으로 갚지 않고 사랑으로 악을 갚을 경우, 원수가 느끼는 그 부끄러
움으로 숯불에 머리가 타는 것과 같은 고통을 마음으로 느끼게 하는 것
이다. 이렇게 함으로써 잃어버린 인간성을 회복하고 하나님께서 세운
구원의 도리 가운데 돌아와 새 삶을 살 수 있도록 돕는 것이 진정으로
원수를 사랑하는 모습이다.

그러므로 '우리가 원수를 사랑한다'고 할 때에는 그들이 궁극적으

로 하나님의 영원한 나라에 참여할 수 있기 위한 범위 안에서 사랑해야한다. 그들을 동조하고 악을 조장하여 더욱 세상을 후패하게 하는 일에협조하거나 방관자가 되라는 의도에서 원수를 사랑하는 것이 아니다.아니면 우리가 힘이 없고 대적할 만한 자신이 없어서 아부하고 아첨하고자 그들을 위해 기도하라는 말도 아니다.

오히려 더 적극적으로 하나님의 나라를 세워나가고 온 땅에 하나님의 공의를 드러내기 위해 원수를 사랑한다는 의미이다. 이것이 원수에게 지지 않고 훨씬 고도한 정신으로 그들을 이기는 방법이다.

3. 예수님의 교훈

따라서 "너희가 너희를 사랑하는 자를 사랑하면 무슨 상이 있으리요세리도 이같이 아니하느냐 또 너희가 너희 형제에게만 문안하면 남 보다 더하는 것이 무엇이냐 이방인들도 이같이 아니하느냐 그러므로 하늘에 계신 너희 아버지의 온전하심과 같이 너희도 온전하라"(마 5:46-48)는 예수님의 가르치심의 의도는 매우 고도한 하나님 나라의 정신을표시해 주고 있다.

1) 궁극적인 인생의 목적은 하나님과 동질을 이루는 것

우리의 궁극적인 삶의 목표는 하나님과 동질을 이루는 것이다. 이것은 창조의 완성을 의미한다. 아담은 이러한 사명을 완수하지 못하고 오히려 인류를 죄 가운데 빠드리고 말았다. 그러나 그리스도 안에서 이루어진 새 창조는, 육신으로 나신 그리스도께서 부활하심으로 영화의 몸을 입어, 본질을 소유한 하나님 우편에서 함께 영원한 교통을 나누시는것으로 완성되었다.

그러므로 새 창조의 질서 속에 살고 있는 우리에게는 그리스도와 함께 부활하여 영화의 몸을 입고 그리스도와 동질의 위치에 오르는 것이 구원의 완성이 된다. 그러기 위해 우리가 이땅에 살고 있음에도 불구하고 우리에게는 신적인 성품을 아무런 유감 없이 발휘할 수 있는 인격을 갖추고 있어야 한다. 이 일을 위해 하나님은 친히 당신의 영이신 성령님을 우리에게 보내시어 우리의 인격과 일체를 이루어 주셨다.

그 결과 우리는 하나님의 인격과 동질의 인격을 발휘할 수 있게 되었고 나아가 하나님과 일체를 이룰 수 있게 되었다. 그리고 하나님은 우리에게서 신적인 성품이 발휘될 수 있도록 모든 조처를 다 취해 주셨다. 그것을 가리켜 우리는 '구원'이라고 한다.

이러한 하나님의 구원 사역에 바탕을 두시고 그리스도께서는 우리가 하나님의 온전하심과 같이 온전함에 이르도록 요구하는 것이다. 따라서 우리가 성령과 하나 되는 중생의 확인이 먼저 되어 있어야 한다. 그리고 그 중생의 확인은 다른 것으로 되지 않고 신적인 성품을 발휘하는 것으로 확인된다는 사실을 명심해야 한다. 이와 같이 신적인 성품을 우리의 인격을 통해 삶의 열매로 확인할 수 있는 몇 가지 실례 중에서 예수님은 '원수를 사랑하는 것'을 제시하셨다.

그러므로 우리가 예수님의 가르침과 같이 원수를 사랑할 수 있다는 것은, 우리의 인격을 통해 하나님의 성품을 드러내는 삶의 열매와 같다. 그리고 그 열매가 객관적으로 확인된다면 우리는 성령과 하나가 되었다는 객관적인 보증(sign)을 얻은 것과 같다. 그렇게 됨으로써 우리는 하나님의 온전하심에까지 이르게 되는 결과를 미리 바라볼 수 있게 된다.

2) '너희도 온전하라'는 의미

"너희도 온전하라"(Εσεσθε ουν ὑμεις τελειοι)는 말씀은 명령형이 아니다. 본문은 '그러므로 너희는 온전하여 있으리라'는 미래 서술형으로 되어 있다. 여기에서 '있으리라'(Εσεσθε, 2인칭 복수 미래 직설법)는 말은 히브리인들의 독특한 언어 용법인데, 아주 당연한 기정사실을 강조하고 있다.

마치 "하나님이 천지를 창조하시니라"(창 1:1)는 말씀이 아무런 설명이나 증명이나 전제 없이 하나님께서 천지를 창조한 사실을 단순하게 서술하고 있듯이, 우리가 하나님과 같이 온전하여질 것은 시간상으로 미래일 뿐이지 그 자체는 틀림없는 현실임을 강조하고 있다.

이 같은 확증은 '원수를 사랑하는 것'이 하나님에게 속한 고유한 속성이고, 그와 마찬가지로 그의 속성을 입은 우리가 원수를 사랑함으로써 하나님에게서 난 자임을 분명하게 해 주기 때문이다.

"이같이 한 즉 하늘에 계신 너희 아버지의 아들이 되리니"(마 5:45)는 말씀과 같이 우리는 하나님의 아들로서 그 속성을 발휘한다. 특히 "하늘에 계신 너희 아버지의 아들이 되리니(γενησθε)"라는 말씀은 '너희는 하늘에 계신 아버지에게서 태어난 사람들이다'는 의미라는 점에서 이 말씀을 확고하게 뒷받침해 주고 있음을 알 수 있다.

우리는 하나님의 아들로 태어난 사람들이다. 그래서 마지막 구원에 이르러서는 당연히 아버지의 온전하심과 같이 온전하여 있을 것이다. 즉 하나님과 동질의 성품을 명백하게 드러내는 신적 인격을 유감없이 발휘하게 될 것이다. 그러한 사람들로서 지금 우리는 원수를 사랑할 수 있어야 한다.

마치 하나님께서 불의한 그들을 사랑하시어 지금이라도 하나님의 구원 안으로 들어오기를 바라심과 같이, 우리도 하나님과 같은 심정을 가지고 나의 원수일지라도 사랑하는 것이다. 이것이 주께서 원수를 사랑하라고 가르치신 교훈의 정신이다. 그리고 이 모습이 하나님 나라를 이 땅에 현저하게 세워나가고 구현하며 드러내는 모습이다.

제3부 | 주께서 가르치신 기도

〈프롤로그〉

하나님의 경륜과 천국 백성의 삶

하나님께서 그의 자녀들을 사랑하여 구원의 길로 인도하기 위해 마련해 주신 것을 가리켜 '은혜의 방도'(means of grace)라고 한다. 이 은혜의 방도는 곧 말씀 계시와 기도를 지시한다. 그중에서 계시가 가장 중요한 위치를 차지하는데, 계시에는 하나님의 하신 일을 기록한 '성경'과 은혜 언약에 참여되었다는 증표를 유형적인 계시 형태로 제정한 '성례'가 있다.

이 계시, 즉 성경과 성례를 통해 우리는 하나님이 누구인가를 알고 하나님 앞에서 자신의 본분과 위치를 확인하게 됨으로써 하나님께서 우리 인생을 이땅에 보내신 존재의 본의를 완수하게 된다(성례에 대하여는 CNB 704 『세례와 성찬』〈2006년, 깔뱅〉에서 자세히 다루고 있다).

뿐만 아니라 하나님은 우리와 긴밀한 관계를 늘 유지하고 사랑을 나누기를 기뻐하시고 우리가 하나님에 대해 정당하게 표하는 반응을 즐거워하신다. 따라서 우리가 계시를 통해 하나님이 누구인가를 알게 된 후에는 그에 대한 반응으로 하나님과의 관계를 유지하고자 하는 의

지를 발동하게 된다. 그 결과 나타난 행위가 기도와 찬송과 헌상(헌신)
이며 이것들을 종합하여 하나님께 감사를 표하는 최상의 극치가 예배
이다.

하나님은 우리의 기도를 들어주시고 응답하시며 찬송을 흠향하시고
그 평화로움을 우리에게 나누어주신다. 나아가 헌상을 받으시고 우리
의 존재가 가장 가치 있게 발휘되도록 함으로써 우리가 하나님의 백성
으로서 특별한 은혜와 복을 누리고 있음을 늘 확증해주신다. 우리는 기
도와 찬송과 헌상을 통해 하나님의 인도와 보호를 체험하게 되며 하나
님이 어떤 분인가를 더 자세히 알아가게 된다.

은혜의 방도는 하나님께서 계시하신 구원의 길에 들어선 우리를 끝
까지 보호하고 인도하여 마침내 그 완성에 이르게 하는데 본래의 의미
가 있다. 따라서 기도의 행위를 했음에도 구원의 효과를 체험하지 못한
다면 그 기도는 아무런 의미가 없다.

때문에 계시에 대한 바른 이해를 통해 하나님이 누구이며 우리와는
어떤 관계를 가지는 분인가를 바로 아는 일이 우선되어야 한다. 계시(말
씀)에 대한 바른 지식이 없는 기도란 아무런 능력을 발휘하지도 못하고
그 고유한 역할도 기대할 수 없다. 성경의 가르침에 근거한 바른 지식
과 자기 존재에 대한 올바른 각성이 있어야 기도는 우리를 구원에 이르
게 하는 데에 유효한 효과를 발휘할 수 있다.

이점을 감안한다면 은혜의 방도로써 기도가 우리를 구원에 이르게
하는 데 있어서 실제적인 역할을 한다는 점을 무엇보다도 중요하게 생
각해야 한다. 우리의 기도에 대하여 하나님께서 적절하게 응답해 주심
으로써 하나님과 우리와의 관계가 늘 확인될 뿐만 아니라 그러한 기도
가 구원의 완성을 이루어 가는 데 있어서 큰 능력을 발휘하게 되기 때
문이다.

이러한 기도만이 은혜의 방도로써 그 고유한 역할을 다하게 된다. 그러므로 우리를 구원에 이르게 하는 그 고유한 효과를 발휘하지 못하는 기도라면 그 내용이 좋고 간절한 마음을 담고 있다 하더라도 아무런 의미가 없음을 알아야 한다.

그럼에도 불구하고 우리의 기도가 다분히 철학적이거나 아니면 신비적인 경향을 강하게 내포하고 있다는 것은 참으로 안타까운 일이다. 심지어 하나님을 예배함에 있어 기도를 예배 순서 중 하나로 취급할 뿐만 아니라, 아무도 그 기도의 내용에 대해 관심을 가지지 않고 올바르게 가르치지 아니하며 책임지지 않는 것은 교회에서 있을 수 없는 일이다.

특히 기도의 최고봉이라고 할 수 있는 '주께서 가르치신 기도'(주의 기도)를 예배의 형식을 위해 혹은 의례적인 순서에 따라 입술로 읊조리는 정도의 주문으로 여기고 있다는 것은 그만큼 기도에 대해 우리가 무감각하다는 사실을 입증하고 있다.

은혜의 방도로써 우리에게 하나님이 누구인가를 알게 하고 하나님과의 관계를 늘 확인할 수 있는 기도가 이처럼 의례적인 형식을 위해 악용된다는 것은 더 이상 하나님을 신앙하지 않는 불신앙의 행위나 다를 바 없다. 따라서 우리는 성경의 가르침에 입각하여 기도의 바른 자태를 배우고 하나님께서 기뻐하는 기도를 통해 이땅에 하나님의 경륜 (οικονομια)을 이루어 나가야 한다.

산상수훈은 우리 주께서 건설하실 하나님의 나라가 어떤 것인가를 극명하게 보여주는 가르침이다. 이것은 마치 출애굽한 이스라엘 백성들이 시내산에서 하나님과 언약을 맺음으로써 명실공히 하나의 나라를 이루었던 사건과 그 맥을 같이하고 있다. 이런 점에서 주께서 선포하신 산상수훈은 죄로부터 구원받은 백성들이 들어가 살아야 하는 새롭게 건설될 하나님의 나라가 어떤 것이며 그 나라의 백성은 어떻게 살아야 할 것인가를 보여주기 위한 일종의 헌법과 같다.

시내산 언약을 형식상 나누어 본다면 헌장이라고 할 수 있는 십계명(출 20:1-17)과 그 나라의 백성으로서 살아야 할 법정신을 담은 사회법(출 20:18-23:9)과 그 나라의 문화를 상징하는 의식법(출 23:10-33)으로 나눌 수 있다. 이러한 구조는 산상수훈에서도 그대로 나타나고 있다.

① 새 나라의 헌장이라고 할 수 있는 7가지의 복된 상태에 대한 것(마 5:1-16)
② 그 나라의 법정신에 대하여 다루고 있는 일종의 사회법(마 5:17-48)
③ 구제, 기도, 금식 등을 다룬 일종의 의식법(마 6:1-7:37)

이것은 시내산 언약이 이스라엘 국가의 출범을 역사 앞에 선언한 것과 같이 산상수훈은 새롭게 건설될 영적 이스라엘 국가의 출범을 역사 앞에 선포함과 같은 의미를 보여주고 있다. 이런 점에서 우리는 새롭게 산상수훈을 관찰해야 한다.

〈서론〉

하나님의 의를 구현하는 제도들

예수님은 산상수훈의 기본 강령을 통해 하나님 나라의 특징적인 성격과 그 나라의 백성이 나타내야 할 삶의 구체적인 모습에 대해 말씀하신다(마 5:1-12). 여기에서 예수님은 하나님의 나라가 외형적으로 형태를 갖춘 나라이거나 정치적 성향을 띤 나라이기보다는 하나님의 성품이 그 백성들의 삶으로 실체화 되는 나라임을 강조하신다.

그와 같은 삶의 자태에 대하여 "너희는 세상의 소금이니 소금이 만일 그 맛을 잃으면 무엇으로 짜게 하리요 후에는 아무 쓸데없어 다만 밖에 버리워 사람에게 밟힐 뿐이니라 너희는 세상의 빛이라 산 위에 있는 동네가 숨기우지 못할 것이요 사람이 등불을 켜서 말 아래 두지 아니하고 등경 위에 두나니 이러므로 집안 모든 사람에게 비취느니라 이같이 너희 빛을 사람 앞에 비취게 하여 저희로 너희 착한 행실을 보고 하늘에 계신 너희 아버지께 영광을 돌리게 하라"(마 5:13-16)는 말씀을 통해 우리가 세상의 소금과 빛으로 존재해야 할 것이라고 하였다.

따라서 산상수훈을 통해 무엇보다도 그 나라에 속한 백성으로서의 삶을 어떻게 구체화시킬 수 있는가를 점검해 볼 수 있는데 예수님은 그

러한 삶의 실체가 사람의 생명에 대한 존엄성에서부터 출발한다고 말
씀하신다.

하나님의 나라는 그 나라를 구성하고 있는 백성들로부터 구현되기
때문에 그 나라 백성들의 생명은 제각각 하나님께서 내신 본의를 가지
고 있다는 점에서 교회 공동체의 한 사람으로 존재하는 그 자체가 곧
고유한 가치와 의미임을 제7계명을 들어 강조하신다(마 5:21-26).

또한 그 생명은 순결한 혼인의 제도를 통해 사회를 구성하고 확장시
켜 나감으로써 좀 더 구체적인 하나님의 나라를 이 세상에 유형적으로
세워나가게 되며 그곳에 하나님 나라의 특성이 효과적으로 발생한다는
기본적인 원리를 제시하였다(마 5:27-30).

특히 사랑은 하나님 나라의 성격을 잘 나타내는 특성으로 원수까지
도 사랑의 대상임을 말씀하였다(마 5:43-48). 하나님께서 행사하는 공의
의 차원에서 보면 원수에 대하여는 신원하고 그 악은 보응해야 하지만,
비록 원수일지라도 인간으로서의 존엄성만은 인정하고 하나님의 형상
을 가진 사람으로서 사랑의 대상이라는 점을 강조하신 것이다.

이것이 사랑(αγαπη)이다. 하나님께서 죄로 가득한 이 세상을 사랑하
는 고차원적인 정신에 따라 원수라 할지라도 그 영혼이 하나님의 구원
에 이르기를 위하여 사랑하는 것이 진정한 사랑이라고 제시한 것이다.

이 정신에 근거하여 하나님의 나라가 세상을 정복하고 이 세상에서
능력 있게 세워져 나가게 되는 것이며, 또한 그 일에 참여하는 성도들
이 바로 하나님의 나라를 세워나가는 실체이다. 이들은 하나님께로부
터 난 자들이며(요 1:12-13) 궁극적으로 하나님과 같이 온전해지는 위치
에 도달할 것이므로 항상 하나님과 같은 온전함을 그 목표로 삼고 살아
가야 할 것을 강조하고 있다(마 5:48).

1. 하나님 앞에서 성도들의 삶의 자세

예수님은 이 세상에서 소금과 빛으로 존재하는 성도들에 대해 제자들에게 말씀한 후에, 나아가 하나님 나라를 건설하고 드러내야 할 성도들이 하나님과의 관계를 어떻게 유지해야 할 것인가를 중요하게 언급하신다. 예수님은 이제 제자들의 관심을 사람과 사람 사이의 관계에서 사람과 하나님과의 관계로 돌려놓으신다.

마태복음 6장 초두의 말씀을 통해 그런 의도를 엿볼 수 있는데, "사람에게 보이려고 그들 앞에서 너희 의를 행치 않도록 주의하라 그렇지 아니하면 하늘에 계신 너희 아버지께 상을 얻지 못하느니라"(마 6:1)라고 하면서 제자들의 주의를 환기시키고 있다.

사람이 사는 것은 사람에게 보이려는 것이 아니라 하나님으로부터 인정받기 위한 것이라는 근본적인 이야기로부터 마태복음 6장이 시작된다. 이것은 "그러므로 하늘에 계신 너희 아버지의 온전하심과 같이 너희도 온전하라"(마 5:48)는 말씀에 연관지어 이야기되어야 한다.

하나님의 나라는 하나님의 거룩하신 성품에 따라 아무리 작은 오염과 부패라도 결코 용납되지 않는 나라이기 때문에 인간의 능력이나 사상 또는 방법으로는 세워나갈 수 없다. 이러한 이유 때문에 우리가 하나님의 나라를 세워나가고 그 성격을 명확하게 이 세상에 드러내기 위해서는 우리가 가지고 있는 부패와 오염을 먼저 제거하지 않으면 안된다.

즉 하나님 나라의 온전함을 드러내기 위해 먼저 자기 자신, 곧 아상(我相)을 깨뜨려야 한다. 자기 자신(self complex)이라는 아상이 자리잡고 있는 동안에는 온전하신 하나님의 성품이 드러나는 나라를 명확하게 나타낼 수 없기 때문이다. 이렇게 아상을 버린 상태에서만 하나님의 나라를 분명하고 명확하게 이 세상에 드러낼 수 있다.

그렇게 함으로써 우리의 삶의 형태를 통해 하나님의 나라를 세워나
가게 될 때 하나님은 그 나라의 백성들이 삶의 자태를 명확하게 드러내
고 살아갈 수 있도록 지속적으로 능력과 지혜를 주신다. 하나님께서는
그의 백성들을 지키고 돌보며 능력과 지혜를 준다는 표시로서 은혜의
방도(means of grace)를 마련하였는데, 이 은혜의 방도들은 성도들이 하
나님과의 관계를 늘 유지하고 살아감으로써 하나님의 나라를 효과적으
로 드러내기 위해 주신 것이다.

1) 하나님의 나라를 드러내는 방편

하나님의 나라가 인간의 노력이나 도덕적 성품을 가지고 나타낼 수
없는 것이라면 하나님의 나라를 이땅에 드러낼 수 있는 방법에 대해 깊
이 통찰해 보아야 한다. 특히 하나님께서 그의 나라의 능력을 효과적으
로 발현해 낼 수 있는 어떤 방편을 우리에게 주었는지에 대해 주목해야
한다. 그 나라의 통치권이 드러내는 권위와 그 결과 발생하는 문화적인
탁월함을 외형적으로 보여주고 경험할 수 있도록 하나님께서 이미 마
련해 놓은 은혜의 방편들이 있기 때문이다.

그것은 하나님께서 백성들을 친히 다스리고 보호한다는 표지로서 중
요한 것인데, 예수께서는 마태복음 6장에서 그 방편 중 다음 세 가지를
예로 들어 말씀하였다. 첫째, 구제하는 것(마 6:2-4), 둘째, 기도하는 것
(마 6:5-15), 셋째, 금식하는 것(마 6:16-18)이 그것이다. 이 세 가지 방편을
통해 하나님 나라의 백성은 그 나라의 특성들을 자연스럽게 드러낼 수
있도록 훈련받고 지혜를 얻게 된다.

그중에서 기도와 금식은 성격상 내면적이기 때문에 하나님의 나라를
외형적으로 드러내는 일과는 관계가 먼 것으로 생각하는 일이 많다. 반
면에 구제는 성격상 다른 사람들에게 공개되기 쉽고 외형적인 행동과

결과를 수반하기 때문에 하나님 나라의 특성을 쉽게 드러낼 수 있으리라고 생각한다.

그러나 우리는 예수께서 세 가지 방편 모두가 하나님과의 관계를 긴밀히 세워 나가고 그 나라를 유효하게 증거하는 방법이라는 점을 중시해서 가르치고 있음을 간과해서는 안 된다. 다만 예수께서 기도와 금식보다 구제에 대해서 먼저 언급한 것은 기도의 정신과 금식의 정신을 가지고 현실의 생활 가운데 그 나라 백성으로 통치받는 거룩한 자태를 드러내야 하기 때문이다.

2) 금식과 기도에 대하여

금식하는 이유는 단순히 음식을 먹지 않는다는 것에서 그 의미를 찾지 않는다. 우리가 하나님의 백성인 까닭에, 이 세상에서 얻을 수 있는 삶의 방편에 의존하지 않고 어떤 일정한 목표를 가지며 세상의 감각적인 일에서 떠나 하나님과 온전한 마음의 일치를 이루고자 하는 뜻에서 금식한다. 즉 어떤 상태에 도달하기 위해 금식을 하는 것이다. 금식을 통해 하나님께 불쌍히 여김을 받는다든지 혹은 그것을 통해 무슨 공로를 세우기 위함이 아니다.

오히려 금식의 의미는 자신의 생존을 유지하는 방편까지도 포기하고 하나님과 그만큼 깊은 관계를 유지하고자 하는 데 있다. 하나님과 직접 교통을 함으로써 온전하신 하나님의 성품을 이어받아 하나님의 백성으로서의 거룩한 성품을 능력 있게 발휘하기 위함이다. 그렇게 함으로써 세상의 방법을 부정하고 하나님의 온전하심에 입각한 새로운 삶의 자세를 확인하여 하나님 나라의 백성다운 삶의 자세를 갖고자 한다.

기도 역시 이러한 자세로 해야 한다. 기도 또한 금식과 같은 정신을 가지고 있기 때문이다. 기도로 하나님과 관계를 유지하고 교통을 통하여 거룩한 하나님의 성품을 닮아 가는 것이다.

기도를 많이 하고 적게 하는 양의 문제라든지 하나님 앞에 어떤 공로를 세우자는 것이 아니라, 그만큼 하나님과 하나가 되어 그 백성으로서의 자태와 마음가짐을 명확히 하고자 하는 것이다. 그렇게 함으로써 하나님의 자녀다운 삶을 능력 있게 발휘하는 것에 기도의 궁극적인 목표가 있다. 이러한 기도가 있었다면 이제는 하나님 나라의 거룩한 성격과 능력을 나타내기 위하여 자연스럽게 봉사나 구제와 같은 행위로 다른 사람에게 발휘되기 마련이다.

3) 구제는 하나님의 나라를 외형적으로 드러내는 방편임

외형적인 면에서 볼 때 하나님의 나라가 효과적이고 능력 있게 발휘되는 것은 당연히 봉사나 구제와 같은 구체적인 선행으로 나타나게 된다. 그 사람이 금식이나 기도를 얼마나 많이 해 왔는지는 알 수도 없고 알 이유도 없지만, 중요한 것은 '금식과 기도가 세상에서 어떻게 하나님의 나라를 중시하고 사회적인 영향을 미칠 수 있는 구체적인 삶의 결과로 유형화 되어 나타나는가?' 하는 점이다.

이것은 하나님의 나라를 현시해야 하는 교회 회원으로서 당연한 삶의 결과이다. 특히 반신국적인 경향이 강한 세상을 향해 하나님의 나라를 능력 있게 현시하고 세상의 역사에 대항해 나가는 모습이야말로 살아있는 성도가 나타내야 할 자연스런 삶의 모습이다.

이처럼 하나님 나라의 역사를 우리의 삶을 통해 이루어 나가는 거룩한 목표를 분명하게 세우고 그 목표를 향해 적극적으로 전진하는 것이 성도로서의 진정한 삶의 자세이다. 만일 우리의 삶이 하나님 나라를 드러내는 일에 아무런 역할을 하고 있지 않다면 금식하거나 기도하는 일이 의미를 가지고 있다고 말할 수 없다.

왜냐하면 그 사람이 어떤 은사를 가지고 있다 할지라도 자신이 하나님의 자녀로서의 거룩한 품성을 나타내지 않는 경우에는 그의 은사가 효력을 발생하지 않는다는 점에서 하나님의 나라를 세워나가고 증시하는 일에 아무런 의미가 없기 때문이다.

4) 삶을 통해 하나님의 나라를 증시해야 함

따라서 우리의 구원을 이루어 가는 일에 하나님의 은혜가 유효하게 작용하기 위해서는 언제든지 우리의 삶이 대외적으로 하나님의 나라를 증시할 만한 삶의 증표들을 나타내고 있어야 한다. 우리의 삶을 통해 그 나라를 항상 드러내는 생활의 열매로써 적극적으로 하나님의 나라를 나타내고 증거하는 역사를 창조해 나갈 때만이 금식이나 기도가 진정한 의미를 가지는 것이다.

이러한 원리는 '달란트 비유'(마 25:14-30)에서도 찾아 볼 수 있다. 한 달란트 받은 사람이 그것을 땅에 묻어 두고 있는 동안에는 그 한 달란트라는 가치는 쓸모없이 되고 만다. 마찬가지로 우리가 하나님으로부터 받은 은사가 있더라도 그것을 감추어 두어 효력을 발생하지 않게 하는 것은 은사를 가지고 있어도 아무런 의미가 없다. 우리가 금식과 기도를 통해 하나님과 교통하고 관계를 맺어 거룩한 하나님의 성품을 가지고 있다면 자연스럽게 봉사나 구제와 같은 삶의 형태로서 발출되어 하나님의 나라를 능력 있게 증시하고 있어야 한다.

2. '하나님의 의'를 행해야 함

구제할 때에 주의해야 할 것은 그 동기에 관한 것이다. 생활의 열매는 궁극적으로 하나님께 보여드리기 위해 나타나야 한다. 우리가 생활의 열매를 맺는 목적은 사람을 즐겁게 하거나 기쁘게 하기 위함이 아니다. 동기나 목적이 명확하지 않으면 우리의 삶의 열매는 일종의 종교적인 열정에 지나지 않는다. 이것들은 인간의 범주를 벗어나지 않은 상태에서 맺어진 인본주의의 열매이다.

우리가 세상과 사람에 대해 구제나 봉사를 한다 해도, 그것은 사람에게 보이기 위함이 아니고 하나님께 보여드리기 위함임을 분명하게 깨닫고 있어야 한다. 따라서 그 구제가 진정한 효력을 발생하기 위해서는 하나님께서 그것을 인정하셔야 한다. 곧 하나님께서 그 구제나 봉사를 기뻐 받으신 증표로써 친히 그 구제나 봉사의 효과를 세상에 드러내신다는 사실을 알아야 한다.

흔히 우리는 삶의 자세가 정당하고 바르면 하나님께서 우리가 맺은 삶의 열매를 받아줄 것이라고 생각한다. 그래서 구제나 봉사 등으로 세상 사람들에게 유익을 끼치는 것이 하나님을 즐겁게 해드리는 일이 될 것이라고 여기기도 한다. 그러나 우리의 구제나 봉사의 열매는 하나님을 위한 것이어야 한다. 하나님의 자녀들로서 의당히 그 기준을 하나님의 성품에 두고 살아가는 것뿐이다.

삶의 목적을 하나님께서 기뻐하는 것으로 삼고 또 그 밖에 다른 것을 바라거나 목적을 두어서는 안 된다. 이에 대하여 하나님은 우리의 구제나 봉사의 사실을 하나님 혼자서 즐기는 것으로 끝나지 않고 그것을 세상에 드러내기를 기뻐하신다.

뿐만 아니라 우리의 생활의 열매가 세상에 대해 능력 있는 하나님 나라의 증거가 되게 하기 위하여 하나님께서는 우리에게 그만큼 능력 있는 삶의 열매를 맺을 수 있도록 모든 배려를 아끼지 않으신다. 그 열매를 세상에 보이심으로 마치 우리의 생활의 열매가 세상을 향해 하나님의 나라를 증시하는 것처럼 보이게 하시는 것이다.

1) 외식에 대하여

하나님 앞에 사는 신자의 당연한 모습임에도 불구하고 구제하는 것을 사람에게 보이려고 하거나, 기도를 사람들 앞에서 보이려는 목적으로 하거나, 하나님과의 긴밀한 교통을 위해 금식할 것을 가지고 사람들에게 전시하여 하나님과 관계를 맺고 있는 것처럼 위장하지 말라고 경고한다. 그러한 행위들은 종교적인 행위로써 얼마든지 가장할 수 있고 마음에도 없으면서 그 일을 수행할 수 있다는 점을 주의해야 한다. 그것으로 하나님과 어떤 관계를 유지할 수 있다거나 남들보다 각별한 교통을 나누고 있다고 생각하는 것은 커다란 착각이 아닐 수 없다.

예수님은 그러한 행위를 외식이라고 지적하셨다. '외식'은 자기가 그만한 자격이나 능력이 없음에도 불구하고 스스로 자격이 있다고 인정하는 행위, 혹은 자기의 정체를 숨기고 위장하는 행위를 말한다. 그러므로 "사람에게 보이려고 그들 앞에서 너희 의를 행치 않도록 주의하라 그렇지 아니하면 하늘에 계신 너희 아버지께 상을 얻지 못하느니라"(마 6:1)는 말씀에 비추어 예수님은 외식하는 자에 대하여 좀 더 자세히 언급하고 있다.

2) 구제의 정신에 대하여

구제하는 행위를 예로 보면, "구제할 때에 외식하는 자가 사람에게 영광을 얻으려고 회당과 거리에서 하는 것같이 너희 앞에 나팔을 불지 말라 진실로 너희에게 이르노니 저희는 자기 상을 이미 받았느니라"(마 6:2)는 말씀에서, 구제란 하나님의 권능에 의지하여 행사되어야 함에도 불구하고 사람이 하나님을 대신하여 구제하려는 행위가 외식에 해당된다고 지적하신다.

어떤 불쌍한 사람을 구제할 때는 그 사람이 하나님의 은혜를 입어야

만 그가 처한 구차한 처지에서 나올 수 있음을 인정해야 한다. 비록 그 사람을 물질로써 구제한다 할지라도 하나님께서 근본적으로 새롭게 살 수 있는 모든 여건을 그에게 마련해 주셔야 구제의 효과가 나타나기 때문이다.

　구제란 하나님께서 유효하게 사용하셔야 거기에 진정한 효과가 나타나는 것이다. 이러한 이유 때문에 자기 나름대로 구제의 대상을 정하고 불쌍한 사람들을 구해보겠다고 하는 것은 하나님께서 하실 일을 자기가 대신해보자고 나서는 일임을 주의해야 한다. 구제는 분명히 하나님께서 인정하고 그럴 만한 이유가 분명한 사람에게 행해야 진정한 의미와 가치가 있다. 그럼에도 불구하고 마치 자기의 구제를 통해 사람에게 무언가 도움을 주는 것처럼 거짓을 취하는 행위를 외식이라고 한다.

　따라서 하나님께서 그의 백성과 교제하기 위해 제정해 주신 여러 가지 제도들을 자기 나름대로 설정한 목적을 이루기 위한 수단으로 사용하는 어떠한 행위라도 용납될 수 없음을 명심해야 한다. 이러한 자세가 분명할 때 우리는 하나님 나라의 백성다운 품성을 발휘할 것이며 하나님과의 올바른 관계를 유지하게 된다. 이것이 기도에 임하는 자로서 갖추어야 할 기본적인 자세이다.

제1장

외식하지 말라

"사람에게 보이려고 그들 앞에서 너희 의를 행치 않도록 주의하라 그렇지 아니하면 하늘에 계신 너희 아버지께 상을 얻지 못하느니라"(마 6:1)는 예수님의 가르침은 하나님 앞에서 우리가 살아야 할 기본적인 삶의 원리를 말해주고 있다.

특히 우리는 하나님의 통치를 받고 살아가는 성도들이기 때문에 사람들과의 관계보다는 하나님과의 관계를 우선적으로 생각해야 한다. 예수님은 우리가 하나님과의 관계에서 가져야 할 마음의 자세에 대해 자세히 언급하고 있다.

1. 하나님께서 주신 은혜의 방도

우리와 하나님과의 교제는 하나님께서 특별히 마련해 놓으신 '은혜의 방도'(means of grace)를 통해서만 가능하다. 즉 우리가 하나님을 찾기 위해 어떤 방법을 모색해서 교통할 수 있는 것이 아니라 하나님께서 마련해 놓으신 방편에 따라서만 하나님과의 교통이 가능한 것이다.

하나님께서 우리에게 주신 은혜의 방도로는 '기도'와 '계시'가 있다. 계시는 오랜 역사를 통해 기록된 성경으로 집약되어 우리에게 전해져 내려오고 있다. 또 하나는 기록된 계시인 성경의 가르침을 유형적인 형태로 우리에게 전달하고 그 효과를 발휘하기 위해 주님께서 친히 제정한 '성례'가 있다.

1) 은혜의 방도를 통해서만 하나님을 알 수 있음

교회는 은혜의 방도로써 성경과 성례가 가지고 있는 효력을 효과적이고 유력하게 발생시키기 위해 그것들을 보존하며 가르치고 전파하는 일을 하게 된다. 교회가 성도들에게 은혜의 방도인 성경과 성례에 대해 가르치고, 성도들은 그 정신에 따라 하나님과 교통을 나누게 된다. 그러한 교통의 수단이 바로 기도, 찬송, 헌상(헌금), 강설(설교) 등이다. 그리고 성도와 하나님과의 긴밀한 관계를 위해 교회가 온 마음을 다해 시행하는 것이 '예배'이다. 예배는 하나님과의 교통을 나누는 교회의 총체적인 신앙 행위이다.

기도나 예배가 효과를 발휘한다는 것은 곧 하나님과 관계를 늘 유지하고 있음을 의미한다. 바꾸어 말하면 하나님과 늘 교통하고 있다는 것은 은혜의 방도로 주어진 성경의 가르침과 성례의 정신에 대해 깊고 명확하게 이해하고 있음을 나타낸다.

이런 이유 때문에 교회는 무엇보다도 하나님의 말씀을 바르게 해석하고 가르치는 일에 관심을 쏟아야 하며, 성례를 정당하게 시행하기 위해 자격과 구비 여건을 엄격하게 심사해야 한다. 그렇게 함으로써 교회가 순결성을 유지할 수 있으며 하나님과의 거룩한 교통, 즉 거룩한 코이노니아(κοινωνια: 기업을 받을 자들이 누리는 교제)를 유지할 수 있다.

2) 인생의 궁극적인 목적

우리가 하나님과 거룩한 교통을 나누는 것은 그 자체가 우리의 존재의 목적이기 때문이다. 하나님은 우리 인간을 친구로 삼고 항상 교제하며 사랑하는 대상으로 지으셨다. 사실 우리의 궁극적인 존재 목적은 하나님과 관계를 맺되 하나가 되어 일체를 이루는 것이다.

이러한 신비스러운 연합을 위해 예수님이 십자가에서 우리를 구속하여 죄의 종 된 위치에서 자유인으로 신분을 변화시켜 주셨고, 마침내 예수님 자신이 인간을 대표하여 영체(靈體)를 입어 하나님 우편에 계심으로써 우리도 하나님 앞에 설 수 있는 길을 열어 놓으셨다.

우리는 그리스도 안에서 하나님과 한 몸을 이루어 하나의 사랑을 나누는 거룩한 공동체를 이루기 위해 이땅에 존재한다. 이러한 사랑이 드러나는 곳이 바로 중생한 자들이 모여 이루는 하나님 나라를 표상하는 교회이다. 그 하나님 나라는 이 지상에서는 교회의 모습으로 유형화되어 나타난다.

우리가 하나님과 교통하는 것은 하나님과 한 몸을 이루기 위함이고, 그 한 몸을 이루었다는 표지가 언약 공동체인 교회 안에서 하나님의 인격을 가지고 서로 사랑하고 의지하고 돌보며 성도의 교통을 나누는 것이다. 이러한 우리의 삶을 통해 이땅에 하나님의 나라가 구체적으로 현시되는 것이다.

우리가 하나님 나라를 이루어 나간다는 것은 무엇보다도 하나님과의 관계를 늘 유지하고 있다는 증거가 된다. 예수께서는 바로 그러한 삶의 증거로 구제와 기도와 금식의 예를 들어 설명하신다.

구제와 기도와 금식은 그 자체에 목적이 있는 것이 아니라 하나님과의 교제를 위한 수단이고, 하나님과의 긴밀한 교통을 통하여 하나님의 나라를 현시하는 데 궁극적인 목표가 있다. 그중에서도 특히 구제가 하나님 나라의 성격을 나타낼 수 있는 방편이 되기 때문에 구제를 먼저 언급하신 것이다.

2. 구제에 대하여

구제란 어떤 사람이 특별히 하나님의 은혜를 입어야만 진정으로 그가 처한 구차한 처지에서 벗어날 수 있음을 생각하고 그 사람에게 어떤 물질로서 도움을 주는 행위이다. 따라서 하나님께서 그 사람에게 근본적으로 새롭게 살 수 있는 여건을 마련해 주지 않으면 구제는 아무런 의미나 효과가 없다. 이러한 정신을 무시하고 자기 나름대로 불쌍한 사람들을 구해보겠다고 임의로 구제의 대상을 결정하고 구제 행위를 한다는 것은 하나님께서 하실 일을 자기가 대신하고자 하는 불경한 행위이다.

1) 동정심은 구제가 아님

우리는 하나님이 아니기 때문에 어떤 사람에게 있어 무엇이 그에게 진정으로 필요한 것인가를 알 능력도 없고 도울 수도 없다. 그를 새롭게 살아가게 할 만한 능력이 없음에도 마치 자기의 구제가 그 사람의 인생을 구해주는 것처럼 하는 행위가 바로 외식이다.

특히 구제는 하나님께서 인정하고 그럴 만한 이유가 분명한 사람에게 행해야 진정한 의미와 가치가 있다. 그러므로 하나님께서 우리를 통해 구제라는 구체적인 방편을 사용하기로 명확하게 그 뜻을 밝히기 전까지 우리는 함부로 구제의 행위를 행할 수 없다.

따라서 우리가 구제의 행위를 행사하기 위해서는 먼저 하나님께서 그의 나라를 경영해 나가는 구체적인 증거를 명확하게 확보해야만 정당한 구제도 행사할 수 있다. 하나님의 경륜에 대한 명확한 근거 없이 구제하는 행위를 가리켜 주님은 외식이라고 한 것이다.

비록 어떤 사람이 아무도 모르게 가난한 자를 구제했더라도 그 근본 정신이 하나님께서 세우신 구제의 정신과는 다른 동기에서 나온 것이라면 그것 역시 구제가 아니라 외식이다. 사람들에게 보이지 아니했을 뿐이지 자기 스스로 자기의 동정심을 만족시키려는 욕구 때문에 그러한 행위를 했기 때문이다.

길가의 거지를 보고 아무도 보는 사람이 없음을 확인한 후 그 거지가 평생 먹고 살 수 있을 만한 액수의 돈을 주어서 다시는 거지 노릇을 하지 않아도 될 정도로 만들어 주었다 해도, 그 동기가 하나님께서 기뻐하실 만한 일이 아니라면 그 구제는 아무런 의미도 없고 오히려 하나님의 일을 방해하는 악행을 저지른 것이다. 왜냐하면 그 행위 자체뿐만 아니라 그 구제의 대상이 진행시킬 인생의 경영은 하나님의 경영과 아무런 일치성이 없기 때문이다.

2) 구제의 정신

예수께서는 "너는 구제할 때에 오른손의 하는 것을 왼손이 모르게 하여 네 구제함이 은밀하게 하라 은밀한 중에 보시는 너의 아버지가 갚으시리라"(마 6:3-4)고 말씀하였다. 여기에서 '은밀'이란 말은 '비밀스럽다'는 의미로서, 그 사실을 모르는 사람들에게는 감추어져 있지만 그 당사자들 사이에는 명확한 사실로 나타나 있는 일을 말한다. 예수님의 가르침은, 다른 사람들에게는 구제하는 사실이 감추어져 있을지라도 하나님과의 사이에 있어서는 명확하게 서로 인정하고 그 내용에 있어서 일치성을 이루고 있어야 함을 지적하신다.

은밀하게 구제하라는 말씀의 의미는 다른 사람이 알지 못하도록 선행을 하라는 말이 아니라, 구제함에 있어서 먼저 하나님과 나 사이에 뜻이 일치하여 하나님도 인정하고 나도 그 뜻에 동의하되 그 일에 대해서 다른 사람들은 알지 못하도록 비밀로 한다는 의미이다. 그러므로 은밀하게 구제하라는 말은 그저 다른 사람 모르게 구제하라는 뜻이 아니라, '하나님과 나 사이에 아무 것도 감춰짐 없이 뜻을 맞추어 구제한 그 사실'을 다른 사람이 모르게 하라는 의미이다.

그렇다면 나 혼자 내 마음대로 구제한 것은 은밀한 일이 아니다. 즉 비밀스러운 일이 아니라는 뜻이다. 그것은 자기가 좋아 자기 만족감을 충족시키기 위한 구제일 뿐이지 하나님과는 아무런 상관이 없는 일이다. 오히려 하나님께서 나를 통해 구제하기 원하신다면, 그리고 그러한 하나님의 의지가 분명하다면 '왜 내가 그 사람을 위해 구제해야 하는가?'에 대한 당위성이 명확해야 한다. 그리고 그 일에 대해 하나님과 나만 아는 비밀스러운 일로 감추어 두는 것이다.

하나님과 나만의 비밀을 가슴에 간직하는 짜릿한 기쁨을 늘 즐기는 것, 이것이 주님께서 말씀하신 구제의 참된 정신이다. 그렇다면 구제의 대상은 매우 제한된 형제임을 알 수 있다. 불특정 다수를 향한 구제는 자기에게 주어진 물질을 아무에게나 주어버리는 무책임한 행위를 만들어 낼 뿐이다.

진정으로 하나님의 경륜가운데 거룩한 공동의 목표를 수행하기 위해 동반자로 주어진 사람을 대상으로 구제가 행사되어야 한다. 이런 점에서 본다면 적어도 하나님 나라를 함께 세워나가는 교회의 지체로 확인된 이웃, 곧 형제를 구제의 대상으로 삼아야 한다. 교회는 공동 운명체로 하나님께서 정해주신 기관이기 때문이다. 따라서 진정한 구제를 하기 위해서는 언약 공동체인 교회에 연보로 드리는 것이 가장 합당한 방법이 되는 것이다.

3. 기도에 대하여

기도에 대하여 예수님은 세 가지를 지목하여 가르치셨다.

첫째, 외식하는 자와 같이 사람들에게 보이려고 기도하지 말고 골방에 들어가 하나님께 은밀하게 기도하라.
둘째, 이방인과 같이 중언부언하지 말라.
셋째, 기도는 형식보다는 그 안에 담겨 있는 중요한 사상이 있어야 한다.

이러한 내용을 '주께서 가르치신 기도'를 통해 가르치셨다.

1) 외식하는 자의 기도

기도란 하나님 앞에 우리의 사정을 아뢰고 우리의 필요를 아버지이신 하나님께 고하여 하나님의 응답을 기다리는 것이다. 그렇기 때문에 기도에는 일정한 틀이 있다.

먼저 높으신 하나님을 송축하고, 둘째로 자신의 불충과 무지와 무력함 그리고 하나님의 뜻을 다 받들지 못한 죄에 대하여 고백하며, 셋째로 자기의 사정을 하나님께 아뢰고 간구하며, 나아가 하나님의 나라를 세워나가는 일에 있어서 함께 그 길을 가야 할 교회와 지체들의 사정과 필요를 구하는 도고를 하며, 끝으로 이미 주신 하나님의 은혜에 대한 감사와 앞으로 응답해주실 은혜가 유효하게 사용되어 나타나게 될 하나님의 영광에 대한 송축을 담고 있어야 한다.

이러한 기도에 있어서 중요한 것은 하나님과의 관계이다. 기도는 기독교에만 있는 것이 아니라 어떤 형태로든 여타의 모든 종교나 사람들의 신념으로라도 존재한다. 그러나 여타의 기도는 사람들의 관념이나 아니면 신념에 근거하여 일정한 대상이나 혹은 대상 없이 자기의 소원을 갈구하는 것으로 끝나고 마는 것이다. 따라서 그들의 기도에서는 종교성을 담고 있을지 몰라도 그 기도에 대한 책임이나 윤리성 혹은 도덕성을 따지지 않는다.

그러나 기독교의 기도는 인격자이신 하나님과의 관계에 근거하여 응답을 기다리는 기도이기 때문에 거기에는 기도에 대한 책임과 정당성이 늘 요구된다. 뿐만 아니라 기도하는 사람의 도덕적, 윤리적인 상태까지도 중요하다. 이런 점에서 우리의 기도는 여타의 기도와 근본적인 차이점이 있다.

예를 들어 기도하는 사람이 길거리에서 사람들에게 보이려고 큰 소리로 기도하는 행위는 기도 자체가 목적이 되어버린다. 그러한 기도를 하는 것은 자기와 하나님과의 관계가 그만큼 긴밀하고 절대적이라는 사실을 과시하기 위함이다. 실제로 하나님과 자기 사이에 그처럼 긴밀하고 친근한 사이가 아님에도 불구하고 사람들 앞에서 자기는 그 정도로 하나님께 인정을 받고 있는 것처럼 행동하는 것 또한 외식이다.

하나님께 자기의 형편과 사정을 아뢰고 그에 따른 하나님의 처분을 기다리는 것이라는 기도의 기본 정신을 인식하고 있다면 그러한 무모한 일은 하지 않을 것이다. 그래서 예수님은 은밀한 곳에서 기도하라고 말씀하신다. 이 말은 꼭 골방에 들어가라는 말이 아니라 어디가 되었든 간에 하나님과 비밀스럽게 대화하는 것을 의미한다. 하나님과 자기만의 비밀에 대해 허심탄회하게 이야기를 나누는 것이다.

2) 하나님과 긴밀한 관계를 유지하고 있어야 함

그러기 위해 하나님과 자기의 대화를 방해하는 모든 요소들로부터 가급적 보호되어야 한다. 비밀을 가지고 있는 사람들 사이에는 제 삼자가 끼어 있어선 안 된다. 그것은 이미 비밀이 아니다. 따라서 당사자들 사이에는 아무도 방해가 안 될 만큼 가깝고 은밀해야 한다.

그리고 비밀을 가지고 있는 사람들 사이에는 아무 것도 거리낌이 없어야 한다. 서로 비밀을 지킨다고 하면서 다른 사람들에게 몰래 발설한다든지 당사자도 모르는 또 다른 비밀을 간직하고 있다면 그 사이에 심각한 오해가 생기기 마련이다. 그만큼 숨김이 없어야 당사자들간의 비밀이 타인들에게 들키지 않는다. 이처럼 기도는 하나님과 나 사이만의 비밀 이야기이다. 그러한 비밀 관계를 사람들 앞에서 떠벌리는 것은 사실은 아무런 관계도 아니라는 것을 반증한다.

3) 하나님의 경륜에 일치해야 함

나아가 기도는 하나님의 뜻과 경륜 안에서 드려져야 한다. 일방적으로 나의 견해를 통고하는 것이 아니라 하나님의 의지를 묻고 어떻게 하실 것인가에 대한 명확한 응답을 기다려야 한다. 그러기 위해 하나님은 기도하는 사람이 알아들을 수 있는 방법으로 응답하신다.

아무리 어린아이가 유치한 언어로 자기의 필요를 표시하더라도 그 부모는 그 아이의 의사가 무엇인가 명확하게 알고 그에 따른 조치를 하는 법이다. 비록 그 아이가 알아듣지 못하는 말을 한다 해도 최소한 그 아이가 요구한 것을 들어주고 그 조건을 충족시켜 주어 아이에게 자기의 의사가 관철되었음을 깨닫게 해준다. 마찬가지로 우리의 의사 전달이 하나님에게는 비록 미약하더라도 하나님은 우리가 알아들을 수 있는 방법으로 응답해주는 분이다.

그러나 어떤 경우에는 사람들을 위해 하는 기도가 있다. 기도의 대상은 하나님이심에도 불구하고, 그 사실을 망각하여 사람들이 나의 기도를 어떻게 생각할까하는 염려에 빠져 나름대로 미사여구를 사용하여 그럴 듯하게 보이려고 노력하는 경우가 그러하다. 또는 기도라는 수단을 동원하여 상대방이 듣는 앞에서 하나님께서 그를 보아 달라는 식의 발언을 함으로써 그 당사자에게 인정을 받거나 인심을 얻으려는 경우도 있다.

그러한 기도들은 이미 그 자체가 목적이 되고 만다. 사람들에게 자기의 언변을 자랑하고자 하는 욕심이나, 기도를 빙자하여 사람의 마음을 끌어보겠다는 생각은 이미 기도의 정신에서 어긋나 있는 현상들이다. 심지어 자기 혼자 기도할 때도 그러한 경우가 있다. 하나님께 잘 보이려고 이렇게 저렇게 말을 꾸미는 일들이 그러하다. 좋은 자세는 자신의 모습을 꾸밈없이 내보이는 것이다. 자신의 상태를 고하는 자리에 가서 자기를 잘 보이려고 꾸미는 마음가짐은 처음부터 잘못된 생각이다.

4) 중언부언하는 자의 기도

중언부언한다는 말은 자기가 하는 말의 의미도 모르고 이 말 했다가 저 말 하는 경우를 말한다. 말의 초점이 없어서 한참 뭐라고 했음에도 불구하고 그 요지를 알아들을 수 없는 말을 하는 경우는 당사자간에 명확한 관계가 확인되어 있지 않거나 자신에 대한 분명한 인식이 없기 때문이다.

하나님께 기도한다고 하면서 하나님이 누구인지도 모르고, 자기와 어떤 관계인지도 모르고, 자기의 위치가 어디인지도 모르기 때문에 공연히 말만 많이 했지 그 요지가 비틀리거나 자기의 상황과는 아무런 상관 없는 이야기를 장구하게 할 뿐이다. 이처럼 바른 신관(神觀)이 결여되어 있거나, 하나님과 자기와의 관계가 분명하지 않거나, 자기의 존재 의미가 명확하지 않을 때 자연히 중언부언하는 기도를 하게 된다.

기도란, 하나님과 나 사이에 있는 은밀하고 비밀스러운 것이다. 그렇지 않고 하나님과의 관계를 무시해 버리고 사람들을 위해서 혹은 자기의 분수도 모르고 말을 내뱉는 행위는 거룩한 것을 더럽히는 결과를 초래할 뿐이다.

은혜의 방도로 주어진 기도가 자신의 만족을 채우려는 목적이 되어 버린다는 것은 그 자체가 이미 기도의 본의를 상실한 추한 모습이다. 그래서 예수님은 우리가 기도할 때에 어떻게 하는 것이 정당한 자세이며 그 내용은 어떠한 것인가에 대하여 '주의 기도'를 통해 가르쳐 주신 것이다.

4. 금식에 대하여

금식한다는 것은 하나님과의 긴밀한 관계를 유지하기 위한 방편이다. 기도를 통해, ① 자신과 하나님과의 관계를 명확하게 하고, ② 하나님으로부터 응답을 받아 하나님의 나라를 세워나가야 할 필요성을 강하게 느껴, ③ 어떤 일정한 기간 동안 세상의 삶의 방편을 포기하고 하나님께 전적으로 자기 자신을 위탁하고 하나님의 처분을 사모하는 마음에서 나온 것이 금식이다.

따라서 금식하는 것에 대해 구태여 사람들에게 내보일 하등의 이유가 없다. 주님은 "너는 금식할 때에 머리에 기름을 바르고 얼굴을 씻으라 이는 금식하는 자로 사람에게 보이지 않고 오직 은밀한 중에 계신 네 아버지께 보이게 하려 함이라 은밀한 중에 보시는 네 아버지께서 갚으시리라"(마 6:18)고 말씀하였다.

금식한다는 것은 그만큼 하나님과의 관계가 절박하다는 의지적인 표현이다. 자신의 생존에 대한 문제까지도 포기할 정도로 긴박한 상황이기 때문에 자칫 자신의 모습을 함부로 하기 쉬운 것이다. 그러나 금식은 어디까지나 '하나님과 나' 사이의 문제이다.

　사람들에게 금식하는 모습을 보일 이유가 없다. 그럼에도 불구하고 슬픈 기색을 내고 얼굴을 흉하게 하는 것은 자신의 종교적인 열정을 사람들에게 보이려는 외식에서 나온 행위에 지나지 않는다. 우리는 그러한 자리에 들어갈 아무런 이유가 없다. 진정으로 '하나님과 나와의 관계'가 얼마나 중요한가를 다시 생각하게 해 주는 교훈이 아닐 수 없다.

제2장

하나님께서 받으시는 기도

1. 은혜의 방도로서의 기도

하나님께서 우리를 사랑하셔서 우리가 구원의 길에 들어가고 마침내 그 구원의 열매를 얻을 때까지 친히 인도하고 보호하기 위하여 '은혜의 방도'를 마련해 주었다. 그중에서도 계시가 중요한 위치를 차지한다.

계시에는 하나님의 말씀을 기록하여 전달한 성경(聖經)과, 말씀의 의미를 유형적인 형태로 담아 제정해 주신 성례(聖禮)로 두 종류가 있다. 이 계시를 통해 우리는 하나님이 누구인가를 알고 하나님 앞에서의 자신의 본분과 위치를 확인하게 됨으로써 하나님께서 우리 인생을 이땅에 보내신 존재의 본의를 완수하게 된다.

뿐만 아니라 하나님은 우리와 긴밀한 관계를 늘 유지하고 사랑을 나누기를 기뻐하시며 우리가 하나님에 대해 정당한 반응을 나타내기를 즐거워하신다. 그래서 계시를 통해 하나님이 누구인가를 알게 된 후에는 그에 합당한 모습으로 하나님과의 관계를 유지하고자 하는 의지를 발동하게 된다. 그 결과 나타난 행위가 기도이다.

하나님은 우리의 기도를 듣고 응답하며 우리의 찬송을 흠향하고 그 평화로움을 우리에게 나누어 주신다. 나아가 헌상을 열납하여 우리의 존재가 가치 있게 발휘되도록 하는 일들을 통해 하나님의 백성으로서 특별한 은혜와 복을 누리고 있음을 늘 증거해 주신다. 우리는 하나님의 인도와 보호를 체험하게 되며 하나님이 어떤 분인가를 더 자세히 알아가게 된다. 이런 면에서 기도를 '은혜의 방도'라고 한다.

1) 구원에 이르게 하는 유일한 길

은혜의 방도는 하나님의 구원의 길에 들어선 우리를 끝까지 보호하고 인도하여 마침내 구원의 완성에 이르게 하는 데 본래의 의미가 있다. 따라서 은혜의 방도를 통해 하나님의 구원 권능을 체험하지 못한다면 아무런 의미가 없다. 그러므로 계시, 즉 성경에 대한 바른 이해와 성례의 정당한 시행을 통해 하나님이 누구이며 우리와는 어떤 관계를 가지고 있는 분인가를 바로 아는 일이 중요하다. 그러한 인식과 자기 존재에 대한 각성이 있어야 은혜의 방도들이 우리를 구원에 이르게 하는 데에 유효한 효과를 발휘할 수 있기 때문이다.

이런 의미에서 본다면 기도와 찬송과 헌상은 어디까지나 우리를 구원에 이르게 하는 데 보조적인 역할을 할 뿐이다. 그것 자체로 우리가 하나님을 알아가는 것이 아니며, 계시(말씀)에 대한 바른 지식이 없이는 이러한 행위들이 아무런 능력을 발휘하지도 못하고 그 고유한 역할도 할 수 없다.

이 점을 감안한다면, 은혜의 방도로서의 기도가 우리를 구원에 이르게 하는 데 있어서 실제적인 역할을 한다는 점을 무엇보다도 중요하게 생각해야 한다. 즉, 우리의 기도에 대해 하나님께서 적절하게 응답해 주심으로써 하나님과 우리와의 관계가 늘 확인될 뿐만 아니라, 기도가 구원의 완성을 이루어 가는 데 있어서 능력을 발휘하고 있어야 한다는 것이다.

그럴 때 기도는 '은혜의 방도'로서 그 고유한 역할을 다하게 된다. 구원에 이르게 하는 그 고유한 효과를 발휘하지 못하는 기도라면, 아무리 그 내용이 좋고 간절한 마음을 담고 있다 하더라도 의미가 없음을 알아야 한다.

또한 마태복음 6장 5-15절에서 두 가지 중요한 사실을 발견할 수 있다. 즉, 어떤 기도는 하나님의 응답을 받을 수 없는가 하는 것과, 어떻게 기도해야 하나님의 응답을 받을 수 있는 정당한 기도인가에 대한 것이다.

2. 응답 받지 못하는 기도

여기에서 응답 받지 못하는 기도에 대해 크게 두 가지를 지목하여 말하고 있다. 그것은 사람들에게 보이려고 기도하는 경우와 이방인들과 같이 중언부언 기도하는 경우이다.

1) 사람에게 보이기 위한 기도

예수께서 말씀하신 때와 같이 요즈음에 거리에 서서 기도하는 사람들은 거의 볼 수 없으나 당시 사회에서 그런 경우는 흔히 있는 광경이었다. 그렇다고 해서 이 문제가 오늘날 우리하고 아무런 상관이 없는 것은 아니다. 지금의 사회적인 상황에서 그 당시의 형식을 가질 필요가 없기 때문에 형식만 달리할 뿐이지 사실은 그것과 별반 다르지 않는 의도와 목적을 가지고 기도하는 사람들을 얼마든지 볼 수 있기 때문이다.

우리가 알고 있듯이, 당시 사회는 유대의 헤브라이즘(Hebraism)에 대항하여 로마의 세력을 등에 업은 헬레니즘(Hellenism)이 강력하게 대두하던 시대였다. 신본주의(神本主義)를 지향하고 히브리적 독특성을 강하게 세워나가고자 하는 유대를 향하여, 인본주의(人本主義)를 바탕으로 하고 있는 헬레니즘의 문화가 노도와 같이 밀려오고 있었다. 더군다나 로마의 군국주의(軍國主義) 앞에서 유대인들은 히브리 문화를 유지하기 위해 온갖 힘을 다 기울이고 있었지만 겨우 그 명맥만을 유지하고 있을 뿐 더 이상 지탱하고 나갈 여력이 없는 시기였다.

이러한 때에 헤브라이즘이 헬레니즘에 침몰되어 버린다면 그 동안 필사의 힘을 모아 유지시켜 왔던 신본주의는 여지없이 무너져 버릴 수밖에 없는 상태였다. 이처럼 당시에는 히브리주의가 헬레니즘의 도전 앞에 점차 무력하게 침투(浸透)당함으로써 그 독특성을 상실할 수밖에 없는 심각한 위기에 처해 있었다.

이처럼 국가적인 위기를 의식하고 있던 바리새인들이나 교법사들은 히브리주의가 지향하는 역사적인 성격을 계속 유지시켜 나가고자 누구보다도 애를 쓰고 있었다. 이러한 목적에 의해 그들은 조상 대대로 내려 오던 역사적인 특성을 유지하고 그 정신이 담겨 있는 헤브라이즘을 계승해 보려고 힘쓰던 사람들이었다.

2) 바리새인들의 잘못된 생각

바리새인들은 헤브라이즘을 강렬하게 전하고 격려하고 보여주기 위한 방편으로 사람들이 많이 모이는 곳에서 드러내어 기도를 했다. 그렇게 함으로써 히브리 사람들이 가지고 있는 독특한 특성을 과시하며 사람들의 정신을 일깨울 수 있다고 생각한 것이다.

그들의 기도 내용은 자기들의 사사로운 문제보다는 민족의 평안과 하나님의 경륜이 이루어질 것에 대한 간절한 열망을 담고 있었다. 그러한 열망을 주위 사람들에게 전달해야 했기에 그들의 기도는 자연히 계몽적이고 교훈적이 될 수밖에 없었다. 그러한 감화를 통해 이스라엘 사람들이 자기들의 민족성과 선민(選民)으로서의 위치를 자각하고 각성하여 민족의 장래와 하나님의 뜻이 이루어지기를 위해 기도해야겠다는 생각을 가지도록 하는 효과를 기대했다.

그렇게 함으로써 바리새인들이나 교법사들은 이스라엘 사람들이 헬레니즘의 영향을 받지 않고 히브리주의를 고수하도록 하는 자기들의 목적을 이룰 수 있다고 생각했다. 더구나 당시의 상황이 히브리주의를 강력하게 표시하지 않으면 로마의 군국주의와 헬라의 인본주의에 잠식되어 민족적 특성을 잃어버릴 수밖에 없는 급박한 상황이었기 때문에, 그들의 이러한 노력은 하나님에 대한 열심이 얼마나 특별했는가를 반영해 주기에 충분한 것이었다.

길거리에서 기도하는 그들의 의도대로 당시 유대 사람들 사이에서는 상당한 효과를 볼 수 있었다. 그러나 이런 의도에서 시작한 그들의 기도는 기도의 본의를 벗어나 사람들의 눈을 의식하는 기도가 되었다. 그런 점에서 그들은 이미 자기 상을 받은 것이다(마 6:5).

오늘날에도 그와 같은 마음으로 기도하는 사람들은 얼마든지 있다. 비록 사람들 앞에서 들으라고 기도하는 것은 아닐지라도 하나님께 기도하기보다는 사람들에게 자기의 종교적인 열심과 열정을 보이기 위하여 기도하는 행위가 바로 그것이다. 그런 경우 이미 그 사람은 자기가 기도하는 모양을 통해 얻고자 하는 효과를 충분히 받은 것이다. 문제는, 그러한 행위가 아무리 교훈적이고 타인의 모범이 될 정도로 경건하게 보인다 할지라도 그것은 이미 기도가 아니라는 점이다.

3) '바리새인과 세리의 기도'

이 점에 대하여는 예수께서 비유로 말씀하신 '성전에서의 바리새인과 세리의 기도'(눅 18:9-14)에서 알 수 있다. 당시에는 성전에서 기도할 경우, 남들에게 그다지 방해되지 않는다 생각할 때에는 서서 기도하는 습관이 있었기 때문에 그 자체가 문제 되는 것은 아니었다. 예수님이 바리새인과 세리의 기도 비유에서 바리새인의 기도가 잘못되었다고 신랄하게 지적하신 이유는 다른 데에 있었다.

처음부터 이 바리새인의 기도는 기도의 정신을 망각한 것이었다. "하나님이여 나는 다른 사람들 곧 토색, 불의, 간음을 하는 자들과 같지 아니하고 이 세리와도 같지 아니함을 감사하나이다"(눅 18:11)고 한 바리새인의 기도는 하나님을 대상으로 드려지기보다는 다분히 세리를 의중에 두고 있음을 명백하게 나타내고 있기 때문이다. 아마 바리새인은 세리가 기도하러 성전에 온 것을 보았을 것이다. 그리고 이 기회를 틈타 불의한 세리에게 따끔한 충고를 하고 싶은 충동을 가지게 되었을 것이다.

그래서 즉시 세리가 들을 수 있는 큰 소리로 세리의 잘못을 지적하였다. 하나님의 백성으로서 살아야 할 유대 사람이 로마의 앞잡이 노릇이나 하며 동족의 피를 빨아먹는 악행을 하는 것에 대해 보기 좋게 일격을 가할 수 있는 절호의 기회를 잡은 것이다.

그리고 어떤 것이 하나님의 뜻에 합당한 삶인가를 세리에게 가르치고자 하는 마음에서 "나는 이레에 두 번씩 금식하고 또 소득의 십일조를 드리나이다"(눅 18:12)라고 외쳤다.

그러나 이러한 내용의 기도는 세리를 훈계하고 그의 마음을 충동시켜 양심의 가책을 느끼게 하려는 의도에서 나온 말일 뿐 하나님께 드려져야 할 정당한 기도는 아니다. 이것은 자신의 정당함을 내세워 다른 사람의 부정을 꼬집는 비열한 행위에 지나지 않는다. 물론 어떤 사람이 이러한 바리새인의 기도를 옆에서 들었다 한다면 대단히 감복(感服)했을 것이다.

이 바리새인은 과연 민중의 지도자로서 하나님의 계시에 입각하여 살아갈 뿐만 아니라 헤브라이즘을 수호하는 훌륭한 인물이라고 주변 사람들로부터 평가받고도 남음이 있을 것이다. 나아가 무엇보다도 그 소리를 들은 당사자인 세리는 참으로 자기의 폐부를 깊숙이 찌르는 날카로운 비수와 같은 지적에 가슴이 섬뜩함을 느꼈을 것이다. 그렇지 않아도 세리는 가슴을 치며 "하나님이여 불쌍히 여기옵소서 나는 죄인이로소이다"(눅 18:13)고 할 뿐인데 바리새인의 날카로운 지적 앞에 더욱 주눅이 들었을 것이다.

바리새인의 기도는 다른 사람들에게 자기의 정당함과 하나님에 대한 열심이 얼마나 출중한가를 보여주는 데에는 효과를 발휘했다. 민족의 지도자다운 그의 열심과 성경에 대한 지식은 충분히 사람들의 칭찬을 받을 만큼 훌륭한 것이었다. 그렇지만 그의 기도는 사실 하나님과는 아무런 상관이 없는 기도였다.

"내가 너희에게 이르노니 이 사람(세리)이 저(바리새인)보다 의롭다 하심을 받고 집에 내려갔느니라"(눅 18:14)는 예수님의 말씀과 같이, 바리새인의 기도는 하나님께서 받지 않은 기도였다. 여기에서 우리는 하나님께서 받으시는 참된 기도란 무엇인가를 생각하게 된다.

4) 중언부언하는 기도

또 하나 생각할 것은 자기가 구해야 할 것에 대해 바르게 이해하지 않은 상태에서 이 말 했다가 저 말 했다가 하는 경우의 기도 역시 하나님께서 들어주지 않는 기도이다. 중언부언한다는 말은 자기도 자기가 하는 말의 의미를 모르고 이 말 했다가 저 말 하는 경우를 말한다.

하나님께 기도한다고 하면서 바른 신관(神觀)이 결여된 채 하나님이 누구인지도 모르고, 자기와의 관계가 어떤가도 인식하지 못하고, 자기의 위치가 어디에 있는지도 모르기 때문에 자기가 마땅히 구해야 할 것과는 아무런 상관 없는 이야기를 장구하게 늘어놓을 뿐이다. 기도는 하나님과 나 사이에 있어서 은밀하고 비밀스럽고 분명해야 한다.

그래서 예수님은 "구하기 전에 너희에게 있어야 할 것을 하나님 너희 아버지께서 아시느니라"(마 6:8)고 명백하게 말씀하고 계신다. 과연 우리에게 절대적으로 필요한 것이 있다면 그리고 우리와 하나님과의 관계가 긴밀하다면 하나님은 우리의 필요를 모르실 분이 아니라는 말이다.

서로가 서로를 그처럼 명확하게 알고 있지 않는 상태에서 이것을 구해 보았다가 안 되면 저것을 달라고 하는 식으로 자기의 필요를 구하는 것은 기도가 아니다. 하나님께 자기의 필요를 구해야 하는 분명한 이유를 인식하고 있다면 자기도 모르는 것을 하나님께 구하지는 않을 것이다.

기도에서는 하나님과의 관계가 무엇보다도 중요하다. 하나님과 우리와의 관계는 인격을 바탕으로 교제가 이루어지기 때문에 기도에는 당연히 도덕적인 책임이 뒤따라야 하며 기도다운 이념이 담겨 있어야 한다. 이러한 요소들이 결여될 경우에는 기도가 다분히 형식적이고 겉치레적인 것이 될 수밖에 없다.

기도는 은혜의 방도로 주어진 하나님의 특별한 배려이다. 그러므로 기도는 자신의 만족을 채우려는 수단이 되어서는 안 된다. 기도는 하나님과의 거룩한 만남을 유지하게 하는 통로이며 이 통로를 통해 하나님에 대한 지식이 날마다 새로워지고 우리의 위치가 확인되어서 마침내 구원의 완성을 이루어 나가기 위한 유력한 수단으로 주어진 것이다.

3. 하나님께서 받으시는 기도

예수님은 골방에 들어가서 은밀한 중에 하나님께 기도하라고 말씀하신다(마 6:6). 혹 사회를 개혁하거나 다른 사람을 교훈할 일이 있다 하더라도 하나님께 드리는 거룩한 '은혜의 방도'로서의 기도를 수단으로 삼아 간접적으로 자기의 주장을 드러내서는 안 된다.

하나님께 드릴 기도는 따로 구별하여 하나님께 드리고, 사람들을 교훈할 일은 별도의 방법으로 교훈해야 할 것을 예수님은 지적하고 계신다. 아무리 그 의도가 좋고 그것이 하나님을 위하는 일일지라도 하나님과의 교제의 방편으로 주신 기도를 다른 일에 사용하지 말아야 한다.

기도의 생명은 하나님과의 관계를 확인하고 마땅히 하나님께 아뢸 말씀을 아뢰었느냐에 있다. 기도란 반드시 하나님께 드릴 말씀을 아뢰는 것이지 기도를 빙자하여 다른 사람과의 관계에서 어떤 효과를 노리는 일은 있을 수 없다. 기도는 하나님께서 들으신 것으로 전부이다. 그이상은 없다. 그 기도를 들으신 하나님께서 어떤 응답을 하든 그것은 하나님의 판단에 따라 결정될 일이다.

따라서 하나님께서 들으시지 않는 기도는 절대로 기도라 할 수 없다. 이것을 우리가 염두에 둘 때 기도에 있어서 하나님과 나 사이에 다른 사람을 개입시켜서는 안 된다는 사실을 알게 된다. 하나님과 나 사이에 긴밀한 인격적인 관계만 용납될 뿐이다.

그러한 관계에 대하여 예수님은 '아버지와 아들의 관계'라고 말씀하신다. "은밀한 중에 계신 네 아버지께 기도하라"는 말씀과 같이 우리는 하나님을 아버지로 여기고 기도한다.

여기에서 중요한 것은 과연 우리가 하나님의 자녀다운 품성을 갖고 있는가에 대한 각성이다. 이 말은 하나님께서 우리의 아버지라고 불리는 것에 대하여 인정하고 기뻐할 수 있을 정도로 우리가 하나님의 성품을 닮고 있어야 한다는 의미이다. 하나님과 우리 사이가 긴밀하고 서로의 인격을 나눌 수 있을 정도로 하나의 성품을 가지고 있어야 비로소 우리는 하나님을 아버지라고 부를 수 있다.

그와 같이 하나님의 자녀다운 성품을 가지고 있다면 우리는 자연히 하나님의 뜻에 부합되는 기도를 하게 될 것이다. 이것이 진정으로 기도하는 자가 갖추어야 할 요소이다.

기도는 자기 마음대로 자신의 정황이나 필요를 하나님께 구하는 것이 아니다. 오히려 하나님께서 그의 나라를 어떻게 경영해 나가실 것인가를 바라보고 그 일에 동참하고 쓰임 받기 위해 하나님의 지혜와 권능을 구하는 기도를 하는 것이 그의 자녀다운 기도의 모습이다. 기도가 효과를 나타내기 위해서는 하나님의 뜻에 합당하게 기도해야 하며, 하나님께서 그것을 이루실 것이라는 확신을 가지고 있어야 한다. 이것을 믿음이라고 한다.

하나님께서 우주적인 교회를 경영하되 구원의 기관으로서의 지상 교회를 통치하며 그 안에서 나를 통해 성취하고자 하는 하나님의 일에 대하여 내가 바르게 인식하고 그 일을 이루실 것을 기도한다면 마침내 그 일을 성취하실 하나님을 의지하고 신뢰하게 된다. 그럴 때 나의 기도는 하나님의 의지와 일치하게 된다.

하나님께서 나의 기도를 통해 그 일을 성취하시는 것을 친히 체험함으로써 우리가 이루어야 할 구원의 완성을 미리 바라보고 그 능력을 체험하게 된다. 이런 차원에서 기도는 은혜의 방도로서 우리에게 구원의 효과를 가져다 준다고 말한다.

그러한 기도의 효과를 우리가 늘 누리고 유지하기 위해서는 무엇보다도 하나님의 경륜에 대해 잘 알고 있어야 한다. 그 일을 가르치는 기관이 교회이기 때문에 교회는 계시를 밝히 가르치고 선포하여 하나님께서 세상을 어떻게 경영하며 그의 나라를 어떻게 이루어 나가는가를 명확하게 보여주고 있어야 한다.

교회는 은혜의 방도로 주신 계시에 대해 명확하게 분별하고 해석할 수 있는 역량을 항시 갖추고 있어야 하며 그 회원들은 성경에 대한 바른 깨우침을 갖도록 더 열심을 내어 성경공부에 전력해야 한다. 그러할 때 교회가 하나님 나라에 대한 바른 지식을 갖게 되고, 그 안에서 시대적인 사명 의식이 발생하여 우리 각 사람의 인생이 효과적으로 하나님의 나라를 위해 쓰임을 받을 수 있는 것이다.

제3장

기도의 정신

1. 기도의 요소

우리가 하나님께 기도할 때 주의해야 할 것에 대해 예수님은 마태복음 6장에서 몇 가지 예를 들어 말씀해 주셨다.

첫째, 기도는 하나님께 아뢰어야 할 것을 아뢰는 것이다.
기도에 어떤 종교적인 색채나 목적을 부여하여 사람들에게서 소정의 효과를 얻으려 하는 어떤 행위도 하나님 앞에 가증하다는 점을 명심해야 한다. 오히려 기도에 임하는 사람은 '왜 내가 하나님께 기도하지 않으면 안 되는가?'를 명확하게 알고 있어야 한다.

요컨대 누구나 기도한다고 해서 그 기도가 어떤 효험을 가져다주는 것이라고 생각해서는 안 된다. 기도는 하나님과의 관계가 철저하고 긴밀하게 늘 유지되고 있는 사람이 하나님께 어떤 사실을 아뢰기 위해 하는 비밀스런 이야기이다. 마치 아들이 아버지에게 긴밀하게 어떤 사실을 아뢰는 것과 같다.

둘째, 기도는 하나님의 뜻에 합당해야 한다.

이방인들과 같이 말을 많이 해야 하나님께서 들어주실 줄 알거나, 자기 나름대로 힘을 다하고 정성을 다해 기도하면 자기의 소원이 성취될 것이라고 생각하는 것은 기도가 무엇인지 모르는 사람들이나 하는 일이다.

자기 방식대로 자기의 목적을 성취하기 위해 기도한다는 것은 자기의 공로를 가지고 자기가 하나님의 마음을 움직여 보려는 얄팍한 속셈에 지나지 않다. 오히려 은밀한 중에 (가까이) 계신 하나님께서 우리의 필요를 이미 다 알고 계신다고 주님은 말씀하신다. 그럼에도 불구하고 기도를 해야 하는 것은, 기도란 하나님께서 우리 인생에게 바라는 것이 무엇인가를 알아가도록 은혜를 베풀어 주는 통로가 되기 때문이다.

기도는, 우리가 하나님께 구한 것에 대한 응답의 결과를 통해 하나님께서 우리에게 바라는 것이 무엇인가를 알아가는 데 그 목적이 있다. 우리가 기도하는 것은 하나님의 뜻이 이루어질 것이라는 믿음을 가지고 있기 때문이다. 그리고 기도의 내용 역시 하나님께서 경영하시는 나라가 구체적으로 성취되어 갈 것을 소원하고 고대하는 것이지 자기 개인의 영달을 꿈꾸며 그것을 이루기 위해 하나님의 힘을 빌리자는 것이 아니다.

하나님 나라의 진행에 대해 우리의 지혜가 모자라서 바로 알고 있지 못하지만, 적어도 역사와 교회의 가르침을 통해서 보여주신 경륜이 있기 때문에, 이 경륜에 근거하여 하나님께서 그 나라를 세워나가실 것을 신앙하는 마음으로 그 뜻이 성취되기를 기도한다.

그 과정에서 우리의 기도가 하나님의 의중을 충분히 이해하지 못하였더라도 하나님께서 적절하게 응답해 주시는 과정을 통해 우리는 하나님께서 행하시는 구원의 역사를 뚜렷하게 보고 체험하게 된다. 그러한 체험을 통해 우리의 구원이 어떻게 이루어지고 있는가를 알게 됨으로써 영광된 그 나라를 소망하며 살아가는 힘을 얻게 된다. 이런 점에서 기도의 능력이 발휘된다.

그러므로 우리가 하나님께 기도할 때 생각 없이 주문을 외우듯이 기도할 것이 아니라, 역사의 진행과 그 가운데서 이루어지고 있는 하나님의 구원 사역을 명확하게 보고 있어야 한다. 그래야 우리가 무엇을 기도할 것인가를 알 수 있기 때문이다.

셋째, 기도는 중대한 목적이 있어야 한다.

기도한다는 것은 지존하신 하나님을 만나 뵙고 아뢰어야 한다는 급박함과 당위성이 필연적으로 전제되어야 함에도 불구하고 우리는 너무 자주 생각 없이, 특별히 하나님의 나라를 위해 무엇을 구한다는 목적도 없이 습관적으로 기도하는 경향이 있다.

하나님의 나라가 진행됨에 있어 왕이신 하나님께 아뢰어 어떤 조처를 취해 주실 것을 바랄 만큼 중대한 용건이어야 한다. 그러한 목적이나 사상도 없이 고개를 숙여서 무언가를 열심히 간구하고 마음을 다해 소원을 빈다고 해서 그것이 기도가 되는 것은 아니다.

2. 주님이 가르쳐 주신 기도의 정신

기도에는 갖추어야 할 몇 가지 기본적인 내용과 사상이 있어야 한다. 그것을 가르쳐 주신 것이 주기도문이다. 주님은 "그러므로 너희는 이렇게 기도하라"(마 6:9)고 하면서 우리가 기도해야 할 내용이 무엇이고 그것이 얼마나 중요하며 시간을 다툴 만큼 급박한 일인가를 가르쳐 주셨다.

이런 점에서 우리는 주님이 가르쳐 주신 기도의 내용을 주의하여 살펴보아야 한다. 주기도문의 내용을 파악하기에 앞서 먼저 그 기도 속에 나타난 기도의 정신이 어떤 것인가를 아는 것이 우선이다.

주님이 가르쳐 주신 기도에서 먼저 나타나는 것은, '기도를 들어주시는 하나님이 누구이신가?' 에 대한 것이다. 하나님에 대한 막연한 개념을 가지고 기도한다는 것은 기도해야 할 이유조차 명확하지 않게 된다. 때문에 먼저 기도의 대상이신 하나님에 대해 바르고 확실한 지식을 가져야 할 것을 요구하신다. 그 다음에 '그분에게 기도하는 우리는 누구인가?' 하는 점에 대해 깊이 생각할 것을 요구하신다.

엄위로우신 하나님 앞에 서 있는 우리의 존재 의미와 상태에 대해 면밀하게 점검해야 하나님께 바르게 기도할 수 있기 때문이다. 그후에 하나님께 구할 내용이 무엇이며, 그 기도에 대해 어떤 자세를 가지고 있어야 하는가를 말씀해 주신다.

1) 절대주권을 행사하시는 하나님

주님이 가르쳐 주신 기도는 존귀하신 하나님이 누구인가를 직, 간접적으로 표하고 있다. 주기도문의 어디를 보든 하나님과 긴밀한 연관이 없는 경우가 없다. 그만큼 주기도문에서는 하나님을 기도의 중심에 두고 있다. 그중에서 하나님에 대해 직접적으로 표한 말씀은, "하늘에 계신 우리 아버지여 이름이 거룩히 여김을 받으시오며 나라이 임하옵시며 뜻이 하늘에서 이룬 것같이 땅에서도 이루어지이다"(마 6:9-10) 하는 것으로, 그 내용은 다음과 같다.

첫째, 하나님은 우리와 구별되어 초연한 곳에 계신 분이시다.

하나님은 우리가 존재하는 이땅에 계시지 않고 우리가 감히 범할 수 없는 하늘에 계신다. 근본적으로 우리는 하나님과 다른 위치에 있기 때문에 언제나 함부로 가깝게 할 수 있다고 생각해서는 안 된다.

우리는 하나님께 정당한 대접을 해야 한다. 따라서 먼저 하나님에 대해 바른 지식을 가지고 있어야 한다. 성경은 하나님에 대한 바른 지식을 갖도록 여러 곳에서, 특히 십계명의 1-4계명에서 자세히 계시하고 있음을 주의하여 살펴보아야 한다.

둘째, 하나님은 우리의 아버지이시다.

하나님은 우리와는 근본적으로 다른 분이지만 우리와 가깝고 친밀한 분이시다. 하나님은 우리에게 '아버지'라 불리기를 기뻐하신다. 우리는 하나님이 누구인지 알지 못했고, 죄의 오염과 부패로 인해 영원히 사망의 종노릇을 하고 있어야 했는데, 그 자리에서 구속하여 친히 자식으로 삼아주셨다. 그만큼 우리는 특권을 누리고 있다. 지존하신 하나님이 우리의 아버지이기 때문이다. 그러므로 우리가 기도할 때 하나님과 나와의 관계에 대해 명확하게 인식하고 있어야 한다.

셋째, 하나님은 우리의 경배를 받으시기에 합당하시다.

하나님이 누구이며 그의 은혜를 받은 우리가 누구인가를 알게 되면, 당연히 하나님께 경배를 드려야 함을 깨닫게 된다. 왜냐하면 하나님은 우리의 경배의 대상이심이 더욱 분명히 밝혀지기 때문이다. 초월자이신 하나님에 대해 여러 가지 많은 말로 칭송을 할 수 있는데 그것을 대표하여 "이름이 거룩히 여김을 받으시오며"라고 송축하신다.

'거룩'이란 구별되었다는 뜻으로, 모든 악과 부패와 결핍으로부터 구별되어 순전하고 순결하신 하나님에게만 사용되는 단어이다. 이렇게 함으로써 하나님을 정당하게 대접할 뿐만 아니라, 하나님이 어떤 분인가를 고백하는 신앙의 표현이 된다.

또한, 하나님은 우리의 아버지로서 우리의 모든 삶을 경영하고 인도하지만, 전 세계와 우주를 다스리는 분이시기 때문에 우주의 왕으로서 통치의 대권을 행사하실 것을 소원해야 한다. "나라이 임하옵시며"라

고 소원하는 것은 하나님이 전 우주를 통치하기를 바라는 우리의 신앙
이다.

'나라'라는 말은 국가(國家)라는 말이 아니라 왕권(kingship)을 의미한
다. 따라서 우주의 왕으로서 아무런 방해를 받지 않고 왕권을 행사할
것을 기도하는 것은 마땅한 우리의 본분이다. 이 기도 속에서 우리는
하나님 나라에 속한 백성이라는 사실 또한 분명하게 알고 있어야 한다.

하나님은 고유한 목적을 가지고 왕권을 행사하는 분이기 때문에 이
루고자 하는 뜻을 가지고 계신다. 우리는 그의 자식으로 마땅히 아버지
의 뜻을 받들어, 우주를 경영하는 고유한 목적을 이루어야 할 위치에
있는 사람들이다. 따라서 하나님께서 이루고자 하신 그 뜻을 받들어 이
땅에서 속히 이루어질 것을 기원하는 것은 당연한 자세이다.

우리가 "뜻이 하늘에서 이룬 것같이 땅에서도 이루어지이다"라고 기
도할 때에는, 하나님께서 경영하고자 하는 목적이 무엇인가를 바로 알
고 그 일이 성취되어야 할 것을 소망하는 마음으로 해야 한다. 그리고
바로 그 일에 쓰임 받고 있다는 사실을 인식하고 그 뜻이 이루어지기까
지 우리가 해야 할 사명을 성취하기 위해 최선을 다해야 한다.

이러한 의식 없이 기도한다면 입술로 기도문을 외우고 있을 뿐이지,
결코 정당한 기도가 아니며 하나님에 대한 바른 예우가 아니다.

2) 전적으로 하나님을 의지해야 함

하나님은 그 지혜에 있어서나 권능에 있어서 우리와는 다른 분이고,
우주의 왕으로서 전 역사를 통치하는 분이며, 우리를 통해 구원의 역사
를 경영하고 그 뜻을 이루는 분이기 때문에 우리의 필요를 하나님께 간
구해야 한다. 이것은 하나님께서 해결해 주지 않으면 우리의 지혜와 능
력으로는 해결할 수 없는 일들이라는 점에서 더욱 주의를 요한다.

첫째, 하나님께서 우리의 모든 필요를 공급해 주실 것을 바라는 것은, 모든 생명이 하나님에게서 나왔을 뿐만 아니라 그 생명을 보존하고 경영하는 분이 하나님이심을 믿기 때문이다. 그래서 우리는 하나님께서 우리가 이해하는 방법이든, 또는 상상할 수 없는 방법을 동원해서라도 우리의 생명을 보존할 수 있는 방편을 마련해 놓으신 것을 아는 것이다.

실제로 하나님께서 우리의 생명을 한 순간이라도 소홀히 하신다면 우리는 더 이상 이 세상에서 살 수 없을 정도로 세상은 살기 어려운 것임을 잘 알고 있다. 따라서 우리를 불쌍히 여기고 하나님의 영원한 구원에 이르기까지 돌보아 주실 것을 간절히 소망하되, 우리를 구원해 주실 것이라는 표시로서 일용할 양식을 간구하는 것이다.

둘째, 우리의 생존권이 하나님의 은혜로우신 보살핌 가운데서 보장되었다 하더라도 우리의 생명을 적절하고 정상적으로 발휘함에 있어서 심각한 장애를 가져다주는 죄의 문제가 늘 우리 안에 있음을 고백해야 한다. 그렇다고 우리의 죄를 무조건 용서해 달라고 비는 것은 잘못된 생각이다. 그것은 하나님의 절대 공의에 위배되기 때문이다. 하나님은 어떤 이유에서든 아무리 작은 죄일지라도 절대로 용서하지 않는 분이시다.

따라서 우리는 죄의 문제를 근본적으로 해결해 주셨을 뿐 아니라 우리 안에 있는 모든 죄의 경향에 대해 늘 새롭게 씻어주시는 예수님의 의로우심에 근거하여 속죄를 간구해야 한다. 특히 죄의 성향을 우리의 힘으로는 도저히 이길 수 없고, 무엇보다도 죄가 요구하는 대가를 치를 수 없기 때문에, 날마다 우리를 깨끗케 하여 주시는 예수님의 은총을 바라보는 것이다. 그리고 그리스도의 속죄를 믿을 때 하나님께서 죄를 용서하신다는 사실을 또한 믿어야 한다. 여기에서 그리스도의 속죄의 공효를 믿고 신뢰하는 신앙이 요구된다.

셋째, 우리가 그리스도의 속죄함을 늘 의지하고 있다 하더라도 근본적으로 연약하고 우둔하여서 시험에 들기 쉽고, 우리의 생명을 정상적으로 발휘하고자 하여도 우리를 억압하는 모든 적대 세력으로부터 자신을 보호할 능력과 지혜가 없기 때문에 하나님께서 그러한 시험과 악의 세력에서 우리를 보호해 주시지 않으면 도저히 하나님의 자녀로서 살아갈 수 없음을 고백해야 한다. 이 기도를 하는 것은 하나님의 구원의 의지가 우리를 악에 빠지지 않게 그냥 내버려두지 않으신다는 신뢰 때문이다.

이상에서 보는 것처럼 하나님께서 우리의 인생을 통해 이루고자 하신 거룩한 의지와, 우리가 그 일의 성취를 위해 우리 자신을 하나님께 의뢰하였다는 사실에 근거하여 이 기도를 들어주는 하나님이심을 믿고 기도하는 것이다.

막연하게 주문 외우듯이 기도하면 적당히 하나님께서 알아서 처리하실 것이라는 생각은 절대로 가져서는 안 된다. 그만큼 우리의 기도는 절대적이고 급박하다는 사실을 알고 전적으로 하나님을 의뢰한 상태에서 기도해야 한다.

3) 모든 기도는 하나님의 영광을 위한 것임

우리의 삶을 보장해 주며, 죄로부터 구원하고, 연약함에서 보호하는 것은 우리로 하여금 인간답게 살도록 하기 위함이다. 하나님은 그 일을 통해 창조의 목적을 완수하기를 기뻐하신다.

우리가 이 세상에 존재하는 것은 하나님의 뜻을 이루기 위함이다. 우리가 궁극적으로 소원할 것은 영광된 하나님 나라의 완성에 있어야 한다. 그것을 위해 하나님의 통치가 영원하고 그 권능을 행사하심이 전능하며 영원토록 영광을 받으실 것을 송축하는 것이 당연하다.

그래서 "나라와 권세와 영광이 아버지께 영원히 있사옵나이다"라고 송영(頌榮)을 올리는 것이다. 이것은 하나님만이 절대주권자이며 영광을 받으실 분이심을 인식하고, 이 모든 기도를 친히 이루어 주실 것을 간절히 소망한다. 또한 그 자체가 하나님께 대한 신앙의 고백이다.

3. 기도에 임하는 우리의 자세

이상에서 우리가 바르게 기도하기 위해서는 무엇보다도 하나님에 대한 바른 지식을 가지고 있어야 할 것에 대해 살펴보았다. 이제 하나님 앞에 있는 우리 자신에 대해 다시 생각할 필요가 있다. 즉 하나님과 우리와의 관계를 다시 점검하자는 것이다. 그래야 하나님께 정당한 기도를 할 수 있기 때문이다.

1) 공동의 관심사를 기도해야 함

하나님께 기도할 수 있는 것은 하나님이 우리의 아버지이기 때문이다. 그런데 주님께서 가르치신 이 기도에서는 '나' 한 사람의 아버지가 아니라 교회 공동체로서의 모든 성도들의 아버지이심을 특징적으로 강조하고 있다.

주기도문에서 기도하는 내용은 나 하나의 관심사가 아니며, 나에게만 응답해 주시는 사적인 내용이 아님을 알 수 있다. 오히려 이 기도는 우리 공동의 관심사가 무엇인가를 잘 보여주고 있다. 심지어 일용할 양식과 죄로부터의 구원함과 악의 세력을 물리쳐 주는 데에 있어서도, 나 하나를 위한 것이 아니라 우리 모두를 위해 간구하고 있다는 점을 보아서도 우리 모두가 절대적으로 필요한 공동의 목적을 기도해야 함을 알 수 있다.

이것은 우리가 존재하는 삶의 양태가 공동 운명체로서의 교회를 떠나서 존재하지 않는다는 사실을 강력하게 시사해 주고 있다. 우리의 기도는 전 우주적인 하나님의 나라가 추구해야 할 목적과 일치하고 있어야 한다. 좀 더 구체적으로 우주적인 하나님 나라의 지체로서의 우리 교회가 마땅히 지향하고 나아가야 할 길에 서서 하나님께 기도해야 한다. 그러한 기도가 나에게 바라는 하나님의 뜻에 합당한 기도이며, 나아가 영광된 나라를 완성하고자 하는 하나님의 목적을 성취하는 기도이다.

우리가 이처럼 교회 공동의 목적을 위해 기도할 때 비로소 우리의 지체들에게 진정한 구원을 가져다 줄 수 있다. 그러므로 이렇게 기도하는 것이 자기 자신뿐만 아니라 한 몸된 교회 공동체인 형제들을 위한 기도가 된다.

개인적으로 서로 친분이 있다는 이유로 그 사람의 사생활을 위해 기도하는 것보다는 이처럼 전 역사 안에서 교회가 마땅히 서 있어야 할 것을 기도하는 것이 궁극적으로 모든 형제들에게 구원을 가져다주고 하나님의 영광된 나라를 건설할 수 있다는 점에서 진정한 기도의 효과를 누릴 수 있는 것이다.

2) 죄(debts: 부채)의 심각성을 인식해야 함

나아가 우리 인생을 내신 하나님의 거룩하신 뜻이 있어서 우리가 하나의 교회 공동체로 마땅히 그 뜻을 이루어야 할 터인데, 우리 안에 심각한 결핍이 있어 우리를 충분히 자유하지 못하게 하고 우리의 능력을 충분히 발휘하지 못하게 하는 점에 대해 진지하게 생각해야 한다.

우리 교회가 하나님 나라를 세워 나감에 있어서 날마다 이루어야 할 분량이 있는데 그것이 무엇인지 알지 못해서 이루지 못했든지, 아니면 우리의 지식이나 능력이 미치지 못해서 마땅히 이루어야 할 분량을 다하지 못했든지 간에 우리가 다하지 못한 것은 하나님 앞에 심각한 부채로 남아 있다는 사실을 깨달아야 한다. 어떠한 형태로든 하나님 앞에 부채가 남아 있다는 것이 바로 죄의 모습이다.

따라서 우리가 하나님 앞에서 죄를 느낄 때에는 나 하나의 윤리적이고 도덕적인 결핍만을 죄라고 생각할 것이 아니라, 역사가 진행되는 과정 속에서 마땅히 내가 자라야 할 분량에 미치지 못해 나타나는 결핍에 대해 더 심각하게 여겨야 한다. 왜냐하면 교회 공동체는 유기적인 일체를 이루고 있기 때문이다.

나 한 사람의 인생이 가야 할 길을 다 가지 못해서 발생한 결핍은 하나님 앞에서 나 하나가 갚아야 할 부채로 남아 있는 것만이 아니라, 교회 공동체가 마땅히 이루어야 할 하나님 나라적인 사명을 수행함에 있어서 나 하나의 결핍이 전 교회적인 결핍을 초래하기 때문이다.

그 결과 나 한 사람의 불충이 교회적인 결핍을 발생하게 하여, 나와 한 몸을 이루고 있는 전 교회원들과 나아가 전 우주적인 교회에게까지 치명적인 결핍을 가져다준다는 사실을 명심해야 한다. 그래서 우리가 기도할 때 "우리의 죄를 용서해 주시옵소서"라고 기도한다. 나 하나의 부채가 하나님 앞에서 해결해야 할 교회 전체의 부채로 늘 남아 있기 때문이다.

3) 기도하는 우리의 위치

우리는 늘 죄에 대해 심각한 자세를 가지고 있어야 한다. 그래서 무엇보다도 그리스도의 십자가의 공효를 의지하는 것이다. 그리스도의 공로가 아니었으면 도무지 우리의 힘으로는 해결할 수 없는 빚을 탕감받았기 때문이다. 우리는 하나님 앞에서 말할 수 없는 빚을 이미 탕감 받은 사람들임을 인식해야 한다. 그러한 근거로 우리에게 허물이 있는 사람들을 용서할 수 있다.

우리가 우리에게 죄 지은 자를 용서했기 때문에 우리의 빚을 탕감 받는 것은 아니다. 자칫 그것을 우리의 공로로 여기기 쉬운데 전혀 그 뜻이 아니다. 이미 우리는 하나님의 커다란 긍휼을 입은 사람들이다. 그래서 우리에게 허물 있는 사람들을 용서해야 한다는 의미이다.

우리가 그들을 용서해야 할 또 하나의 이유는, 비록 하나님으로부터 영원한 죄에 대해 탕감을 받았다 할지라도 여전히 우리는 연약한 사람들인 까닭에 마땅히 하나님께 드려야 할 우리 인생을 자칫 허비하기 쉽기 때문이다. 그럴 때 우리에게 허물 있는 사람을 용서하고자 하는 마음이 조금도 없는 사람이 감히 자기의 허물을 용서해 달라고 하나님께 구한다는 것은 있을 수 없는 일이다.

우리는 하나님의 자녀로서 늘 하나님과 화목을 유지하고 있어야 한다. 그러나 우리의 생각이라는 것이 항시 악하고 부족하기 때문에 하나님의 심경을 불쾌하게 할 때가 많이 있기 마련이다. 그럴 때 우리는 마땅히 그리스도의 공효에 의지하여 하나님과 화목할 수 있도록 하나님께 나아가 죄를 고백하고 용서를 빌어야 한다.

그러기 위해 예수께서 그처럼 고통을 당하신 것이다. 그 고통을 통해 언제든지 우리가 하나님께 나아갈 수 있는 특권을 누리게 하셨다. 이것은 하나님의 자녀들만이 누릴 수 있는 특권이다. 그럼에도 불구하고 우리에게 허물 있는 사람들을 용서할 수 없다면 과연 우리가 하나님의 자녀라고 이를 만한 것이 아무 것도 없다.

우리가 그들을 용서하는 것은 그 용서를 통해 하나님의 나라가 이런 것이라는 것을 그들에게 나타낼 뿐만 아니라, 더 나아가 하나님과 나 사이에 있는 모든 장애물이 없어지고 온전한 평화로움을 유지하고 있다는 사실을 늘 확인하게 해 주는 일이기도 하다.

그처럼 특권을 누리고 있으면서 다른 사람을 용서하지 않는다는 것은 진정으로 온전한 평화로움에 처해있지 못하다는 증거이다. 만일 그렇다면 아직도 하나님의 용서하심과 그 특권을 누리고 있다는 사실을 모르고 있거나, 아니면 사실은 그렇지 않은데 자기 혼자 그처럼 귀한 자리에 들어 있다고 착각하는 사람이다.

우리는 하나님으로부터 말할 수 없는 빚을 탕감 받은 사람들이다. 그럼에도 불구하고 그 사실을 사소한 일로 여기고 다른 사람에 대해서는 조금치도 관대하거나 동정심을 발휘하지 못한다는 것은, 하나님께서 그러한 죄성을 깨뜨리고 구원의 길에 들어서게 하셨음에도 불구하고 여전히 그 자리를 고집하는 게으름과 불신앙이 아닐 수 없다.

그럴 때 하나님은 그처럼 빈약하고 형편없는 자리에서 우리를 건져 내기 위해, 그리고 여전히 우리 안에 남아 있는 죄악의 성품을 깨뜨리기 위해 그에 상당하는 징벌을 마다하지 않는 분이시다. 죄악의 습성에 젖어 남의 열악한 상태를 악용하여 어떻게든지 그 사람을 자기의 손아귀에 집어넣고 자기 하고 싶은 대로 하려는 그 모습을 하나님께서는 미워한다.

그것은 한편으로 자기의 생명은 소중하게 여기면서 타인의 생명과 그 인격의 가치는 업신여기는 옹졸한 사람의 모습일 수밖에 없다. 우리는 이미 도저히 용서받을 수 없는 죄에 빠져 있었다는 사실을 잊어버려서는 안 된다. 오히려 그러한 사소한 일에 매달려 있다가는 마땅히 내 인생이 가야 할 길을 낭비해 버리고 말 것이라는 경각심을 가져야 한다. 진정으로 하나님께 기도할 수 있으려면 우리의 위치가 일만 달란트 탕감 받은 자와 같은 위치에 있는 사람임을 알아야 한다(마 18:23-35).

제4장

"하늘에 계신 우리 아버지"

주님이 가르쳐 주신 기도에서 먼저 생각해야 할 것은 '하늘에 계신 우리 아버지'에게 기도해야 한다는 점이다.

1. 기도의 자세

우리가 하나님께 기도할 때의 관심은, 과연 하나님께서 우리의 기도를 들어주는지의 여부에 있다. 아무리 정성을 드려 그럴듯한 말로 기도한다 하더라도 하나님께서 듣지 않으시면 그것은 기도로서 아무런 의미가 없다.

그러므로 하나님이 받으시는 기도를 하기 위해서는 기도의 대상이신 하나님이 누구이시며 무엇을 원하시는가에 대해 알고 있어야 한다. 뿐만 아니라 기도하는 사람은 하나님 앞에서 정당한 자리에 서 있어야 한다. 따라서 기도하는 자기 자신이 누구인가를 알아야 하며, 그후에 하나님께서 자기의 기도를 들어주실 만한 자리에 자기가 서 있는가를 살펴야 한다.

1) 합당한 절차를 밟아야 함

일반적으로 기도란 자기의 소원을 하나님께 아뢰는 것이라고 생각한다. 그래서 급한 경우에는 순서와 절차를 무시하고 무조건 자기의 처지를 하나님께 하소연하는 것을 기도라고 여긴다. 그러나 기도에는 합당한 절차가 있고 기도해야 하는 정당한 이유가 있어야 한다.

더 나아가 하나님께 기도하는 것은 자기의 소원을 아뢰는 것으로 끝나지 않고 그 결과를 중시해야 한다는 점에서 우리는 주의를 기울여야한다. 왜냐하면 하나님께 간구한 것에 대한 성취는 간구한 사람을 통해이루어 주기 때문에 하나님께서 그 기도에 응답해 주신다면 그에 대한책임을 질 수 있어야 하기 때문이다. 그래서 기도는 자기 욕심대로 하는 것이 아니다. 최소한 자기가 간구한 것에 대한 책임을 질 수 있어야한다.

2) 자기의 위치를 바로 알아야 함

그러므로 기도하는 사람은 자기의 형편과 처지를 알아야 한다. 자기가 알지도 못한 일을 구한다든지 자기의 능력 밖의 일을 구하는 일은, 기도라는 방편을 동원하여 무언가 자기의 욕심을 충족시키고자 하는사행심에서 나오는 것이다. 그래서 기도할 때에는 그 내용에 대해 관심을 가져야 한다. 아무 것이나 자기 생각에 필요하다고 구하는 것은 정당한 기도의 자세가 아니다.

우리가 바른 기도를 하려면 하나님의 경륜을 바로 알고 있어야 한다. 기도하는 사람은 먼저 하나님께서 계시해 주신 말씀에 대해 바른 이해를 구하고 그 지식을 바탕으로 자기의 위치를 확인하여 하나님께서 경영하는 우주적인 하나님 나라의 진행에 관심을 가져야 한다. 이러한 것을 바탕으로 우리가 하나님께 기도할 때 우리의 기도는 사적이거나 편협하거나 근시안적인 기도가 아니라 하나님의 뜻을 이루는 합당한 기도가 되어서 하나님의 응답을 받게 된다.

그렇게 함으로써 우리는 직접 하나님의 경영에 참여하는 영광을 누리게 되며 우리를 통해 역사하는 하나님의 권능을 체험하게 된다. 나아가 이러한 체험은 우리에게 하나님 나라의 진행에 민감하게 반응할 수 있도록 도와주어 우리의 구원이 이루어지고 있음을 직접 확인할 수 있다.

이와 같이 우리의 기도가 합당한 절차를 밟아 하나님 나라를 세워나가는 것을 목적으로 하는 대의적인 기도일 때 하나님의 응답을 받게 된다. 그리고 기도의 응답을 통해 우리는 미처 알지 못했던 하나님 나라의 경영에 대해 점차 알아 가게 됨으로써 우리가 하나님 나라에 참여하는 폭이 훨씬 넓어지는 은혜를 받게 된다. 이런 의미에서 기도는 은혜의 방도로서 우리에게 하나님에 대한 지식을 자꾸 진전시키는 역할을 한다.

3) 하나님의 은혜를 의지해야 함

하나님의 뜻에 따라 기도해야 할 또 하나의 이유는 우리의 이성적인 활동에 제한이 많기 때문이다. 우리의 지적인 활동 영역이 제한적이기 때문에 우리의 필요를 따라 기도한다는 것이 당장에는 최선인 것 같다가도, 조금만 시간이 지나 그 상황에서 벗어나거나 지적인 수준이 자라면 그것이 부질없는 기도였다는 사실을 종종 발견하게 된다.

그래서 우리는 소아적(小我的)인 사고방식에 근거하여 기도하기보다는 하나님 나라에 상당하는 대의적인 명분을 가지고 기도해야 한다. 그럴 때 비록 우리가 하나님의 크고 깊으신 뜻을 다 알지 못하고 기도한다 하더라도 하나님은 우리를 사랑하여 응답해 주심으로써, 우리의 잘 못된 생각들을 고치고 더 발전된 하나님 나라에 대한 개념을 갖게 하여 우리의 신앙이 진전될 수 있도록 은혜를 주신다.

또한 하나님께 기도할 때에는 우리의 기도가 완전하지 않다는 점을 명심해야 한다. 우리가 하나님의 말씀과 신령한 삶의 도리에 대해 더 많이 알았더라면 훨씬 고도한 정신으로 하나님의 뜻에 가깝게 기도할 수 있을 것이다. 그러나 우리에게는 미약한 점들이 많이 있기 때문에, 하나님께서 우리의 기도를 들어주실 때 우리가 구하지 못한 것에 대해 불쌍히 여기시고 크고 깊으신 하나님의 뜻을 보여 주시기를 간절히 소 망하는 마음을 가져야 한다.

하나님께서 우리를 가엽게 여겨 우리가 다 구하지 못한 것까지도 응 답해 주신 것을 바탕으로 더 자세히 하나님을 알아 가고 그 나라의 백 성으로서의 자태를 아름답게 세워 나가야 한다. 바로 이런 모습에서 기 도는 우리에게 하나님의 은혜를 전달해 주는 은혜의 방도가 된다.

4) 하나님의 약속에 근거를 두어야 함

사실 우리가 하나님께 기도한다는 것은 자칫 자기의 욕심을 따라 기 도하기 쉬운 것이다. "구하여도 받지 못함은 정욕(ἡδονή)으로 쓰려고 잘 못 구함이니라"(약 4:3)는 말씀과 같이 자기 육신의 즐거움이나 편함을 추구하는 경우가 상당히 많이 있음을 보게 된다.

어떤 곤경에 빠져 있든지 혹은 외부적인 압력으로 인해 심신이 편하 지 않을 경우 단지 그러한 자리에서 벗어나기 위해 쉽게 기도해 버리고 만다. 그러나 세상에서 살아가는 일은 그 나름대로 법칙이 있고 원칙이 있기 때문에 특별히 그것들을 무시하지 않는 한 곤경에 빠지는 경우란 그리 많지 않다.

자기의 부주의와 무관심이나 무지한 이유 때문에 처한 곤경에서 벗어나기 위해 기도한다는 것은 마땅히 인생의 길을 가야 할 성도로서의 기도가 될 수 없다. 자기가 가야 할 길을 아는 사람이란 의당히 외부로부터 오는 압력이 어떤 성질의 것인가 하는 정도는 바로 파악하고 있어야 한다. 그런 정도를 파악하지 못하고 무조건 곤경으로부터 구해 달라고 기도하는 것은 자신의 인생에 대한 이해가 부족함을 의미한다. 이런 것들이 모두 정욕을 위한 기도이다.

뿐만 아니라 기도하면서 의심하는 경우도 많이 있다. 성경은 "오직 믿음으로 구하고 조금도 의심하지 말라 의심하는 자는 마치 바람에 밀려 요동하는 바다 물결 같으니 이런 사람은 무엇이든지 주께 얻기를 생각하지 말라"(약 1:6-7)고 경고하고 있다.

기도하면서 의심하는 경우는 기도해야 할 마땅한 근거가 없기 때문이다. 아니면 이미 그 마음속에 두 가지 마음이 있어서, 입술로 하나님께 기도하는 것과는 달리 속으로는 자기 나름대로 다른 목적이 있는 경우이다. 이러한 기도는 결코 정당한 기도라 할 수 없다. 따라서 우리가 하나님께 기도할 때에는 하나님께서 명확하게 약속해 주신 내용을 근거로 기도해야 한다.

2. 정당한 기도의 예

우리는 창세기 24장에 나오는 아브라함의 종 엘리에셀의 기도를 통해 정당한 기도의 구체적인 예를 찾아볼 수 있다.

아브라함은 이삭의 배필을 구하기 위해 자기의 몸종인 엘리에셀을 갈대아로 보내면서 가나안 사람이 아닌 아브라함의 족속에게서 신부를 구하라고 부탁했다(창 24:3-4). 이 부탁은 하나님께서 가나안 땅을 아브라함에게 주셨고 장차 이삭이 그 기업을 이을 자로서 확실한 후계자로 인정되고 난 후였다. 아브라함의 부탁을 받은 엘리에셀은 아브라함의 친족에게서 이삭의 신부를 찾기 위해 여행을 떠났다.

마침내 메소포타미아에 있는 나홀의 성에 이르렀는데 저녁때라서 여자들이 물을 긷기 위해 샘으로 모여들고 있었다. 엘리에셀은 "우리 주인 아브라함의 하나님 여호와여 원컨대 오늘날 나로 순적히 만나게 하사 나의 주인 아브라함에게 은혜를 베푸시옵소서 성중 사람의 딸들이 물 길러 나오겠사오니 내가 우물곁에 섰다가 한 소녀에게 이르기를 청컨대 너는 물 항아리를 기울여 나로 마시게 하라 하리니 그의 대답이 마시라 내가 당신의 약대에게도 마시우리라 하면 그는 주께서 주의 종 이삭을 위하여 정하신 자라 이로 인하여 주께서 나의 주인에게 은혜 베푸심을 내가 알겠나이다"(창 24:12-14)라고 기도하게 된다.

1) 하나님의 경영에 일치하는 기도

엘리에셀의 이 기도는 우주적인 하나님의 경영을 근거로 한 기도였다. 단순히 주인에게 자기의 충정을 알게 한다는 정도의 사적인 소원을 이루고자 함이 아니었다. 하나님께서 아브라함에게 약속해 주신 언약은 아들 이삭의 출생으로 성취되고 있었다. 나아가 아브라함의 언약은 400년이 지난 뒤에 그의 후손들에게서 구체적으로 성취될 것이기 때문에(창 15:13-14), 아브라함의 기업을 이을 이삭에게서 새로운 백성들이 출생되어야 했다.

따라서 아브라함의 언약을 계승하여 성취할 약속의 후손이 이삭에게서 출생하기 위해서는 이방 여인보다는 그 언약의 정신을 충분히 이해하고 이삭과 함께 이루어 갈 수 있는 동질의 사상을 가질 수 있는 여인을 아내로 맞이해야 했다. 이런 점에서 하나님의 구원 계획에 대해 보다 가깝게 인식하고 있는 셈의 후예들 가운데에서 신부를 구하는 것이 좋을 것이라고 여겼을 것이다. 이러한 이유 때문에 아브라함은 구태여 엘리에셀을 갈대아까지 보내 아브라함의 친족들 가운데에서 이삭의 신부를 구하게 한 것이다.

그 일을 이루는 데에 하나님께서 순탄하게 인도하실 것을 아브라함은 알고 있었다. 그것은 아브라함에게 약속하신 것을 이루기 위해 이삭의 아내를 구하는 일이 필수적인 것이기 때문이었다. "하늘의 하나님 여호와께서 나를 내 아버지의 집과 내 본토에서 떠나게 하시고 내게 말씀하시며 내게 맹세하여 이르시기를 이 땅을 네 씨에게 주리라 하셨으니 그가 그 사자를 네 앞서 보내실지라 네가 거기서 내 아들을 위하여 아내를 택할지니라"(창 24:7)고 한 말을 보아서, 아브라함은 하나님께서 아들 이삭의 아내를 적합한 방법으로 만나게 하실 것임을 확신하고 있었다. 그래서 마음놓고 엘리에셀을 보낼 수 있었다.

그 사실을 아브라함의 종인 엘리에셀도 알고 있었다. 엘리에셀 역시 아브라함 안에서 할례를 받았고 그 할례의 의미 즉, 하나님께서 이삭을 통해 하나님의 언약을 이루어 가실 것이라는 약속을 이미 알고 있었기 때문에 아브라함의 언약이 이삭을 통해 완성될 것임을 믿고 있었다. 따라서 메소포타미아에까지 가서 신부를 구하는 일이 아브라함의 가정사에 속한 일이 아니라 하나님 나라의 경영에 속하는 대의적인 일임을 알았던 것이다. 이러한 이유 때문에 엘리에셀은 자기의 앞길에 대해 걱정하거나 의심하지 않고 길을 떠날 수 있었다.

2) 하나님의 일을 바라봄

엘리에셀은 자기의 중대한 사명을 수행하는 일에 전적으로 하나님의 인도를 구하는 기도를 드렸다. 사실, 아무 것도 확실하게 정해진 것 없이 막막한 여행길을 떠난다는 것은 그리 쉬운 일은 아니다. 그럴 때 엘리에셀은 자기의 지혜로 해결하려 하지 않고 전능하신 하나님께 전적으로 의뢰했다. 이삭의 아내를 택하는 일은 하나님의 일이기에 자기가 나서서 해결하기보다 하나님께서 적절하게 해결해 주실 것을 바라는 것은 하나님께 대한 신앙의 표시였다.

엘리에셀이 기도를 마치자 한 소녀가 물을 길러 나왔다. 엘리에셀은 하나님께서 이삭의 아내를 선택하실 것을 의뢰하고 그 소녀에게 물을 달라고 부탁했다. 그 소녀는 아브라함의 동생 나홀의 손녀 리브가였는데, 즉시 엘리에셀에게 물을 주고 나아가 약대들에게도 충분히 물을 주었다. 엘리에셀의 눈앞에서 자기의 기도가 성취되었다.

엘리에셀은 리브가의 내력에 대해 알고 더 놀라지 않을 수 없었다. 엘리에셀은 "나의 주인 아브라함의 하나님 여호와를 찬송하나이다 나의 주인에게 주의 인자와 성실을 끊이지 아니하셨사오며 여호와께서 길에서 나를 인도하사 내 주인의 동생 집에 이르게 하셨나이다"(창 24: 27)라고 하나님을 찬송했다.

하나님은 엘리에셀의 기도를 응답하실 뿐만 아니라, 더욱 크고 놀라운 은혜를 예비하셨다. 리브가를 친히 준비하셨을 뿐만 아니라 그의 가족들까지도 그 사실을 알고 모두 하나님에게서 나온 일로 여기고 아무도 이의를 제기하지 않았다.

리브가는 엘리에셀을 통해 자기의 혼인이 하나님의 경륜에 속한다는 사실을 듣고 즉시 길을 따라나서 이삭에게로 나아갔다. 이 모든 일이 이루어지는 동안 엘리에셀은 하나님께서 하시는 일을 바라보는 것으로 충분했다. 자기가 나서서 무언가 일을 도모하고자 하지 않았어도 자기가 생각한 것보다 훨씬 수월하고 긴밀하게 진행됨에 대해 놀라지 않을 수 없었다.

우리의 기도가 하나님 나라의 진행에 긴밀하고 꼭 필요한 일이라면 누구보다도 하나님께서 그 일을 이루어 가신다. 우리는 하나님께서 이루어 가시는 일을 보면서 하나님 나라의 진행과 그 권능에 참여하는 복을 누리게 된다.

엘리에셀의 기도는 하나님의 경영이 이루어질 것에 대한 기도였다. 그러한 기도를 할 수 있었던 것은 하나님의 약속이 무엇인가를 알고 있었기에 가능했다. 하나님께서 아브라함에게 약속하신 언약에 대한 바른 이해가 자기의 어려운 일을 그처럼 쉽게 해결할 수 있도록 도와준 것이다.

3) 하나님의 의지가 나타남

또 하나 이 기도의 응답을 통해 하나님께서 그 일을 이루시겠다는 의지가 분명하게 나타나고 있다는 점을 읽을 수 있다. 이미 엘리에셀은 이삭의 아내를 선택하기 위해 갈대아로 가는 자기의 목적을 하나님께서 이루실 것임을 신뢰하고 있었다. 왜냐하면 이삭의 아내를 구하는 것은 하나님의 경영에 속한 일이기 때문이다. 따라서 엘리에셀의 기도는 하나님께서 자기의 기도를 듣고 그렇게 해달라는 간구라기보다는 하나님께서 계획하신 일을 지체하지 않고 이루실 것에 대한 기도였다. 그래서 나홀의 성에 이르자마자 그러한 기도를 할 수 있었다.

물론 우리는 어떤 경로로 그가 나홀의 성에까지 이르렀는지 알 수 없다. 그리고 왜 엘리에셀이 그와 같이 기도했는지 알 수 없다. 그러나 전체적인 경위를 보면 하나님께서는 엘리에셀이 이해할 수 있는 방법으로 이미 구체적인 인도를 하셨을 것이라고 추측할 수 있다.

그와 같은 현상은 리브가를 보고 지체하지 않고 물을 달라고 한 것에서 확인된다. 그저 아무나 붙들고 부탁해 보아서 들으면 다행이고 듣지 않으면 자기의 부탁을 들어줄 사람이 나타날 때까지 무작정 시도해 보겠다는 심정으로 기도한 것이 아니다. 하나님께서 엘리에셀을 사랑하여 그와 같은 기도를 할 마음을 주시고 즉시 리브가를 보내어 응답해 주신 것이다. 엘리에셀은 리브가를 본 순간 하나님께서 분명히 보내주신 사람임을 알았을 것이다.

그러므로 엘리에셀이 나홀의 성에 이르기까지 인도하신 하나님은 바로 그곳에서 이삭의 아내를 구할 수 있도록 엘리에셀의 마음을 움직여 기도하게 만들어 주셨고, 그 기도가 끝나자마자 리브가를 보내주셨다. 엘리에셀은 하나님께서 그 소녀를 보내주셨다는 사실을 조금도 의심하지 않았다. 그래서 즉시 그 소녀에게 달려가 물을 마시게 해달라고 청했다.

이처럼 하나님은 그가 하나님의 뜻을 분별함에 있어서 지체하거나 혼동하지 않도록 도와 주셨다. 이런 것을 보면, 엘리에셀의 기도에서는 하나님께서 어떻게 그의 뜻을 이루어 가는가를 보여주는 적극적인 의지가 나타나고 있음을 알 수 있다.

4) 하나님의 경영을 위해 기도해야 함

이상을 종합해 보면 다음과 같이 정리할 수 있다.

우리가 하나님께 기도하는 것은 우리의 의지를 관철시키기 위함이 아니다. 하나님께서 계획하신 일을 이루기 위해, 하나님의 뜻을 나타내기 위해, 즉 하나님의 의지를 이 세상에 드러내기 위해 기도하는 것이다. 이런 점에서 기도하는 우리는 특히 주의해야 한다.

하나님은 절대주권자로 우리 앞에 계시는 만군의 왕이시다. 감히 우리가 가까이 할 수 없으신 분이다. 더구나 우리의 지혜로 하나님의 경영을 대신할 수 없다. 그러한 하나님께 일방적으로 우리의 필요를 통지한다는 것은 있을 수 없는 일이다.

그러므로 우리가 기도할 때에는 무엇보다도 왕이신 하나님께서 그의 경영을 이루어 가실 수 있도록 우리를 충분히 비켜 세우는 일이 중요하다. 하나님과 우리 사이를 구별해야 한다. 하나님께서 우리에게 기도하도록 하신 것은 하나님의 경영 안에 우리가 참여할 수 있는 은혜를 주시기 위함이다. 이 사실을 먼저 인식하는 것이 하나님의 이름을 거룩히 여기는 초보의 단계이다.

제5장

"이름이 거룩히 여김을 받으시오며"

주님이 가르쳐 주신 기도의 내용을 다음과 같이 나누어 볼 수 있다.

그 첫째 부분은, '하늘에 계신 우리 아버지여'라고 함으로써 기도의 대상이신 하나님에 대한 바른 인식을 바탕으로 하나님과 기도하는 우리와의 관계를 확인한 다음에,

① '이름이 거룩히 여김을 받으시오며,'
② '나라이 임하옵시며,'
③ '뜻이 하늘에서 이룬 것같이 땅에서도 이루어지이다'

라고 기도한다. 이 기도의 전반부에서는, 우리의 제일의 관심사가 하나님에 대한 것이어야 함을 나타내고 있다.

둘째 부분은, 우리의 일상생활에서 필요한 것에 대한 기도로

④ '오늘날 우리에게 일용할 양식을 주옵시고,'
⑤ '우리가 우리에게 죄 지은 자를 사하여 준 것같이 우리 죄를 사하여 주

옵시고,'

⑥ '우리를 시험에 들게 하지 마옵시고 다만 악에서 구하옵소서'

라고 우리의 모든 삶을 하나님께 의뢰하는 기도를 하게 된다. 혹은 "다만 악에서 구하옵소서"라는 부분을 독립시켜 7번째 기도의 내용으로 분리하는 경우도 있다. 그렇지만 시험에 들지 않는 것과 악에서 구하는 것은 그 성격상 같은 것이므로 모두 6가지의 기도 내용으로 나누어 보는 것이 더 적합하다.

이 후반부에선 하나님의 백성으로서 마땅히 하나님을 의지하고 살아가야 할 삶의 자세가 드러나 있음을 볼 수 있다.

셋째 부분은, 이와 같은 기도를 하고 이 모든 것이 다 하나님의 영광을 드러내기 위한 것이기 때문에,

⑦ "나라와 권세와 영광이 아버지께 영원히 있사옵나이다"

라는 기원으로 하나님을 찬송하고 기도를 마치게 된다. 이때 '아멘'이라는 말은, 창조주이신 하나님의 경영이 그대로 이루어질 것과 그것을 전폭적으로 신뢰하고 지지한다는 신앙의 내적인 표현을 담아서 '주의 뜻대로 이루어지이다' 라는 의미로 화답하는 기도의 종결어이다.

1. 거룩하신 하나님

우리가 하나님께 기도하면서 먼저 기도할 내용은 하나님 자신에 대한 것이다. 우리가 하나님의 이름을 부르는 것은 그 이름이 바로 그 전 인격을 대표하는 것으로 인격적인 존재에 대한 표상이기 때문이다.

따라서 우리가 '하나님의 이름이 거룩히 여김을 받으시옵소서'라고 기도하는 것은, 그 이름으로 표시되는 하나님의 성품, 즉 하나님의 전 인격이 어떤 형태의 악(결핍)이나 불순이나 무지(無知)로부터 구별되어 거룩히 여김을 받으셔야 할 것이라는 뜻으로 기도한다.

1) 이름은 인격을 대표함

일반적인 사물이나 생물들의 이름도 마찬가지이기는 하지만, 특히 사람의 이름은 그 사람에게 속해 있는 어떤 한 부분을 표시하는 것이 아니라 전체를 대표한다. 이름이 머리라든지 손이라든지 몸의 한 지체만을 표시하지는 않는다. 혹은 그 사람이 가지고 있는 어떤 경향이나 성격의 한 부분만을 표시하는 것도 아니다. 이름은 그 사람 전체를 표시하는 것으로서, 그가 가지고 있는 인격이나 인물됨을 나타낸다.

마찬가지로 우리가 하나님의 이름을 부를 때에는 하나님의 사랑이나, 엄위, 자비로우심, 은혜 그리고 더 나아가 불의에 대한 심판, 진노하심 등등으로 표시되는 하나님의 속성에 대해 생각하기 전에, 하나님의 전인격과 신 존재에 대한 사실을 먼저 생각해야 한다.

하나님의 속성을 나타내는 어떤 한 가지 성격이나 그 성품이 발휘된 어떤 한 가지 사건에 감동되어 그것이 하나님의 전부인 것처럼 오해하고 하나님을 그러한 분으로 잘못 이해하여 전체적인 하나님을 인식하지 못하는 일이 없어야 한다.

우리는 하나님에 대해 알고 있는 몇 가지 편협한 지식을 바탕으로 그것이 하나님의 전부인 것처럼 오해하는 경향이 많이 있다. 그것은 마치 우주에 나타난 한 가지 사실을 보고 '우주란 이런 것이다'고 단정짓는 어리석음과 다를 바 없다.

대부분의 사람들은 자기가 경험한 정도의 분량으로 사물을 이해하고 속단해 버리는 바람직하지 못한 습관들이 있다. 하나님에 대해서도 자기가 이해하는 정도의 관념을 바탕으로 '하나님은 이런 분이다'고 단정해 버리는 경우가 많다.

그처럼 빈약한 지식이나 협소한 경험을 가지고 하나님의 속성을 느끼고 그 정도 안에서 하나님과 교제한다는 것은, 하나님을 자기의 이해력의 한계 안에 가두어 두고 교제하려는 것과 같은 어리석은 일이다.

2) 초월자이신 하나님

그러나, 하나님은 우리가 생각하는 그 이상으로 크고 엄위로운 분이시다. 감히 하나님의 이름을 부를 때에는 우리 인생이 시간과 공간의 제한 가운데 있으며 우리의 지혜와 안목으로는 하나님에 대해 다 알지 못한다는 사실을 인정하고 있어야 한다.

우리의 지적 차원에서 하나님에 대해 이해한다는 것이 얼마나 편협한 것임을 알아서 하나님의 이름이 축소되거나 침해 받지 않도록 우리와 구별지어 거룩히 여겨야 한다.

이러한 이유 때문에 우리의 편견이나 누추한 사상으로 하나님의 이름이 정당하지 못하게 대접받는 일이 없도록 하기 위해 우리와는 구별되어 존재하셔야 하는 분이라는 고백으로 "이름이 거룩히 여김을 받으시오며"라고 기도한다.

하나님은 우리와 확연히 구별되어서 우리의 사고력이나 감성으로는 하나님에 대해 알 수도 없고 느낄 수도 없을 뿐더러 우리에게 하나님에 대한 지식을 가질 수 있도록 계시를 주신다 하여도 하나님을 완전히 알 수 없는 것이다. 도저히 우리의 생각으로도 미칠 수 없는 거룩하신 분이며 초월자이기에 사람이 가까이 갈 수 없는 분이시다.

이처럼 우리와 철저히 구별되는 분이시기에 '하늘에 계신 하나님'

이라고 한다. 그럼에도 불구하고 하나님은 우리의 아버지가 되시기에 부자(父子) 관계라는 친숙성을 근거하여 감히 그 앞에 나아가서 기도한다. 그렇다 하더라도 하나님은 얼마나 엄위로우며 거룩하신 분인가를 생각해야 하며 그러한 하나님께서 친히 우리를 자녀로 삼아 주셨으니 또한 얼마나 자비로우신 분인가를 마음 깊이 느껴야 한다.

하나님은 어디든지 안 계신 곳이 없으며(無所不在), 영원하시고, 전능하신 분이시다. 그뿐 아니라 도덕적으로도 흠이 없으며 순전하신 분이시다. 그래서 하나님을 지극히 높으신 분이며 천지의 대주재(大主宰)라고 한다.

2. 우리의 아버지이신 하나님

하나님이 초월적인 존재인 것에 대해 이 세상 사람들 중에서 이의를 제기하는 이는 아무도 없다. 그렇다고 하나님이 그처럼 절대자라고 우리와 따로 구별짓는 것만으로는 정당한 대우를 다했다고 말할 수는 없다.

하나님은 우리와는 다른 분이기는 하지만 우리의 기도를 들어주시고 필요를 공급해 주시는 실질적인 아버지가 되신다. 아무리 전능하고 전지하고 무소부재하신 하나님이라도 우리와 긴밀하지도 않고, 기도에 응답하지도 않는다면, 그리고 우리의 삶과 실제로 아무런 연관이 없다면 하나님의 거룩하신 존재가 우리와는 별다른 상관이 없다.

그러므로 하나님의 이름을 거룩히 함에 있어서 그 이름이 가지는 우리와의 특별한 관계에 대해 먼저 깊게 생각해 보아야 한다. 이런 점에서 성경에서 하나님의 이름(聖號)이 그의 성도들에게 어떻게 나타났고 어떤 관계를 맺었으며 어떤 의미를 가지고 있는가를 살펴보는 것이 도움이 될 것이다.

1) 성경에 나타난 하나님의 성호(聖號)에 대하여

① 하나님 : 먼저 나타나는 성호는 하나님(엘로힘: אֱלֹהִים)이다(창 1:1). 이 이름은 엘(אֵל) 또는 울(אוּל)이라는 말에서 나왔는데, '힘' 이라는 뜻이다. 천지의 창조주이시고 모든 만물을 다스리시는 하나님이라는 의미로 사용되며, 일반적으로 사람들이 상상하는 신(神) 혹은 조물주라는 개념을 가지고 있다.

'엘로힘' 은 엘의 복수형으로서 구약에서의 복수형은 위엄을 나타내는 역할을 한다. 특히 하나님을 복수형으로 기록하는 것은 일반적인 신들과 구별 짓기 위함이기도 하지만 하나님이 한 분이 아니시라 세 분 하나님이심을 나타낸다고 해석하기도 한다.

② 여호와 : 이러한 하나님이 특별히 그의 백성들에게 언약을 맺으시고 자신이 누구인가를 계시하는 분으로 구별되어 나타나실 때에는 여호와 (YHAH: יהוה)라는 성호를 갖고 있다(창 2:16; 3:9, 13, 14). '여호와' 는 하야 (היה)라는 동사에서 나왔다고 하는데(확실하지는 않음) 그 뜻은 '존재한다' (to be)는 말이다. 즉 하나님은 스스로 계시는 분이라는 뜻을 가지고 있다(출 3:13-14).

'여호와' 라는 성호는 그의 백성들에게 언약을 체결하시고 역사 가운데 성취하심으로써 역사의 주관자이심을 보여주는 분이라는 점을 강하게 내포 하고 있다.

③ 주 : 이와 같이 그의 백성들과 긴밀하게 나타나시는 여호와에 대하여 그의 백성들은 그분을 주(主)님이라고 하였다. 천지의 주재자이시고 언약의 창시자이신 하나님 여호와는 사람과의 관계에 있어서 주인이시고 사람은 그의 종이라는 주종(主從)의 관계로 보인 것이다.

'주' (아도나이: אֲדֹנָי = 나의 주)라는 말은 '둔' (דִן)이라는 '재판한다' 또는 '통치한다' 는 말에서 나왔는데, 모든 것을 굴복케 하여 군림한다는 의미를 가지고 있다. 따라서 하나님을 '주님' 이라고 할 때에는 이 세상의 모든 피조물은 한결같이 주님이신 하나님의 휘하에 들어있다는 사상이 그 안에 담겨 있음을 의미한다.

④ 엘욘(עליון) : 이처럼 천지의 대주재이신 하나님의 권능으로 소돔과 고모라를 침략했던 이방 왕들을 물리친 아브라함에게 하나님은 새로운 분으로 소개되었다. 곧 살렘왕 멜기세덱이 아브라함을 축복한 말 가운데 나타난 하나님은 '지극히 높으신 하나님' (엘 엘욘: אל עליון = 하나님은 지극히 높으신 분이다)으로 계시되었다(창 14:18,19). עליון은 '알라' (עלה)에서 나온 말로 '올라간다' 혹은 '높아진다' 는 뜻이다.

소돔과 고모라를 침략한 동방의 다섯 왕들의 군사력에 비교하면 아브라함은 비교도 되지 않을 정도의 빈약한 군사력을 가지고 있었지만 그들보다훨씬 높으신 하나님이 계셨기에 그들을 물리칠 수 있었다. 이러한 경험을 통해 아브라함에게 있어서 하나님은 세상의 그 어떤 권세를 가지고 있는 왕들보다도 지극히 높으신 하나님이심을 알게 되었다.

⑤ 샤다이(שדי) : 그후 아브라함에게 나타난 하나님은 자신을 가리켜 "나는 전능한 하나님이라"(창 17:1)고 하심으로써 '전능하신 하나님' (엘 샤다이: אל שדי = 하나님은 전능하신 분이다)이라고 계시하신다. '샤다이' 는 '사다드' (שדד)에서 온 말로 '권세' 라는 뜻이다.

하나님은 진정한 권세를 가지신 분이기 때문에, 이 세상에서 그 무엇이든 두려워하거나 무서워하지 않고 온전히 하나님의 전능하심에 의뢰하고 살수 있는 의식을 아브라함에게 주신 것이다. 이러한 의식이 있어서 아브라함은 일국의 왕인 아비멜렉을 두려워하지 아니하고, 그의 종들이 아브라함의 우물을 침범한 사실에 대해 강력하게 항의하고, 다시는 서로 침해하지 않도록 그와 동등한 차원에서 약조를 맺었다(창 21:31).

⑥ 올람(עולם) : 아브라함은 비록 사람 사이에서 약속을 하였다 하더라도 그 약속은 항구한 것이고, 특히 하나님 앞에서 약속한 것이기 때문에 결코 변질되어서는 안 될 것이라는 사실을 깨달았다. 더구나 사람 사이에서도 약속이 깨어지지 않아야 하는 것처럼 하나님의 약속은 절대로 깨어지지 않는 영원한 언약이어야 할 것을 깨닫고, 하나님은 영원하신 분이심을 알았다. 그

래서 하나님을 가리켜 '영원하신 하나님' 즉 '영생하시는 하나님' (엘 올람: אֵל עוֹלָם = 하나님은 영원하신, 혹은 영생하시는 분이시다)이라고 하였다(창 21:33).

⑦ 이레(יִרְאֶה) : 하나님의 언약은 영원하시다는 사실에 근거하여 아브라함의 일생에 중대한 경험을 한 사건이 바로 이삭을 하나님께 드린 일이었다(창 22장). 아브라함은 하나님께서 자기에게 보여주신 언약(창 12:1-3)을 지금까지 어떻게 이루어 오고 계시는가를 알고 있었다. 따라서 하나님의 언약에 대한 신뢰성만은 절대로 변할 수 없다는 사실도 알고 있었다. 그러한 하나님께서 이삭을 제물로 삼아 번제(燔祭)로 드리라 했을 때에는 무언가 특별한 의도가 있음을 알고 즉시 그 일을 시행하였다.

하나님은 아브라함의 믿음을 보시고, 이삭을 하늘의 별과 같고 바닷가의 모래와 같게 하시며 천하 만민에게 복의 근원이 되게 하겠다고 재차 언약을 하셨다(창 22:17-18). 이러한 일을 통해, 하나님께 기꺼이 자기의 인생을 헌신하는 것이 번제의 정신이라는 점을 알았고 나아가 사람의 생명을 그처럼 귀히 여기시는 하나님이심에 대해 새로운 지식을 쌓아가게 되었다.

당시의 시대적 상황에서는 사람의 생명을 함부로 여겨 사람을 불에 태워 제사하는 일을 쉽게 하던 때였는데, 그러한 암매의 자리에서 이삭이라는 생명과 인격을 귀하게 여긴다는 새로운 사실을 깨달은 것이다. 그처럼 하나님은 사람 하나하나에게까지 관심을 가지시고, 돌보아 주시고, 지켜주신다는 사실을 알고, 아브라함은 하나님을 '여호와 이레' (יְהוָה יִרְאֶה = 여호와는 지켜보시는 분이시다)라고 하였다.

'이레' 라는 말은 히브리어 '라아' (רָאָה)에서 온 말로 '지켜본다' 또는 '살펴본다' 는 의미이다. 영원하신 하나님께서 언약을 이루어 가실 때에는 그의 백성을 이처럼 늘 지켜주시고, 보살피시고, 필요에 따라 모든 것을 공급해 주신다는 새로운 사실을 깨닫게 되었다.

⑧ 아버지 : 하나님에 대한 의식이 신약에 와서 획기적으로 바뀌게 되었는데, 그것은 예수 그리스도께서 특별하게 하나님을 '아버지' 라고 호칭하면

서부터 시작되었다. 즉 하나님을 아버지(πατηρ)라고 부르게 되었다. 물론 구약에서는 이스라엘을 하나님의 아들이라고 함으로써 하나님을 간접적으로 이스라엘의 아버지라고 표현했다(출 4:22; 신 14:1; 렘 31:20; 호 1:10; 11:1 등). 그러나 창조주이신 하나님을 우리의 아버지라고 부를 수 있게 된 것은 하나님의 아들로 태어나신 예수님에 의해서 이루어진 구속 사역의 완성 때문이다.

지금까지 살펴본 것과 같이, 하나님의 거룩하신 속성들이 우리와 관련하여 특별한 의미를 가지고 나타날 때에는, 하나님의 이름으로 그 관계를 표시하고 있음을 알 수 있다. 따라서 우리가 하나님께 기도할 때에는 하나님께 대한 우리의 인식과 신앙이 먼저 중요한 것임을 알 수 있다.

하나님 앞에 우리의 존재에 대한 바른 깨달음 없이 거룩하신 하나님이라는 개념만을 가지고 기도하려 하는 것은 일반 사람들이 그들의 신에 대해 가지고 있는 인식과 크게 다를 바 없는 것이다. 이방 종교의 사람들도 얼마든지 그 이상의 열심과 존경심으로 그들의 신을 대우한다. 오히려 우리보다 훨씬 특별하게 섬기는 것을 얼마든지 볼 수 있다.

2) 하나님의 성호에 대한 우리의 인식

예수님의 가르치심대로 "이름이 거룩히 여김을 받으시오며"라고 기도할 때에는, 그 기도에 합당한 자세와 책임이 뒤따라야 한다. 그것은 우리가 일컫는 하나님의 이름은 앞에서 살펴본 것처럼 독특한 의미를 가지고 우리와 긴밀한 관계를 유지하고 있음을 상징하고 있기 때문이다.

어떤 누구에 의해서라도 우리에게 긴밀하신 분의 이름이 함부로 입에 오르지 않도록 해야 할 책임이 있다. 즉 우리의 편협하고 무성의함에 의해서, 혹은 다른 사람들의 무지나 교만에 의해서 하나님의 이름이 망령되이 일컬어지지 않도록 하는 책임이 우리에게 있다.

하나님은 우리와 다른 차원에 계심에도 불구하고 우리를 사랑하셔서 특별한 관계를 맺어주시고 그러한 관계를 근거로 하여 하나님의 성호를 계시해 주셨다. 그렇다면 우리에게 계시된 하나님의 성호는 우리와의 각별한 비밀스런 의미를 가지고 있다. 이 비밀의 관계를 유지하기 위해서는 하나님과 우리 사이에 숨겨 있는 약속을 이행해야 한다. 즉 하나님의 특별한 아들로서 자기의 위치를 늘 확인하고 그에 합당한 삶의 자세를 잃지 않아야 한다.

그러므로 하나님과의 관계에서 우리가 주의해야 할 것은, 우리가 하나님의 성호가 가지고 있는 의미를 약화시킨다든지 아니면 우리의 책임을 등한시하여 그 의미를 무가치하게 하는 일이 없어야 한다. 더 나아가 하나님의 이름이 우리의 실수와 잘못으로 사람들에게 멸시를 받게 하거나 대수롭지 않게 여김을 받는 일이 없도록 해야 한다.

더욱이 우리는 교회 공동체로 함께 부르심을 받았기 때문에 나 한 사람의 잘못된 인생은 전 교회에 커다란 누를 끼치게 되는 것이고, 우리 교회 하나가 잘못된 길을 갈 때에는 필연적으로 세상의 지탄을 받아 하나님의 이름이 실추되는 결과를 초래하게 된다.

우리가 교회로 존재하는 동안 주의해야 할 것은, 우리의 상호 교류나 교통의 거룩함에 심각한 부패가 발생하지 않도록 주의하여 하나님의 이름으로 모인 우리의 사회가 이땅에서 늘 거룩히 여김을 받도록 해야 한다.

우리가 적극적으로 이 일을 수행해 나가지 않을 때, 세상의 비도덕적인 불순과 부패가 우리에게까지 밀려오게 될 것이다. 그 결과 교회가 가져야 할 기본적인 도덕적인 순결이나 하나님에 대한 순수함마저 무너지고 만다면 세상은 당장에 교회를 힐문할 것이고, 하나님의 이름이 수욕을 당하고 말 것이다.

교회로서 갖추어야 할 기본적인 속성으로서의 거룩성과 보편성과 통일성을 유지하기 위해 항상 최선을 다하고, 우리 교회가 분명한 표지를 갖고 이 세상과 구별되도록 해야 한다. 그러기 위해 무엇보다도 우리 교회가 나아가야 할 목표를 분명히 세우고 그 깃발 아래 모두 힘과 지혜를 합해 총체적인 진행을 해야 한다.

그 길에서 우리 중에 누구 한 사람이라도 이탈한다면 바로 그 사람으로 인해 우리 교회가 마땅히 가야 할 길을 가지 못하게 된다. 그 결과 우리 교회로서의 자태를 분명히 세우지 못한다면 세상 사람들에게 비방거리를 주게 되어 하나님의 이름이 멸시 받는 결과를 가져오고 말 것이다.

우리 교회가 역사 안에 존재하는 의미를 파악하고 그 사명을 다 할 때에만 교회를 교회답게 하는 것이고, 그럴 때에 세상에서 하나님의 이름이 구별되어 이름이 거룩히 여김을 받으시기를 원하는 우리의 기도가 이루어질 것이다.

제6장

"나라이 임하옵시며"

"하늘에 계신 우리 아버지 이름이 거룩히 여김을 받으시오며"라고 기도하는 것은, 하나님은 우리가 감히 가까이 할 수 없는 엄위로우신 분이고 천지의 대주재로서 어떤 형태로든 그 이름에 흠이 가거나 누를 끼치는 일이 없도록 구별되어야 하기 때문이다. 그러한 하나님이 우리의 아버지가 되어 주신 것은 한량없는 은혜에서 비롯되었다.

하나님은 지존하신 분으로서 하늘에 계실지라도 우리와 함께하시며 긴밀한 관계를 맺어 주신다는 사실을 늘 중히 여겨야 한다. 그 관계 속에서 계시되어진 하나님의 이름을 절대로 만홀히 여기지 않아야 하는 책임을 항상 염두에 두어야 한다.

1. 하나님의 나라를 소원함

지존하신 하나님을 아버지라 부르고 그 앞에 나아가는 우리는 상대적으로 하나님과의 관계에서 우리의 책임이 그만큼 중요하다는 점을 인식하고 있어야 한다. 우리는 하나님의 이름을 신성시 여기는 생활과 인생의 행보를 항상 바르게 유지하고 있어야 한다. 나아가 하나님의 이름을 거룩히 하고 그 앞에 합당한 인생의 길을 가기 위해서는 이땅에서 우리가 담당해야 할 역할이 있어서 그 일을 충실하게 수행해야 한다.

1) 하나님 나라적인 생활 방식이 있어야 함

우리가 하나님의 자녀로서 하나님과의 긴밀한 관계를 통해 얻어진 새로운 신지식(神知識)에 합당한 생활을 해 나갈 때, 거기에는 이 세상 생활의 양태와는 다른 새로운 삶의 형태가 발생하게 된다. 우리는 이 세상과는 다른 삶의 목적을 가지고 있기 때문에 새로운 사회 현상이 자연적으로 발생한다.

따라서 하나님의 이름 앞에 합당하게 살아가는 사람들이 많아질수록 이땅에는 하나님 나라적인 사고방식과 생활방식이 두드러지게 나타나서 새로운 사회 활동이 발생된다. 바로 그 모습이 점차적으로 확장되어 이 세상에 하나님의 나라를 구체적으로 현시하게 된다.

우리가 하나님의 이름이 거룩히 여김을 받으시라고 할 때에는 하나님의 이름이 거룩히 여김을 받으셔야 한다는 당위적인 사실만을 생각할 것이 아니라, 바로 그렇게 기도하는 우리에게 그에 합당한 삶의 모습들이 유형적으로 구축되어야 할 것에 대해 더 깊이 생각해야 한다. 그러한 삶의 자세가 자연스럽게 이땅에 하나님 나라적인 삶의 형태를 구축하는 사회를 구성하게 되고 그것이 점차 확장되어 하나님 나라를 건설하게 된다는 점을 중시해야 한다.

2) 우리는 하나님의 통치를 구현하는 그릇임

그러한 정신을 가지고 살아갈 때에 우리는 지극히 높으신 하나님을 정당하게 모시게 된다. '나라이 임하옵시며'라고 기도하는 것은 그처럼 하나님에 대해 바르게 예우하는 구체적인 삶의 한 모습이다. 또한 하나님의 이름 앞에서 살아가는 우리의 정당한 삶의 모습 속에서 나타나게 될 하나님 나라의 구체적인 현시를 소원하는 기도이다.

여기에서 '나라'라는 단어는, 국가(nation)를 의미하지 않고 통치권(kingship 또는 reign)을 의미하는 히브리어 말르쿳(מלשׁות)에서 나온 말이라는 사실은 중요한 의미를 지니고 있다.

"나라이 임하옵시며"라고 하는 기도는, 하늘에 있는 국가가 이땅에 내려온다는 말이 아니라 하나님의 통치가 우리를 통해 이루어질 것을 목적으로 하는 기도이다. 그래서 우리는 바른 신지식을 바탕으로 살아가는 생활 속에서 하나님의 다스리심을 나타내야 한다.

우리가 하나님 나라의 시민답게 살아감으로써 하나님의 나라를 구체적으로 구현할 뿐만 아니라, 그 일을 통해 하나님의 통치 대권이 정당하게 행사되게 함으로써 우리는 하나님의 통치를 드러내는 그릇 역할을 하고 있다는 사실을 발견하게 된다.

2. 하나님 나라의 백성이 되었다는 의미

여기에서 우리가 속해 있는 하나님 나라에 대해 기본적인 구조를 알 수 있다. "나라이 임하옵시며"라고 하나님의 통치권이 이루어질 것을 기도하는 것은, 하나님이 이 나라의 대주재이심을 고백하는 것이다. 그리고 하나님은 우리를 통치의 그릇으로 사용하여 이땅에 구체적인 형태를 갖춘 나라를 세우시는 분이며, 우리는 그 일에 쓰임 받기 위해 존재한다는 기본적인 사실을 전제하고 있다.

이런 면에서 우리는 하나님 나라를 구성하는 한 분자로서의 신령한 시민이라고 한다(빌 3:20). 한 나라의 시민권을 가지고 있다는 것은 그 안에 두 가지의 사실이 담겨 있음을 의미한다.

첫째, 그 나라가 그의 백성들에게 베푸는 혜택을 누릴 수 있는 자격이 있음을 의미한다. 우리는 하나님께서 그의 백성들을 위해 마련해 놓으신 사회복지 제도를 누릴 수 있다. 그 일에 대해 예수님은 "그러므로 염려하여 이르기를 무엇을 먹을까 무엇을 마실까 무엇을 입을까 염려하지 말라 이는 다 이방인들이 구하는 것이라 너희 천부께서 이 모든 것이 너희에게 있어야 할 줄을 아시느니라"(마 6:31-32)고 말씀하신다.

적어도 우리가 하나님 나라에서 누려야 할 기본권은 하나님께서 보장해 주신다는 사실이 항상 앞서 있어야 한다. 그리고 그러한 모습은 이미 구약을 통해 충분히 계시 - 이스라엘을 어떻게 먹이고 입히셨는가 하는 것들 - 해 주신 바 있다. 그래서 우리는 그러한 생존의 기본권을 얻기 위해 살지 않는다. 이미 그런 기본권은 하나님 나라 안에서 보장되었기 때문이다.

둘째, 그래서 우리는 먼저 그 나라의 국권과 영예를 존중하고 그에 따른 의무를 소홀히 해서는 안 된다. 국가가 백성들의 생명을 적으로부터 지키기 위해 국방을 튼튼히 하고 생활이 안정되도록 경제를 잘 하는 것은, 백성들이 하나의 공동체 의식을 갖고 국가를 위해 최소한 자기의 의무와 역할을 다하게 하기 위함이다.

그러한 목적을 가지고 법을 운영하여 국가를 해하고 사회에 악을 끼치는 자들을 처벌하고 치안을 유지함으로써 백성들이 자기의 본분을 다할 수 있도록 돌보아 주는 것이다. 따라서 그 나라의 시민은 먼저 의무적으로 교육을 받아서 최소한 자기의 역할을 감당해야 한다. 그렇게 하는 것은 자기 자신을 위해서도 중요한 일이지만 더 나아가 그 나라가 무지하고 맹목적인 나라가 되지 않도록 하는 데 크게 이바지하는 일이다.

이렇게 자기 자신을 잘 연단한 후에는 그 나라가 정치적으로 사회적으로 안정되어야 하겠기에 합당한 인물을 선정하여 그들이 바르게 정치를 할 수 있도록 참정권을 행사해야 한다. 필요에 따라서는 국가에 해를 끼칠 만한 사람이 당선되지 않도록 하는 것도 성숙한 국민이 해야 할 일이다. 뿐만 아니라, 그들이 정치를 잘 할 수 있도록 정당한 세금을 냄으로써 국가 경제가 흔들리지 않도록 하는 것도 중요한 국민의 의무이다. 그리고 외부의 세력으로 국가가 위태로울 때에는 적으로부터 국가를 방위하기 위해 자기의 몸을 바치기도 한다.

이처럼 우리가 국가를 위해 의무를 다하는 것은 나름대로 힘써 노력하여 출세하고 남보다 더 권세를 누려 보자는 데 있는 것이 아니라, 나라의 명예를 생각하고 그 존재의 의미를 명백하게 하기 위해 근본이 되는 국민으로서의 의무를 다하기 위함이다. 그러한 차원에서 훌륭한 교육가가 되든지, 과학자가 되든지, 예술가가 되든지, 사업가가 되든지, 혹은 정치가가 되어서 그 나라가 허술하지 않고 모든 면에서 든든히 세워지기 위해 나름대로 자기의 힘을 다한다.

3. 하나님 나라의 백성이 가지는 의무

이러한 정신은 모두 하나님 나라를 표상하는 그림자이기도 하다. 그것이 실체적으로 발휘되는 곳이 바로 하나님의 나라이다. 그 나라는 하나님께서 세우신 거룩한 법칙에 입각하여 순종하며, 자발적으로 우리 자신들을 단련시키고 성장시킴으로써 하나님 나라를 구성하는 한 일원으로서 우리 자신을 최상의 열매로 드려야 한다.

물론 하나님의 나라는 하나님께서 친히 지키고 경영해 나가시는 나라이다. 하나님의 권능과 사랑으로 유지하되 그 나라를 세워 가는 일에 우리가 동참하도록 혜택을 주셨다. 우리는 하나님께서 주신 은혜의 분량에 따라 기꺼운 마음으로 그 나라를 세워나가는 일에 동참하게 되었다.

1) 자신의 달란트를 정상적으로 발휘해야 함

그러므로 우리가 가지고 있는 능력의 범위 안에서 자발적으로 동참하는 것이 중요하다. 자기에게 없는 능력을 가지고는 하나님 나라의 일을 할 수 없다. 자기가 아무리 하나님께 드린다(헌신) 해도 하나님께서 받지 아니하시면 소용없는 일이다. 우리가 하나님의 일에 참여할 수 있는 것은 하나님의 크신 배려가 있기 때문이다.

또한 우리가 하나님의 일에 참여할 수 있다는 것은 그것의 필요에 따라 은사(殷事: talant)를 받는 특권도 누리고 있음을 의미한다. 이처럼 하나님의 일에 참여할 수 있는 기회를 얻고 그 일을 할 수 있는 은사를 받았기 때문에 각자 자기가 받은 마음의 감화에 따라 하나님 나라를 건설하는 일에 참여하게 된다.

그렇다고 아무 일에나 하나님의 일이라고 나서는 것이 아니라, 이미 하나님께서 경영하시는 방침에 따라 질서 있게, 그리고 순서에 따라 참여해야 한다. 그러기 위해 우리 각자가 하나님 나라에서 어떤 위치에 있고 어떤 역할을 맡았는지를 알아야 한다.

세속 국가에서도 자기의 분수를 알고 적성을 개발하여 자기가 맡은 분야에서 최선의 실력자가 되어 국가의 발전에 크게 이바지하는 것처럼, 우리 각 사람은 우리가 맡은 분야에서 최상의 달란트를 발휘해야 한다. 바로 이와 같은 모습 속에서 "나라이 임하옵시며"라고 기도할 수 있다.

2) 공동의 적에 대항해야 함

뿐만 아니라, 하나님의 나라가 진행함에 있어 공동으로 대처해야 할 일도 있다. 그것은 하나님 나라가 항상 건실하게 서 나가는 데에 대항

하여 어떻게든지 방해하고 거꾸러뜨리려고 애를 쓰는 악의 세력을 제
압하는 일이다.

우리는 교회의 용사(a militant of church)로서 늘 장성한 몸과 정신을
가지고 있어야 한다. 교회는 세상의 구조악이나 사회 부조리를 척결하
기 위해 싸우는 군대가 아니다. 오히려 교회는 하나님 나라 건설에 상
반되는 악의 세력과 죄의 경향에 대해 싸워야 한다. 이것을 가리켜 신
령한 전투라고 한다.

또 하나 미루어 생각해야 할 것은 외부의 적대 세력에 대해서는 비록
힘이 들더라도 우리가 바른 정신을 가지고 상대하고 싸울 수 있으나,
교회 안에 들어와 있는 신앙의 변질과 오염은 쉽게 발견할 수 없는 무
서운 적이라는 사실을 알아야 한다.

우리는 무엇보다도 교회가 부패하거나 변질되지 않도록 더욱 우리
자신을 주도면밀하게 살펴야 한다. 우리 안에 작은 모습이라도 부패된
부분이 있다면 어떤 희생을 치르더라도 척결할 수 있는 각오를 가지고
있어야만 한다. 그렇게 해서 교회의 순결성(거룩성)을 늘 유지하고 있어
야 한다. 바로 이러한 정신들이 '나라이 임하옵시며' 라고 기도하는 우
리가 가지고 있어야 할 요소들이다.

우리가 싸워야 할 대상은 육신의 일이 아니라 거대한 사탄의 세력이
다. "우리의 씨름(struggle: 분투)은 혈과 육에 대한 것이 아니요 정사와
권세와 이 어두움의 세상 주관자들과 하늘에 있는 악의 영들에게 대함
이라"(엡 6:12)는 바울의 말 – 여기에서 '정사'나, '권세(자)'나, '어둠의
세상 주관자들'이나, '하늘에 있는 악의 영들'은 사탄의 군대들을 가리
킨다 – 과 같이, 거대한 조직력을 가지고 교회를 엄습하는 사탄의 군대
들이 우리의 적이다.

이것들은 잘 조직된 체계를 가지고 있어서 사탄의 명령 아래 일사불란하게 움직이는 거대한 힘을 가지고 있다. 그 힘을 가지고 세상의 역사를 교묘하게 이끌어 나가서, 어느 때는 평온하게 어느 때는 혼란과 분쟁으로 사람들의 정신을 혼미하게 만들어 자기들의 종으로 삼아 버리는 것이다. 때로는 그처럼 거대한 조직력을 가지고 교회를 강하게 핍박하기도 하고 어느 때엔 평안하게 함으로써 교회가 안락에 빠져서 평안하다고 착각하여 스스로 게으르고 부패하게 만들기도 한다.

3) 우리가 싸워야 할 싸움의 성격

우리는 이러한 사탄의 술책을 파악하고 있어야 한다. 그리고 그것들을 어떻게 대처하고 나가야 하는가에 대해 늘 관심을 가지고 있어야 한다. 오늘날과 같이 많은 교회가 사탄의 거대한 탁류에 휘말려 배교하는 시대에, 과연 우리 교회는 어떤 자태를 드러내고 어떤 모습을 갖추어야 할 것인가를 분명하게 세워놓지 아니하면 우리가 설 자리는 없다.

그래서 우리는 하나님 나라로서의 자태를 잃지 않기 위해 그리고 우리에게 주어진 시대적인 사명을 완수하기 위해 장성한 군대로 성장할 수 있는 훈련을 받고 있다. 더 나아가 우리가 그러한 교회로서 분명한 자태를 가지고 있다면 사탄은 훨씬 강하게 우리를 엄습하고자 갖은 모략을 다 한다. 이럴 때일수록 우리는 그리스도에 대한 신앙을 바르게 점검하고 사탄의 세력을 대적하여 굳건하게 싸워 나가야 한다. 바로 이러한 것이 하나님 나라에 대한 우리의 의무이다.

이처럼 하나님 나라의 정병답게 살아가고 정당한 의식을 갖추고 있어야 만이 진정한 의미에서 그의 나라를 구하는 성도의 자세이다. 말로만 "나라이 임하옵소서"라고 할 것이 아니라, 진실된 삶의 자세를 가지고 역사 속에서 활동하는 적의 형세를 파악하여 우리의 마땅한 위치와 사명을 수행해야 한다.

4) 하나님의 통치를 소원함

바로 이런 자리에 있기 때문에 하나님께서 강력하게 우리를 통치하시기를 소원하는 것이다. 우리가 하나님의 통치를 받고 있지 않다면, 필연적으로 사탄의 지배를 받지 않을 수 없기 때문이다. 우리가 하나님의 통치 가운데 더 밝은 지식으로 이 세상을 바로 깨닫지 못하고 살아간다면, 그것은 필시 암매한 가운데 빠져 사탄의 통치권 속에 떨어질 수밖에 없다.

사탄의 통치란, 사람들 개개인에게 어떤 이상한 기운을 발휘하여 우리를 꼼짝 못하게 나쁜 길로 인도하는 방법으로 역사하는 것이 아니다. 이미 잘 조직된 세상의 권세나 정사들을 이용하여 사람들을 어둡고 나쁜 처지에 빠지게 하는 방법으로 사람들을 옭아매는 것이다. 그렇다고 어떤 강제의 힘으로 그렇게 하는 것이 아니라, 그 사람이 가지고 있는 암매한 인격을 부추기는 수법으로 그러한 어두움을 추앙하게 하여 사람을 미혹한다.

따라서 그 사람 스스로가 그러한 경향을 발휘함으로써 사탄의 올무에 걸려드는 것이다. 한 번 그 올무에 걸려들면 그 안에서 꼼짝하지 못하고 사탄이 경영하는 방식대로 살기 위해 바둥거리게 함으로써 평생 동안 사탄의 노예가 되고 마는 것이다. 이처럼 사탄의 방책은 인격적인 영향을 가지고 사람들을 자기의 노예로 잡아두는 것이다.

하나님의 밝은 빛에 비추임을 받지 않은 상태에서는 누구나 사탄의 책략 속에서 일생을 낭비하다가 죽고 마는 것이다. 한 번도 자기의 본연의 존재 가치를 찾거나 발휘하지도 못하고 그저 세상살이에 얽매여 그 안에서 조금 더 잘 살아보겠다고 바둥거리다 죽고 말 뿐이다. 그 일을 위해 자기의 고귀한 인격을 송두리째 쏟아 부어버리고 마는 것이다. 그 가운데서 어떤 사람이 사탄적인 사상과 친밀한 성향을 가지고 있을 때에는, 그에게 모든 조건을 유리하게 작용시켜 거대한 권세를 갖게 해 줌으로써 세상을 더욱 암흑의 세계로 만들기도 한다.

하나님의 백성이라면 의당히 하나님과의 관계를 늘 유지하고 있어야 한다. 그렇지 않다면 우리도 모르는 사이에 세상의 거대한 정사나 권세에 사로잡혀 사탄의 도구로 전락될 뿐이다. 그러한 위치에 빠져 있는 사람이라면 하나님의 백성이라고 할 수 없다.

5) 적극적으로 성령의 인도를 받아야 함

그러나 하나님의 자녀인 우리 성도들에게는 분명히 하나님의 영이신 성령께서 각 사람 속에 임재하여 계시기 때문에 그와 같은 악한 영의 인격적인 작용이라는 것이 전적으로 우리를 지배할 수 없다.

반면에 성령의 적극적인 인도를 구하지 아니하고 그 말씀에 따라 살려고 하지 않는다면 우리의 인격이 천박해지고 세상의 정욕에 치우쳐서 사욕적인 생활을 하게 되어 간접적으로 악령의 영향을 받기 쉬운 상태에 빠지고 마는 것이다. 그 결과 우리는 성령의 거룩한 인격으로 다스림 받는 것이 아니라 사악한 사탄적인 옛사람의 지배를 받게 된다.

이런 상태를 가리켜 바울은 '신령한 사람'(πνευματικοις: 성령의 인도를 받는 사람)이 아니라 언제나 어린아이와 같아서 장성하지 못한 '육신에 속한 자'(σαρκικοις: 고전 3:1)라고 말하고 있다. 이런 사람은 언제든지 사탄의 영향을 받아 반신국적인 경향에 쉽게 빠지게 된다.

우리는 암매한 가운데 있는 상태로는 하나님의 일을 성취할 수 없기 때문에 무엇보다도 신령한 하나님의 말씀을 공부해야 한다. 그리고 하나님 나라의 거룩한 법칙과 법도를 알아서 그 나라의 백성답게 살아가야 한다. 그러한 모습에서 하나님 나라의 거룩함이 우리를 통해 점차 확연하게 드러나게 된다.

이런 마음으로 '하나님의 나라가 임하옵소서'라고 기도해야 한다. 그렇게 될 때에 하나님의 나라는 우리를 통해 이땅에 현저하게 드러날 것이고 우리는 하나님의 거룩한 통치를 받아 갈수록 더 든든하게 장성하여 이땅에서의 사명을 완수하게 된다.

이런 점에서 우리의 위상을 분명히 해야 한다. 적극적으로 하나님의 통치를 받지 아니하면 언제든지 하나님께서 허락하지 않은 길로 가기가 쉽기 때문이다. 하나님과 반대편을 향해 줄곧 달려가면서도 그저 자기의 정욕을 만족시키기 위해 사는 것은 하나님과 분리되는 결과를 가져올 뿐이다. 그리고 그 결국은 죽음이다.

한 번도 자기 인생의 가치를 제대로 발휘하지도 못하고 인생을 허비하는 것처럼 하나님을 슬프게 하는 것이 없다.

제7장

"뜻이 이루어지이다"

기도는, 합당한 절차와 정당한 이유가 있어야 한다. 따라서 하나님과
의 정상한 관계 아래에서 기도해야 한다. 무엇보다도 정당한 기도는 하
나님의 뜻과 일치해야 한다. 우리가 기도해서가 아니라 하나님의 뜻이
기에 그 기도가 이루어져야 한다. 이런 점에서 기도를 할 때에는 의당
히 하나님의 뜻에 합당한 기도를 해야 하고 그러기 위해서는 왜 기도를
해야 하며 하나님의 뜻은 무엇인가를 알아야 한다.

1. 우리가 기도해야 하는 이유

하나님의 나라는 그 성격상 신정정치(神政政治)로서 하나님에 의해 친
히 다스려지는 나라이다. 그 나라의 백성은 누구나 통치권자인 하나님
의 통치를 받도록 되어 있다.

하나님의 통치를 받는다는 것은 하나님께서 그의 나라를 경영하고자
하신 뜻을 그의 백성들이 받든다는 의미이다. 즉 하나님께서 다스리는
나라의 백성된 우리가 하나님의 권능을 받들어 그의 다스림과 통치함

을 드러내고 살아가는 사실들이 바로 하나님의 뜻이다.

아울러 "하늘에 계신 우리 아버지여 이름이 거룩히 여김을 받으시오며 나라이 임하옵시며 뜻이 하늘에서 이룬 것같이 땅에서도 이루어지이다"(마 6:9-10)라고 기도하는 것은, 그 자체가 아버지의 거룩하신 뜻이기도 하다.

1) 하나님의 뜻은 하나님의 권능으로 이루어짐

그렇기 때문에 하나님이 통치하신다는 사실이 항상 나타나서 왕이신 하나님께서 어떤 의사를 가지고 우주와 이 세상을 다스려 나가실 때에는, 그곳이 하늘이든 땅이든 하나님의 뜻이 그대로 이루어지는 것이다.

하나님의 뜻은 우주 만물을 통해 나타나겠지만 무엇보다도 인격을 가지고 있는 인격자들을 통해 나타나게 되어 있다. 그래서 하늘에서는 천사들을 통해서 그리고 땅에서는 사람들을 통해서 하나님의 뜻이 성취된다.

그러나 우리가 여기에서 더 중요하게 생각해야 할 것은 하나님의 권능에 의한 통치는 우리의 기도 여부에 따라 좌우되지 않고 언제나 하나님의 뜻에 따라 그 결과가 나타난다는 사실이다. 혹은 우리가 하나님의 뜻이 이루어질 것을 기도하는 마음의 소원을 가지고 있든지 없든지 하나님의 뜻은 엄연한 사실로 늘 존재하는 것이고 마땅히 이루어지기 마련이다. 그렇다면 왜 하나님의 뜻이 이루어질 것에 대해 우리가 기도해야 하는가에 대한 질문이 생긴다.

2) 하나님은 우리를 통해 그의 뜻이 성취될 것을 기뻐하심

"뜻이 하늘에서 이룬 것같이 땅에서도 이루어지이다"라고 기도하는 데에는 그 안에 특별한 이유가 있다. 즉 하나님의 뜻은 그의 권능으로 말미암아 자연히 이루어지게 되어 있다. 특히 하늘에서는 천사들에 의해 아무런 불순이나 결핍 없이 하나님의 뜻이 이루어지기 마련이다. 그와 마찬가지로 이 세상에서도 인격을 가지고 있는 인간들에 의해 하나님의 뜻이 아무런 구김이나 방해 없이 이루어져야 한다.

따라서 그의 뜻을 알고 있는 우리를 통해 그 뜻이 이루어질 것에 대하여 기도하라고 한 것은 첫째, 하나님께서 사람을 사용하여 드러내고자 하신 거룩하신 통치 이념을 우리가 바로 깨달아야 할 것과 둘째, 우리에 의해 그의 뜻이 이루어져야 하겠다는 책임감을 가지게 하기 위함이다.

이땅에서 하나님의 뜻이 이루어짐에 있어 그 뜻을 성취해 나가는 주체는 바로 우리들이다. 그런데 우리는 정욕, 암매, 무지 뿐만 아니라 이 세상의 권세를 잡은 세상 세력 즉 마귀의 궤계 때문에 그 뜻을 이루어 나아가고자 할 때에 방해나 타격을 받을 수밖에 없다.

이러한 반대 세력은 우리에게는 불가항력적인 세력들이다. 우리의 지혜나 힘으로 적당히 대치하거나 감당할 수 있는 것이 아니다. 우리는 하나님의 뜻을 이루어야 할 위치에 있음에도 불구하고 이런 장애물들 때문에 도저히 우리 스스로는 그 뜻을 이룰 수 없다.

그뿐만이 아니다. 우리가 그의 뜻을 받들고 나아갈 때에는 믿지 않는 불신자들의 반대보다는 하나님 나라의 도리에 대해 바로 알지 못하고, 알려고도 하지 않는 사람들이 기독교라는 이름으로 종교적인 열심을 앞세워 맹렬하게 반대해 오는 경우가 더 많이 있다.

이들은 하나님의 뜻을 이루는 데에는 관심이 없는 자들로서, 사람들의 종교적인 목표를 이루기 위해 반대해 오기 때문에 당연히 하나님의 뜻을 이루고자 하는 우리와 충돌이 발생하게 된다. 일일이 그들과 진리의 진위에 대해 옳고 그름을 따지다가 평생을 낭비하고 진정으로 하나님께서 바라는 뜻을 위해 살지 못하고 마는 경우도 많이 있다.

이처럼 우리가 도저히 감당할 수 없는 반대 세력이 있기 때문에, 천사들의 세계에서 아무런 차질 없이 하나님의 뜻이 이루어지듯이 이땅에서도 우리를 통해 그의 뜻이 이루어져야 할 것에 대해 기도하지 않으면 안 된다. 나아가 이땅에서 하나님의 뜻이 아무런 방해를 받지 않고 이루어지기 위해서는 바로 나 자신에게서부터 그 뜻이 이루어져야 한다는 사실을 알아야 한다. 하나님의 뜻이 이루어지는 데 있어서 제일차적인 책임은 바로 나에게 있다.

2. 하나님의 뜻을 이룬다는 의미

하나님의 뜻이 이루어지는 데 있어서 제일차적인 책임은 바로 나에게 있기 때문에 이러한 차원에서 하나님 나라가 진행되는 과정에서 나에게 주어진 역할과 위치를 바로 알고 있어야 하나님의 뜻을 이룰 수 있다는 기본적인 원칙을 발견하게 된다. 이 원칙이 요구하는 것처럼 하나님의 뜻을 이루기 위해 다음과 같이 점검해 보아야 한다.

1) 나에게 바라시는 하나님의 뜻이 무엇인가를 알아야 함

먼저 우리와의 관계에서 하나님이 어떤 분인가를 알아야 한다. 하나님은 우리를 종이나 기계로 취급하는 분이 아니다. 즉 우리의 인격을 인정하고 인격자로 대우하는 분이시다.

하나님께서는 무엇을 원하며 의도하는가에 대해 먼저 충분히 보여주시고 우리가 자발적으로 그 일을 완수하는 것을 기뻐하고 즐거워하시는 분이다. 그러나 우리는 죄로 인해 본질적으로 하나님의 지혜를 받아들이거나 하나님에 대한 지식을 소유할 수 있는 영적 기능이 없는 사람들이다(전적 무기능). 그래서 하나님은 우리를 죄로부터 구별하고 하나님을 알 수 있는 영적 기능을 주셨다.

그것은 그리스도의 속죄 사역을 근거로 하여 죄로부터 구속하심으로써 죄로 말미암아 죽었던 우리의 영적 기능을 새롭게 하신 것에서 절정에 이르게 된다. 이렇게 함으로써 새로운 영적 기능을 가진 우리는 비로소 계시로 주어진 하나님의 말씀에 정당하게 반응할 수 있게 되었다. 그전에는 하나님을 알 수 없었으나 이제는 하나님이 누구인가를 알게 되었다. 이 상태를 가리켜 '새사람(The newself=예수 그리스도를 의미함)을 입었다'(골 3:9-10) 혹은 '중생한 사람' 즉 '거듭난 사람'(요 3:3, 5-6)이라고 한다.

이와 같이 하나님을 알 수 있는 지식이 우리에게 생겼다고 해서 하나님이 억지로 그의 일을 맡기시는 것은 아니다. 먼저 그 사람에게 충분한 은혜를 주시고 하나님의 자녀로서 누릴 수 있는 특권을 베풀어 주신다. 그 상태에서 우리는 하나님께서 공급해 주시는 신령한 양식으로 성장하게 되고 점차 하나님의 크신 은혜를 깨닫게 된다. 그리고 장차 하나님 나라의 기업에 참여할 거룩한 신분임을 각성하게 된다. 그것만으로도 하나님은 기뻐하고 즐거워하시는 것이다.

중생한 성도가 성숙하게 되면 하나님으로부터 받은 은혜에 감동을 받게 된다. 죄 아래 있던 자신의 처지와 새롭게 하나님의 자녀로서의 자신을 살펴보게 됨으로써 자연스럽게 하나님 나라의 건설에 참여하게 된다. 그때에 각자 받은 자기의 은사(殷事)에 따라 자발적으로 그 일에 참여하게 된다. 바로 그와 같이 성숙한 단계에 이르게 될 때에 비로소 '하나님의 뜻'이 무엇인가에 관심을 갖게 된다.

이처럼 자신의 은사를 정당하게 사용하고자 하는 그 위치에 서게 될 때, 하나님은 비로소 우리에게 당신의 뜻을 보여주기 위하여 우리가 속한 교회에서의 위치를 확인하게 해주시며 나아가 사회와 역사에 대한 깨달음을 주셔서 하나님 나라의 일꾼으로 삼아주신다.

그리고 그러한 배경 아래에서 바로 나에게 바라시는 하나님의 뜻이 명확하게 나타나는 것이다. 그 뜻을 알아야 역사 앞에서 그리고 교회 앞에서 나의 책임을 다할 수 있다. 그러한 단계를 거치지 않고 아무나 하나님의 일을 하겠다고 나선다고 해서 결코 하나님의 뜻을 이룰 수 있는 것은 아니다.

2) 하나님의 뜻을 행할 수 있는 능력이 있어야 함

하나님의 뜻이 무엇인가를 알았다고 해서, 바로 그 뜻을 행할 수 있는 것은 아니다. 이미 우리는 죄로 인해 부패하였고 여전히 죄의 오염 가운데 있기에 하나님의 뜻을 수행할 수 있는 능력이 없기 때문이다. 이러한 상태를 가리켜 전적 무능력이라고 한다.

이 상태로서는 도저히 하나님의 일을 행할 수 없다. 그래서 우리는 하나님께 헌신해야 한다. 우리의 능력으로는 도저히 하나님의 일을 할 수 없다는 사실을 알기 때문에 하나님의 능력을 힘입기 위해 헌신하고자 한다. 하나님께 헌신해야만 하나님의 일을 해낼 수 있는 능력을 소유하게 되기 때문이다. 그것은 우리가 성령의 힘을 입게 됨으로써 가능하다.

하나님의 뜻을 수행하기 위해서는 전적으로 하나님께 헌신되어야 하는데(롬 6:13), 그것이 바로 성령의 권능을 힘입는 유일한 길이다. 그러한 상태를 가리켜 육신(σαρξ)의 소욕을 좇지 않고(갈 5:16-21) 성령으로 말미암아 태어나서(고전 2:12) 성령의 열매를 좇아 사는 것이라고 말한다(갈

5:22-23). 바로 이러한 사람이 '신령한 사람'(고전 2:15)이다.

따라서 우리의 힘으로써가 아니라 성령의 힘으로 하나님의 일을 수행할 수 있게 된다. 이것을 가리켜 '성령의 충만'이라고 한다. 바로 이처럼 성령님의 충만한 인도 안에 있는 사람이 되어야만 하나님의 뜻을 이룰 수 있는 능력을 발휘하게 된다.

3) 하나님의 뜻을 행하고자 하는 적극적인 의지를 가지고 있어야 함

하나님의 뜻을 알고 그 뜻을 이룰 수 있는 능력을 가지고 있다는 것으로 하나님의 뜻이 다 이루어진 것은 아니다. 그리스도의 구속 사역과 성령의 충만으로 그 뜻을 알고 행할 수 있는 능력을 가졌다 하더라도 내 안에서 그 뜻을 이루어가기 위해 적극적으로 나서지 않는다면, 그것들은 아무런 효력을 발생하지 못하기 때문이다. 우리가 적극적으로 하나님의 일을 성취하기 위해서는 먼저 몇 가지 결정해야 할 것들이 있다.

첫째, 자기를 부인하고 자기 십자가를 지는 것이다.

십자가라는 것은 언뜻 끔찍한 희생을 강요하는 것처럼 보이지만 실상은 그렇지 않다. 앞서 살펴본 것처럼 하나님의 일을 행하기 위해 그 뜻을 알고 그 능력을 소유하는 사람은 아무나 되는 것이 아니다. 그리스도의 구속과 성령의 충만을 입은 사람만이 누릴 수 있는 특권이다. 바로 이 사람에게 맡겨진 역사적인 사명을 가리켜 십자가라고 한다. 좀 더 풀어 말한다면 이땅에서 의당히 이루어야 할 하나님의 뜻을 받들어 나가는 것을 가리켜 '자기 십자가'라고 한다.

그러므로 십자가를 지는 일이란 아무나 지는 것도 아니고 흔히 말하는 것처럼 이 세상에서 힘들고 고생하는 일을 의미하는 것은 더더욱 아니다. 하나님께서 경영하는 우주적인 하나님 나라 건설에 꼭 필요한 일을 맡는 것이 십자가를 지는 일이다. 하나님께서 마땅히 그 일을 이루어 가실 것이지만 '너도 이 일에 참여해 보아라' 하고 그 일에 동참할 수 있는 기회를 주고, 필요에 따른 지혜와 능력까지 함께 주셔서 그 일을 수행해 나가는 은혜를 받은 것이다. 다만 그것이 하나님의 일이기 때문에 하나님의 방법으로 일을 하라는 의미에서 먼저 자기를 부인하라고 하신 것이다.

예수 그리스도는 십자가를 지기 위해 이 세상에 오신 분이시다. 그것이 곧 하나님의 뜻이다. 그러므로 십자가를 지고 죽는 것이 예수님의 '십자가'였다. 이런 차원에서 누구든 자기를 부인하고 하나님의 뜻을 받들어 살아가야 할 것이라고 말씀하기 위해 십자가를 지라고 말씀하신 것이다. 아무나 예수님이 지신 십자가를 다시 질 수는 없다. 그 십자가는 오직 예수님만이 지셔야 하는 십자가이다. 따라서 우리 모두에게는 우리가 지고 가야 할 각자의 십자가가 있다. 곧 이 세상에서 오직 자기만이 이루어야 할 사명이 있는데 그것을 이루어 가는 것이 곧 자기 십자가를 지고 가는 것이다.

둘째, 전적으로 성령께 의지해야 한다.

성령을 의지한다는 것은 자기를 부정하겠다는 의지의 표현이다. 하나님의 일이란 우리의 능력으로 되는 것이 아니기 때문에 이러한 결정은 오히려 당연한 일이다. 따라서 이 말은 두 마음을 품지 않는다는 의미와도 같다. 처음에는 성령께서 인도하는 방법대로 해보다가 안 되면 내 방법대로 해보겠다는 교만한 마음을 가지지 않는다. 그렇다고 자기 방법대로 다 해보다가 안 되니까 할 수 없이 성령께 의뢰한다는 의미도 아니다. 자기 방법대로 해보겠다는 생각은 그 일이 누구의 일인지 아직도 모르는 불순한 생각이다. 하나님의 일을 하겠다고 하면서 내심으로는 자기의 방법을 모색하고 있다는 것은 그 일을 빙자하여 자기의 욕망을 성취해 보겠다는 계산이 그 안에 숨겨 있기 때문이다.

대부분 종교적으로 성공해 보겠다는 사람들이 이런 경향을 가지고 있는 것은 조금도 이상한 일이 아니다. 그들은 처음부터 하나님의 일에는 관심이 없는 자들이다. 하나님께로부터 부름 받은 자들도 아니다. 단지 자기의 욕망을 성취하기 위해 종교라는 탈을 쓰고 거짓 춤을 추는 자들일 뿐이다. 이들은 한 번도 자기를 부인한 경험이 없는 자들이거나 혹은 습관적으로 자기를 부인한다고 하면서 곧바로 자기의 유익을 위해 사는 자들이다. 이들에 대해 예수께서 경고하신 말씀이 있다.

"나더러 주여 주여 하는 자마다 천국에 다 들어갈 것이 아니요 다만 하늘에 계신 내 아버지의 뜻대로 행하는 자라야 들어가리라 그날에 많은 사람이 나더러 이르되 주여 주여 우리가 주의 이름으로 선지자 노릇 하며 주의 이름으로 귀신을 쫓아내며 주의 이름으로 많은 권능을 행치 아니하였나이까 하리니 그때에 내가 저희에게 밝히 말하되 내가 너희를 도무지 알지 못하니 불법을 행하는 자들아 내게서 떠나가라 하리라"(마 7:21-23).

하나님의 일을 한다는 것은 하나님을 사랑한다는 의지의 표현임을 잊지 말아야 한다. 그렇다면 하나님께 대한 순결한 사랑을 가지고 있지 아니하면 절대로 하나님의 일을 할 수 없음을 명심해야 한다.

셋째, 인격적으로 흠이 없어야 한다.

우리는 성령께서 역사하셔서 그의 능력을 행사할 수 있는 그릇이다. 그런데 우리가 인격적으로 미완성되어 있다면 성령께서 사용하고자 하여도 사용할 수 없다. 우리는 성령께서 충분히 우리를 사용하실 수 있도록 인격적으로 조화되어 있어야 한다. 바로 그 상태가 성령의 열매를 맺는 생활이다.

"오직 성령의 열매는 사랑과 희락과 화평과 오래 참음과 자비와 양선과 충성과 온유와 절제니 이같은 것을 금지할 법이 없느니라"(갈 5:22-23)는 말씀과 같이 도덕적으로 흠이 없고 성결해야 한다. 여기에서 성령의 열매가 아홉 가지인 것처럼 말하는데 성령의 열매는 하나이다. 단지 그 열매의 품성이 그와 같이 여러 모습으로 나타난다는 의미이다.

또한, 성령의 열매를 가지고 있는 품성이 바로 그리스도의 품성이기도 하다. 인격적으로 온전하기 위해서는 그리스도의 품성을 온전하게 소유하고 있어야 한다. 이미 주님께서는 그리스도의 품성에 대해 산상수훈에서 자세히 언급해 주셨기 때문에 자연스럽게 이렇게 말씀하고 계신다. 이와 같은 품성을 소유할 때 하나님을 사랑하고 그 뜻을 이룰 수 있다.

3. 하나님의 뜻을 알려면

이상을 살펴보면 개인적이고 사소한 일에서 하나님의 뜻을 찾아서는 안 된다는 것을 알게 된다. 하나님께서 무엇을 기뻐하고 싫어하는가 하는 명제에서부터 하나님의 뜻을 찾아가야 한다. 그러기 위해서는 하나님께서 경영하는 일부터 알아야 한다. 하나님의 크신 뜻을 모르고서 아무리 세세한 일에 정성을 다하고 잘 해보려 해도 소용없는 일이기 때문이다.

하나님은 먼저 우리에게 인류 역사를 보여주신다. 먼저 역사를 보고 하나님께서 어떤 목적을 가지고 경영해 나가는가를 가르쳐 주기 위해 기나긴 시간동안 인류를 보전해 오신 것이다. 우리는 구속사와 인류 역사를 통해 하나님께서 계획하신 크신 뜻이 무엇인가를 먼저 알아야 한다.

그 안에서 우리는 세계가 가야 할 길과 국가와 사회에 대한 하나님의 뜻을 발견하게 된다. 그리고 그 역사를 통해 교회의 가야 할 길을 알게 되고 그 안에서 나에 대해 하나님께서 구체적인 계획을 가지고 계심을 발견하게 된다. 이 모든 계획들은 우주적인 하나님 나라를 위한 것이기 때문에, 하나님께서 이 우주적인 교회를 어떻게 경영해 나가는가를 항시 바로 보고, 또 그 교회가 현실 세계와 역사 안에서 어떻게 제시되는가를 바라볼 때, 우리의 위치를 분명하고 명확하게 파악하게 된다.

이처럼 크고 광범위한 데에서부터 하나님의 뜻을 구체적으로 점검해 나갈 때 우리 시대의 사회와 교회에게 바라는 하나님의 뜻을 찾게 되고 그 안에서 우리에게 향하신 하나님의 뜻을 발견하여 성취하게 된다. 그와 같은 위치에서 "하늘에 계신 우리 아버지여 이름이 거룩히 여김을 받으시오며 나라이 임하옵시며 뜻이 하늘에서 이룬 것같이 땅에서도 이루어지이다"라고 기도해야 한다. 그것이 책임을 다하는 기도이다.

제8장

주께서 가르치신 기도의 내용

우리는 하나님께서 경영하시는 우주적인 나라가 우리를 통해 건설되어야 하며 그 일에 참여함으로써 하나님의 경영이 실제로 우리의 삶을 통해 이루어질 것을 소망하는 마음으로 기도한다.

물론 하나님의 경영은 중단되거나 실패하는 일은 없지만 그 경영은 당연히 인격을 가진 사람들, 특히 하나님의 성품을 닮은 성도들을 통해 성취되어야 한다. 때문에 그 뜻을 이루어 가는 일을 방해하고 대적하는 이 세상의 적대 세력들 속에서도 우리를 통해 아무런 결핍 없이 성취될 것을 기도해야 한다. 그리고 그 뜻이 이루어지되 천상에서 천사들에 의해 아무런 불순 없이 하나님의 뜻이 이루어지듯이, 우리 사회 속에서도 순결하고 순탄하게 이루어져야 하며 바로 그렇게 하는 책임이 우리에게 있다는 사실을 알고 기도해야 한다.

하나님께 기도할 때에는 무엇보다도 먼저 하나님을 바르고 정당하게 인식하고 있어야 한다. 왜냐하면 우리가 가진 신지식(神知識)의 정도에 따라 기도하는 경향이나 목적이 달라지기 때문이다. 처음부터 완전하

지는 못할지라도 시간이 흐름에 따라 신지식이 새로워지고, 더 바른 신
관을 갖게 됨에 따라 하나님께서 바라는 것이 무엇인가를 자꾸 알아 가
는 일이 중요한 것이다.

더 나아가 하나님 앞에 서 있는 자기 자신을 항상 점검하고 있어야
한다. 자기가 왜 존재하는가에 대한 존재의 본질을 바르게 깨닫고 있어
야 하나님께 바른 기도를 할 수 있다. 그러기 위해 교회의 도움을 받아
역사 앞에서 자기 존재의 의미를 면밀하게 살펴서 깨달은 바대로 자기
가 처한 바른 위치에서 하나님께 기도할 때 그 기도에 대한 책임을 다
하게 될 것이다. 이처럼 하나님이 누구시며 자기의 위치에 대해 바르게
알고 있을 때 비로소 바른 기도를 할 수 있다.

1. 주께서 가르치신 기도의 내용 : 하나님에 대하여

첫째, 하나님만이 경배를 받으셔야 할 것을 기도함

하나님의 이름을 거룩히 한다는 것은 하나님을 정당하게 대우한다는
의미이다. 즉 하나님을 높이되 세상의 어떤 피조물보다도 초월하신 분
이며 엄위로우신 분이심을 알고 유일하게 우리의 경배를 받으실 분으
로서 최상의 경배를 해야 한다. 하나님은 인간의 사고 능력과 활동 범
위 안에 존재하는 분으로 제한 받아서는 안 된다.

둘째, 하나님의 영광이 나타나야 할 것을 기도함

거룩하신 하나님은 우리로 인해 그 이름이 침해되거나 손상되어서는
안 될 것이다. 그럼에도 불구하고 하나님은 우리의 아버지로서 친히 우
리와 함께하기를 즐거워하는 분이시다. 우리는 무엇보다도 아버지이신
하나님을 기쁘시게 해야 할 위치에 있음을 알고 있어야 한다. 그렇기
때문에 하나님의 기쁘신 통치의 목적이 항상 우리를 통해 이루어지는
것이다.

그런데 하나님께서 우리를 통치하는 그 모습은 바로 우리의 일상생활을 통해 이 세상에 유형화되기 마련이고, 그 삶이 세상과 구별되어 드러날 때 거기에 하나님의 나라가 세워지는 것이다. 그러므로 우리가 "나라이 임하옵시며"라고 기도할 때에는, 그 나라의 시민으로서 나에게 주어진 의무가 무엇인가를 먼저 인식해야 한다.

셋째, 하나님의 뜻이 우리를 통해 이루어질 것을 기도함

우리는 하나님의 나라가 이루어지기 위해 그 뜻을 이루는 그릇으로 구별된 사람들임을 깨닫고 있어야 한다. 즉 어느 부분에서 어떤 역할을 수행해야 하는 그릇인가를 바로 깨달음으로써 하나님께서 우리에게 계시하신 분량 안에서 그 거룩하신 뜻에 따라 순종하고 그 뜻을 준행해야 한다. 이것이 인생의 본분이다. 우리는 하나님의 뜻이 무엇인가를 아는 일에 최선을 다해야 하며, 그 뜻이 어김없이 나를 통해 이루어질 수 있도록 항상 합당한 자질을 갖추고 있어야 한다.

2. 주께서 가르치신 기도의 내용 : 우리의 필요에 대하여

이상과 같이 하나님과의 관계를 명확하게 확인하고 그 안에서 자신의 역사적인 존재 의미를 성취해 나가기 위해서는, 우리의 삶 속에서 아무런 부족이 없도록 모든 필요한 것들을 하나님께 구해야 한다. 바로 그러한 필요에 대해 항상 하나님께 구하도록 주께서 가르쳐 주셨는데 그것들은 일용할 양식(糧食)과 죄의 용서와 시험에 대한 문제들이다.

첫째, 우리의 양식은 하나님에 의해 공급되어야 함을 간구함

이 세상에서 하나님의 뜻을 구현해 나갈 때는 그것이 가상적이거나 비현실적인 것이 아닌 현실의 세계에서 이루어져야 하기 때문에, 당연히 우리의 생활이라는 구체적인 방편을 통해 성취될 것이다. 따라서 그

삶을 영위해 나가기 위해서는 생명을 보존하고 유지할 수 있는 생존권이 절대적으로 보장되어 있어야 한다. 그러기 위해 우선적으로는 일용할 양식이 필요하다.

이 말은 우리의 양식이란 의당히 하나님에 의해서 우리에게 공급되어야 함을 의미한다. 우리가 만들어 놓은 그럴듯한 수단으로 충분히 양식을 얻어서 산다 하더라도, 그 양식을 주시는 분은 하나님이셔야 한다는 말이다. 우리는 하나님의 뜻을 구현하기 위해 보냄을 받은 하나님의 일꾼이기 때문에, 그 일을 성취하는 사람으로서 의당히 하나님께 양식을 공급해 달라고 요구할 권리가 있다.

이 권리를 포기하고 자기 나름대로 양식을 얻기 위해 애를 쓴다는 것은, 하나님의 부르심을 받은 사실이 없어서 자기 자신을 위해 살아야 한다는 각박한 생존의 두려움에서 나온 삶의 몸부림일 뿐이다. 혹은 세상에서 악착같이 살아야 할 이유란 자기의 존재 목적이 세상을 위하는 것이기 때문이다.

반면에 우리는 하나님의 일을 성취하기 위해 보냄을 받았다는 사실이 분명하고, 하나님이 우리의 아버지이며 우리는 그의 자녀라는 관계가 확실하기 때문에 하나님으로부터 양식을 공급받아야 할 분명한 이유가 있다. 이 말을 좀 더 확대하면, 역으로 우리는 세상에서 양식을 얻을 수 없다는 사실을 의미한다.

이처럼 하나님과 나 사이에 정당한 관계를 늘 유지하고 살기 위해, 그리고 하나님께서 나의 생존을 늘 지지해 주신다는 증표로서, 더 나아가 그 사실을 의지하는 신앙의 고백으로서 일용할 양식을 위해 기도한다. 또 하나 생각할 것은 이 기도는 나 하나의 개인적인 필요가 아니라 우리라는 교회 공동체적인 차원에서 양식을 구해야 한다.

그것은 나 하나의 사명은 우리 모두의 교회 공동체의 존재 의미와 긴밀한 연관성이 있고, 우리 형제들의 존재는 바로 나 한 사람의 사명 수행과 관련이 있기 때문이다. 그리고 함께 지체된 형제들의 양식까지도 염려하는 것은 그들과 공동의 삶의 목적을 완수해야 한다는 공동체 의식에서 나온 것임을 항상 염두에 두어야 한다.

둘째, 정상한 인격의 발현을 위해 기도함

이 세상에서 하나님의 거룩하신 뜻을 받들어 살아가는 동안이라 할지라도, 늘 우리가 그 뜻대로 다 살아갈 수 있는 능력은 없다. 그 이유는 우리 안에 항상 결핍을 초래하는 죄책과 오염된 죄의 영향이 여전히 남아 있기 때문이다. 비록 그리스도의 속죄 사역에 힘입어 성령으로 말미암아 새사람이 되어서 정상한 사람으로 살아가고자 하여도 한 번 비뚤어진 죄의 결과로 발생한 결핍은 여전히 우리 인생에 지울 수 없는 흠집으로 남아 있다.

그뿐 아니라 날마다 장성해야 할 분량에 그만큼 심각한 해를 끼친 결과를 초래하게 됨으로써 하나님께서 요구하는 분량에 못 미치게 된다. 따라서 오늘 하루 동안 아무리 성실하게 하나님의 뜻을 수행하였다 하더라도 그동안 지식적으로 그리고 영적으로 장성하지 못한 미비(未備)한 부분이 남아 있어서 그것이 여전히 우리에게 영향을 미친다. 그러므로 하나님께서 요구하시는 총 분량(sum total)에는 언제나 부족함으로 남아 있다.

그 결과는 하나님 나라를 구현해야 할 우리의 일상생활에 심각한 장애를 가져다주기 때문에 항상 우리는 하나님 앞에 끊임없는 부족을 저지르고 살 수밖에 없다. 이처럼 날마다 누적되는 결핍(debts: 하나님께서 힐문하시는 대상으로서의 죄)의 문제를 근본적으로 해결해 나가지 아니하면 내일은 더 무거워진 죄책 때문에 그날에 이루어야 할 분량을 다하지 못하고 그만큼 더 결핍을 초래할 수밖에 없다.

매일의 결핍에 대해 하나님으로부터 전적으로 탕감 받지 않는다면,

하나님의 절대 공의에 저촉이 되어 진노의 대상에서 벗어날 수 없다. 우리의 열악한 처지를 하나님께 바로 아뢰고, 오늘까지의 죄의 누적된 부분들을 해결해 나가지 않으면 안 된다. 그렇다고 무조건 하나님의 측은지심에 호소함으로써 탕감 받을 생각을 했다가는 큰 잘못이다. 하나님의 거룩하시고 엄위로우신 속성에 어긋나는 일은 절대로 있을 수 없기 때문이다.

그럼에도 불구하고 우리가 하나님께 우리의 죄를 탕감해 주실 것을 기도하는 것은 그리스도께서 죄가 요구하는 대가를 다 치르셨다는 십자가의 구속의 사실을 믿고 의지하기 때문이다. 그리스도께서 우리 죄를 속죄(속죄란 죄를 덮었다 혹은 가렸다는 의미를 가지고 있음)하신 공로에 의지하여 하나님께 용서해 달라고 할 수 있다.

그러면 하나님은 우리의 죄와 죄성에 대해서는 미워하시지만 성령님의 거듭나게 하심(중생)의 결과 새사람으로 다시 태어난 우리의 새로워진 인격을 보고 모든 죄를 탕감해 주신다. 즉 우리의 새로운 인격이 정상적으로 발휘될 수 있는 가능성을 보시고 그동안 누적된 결핍을 탕감해 주는 것이지 단순히 불쌍해서 용서해 주는 것은 아니다. 하나님의 공의는 아무리 불쌍해도 벌할 것은 처벌한다.

이런 점에서 우리는 그리스도의 속죄 사실에 대한 절대적인 신뢰에 근거하고 성령의 거듭나게 하시는 사역에 힘입어 그리스도의 새 인격을 갖지 아니하면 안 된다는 사실을 명심해야 한다. 그와 같이 우리가 새 인격을 갖게 된 결과 우리 인격의 정상적인 발현의 모습 중 하나가 바로 우리에게 죄 지은 자를 용서한다는 것으로 나타나게 된다.

일흔 번씩 일곱 번이라도 용서하라고 하신 것은, 더 이상 그런 사소한 일에 관심을 두지 말고 우리 인생의 고결한 가치를 드러내기 위해 사용하라는 의미이다. 그러한 삶의 극치를 이루는 모습이 바로 원수까

지도 사랑하는 그리스도인의 삶이라고 할 수 있다(마 5:43-48). 진정한
그리스도의 인격을 자기의 삶을 통해 발휘하는 사람만이 하나님으로부
터 인정을 받는 것이다.

셋째, 하나님과의 정상한 관계를 유지하기 위해 기도함
그리스도의 인격을 발휘한다는 것은 우리가 정상한 삶을 경영하고
나간다는 표시이며, 그것은 하나님과 바른 관계를 유지하고 있다는 증
거이다. 그러나 하나님과의 관계를 늘 위협하고 깨뜨리려는 세력이 있
어서 우리를 위태롭게 하기 때문에 그것들에게서 우리 자신을 보호하
기 위해 하나님께 기도해야 한다.

그러한 세력들은 우리가 하나님과 화목함을 시기하며 어떻게든지 올
무에 걸리게 해서 하나님의 진노 아래 우리를 넘어뜨리려고 갖은 유혹
으로 시험하고 있다. 더군다나 우리가 시험에 빠지기 쉬운 것은 세상을
바로 볼 수 있는 안목과 그것들을 제대로 분별할 수 있는 지혜가 부족
하기 때문이다. 뿐만 아니라 우리 안에는 유혹에 약한 육체의 정욕
(ἐπιθυμια)이 있어서, 시험이 오면 분별하고 이겨내기보다는 은근히 그
유혹에 빠져드는 근본적인 약점이 있다.

우리가 시험에 빠지지 않기 위해서는 자기 인생에 대한 분명한 판단
력을 가져서 자기가 당면한 많은 문제점들을 바로 파악하고 대처해 나
가야 한다. 그렇기 때문에 성령의 적극적인 인도를 의뢰해야 한다. 왜
냐하면 우리가 당면한 문제를 바르게 해석하고 그 일을 처리하기 위해
서는 무엇보다도 인생의 본분에 대한 분명한 인식을 갖고 성령께서 우
리 안에서 역사하는 힘을 의지하고 나아가야 하기 때문이다.

"너희 안에서 행하시는 이는 하나님이시니 자기의 기쁘신 뜻을 위하
여 너희로 소원을 두고 행하게 하시나니"(빌 2:13)라는 말씀에서 우리 안
에서 행하신다는 의미는 우리에게 힘(energy)을 공급해 주신다는 의미

이다. 이와 마찬가지로 성령께서 날마다 힘을 공급해 주실 때에 비로소 우리는 시험을 감당하고 이겨 나갈 수 있다.

더욱 무서운 사실은 우리 주변의 사소한 일에 대해서는 옳고 그름을 판별할 수 있다 하더라도, 우리가 알아차리지 못하고 감당할 수 없는 사회적인 악이라든지 역사적인 거대한 악의 조류에 휩싸여 있을 때에는 도무지 그 안에서 빠져 나올 방법이 없다는 사실이다.

마치 하루살이는 걸러내고 낙타는 통으로 삼키는 바리새인들처럼 일상의 사소한 일에 대해서는 옳고 그름을 따지면서도 유대주의라는 거대한 악의 조류 속에서 전심으로 하나님을 대적하는 일들을 우리도 얼마든지 감행할 수 있다. 우리가 속해 있는 사회나 역사의 경향이 하나님 나라와는 정반대의 길로 나아가고 있다면, 그 안에서 아무리 정상적인 삶을 경영하려고 발버둥친다 하더라도 하나님의 진노에 다다를 수밖에 없을 것이다.

그 대표적인 예가 유대주의에 빠져 있던 바울(사울)이었다. 그의 열심은 하나님께 향한 열심이었으나 그것은 하나님의 교회를 핍박하는 무서운 결과를 낳았다. 중세 암흑기의 가톨릭 신자들도 마찬가지이다. 이미 가톨릭교회 자체가 전체적으로 부패하여 하나님 앞에서 악을 행하고 있는 그 속에서 기도하고 예배하며 신앙을 지킨다는 것은 오히려 부패한 교회를 더 타락하게 하는 결과를 가져다 줄 뿐이었다.

오늘날도 그것은 마찬가지이다. 교회가 아무런 목적의식도 없이 하나님 나라와는 정반대의 길을 가고 있는 그 속에서 아무리 교회를 위해 열심을 낸다고 해도 그 결과는 사탄을 돕는 일에 적극적으로 참여하는 것뿐이다. 교회가 이미 하나님을 떠나버리고 말았다면 그 안에서 자기 혼자 신앙생활을 해보겠다고 하는 것은 오히려 부패한 교회를 돕는 결과만을 초래할 뿐이다.

그러한 암매한 사상과 시류에서 벗어나기 위해서는 그것들에서 분리되어 있어야 한다. 그 길은 성령께서 우리를 적극적으로 그러한 자리에서 이끌어 내는 방법밖에 없다. 우리가 성령의 인도를 받는다면 그 삶의 결과는 항상 분명하게 그 열매로써 나타나게 되어 있음을 명심해야 한다(갈 5:17-26). 성령께서 적합한 방법으로 이끌어 주지 않는다면 우리 안에서는 아무런 방책도 없음을 알아야 한다. 이 점을 바로 알고 있다면 우리를 시험과 악에서 구해 달라는 기도를 하지 않을 수 없다.

3. 하나님의 나라와 그 의를 구하는 삶

우리는 극단적이고 극히 예외적인 사건에 대해서는 촉각을 곤두세우고 그것에 무엇이 있을까 하는 지적 호기심을 가지고 있다. 그래서 사람들은 희한한 일이 발생하면 별의별 관심을 다 가지고서 그것을 연구하기도 하고 신비롭다고 극찬하기도 한다. 그러나 매일의 삶 속에서 일어나는 생명의 기이하고 신비스러운 일에 대해서는 아무 일도 아닌 것처럼 무관심하게 지나쳐 버린다.

1) 자기에게 주어진 사명을 수행해야 함

하나님 나라의 일은 바로 우리의 생활을 통해 이루어지는 것이다. 소리를 외치고 선전해서 되는 것도 아니고, 언제 주님이 오신다고 위협하고 경각시켜서 세워지는 일도 아니다. 그런 것보다는 매일 살아가는 삶의 당위성에서 발견되는 하나님의 거룩하신 뜻이 무엇인가를 아는 것에서부터 하나님 나라는 강하고 든든하게 세워지는 것이다. 바로 그 일을 하기 위해 우리는 부르심을 받은 사람들이다. 하나님 나라 안에서 나의 위치와 역할을 바로 인식하고 그 삶을 이루기 위해 평범하게 살아가는 그 모습이 신앙에서 소중하고 아름다운 모습이다. 바로 그 모습이 하나님의 나라와 그 의를 구하는 삶이기도 하다.

우리가 매 예배 시간마다 주께서 가르치신 기도로 하나님께 기도할 때에 단지 순서에 따라 기도하는 것이 아니라 적어도 자기의 삶 속에서 경험되어지는 하나님 나라에 대한 지식을 바탕으로 기도해야 한다. 비록 그 지식이 아직은 온전하지 않다 하더라도 날마다 그 기도 안에 새로운 개념이 담아지고 더 포괄적인 하나님에 대한 지식과 경험이 장성해야 하며, 그렇지 않다면 날마다 하는 이 기도는 아무런 의미가 없다.

2) 지금이 마지막 기회임

비록 머지않아 주님이 오신다고 사람들이 말할지라도 오늘 내가 할 일을 다 하지 못했다면 하나님의 나라는 그만큼 미완성의 상태로 남아 있다. 하나님의 나라가 완성되지 않았는데 주님이 오실 리도 없다. 사실 주님이 언제 오실 지 알 수 없지만 언제 오시든지 간에 각자 자기에게 주어진 일도 다 완수하지 않은 상태에서 오신다면 그것은 그 사람에게 큰일이다. 왜냐하면 주님이 오셔서 제일 먼저 우리 인생에 대한 최종 결산부터 하실 것이기 때문이다.

아직 주님이 오시지 않은 지금이 우리에게 은혜의 때요 주님을 기쁘시게 할 수 있는 마지막 기회이다. 오히려 주님이 곧 오실까 염려하는 것이 진정한 그리스도인의 자세이다. 마땅히 자기에게 주어진 일이 무엇인지도 모르고 철없이 주님이 오실 날만을 기다리고 있다는 것은 빨리 심판이나 받겠다고 목을 내밀고 있는 어리석은 사형수와 다를 바 없다.

그 날이 도적같이 이르기 전에 과연 하나님께서 나에게 맡겨 주신 사명을 다하고 있는가 점검해 보아야 한다. 진정 주님이 오실 것을 기대하는 마음이 있다면, 자기에게 주어진 사명을 속히 완수해야 한다. 왜냐하면 하나님 나라가 완성되기 전에는 주님이 오시지 않기 때문이다.

우리를 통해 하나님의 나라가 건설되어지고 그 사역에 동참하고 있다는 사실이 우리에게는 인생의 보람이고 기쁨이 되는 것이다. 이런 의미에서 우리가 주께서 가르치신 기도를 따라 기도할 때에는 무엇보다도 하나님의 나라와 그 의가 이루어질 것을 기도해야 한다.

제9장

"우리에게 일용할 양식을 주옵시고"

우리가 하나님 나라의 백성이라고 할 때에는 의당히 그 나라의 왕이신 하나님께서 기본적으로 보장해 주시는 생존권을 누릴 수 있는 권리가 있음을 의미한다. 이것은 하나님께서 그 나라의 백성들에게 기본권을 보장해 주신다는 약속에 근거한 것이다. 그리고 하나님 나라의 백성으로서 정상적인 생활을 유지하기 위함이다.

1. 일용할 양식을 구한다는 의미

첫째, 우리가 하나님께 소속되어 있음을 의미함

하나님께서 우리를 이 세상에 보내실 때에는 특별한 존재의 의미를 부여해 주셨다. 우리는 각자 그 나름대로 존재의 가치를 최대로 발휘하여, 하나님께서 우리를 이땅에 보내신 목적을 완수해야 할 사명을 가지고 있다.

이 사명을 수행함에 있어서 하나님께서는 전적으로 당신의 백성들의 생명을 보존하고 인도하실 책임이 있다. 그렇기 때문에 우리는 하나님을 향하여 정당하게 일용할 양식을 구한다. 반면에 자기의 생존을 유지하고 지지해 달라며 어떤 사람에게 호소한다는 것은 그가 그 어떤 사람을 섬기는 종의 위치에 있음을 의미한다.

따라서 우리의 일용할 양식을 하나님께 구한다는 것은 하나님을 우리의 주인으로 섬겨야 한다는 의무를 동반한다. 우리가 하나님께 생존을 위한 양식을 구한다는 것은 하나님을 위해 살아야 한다는 조건이 전제되어 있는 것이다.

둘째, 다른 곳에서는 양식을 구할 수 없음을 의미함

우리가 세상에 속해 있지 않기 때문에 하나님께서 우리의 생존을 보장해 주고 지지해 주지 않으신다면 다른 누구에게도 우리의 삶을 의지할 수 없다. 만일 우리가 하나님 외에 자기 자신이나 다른 사람에게서 양식을 얻으려고 동분서주한다면 그것은 하나님께서 우리의 생존을 보장해 주실 수 있다는 능력에 대한 불신에서 나온 행위이다.

하나님은 능히 우리로 하여금 이 세상에서 정상적인 생활을 유지해 나갈 수 있도록 모든 여건을 마련해 주는 분이시다. 필요로 하는 몇 가지의 문제점들을 해결해 주는 것으로 그 역할이 끝나는 것이 아니라 전적으로 아버지가 되어 주셔서 우리의 삶을 늘 유지하고 보호하고 지켜주는 분이시다. 이런 점에서 하나님께 일용할 양식을 구하는 것은 우리 자신을 전적으로 하나님께 의뢰하는 신앙의 표시이기도 한 것이다.

2. 하나님께서 일용할 양식을 주신다는 의미

1) 우리의 인생의 목표를 바로 판단하고 있어야 함

"우리에게 일용할 양식을 주옵소서!"라고 기도할 때, 그 이면에는 예수께서 가르치신 기도의 내용과는 상반되는 잘못된 개념이 담기기 쉽다는 점을 주의할 필요가 있다. 그것은 우리가 양식을 얻기 위해 동분서주하면서, 하나님께서는 우리의 후견인이 되어 보호해 주시고 돌보아 달라는 식으로 기도하기 쉽다는 점이다. 이러한 자세는 마치 하나님을 저 높은 데 모셔두고 우리가 감당할 만한 문제는 우리 스스로 해결해 나가겠다는 가상한 생각처럼 보이기 쉽다.

그러나 주님께서 가르치신 기도는 그런 자세를 보이라는 것이 아니다. 오히려 우리의 양식을 어디에서 얻어야 할 것인가에 대해 깊이 생각할 것을 요구하고 있다. 우리가 열심히 일해서 일용할 양식을 해결하는 데 있어서, 하나님은 뒤에서 보호하고 인도하시는 후견인으로서가 아니라, 우리가 양식을 얻는 대상이 바로 하나님이셔야 한다는 것을 강조하여 말씀하신다. 즉 우리가 어떤 방법으로 양식을 얻든지 간에 그 양식이 하나님께서 공급해 주시는 양식이어야 한다는 말이다.

그렇다고 아무 일도 안 하면서 하나님께서 양식을 비같이 내려 주실 것이라고 생각하라는 뜻은 아니다. 우리에게는 그리스도의 속죄 사역으로 말미암아 '새롭게 지어진 이성(理性)'이 있어서 무엇이든지 합리적으로 판단하여 정상적으로 처리할 수 있다.

2) 하나님으로부터 일상의 힘을 공급받아야 함

하나님은 우리가 이 세상에서 진정한 하나님 나라의 시민으로 살아갈 수 있도록 성령님을 보내 우리 안에서 선을 이루며 살아갈 수 있는 에너지를 늘 공급해 주는 분이시다(빌 2:13). 이러한 신적인 권능을 우리에게 주신 이유는 자기 인생을 경영해 나감에 있어서 아무 생각 없이 그저 되는 대로 살아가지 아니하고, 마땅히 살아가야 할 목적을 판별하여 그 목적을 달성할 수 있는 수단을 바르게 선택하도록 하기 위함이다.

그러므로 우리가 일상생활을 경영해 나갈 때에는 의당히 하나님께서 주시는 지혜와 힘이 원동력이 되어야 한다. 자기의 지식과 경험을 바탕으로 살아가는 것이 아니라 날마다 하나님께서 공급해 주시는 것으로 살아가는 것이다. 그러한 이유 때문에 하나님으로부터 일용할 양식이 공급되어야 한다.

따라서 우리가 이 기도를 할 때에는 모든 것이 하나님께로부터 공급된다는 확실한 근거를 가지고 있어야 한다. 그러한 확신이 없이 하나님은 전능하신 분이기 때문에 필요한 것은 무조건 하나님께서 알아서 공급해 주실 것이라고 막연히 생각하는 것은 잘못이다. 무엇보다도 자기 존재의 본분을 다하기 위해 하나님께서 일용할 양식을 공급해 주신다는 사실과, 그러기 위해 자기에게 필요한 양식을 적절한 방편을 통해 공급해 주신다는 사실이 분명해야 한다.

3. 일용할 양식을 공급하시는 하나님의 원칙

하나님께서 그의 백성들에게 양식을 공급하는 원칙은 예나 지금이나 다를 바 없기 때문에, 이스라엘 백성이 광야에서 만나를 먹은 사건을 관찰한다면 하나님으로부터 양식을 공급받는 길이 무엇인가를 알 수 있다.

1) 이스라엘에게 있어서 만나의 의미

우리가 알고 있듯이 이스라엘이 애굽의 종으로 있던 자리에서 벗어나와 자유인으로 하나님의 부르심을 받은 것은 하나님께서 그들을 사랑하시고 그들의 조상들과 맺은 언약을 성취하기 위함이다(신 7:6-11). 이것은 그들에게 구원을 받을 만한 어떤 자격이 구비되어 있어서 구원받은 것이 아니라 하나님의 절대적인 은혜로 애굽에서 해방되었음을 의미한다.

이러한 하나님의 구속 사역은 그들에게 있어서는 전격적이고 은혜로운 사건이지만 이미 오래 전부터 인류를 구원하기 위해 계획하신 하나님의 섭리였다. 특히 하나님께서 그의 자녀들과 맺으신 언약을 통해 그의 나라를 어떻게 경영해 나가실 것인가를 충분히 보여주셨기 때문에 이스라엘이 받은 구원은 생소한 사건이 아니었다.

이스라엘은 그러한 하나님의 계획을 알고 있었다. 특히 유월절 사건과 홍해 사건을 통해 그들이 하나님의 권능으로 애굽에서 나올 때에는, 자기들이 받은 구원의 의미가 무엇인가를 알고 있었다. 특히 홍해를 건너와서 하나님을 찬송한 내용(출 15:1-18) 중에서 "주께서 백성을 인도하사 그들을 주의 기업의 산에 심으시리이다 여호와여 이는 주의 처소를 삼으시려고 예비하신 것이라 주여 이것이 주의 손으로 세우신 성소로소이다 여호와의 다스리심이 영원무궁하시도다"(출 15:17-19)는 찬송을 보면 그들이 구원받은 의미가 무엇인가를 알고 있었음을 분명히 보여주고 있다.

이것은 후에 그들이 하나님의 언약 백성으로서 살아가야 할 삶의 방향에 대해 구체적으로 하나님께서 제시해 주신 말씀 속에서 재확인된다. "나의 애굽 사람에게 어떻게 행하였음과 내가 어떻게 독수리 날개로 너희를 업어 내게로 인도하였음을 너희가 보았느니라 세계가 다 내게 속하였나니 너희가 내 말을 잘 듣고 내 언약을 지키면 너희는 열국 중에서 내 소유가 되겠고 너희가 내게 대하여 제사장 나라가 되며 거룩한 백성이 되리라"(출 19:4-6)는 말씀 속에 이스라엘의 역사적인 사명이 나타나 있다.

이 말씀 속에는 ① 이스라엘은 보물과 같이 하나님의 특별한 소유가 될 것이며, ② 이방 나라에 하나님의 통치를 드러내는 제사장 나라가 되고, ③ 세상에서 구별되어 하나님의 거룩한 나라와 문화를 세우는 백성이 되어야 할 것이라는 역사적인 사명이 담겨 있다. 이러한 사명을 수행함에 있어서 생활의 자태를 자세하게 묘사해 주고 규범으로 삼은 것이 출애굽기 20장 이하에 나오는 율법이다.

이스라엘은 그 말씀을 따라 살 것에 근거하여 하나님으로부터 양식을 공급받을 수 있었다. 이 양식을 얻기 위해 그들이 하는 일이란 아무 것도 없다. 이스라엘이 만나를 먹을 수 있다는 것은 하나님께서 내신 인생의 목적을 수행하는 위치에 그들이 있음을 의미한다. 반면에 그들이 하나님으로부터 부여받은 사명에 불성실할 때에는 하나님의 심판을 받고 이스라엘의 회중에서 버림을 받게 되는데, 그것은 더 이상 그들이 만나를 먹을 수 없는 형태로 나타났다.

2) 예수께서 세우신 원칙

이러한 정신은 신약에 와서 그대로 전승되어 예수님의 가르침 속에서도 나타난다. 예수님은 하나님 나라를 선포하시면서 먼저 그 나라의 백성으로서 삶의 규범을 선포하셨다(마 5-7장). 새롭게 세워지는 하나님 나라에서의 생활의 자태를 그린 산상수훈이 그것이다. 여기에서 예수께서는 인생의 중요한 원칙을 세우셨다.

그것은 "너희는 먼저 그의 나라와 그 의를 구하라 그리하면 이 모든 것을 너희에게 더하시리라"(마 6:33)는 말씀이다. 우리 인생의 존재 목적이 무엇인가를 먼저 아는 일이 중요하다는 사실을 여기에서 재차 확인할 수 있다. 하나님께서 세우신 인생의 목적을 향해 우리가 나아간다면 언제든지 하나님께서 우리가 필요로 하는 양식을 주신다.

그렇지만 오늘날에도 구약 시대와 똑같이 하나님께서 만나를 내려주실 것이라고 생각하는 사람은 없을 것이다. 사람들은 40년 동안이나 광야에서 이스라엘에게 만나를 주셨다고 하여 오늘날에도 하나님의 일을 하는 사람에게 그저 양식을 주시리라고는 생각하지 않는다. 그래서 사람들은 어떻게든지 스스로 양식을 구하기 위해 무엇인가를 해야만 한다고 생각하게 된다.

그러한 생각에 대해 예수께서 "그러므로 염려하여 이르기를 무엇을 먹을까 무엇을 마실까 무엇을 입을까 하지 말라 이는 다 이방인들이 구하는 것이라 너희 천부께서 이 모든 것이 너희에게 있어야 할 줄을 아시느니라"(마 6:31-32)고 분명하게 말씀하셨음에도 불구하고 우리의 사고방식은 그 약속을 신뢰하지 못한다는 것이다.

사람들은 그 약속을 바라보고 양식을 기다리기보다는 어떻게든지 양식을 얻기 위해 힘써 노력하게 된다. 하나님의 나라와 그 의를 구하기 위해 먼저 일용할 양식을 스스로 해결하려는 노력이 시작되는 것이다. 이러한 생각은 우리의 사고에 합당한 방법이 아니고서는 하나님의 일을 할 수 없다는 사고방식을 유발하게 한다. 그러나 하나님의 일을 하겠다고 나서면서 논리나 상식에 맞지 않으면 실패할 것이라고 생각하는 이것은 위험한 사고방식이다. 이러한 것은 하나님께서 우리의 필요를 다 아시고 공급해 주신다는 예수님의 약속에 전면 위배되는 생각이다.

뿐만 아니라 자기 스스로 양식을 해결하려는 사상은 "내가 궁핍하므로 말하는 것이 아니라 어떠한 형편에든지 내가 자족하기를 배웠노니 내가 비천에 처할 줄도 알고 풍부에 처할 줄도 알아 모든 일에 배부르며 배고픔과 풍부에도 일체의 비결을 배웠노라 내게 능력 주시는 자 안에서 내가 모든 것을 할 수 있느니라"(빌 4:11-13)는 바울 사도의 고백에 근거하여, "나의 하나님이 그리스도 예수 안에서 영광 가운데 그 풍성한 대로 너희 모든 쓸 것을 채우시리라"(빌 4:19)는 바울의 선언과도 정면충돌을 일으키게 된다.

3) 잘못된 생각

그러므로 우리의 일용할 양식을 우리 나름대로 해결해 놓고 하나님의 은혜로 이처럼 편하게 살게 되었다고 말하는 것은 위험한 생각이다. 오히려 우리가 아무 것도 할 수 없음에도 불구하고 하나님께서 필요에 따라 양식을 공급해 주신다는 사실을 체험할 수 있어야 한다. 따라서 우리가 날마다 먹고 사는 양식이 하나님에게서 나온 것인가, 아니면 우리의 노력으로 얻어진 것인가에 대해 분명히 구별할 수 있어야 한다. 이것을 가리켜 직업관 곧 소명(召命)이라고 한다. 우리의 삶을 유지하기 위한 직업은 이런 이유에서 천직(天職)이라고 하는 것이다.

이 말은 곧, 우리가 얻은 양식이 하나님의 인도와 보호하심 가운데서 얻어진 것인가에 대한 확신이 있어야 한다는 의미이다. 나아가 그 양식을 바탕으로 우리의 생존을 유지하는 것이 과연 하나님의 뜻에 합당하며 영광을 드러낼 만큼 분명한 가치를 발휘하고 있는가에 대해 명확한 판단이 서 있어야 한다. 그러한 근거도 없이 하나님의 은혜로 살고 있다고 자부하는 것은 자기 스스로 가지는 마음의 위안일 뿐이다. 진정으로 하나님께서 그 인생을 인정하여 공급해 주시는 양식이 아니기 때문이다.

오늘 우리가 먹는 양식을 전적으로 하나님께서 공급해 주신다는 명확한 근거를 객관적으로 확인하고 있어야 한다. 우리는 내 개인의 양식을 위해서가 아니라 교회 공동체의 회원으로서 우리의 양식을 공급해 주실 것을 위하여 기도해야 한다. 하나님의 나라를 현존케 하는 교회의 시대적 사명을 완수하기 위해 존재하는 교회원들 모두가 정당한 양식을 천직이라 할 수 있는 직업을 통해 하나님께로부터 공급받아야 하기 때문이다. 그 안에서 내 개인의 양식도 보장을 받는 것이다. 그것은 우리 모두에게 똑같이 필요한 일이기도 하다.

4) 하나님의 인정을 받아야 일용할 양식을 구할 수 있음

하나님께서 보장해 주시는 인생의 길은 교회 안에서 확인할 수 있다. 그 사명을 수행함에 있어서는 인간의 방법으로가 아닌 하나님의 방법으로 필요한 양식을 하나님께서 공급해 주심을 체험하게 된다. 그리고 이 양식은 내 개인의 안녕과 평안을 위해 얻은 것이 아니라 교회 공동체의 회원으로서의 사명을 수행하기 위해 얻어진 것이기 때문에, 그 유익은 모두에게 똑같이 나뉘어져야 한다. 즉, 나 한 사람이 하나님으로부터 정당한 양식을 공급받아 살아가는 현실의 삶은 교회 안에서 적절하게 그 효과를 발휘하여 교회를 유익하게 함으로써 교회 공동체 모두에게 평안과 위로를 드러내야 한다.

4. 일용할 양식을 구한다는 의미

여기에서 우리가 생각할 것은, 하나님께서 일용할 양식을 공급하신다는 말은 우리가 생존할 수 있는 육신의 양식뿐만 아니라 우리에게 분부하신 사명을 감당하고 이루어 나갈 수 있는 영적인 양식까지도 공급해 주신다는 사실이다. 그러므로 우리는 교회의 한 회원으로서 마땅히 장성한 분량에까지 도달하여 정상적으로 그 능력을 발휘할 수 있는 지적인 양식 즉 정서적인 양식도 구해야 한다. 바로 그것은 우리 안에서 역사하시어 하나님의 백성으로서의 성품을 능력 있게 발휘할 수 있도록 하는 성령님의 인도와 보호하심이다.

1) 정상한 삶을 유지하기 위함

육신의 양식이 결핍되면 정상한 사람으로서 활동을 하거나 그 역할을 다 할 수 없는 것처럼, 영의 양식이 충분하지 않으면 성령께서 그것을 사용하여 역사하는 힘을 발휘할 수 없다. 그렇기 때문에 영의 양식인 성경 말씀을 충분히 섭취해야 한다.

이 하나님의 말씀이 길을 비추어 주는 등불이 되어 항상 우리의 생활을 밝혀 주어야만 우리가 어둠에 빠져 방황하지 않게 되어 그만큼 인생을 허비하지 않고 유효하게 세워나갈 수 있다. 또한 이 하나님의 말씀은 우리의 심령과 골수를 쪼개어 바로 분별하게 해주는 살아 있는 능력을 발휘한다. 즉 우리 인생의 길을 항상 바르게 경영해 나갈 수 있는 기준(criteria)이 되어 주는 것이다. 그뿐 아니라 우리가 하나님의 나라를 세워나감에 있어서 적대 세력인 사탄의 세력을 무찌르는 유일한 무기이기도 하다.

이와 같은 양식을 구하는 것은, ① 하나님의 나라와 의를 구하는 사람으로서 당연히 존재해야 하겠기에 생존에 필요한 양식이 있어야 하며, ② 우리의 지혜와 능력을 발휘하여 그 나라와 의를 계속 효과 있게 드러내고 세워나갈 수 있도록 하나님의 말씀을 충분히 섭취해야 하기 때문이다. 이와 같이 하나님께 양식을 구해야 할 분명한 이유가 있다면, 오늘날에도 광야에서 만나를 내리시듯 필요하다면 그런 기적적인 방법으로라도 양식을 공급해 주실 것을 믿어야 한다.

2) 각 사람의 믿음의 분량에 따라 양식을 공급해 주심

그러한 기적을 믿지 못하는 것은 우리의 마음이 순수하지 못하기 때문이다. 아이들에게는 하나님께서 먹을 것을 주신다고 말하면서도, 속으로는 정작 자기가 먹고 살아갈 길을 찾느라고 전전긍긍하는 사람들을 얼마든지 볼 수 있다.

전능하신 하나님께서 얼마든지 먹이고 입히신다고 약속하셨음에도 불구하고 하나님께서 공급해 주시는 거룩한 양식으로 충분히 건강하게 하고 그 나라의 백성답게 살 수 있도록 하실 수 있다는 사실은 믿지 않고 무엇을 먹고 마시며 입을까 걱정하는 것이 바로 불신앙이다. 바로 이런 점에서 우리의 신앙이 하나님께 대해 순결해야 한다. 그렇지 않다면 스스로 시험에 빠져들고 마는 것이다.

하나님은 그의 나라와 의를 구하는 사랑하는 자녀들에게 넉넉하게 양식을 공급해 주는 분이시다. 이것이 신앙의 원칙이다. "오늘날 우리에게 일용할 양식을 주옵시고"라고 기도할 때에는, 하나님께서 그 사람의 신앙을 보고 그에 따라 적절한 방편으로 양식을 주신다. 얼마나 진지하고 순결하게 하나님의 약속을 믿고 바라고 신뢰하는가에 따라, 즉 각 사람의 믿음의 분량에 따라 다르게 양식을 공급해 주신다.

3) 하나님과의 정상한 관계를 유지하고 있어야 함

진정으로 하나님의 일을 하려면 하나님은 그가 필요한 것들을 다 알고 계신다는 사실을 알아야 한다. 우리가 구하기 전에 하나님께서는 우리의 쓸 것을 다 알고 계심에도 불구하고 일용할 양식을 구하라 하는 것은 그 일이 누구의 일이며, 누구를 위한 것이며, 그 일을 하는 우리와 하나님과의 관계 속에서 누가 주인인가를 알도록 하는 자상하신 배려이다.

주인께 나아가 필요한 것들을 공급해 달라고 하는 것은 당연한 일이고 그에 따른 하나님의 응답을 통해 우리가 하나님께 속해 있다는 사실을 확인할 수 있다는 점에서 우리는 사람으로서의 커다란 보람을 발견하게 된다. 바로 이것이 하나님의 사랑을 체험하는 방편이다.

제10장

"우리의 죄를 사하여 주옵시고"

하나님께 양식을 구한다는 말을 할 때에는 의당히 우리가 하나님의 인도와 보호 가운데서 살아야 한다는 사실에 근거한다. 일반적으로 그러한 관계는 한편에서 일방적으로 결정하는 것이 아니라 상호 신뢰를 바탕으로 한 서로의 관계 확인을 전제로 한다. 그러나 우리는 하나님과 동등한 위치에 서지 못하기 때문에 인간의 표준에 따라 하나님과의 관계를 확인하는 게 아니라 하나님의 표준에 근거하여 그 관계를 확인하고 하나님과 정상한 관계를 늘 유지해야 한다.

1. 기도에 임하는 자세

"우리가 우리에게 죄 지은 자를 사하여 준 것같이 우리 죄를 사하여 주옵시고"(마 6:12)라는 기도에서, 먼저 어떤 자세로 하나님께 기도해야 할 것인가를 생각할 수 있다.

첫째, 하나님 앞에 어떤 위치에 우리가 서 있는가 확인해야 한다.

우리가 하나님께 죄를 지었다면 하나님과의 화목이 깨어진 상태임을 의미한다. 그렇다면 우리는 하나님 앞에 기도할 수 없다. 그럼에도 불구하고 우리의 죄를 사하여 주시라고 기도하려면 비록 죄를 지었다 하더라도 하나님께 기도할 수 있는 정당한 위치에 서 있어야 한다. 따라서 죄인 된 우리가 하나님 앞에 나아갈 수 있는 분명한 여건을 갖추고 있어야 한다.

둘째, 무엇을 구해야 할 것인가를 분명하게 알고 있어야 한다.

우리의 죄를 사하여 주시기를 기도하기 위해서는 무엇이 하나님 앞에 죄인가에 대한 분명한 깨달음이 있어야 한다. 그리고 그 죄가 가져다주는 치명적인 대가가 어느 정도인가를 알고 있어야 한다. 나아가 그 죄의 책무를 벗겨주신다면 그에 따른 책임과 의무는 어떤 것인가를 알고 그 책임을 다하겠다는 결심이 수반되어야 한다. 그러한 확인도 없이 무조건 죄를 용서해 달라고 비는 것은 어린아이들이 철없이 자기의 잘못을 용서해 달라고 억지를 부리는 것이나 다를 바 없다.

일반적으로 사람들은 하나님은 사랑이시고 자비로움의 본체라고 알고 있다. 사람들은 하나님의 이러한 속성을 오해하여 자신의 죄를 하나님 앞에 자백하기만 하면 그 사랑과 자비로움으로 용서되리라고 믿는데 이것은 죄에 대해 심판하시는 하나님의 의의 속성을 알지 못하는 소치이다. 하나님은 어떤 흠이나 결핍에 대해 양보하거나 그냥 덮어두지 않는 엄위로우신 분이다. 때문에 하나님의 의에 저촉되었다면 의당히 그에 대해 대가를 치러야 한다.

그 방법은 하나님의 의를 만족시켜 드리는 것뿐이다. 그러나 하나님의 의의 속성을 만족하게 해 드릴 정도의 가치를 지니고 있지 못하다는 점에서 우리는 결단코 하나님을 만족시켜 드릴 수 없다. 하나님을 만족시켜 드리기 위해서는 창조주이신 하나님과 동등한 위치에 서 있어야

만 가능하기 때문이다.

따라서 피조물인 우리의 신분으로서는 도저히 하나님의 공의를 만족시켜 드릴 수 없다. 하나님의 공의를 만족시켜 드리기 위해서는 그리스도의 속죄의 사실을 의지하고 신뢰하는 길뿐이다. 왜냐하면 그리스도의 속죄 사역만이 하나님의 공의를 만족케 하기 때문이다. 이러한 사실에 근거하여 예수 그리스도의 이름 아래 들어가 속죄 사역의 공로를 가지고 하나님의 의를 만족케 하는 동시에 하나님의 자비와 사랑을 구한다.

2. 형제를 용서해야 할 이유

여기에서 우리는 예수님의 공로를 의지하며 살고 있는 사람의 삶의 모습이 어떤 것인가를 생각하게 된다. 그리스도의 속죄 사실을 근거로 하나님의 자비를 구하고 죄로부터 자유함을 얻어 죽음에서 건짐을 받고 새 생명을 얻은 사람이라면 마땅히 형제의 과실을 용서해야 한다. 그것은 다음과 같은 이유 때문이다.

첫째, 그리스도의 속죄 사역은 모든 하나님의 백성을 위한 것임
우리가 하나님께 나아가 죄를 사하여 달라고 간구할 수 있는 것은 예수 그리스도의 속죄 사역이 모든 하나님의 백성들을 위한 것이라는 사실에 근거한다. 우리의 형제들 또한 예수 그리스도의 속죄 사역의 공효 안에 들어와 있는 사람들이기 때문에 그리스도의 공로에 근거하여 하나님께 나아가 죄를 용서받는다. 이처럼 하나님으로부터 용서받은 형제의 과실을 내가 나서서 더 이상 힐문할 수 없는 것이다.
예수 그리스도께서 죄를 대신 짊어지심으로써 우리는 그 공로에 근거하여 죄의 대가를 탕감 받았다. 그러한 은덕을 입은 사람이 다른 사

람에게서는 자기 나름대로 계산하여 받을 것은 다 받고, 따질 것은 다 따지고, 욕할 것은 다 욕한다는 것은 아무런 공로 없이 예수님의 속죄의 공로를 입은 사람으로서 있을 수 없는 파렴치한 행위가 아닐 수 없다. 이런 사람은 이론으로만 예수님의 속죄 사실을 인정하고 그 효력을 받았다고 말하는 것뿐이며 실제로는 그런 사실을 믿지도 않고 그러한 경험도 없는 것이다.

그러므로 예수 그리스도의 속죄의 공로를 입었다 한다면 당연히 형제의 과실에 대해 토죄(討罪)하지 않아야 한다. 그렇지 않다는 것은 예수님의 속죄의 공효를 믿지도 않고 실제로 입지도 않은 것이기 때문에 하나님의 사죄를 바랄 수도 없고 사죄를 구할 근거도 없다.

하나님께서 사죄하셨다는 것은 반드시 그 죄 값을 다 치렀기 때문에 더 이상 그것을 묻지 않는 것을 의미한다. 하나님의 사랑이 커서 우리의 죄를 무조건 용서하는 것이 아니다. 이미 예수께서 죄 값을 다 갚으셨기 때문에 더 이상 죄에 대해 힐문하지 않는 것뿐이다.

이 사실에 근거하여 우리는 예수님 안에 들어가 예수님의 이름으로 사죄를 비는 것이다. 그리고 하나님은 예수님의 이름이 대표하는 바 그 명예를 보고 우리를 용서하신다. 능히 어떤 죄의 문제라도 대속하고 남을 정도의 거룩한 값을 가지고 계신 예수님을 보고, 하나님은 그 명예를 존중하여 우리를 용서하신다.

이러한 확고한 원칙, 즉 대속의 원리에 근거하여 우리가 사죄를 받을 뿐만 아니라 우리에게 과실을 가지고 있는 형제 역시 하나님으로부터 사죄를 받는 것이다. 이 사실은 우리로 하여금 우리의 위치가 하나님 앞에서 어떤 사람인가를 알게 해주고 있다. 특히 이 사실을 볼 때 우리는 사람의 죄를 심판하는 자리에 있지 않고 오히려 하나님으로부터 사죄를 받는 위치에 있음을 알 수 있다. 즉 우리는 어떤 죄에 대해서도 심판하거나 힐문할 위치에 있지 않다.

둘째, 우리는 죄로부터 '자유함'을 입은 사람들임

죄 값을 치렀다는 것은 더 이상 죄로부터 어떤 의무도 지고 있지 않은 자유의 상태임을 의미한다. 즉 우리가 그리스도의 속죄 사역에 근거하여 하나님으로부터 죄를 용서받았다면 더 이상 죄의 노예 상태에 있지 않은 것이고, 나아가 죄의 노예 상태가 아니라는 것은 그 마음의 상태 역시 죄로부터 억압을 받지 않는 자유로운 상태여야 한다.

그리스도의 속죄의 은혜를 입어 새로운 사람으로 태어났다면 새로워진 마음을 가지고 있어서 남을 용서하지 못하거나 원한을 품고 미워하는 죄의 노예 상태에 빠지지 말아야 한다. 즉 마음의 평정한 상태(shalom)를 늘 유지하고 있어야 한다.

죄로부터 속죄되어 해방되었다는 구체적인 마음의 평정 상태가 없이 예수님의 속죄의 은혜를 입었다고 말하는 것은 자기의 생각일 뿐이지 실제로 그는 아직도 죄의 권세 아래 있다. 그러한 위치에서 하나님의 사죄를 구하는 것은 있을 수 없는 일이다. 왜냐하면 죄를 용서하였다는 것은 죄책을 면제하여 죄의 권세에서 벗어나게 하셨다는 의미이기 때문이다.

따라서 우리는 죄의 속박 상태에서 벗어나 암매와 죄의 정욕 속에서 살지 않고 거룩한 속죄의 공효의 터전에서 살고 있어야 한다. 이러한 위치에 살고 있는 사람이기 때문에 나에게 행한 다른 사람의 죄에 대해서라도 부담으로 여기지 않고 자유를 누리는 것이다.

"우리가 우리에게 죄 지은 자를 사하여 준 것같이 우리 죄를 사하여 주옵시고"(마 6:12)라는 예수님의 기도는 남의 죄를 용서하지 않으면 하나님께서도 너를 용서하지 않는다는 차원에서 우리에게 어떤 압력을 가하자는 것이 아님을 알 수 있다.

그렇다고 그리스도의 속죄 사역을 믿고 하나님의 사죄를 구하는 위

치에 있으면서 무언가 일말의 양심이라는 것 때문에 자기에게 죄지은
자를 용서한 것을 보시고 그 교환 조건으로 자기를 용서해 달라는 뜻도
아니다. 오히려 우리가 더 이상 죄에 대해 토죄하거나 힐문할 위치에
있지 않다는 것과, 나아가 죄로부터 깨끗하고 자유로운 상태에 있다는
사실을 깨닫고 고백하는 기도이다.

3. 사죄의 목적

우리가 하나님으로부터 죄에 대해 언제든지 사죄를 받고 정상한 관
계를 늘 유지하고 있어야 할 것을 가르치기 위해 "우리가 우리에게 죄
지은 자를 사하여 준 것같이 우리 죄를 사하여 주옵시고"라고 가르치면
서 '죄'를 지목하는 단어로 돈을 상징하는 '부채'(負債)라는 말을 사용
하셨다. 그것은 단순히 죄를 용서하라는 윤리적인 단어를 사용할 경우
일반적으로 사람들은 커다란 부담을 가지지 않고 누구나 쉽게 그렇게
할 수 있으리라고 생각하기 때문이다.

1) 채무는 언제든지 상환해야 할 부담으로 남아 있음

예를 들면 부자 청년의 경우 십계명이 가르친 규례대로 살아야 한다
고 할 때, 아무런 부담 없이 그것들을 다 행하였다고 장담하고 있음을
볼 수 있다. 그러나 자기의 소유를 다 팔아 가난한 자들에게 나누어주
고 예수님을 따르라고 할 때에 그 청년은 심히 고민하다가 그냥 돌아서
버리고 말았다(마 19:22).
그처럼 이론적이고 관념적인 문제가 대두될 때에는 아무런 거리낌
없이 하나님의 말씀대로 살겠다고 하면서도 좀 더 구체적인 현실의 문
제를 지적하여 그것들을 포기하라고 할 때에는 그렇게 하지 못하는 것

이 사람이다. 마찬가지로 자기에게 빚진 자를 탕감해 주라고 한다면 사람들은 훨씬 실제적으로 생각하여서 쉽게 포기하지 않을 것이다. 사람들은 그처럼 돈의 문제에 있어서는 양보하기 어려운 것이다.

채권자는 언제든지 채무자에게서 빚을 받을 수 있고 그만한 위치에 있다고 생각하기 마련이다. 반면에 채무자는 그 빚을 다 갚기 전에는 채권자에게 빚을 지고 있다는 사실 때문에 정당한 인간관계를 가지지 못한다. 사실 돈을 빌려주었다는 것으로 채무자의 사생활까지 관여할 수는 없다. 더군다나 그 사람의 인격을 침해하는 일이 있어서는 안 된다. 그러나 채무라는 것은 마치 죄인처럼 채권자 앞에서 비굴해지게도 하고 양심을 무디게도 만든다.

뿐만 아니라 빚이 있다는 것은 그리고 그 빚이 많으면 많을수록 그 사람이 정상한 삶을 살아가는 데 심각한 부담을 가져다준다. 매일의 생활을 유지하기 위한 최소한의 필요가 있어야 하는데 빚을 지고 있다는 것은 언제든지 채무를 변제해야 한다는 조건을 달고 있기 때문에 직, 간접적으로 자연히 부담을 갖지 않을 수 없다. 그만큼 일상의 삶을 유지하는 데 있어서 빚은 커다란 부담이 된다.

2) 죄는 우리의 일상의 생활에 커다란 부담으로 영향을 미침

마찬가지로 우리가 하나님께 죄를 지었다는 것도 그만큼 정상한 삶을 유지하는 데 심각한 부담이 되기 마련이다. 마치 채무자가 채권자에게 실제적인 부담을 지고 있는 것처럼 죄는 우리에게 부담으로 지워져 있다. 이 부담은 우리가 하나님의 백성으로서 살아가는 데 장애가 된다. 그래서 우리는 이 부채를 해결하지 않으면 안 된다.

이 부채를 해결하는 방법은 자기가 가지고 있는 소유를 팔아 상환하든지, 아니면 다른 사람이 그 부채를 변제해 주든지, 혹은 채권자가 탕감해 주어야만 한다. 그러나 하나님께 빚진 것은 우리가 도무지 상환할 수 없다는 점에서 죄의 심각성이 있다.

마태복음 18장에서 예수님의 비유를 보면 빚진 자가 짊어진 채무의 변제 의무가 얼마나 심각한 것인가를 알 수 있다. 왕에게 빚진 일만 달란트는 빚진 자의 능력으로는 갚을 수 없는 금액이었다. 왕 앞에 나아간 이 사람은 자신의 몸과 처자식들과 모든 소유를 팔아 그 빚을 갚는다 할지라도 모자랄 정도였다. 이 사람은 엎드려 왕의 자비를 구하지 않을 수 없었다. 그 빚 때문에 평생 얽매어 살아가야 할 처지가 불쌍하고 딱해서 왕은 그 빚을 탕감해 주었다. 일만 달란트를 탕감 받은 사람은 비로소 그 부담에서 벗어났기 때문에 그 기쁨은 말할 수 없이 큰 것이었다.

그러던 중, 마침 자기에게 일백 데나리온 빚진 자를 길에서 만났다. 그러자 이 사람은 그를 붙잡고 빚을 갚으라고 호통을 쳤다. 빚진 자는 참고 기다려 달라고 애원했으나 이 사람은 빚을 갚을 때까지 옥에 가두고 말았다. 이처럼 빚진 자는 그 빚 때문에 자기가 가야 할 길을 가지 못하고 옥에 갇히는 신세가 되고 말았다.

그 일을 민망히 여긴 동료들이 그 사실을 왕에게 고하였다. 그러자 왕은 다시 이 사람을 불러들여 힐문했다. "악한 종아 네가 빌기에 내가 네 빚을 전부 탕감하여 주었거늘 내가 너를 불쌍히 여김과 같이 너도 네 동관을 불쌍히 여김이 마땅하지 아니하냐"(마 18:32-33) 하고 이 사람이 빚을 다 갚을 때까지 옥에 가두라고 명하였다.

이처럼 빚이라는 것은 자신의 생활에 커다란 방해를 가져다주는 실제적인 세력이다. 어떤 상징적인 형태로 마음에 부담을 주는 것만이 아니다. 마찬가지로 우리가 하나님께 죄를 지었다는 것은 단지 윤리적인 책무를 지는 것만이 아니라 실제로 우리의 생활에 커다란 억압 세력으로 작용한다.

3) 하나님의 용서는 우리로 하여금 정상한 삶을 살도록 하기 위함임

하나님께서 우리의 죄를 용서하시는 것은 왕이 그의 신하가 빚진 것을 불쌍히 여겨 탕감해 준 것과는 다르다. 왕은 처음에 그 신하의 처지가 불쌍하고 딱하여 측은지심으로 용서해 주었으나 후에 그의 행위가 괘씸할 때에는 다시 옥에 가두어 버렸다. 그러나 하나님의 용서는 그처럼 인간의 감정에서 나오는 측은지심에 근거하지 않고 어떤 특별한 목적이 있어서 '절대적으로' 용서해 주신다.

바로 그 목적은 하나님과의 관계를 정상적으로 회복하고 늘 유지하기 위함이다. 비록 죄를 지었다 하더라도 자식으로 다시 거둬들이고 아버지와 아들과의 관계를 회복하여 사랑의 대상으로 삼아 사랑의 교통을 나누길 원하신다.

하나님 나라의 통치자로서 그의 백성들의 신분이 회복되어 정상하고 정당한 인생의 길을 가게 하기 위함이다. 이처럼 하나님은 우리와 좋은 관계를 유지하기를 기뻐하는 분이시다. 가까운 거리에서 다정하게 우리를 지켜보고, 기도를 들어주며, 인생의 행로를 가리켜 주고, 그 힘을 공급해 주는 특별한 관계를 늘 유지하고자 하는 분이시다.

하나님을 믿지 않는 사람들은 하나님과의 관계가 단절되어 마귀에게 속해 있다. 이런 사람에게 어떤 일이 잘되어 가는 것은 하나님의 뜻에 합당해서가 아니라 장차 어떤 일에 크게 화를 당하게 되는 화의 근원이 될 뿐이다. 이처럼 하나님과의 단절은 무섭고 두려운 상태이다.

특히 죄라는 것이 하나님과의 관계가 단절되었다는 구체적이고 실질적인 증거라는 점에서 우리는 죄의 심각성을 알아야 한다. 이런 상태에서 빨리 회복되기를 바라서 우리는 하나님께 사죄를 구하는 것이고 사죄를 구하기 위해서 예수 그리스도의 속죄의 공효 즉 죄 값을 치르신 예수님의 공로 가운데 들어가야 한다. 그러한 상태에 들어가 있는 사람이라면 의당히 형제의 죄와 남의 죄에 대해서 토죄하지 않아야 한다. 이것은 우리가 그리스도의 속죄의 공효 안에 들어가 있다는 실제적인 증거이다. 왜냐하면 성령으로 난 사람만이 형제의 죄를 용서할 수 있기 때문이다.

그렇다고 하나님의 일을 훼방하는 사람들까지도 용서하라는 것은 아니다. 공동의 적, 특히 교회의 적에 대해서는 무조건 불쌍히 여겨서 될 일이 아니다. 우리가 힘이 없어 그들을 토죄하지 못한다 하더라도 하나님께서 그들을 철저히 타매하실 것이다. 하나님의 적은 우리에게도 여전히 적이다. 하나님께서 용서하시지 않는 사람을 용서해 줄 수 있는 어떤 권위도 우리는 가지고 있지 않다. 그러므로 용서할 때에는 분명한 근거가 있어야 한다. 최소한 자기 수준에서라도 용서할 이유가 분명히 있어야 한다.

4) 교회의 결핍에 대하여 공동의 책임을 져야 함

또한 우리는 교회가 지향해야 할 정신에 따라 교회의 미흡한 부분이 바로 나의 죄라고 여기며 하나님의 사죄를 구해야 한다. 미처 자기가 깨닫지 못한 교회의 죄가 있다 하더라도 교회가 마땅히 도달해야 할 거룩한 위치에 미달되어 있는 그 자체를 심각한 빚으로 여기고 있어야 한다.

나 하나의 결핍이 전체 교회의 진행에 커다란 부담을 가져다주고 방해가 될 수 있다는 점을 심각하게 생각해야 한다. 비록 각 개인의 처지가 그만한 위치에 못 미친다 하더라도 고도한 수준에 교회가 도달할 것을 목표로 삼고 그 목표점에 미달된 부분들이 커다란 빚으로 남아

있다는 사실을 신중하게 여겨서 그것들에 대한 책임을 가지고 기도해
야 한다.

　우리 형제들에게 있는 결핍이 바로 우리 공동의 채무로 하나님 앞에
지워져 있다는 일체감을 가지고 있어야 한다. 그러한 자세로 우리의 죄
를 사하여 달라고 기도해야 한다. 마땅히 교회가 서 있어야 할 분량에
미달된 어떤 요소라 할지라도 소홀히 할 수 없기 때문이다. 그러한 자
세가 분명하다면 형제의 빚은 곧 나의 빚으로서 하나님과 회계해야 할
분량으로 남아 있다는 사실을 가슴 깊이 느끼고 있어야 한다.
　이와 같이 우리가 공동의 채무를 이행하기 위해 기도할 때 하나님은
우리의 기도를 들으시고 장성한 교회를 이루어 나갈 수 있도록 자상하
게 배려해 주실 것이다.

제11장

"시험에 들게 하지 마옵시고
다만 악에서 구하옵소서"

　　하나님의 백성으로서 정상한 삶을 살아감에 있어 항상 주의해야 할
것은 우리를 이땅에 보내신 하나님의 본의에 어긋나지 않고 인생의 본
분을 지켜 살아가는 일이다. 그러나 이 세상은 사탄의 권세 아래에서
사주를 받고 우리를 대적하고 있기 때문에 순수하게 신앙을 지키며 살
기에는 힘이 들기 마련이다. 따라서 우리는 항상 세상과 사탄으로부터
시험을 당하는 대상이 된다.

1. 시험에 대하여

　　시험은 크게 두 가지 원인으로 발생한다. 하나는 자기 내부적인 요인
으로 시험이 오는 경우이다. 자기의 내면적인 사고(思考)나 삶의 경향성,
즉 주관적인 상황으로 인해 시험에 빠지는 경우이다. 또 하나는 자기의
의지와는 상관없이 외부적인 상황에서 오는 시험이 있다. 이 시험은 개
인의 상황이나 처지와는 상관없이 집단 전체적으로 발생하는데 사회적

인 환경 즉, 권력이나 폭동이나 시대적인 조류 등에 의해 약한 자는 넘어지고 강한 자는 버티고 남아 있게 된다.

1) 자기로부터 나오는 시험

사람들은 흔히 시험이 자기의 의지와는 상관없이 외부적인 세력에 의해 임한다고 한다. 사실 시험에 빠져들기를 자청하는 사람은 없을 것이다. 그런데 야고보 사도가 "사람이 시험을 받을 때에 내가 하나님께 시험을 받는다 하지 말지니 하나님은 악에게 시험을 받지도 아니하시고 친히 아무도 시험하지 아니하시느니라 오직 각 사람이 시험을 받는 것은 자기 욕심에 끌려 미혹됨이니 욕심이 잉태한즉 죄를 낳고 죄가 장성한즉 사망을 낳느니라"(약 1:13-15)고 지적한 것처럼 자기의 내면에 있는 욕심에 따라 시험에 빠지는 경우가 많다.

이런 경우는 자기의 주관적인 상태, 즉 자라온 환경이나 그동안 받은 교육의 영향으로 형성된 인격의 미흡한 것들이 작용하여 시험이 발생하게 된다. 이런 시험은 인생의 커다란 목표를 보지 못하고 근시안적인 욕심에 끌려 살아가는 대부분의 사람들에게서 자주 나타난다.

특히 거기에 종교성이 가미될 때에는 걷잡을 수 없어서 자기 자신도 추스르지 못할 정도로 미신이나 이단에 미혹되는 경우가 많이 있다. 자기의 이익을 위해, 나아가 내세에서 고통당하지 않을까 염려하여 그와 같은 종교적인 열성을 피우는 것은 하나님의 다스림이나 경영과는 아무런 상관없이 자기의 욕심만을 부리는 것이다. 그런 욕심은 하나님의 뜻을 거스르는 죄를 낳게 되고 그 결과는 사망이다.

① 아브라함이 받은 시험에 대하여

어떤 사람들은 창세기 22장에서 아브라함이 이삭을 번제로 드리는 사건을 잘못 이해하여 하나님께서 아브라함을 시험하였다고 생각한다.

통상 우리가 말하는 시험이란 사람을 유혹하여 그 사람이 가지는 본래의 가치를 말살하고 넘어뜨리는 것을 의미한다. 그러나 하나님께서 아브라함에게 하신 시험은 아브라함을 넘어뜨려 영원한 어둠 속에 내던지기 위함이 아니라는 점에서 우리가 흔히 생각하는 시험과는 다르다. 오히려 하나님은 아브라함을 연단하여 신앙을 정금과 같이 순결하게 하신 점에서 새로운 의미의 사건이었다.

아브라함은 당시 시대적인 암매 속에서 하나님의 시험을 통해 새로운 지식을 깨닫고 하나님 나라의 거룩한 원칙을 확인하게 되었다. 따라서 이 시험에는 하나님 나라를 경영해 나갈 아브라함의 신앙을 가치 있게 인정하기 위한 하나님의 배려가 그 안에 담겨 있음을 간과해서는 안 된다. 당시 아브라함의 지적(知的)인 상태는 사회적인 암매의 영향을 받아, 이삭을 하나님께 드리라는 말씀을 이삭을 불에 태워 죽이라는 것으로 이해하고 있었다. 그 당시 사회에서는 자식을 하나의 인격체로 여기기보다는 재산의 일부나 소모품으로 생각하고 있었다. 그래서 생활의 필요나 자기의 생명을 유지하기 위해서는 언제든지 자식들을 팔아 버리거나 극단적인 경우에는 자식을 잡아먹기까지 했다.

이러한 사회적인 경향 때문에 아브라함은 하나님께 대한 충정과 자기 신앙의 발로에 의하여 아들을 죽이는 일을 결심할 수 있었다. 자기의 종교적인 열심을 표시하는 방편으로 아들을 제물로 삼는 것은 당시 사회에선 흔히 있을 수 있는 일이었다. 물론 이러한 열심이 하나님의 나라를 세워 나가는 아브라함에게 있어서는 중요한 신앙의 표가 되는 것은 사실이다. 그러나 하나님께서 그의 나라를 세워 나가시는 거룩한 의지에 대해 오해하고 있다면 아브라함의 순결한 열심이 오히려 하나님 나라를 방해하는 결과를 초래할 뿐이다.

아브라함은 아들 이삭이 자기와 같이 하나님 앞에서 동등한 하나의 인격체라는 사실까지는 미처 생각하지 못했다. 비록 아들에 대한 인간적인 정분 때문에 그 관계를 포기해야 한다는 커다란 슬픔은 있었지만, 자기의 종교적인 입장을 표명하는 데 있어서 이삭의 인격은 무시되었다. 이러한 인간의 존엄성이나 생명의 거룩한 목적을 박탈하는 행위는 하나님 나라에 정면 대치되는 죄이다. 아브라함은 자기 스스로 하나님 나라의 원칙에 모순되는 상황에 직면하고 만 것이다. 또한 당시의 사조 (思潮) 아래에서는 이러한 암매에서 벗어날 길도 없었다.

그러나 하나님은 이삭을 죽이지 못하게 함으로써 이삭 역시 하나님 앞에서 하나의 거룩한 인격체라는 사실을 아브라함이 깨닫도록 도와주셨다. 이 일을 통해 아브라함은 이삭에 대한 부성애적인 사랑보다는 하나님에 대한 거룩한 사랑의 표시로서 이삭을 사랑하게 되었고 이삭의 인격과 생명의 존엄성을 알게 되었다.

② 역사 안에서 새 원칙을 확인함

바로 이처럼 '어떤 위치에서 사람을 대해야 할 것인가?' 하는 원칙을 통해 아브라함은 하나님 나라가 구체적으로 자기 안에서 이루어지고 있음을 확인할 수 있었다. 후에 이 원칙은 모세를 통해 더 구체적으로 제시되었다. 사람의 생명과 인격의 존엄성에 대한 모세의 법전은 당시 사회에선 상상할 수 없을 정도로 고도한 것이었다. 심지어 동물에게도 긍휼을 베풀어야 할 것을 언급함으로써 하나님 나라 안에서 생명이 얼마나 존중되고 있는가를 보여주고 있다.

몇 가지 예를 들어 율법은, 원수의 짐승이 구덩이에 빠지면 모른 체 하지 말고 원수와 함께 힘을 합하여 그 짐승을 구덩이에서 건져주라고 가르치고 있다. 혹 원수의 짐승이 길을 잃었다면 주인을 만날 때까지 돌보아 주어야 할 것도 말하고 있다. 그것은 원수를 존중해서가 아니라 주인을 잃은 짐승을 불쌍히 여겨야 할 사람으로서의 당연한 마음가짐이다. 그러한 마음이라면 사람의 생명을 얼마나 소중하게 여겨야 할 것인가를 가히 짐작하고도 남는다.

더 나아가 생명체에 대한 긍휼에 대해 모세의 법전은 상당히 관심을 가지고 있음을 볼 수 있다. 예를 들면, 한 날에 어미와 새끼를 동시에 잡지 말 것이라든지, 새의 어미와 그 새끼를 함께 취하지 말라든지, 어미의 젖으로 새끼를 삶아 먹지 말라고 하는 것들은 생명체에 대해 온정을 베풀어야 할 것을 말하고 있다. 이런 가르침은 모두 사람의 생명에 대한 귀중함을 보여주기 위함이었다. 이처럼 아브라함은 시험을 통해 하나님 나라의 크고 새로운 원칙들을 발견하게 되었다.

③ 시험은 치명적인 독소를 가지고 있음

그러나 사탄이나 사람의 욕심에서 나오는 시험은 사람의 정신적인 상태를 고상한 위치로 이끄는 것이 아니라, 그 사람의 위치에서 어떻게 든지 넘어뜨려 자빠지게 만든다. 그리고 그 사람으로 진정한 사람의 존재 의미를 찾기보다는 추하고 욕된 일에 빠져들어서 영원히 그 올무에 걸려 있게 한다. 더 악랄한 것은 이 시험들이 치명적이어서 다시는 소생하지 못하게 한다는 점이다.

이와는 반대로 하나님의 시험은 사람을 넘어뜨리기 위함이 아니라 오히려 연단하여 더 강하게 하고 신앙의 진가를 드러내게 한다. 하나님의 시험은 특별히 양면성을 가지고 있는데 시험을 통해 사람의 신앙 수준과 근거를 여실히 드러내게 하여 바른 신앙의 유무를 가려낸다. 마치 햇볕이 강하게 내려 쪼이는 들판에서 뿌리가 있는 나무는 그 햇볕을 가지고 자양분을 섭취하여 더 풍성하게 자라고 열매를 맺게 되지만 뿌리가 없이 잘려진 나무는 그 햇볕에 타서 말라 죽게 되는 것과 같다.

그러므로 하나님의 자녀에게 있어서 시험은 구원받은 새 생명을 연단하여 새사람으로 살아가도록 하기 위해 꼭 필요한 방편으로 임하게 된다. 반면에 자기 정욕에 빠져 사는 사람에게는 스스로 죄에 빠져서 사망에 이르게 하는 독으로 시험을 당하게 된다. 이런 사람에게 있어선 스스로 인생을 경영하고자 하는 모든 것이 시험의 도구가 된다. 심지어 인류를 위해 유익을 끼치고자 하는 것까지도 그 사람을 시험하는 올무가 된다.

2) 외부로부터 오는 시험

자기 안에서 욕심에 따라 시험에 빠지는 경우보다, 성도들에게 더 큰 문제는 외부에서 오는 시험이다. 그것은 우리의 대적인 마귀가 사람들을 유혹하기 위해 올무를 벌려놓고 기다리고 있기 때문이다. 성경은 마귀를 가리켜 시험하는 자(마 4:3)라고 하는데, 원래 마귀란 '참소자'라는 뜻이다. 참소자란 중상 모략하여 거짓으로 고발하는 자라는 말로서, 우리에게 아무런 잘못이 없더라도 하나님께 참소하여 우리로 하여금 하나님의 진노 아래 빠져들게 한다. 사람들은 이 마귀가 사람을 유혹하기 위해 벌려놓은 올무를 보고, 사람 안에 있는 욕구 즉 자기가 잘 살아보기 위해 추구하는 행복주의와 결탁하여 그만 시험에 빠져들고 마는 것이다.

① 사탄의 시험을 판별할 수 있는 안목을 가지고 있어야 함

'우리를 시험에 들게 하지 마옵시고'라고 기도하는 것은, 마귀의 올무에 빠지지 않기 위한 것이다. 시험이 임박해 올 때 그것들이 그저 빗겨 지나가기를 바랄 것이 아니라, 그것이 사탄에게서 나온 시험인지도 모르고 빠져 들어가는 일이 없도록 미리 시험의 성격에 대해 분명하게 파악하고 있어야 한다. 만일 시험의 성격을 판별하지 못하고 빠져들게 된다면 자기의 욕심에 끌려 멸망의 길에 빠지고 마는 것이다.

그런 점에서 특히 우리가 주목할 것은 예수께서 경고하신 바와 같이 사회적인 경향이나 시대적인 암매에서 벗어나기 위해서는 우리의 시각을 날카롭게 해야 한다. "소경된 인도자여 하루살이는 걸러내고 약대는 삼키는 도다"(마 23:24)는 말씀에서처럼, 시대적인 암매에 빠져있는 동

안에는 하나님을 기쁘시게 하고자 최선을 다한다는 것이 하나님의 의
와 뜻을 이루는 데에는 상관이 없고 오히려 반대하는 입장에 서기가 쉬
운 것이다. 그러므로 참으로 하나님을 위해 살겠다 한다면 자기의 처해
있는 사회와 세계가 어떤 성격을 가지고 있는가를 먼저 명확하게 파악
하고 있어야 한다.

② 하나님과의 관계를 분명히 해야 함

따라서 성도는 먼저 '하나님과의 정당한 관계 속에 자기가 들어 있
는가?'의 여부를 따져 보아야 한다. 도덕적으로 또는 윤리적으로 바로
살려고 하면서 사람들에게 욕먹지 않고 칭찬을 받고자 하는 것이 일반
적인 경향이다. 그러면서 자기가 서 있는 기본적인 위치에 대해서 또는
자기가 먼저 해야 할 삶의 당위성에 대해서는 관심이 없다. 바로 그러
한 생활이 하루살이는 걸러내고 낙타는 통으로 삼키는 죄악을 저지르
는 것이다. 자기가 마땅히 있어야 할 자리에 서지 않고 세상에 속해 살
면서 옳은 길을 추구한다 할지라도 그러한 생활은 결코 하나님의 인정
을 받지 못한다. 그럼에도 불구하고 그 자리에서 나올 생각을 못하는
것이 일반적인 사람들의 사고방식이다.

그러므로 하나님의 사람이라면 근본적으로 자기의 삶을 변화시켜야
한다. 병을 앓고 있는 사람이 겉으로 나타난 몇 가지 질병의 증세만을
치료해서는 안 된다. 수술해야 할 것은 과감히 수술을 해야 살 수 있다.
마찬가지로 이 세상에 속해 있는 교회들도 그러한 처지와 다를 바 없
다. 근본적으로 수술하여 자기 자신을 냉철하게 판단하고 반성하지 않
으면서 몇 가지 지엽적인 문제점들을 고치자고 하는 것으로는 교회가
살 수 없다. 먼저 하나님의 거룩한 법칙에 비추어 교회를 갱신해야 한
다. 괜히 몇 가지 시시한 것들만 크게 문제 삼고 그것들을 해결하면서
무슨 의를 드러내는 것처럼 한다는 것은 잘못된 일이다.

③ 시대의 암매에서 벗어나 있어야 함

그러한 예로서 중세의 수도승들을 들 수 있다. 강력한 교황 절대주의 속에서 신앙을 수호한다고 생색내다가 시대적인 암매 속에 빠져들고 말았다. 오히려 그것을 비판하고 과감히 뛰쳐나와야 하는데, 자기들에게 보장된 안정된 삶을 포기할 수 없어서 죽음의 길을 함께 가고 만 것이다. 후에 요한 후스, 마틴 루터 그리고 요한 칼빈같은 사람들은 그러한 안락한 자리에서 과감히 뛰쳐나와 교황권에 대항하여 싸울 때 후스는 불에 태워 죽임을 당했고 루터나 칼빈은 고난과 박해를 감수할 수밖에 없었음을 잘 알고 있었다. 그렇다 하더라도 진정한 삶의 목표를 향해 이들은 훌륭한 신앙의 발자취를 역사 속에 남겨놓은 것이다.

아브라함 역시 당시 사회의 역사적인 거대한 조류 앞에 휩쓸리지 않고 과감하게 탈피하여 뛰쳐나옴으로써 새로운 역사를 세워나간 인물이었다. 과거로부터 전통적으로 전해오는 제사에 대한 잘못된 관념 자체를 깨뜨리고, 제사란 하나님께 드려야 한다는 원칙 앞에서 무엇보다도 하나님과 긴밀한 관계를 유지하여 진정으로 경배드리는 데 제사의 본의미가 있음을 알게 되었다.

우리 시대에 있어서 문제는 역사의 조류 가운데 휩쓸리지 않고 새 역사를 세워 나가야 할 교회들이 지엽적이고 말단적인 문제들에 빠져 있다는 것이다. 진정한 하나님 나라의 경영에는 관심이 없고 교회의 당면한 사소한 문제들을 해결하지 못해 전전긍긍하고 있는 동안에는, 하나님을 기쁘시게 할 수 없음을 깨달아야 한다. 바로 이러한 차원에서 '나' 뿐만 아니라 '우리 교회'가 시험에 들지 않을 것을 위하여 하나님께 기도해야 한다.

2. '악에서 구하옵소서'에 대하여

여기에서 '악'(ὁ πονηρος)이란 도덕적인 악의 성격을 말하는 것이 아

니라 악 그 자체를 가리키는 단어이다. 이 단어는 마태복음 5장 37절에
서도 사용되었는데 the evil로 번역되고 있다. 즉 도덕적인 차원에서
악이 아니라 오히려 악으로 대변되는 인격체인 '그 악한 자'(요일 5:19)
라는 의미를 가지고 있다.

마태복음 13장 19절에서는 이 악이 인격체로서의 '악한 자'로 분명
하게 표시되어 있으며, 같은 병행구인 마가복음 4장 15절에서는 '사탄'
으로, 그리고 누가복음 8장 12절에서는 '마귀'로 번역되기도 한다.

따라서 "다만 악에서 구하옵소서"라는 기도는 "그 악한 자에게서 우
리를 구원하소서"(deliver us from the evil one)라는 말로 바꾸어 이해하는
것이 원문에 더 가까운 해석이다. 즉 사탄의 올무에 빠져들지 않게 하
여 달라는 의미를 가지고 있는 기도이다. 그러기 위해서 먼저 마귀의
술책을 알고 있어야 한다.

마귀는 거짓말하는 자이다(요 8:44). 마귀의 모든 성향이 거짓이다. 뿐
만 아니라 이 세상 사람들을 자기의 손아귀에 집어넣기 위해 우는 사자
와 같이 포효하고 돌아다닌다(벧전 5:8). 베드로 사도가 이렇게 표현한
것은 당시 로마 제국 아래에서 그리스도인들이 당하는 핍박을 염두에
두고 환난을 극복할 것을 격려하기 위함이었다. 마찬가지로 마귀는 사
회적인 세력을 동원하여 그리스도인들을 압박하는 방법을 사용하기도
한다. 이런 세력에 대항한다는 것은 실제적으로 커다란 위험을 부담한
다는 점에서 쉽게 용기를 내지 못하고 마귀의 밥이 되는 사람들도 많이
있다.

더 무서운 것은 마귀가 그리스도의 광명한 사자인 것처럼 위장한다
는 점이다(고후 11:13-15). 교회를 외적으로 핍박하는 것보다 교회 안에
들어와 교회를 미혹하여 넘어뜨리는 방법이 훨씬 효과적이다. 마귀는
사람들의 마음속에 역사하여(ἐνεργέω) 교회의 순결성을 더럽히는 방법
으로 교회를 무력하게 만든다. 그리고 막상 교회가 서 있어야 할 위치

와 감당해야 할 사명에 대해 무감각하게 만듦으로써 교회 존재의 의미
를 말소시키는 것이다.

이와 같이 무서운 시험의 장본인인 마귀를 우리가 이겨낸다는 것은
여간 어려운 일이 아니다. 마귀는 대군을 가지고 있다. 그 휘하에는 세
상의 정사 잡은 자들(rulers), 권세 잡은 자들(authorities), 또는 흑암의 세
력을 가진 자들이 있다(엡 6:12). 이것들은 조직적으로 힘을 발휘하여 세
상의 세력을 마귀의 영향 아래에서 움직이게 만든다. 그래서 우리가 마
귀의 세력과 대항하려 할 때에는 거대한 반대 세력을 느끼게 된다.

1) 우리는 하나님 군대의 보호를 받고 있음

반면에 하나님의 나라에도 군대가 있다. 사람의 눈에 보이지 않지만
천군 천사가 하나님의 명령만을 기다리며 임전태세를 갖추고 있다. 이
처럼 우리가 보지 못하고 알지 못하는 신비한 세계가 있고 그 안에는
하나님의 거룩한 군대가 사탄의 세력을 압제하고 있다. 따라서 도무지
우리의 힘으로는 사탄의 군대를 이길 수 없는 것처럼 보일지라도, 그
사탄의 군대가 우리를 엄습하지 못하도록 엄호하고 압도하는 하나님의
군대가 우리를 보호하고 있기 때문에, 우리는 아무런 염려 없이 하나님
의 나라를 세워 나갈 수 있다.

따라서 하나님 나라 안에서 나의 위치와 역할을 분명하게 인식하고
있어야 한다. 그래야 역사적인 성격을 알고 지금 자기에게 임박하게 다
가오는 시험의 성격이 무엇인가를 명확하게 볼 수 있어서 사탄의 세력
과 대적할 수 있다. 무조건 시험과 악에서 건져 달라고 할 것이 아니라
먼저 역사 속에서 일하시는 하나님을 보아야 한다.

2) 하나님의 계시인 말씀을 바로 알아야 함

하나님의 말씀은 우리로 하여금 '무엇을 목적으로 하고 살 것인가?'를 분명하게 제시해 주는 삶의 규범이다. 어떻게 살고 무엇을 위해 살아야 할 것인가를 확실하게 제시해 주는 하나님의 말씀을 바로 알고 있어야, 비로소 역사 속에서 일하시는 하나님을 볼 수 있다. 그런 후에 우리 인생의 좌표를 분명하게 알게 되며, 세상의 경향과 악의 세력에 대해 명확하게 분별하게 된다.

그러므로 시험에 들게 하지 말고 다만 악에서 구해 달라는 기도는 하나님 나라의 원대한 경영 속에서 빗나가지 않고 악한 자, 즉 사탄의 미혹에 빠지지 않도록 하기 위함이다. 그리고 이러한 기도에서는 교회의 한 구성원으로서 기도하는 것이지만 그 기도하는 주체는 곧 교회 공동체라는 사실도 기억해야 한다. 교회의 회원으로서 교회가 마땅히 가야 할 길과 서 있어야 할 위치에 대해 하나님의 적극적인 인도와 보호를 구하는 기도를 해야 한다는 점에서, 교회 안에서의 자기의 위치와 역할에 대해서도 바른 자세를 가지고 있어야 한다.

제12장

기도하는 자의 정당한 위치

우리가 하나님께 기도한다는 것은 하나님과의 정상한 관계를 늘 유지하고 있다는 증거가 된다. 또한 기도는 그 기도를 들어주시는 하나님께서 적절한 응답을 해주시는 데서 진정한 의미를 찾을 수 있다. 우리가 아무리 힘써 기도하더라도 아무런 응답이 없다면, 그것은 이미 기도로서 가치가 없다.

우리가 하나님과의 관계를 정상적으로 유지하고 있다면, 우리의 기도에 대해 하나님으로부터 적절한 응답을 받아야 한다. 그러기 위해 우리가 먼저 점검해야 할 것이 있는데, 그것은 ① '우리가 하나님께 기도할 만한 정당한 위치에 있는가?' ② '어떻게 기도해야 하는가?' ③ '무엇을 위해 기도해야 하는가?' 에 대한 것이다.

1. 기도하는 자의 위치

하나님께 기도하고자 하는 사람은 먼저 하나님으로부터 그의 자녀로 인정받아야 한다. 또한 그 사람은 하나님의 자녀인가 아닌가를 증거할 수 있는 증표를 분명히 제시할 수 있어야 한다. 과연 우리에게 어떤 자격이 있어서 천지의 주재이신 하나님 앞에 나와 기도를 할 수 있는가에 대해 하나님께서 물으실 때, 우리는 당연히 하나님의 자녀라는 증거를 명확히 제시할 수 있어야 한다.

1) 자기가 죄인임을 먼저 각성해야 함

이러한 자기의 위치도 모르고 무조건 하나님 앞에 나가기만 하면 다 되는 것인 줄 알고 아무 때나 눈만 감으면 기도할 수 있다고 생각하는 것은 하나님이 누구신지 알지 못하고 함부로 대하는 커다란 불경을 저지르는 일이다. 하나님은 죄로 말미암아 부패한 사람들을 절대 용납하지 않는 분이시다. 그래서 우리는 하나님께서 항상 기쁘게 맞이하시고 즐겨하시는 아드님이신 예수님의 이름으로 그 앞에 나가는 것이다.

그러나 비록 예수님의 이름으로 하나님 앞에 나간다 하더라도 그것으로 우리가 하나님의 자녀라는 증표가 되는 것은 아니다. 먼저 예수님의 이름으로 하나님 앞에 나갈 수 있다는 어떤 증거를 제시해야 하는데, 그러기 위해서는 예수께서 나를 하나님의 자녀로 인정해 주시고 친히 나를 위해 십자가에서 죽으셨다는 보증을 해 주셔야만 한다.

그러한 예수님의 확고한 보증이 있을 때 하나님은 예수님의 이름이 가지고 있는 거룩한 명예를 보시고 우리가 그 앞에 나가는 것을 허락하신다. 그런 후, 내가 예수님의 십자가의 공효를 입었다는 실제적인 증표를 하나님 앞에 제시하고 예수께서도 그 사실이 확실하다고 인정해 주셔야 비로소 우리는 하나님의 자녀로 확증을 받게 된다.

2) 예수님의 속죄의 공효를 입고 있음을 제시할 수 있어야 함

따라서 기도하는 사람은 먼저 자신이 예수님의 십자가의 공효를 힘

입고 있다는 실제적인 증거를 하나님께 제시해야 한다. 하나님께 제시할 수 있는 구체적인 증거에 대해 예수께서 가르쳐 주신 말씀이 바로 "너희가 사람의 과실을 용서하면 너희 천부께서도 너희 과실을 용서하시려니와 너희가 사람의 과실을 용서하지 아니하면 너희 아버지께서도 너희 과실을 용서하지 아니하시리라"(마 6:14-15)는 말씀이다. 이 말씀은 사람의 과실을 용서하기만 하면 하나님께서도 무조건 용서해 주신다는 조건을 제시한 말씀이 아니다. 오히려 기도하는 사람은 어떤 위치에 있어야 하는가를 바로 살펴보아야 한다는 말씀이다.

그 첫째 단계가 바로 자기는 다른 사람의 과실에 대해 물을 수 없는 사람이라는 사실을 아는 것이다. 자기 자신은 그리스도의 속죄의 공효를 입고 죄의 어두움에서 해방되어 자유로울 뿐만 아니라 모든 죄의 책무까지도 용서받았기 때문에, 자기에게 잘못한 사람들의 과실에 대하여 더 이상 힐문하거나 책망할 위치에 있지 않다는 점을 알아서 형제의 과실을 용서하게 된다.

둘째 단계는, 예수님의 속죄의 공로를 입고 죄를 말끔히 씻어 깨끗함을 입어 새사람이 되었기 때문에 더 이상 죄나 과실에 대해 따지지 않고 적극적으로 용서하는 의지를 표명하게 된다. 자신이 죄로 인해 하나님과 정상한 관계를 가지지 못했을 때의 비참한 처지를 돌이켜본다면, 사람들 사이에서의 과실과 부채가 얼마나 서로를 불편하게 하는가에 대해서도 알 수 있기 때문이다.

3) 새사람으로서의 사랑을 행사함

예수님의 사랑을 근거로 하나님과 원수 되었던 처지에서 회복되어 화목을 되찾게 되었고, 그 결과 얻은 하나님과의 화목은 자기 인생에 진정한 평화를 가져다준 것이다. 그런 거룩한 평화를 다른 사람과의 관계에서 바르게 발휘하지 못한다는 것은 예수님의 사랑을 배신하는 행위와 같다. 예수님의 사랑과 대속의 공로를 가지고 하나님과 정상한 관계를 늘 유지하고 있다는 사실을 알고 있다면 의당히 다른 사람들과도 바르고 정당한 관계를 유지하기 위해서 그들의 과실을 용서해야 한다.

그러므로 하나님과 정상한 관계를 맺고 그 안에서 사람들과 정당한 관계를 맺는 구체적인 삶의 형태가 바로 사람들의 과실을 용서하는 것임을 알 수 있다. 십자가에서 죽으신 예수님의 속죄의 공효를 입어 우리가 하나님의 자녀가 되었다는 사실이 분명하기 때문에, 또한 하나님과의 정상한 관계를 맺고 있다는 사실이 너무 크고 귀하기 때문에 우리는 그 사실에 근거하여 형제의 과실에 대해 더 이상 힐문하지 않고 용서한다. 바로 그 사실을 가지고 우리가 하나님의 자녀임을 증거할 때 예수님은 그 사실을 보증해 주심으로써 하나님께서 우리를 인정해 주시고 우리의 기도를 들어주신다.

그렇다고 아무나 용서하라는 것은 아니다. 분명히 하나님께서 용서하지 않고 힐문하실 죄인데도, 자기가 어떻게 대처할 힘이 없거나 이권에 얽매여 있다는 이유 등으로 더 이상 문제 삼지 않고 용서해버리는 것은 잘못이다. 아무리 그 사람의 힘이 세고 권세가 강하더라도 하나님 나라의 원칙에 위배되는 것은 절대로 용서하거나 타협할 수 없다. 오히려 하나님께 탄원해서라도 속히 그 악을 제거해 주실 것에 대해 기도하는 것이 정당한 자세이다.

우리가 사람을 용서하는 것은 하나님께서 이 세상을 사랑(αγαπη)하시는 긍휼의 마음에 근거하여 그 사람을 용서하는 것뿐이다. 그러나 그 죄에 대한 대가는 하나님께서 남김없이 물으신다는 사실을 기억해야 한다. 우리가 용서하는 것은 '사람'이지 '죄'는 아니다.

2. 어떻게 기도해야 하는가?

이미 주님은 기도하는 자의 자세에 대해 지적하면서 외식하는 자와 같이 사람들 앞에 보이려고 하거나 이방인같이 중언부언하지 말아야 할 것을 주의하신 바 있다(마 5:5-8). 그럼에도 다시 금식에 대해 언급하시는 것은 기도하는 자가 스스로 자기 모순에 빠지는 일이 없도록 하기 위함이다.

금식한다는 것은 자기의 생존을 포기하고 절대적으로 하나님께 자신을 위탁할 정도로 급박함을 표시한다. 금식에서 중요하게 생각할 것은 하나님 앞에서 살아가는 그 나라의 백성으로서 금식하지 않으면 안 된다고 할 만큼 그 나라의 경영에 참여하고 있는 한 사람으로서 심각한 위기를 느꼈다는 사실이다. 그렇다면 이 사람은 상당히 하나님 나라에 깊이 참여하고 있는 자신의 위치를 이미 확인한 사람이다.

흔히 사람들이 말하는 것처럼, 자기의 처지가 너무 위태로워서 금식한다든지 아니면 어떤 심각한 질병이나 생활의 위기를 벗어나기 위해 금식하는 것은 그 사람이 스스로 자초한 것이기 때문에 그것이 기도의 내용이 될 수 없다. 만일 자기의 삶의 자세가 바르지 못해 그러한 결과를 초래하였다면 그 위기에서 벗어나기 위해 기도할 것이 아니라 하나님 앞에서 자신의 불경함을 사죄하며 석고대죄를 해야 한다. 혹 그러한 것이 기도의 내용이 될 경우는 따로 있다. 즉, 하나님 나라의 진행에 깊이 관여하는 자로서 자기의 삶의 자세가 바르지 못해 발생한 결과가 하나님 나라의 반대 세력에게 이익을 가져다 주었다면 의당히 금식하며 회개의 기도를 해야 한다.

그렇다 하더라도 우리가 주의해야 할 것은 하나님 나라의 경영자는 우리가 아니라 하나님이라는 사실을 명심해야 한다. 따라서 온 우주의 왕이신 하나님께서 어떤 적대 세력도 타파하실 수 있는 분이심을 알아서 그러한 위기 가운데서도 위축되거나 자신이 의당히 수행해야 할 일들을 포기해서는 안 된다. 따라서 금식할 때 구태여 고통스러운 표정을 짓거나 난감해야 할 이유가 없다. 오히려 그 문제에 대해 하나님께서 어떻게 해결해 주시며, 어떤 방향으로 나를 인도해 나가실 것인가 기대감으로 지켜보아야 한다.

그리고 그러한 위기 상황을 느낀다는 것이 실제로 적대 세력에 대해 자기가 바로 이해하지 못해서 스스로 겁먹는 경우도 있기 때문에, 오히려 하나님께 기도함으로써 자신의 영적 판단력과 위치를 바로 알 수 있는 기회가 될 수 있다. 바로 이러한 모습이 역사 앞에서 살아가야 하는 우리가 가져야 할 정당한 기도의 자세이며, 그럴 때 하나님께서 그 문제들을 타파해 나가는 과정을 보며 구원의 길을 당당하게 걸어갈 수 있다. 이런 면에서 기도를 은혜의 방도라고 한다.

3. 무엇 때문에 기도해야 하는가?

하나님과의 정상한 관계가 늘 유지되도록 하기 위해서는, 우리의 삶의 자세를 분명하게 드러내야 한다. 즉 우리가 존재하는 삶의 목적이 어디에 있는가를 명확하게 인식하고 있어야 한다. 바로 그러한 생활의 자세를 밝히 드러내는 삶의 자태에 대해 예수님은 "너희를 위하여 보물을 땅에 쌓아 두지 말라"(마 6:19)고 제시해 주신다.

1) '보물을 하늘에 쌓아 두라'는 의미

보물을 땅에 쌓아 두지 말고 하늘에 쌓아 두라는 것은 우리가 이 세상에 속한 사람인가 아니면 하늘에 속한 사람인가에 대해 명확한 태도

를 나타내야 한다는 말이다. 사실 하나님께 속한 사람이 아니라면 의당
히 마귀에게 속한 사람으로서 이 세상에서 먹고 살 것을 구해야 한다.
바꾸어 말하면, 마귀에게 속한 자는 하나님께 먹고 입을 것을 구하지
말라는 엄중한 경고이기도 하다.

반면에 우리가 하나님에게서 먹고 살 것을 구하기 위해 기도하고
그 응답을 받고자 한다면 먼저 누구를 위해 사는가에 대한 분명한 태
도를 표시해야 한다. 그 증표로서 자기의 소유를 땅에 쌓아 둘 것인가
아니면 하늘에 쌓아 둘 것인가를 명확하게 결정해야 한다는 엄중한 요
구이다.

그렇다면, 여기에서 우리가 결정해야 할 것은 '내 삶의 궁극적인 목
표는 어디인가?' 라는 문제이다. 재물을 선택하든지 하나님을 선택하든
지 분명하게 자기의 위치를 선택해야 한다. "너희가 하나님과 재물을
겸하여 섬기지 못하느니라"(마 6:24)는 말씀은, 하나님과 재물 사이에는
타협될 요소가 없음을 분명히 하신 말씀이다. 재물을 얻어 어렵지 않게
살아가는 일을 도모하면서, 또 한편으로는 하나님의 인도와 도우심도
얻어 아무런 불편 없이 잘 살아 보겠다는 이기적인 자기 행복주의는 철
저히 배격되어야 한다. 재물을 선택하든지 하나님을 선택하든지 둘 중
에 하나만을 선택해야 한다.

이것은 '나의 주인이 누구인가?' 를 분명하게 알아야 함을 의미한다.
그리고 그 사실을 표명하는 것이 바로 재물을 어디에 쌓아 두는가에 달
려 있다. 재물은 그 사람의 소유물이지만 그 이상의 힘을 가지고 있다.
즉 재물은 그 사람의 신분을 대신할 정도로 권위와 권세를 상징하는 것
으로서 실제적인 실력을 행사할 수 있는 힘의 원천이다. 따라서 자기를
위해 재물을 얻고자 하는 것은 인간으로서 자연스런 욕망이 아닐 수 없
지만, 대신 하나님은 포기해야 한다.

예수님은 무엇이 인간에게 소중한가에 대해 제자들에게 가르쳐 주신다. 과연 재물이 그처럼 소중한가, 아니면 생명이 더 소중한가에 대하여 결단을 내릴 것을 촉구하고 계신다. 재물을 얻기 위해서 생명을 포기하든지 아니면 생명을 얻기 위해서 재물을 포기해야 한다. 생명을 얻고자 한다면 재물을 포기하되 바로 그것이 하나님을 전적으로 의지해야 할 근거가 되어야 한다. 이미 세상에 대한 미련을 버렸다면 이제는 망설이지 말고 전적으로 하나님을 의지해야 한다.

"그러므로 내가 너희에게 이르노니 목숨을 위하여 무엇을 먹을까 무엇을 마실까 몸을 위하여 무엇을 입을까 염려하지 말라 목숨이 음식보다 중하지 아니하며 몸이 의복보다 중하지 아니하냐"(마 6:25)라는 말씀은, 자기의 유익을 포기하고 전적으로 하나님을 의지하고자 하는 사람이라면 이제부터 생명을 유지하기 위한 부차적인 문제에 관심을 쏟음으로써 헛되이 삶을 낭비하지 말고 자기 생명이 왜 존재해야 하는가에 대한 근원적인 삶의 목표를 향해 살아야 할 것을 제시하신 것이다.

사실 염려가 생명을 유지하기 위한 문제를 해결할 수 없다. "너희 중에 누가 염려함으로 그 키(την ἡλικιαν)를 한 자나 더할 수 있느냐"(마 6:27)는 말씀은 이러한 염려에 대해 쐐기를 박는 선언이다. 여기에서 '키'라는 단어를 우리말 성경에는 '그 키'라고 번역하고 있는데, NASB는 "his life's span"으로 원어에 가깝게 번역하고 있다. 이것은 '하나 밖에 없는 생명의 길이'라고 번역된다.

따라서 이 말씀은 '너희 중에 누가 염려함으로 하나 밖에 없는 생명의 길이를 한 치라도 늘일 수 있느냐?'는 의미이다. 곧, 이미 결정된 생명의 수한에 대해 염려하기보다는 인생의 본분을 바로 지키고 살아가야 한다는 의미이다. 이미 그런 부차적인 것들은 하나님께서 어련히 알아서 하실 일이고, 우리는 역사 안에서 이루어야 할 사명을 성취함으로써 하나님의 자녀답게 마땅히 살아가야 할 목표를 성취하는 일에

전념해야 한다. 이것이 우리의 생명을 정상적으로 나타내는 유일한 길
이다.

2) 생명의 주인이신 하나님

그러기 위해 하나님은 우리의 생명에 필요한 모든 것들을 공급해 주
는 분이라고 예수님은 선언하신다. "공중의 새를 보라 심지도 않고 거
두지도 않고 창고에 모아 들이지도 아니하되 너희 천부께서 기르시나
니 너희는 이것들 보다 귀하지 아니하냐"(마 6:26)고 하신 후, "오늘 있
다가 내일 아궁이에 던지우는 들풀도 하나님이 이렇게 입히시거든 하
물며 너희일까 보냐 믿음이 적은 자들아"(마 6:30)라고 말씀하신다. 이
러한 가르침을 근거로 예수님은 인생이 마땅히 걸어가야 할 길을 제시
하신다.

"그러므로 염려하여 이르기를 무엇을 먹을까 무엇을 마실까 무엇을
입을까 하지 말라 이는 다 이방인들이 구하는 것이라 너희 천부께서 이
모든 것이 너희에게 있어야 할 줄을 아시느니라"(마 6:31-32)고 하심으로
써, 그 생명을 하나님께 의지하는 그의 자녀들의 필요에 대해서는 하나
님께서 공급해 주신다고 약속해 주신다. 그리고 진정 그 생명으로 구현
해야 할 것에 대하여 "너희는 먼저 그의 나라와 그 의를 구하라"(마 6:33)
고 말씀하신다.

바로 이러한 삶의 목표가 분명하게 세워져 있을 때에 기도할 수 있는
정당한 근거가 있다. 그리고 그 자세가 확고할 때 하나님은 그의 기도
에 응답해 주신다. 기껏 자기의 유익이나 꾀하고 세상의 유혹에서 벗어
나지 못하여 어떤 길로 갈까 망설이며 주저하고 있는 사람들이 혹시 하
나님께서 불쌍히 여기고 동정을 베풀어 주시지 않을까 하는 막연한 기
대감으로 기도하는 것에 대해서는 절대로 응답하시지 않는 하나님이라

는 사실을 분명히 알아야 한다.

먼저 내 삶의 방향과 목적이 하나님 앞에서 분명하고, 그것이 "너희는 먼저 그의 나라와 그 의를 구하라"고 예수께서 말씀하신 인간 본연의 본분에 합당할 때 우리의 관계가 하나님께 인정을 받는 것이며, 그러한 삶을 유지하기 위해 필요한 모든 것을 공급해 주시는 하나님의 권능을 친히 체험하게 된다. 이처럼 우리의 생명을 보존하기 위해 역사하시는 하나님의 권능을 체험할 때 비로소 우리는 기도의 응답을 받게 된다. 우리의 기도가 하나님으로부터 늘 응답을 받고 있어야 하나님과의 관계가 정상한 위치에 있는 것이며, 그러한 하나님의 응답이 바로 우리에게는 구원받은 증표가 된다.

주님께서 가르쳐주신 기도는 일상적인 생활 가운데서 그의 백성들이 당연히 왕이신 하나님과 어떤 관계를 유지하며 실제로 그 능력을 체험해야 할 것에 대해 가르쳐 주신 것이다. 따라서 우리의 기도가 "열려라, 참깨!" 하는 식의 주문이 되어서는 안 될 것이다. 더 나아가 기도를 한다는 것은 하나님을 아버지로 여기고 우리는 그의 자녀로 인정받는다는 실제적인 관계 확인이라는 점에서 행사 치르듯 쉽게 넘어가서도 안 될 것이다.

실제로 하나님과, 기도하는 우리와의 관계는 어떠한가를 점검하고 과연 기도하면 하나님으로부터 응답을 받는가 스스로 자신을 감찰하여 자기의 인생의 본분을 다하고 있는가에 대한 확실한 근거를 찾아야만 한다. 그렇지 않다면 우리의 모든 생활이 아무런 의미가 없다. 하나님을 위해 산다고 말하면서 하나님과는 상관없이 살아가고 있다면 그것은 거짓된 인생일 뿐이다.

"그러므로 누구든지 나의 이 말을 듣고 행하는 자는 그 집을 반석 위에 지은 지혜로운 사람 같으리니 비가 내리고 창수가 나고 바람이 불어 그 집에 부딪히되 무너지지 아니 하나니 이는 주초를 반석 위에 놓은 연고요 나의 이 말을 듣고 행치 아니하는 자는 그 집을 모래 위에 지은 어리석은 사람 같으리니 비가 내리고 창수가 나고 바람이 불어 그 집에 부딪히매 무너져 그 무너짐이 심하니라"(마 7:24-28)는 예수님의 경고에 귀를 기울여야 한다. 우리의 생활 가운데 하나님으로부터 기도의 응답을 늘 받아 살아가는 것이 아니라면, 언젠가는 그 인생은 허망한 물거품으로 사라지고 말 것임을 두려워해야 한다.

제13장

기도의 궁극적 목적

예수께서는 "너희는 먼저 그의 나라와 그 의를 구하라 그리하면 이 모든 것을 너희에게 더하시리라"(마 6:33)고 선언하신다. 그렇다면 과연 하나님의 나라와 그 의를 구한다는 것이 어떤 의미를 가지고 있는지 자세히 살펴보아야 한다. 특히 예수님은 하나님의 나라를 선포하시기 위해 이 세상에 오셨고, 그의 지상 사역 역시 하나님의 나라를 건설하는 것을 그 목적으로 하고 있다는 점과 연관지어 볼 때, 기도와 아울러 하나님의 나라와 그 의를 구하라고 하신 데에는 그만한 이유가 있을 것이다.

1. 기도하는 자가 마땅히 구해야 할 것

예수님은 "회개하라 천국이 가까왔느니라"(마 4:17)고 선포하셨고, 그 나라가 구체적으로 어떻게 구현되어야 하는가에 대해 가르치신 하나님 나라의 강령이 바로 산상수훈이다. 천국이 가까왔다(ηγγικεν γαρ ἡ βασιλεια των ουρανων)는 이 말은 '천국이 이미 당도했고 시간을 통해 지속적으로 이루어진다' 는 의미이다.

따라서 하나님의 나라는 역사 속에서 순서에 따라 진행되고 발전해 나갈 것이며 그 열매는 적절한 시기에 세상에 확연하게 나타나게 될 것이다. 그리고 하나님의 나라가 임했다는 실제적인 증표가 바로 모든 병자들을 고치시는 것이었다.

1) 하나님의 나라는 역사 속에서 드러나야 함

"예수께서 온 갈릴리에 두루 다니사 저희 회당에서 가르치시며 천국 복음을 전파하시며 백성 중에 모든 병과 모든 약한 것을 고치시니 그의 소문이 온 수리아에 퍼진지라 사람들이 모든 앓는 자 곧 각색 병과 고통에 걸린 자, 귀신들린 자, 간질하는 자, 중풍병자들을 데려오니 저희를 고치시더라 갈릴리와 데가볼리와 예루살렘과 유대와 요단강 건너편에서 허다한 무리가 좇으니라"(마 4:23-25)는 말과 같이, 각색 병든 자들이 예수님께 고침을 받았고 그것이 예수님을 메시아로 인정하게 하는 증표가 되어서 사방의 많은 사람들이 그를 메시아로 알고 따랐음을 볼 수 있다.

당시 유대인들은 그와 같은 표적이 메시아임을 증거하는 증표라는 사실을 이미 알고 있었다. 나아가 메시아가 나타났다는 것은 여호와의 날이 성취되어 새로운 하나님의 나라가 임재하는 것으로 그들은 이해하고 있었다. 예수님 역시, 하나님의 나라가 임했다는 것과 자신이 메시아이신 것을 나타내는 증표로 병고치는 이적을 행사하셨다.

세례 요한이 옥에 갇혀 있으면서 사람을 보내 "오실 그이가 당신이오니이까 우리가 다른 이를 기다리오리이까"(마 11:3)라고 물을 때, 예수님은 "너희가 가서 듣고 보는 것을 요한에게 고하되 소경이 보며 앉은뱅이가 걸으며 문둥이가 깨끗함을 받으며 귀머거리가 들으며 죽은 자가 살아나며 가난한 자에게 복음이 전파된다 하라"(마 11:4-5)고 하신 말씀 속에서도 유대인들의 메시아관을 엿볼 수 있다.

2) 유대인들의 잘못된 생각

이러한 사상, 즉 하나님 나라의 임재와 메시아의 출현이 병고침의 이적과 긴밀한 연관이 있는 것이라는 사상은 유대인들에게는 익숙한 것이었다. 특히 이러한 이적이 메시아의 사역이라는 사상은 "그 때에 소경의 눈이 밝을 것이며 귀머거리의 귀가 열릴 것이며 그 때에 저는 자는 사슴같이 뛸 것이며 벙어리의 혀는 노래하리니 ……"(사 35:5-6)라는 '여호와의 구원의 날'에 나타날 징조에 대한 예언에 익숙한 유대인들에게는 자연스러운 일이었을 것이다.

유대인들의 묵시문학에서는 이 세상이 끝나는 날에는 새로운 하나님의 나라가 임재할 것이라고 예언하고 있다. 그 예언의 내용은 주로 하나님께서 실제로 그의 백성들을 통치하실 것이며 이 하나님의 통치는 심판과 구원으로 나타난다고 했다. 그 나라의 특징으로는 모든 약한 것과 병들이 없어지며, 광야에서 물이 솟고 사막에서 시내가 흐를 것(사 35:6 하)이라고 생각했다.

또한 "내가 예루살렘을 즐거워하며 나의 백성을 기뻐하리니 우는 소리와 부르짖는 소리가 그 가운데서 다시는 들리지 아니할 것이며 거기는 날 수가 많지 못하여 죽는 유아와 수한이 차지 못한 노인이 다시는 없을 것이라 곧 백 살에 죽는 자가 아이겠고 백세 못되어 죽는 자는 저주 받은 것이리라"(사 65:19-20)는 말과 같이 고통과 근심 없이 장수할 것이고, 이리와 어린양이 함께 먹을 것이며 사자가 소처럼 짚을 먹을 것이며 뱀은 흙으로 식물을 삼을 것이니 나의 성산에서는 해함도 없겠고 상함도 없는 낙원(사 65:25)이 될 것이라는 지대한 꿈을 가지고 있었다.

이러한 기대감은 유대인들을 억압하는 외부의 압력이 커질수록 더 강하게 부각되어 메시아에 대한 강렬한 소망을 가지게 하였다. 그러한 소망은 어떤 사람이 나타나 이상한 이적을 행하고 도탄에서 백성들을 건져낼 것처럼 보이기만 하면 그 사람을 메시아로 인정하고 따르는 기현상을 낳기도 하였다.

실제로 예수님 시대에도 그와 비슷한 사건이 있었다. AD 6, 7년 경 가말라(Gamala) 성에서 태어난 유다 가울라니테스(Judas Gaulanites)라는 사람이 주동이 되어 로마가 행하는 인구조사에 반란을 일으킨 사건이 있었다. 그때 많은 사람들이 유다를 메시아로 여기고 추종하였으나 로마 군대에 의해 진압되어 수많은 사람들이 죽임을 당하는 비참한 결과를 초래하였다(행 5:37).

심지어 예수님이 십자가에서 돌아가시게 된 이유 중 하나는 그들이 기대했던 메시아에 대한 열망이 허무하게 수포로 돌아갔다는 실망감에서 나타난 현상이기도 했다. 예수께서 예루살렘 성에 입성하실 때에는 온 군중들이 일어나 "호산나 다윗의 자손이여 찬송하리로다 주의 이름으로 오시는 이여!"(마 21:9) 하면서 메시아의 입성을 환영했었다. 예수께서 예루살렘에 들어가실 때 온 성이 소동하고 예수님에 대해 서로 묻고 그를 그 시대에는 희귀한 선지자로 여겼다(마 21:10-11).

그들은 예수님을 메시아로 인정하고 무언가 기이한 일이 나타날 것을 기대하고 있었다. 그러나 예수께서 메시아로서의 기사를 나타내기보다는 로마 군대에 힘없이 잡혀 버리자, 그들은 즉시 예수님에게서 등을 돌리고 오히려 십자가에 못 박아 죽이라고 고함을 질렀다. 그들이 가지고 있는 메시아에 대한 기대감에 부응하지 못한 예수님에게 실망한 분노가 예수님을 죽이게 하는 열심으로까지 바뀔 정도로 메시아에 대한 열망은 지대한 것이었다.

이런 현상은 주님이 십자가에서 죽으신 지 10년이 지난 후에도 나타났다. 드다(Theudas)라는 사람은 자기 스스로 하나님의 예언자라고 주장하면서, 자기는 요단강을 마르게 하여 자기를 따르는 사람들을 통과하게 할 수 있다고 장담하였다. 그러자 많은 사람들이 그를 메시아로 여기고 따르다가 그가 죽임을 당한 후에는 모두 흩어져 버리고 말았다(행 5:36). 이처럼 당시 유대인들은 종말론적인 현상으로서 메시아의 도래를 간절히 소망하고 있었다.

3) 하나님의 나라는 우리를 통해 나타나는 것임

그러나 예수께서 가르치신 하나님의 나라는 그들이 소망했던 것처럼 정치적이고 군사적인 나라가 아니었다. 오히려 산상수훈에 나타난 하나님의 나라는 그 나라를 구성하고 있는 각 사람들의 거룩한 성품을 통해서 이땅에 현존한다는 점을 강하게 부각시키고 있다. 따라서 하나님의 나라는 그 구성원들이 하나님적인 성품을 가지고 그것을 기초로 한 유형적인 삶의 형태로 표출되어 나타나는 문화적인 요소임을 가르쳐 주셨다.

그와 같은 사상을 가진 사람들의 구체적인 삶의 형태가 바로 '빛과 소금'으로서 자기의 존재 의미를 이땅에서 구현해 내야 할 것을 가르쳐 주신 것이다. 우리가 하나님의 자녀로서 우주의 질서와 세상의 질서를 유지해 나가고, 더 나아가 하나님의 나라를 세워나가는 본분을 다하는 것이 진정한 빛과 소금의 역할이라고 가르쳐 주신 것이다.

그러므로 참된 하나님 나라의 백성이라면, 그 모든 삶의 기저에는 하나님 나라를 구현하고 실제로 자기의 삶을 통해 그 문화를 건설해 나가야 한다는 사명 의식을 가지고 있어야 한다. 그러한 이유 때문에 우리가 기도할 때에는 "하늘에 계신 우리 아버지여 이름이 거룩히 여김을 받으시오며 나라이 임하옵시며 뜻이 하늘에서 이룬 것같이 땅에서도 이루어지이다"(마 6:9-10)라고 간구해야 한다.

뿐만 아니라 그와 같은 기도를 하나님께 드렸다면, 단지 기도하고 구한 것으로 끝날 것이 아니라 실제로 그와 같은 결실이 우리 안에서 나타나기 위한 구체적인 삶의 형태를 찾아 나서야 한다.

2. 기도의 응답에 대한 구체적인 길을 찾아 나서야 함

하나님께 기도할 때, 그의 나라가 임재하실 것과 그의 영광이 나타날 것에 대해 간구하고서 그 다음에는 자기와는 상관없는 일로 여기고 그대로 방치하거나 잊어버린다는 것은 있을 수 없는 일이다. 사실 우리는 하루에도 여러 차례 하나님께 기도하는 것이 습관처럼 되어 있어서 나중에는 무엇을 기도했는지조차도 기억하지 못하는 경우가 허다하다.

우리의 기도가 오늘 하루만 해 온 것이 아니고 지난 수년 동안, 어떤 사람은 수삼 년 동안 교회를 다니면서 기도를 해 오고 있기 때문에 적어도 수백 번 혹은 수천 번의 기도를 했을 것이다. 하지만 그 가운데서 정작 하나님께 기도한 것에 대해 그 내용을 잊지 않고 그에 따른 책임을 지고 이행하고자 한 기도는 결코 얼마 되지 않을 것이다.

기도의 횟수는 많고, 그 내용도 많지만은 정작 하나님에 대한 바른 인식을 근거로 하여 하나님의 뜻에 합당한 기도를 얼마나 했는지를 점검해 본다면, 그리고 그 기도가 이루어져야 할 것에 대해 소망하고 그 기도를 이루어가기 위해 자신이 행해야 할 하나님 나라의 백성으로서의 삶의 책임에 대해서 얼마나 철저했는지 점검해 본다면 그리 많지는 않을 것이다.

1) 기도하는 자의 책임

이처럼 기도는 많이 하되 그 기도의 결과에 대해서는 관심이 없는 무모한 인생의 길을 가고 있기 때문에 주님께서 가르쳐 주신 기도를 주문 외우듯 몇백 번을 외웠지만 그 내용에 따른 우리의 삶의 모습에 대하여 는 조금도 관심을 갖지 않고 자기 마음대로 살아가고 있는 것이 우리의 현실이다.

참으로 "하늘에 계신 우리 아버지여 이름이 거룩히 여김을 받으시오 며 나라이 임하옵시며 뜻이 하늘에서 이룬 것같이 땅에서도 이루어지 이다" 하면서 하나님 나라가 임할 것에 대해 기도했다면, 구체적으로 우리 안에서 하나님 나라가 어떻게 이루어져야 하는가에 대한 정당한 방법을 모색하고 그 길을 찾아 나서야 한다.

기도는 그럴듯하게 청산유수처럼 나열해 놓고 그 다음에 마땅히 추 구해야 할 자기 자신의 길에 대해서는 아무런 관심을 가지지 않을 바에 는 기도할 이유가 없다. 시간만 낭비하고 정력만 소모하는 것일 뿐만 아니라 하나님을 속이는 가증한 일이 되기 때문이다. 차라리 기도하지 않는 것이 더 나을 것이다.

우리가 하나님께 기도하는 자로서의 바른 자세를 새롭게 하고 항상 그 기도에 대해 하나님께서 응답하시는 길과 그 결과를 추구해야 함을 강조하기 위해서 예수님은 "그러므로 염려하여 이르기를 무엇을 먹을 까 무엇을 마실까 무엇을 입을까 하지 말라 이는 다 이방인들이 구하는 것이라 너희 천부께서 이 모든 것이 너희에게 있어야 할 줄을 아시느니 라 너희는 먼저 그의 나라와 그 의를 구하라 그리하면 이 모든 것을 너 희에게 더하시리라"(마 6:31-33)고 말씀하신 것이다. 즉 진정으로 하나님 의 의로우신 통치를 받고 그의 백성으로 살아가려 한다면 무엇보다도 먹고 사는 문제만은 스스로 해결하려 하지 말고 전적으로 왕이신 하나 님께 맡기라는 것이다.

한 사람이 두 주인을 섬길 수 없듯이 돈을 섬기든지 하나님을 섬기든 지 가부간에 결정해야 한다. 그래야 하나님을 위해 살든지 아니면 돈을

위해 살든지 할 수 있다. 이것도 아니고 저것도 아니라면 평생 하나님
을 위하고 그의 뜻을 구하고 그의 나라를 세워 나간다고 기도하는 것은
헛된 일이 되고 말 것이다.

2) 그의 나라와 의를 구하라는 의미

그런데 여기 '먼저 그의 나라와 그 의를 구하라'는 말에서, '구하라'
(ζητειτε)는 말은, '찾는다'(ζητεω)는 말로 seek, search, look for, try
라는 의미를 가지고 있는데, 이와 똑 같은 단어가 "구하라(αιτειτε) 그러
면 너희에게 주실 것이요 찾으라(ζητειτε) 그러면 찾을 것이요 문을 두
드리라(κρουετε) 그러면 너희에게 열릴 것이니"(마 7:7)에서 '찾으라'는
단어로 쓰이고 있다.

간구한다 혹은 구한다는 의미의 ask, request, require라는 단어는
헬라어로 αιτεω라는 말이 달리 있다. 그렇다면 여기에서 주님께서 하
신 "너희는 먼저 그의 나라와 그 의를 구하라"는 말은, 앞에서 주님께서
가르치신 기도에서처럼 하나님의 나라가 임할 것을 간구했다면, 이 단
계에 와서는 적극적으로 그 길을 찾고 그 방법을 모색하라는 의미에서
하신 말씀인 것을 알 수 있다.

이러한 가르침은 "구하라 그러면 너희에게 주실 것이요 찾으라 그러
면 찾을 것이요 문을 두드리라 그러면 너희에게 열릴 것이니 구하는 이
마다 얻을 것이요 찾는 이가 찾을 것이요 두드리는 이에게 열릴 것이니
라"(마 7:7-8)는 말에서 구하라, 찾으라, 두드리라고 말씀하신 의도는,
구하는 단계가 있으면 필히 그것을 얻기 위해 찾아 나서는 다음의 단계
가 있고, 찾은 후에는 그 안으로 들어가 실제로 그 결실을 이루어 가야
한다는 말씀에서 자세히 알 수 있다.

말로만 그럴듯하게 기도하는 것으로 일삼지 말고, 하나님께 구한 내

용에 대해 그 기도가 이루어지기 위한 정상한 길을 찾고 그 길에 들어서야 할 것이라는 마음의 자세를 요구한다. 그리고 그와 같이 하나님의 나라를 구현해 나가는 제일보의 삶의 단계가 바로 먹고 사는 문제만큼은 돈에게 의지하지 말고 하나님께 의탁하라는 것이다.

사람이 인생을 경영함에 있어 돈을 의지하는 것은, 그가 왜 이 세상에 존재하는가에 대한 분명한 인식이 결여되어 있기 때문이다. 자기 자신이 존재해야 할 마땅한 이유가 있다면 바로 그 일을 위해 살아가고자 할 터이지만 그러한 인생의 목적의식이 없기 때문에 매일의 생활을 유지해 나가기 위한 방편으로 돈을 의지한다. 반면에 자신의 존재 목적을 분명하게 인식하고 있다면, 그리고 하나님과의 관계 속에서 그 삶이 인정된 것이라면 살기 위해 애쓰기보다는 무엇을 위해 살아야 할 것인가를 먼저 생각하게 되는 것이다.

3) 우리는 하나님의 보호가운데 있음

바로 그러한 인생의 존재 가치에 대해 예수님은 공중의 새와 들에 핀 백합화를 예로 들어 비유로 말씀하셨다. 공중의 새는 심지도 않고 거두지 않아도 하나님께서 친히 기르신다는 것과, 들에 핀 백합화는 수고하거나 길쌈하지 않아도 시시절절 하나님께서 좋은 것으로 입혀 주신다는 비유는, 삶이라는 것이 단순히 목가적인 낭만을 가지고 있다는 것을 말씀하신 것이 아니다.

그와 같은 미물이라 할지라도 각자 자기의 존재 목적을 따라 살아가는 것처럼 사람도 의당히 자연스럽게 인생을 경영해 나가면 된다는 것을 강조하시기 위함이었다. 원래 생명은 그 자체가 존재의 의미를 가지고 있다. 하나님께서 내셨다는 것이 바로 그 존재의 이유이다. 따라서 생명의 보존은 하나님께서 책임지신다. 사람이 걱정하고 염려한다고 해서 생명이 유지되는 것은 아니다.

"너희 중에 누가 염려함으로 그 키(수명)를 한 자나 더할 수 있느냐?" (마 6:27)는 말씀을 통해 아무도 염려하는 것으로써 자기의 수명을 조금 이라도 연장할 수 없다고 단언하신다. 사람이 염려함으로써 자기의 수 명을 연장할 수만 있다면 평생 염려하고서라도 죽지 않으려 할 것이다. 그러나 사람의 수명은 자기 자신에게 있는 것이 아니라 그 생명을 내신 하나님의 계획에 달려 있다.

때문에 생명을 유지하고 연장하기 위해 살려고 애를 쓸 것이 아니라, 주어진 생명을 가치 있고 의미 있게 발휘하기 위해 살아가야 한다. 그 러한 차원에서 먹고 사는 문제는 하나님께 맡기고 우리는 하나님께 기 도하여 구했던 것처럼 하나님의 나라와 그의 의를 구현하기 위해 바르 고 합리적인 길과 방법을 찾아 나서야 한다.

그러므로 이 말씀 속에서 알 수 있는 것은, 우리가 하나님께 기도한 내용에 대해 항상 바르고 분명하게 파악하고 있어야 할 것이며, 그 기 도가 응답되기 위해 찾아야 할 것을 찾고, 그 길을 찾았으면 문을 두드 리고 들어가야 하는 것처럼 그 일을 이루기 위해 마땅히 살아가야 할 방향과 모습을 추구해야만 한다는 점이다. 이미 하나님의 나라는 그의 백성들 속에서 삶의 양태로 나타나는 것이라고 예수께서 가르치신 것 과 같이 바로 우리의 삶 속에서 하나님의 나라는 찬연하게 빛을 비추어 야 한다. 그 일을 위해 우리는 부름 받았고 이땅에 존재하고 있다.

이처럼 주님께서 우리에게 기도를 가르쳐 주실 때에는 단순히 관념 적인 상태에서 기도의 모양만을 갖출 것이 아니라 먼저 하나님에 대하 여 명확하게 인식하고 그 지식을 바탕으로 기도할 것이며, 그 기도가 이루어져감에 있어 우리가 역사 안에서 수행해야 할 인생의 사명을 추구해야 할 것까지 포함하여 가르치신 것이다.

따라서 기도는 하는 것만으로 끝나는 것이 아니라 그 기도가 나를 통해 이루어지기 위한 구체적인 방향과 방법을 우리 스스로 찾아 나서야 하고 그 모든 일을 수행해 나감에 있어 하나님께서 바라는 의도가 무엇인가를 늘 살펴야 한다. 때문에 기도는 자기 의사를 하나님께 전달하는 데 목적이 있지 않고 하나님께서 그의 나라를 건설해 나가심에 있어 어떤 의도를 보이시는가를 찾고 그 일을 이루어 나가기 위해 하나님과 교통하는 데 목적이 있다.

제14장

기도의 성격과 방향

많은 사람들이 하나님의 나라는 현실의 세상과는 상관이 없는 것처럼 생각하고 있지만, 예수님의 관심은 하나님의 나라가 그의 백성들을 통해 '이땅'에서 구체적으로 이루어지는 데에 있었다. 그래서 우리가 기도할 때 관심을 두어야 할 것은 하나님의 나라가 이땅에서 어떻게 이루어져야 하는가에 대한 것이다.

예수님 역시 이 점을 중요하게 여기기 때문에 주의 기도를 가르쳐 주실 때 하나님의 뜻과 통치가 이루어질 것에 대해 먼저 구하도록 하셨고, 하나님의 나라를 드러내기 위해 "너희는 먼저 그의 나라와 그 의를 구하라(원어에는 '찾으라'로 되어 있음) 그리하면 이 모든 것을 너희에게 더하시리라"(마 6:33)고 가르치셨다.

산상수훈은 사람들이 살아가는 동안 인간관계를 잘 유지하고 원만히 해결해 나가기 위해 주신 어떤 인도적(人道的)이고 윤리적(倫理的)인 교훈들이 아니다. 오히려 의로우신 하나님의 통치를 전 세계적으로 확장하여 드러내기 위한 사상이 그 안에 담겨 있다.

당시 제자들이 상상하고 있던 유대주의적 메시아 왕국과 같은 편협하고 유치한 사상들을 척결할 뿐 아니라 정치적이고 군사적인 메시아 왕국에 대한 허상을 버리고 의당히 그의 백성들이라면 하나님 나라의 거룩하고 바른 자태에 대해 꼭 알아야 할 내용이기에 주어진 것이 산상수훈이다.

이러한 목적 때문에 하나님 나라의 고귀한 성격이 어떤 것인가를 주요 관점으로 이야기하면서, 이제 그 나라의 백성으로서 무엇을 기도하고 그 기도의 성격은 어떠한 것인가에 대해 말씀하고 있다.

1. 기도의 성격

우리가 하나님께 무엇을 구하고 하나님은 그에 대답을 하신다는 것은 먼저 하나님과 우리와의 교통이라는 중요한 사실을 전제로 하고 있다. 우리가 하나님께 무엇을 구한다는 것은 그것을 구해야 할 분명한 이유가 우리에게 있고 그것을 구하도록 하신 하나님의 뜻이 그 안에 담겨 있음을 의미한다. 그리고 구한 것에 대해 하나님은 분명히 응답하신다는 약속이 있고 그 약속을 신앙하는 우리의 적극적인 자세가 그 안에 담겨 있어야 한다. 그러므로 기도는 무엇보다도 하나님과의 교통이 늘 이루어지고 있는 상태에서만 가능한 것임을 우리는 알아야 한다.

1) 하나님의 경영이 이루어질 것을 기도함

하나님과의 교통이 늘 유지되고 있을 때 비로소 기도할 내용이 발생하고 그 기도에 대해 하나님께서는 필연적으로 분명히 응답해 주실 것이라는 약속을 신뢰할 수 있다. 나아가 기도의 결과에 대해 소원을 두고 살아갈 때 우리를 이 세상에 보내신 하나님의 거룩한 본의를 이루어

나갈 수 있는 것이다.

하나님께서는 우리가 각자의 궁극적인 존재 의미를 완수해 나갈 수 있도록 하기 위해 우리를 보내신 하나님의 뜻을 이해하고, 적응하고, 장성하고, 진전해 나가도록 그 뜻에 따라 인도하심으로써 마침내 그 뜻을 이루어 하나님의 나라가 드러나기를 늘 바라고 살 수 있게 하셨다.

기도는 종교적인 목적, 즉 자기의 종교적 만족감을 더하기 위해 정신을 집중시키는 수단이나 혹은 종교적인 카타르시스 효과를 나타내기 위해 사용되어서는 안 된다. 그러한 생각으로 수십 년을 노력하여 기도했다고 한다면 어떤 면에서는 정신적인 통일을 이루고 마침내 득도(得道)하는 결과를 가져올지는 모를 일이지만, 기도란 하나님께서 분명히 들어주셔야 하는 것이고 그 효과가 있어야 한다.

따라서 우리가 하나님께 기도했다면 그 기도의 효과가 나타나 하나님의 백성으로서 그 본분을 완성하고 그 나라를 드러내야 한다. 우리가 수년간을 기도해 왔다면 의당히 그 효력이 발생하여 최소한 하나님의 백성으로서의 두드러진 새로운 삶의 모습이 명확하게 나타나 있어야 한다는 의미이다.

기도가 우리의 필요를 하나님께 구하는 것이라면 그 필요가 발생했고, 그 필요에 대한 종합적인 판단의 근거가 있어 기도한 까닭에 하나님은 그것을 구하도록 하신 분명한 목적을 가지고 계실 것이다. 그것을 바탕으로 기도하였다면 하나님은 그 기도를 응답해 주실 것이며, 그 경험을 바탕으로 우리 안에 하나님 나라의 백성으로 살아가는 현저한 모습과 사상이 두드러지게 나타나는 것은 당연한 결과이다. 이렇게 함으로써 교회가 이 세상에서 세상의 세력과 전투하고 나아갈 때 하나님께 기도하고 그 응답을 체험한 교회원들은 신령한 능력을 가지고서 그것들을 능히 대적해 나갈 수 있다.

그럼에도 불구하고 몇십 년씩 기도 생활을 해 온 사람들이 그러한 기

도의 효과를 나타내지도 못하고 무엇을 기도했는지, 왜 기도하는지
조차도 알지 못하는 공허한 기도를 해 왔다면 그리고 그런 사람들이 교
회를 구성하는 대다수라고 한다면 교회는 기도에 있어서 아무런 효과
를 얻지 못한다. 실제로 교회란 그 시대의 도전에 대해 대항하고 적극
적으로 그 세력을 타파하고 나아가야 할 방향이 있어야 하는데도 이와
같이 기도의 효과를 나타내지 못하는 교회라면 그리스도의 권능과 영
광을 증거하기란 불가능하다.

2) 교회적인 목적을 기도함

그러므로 기도는 단순히 어떤 한 사람의 개인적인 존재 목적을 완수
하기 위해 하는 것이 아니라 전체적인 교회의 방향과 성격을 규명하고
그 기도의 효과에 힘입어 영적인 각성을 하여 세상의 세력과 대응하고
그것을 타파하여 궁극적으로 하나님의 의로운 나라를 건설해 나가는
데 목적이 있다. 이러한 이유에서, 이제는 하나님께 우리의 필요를 구
하는 것으로 끝나지 않고 그의 나라를 어떻게 드러낼 것인가에 대한 구
체적인 방법을 교회를 이루는 한 회원으로서 찾아 나서야 한다. "너희
는 먼저 그의 나라와 그 의를 구하라 그리하면 이 모든 것을 너희에게
더하시리라"(마 6:33)는 말씀도 바로 그러한 차원에서 우리에게 주신 것
이다.

그런데 여기 마태복음 7장 1-6절은 내용상 좀 특이하여서 많은 주석
가들이 해석할 때 상당히 윤리적인 차원에서 해석하고 있는 것을 볼 수
있다. 물론 마태가 성경을 기록할 때는 예수님의 말씀을 순차적으로 기
록한 것이 아니어서 이 내용이 삽입되었다고 말하는 사람들도 있지만
전체적인 방향을 가지고 성경을 기록한 것이기 때문에 단순히 윤리적
이고 도덕적인 차원으로 이 구절들을 해석해서는 안 될 것이다.

2. 기도의 방향

우리가 하나님께 기도하는 것은 하나님께서 그 기도를 응답해 주실 것을 의지하고 구하는 것이다. 그렇지만 기도란 구하는 것만으로 완성되는 것이 아니라 우리가 구하는 것이 어떻게 이루어지는가의 과정과, 우리가 하나님을 얼마나 의지해야 하는 것과 그 목적을 이루기 위해 마땅히 살아가야 할 정당한 삶의 자세까지도 포함한다. 그러므로 기도하는 사람은 하나님께 어떤 것을 구한 것으로 끝난 것이 아니다. 그 기도가 어떻게 우리에게 효과를 나타내고, 그 효과로 인해 하나님의 나라에 어떤 유익을 가져다주는가를 면밀하게 살펴보고 그 결과에 관심을 가지고 있어야 한다.

1) 기도의 응답을 바라보아야 함

이런 점에서 기도란 우리가 하나님께 고한 기도의 내용이 이루어져 가는 과정을 통해 하나님과 같은 뜻을 가지고 공동의 목적을 이루어 나가기 위해 긴밀한 관계를 늘 유지하고 있음을 확인하며, 그것을 바탕으로 하나님의 뜻이 어떤 것인가를 더 자세히 알아 가게 된다는 점에서 의의가 있다. 이렇게 함으로써 기도하는 사람은 하나님께서 경영하시는 하나님의 나라에 대해 맡은 바 자기의 사명을 충실히 수행해 나가게 된다. 바로 이런 이유로 우리가 기도하는 일에 힘써야 할 뿐만 아니라 그 기도가 우리를 통해 어떻게 이루어지는가에 대해 깊은 관심을 가져야 한다.

그 동안 대부분의 사람들이 그러했던 것처럼 우리도 기도에 대해 생각하기를 하나님께 우리의 사정을 아뢰고 우리의 형편에 맞는 삶의 방향을 인도해 주시며 필요에 따라 공급해 주실 것을 간구하는 것으로 충분했었다. 그러나 주님은 기도한 내용에 대해 관심을 갖고 그것이 어떻게 이루어져야 하는가를 생각해야 할 것을 가르쳐 주셨다.

이미 주께서 가르치신 기도의 내용을 보았듯이 하나님의 거룩하신 통치와 영광이 이땅에 현존하기를 구했다면 그 구한 것으로 기도가 끝난 것이 아니라, 이제는 그 기도가 어떻게 우리의 삶을 통해 이루어져야 하는가에 대한 자세를 새롭게 해야 할 것을 말씀하신 것이 바로 "너희는 먼저 그의 나라와 그 의를 찾으라 그리하면 이 모든 것을 너희에게 더하시리라"(마 6:33)는 말씀이다.

따라서 우리의 삶은 당연히 늘 하나님의 나라를 현시하기 위해 경영되어야 한다. 그러기 위해 역사 안에서의 삶의 목적과 의미를 완수해야 하고, 각 사람이 살아가야 할 방향이 있으며, 그 각각의 목적을 이루기 위해 그 길을 찾아 나서야 한다. 그렇지 않고 무작정 하나님의 뜻이 이루어질 것이라는 막연한 기대 속에서 일정한 방향 감각도 없이 살아간다면 진정 하나님의 뜻이 무엇인가도 알 수 없을 뿐만 아니라 하나님께서 우리에게 요구하시는 그 다음 단계가 무엇인가도 알 길이 없다.

지금 내가 해야 할 일이 있어야 다음에 할 일이 있고 방향과 성격이 있는 것이지 그저 부평초와 같이 물 위에 떠 있어 이리저리 밀려다니는 것처럼 살아간다면, 비록 그렇게 사는 것이 커다란 실패도 없고 어떻게 보면 순탄하여서 별다른 염려도 없고 매사가 잘 되는 것처럼 보일지 모르지만 전체의 삶이 방향을 상실하고 마는 것이며, 그렇게 됨으로써 시간이 흐름에 따라 어떤 과정을 통해 도달해야 할 목표점에 미달해 있다면 그것이 바로 엄위로우신 하나님의 심판의 대상이 된다.

2) 기도를 통해 인생의 앞길을 확인해야 함

하나님께서 역사를 진행하고 있는 시공간에 존재하는 우리는 항상 다음 단계에 도달해야 할 또 다른 목표점에 대해 생각하고 준비하고 있어야 한다. 그 목표점에 도달하기 위해 지나온 과거의 흔적을 살펴보는 것이며, 거기에서 하나님과의 관계를 확인하는 것이고, 그러한 판단의 근거를 가지고 앞길을 판가름하고 한 발 한 발 전진해 나가야 한다.

이 말은 지금까지 하나님의 뜻과 일치하여 오늘에 이르러야 할 목표점에 도달하였다 할지라도 그곳에 머무르지 아니하고 내일 도달해야 할 또 다른 목표점이 있음을 의미한다. 그리고 그 방향과 성격에 대해서는 지금까지 살아온 역사의 흔적을 통해 판단의 근거를 가지고 면밀하게 분석하고 지식을 습득해 가야 한다.

그런데 그 단계를 밟아 가는 과정에 있어서 우리의 안목이 짧고 우리의 판단력에도 결핍이 있기 때문에 저 광대하고 우주적인 하나님의 나라를 내다볼 수 없다. 그래서 우리의 진행이 멈춤과 비틀림 없이 나아갈 수 있도록 하나님께서 때를 따라 인도하고 필요를 공급해 주며 우리의 갈 길을 가로막는 세력들에 대해 심판해 주실 것을 기도하는 것이다. 자기 인생의 성공을 완취하기 위해 기도라는 수단을 동원하는 것이 아니라 하나님의 거룩하신 목적을 우리의 삶을 통해 완수해 나가야 하기 때문에 기도해야 하는 것이다.

이것은 우리 인생이 일회적이지 않고 계속 연속적으로 무엇인가를 추구하고 이루어 나가야 한다는 것을 의미한다. 오늘 하루의 삶으로 내 인생이 완성되는 것이 아니라 매일의 삶을 통해 인생의 목적이 완수되어지는 것이다. 따라서 우리의 기도는 일회적으로 급작한 필요가 생겨 하나님께 구하고 그 즉시 하나님께서 응답해 주시는 것으로 마무리되는 것이 아님을 알 수 있다.

물론 급한 필요에 의해서 그 즉시 기도를 응답해 주시는 경우가 없는 것은 아니다. 홍해 앞에 서 있는 모세의 형편은 급박한 것이었기에 하나님은 그 즉시 기도에 응답하여 홍해를 갈라 통과하게 하셨다. 그러나 이러한 기적이라 할지라도 전체적으로 보면 이스라엘이라는 나라가 나아가야 할 길과 원대한 우주적인 하나님의 나라가 진행하는 길이 긴밀한 연관 관계 아래 있었음을 우리는 알 수 있다.

그 사건을 일회적으로 분리해 보면 참으로 경이로운 기적에 속할 것이지만, 하나님의 원대한 경영을 이루어야 하는 차원에서 살펴본다면 이것은 어디까지나 하나의 필연적인 과정에 속한 것이다. 따라서 기도란 연속성을 가지고 우리 인생이 나아가야 할 길을 계속해서 정진해 나가기 위한 하나님과의 관계성을 확인하는 것임을 알 수 있다. 그러므로 우리가 살아가는 과정 속에서 순간순간 필요에 따라 충동적으로 일회성의 기도를 하는 것이 아니라 우리 인생이 가야 하는 궁극적인 목적을 향해 늘 지향해 나가는 차원에서 기도해야 한다.

이렇게 하나님께 기도한다면 하나님은 그 필요에 따라 즉시 응답해 주시기도 하지만 대부분 그 다음 단계로 넘어가기 위한 길을 찾게도 하시고, 혹은 문을 두드리게도 하시고, 그 안에 들어가게도 하신다. 그러한 기도에 대한 인식이 부족하기 때문에 우선 당장 급한 마음으로 기도부터 하고, 혹은 공중이 모여 누가 대표로 기도할 때 그렇게 되기를 소원하는 마음을 갖기는 하지만, 이내 그 기도의 내용을 잊어버리고 무엇을 위해 살 것인가를 망각하며 그저 닥치는 대로 이리 충돌하고 저리 충돌하면서 막무가내로 살고 마는 것이다.

3) 기도는 인생의 본분을 성취하게 함

그러나 우리 인생이라는 것은 그렇게 좌충우돌하며 살게 되어 있지 않다. 하나님께서 인생을 내신 목적이 분명하고 비록 그 목적이 다양한 과정을 통해 이루어지는 것이라 하더라도 그 방향성은 분명히 있는 것이다. 때문에 가만히 있어도 하나님께서 다 인도해 주시고 필요를 공급해 주실 것이라는 어리석은 생각을 해서는 안 될 것이다.

한창 유행하는 컴퓨터 게임에 어드벤처(모험) 게임이라는 것이 있는데, 그 게임의 목적지에 도달하기 위해서는 매 단계에서 꼭 해결하지 않으면 그 다음 단계로 넘어갈 길이 없다. 언뜻 보기에는 그리 중요하지 않아서 지나쳐 버리다가는 나중에 그 과정을 하나 거치지 않았다는 것 때문에 전체 게임을 포기하지 않으면 안 된다. 그 동안에 노력해 온 열심을 보아서라도 한번 정도는 봐줘도 될 것 같은데 컴퓨터는 절대로 그것을 용납하지 않기 때문에 처음부터 다시 시작해야 한다.

마찬가지로 우리 인생이 어떤 목적을 이루기 위해서는 그 목적에 부합하는 각각의 과정을 충실히 이루고 거쳐 나가야 한다. 그럼에도 우리는 괜히 어떤 요행심을 가지고 있어서 '어떻게 되겠지' 하는 생각을 가지고 적당히 하나님과 타협하기를 바라고 아니면 죽으라고 때를 써서라도 통과해 보려고 하는 일이 허다히 많은 것이다.

하나님은 컴퓨터와 다르기 때문에 어떤 때는 격려도 해 주시고, 필요하면 다음 단계로 넘어갈 방법을 보여 주시기도 하시고, 때로는 우리의 불충에 대해 혼을 내시기도 하면서 점점 장성해 나가도록 하는 분이기에 우리가 억지를 부리는 경우가 있어도 가엾게 보아주시는 경우도 없지는 않다.

그렇다고 마냥 억지나 부리고 살아가면서 아무 때나 급한 김에 기도해서 어떻게 해결해 보겠다는 생각을 하는 것은 있을 수 없는 일이다. 미처 알지 못하고 또 우리가 가지고 있는 죄의 영향력이라는 것이 기회를 엿보다가 틈만 나면 끼어들어 방해하는 까닭에 실수를 하는 경우가 있을지라도 그것이 어쩌다 발생하는 일이라면 몰라도 매사가 실수투성이고 엉망진창이라면 그것은 인생을 경영해 나가는 것이 아니다.

이미 경영이라는 말이 보여주는 것처럼 - 경영(οικονομια)이라는 말은 집을 지어간다는 의미인데 – 우리 인생은 원대한 목표를 이루어 나가기 위해 '왜 그 일을 해야 하는가?' 에 대한 충분한 이유를 발견하고, 그 목적을 이루기 위한 최선의 계획을 짜고, 필요한 자료를 구하고, 기술을 개발하면서 차근차근 단계를 밟아 진행해야 한다.

우리 인생을 경영해 나감에 있어서 매일 요구되는 바 당위성이 있어서 그것을 때로는 하나님께 구하기도 하고, 찾아 나서기도 하고, 특별한 경우에는 우리로서는 해결할 수 없어서 하나님께서 준비해 두셨다가 주시기도 하는 것이지만 대부분의 경우는 우리가 의당히 해결해 나가야 할 일이 더 많은 것이다.

그렇다면 우리가 인생의 길을 나아감에 있어서 하나님께서 바라는 그 무엇을 찾아야 하는 것인데 바로 그것이 무엇인가 하는 중대한 문제가 남아 있다. 그것에 대해 주님은 산상수훈을 통해서 곧 '하나님의 나라와 의' 라고 대답해 주셨다. 그래서 기도할 때 '하나님의 나라를 주시옵소서!' 혹은 '하나님의 뜻이 이루어지기를 소원합니다' 하는 것만으로 끝나지 말고 그 나라를 구체적으로 이루어 나가고, 그 안에서 하나님의 뜻이 분명하게 나타나도록 매일의 삶 속에서 그것을 성취해 나가기 위해 의당히 찾아야 할 것을 찾아 나서야 한다.

제15장

기도의 자세

우리가 하나님의 나라를 찾는다고 할 때 거기에는 몇 가지 중요한 조건들이 전제되어 있다.

1. 인간 중심의 자세는 배격되어야 함

하나님의 나라를 찾아 나설 때 우리의 욕심으로 그 나라를 찾아 나서서는 안 된다. "너희가 얻지 못함은 구하지 아니함이요 구하여도 얻지 못함은 정욕으로 쓰려고 잘못 구함이니라"(약 4:2-3)는 말씀에서 보는 것과 같이 인간적인 욕망을 위해 하나님의 나라를 추구해서는 안 된다.

여기에서 '정욕'이라는 단어는 어떤 목적을 세우고 그것을 달성하겠다는 적극적인 의미의 욕심($\epsilon\pi\iota\theta\upsilon\mu\iota\alpha$)이 아닌 쾌락($\acute{\eta}\delta o\nu\eta$)이라는 말로서 일시적인 심신의 안락을 추구하는 것을 말한다. 이는 마음 가운데 이미 어떤 행복의 상태를 전제하고 그것 외에는 소극적으로 대처해서 자기 나름대로의 행복한 상태를 유지하고자 하거나 그 상태를 추구하는 인간적인 욕망을 의미한다. 이처럼 하나님의 나라를 찾고자 하는 목적도 자기 나름대로 어떤 상태를 가정해 놓고 그것을 만족하기 위해 구하는 경우가 있다.

1) 사람들은 인간 중심적인 목적을 추구함

대부분 많은 사람들이 하나님의 나라를 찾아 나서는 이유는, 그곳에 도달함으로써 얻어지는 최상의 안락함과 평화로움에 대한 보장을 얻기 위함이다. 동양적인 사고방식에서부터 시작된 극락세계에 대한 열망이 기독교에 접목되어 하나님의 나라라고 그 용어만 바뀌었을 뿐 그 내용은 다른 것이 아니다. 사람들이 추구하는 하나님의 나라는 병들지 않고, 고통 없고, 일하지 않고도 배고프지 않는, 그리고 절대로 죽지 않는 영생에 대한 욕망으로 꾸며진 나라이다.

사실 천국에 대한 이러한 열망은 모든 사람들이 추구하는 최고의 선망의 대상임에는 틀림없다. 바로 그것을 얻기 위해 이 세상에서 온갖 어려움과 고초를 감내하고 살아가는 것도 사실이다. 지금의 고생을 밑천으로 삼아 저 세상에서는 영생토록 평안히 살고자 하는 이러한 기대감은 그만큼 이 세상에서 살기가 어렵고 고초가 심하다는 것을 의미하고 있다. 그래서 어떻게든지 저 세상에 가서는 행복하게 살아야 하지 않겠는가 하는 기대감을 만족시켜 주기 위해 종교라는 것이 생겨나게 되었다.

자기들이 설정한 영생과 복락의 낙원에 대해서만 관심이 있을 뿐이지 정작 그 나라의 주인이신 하나님의 경영과 그분이 바라시는 나라의 성격을 구현함에 대해서는 아무런 관심이 없다. 그러한 상태에서 열정을 가지고 하나님의 나라를 추구하는 것이 바로 정욕(ήδονη)으로 하나님의 나라를 구하는 것이다. 어떤 사람들은 이땅에서 자기만족을 성취하기 위해 종교를 선택하는 사람들도 있다.

하나님의 나라를 추구한다는 사람 중에서도 이 세상에서 성취되는 하나님의 나라를 열망하고 세상 나라와 같은 국가적인 형태로 건설하고자 하는 사람들이 있다. 소위 말하는 유대주의자들이 그러했다. 그들은 장차 임할 하나님의 영광된 나라에 대한 소망보다는 이 현실의 불합리한 세상에서 벗어나 최상의 행복과 영광이 보장되는 메시아의 왕국이 자기들의 시대에 세워지는 것을 최고의 보람으로 여기고 있었다. 오늘날에도 그와 같은 운동이 지속되고 있다. 곧 하나님의 나라는 이땅의 가난과 구조악이 제거된 인간 사회에서 이루어지는 것이라고 주장하는 사회 구원론자들이 그들이다.

그들은 인간성을 회복하고 착취와 불평등을 제거하여 이땅에 정의와 공의로 가득한 유토피아를 건설하기 위해 복음이 필요한 것이라고 주장한다. 그러한 나라는 가난한 자들, 즉 노동자와 농민 등과 같은 사회의 밑바탕에 있는 사람들이 자본가들로부터 착취와 억압에서 벗어남으로써 건설되는 것이며, 그러기 위해 전투적인 혁명의 수단을 동원해서라도 사회 구조악을 괴멸해야 한다고 주장한다.

그렇게 되면 이땅에 진정한 자유와 평화가 성취되고 인간성이 회복될 것이라고 여긴다. 이 세상에서 인간답게 대우받고 자유를 누리며 사는 인간 평등의 사회가 곧 그들이 추구하는 하나님의 나라인 것이다. 그와 같은 사상을 철학적으로 뒷받침하기 위해 발생한 것이 해방신학과 민중신학이다.

2) 인간은 하나님 중심적인 삶을 추구해야 함

하나님의 나라는 인간의 공리적인 만족감을 충족시켜 주기 위해 이

땅에 세워지거나 장차 이루어지는 것이 아니다. 유감스럽게도 하나님
의 나라는 우리가 생각하는 것처럼 인간 중심적이 아니다. 하나님의 나
라는 순수하게 하나님의 뜻에 의해 세워지고 다스려지는 나라이다. 하
나님이 왕이신 나라이며, 하나님의 뜻만이 성취되는 나라이며, 하나님
의 영광만이 충일한 나라이다.

이 나라에서 인간은 왕이신 하나님을 경배하는 것이 최고의 선이며,
그의 뜻을 순종하는 것이 최고의 덕이며, 그의 영광을 드러내는 것이
궁극적인 존재 이유이다. 따라서 이 나라에서는 인간을 위주로 하는 그
어떤 프로그램도 존재하지 않는다. 뿐만 아니라 인간을 주인공으로 하
는 그 어떤 제도도 마련되어 있지 않다. 이 나라에서는 오직 하나님만
이 나타나지며 그분 자신이 궁극적인 존재 이유이다.

이것은 역설적이기도 하지만, 바로 그 안에서 인간의 존재 의미와 가
치가 부여된다는 점에서 하나님의 나라는 세상 나라와는 다른 성격을
가지고 있다. 인간들이 자신들의 행복을 추구하기 위해 형성한 공리주
의(eudemonism)는 절대로 용납되지 않는다. 그러므로 사람이 자기 심신
의 쾌락을 만족하기 위해 하나님의 나라를 구한다는 것은 하나님께 대
한 대역죄가 된다.

2. 하나님의 나라에 대한 절대적인 열정이 있어야 함

그럼에도 불구하고 "너희는 먼저 그의 나라와 그 의를 구하라 그리하
면 이 모든 것을 너희에게 더하시리라"(마 6:33)는 말씀과 같이, 적극적
으로 하나님의 나라를 찾으라고 명령하신 것은 하나님의 나라에 대한
각별한 각오를 갖도록 하기 위함이다. 우리는 그러한 예를 마태복음 13
장의 천국 비유에서 찾을 수 있는데 특히 진주 장사의 비유에서 그 의
미를 발견할 수 있다.

1) 하나님의 나라를 찾는다는 의미

"또 천국은 마치 좋은 진주를 구하는(ζητεω: 찾는다) 장사와 같으니 극히 값진 진주 하나를 만나매 가서 자기의 소유를 다 팔아 그 진주를 샀느니라"(마 13:45-46)는 비유의 말씀은 하나님의 나라에 대한 간절한 열정을 가지고 있어야 할 것을 말하고 있다. 이 진주 장사는 좋은 진주 하나를 갖고자 하는 열정이 가득 차 있었다. 그것을 갖고자 하는 열정만을 가지고 마음을 달래고 가만히 있는 것이 아니라 실제로 그 진주를 찾기 위해 실생활 가운데서 최선을 다해 찾고 다녔다. 마침내 그 진주를 발견했을 때에는 그 진주를 소유하기 위해 자기의 것을 모두 포기하는 용단을 내리는 사람이었다.

마찬가지로 우리가 하나님의 나라를 찾는다 한다면 그에 대한 열정을 가지고 있을 뿐만 아니라 우리 실생활에서 구체적으로 하나님의 나라가 어떻게 구현되어야 할 것인가를 늘 찾아 나서야 하고, 마침내 그 나라를 찾았다면 구태의연하게 받아들이지 아니하고 그 가치를 충분히 파악하고 분별하여 자기 전체를 투신할 수 있어야 한다. 그만한 열심 없이 하나님의 나라에 대한 막연한 기대감이나 가지고 "어서 오시옵소서!" 하며 아무리 기다린다 하더라도 하나님의 나라가 임할 리도 없겠지마는 혹 그 사람 앞에 하나님의 나라가 구체적으로 나타난다 할지라도 그것을 알아볼 안목조차 없을 것이다.

무조건 하나님의 나라에 들어가겠다고 찾아 나서는 것도 문제이지만 그렇다고 그 나라에 대한 열망 없이 무감각한 상태로 있는 것은 더 큰 문제이다. 오히려 예수님은 하나님의 나라에 대해 우리가 적극적으로 찾아 나서야 할 것이라고 말씀하시며 심지어 자기의 것을 다 팔아서라도 사야 한다고 말씀하신다. 이것은 우리의 실생활 가운데서 하나님의 나라에 대해 어떤 태도를 가지고 있어야 할 것인가에 대한 가르침이기도 하다.

우리가 살아가는 동안에 하나님의 나라와 그 의를 발견하였다면 그에 따른 어떤 대가라도 능히 지불할 수 있는 마음의 자세를 늘 가지고 있어야 한다. 그러한 마음의 자세를 가지고 있는 것이 하나님의 나라를 찾는 자로서 당연한 마음의 자세이다.

2) 물질을 겸하여 섬길 수 없음

이러한 마음의 자세는 이미 지적하여 말씀하신 적이 있다. 곧 하나님과 재물을 겸하여 섬길 수 없다(마 6:24)는 말씀과 같이 우리 인생에 있어서 하나님의 나라가 그처럼 고귀하다면 그것 외에 다른 것은 포기해야만 한다.

그리고 하나님의 나라가 진정 우리가 추구하는 최고의 선이라면, 그 나라를 자기의 생명과 같이 소중히 여긴다면, 그러한 자세를 가지고 하나님을 대하는 사람은 더 이상 하나님께 대해 어떠한 거래도 하지 않아야 한다. 즉 하나님께서 요구하시는 것이 있다면 욕심부리지 않고 포기해야 한다. 대신 하나님께서 주시는 삶의 방법과 생활의 방편을 오직 유일한 보물로 여기고 살아가는 것이다. 바로 그것이 신령한 자로서의 바른 생활의 자세이다.

그러기 위해 우리는 성령을 좇아 살려고 그처럼 애를 쓰는 것이다. 성령께서 늘 우리의 마음을 이와 같은 자세에서 흐트러짐 없이 보호하시고 지켜주셔야만 된다는 것을 알고 있기 때문이다. 사실 성령께서 그와 같이 보호하지 않으신다면 우리의 마음이 자주 변질되고 변덕부리는 바람에 하나님께서 주시는 생활의 방편 말고도 우리 나름대로 또 다른 살 길을 추구하려 한다. 바로 이런 점이 성령의 소욕을 좇아 사는 사람과 그렇지 않은 사람과의 판단 기준이 된다.

우리 마음 안에 하나님께서 제시하신 가치관 외에 또 다른 것에 소망을 두고 거기에 미련을 가지고 있는가를 살펴본다면 – 성령께서는 그와 같은 두 가지 마음을 갖도록 하시지 않기 때문에 – 누구보다도 우리 자신이 성령의 인도를 받고 있는지를 쉽게 알 수 있다.

3) 좁은 문으로 들어가라는 의미

바로 그와 같은 자기 부인의 삶의 자태를 표현한 말씀이 좁은 문으로 들어가는 삶의 자세이다. 비록 그 길이 좁고 협착하여 찾는 이가 적고 아무도 알아주는 길이 아닐지라도 하나님께서 그 길을 원하신다면 그 어떤 것으로도 대신하려 들지 않고 그 길을 가는 것이다. 일반적으로 누구나 가는 길에서 제외되는 것이 좁은 길이 아니라 하나님께서 우리가 가기를 원하시는 길이 바로 좁은 길이다.

세상에서 내 방법으로 길을 선택하였다면 크게 성공하고 역사에 길이 남을 업적을 쌓았을 뻔했으나, 하나님께서 그것을 원치 아니하기에 그 길을 포기하고 하나님께서 필요로 하신 길을 감으로써 이 세상에서 누려야 할 그 많은 편리와 명예와 영광을 포기하는 것이 바로 좁은 길이다. 그러므로 하나님의 나라에 대한 정당한 가치를 인식하고 그것을 세상과 구별지어 분별할 수 있는 마음의 자세와 그 나라를 위해 적극적으로 자신을 드릴 수 있는 생활 태도가 분명하고 바르게 세워져 있어야 한다.

3. 하나님의 뜻대로 행해야 함

바로 그러한 삶을 가리키며 예수님은 '하늘에 계신 내 아버지의 뜻'대로 행해야 한다고 말씀하신다. 비록 우리의 명예와 영광을 포기하고 좁은 길로 들어섰다 할지라도 그 길을 가는 방법은 하나님의 뜻에 합당해야 한다. 바로 그와 같은 삶을 살도록 하기 위해 하나님은 우리에게 영혼의 기능(soul faculty)을 주신 것이다. 바로 여기에서 우리는 존재의 희열을 가지게 된다.

1) 하나님의 통치 안에 있는 우리

앞에서 살펴보았듯이 하나님의 나라는 하나님에 의해 주장되어지는 나라이다. 하나님은 우리에게 영혼의 생명을 주셔서 스스로 영혼의 기능을 발휘하여 하나님의 뜻에 합목적적으로 일치되는 삶을 경영해 나갈 수 있도록 해 주셨다. 따라서 우리가 정상한 자유와 완벽한 자유의지 가운데 하나님의 뜻을 추구해 나갈 수 있도록 은혜를 베풀어주신다.

이것이 구속받은 자의 최고의 행복이다. 완벽한 하나님의 통치 영역 안에서 우리 영혼이 활동할 수 있는 완전하고 독특한 영역을 보장받은 것이다. 물론 그에 대한 책임은 우리에게 있지만 좀 더 엄밀하게 말한다면 절대적인 하나님의 통치 영역 안에 포함되어 있다는 점에서 우리는 절대로 실패하거나 좌절하지 않는다는 의미가 된다.

반면에 우리의 삶이 자유를 보장받지도 못했고 혹 자유스럽다고 스스로 인정하면서도 언제든지 실패라든지 좌절 때문에 두려워서 한발자국도 인생의 길을 진행할 수 없다면 그것은 아직도 자유인이 되지 않았다는 의미이며 또한 구속받은 사람이 아니라는 증표이다.

2) 궁극적인 인생의 완성

우리가 구속을 받아 영혼이 자유함을 입었고 그 기능이 정상적으로 발휘된다고 한다면 하나님의 뜻을 좇아 사는 것이 하나님을 거스르고 죄를 짓는 것보다 훨씬 편하고 자유스러운 것이다. 어떻게 하면 죄를 안 지을까 하고 고민하기보다는 하나님의 뜻을 알고서도 그것을 다하지 못해 안타까워하는 마음이 더 큰 것이다.

그래서 그 뜻에 다 순종하지 못한 것이 한탄스럽고 죄송스럽고 하나님 앞에 몸 둘 바를 몰라 황송하여서 다시금 기회를 얻어 기필코 그 뜻을 이루고야 말 것이라는 마음가짐을 갖는 것이 당연한 모습이지, 어떻게 하면 죄를 안 짓고 하나님께 혼나지 않을까 하고 전전긍긍하는 모습은 구속받은 자의 모습이 아니다.

처음에는 어린아이 같아서 하나님의 뜻이 명백함에도 불구하고 다 알지 못하고, 비록 안다 해도 다 행하지 못하고, 다 행하지 못했다 해서 그것이 마음에 부담도 되지 않고 그러던 것이 점차 하나님의 뜻을 행하는 데서 새로운 인생의 기쁨을 맛보고 그것이 얼마나 아름답고 벅찬 마음의 감동인가를 자꾸 알아 가게 되면 점점 더 하나님에 대해 알아 가는 진도가 빨라지고, 그분과의 관계도 깊어지고, 우리의 마음이 전체적으로 하나님께 쏠리게 되는 것은 시간적인 문제이다.

우리의 마음이 온통 하나님께 쏠리게 되고, 이제는 하나님과 한 순간이라도 단절되는 것이 마치 캄캄한 세상에 사는 것 같고, 하나님으로부터 외면당하는 것이 마치 죽음 속에 던져진 것 같은 느낌을 가지게 된다.

우리가 지향하는 삶의 방향이 자연히 하나님의 뜻을 받들게 되고 전 영혼의 의식이 하나님을 향해 있게 된다. 그렇다고 우리가 실패하고 좌절한 것에 대해 책임이 없다는 것은 아니다. 그럴지라도 진정으로 우리가 하나님의 자녀라고 한다면 그 실패와 좌절을 통해 뼈저리게 통한을 느끼며 하나님의 뜻에 어긋나 있는 자신에 대해 스스로 책망하게 된다. 다른 누가 책하기 전에 그 자신이 그것 때문에 아파하며 통분한 마음을 가지게 된다. 그러한 과정을 통해 인격이 부드러워지며, 하나님 앞에서 자고하지 않으며, 점차 하나님의 깊으신 의도를 하나씩 알아 가게 된다.

여기에 성령께서 인도하시는 진정한 영혼의 기능이 나타나게 된다. 그렇게 함으로써 점차 하나님의 뜻을 명백하게 파악하고 그것을 중요히 여겨 자신의 생명과 같이 소중하게 받아들이게 된다. 비로소 자기의 생명을 하나님께 맡기고, 하나님을 주로 섬기며, 우주의 왕으로 정당하게 대접하게 된다.

무엇보다도 그와 같은 삶을 이 세상에서 살아가신 예수님의 삶의 태도와 자세를 본받아 어떻게든지 예수님과 동일한 수준의 인격을 함양하기 위해 애를 쓰게 된다(엡 4:3). 우리 인생의 완벽한 삶의 자태는 궁극적으로 예수님의 인격을 닮아가는 데 있음을 다시 한 번 깨닫게 되는 것이다.

제16장

하나님의 뜻을 순종함

하나님께서 어떤 제도를 내셨다면, 그 제도는 하나님께서 어떻게 그의 나라를 통치해 나가시는가를 보여주는 계시로서 중요한 의미를 가진다. 하나님께서 내신 제도는 하나님 나라가 어떤 것이며 그 나라의 왕이신 하나님의 성품이 어떠한가를 조명해 줄 뿐만 아니라 그의 자녀들에게 향하신 하나님의 뜻이 어디에 있는가를 선명하게 보여주는 역할을 한다. 그렇다면 우리가 하나님의 뜻을 바르게 이해하기 위해서 하나님의 나라를 표명하고 있는 제도들을 바르게 이해하는 것이 우선적인 단계이다.

특히 구약에는 하나님께서 세워주신 많은 제도들이 있는데 그것들을 명확하게 연구하고 그 안에 담겨 있는 하나님의 의도가 무엇인가를 아는 것이 그만큼 하나님에 대해 바르게 알고 있음을 의미하고, 나아가 하나님께서 그의 백성들에게 바라는 뜻이 무엇인가를 바르게 파악하고 있음을 의미한다. 이런 점에서 우리는 하나님께서 세우신 구약의 제도들뿐만 아니라, 신약에 와서 각종 제도에 대해 어떻게 해석하고 받아들였는가에 대한 지식을 풍성히 쌓아 둔다면, 그만큼 우리 인생이 나아가는 방향에 대해서 확신을 가지게 된다.

1. 하나님의 뜻을 순종해야 할 이유

1) 근본적인 인생의 원칙

하나님 나라의 원칙은 하나님께서 내신 법칙에 따라 세워진다. 이 말은 단순한 것처럼 보이지만 이것처럼 엄격한 법칙도 없다. 하나님께서 명령하신 내용은 그것이 어떤 종류이며 어떤 성격을 가지고 있든지 간에 그것은 절대적이다. 따라서 하나님께서 세우신 제도나 그의 백성에게 제시하신 원칙은 그것으로 이미 완성된 것이므로 시간이 흐른다고 그 내용을 보완하거나 새롭게 변경할 이유가 없다. 물론 각 시대적인 상황에 따라 하나님께서 요구하는 바가 다를 수 있다. 그렇지만 시대에 따라 요구하는 외형적인 형태가 다르다 할지라도 그 내용상의 원칙과 성격은 언제나 같다.

예를 들면 구약의 예배는 항상 피를 동반하는 제사를 요구했다. 그러나 신약의 예배는 제사 제도를 요구하지 않는다. 반면에 그 예배에 피를 동반해야 한다는 원칙은 구약이나 신약이나 동일하다. '피'란 생명을 상징하기 때문에 예배에 있어서 하나님께 드려야 할 기본적인 예물이었다. 구약에서는 짐승의 피를 뿌림으로 자기의 죽음을 상징하고, 자신을 전적으로 하나님께 헌상하고 있음을 표시하였다. 신약에 와서 예배에 참여하는 사람들은 구약에서와 같이 짐승의 피를 동반하지는 않는다. 그러나 예배에 참여하는 사람은 누구나 자신을 대속해야 한다는 원칙은 지금도 엄격하게 하나님께서 요구하시는 조건이다.

따라서 우리는 예배에 참여할 때 그리스도의 피를 의지해야 한다. 그리스도의 피로써 우리를 성결하게 씻고 모든 허물과 결핍을 덮음으로써 하나님 앞에 나아와 예배에 참여할 수 있다. 여기에서 중요하게 등장하는 원칙은 '누구든 죄 있는 인간이 하나님 앞에 나아오기 위해서는 누군가의 생명으로 자기를 대속하여 깨끗하게 하지 아니하면 안 된다' 는 것이다. 이처럼 하나님은 예배하는 자가 죄로부터 구별되어 순정(純正)한 마음으로 그 앞에 나오기를 원하신다.

2) 예배는 하나님의 뜻에 합당하여야 함

그러므로 누구든 그리스도의 대속에 대한 확고한 신뢰가 없고, 그것이 나와 어떤 관계에 있는가에 대한 명확한 근거가 없는 사람이, 일요일에 교회에 들어와 하나님께 예배한다고 앉아 있는 것은 잘못된 일이다. 오히려 그리스도의 속죄의 피에 대한 신앙이 없이 하나님 앞에 나아온다는 것은 하나님의 저주를 초래하는 불경한 일이 된다.

이처럼 대속의 사실에 근거하여 우리가 하나님께 나아와 화목을 이루어 우리 안에 화평이 가득하게 되며 그러한 평화의 상태에서 하나님을 경배한다는 예배의 정신을 모르고, 단지 일요일만 되면 의례히 교회당에 나와 주어진 순서에 따라 예배에 참여한 것으로 자기 할 일을 다 했다고 생각하는 것은 큰 문제이다. 사람들이 이런 생각을 하고 있기 때문에, 교회가 하나님께 예배한다는 공통된 의식이 없이 자기들에게 편한 방식에 따라 형식적으로 예배를 치르고 마는 것이다.

예배에 있어서 중요하게 생각해야 할 것은 그 예배에 참여하는 각 사람이 마땅하게 하나님께 드릴 최고의 경배를 드려야 한다는 점이다. 그저 한 단체로 예배에 참여하여 남이 하는 대로 자기는 어떤 특별한 의식도 없고 특별히 경배해야 할 이유도 없이 하나님을 예배한다는 것은 있을 수 없는 일이다.

전체적으로 어떤 예배 분위기를 고조시키고, 그러기 위해 각종 보조

시설을 갖추어서 그럴듯하게 분위기를 맞추어 순서순서를 진행한다고 그것이 예배가 아니다. 교회가 하나님을 예배한다는 것은 한 사람, 한 사람의 영혼이 각자 하나님 앞에 나아와 절하는 것을 전제하고 있다. 그래서 예배를 '각 사람의 영혼이 하나님께 절하는 것'(soul bowing)이라고 한다.

3) 하나님의 말씀을 순종하는 것이 예배의 정신임

따라서 누구나 예배에 참여할 때에는 절대적으로 희생의 피를 동반해야 한다는 하나님의 명령을 소중하게 생각하고 그리스도의 대속의 원칙에 대해 감사를 해야 한다. 뿐만 아니라 그리스도의 피로써 자신이 성결한 사람이 되었다는 사실을 실감하는 사람이라면 그 마음은 이미 충분히 그리스도의 마음과 같아져 있어야 한다. 따라서 그 마음에 간사한 것이 없고 분요한 것이 없고 불순한 것이 없는 평정한 상태를 유지하고 있어서 전인격이 하나님을 향해 완전한 상태로 하나님을 경배해야 한다. 바로 이것이 우리가 마땅히 하나님께 드릴 신령하고 영적인 예배이다.

'신령'(πνευματι)이란 말은 신적 기원을 가진 것임을 의미한다. 특히 요한복음 4장 24절에서 예배하는 자는 신령과 진정으로 하나님을 예배해야 한다고 했는데, 여기에서 신령이란, 성령께서 우리 마음에 작용하셔서 하나님께서 세우신 법칙에 근거하여 위배됨이 없도록 보호하시는 상태에서 하나님을 예배하는 것을 가리킨다. 또한 '영적'(λογικην)이라는 말은, 이미 하나님께서 우리 인간들에게 제시하신 제도나 원칙을 충분히 이해하고 납득하여, 하나님을 정당하게 인식하고 대우하여 드려야 할 것을 드리는 자세로 예배에 임하는 것을 의미한다.

이처럼 예배에 참여하는 자는 무엇보다도 성령님의 각별하신 보호와 인도를 민감하게 느끼고 있어야 하며, 자기의 전 인격이 하나님께 향해 있어서 논리적으로 이율배반함이 없어야 한다. 즉 마음은 다른 데 있으면서 하나님께 경배하는 것인 냥 하는 것이 아니라 경배의 형식에 맞춰 그에 따른 예배의 정신을 함축적으로 담아서 하나님께 드려야 한다.

"여호와께서 번제와 다른 제사를 그 목소리 순종하는 것을 좋아하심 같이 좋아하시겠나이까 순종이 제사보다 낫고 듣는 것이 수양의 기름보다 나으니 이는 거역하는 것은 사술의 죄와 같고 완고한 것은 사신 우상에게 절하는 죄와 같음이라"(삼상 15:23-24)는 말과 같이, 번제나 제사를 하나님께 드림에 있어서 그 최고의 효과는 하나님을 영광스럽게 하는 것이어야 한다.

그러기 위해서는 먼저 하나님의 말씀을 순종하는 자세가 있어야 한다. 하나님께서 내신 제도나 법칙을 거역하는 사람이 하나님을 위해 그 제도나 형식을 아무리 정성들여 거행한다 하더라도 이미 거기에는 하나님을 순종해야 한다는 중요한 정신이 결여되어 있는 한 아무런 효과도 나타나지 않는다.

자기가 혼자 하나님께 제사하고 스스로 할 일 다 했다고 만족하는 자족의 효과는 있을지 모르지만 그것은 예배가 아니라 오히려 하나님의 저주를 불러오는 화가 된다. 그러므로 어떤 제도나 형식을 수행함에 있어 무엇보다도 그 안에 담겨 있는 하나님의 거룩하신 뜻이 무엇인가를 파악하고 그 뜻에 순종하여 정당한 절차를 밟아가야 한다.

4) 모든 은혜의 방도는 하나님의 뜻에 합당해야 함

이러한 원칙은 구약이나 신약이나 똑같을 뿐만 아니라, 그 정신은 예배뿐 아니라 하나님께서 내신 어떤 제도나 규범에도 똑같이 적용된다. 따라서 우리가 하나님 앞에 나아가 기도할 때에도, 왜 하나님 앞에 나가야만 하는가에 대한 명백한 이유를 가지고, 그에 합당한 자세와 태도를 하나님께 표명해야 하며, 나아가 하나님께 기도해야 할 내용에 있어서 철저해야 한다. 그런데 사실 우리가 하나님께 나아와 기도한다는 내용이라는 것이 참으로 하나님의 뜻에 합당한 것인가에 대한 명확한 근거를 찾기란 그리 쉬운 일이 아니다.

왜냐하면, 지금 당장에 우리가 살면서 어떤 사정이 발생하여 그것이 문제거리가 되고 따라서 하나님께 구하여 해결해야겠다고 얼른 생각이 들 것이지만, 그러한 판단의 근거라는 것이 항상 자기 눈앞에 있는 몇 가지 현상들에 의해 결정되는 것이기 때문에 대부분 자기의 당면한 문제점들에 국한된 내용을 가지고 기도하기가 쉬운 것이다. 그러한 기도라는 것은 여타의 다른 종교에서도 얼마든지 할 수 있는 것들이다.

대부분 자기들이 해결하기 어려운 일에 봉착하면 다른 누구에게 의지해 보려는 것이 사람들의 생각이고, 그 의지의 대상이 여느 사람이 아니라 신적인 존재일 경우에는 그 기대의 정도가 대단하여서 신앙의 대상으로 섬기게 된다. 만일 하나님께도 이러한 생각을 가지고 의지하는 것이라면 하나님의 통치의 영역을 자기의 한계 안으로 축소시키는 불경스러운 일이다.

우리가 하나님께 나아갈 수 있다는 것은 우리의 세계를 보는 안목이 하나님과 같이 우주적이어야 한다는 것을 의미한다. 전 역사 안에서 조금도 흐트러짐 없이 경영되는 하나님 나라의 원대한 흐름에 동참하고자 하는 열망으로 기도를 해야 하기 때문이다. 그런데 하나님의 뜻을 완벽하게 이해하고, 그 뜻을 순종하여 하나님 나라의 경영에 실제로 참여하신 분이 바로 예수 그리스도이시다. 그래서 우리가 기도할 때에는 무엇보다도 예수님께 의뢰해야 한다.

2. '하늘에 계신 내 아버지의 뜻대로 행하는 쟈' 의 의미

예수 그리스도께서 하나님의 구원을 완성할 수 있는 것은 그 구원의 사역이 전적으로 아버지 하나님의 뜻과 일치하기 때문이다. 예수 그리스도께서 독단적으로 구원의 계획을 수행하신 것이 아니라, 이미 구약에도 자세히 계시되어 있는 것과 마찬가지로 예수 그리스도의 구원 사역은 전적으로 하나님께서 인류를 구원하시고자 한 방법과 일치하고 있다. 특히 하나님께서 인류를 구원하시기 위해 계시하신 약속의 내용이 언약(covenant) 속에 나타나 있는데, 이 언약 사상에 따라 마침내 예수님은 십자가 사건을 통해 성취하셨음을 볼 수 있다.

1) 십자가의 대속은 하나님의 뜻을 성취하신 사건임

예수님은 십자가 사건을 앞에 두고 성만찬을 배설하시면서 "저희가 먹을 때에 예수께서 떡을 가지사 축복하시고 떼어 제자들을 주시며 가라사대 받아먹으라 이것이 내 몸이니라 하시고 또 잔을 가지사 사례하시고 저희에게 주시며 가라사대 너희가 다 이것을 마시라 이것은 죄 사함을 얻게 하려고 많은 사람을 위하여 흘리는바 나의 피 곧 언약의 피니라"(마 26:26-28)고 말씀하신 것처럼, 자신이 십자가에서 죽는 것은 하나님의 언약을 성취하기 위함이라는 사실을 알고 계셨다. 그리고 "이 잔은 내 피로 세우는 새 언약이니 곧 너희를 위하여 붓는 것이라"(눅 22:20)고 하신 말씀 속에서, 십자가 사건만이 인류를 하나님의 언약에 참여하게 하는 유일한 사건임을 명백히 하셨다.

예수님의 십자가 사건은 하나님의 구원의 언약을 성취하는 사건임과 동시에 그의 백성들을 하나님의 언약에 참여하게 하기 위한 엄격한 예식이었음을 알 수 있다. 우리는 그리스도의 엄중하고 고귀한 십자가 사

건을 통해 하나님과 화목하게 되었고 그의 거룩하신 언약에 참여하게
되었다.

이처럼 예수께서 십자가에서 죽으심은 단지 개인적인 차원에서 영웅
적인 죽음을 통해 이름을 얻거나 혹은 그 사건으로 제자들에게 감동을
주어 새로운 종교를 형성하게 하기 위함이 아니라, 하나님의 구원 사역
을 완성하고자 그의 백성들과의 언약 체결을 이루기 위함이었다. 이런
차원에서 예수 그리스도의 생애는 하나님의 뜻과 전적으로 일치를 이
룬다고 한다. 따라서 이 세상에서는 예수께서 완성하신 구원의 방법이
아니고서는 아무도 하나님의 구원 사역의 효과를 누릴 수 없다.

2) 예수께서 순종하시는 하나님을 순종해야 함

그러므로 구원은 우리가 그리스도의 십자가의 공로에 힘입어 하나님
의 언약에 참여한 자가 되었다는 것을 의미한다. 또한 하나님의 언약에
참여한 자가 되었다면 의당히 하나님께서 제시하신 뜻과 방향에 따라
우리 각 사람의 인생을 경영해 나가야 한다. 예수께서 말씀하신 "하늘
에 계신 내 아버지의 뜻대로 행하는 자"라는 의미는 바로 이런 뜻에서
하신 말씀이다. 즉, 그리스도께서 전 생애를 전적으로 하나님의 구원의
계획과 일치하여 살아오신 것처럼, 이제는 그의 백성들도 전적으로 하
나님께서 제시하신 언약과 일치한 삶을 살아야 한다.

그러할 때 우리는 언약을 성취하신 예수 그리스도께서 새롭게 세우
신 새 언약에 참여하게 된다. 이와 같이 우리가 그리스도의 새 언약에
참여한 사실이 분명할 때, 우리의 기도가 진정한 의미가 있고 효력을
발생하게 된다. 그리스도께서 세우신 새 언약과는 상관없이 사는 사람
들이 그럴듯한 명분을 앞세워 기도하는 것은 절대로 기도가 가지는 본
래의 의미나 효과를 가질 수 없다는 사실을 명심해야 한다. 이들에게
있어서의 기도란 단지 외형적인 만족을 가져다주는 것과 같아서 비가

오고 창수가 터지면 그 집이 무너지는 것과 같을 뿐이다(마 7:26-27).

3. 마치는 말

기도란, 하나님께서 경영하시는 우주적인 하나님 나라의 일에 참여하고 그 경영을 이루어 가는 것을 유일한 목적으로 가지고 있다. 그리고 그 최후의 궁극적인 완성은 하나님께서 영원히 누리실 영광이어야 한다. 그러기 위해 기도는 전 우주적인 성도들의 공통된 소망을 담고 있어야 하며, 적어도 현 시대를 대표하는 교회적인 소망과 사명을 표명하고 있어야 한다.

이처럼 기도에는 인생의 본분에 대한 명확한 이해를 바탕으로 전 우주적인 교회의 사명을 수행하고자 하는 의지를 담고 있어서, 개인적인 차원에서가 아니라 교회적인 차원에서 그 기도가 파기되지 않도록 보호되어야 하며 그 기도에 응답하시는 하나님의 능력이 감추어지는 일이 없도록 우리 인생에 있어서 최우선 순위를 두고 있어야 한다.

이러한 정신에 기초를 두지 않고 습관에 따라 기도하거나 체면을 세우기 위해 기도하는 행위는 절대로 교회 안에서 용납되어서는 안 된다. 뿐만 아니라 교회는 기도가 사람들의 종교적인 성향을 부추기거나 만족하게 하는 일에 사용되지 않도록 관찰해야 하며, 기도의 본의를 파괴하는 일체의 행위에 대해 용납하지 말고 배격해야 한다. 웨스트민스터 신앙고백서 제21장 '예배와 안식일' 제3항에서는 다음과 밝히고 있다.

감사함으로 드리는 기도는 종교적 예배의 한 특별한 요소로서(빌 4:6), 하나님께서 모든 사람들에게 요구하신다(시 65:2). 기도가 열납되도록 하기 위해서는 성자(聖子)의 이름으로(요 14:13,14; 벧전 2:5), 성령의 도우심을 받아(롬 8:26), 하나님의 뜻을 따라서(요일 5:14) 사려 분별과 경외심과 겸손과 열심과 믿음과 사랑과 인내를 가지고 하되(시 47:7; 전 5:1,2; 히 12:28; 창 18:27; 약 5:16; 1:6,7; 막 11:24; 마 6:12,14,15; 골 4:2; 엡 6:18), 만일 소리를 내어 하는 경우에는 알 수 있는 말로 해야 한다(고전 14:14, 방언금지).

기도가 기도로서의 본의를 상실해 버리게 되면 더 이상 우리에게 하나님의 구원의 능력이 나타나지 않을 뿐만 아니라, 그리스도의 구원의 사역마저도 의미를 상실하게 된다는 사실을 명심해야 한다.[9]

우리는 역사적인 교회의 가르침을 받아 전 역사를 통해 건설되어지는 하나님 나라의 진행과 일치하는 차원에서 기도가 병행되어야 한다는 사실을 인식하고 그리스도께서 완성하신 새 언약의 정신을 항상 그 안에 담고 있어야 한다.

---

9) 웨스트민스터 신앙고백서 제21장 '예배와 안식일' 제4항은 이렇게 가르친다. "기도는 합당한 것들과(요일 5:14) 모든 종류의 생존하는 사람들이나, 장차 생존하게 될 자들을 위해서 하되(딤전 2:1,2; 요 17:20; 삼하 7:29; 룻 4:12), 죽은 자들이나(삼하 12:21-23; 눅 16:25, 26; 계 14:13) 사망에 이르는 죄를 지은 것으로 알려진 자들을 위하여는 하지 말 것이다(요일 5:16)."

성구색인

〈구 약〉

창1장	... 415	창18:27	... 790	출20:7	... 535
창1:1	... 362,597,667	창20장	... 344	출20:8	... 450
창1:24-25,26	... 124	창21:9	... 344	출20:9-11	... 451
창1:28	... 125,131,	창21:10	... 121	출20:13	... 464
	499,511,513,522	창21:31	... 668	출20:14	... 525
창1:29-30	... 522	창21:33	... 669	출20:18-23:9	... 604
창2:7	... 365	창22:17-18	... 669	출21장	... 543
창2:16;3:9,13,14	... 667	창22장	... 669,729	출21-23장	... 212
창2:16-17	... 366	창24:3-4	... 655	출21:1-6	... 218
창2:18	... 498,511	창24:7	... 657	출21:2-6	... 212
창2:21-23	... 501	창24:12-14	... 656	출21:7	... 219
창2:24	... 498,511	창24:27	... 658	출21:12	... 223
창3:1	... 514	창25:29-34	... 345	출21:13	... 544
창3:15	... 321,323,	창27장	... 345	출21:15-17	... 226
	324,329,339,352,368,524	창36:1-7	... 345	출21:22-25	... 543,566
창3:17-19	... 128			출21:26-27	... 227
창3:22	... 132	출1장	... 346	출22장	... 234
창6장	... 166	출3:13-14	... 667	출22:16-18	... 525
창6:1-4	... 513	출4:22	... 670	출22:20	... 232
창6:4	... 341	출13:2,9	... 31	출22:21	... 234
창10장	... 273	출15:1-18	... 710	출22:21-22	... 233
창12:10-20	... 343	출15:17-19	... 710	출22:23-24	... 233
창12:1-3	... 343,669	출19:4-6	... 710	출22:25	... 233,558
창14:18,19	... 668	출19:5-6	... 211	출22:26-27	... 558
창15장	... 344	출19:8	... 449	출22:27	... 233
창15:3-4	... 121	출20장	... 44,48,	출22:29-30	... 243
창15:13-14	... 656		179,711	출23:4-5	... 245
창16:4	... 344	출20-23장	... 45	출23:9	... 234
창17장	... 344	출20:1-17	... 604	출23:10	... 247
창17:1	... 668	출20:4-6	... 239	출23:10-33	... 604

출23:19	... 248	시1편	... 83	시119:158	... 100
		시6:4	... 82	시145:8	... 205
레3장	... 301	시13:1	... 82	잠1:9	... 423
레12:2-6	... 32	시18:2;144:2	... 296	잠16:32	... 115
레19:12	... 534	시24편	... 183	잠19:11	... 116
레22:28	... 249	시37편	... 122	잠20:22	... 545
레25:23-34	... 213	시37:3-4	... 112	잠24:29	... 547,553
레25:39-55	... 213	시37:4	... 117	잠25:28	... 116
		시37:5-9	... 113		
민30:2	... 534	시37:7	... 114	전5:1,2	... 790
		시37:9,11,22,29,34	... 122		
신6:4-5	... 45,262	시37:11	... 121	사7:14;8:8	... 430
신7:6-11	... 709	시37:21	... 114	사9장	... 42
신14:1	... 670	시37:26	... 114	사9:1-2	... 40
신15장	... 212	시37:30-31	... 116	사35:5-6	... 752
신16:18	... 465	시41:10-11	... 581	사35:6	... 752
신22:5-7	... 248	시42:1-3	... 141	사40장	... 40
신22:13-30	... 525	시42:4,5	... 152	사53:2	... 107
신22:20-25	... 506	시47:7	... 790	사53:7	... 117
신23:21	... 534	시51:10	... 101	사53:10	... 117
신24:1	... 526	시51:17	... 101	사65:17	... 430
신24:1-4	... 506,525	시52편	... 171	사65:19-20	... 752
신24:1-6	... 525	시52:1-3	... 171	사65:25	... 752
신24:12-13	... 558	시52:8-9	... 172		
신24:17	... 558	시62:1-2	... 271	렘31:20	... 670
		시65:2	... 789	렘31:31-34	... 374
삿1장	... 347	시73:22	... 85		
		시73:26	... 85	호1:10;11:1	... 670
삼상15:23-24	... 785	시73:28	... 85	호11:1	... 33
		시86:12	... 270		
왕상17:21	... 276	시104편	... 404	욜2:28-30	... 374
		시104:30	... 430		
대하16:9	... 270	시119편	... 100	말4장	... 40
		시119:136	... 100		

〈신 약〉

마1-2장	... 441	마5:1-16	... 176,186	마5:18-20	... 445
마1-4장	... 175	마5:2	... 48,174,	마5:21-22	... 463
마1:18-25	... 31		175,373	마5:21-26	... 495,532,606
마1:23	... 430	마5:2-12	... 376,433,	마5:22	... 487
마2장	... 41		447,577	마5:22-48	... 453
마2:1-12	... 32	마5:2-16	... 456	마5:23-24	... 478,484,485
마2:13-18	... 32	마5:2-7:27	... 373	마5:25-26	... 485,487
마2:19-23	... 33	마5:3	... 73	마5:26	... 487
마2:23	... 33	마5:3-5	... 178	마5:27-30	... 606
마3-4장	... 433	마5:3-5,7-12	... 176	마5:27-32	... 506,531,533
마3:13-17	... 33	마5:3-12	... 45	마5:28	... 50,515
마4장	... 179	마5:4	... 91	마5:28-29	... 50
마4:1-11	... 33	마5:5	... 106,121,	마5:29-30	... 509,516
마4:3	... 733		122,131,135,345	마5:32	... 507,508,528
마4:12	... 64	마5:5-8	... 743	마5:33	... 534
마4:12;16:13	... 64	마5:6	... 138,139	마5:33-48	... 533
마4:15-16	... 176	마5:7	... 192,216	마5:37	... 538,736
마4:17	... 43,371,750	마5:8	... 253,255,	마5:38-39	... 546
마4:17-25	... 51		257,263	마5:39-42	... 548,553,
마4:18-22	... 35	마5:9	... 281		567,570
마4:23	... 43	마5:10	... 68,317,318	마5:43	... 579
마4:23-24	... 173	마5:10-12	... 68,191	마5:43-44	... 580
마4:23-25	... 35,372,751	마5:11-12	... 317	마5:43-45	... 587,588
마4:25	... 173	마5:12	... 421	마5:43-48	... 606
마5장	... 45,174,290,311,405	마5:13	... 361,362	마5:44	... 586
마5-7장	... 62,173,	마5:13-16	... 185,361,605	마5:45	... 575,597
	176,711	마5:13-48	... 48	마5:46-48	... 595
마5:1	... 44,48,373	마5:16	... 424	마5:48	... 456,459,
마5:1-7	... 35	마5:17	... 440,456		463,576,606,607
마5:1-12	... 48,67,72,	마5:17-48	... 454,460,496	마6:1	... 607,615
	136,190,252,361,	마5:17-7장	... 424	마6:1-7:12	... 49
	363,413,496	마5:18	... 444	마6:2	... 613

마6:2-4	... 608	마7:29	... 175	마13:47-50	... 55
마6:3-4	... 619	마8:23-27	... 36	마13:53-54	... 55
마6:5	... 631	마9:9-13	... 35	마14:1-12	... 36
마6:5-15	... 608,629	마9:18-26	... 36	마14:13-21	... 36
마6:8	... 634	마9:27;15:22	... 192	마14:22-23	... 36
마6:9	... 640	마9:35-11:1	... 36	마15:32-39	... 36,37
마6:9-10	... 423,641,	마10장	... 62	마16:13	... 64
	685,755	마10:1	... 51	마16:13-20	... 37
마6:12	... 200,717,721	마10:1-4	... 50	마16:13-20:39	... 63
마6:12,14,15	... 790	마10:5-15	... 51	마16:16	... 63
마6:14-15	... 741	마10:16	... 514	마16:21-26	... 37
마6:16-18	... 608	마10:16-23	... 51	마17:1-13	... 37
마6:18	... 625	마10:20	... 52	마18장	... 57,724
마6:19	... 744	마10:24-33	... 52	마18:2	... 56
마6:24	... 745,776	마10:27	... 52	마18:3	... 56
마6:25	... 746	마10:34-39	... 52	마18:3-14	... 56
마6:25-26	... 81	마10:38;16:24	... 77	마18:19	... 57
마6:26	... 747	마10:40	... 53	마18:20	... 57
마6:27	... 746,759	마11:1	... 53	마18:23-34	... 57
마6:30	... 747	마11:3	... 751	마18:23-35	... 182,650
마6:31-32	... 676,712,747	마11:4-5	... 751	마18:32-33	... 182,724
마6:31-33	... 756	마13장	... 62,129,774	마18:35	... 57
마6:33	... 150,180,	마13:1	... 53	마19:1-2	... 58
	181,711,747,750,	마13:1-52	... 35	마19:3-9	... 506
	761,764,766,774	마13:3-23	... 54	마19:4-6	... 501
마7:1-6	... 764	마13:10-13	... 53	마19:5-6	... 528
마7:7	... 757	마13:19	... 736	마19:6	... 529
마7:7-8	... 757	마13:22	... 80,129	마19:9	... 505
마7:12	... 49,441	마13:24-30,34-43	... 54	마19:22	... 722
마7:13-27	... 49	마13:31-32	... 54	마20장	... 144
마7:21-23	... 692	마13:33	... 54	마20:12	... 145
마7:24-28	... 749	마13:44	... 54	마20:13-14	... 145
마7:26-27	... 789	마13:45-46	... 775	마20:17-19	... 38
마7:28-29	... 374	마13:46	... 55	마21-25장	... 63

마21:9	... 753	막6:6-13	... 36	눅8:22-25	... 36
마21:10-11	... 753	막6:14-29	... 36	눅8:40-56	... 36
마22:37-40	... 441	막6:30-44	... 36	눅9:1-6	... 36
마23,24,25장	... 61,64	막6:45-52	... 36	눅9:7-9	... 36
마23:1	... 58	막8:1-9	... 36,37	눅9:10-17	... 36
마23:2-36	... 58	막8:27-30	... 37	눅9:18-21	... 37
마23:24	... 733	막8:31-37	... 37	눅9:22-25	... 37
마23:26	... 254	막9:2-13	... 37	눅9:28-36	... 37
마23:27-39	... 58	막9:11-12	... 528	눅10:38-42	... 37
마24:1-2	... 59	막10:1-12	... 527	눅12장	... 297
마24:3-14	... 59	막10:5-9	... 528	눅12:58-59	... 489
마24:15	... 59	막10:11	... 505	눅14:25-35	... 385
마24:15-28	... 59	막10:32-34	... 38	눅16:18	... 505,507
마24:24	... 560	막11:24	... 790	눅17:11	... 37
마24:29-25:30	... 60	막11:25-26	... 480	눅17:21	... 86
마24:37-39	... 519	막12:30	... 262	눅18:3	... 489
마25:14-30	... 611			눅18:9-14	... 632
마25:31-46	... 60	눅2:1-7	... 31	눅18:11	... 632
마25:34-40	... 268	눅2:21	... 31	눅18:12	... 632
마26장	... 64	눅2:22-40	... 31	눅18:13	... 633
마26:1-2	... 61	눅2:23	... 31	눅18:14	... 633
마26:26-28	... 787	눅2:41-52	... 33	눅19:31-34	... 38
마27:59	... 254	눅3:21-23	... 33	눅19:41	... 99
		눅4:1-13	... 33	눅21:20	... 59
막1:12-13	... 33	눅4:16-31	... 34	눅22:20	... 787
막1:16-20	... 35	눅4:42-44	... 35		
막1:35-39	... 35	눅5:1-11	... 35	요1장	... 366
막1:9-11	... 33	눅5:27-32	... 35	요1:4-5	... 402
막2:14-22	... 35	눅6:12-15	... 35	요1:6-8	... 404
막3:13-19	... 35	눅6:20-49	... 35	요1:9	... 402
막4:1-34	... 35	눅7:36-50	... 35	요1:12-13	... 436,606
막4:15	... 736	눅8:1-3	... 35	요1:29-39	... 33
막4:35-41	... 36	눅8:4-18	... 35	요2:1-11	... 33
막5:21-43	... 36	눅8:12	... 736	요2:14-22	... 33

요2:19	... 352	롬1장	... 132	갈6:13	... 431
요3:1-21	... 34	롬6:13	... 689	갈6:14	... 79
요3:3,5-6	... 688	롬7:1-3	... 508		
요3:6	... 417	롬8:26	... 789	엡2:3	... 323
요3:16	... 592	롬12:14-21	... 115	엡3:14-19	... 271
요4:5-42	... 34	롬12:17-19	... 548	엡3:20-21	... 271
요4:24	... 784	롬12:19	... 115,570	엡4:3	... 780
요4:37-39	... 267	롬12:20	... 115	엡5:8-9	... 413
요4:46-54	... 34	롬12:20-21	... 571,594	엡5:12	... 560
요6:1-14	... 36	롬12:21	... 548	엡5:18	... 431
요6:16-21	... 36	롬14:17	... 70,80,	엡5:22-33	... 503
요7:11-52	... 37		81,448	엡5:26-27	... 270,274
요8:32	... 516	롬15:13	... 431	엡6:12	... 737
요8:35-36	... 516			엡6:18	... 790
요8:44	... 736	고전2:12	... 689		
요9:1-41	... 37	고전2:15	... 690	빌2:13	... 448,701,708
요11장	... 99	고전3:1	... 682	빌3:20	... 675
요11:1-44	... 38	고전4:20	... 80	빌3:5-6	... 458
요14:13,14	... 789	고전14:14	... 790	빌4:6	... 789
요14:16	... 267	고전15:20,23	... 429	빌4:11-13	... 79,712
요15장	... 259	고전15:31	... 79	빌4:19	... 712
요15:15	... 337				
요15:16	... 337	고후4:7-18	... 359	골3:9-10	... 688
요15:19	... 336	고후5:17	... 430	골3:10	... 430
		고후7:11	... 255	골4:2	... 790
행1:11	... 430	고후11:2	... 262		
행2:1-4	... 430	고후11:2-3	... 504	살전5:15	... 548
행5장	... 306	고후11:3	... 262		
행5:36	... 754	고후11:13-15	... 736	딤전6:16	... 404
행5:37	... 753				
행13:15	... 441	갈1:14	... 458	딤후3:3	... 482
행18:6	... 254	갈5:16-21	... 431,689	딤후3:12	... 97
행20:26	... 254	갈5:22	... 193		
		갈5:22-23	... 431,434,689,692	딛3:5-7	... 418

히2:17   ... 192
히11:4   ... 324
히12:28   ... 790

약1:6-7   ... 655
약1:13-15   ... 729
약1:18   ... 429
약1:19-20   ... 116
약3:13   ... 111
약4:2-3   ... 771

약4:3   ... 654
약5:16;1:6,7   ... 790

벧전2:5   ... 789
벧전3:9   ... 114
벧전5:8   ... 489,736

벧후2:6-8   ... 191

요일1:5   ... 403

요일1:5,7   ... 404
요일3:3   ... 255
요일3:12   ... 328
요일5:14   ... 789
요일5:19   ... 336,736

계14:8   ... 272
계17:1,2   ... 272
계17:2   ... 274